सुपर स्पीड
इंग्लिश स्पीकिंग कोर्स

सुपर स्पीड इंग्लिश स्पीकिंग कोर्स की इस पुस्तक के साथ एक घंटे की DVD (Digital Video Disc) आपको मुफ्त उपहार स्वरूप दी जा रही है।

सुपर स्पीड

इंग्लिश स्पीकिंग कोर्स

रशमीत कौर

M.A. (English), Delhi University

B.Ed., I.P. University, Delhi

M.Phil. (English), Delhi University

(हजारों छात्रों को Spoken English पढ़ाने का 10 साल से अधिक का अनुभव)

प्रकाशक

प्रभात प्रकाशन प्रा. लि.

4/19 आसफ अली रोड, नई दिल्ली–110002

फोन : 011–23289777 • हेल्पलाइन नं. : 7827007777

इ–मेल : prabhatbooks@gmail.com ❖ वेब ठिकाना : www.prabhatbooks.com

संस्करण

2026

पेपरबैक मूल्य

सात सौ रुपए

मुद्रक

नरुला प्रिंटर्स, दिल्ली

———— ★ ————

SUPER SPEED ENGLISH SPEAKING COURSE

by Smt. Rashmeet Kaur

Published by **PRABHAT PRAKASHAN PVT. LTD.**

4/19 Asaf Ali Road, New Delhi-110002

ISBN 978-81-7315-902-2

₹ 700.00 (PB)

लेखकीय

पिछले कुछ वर्षों की संचार क्रांति ने आज समूचे विश्व को काफी करीब ला दिया है। फलस्वरूप, विभिन्न देशों एवं समाजों में संपर्क का दायरा विस्तृत हुआ है और यह केवल आर्थिक व राजनीतिक क्षेत्रों तक सीमित नहीं है, बल्कि सामाजिक, सांस्कृतिक एवं व्यक्तिगत स्तर पर भी कायम हुआ है। इस संपर्क को बनाने एवं बनाए रखने में अंग्रेजी भाषा का बहुत बड़ा योगदान है; क्योंकि अंग्रेजी ही एक ऐसी भाषा है, जो दुनिया के हर कोने में कम या ज्यादा संख्या में बोली, लिखी-पढ़ी व समझी जाती है। मौजूदा दौर में समुचित उन्नति व उपलब्ध अवसरों का लाभ उठाने के लिए अंग्रेजी भाषा का ज्ञान अति आवश्यक हो गया है। यह भाषा आज मात्र जानकारी तक सीमित नहीं है, बल्कि बोलचाल एवं लेखन में इसका सतत उपयोग होता है। इसमें दक्षता अब एक अनिवार्य आवश्यकता बन चुकी है।

इसी बात को ध्यान में रखकर यह पुस्तक तैयार की गई है। इसमें सर्वाधिक ध्यान भाषा के व्याकरण पक्ष पर दिया गया है। इसे सरल एवं स्पष्ट भाषा में प्रस्तुत किया गया है, ताकि यह आसानी से समझ में आ सके। व्याकरण की पर्याप्त जानकारी के बिना किसी भाषा में दक्षता प्राप्त करना असंभव है। व्याकरण के साथ शब्द-सृजन, प्रक्रिया, विविध शब्दावली तथा वार्त्तालाप आदि भी परिशिष्ट में दिए गए हैं।

सुप्रसिद्ध कोशकार तथा भाषाविज्ञानी डॉ. बदरीनाथ कपूर के शब्दकोश सर्वश्रेष्ठ माने गए हैं। उनके द्वारा संपादित **'विद्यार्थी अंग्रेजी-हिंदी कोश'** का संक्षिप्त रूप इस पुस्तक का विशेष आकर्षण है। इसमें ऐसे शब्दों का चयन किया गया है, जो अधिक उपयोग में आते हैं, पर जिनका अर्थ लोग नहीं जानते। इसके अध्ययन से पाठक का ज्ञान बढ़ेगा, हमारा विश्वास है।

सीखने की तीव्र इच्छा तथा सतत अभ्यास एक ही चीज के दो पहलू हैं और यह व्यक्तिगत रुचि का विषय है। अत: पूरी पुस्तक ही अभ्यास की विषय-वस्तु है। आप अपनी रुचि के अनुसार कोई अध्याय चुन लीजिए और उसे पढ़ व समझकर स्वयं लिखिए तथा फिर पुस्तक में दिए गए अंशों से मिलान करके अपनी कमियों एवं गलतियों को समझकर उन्हें दुरुस्त कीजिए। यह सीखने का सबसे आसान एवं तनाव-रहित फॉर्मूला है। इसी तरह आप काल (Tenses), वाच्य (Voice), प्रत्यक्ष एवं

अप्रत्यक्ष कथन (Direct and Indirect Speech) तथा हिंदी वाक्यों का अंग्रेजी में अनुवाद (Translation) आदि के लिए भी इस प्रक्रिया को अपना सकते हैं। लेकिन ध्यान रखें कि यह अभ्यास केवल कुछ अध्यायों तक सीमित न रहे, वरन् पुस्तक की समग्र सामग्री को इसमें शामिल करना होगा।

इस पुस्तक को समग्र एवं बहुआयामी रूप देने का हमने पूरा प्रयास किया है। इसको सर्वश्रेष्ठ पुस्तक बनाने की हमारी कोशिश कहाँ तक सफल हुई है, इसका आकलन पाठकों पर निर्भर है। यदि आपको इसमें किसी तरह की कमी या त्रुटि दिखाई दे तो अपने बहुमूल्य सुझाव हमें अवश्य भेजें, ताकि इसके आगामी संस्करणों में वांछित समावेश एवं सुधार किया जा सके।

अनुक्रमणिका/Contents

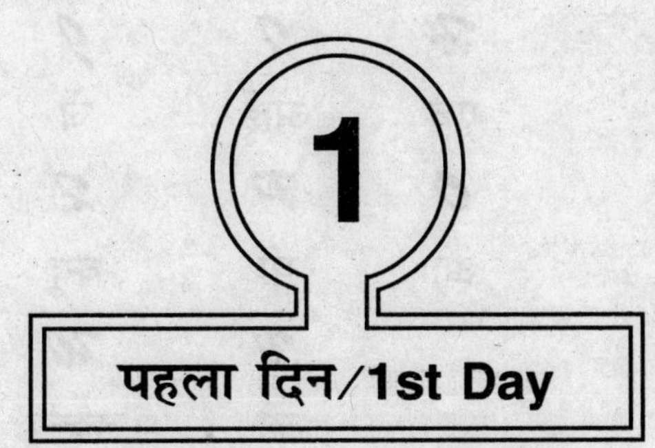

रोमन वर्णमाला
(Roman Alphabet)

किसी भाषा को पढ़ने या समझने के लिए उसकी लिपि का ज्ञान जरूरी है। अंग्रेजी भाषा की लिपि रोमन है। रोमन वर्णमाला में 26 अक्षर (Letters) होते हैं तथा ये निम्नलिखित चार रूपों में लिखे जाते हैं :

छापे के बड़े अक्षर *(Capital Letters)*

A	B	C	D	E	F	G
ए	बी	सी	डी	ई	एफ	जी
H	I	J	K	L	M	N
एच	आई	जे	के	एल	एम	एन
O	P	Q	R	S	T	U
ओ	पी	क्यू	आर	एस	टी	यू
	V	W	X	Y	Z	
	वी	डब्ल्यू	एक्स	वाई	जेड	

छापे के छोटे अक्षर *(Small Letters)*

a	b	c	d	e	f	g
ए	बी	सी	डी	ई	एफ	जी
h	i	j	k	l	m	n
एच	आई	जे	के	एल	एम	एन
o	p	q	r	s	t	u
ओ	पी	क्यू	आर	एस	टी	यू
	v	w	x	y	z	
	वी	डब्ल्यू	एक्स	वाई	जेड	

लिखने के बड़े अक्षर *(Capital Writing Letters)*

A	*B*	*C*	*D*	*E*	*F*	*G*
ए	बी	सी	डी	ई	एफ	जी
H	*I*	*J*	*K*	*L*	*M*	*N*
एच	आई	जे	के	एल	एम	एन
O	*P*	*Q*	*R*	*S*	*T*	*U*
ओ	पी	क्यू	आर	एस	टी	यू
	V	*W*	*X*	*Y*	*Z*	
	वी	डब्ल्यू	एक्स	वाई	जेड	

लिखने के छोटे अक्षर *(Small Writing Letters)*

a	*b*	*c*	*d*	*e*	*f*	*g*
ए	बी	सी	डी	ई	एफ	जी
h	*i*	*j*	*k*	*l*	*m*	*n*
एच	आई	जे	के	एल	एम	एन
o	*p*	*q*	*r*	*s*	*t*	*u*
ओ	पी	क्यू	आर	एस	टी	यू
	v	*w*	*x*	*y*	*z*	
	वी	डब्ल्यू	एक्स	वाई	जेड	

इनके अलावा छोटे अक्षरों को लिखने का एक अन्य काफी प्रचलित तरीका है—कर्सिव राइटिंग अर्थात् कर्सिव (घसीट) लेखन। यह इस प्रकार है :

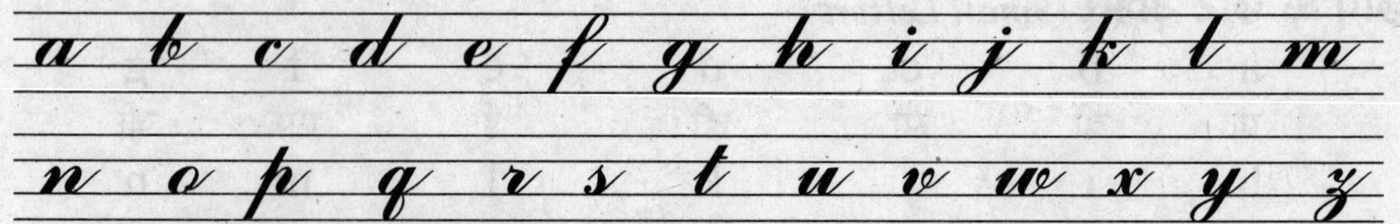

उल्लेखनीय है कि अंग्रेजी लिखते समय आप किसी एक रूप को ही प्रयोग में लाएँ, यह जरूरी नहीं है। मसलन, आप छापे में प्रयुक्त अक्षरों का प्रयोग हाथ से लिखते समय कर सकते हैं। हाँ, बड़े अक्षरों (Capitals) का प्रयोग केवल बड़े अक्षर (किसी भी रूप में) हेतु ही करें। फिर भी लेखन की एकरूपता एवं सुंदर हस्तलेख हेतु जहाँ तक संभव हो, कैपिटल तथा स्मॉल अक्षर एक ही वर्ग से चुनें।

रोमन वर्णमाला के इन 26 अक्षरों में a, e, i, o, u स्वर (Vowels) तथा शेष व्यंजन (Consonants) कहलाते हैं।

❑

रोमन अक्षरों का उच्चारण
(Pronunciation of Roman Letters)

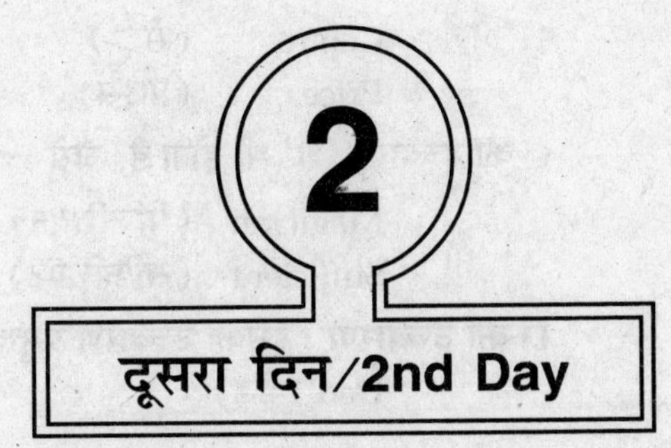

A का उच्चारण : यह स्पष्ट रूप से दरशाना मुश्किल है कि कौन सा उच्चारण कब किया जाए। फिर भी, मोटे तौर पर कुछ दिशा-निर्देश तैयार किए जा सकते हैं।

A के बाद एक अक्षर छोड़कर e हो तो उच्चारण 'ए' होगा, जैसे :

Tale (टेल) Male (मेल) Gave (गेव) Name (नेम) Same (सेम)
Sage (सेज) Gate (गेट) Date (डेट)

लेकिन A के बाद एक अक्षर छोड़कर r हो तो उच्चारण होगा 'एअ', जैसे :

Pare (पेअर) Bare (बेअर) Share (शेअर) Dare (डेअर)

यदि दो व्यंजनों के बीच a आए और एक अक्षर छोड़कर e न हो तो उच्चारण होगा 'अॅ', जैसे :

Bat	(बैट)	Sat	(सैट)	Cap	(कैप)
Ran	(रैन)	Pan	(पैन)	Fact	(फैक्ट)

A 'अ' उच्चारण में, जैसे :

Normal	(नॉर्मल)	Formal	(फॉर्मल)	Urban	(अर्बन)
Pillar	(पिलर)	Jailer	(जेलर)	Beggar	(बेगर)

'आ' उच्चारण में :

Jar	(जार)	Car	(कार)	Star	(स्टार)
Mask	(मास्क)	Flask	(फ्लास्क)	Wasp	(वास्प)
Class	(क्लास)	Arm	(आर्म)	Farm	(फार्म)

जो शब्द स्वयं A से शुरू होते हैं, उनका उच्चारण अ, अॅ कुछ भी हो सकता है, जैसे :

Ahead (अहेड) Alive (अलाइव) Ago (अगो)

A 'ऑ' तथा 'ऑअ' के रूप में :

Wash	(वॉश)	Mall	(मॉल)	Salt (सॉल्ट)
Call	(कॉल)	All	(ऑल)	Water (वॉटर)

B का उच्चारण : B का उच्चारण हमेशा 'ब' ही रहता है, जैसे :

Big (बिग) Bitter (बिटर)

C का उच्चारण : C के दो उच्चारण हैं—'क' तथा 'स'।

साधारणतया C के बाद यदि कोई स्वर a, o, u या कोई व्यंजन हो तो C का उच्चारण 'क' होता है, जैसे :

Cot (कॉट) Cash (कैश) Crash (क्रैश)

यदि C के बाद e, i, y हो तो उच्चारण 'स' होता है, जैसे :

Centre (सेंटर) Cycle (साइकिल) Device (डिवाइस)
Price (प्राइस) Nice (नाइस) Circle (सर्किल)

C का उच्चारण 'श' भी होता है, जैसे :

Magician (मैजिशियन) Ocean (ऑशियन) Optician (ऑप्टिशियन)
Sufficient (सफिशिएंट) Ancient (एन्शिएंट) Gracious (ग्रेशियस)

D का उच्चारण : इसका उच्चारण प्रमुखत: 'ड' ही होता है, लेकिन कहीं-कहीं 'ज' भी होता है।

Dad (डैड) Sad (सैड) Mad (मैड)
(ड)
Rid (रिड) Mid (मिड) Lid (लिड)

Soldier (सोल्जर) Individual (इंडिविजुअल)
(ज)
Graduate (ग्रेजुएट) Procedure (प्रोसिजर)

E का उच्चारण : E का उच्चारण इ ई, इअ, अ तथा ए होता है।

E के बाद एक अक्षर छोड़कर यदि पुन: e आए तो उच्चारण होगा 'ई', जैसे :

Compete (कंपीट) Complete (कंप्लीट)
Recede (रिसीड) Supercede (सुपरसीड)

शब्द के अंत में re हो और उससे पहले भी e आया हो तो उच्चारण होगा 'इअ', जैसे :

Atmosphere (ऐटमॉस्फियर) Here (हियर)

er के बाद कोई व्यंजन हो तो e का उच्चारण 'अ' होगा, जैसे :

Verb (वर्ब) Jerk (जर्क) Perk (पर्क)

इस प्रकार के शब्दों में E का उच्चारण 'अ' किया जाता है, जैसे :

Shudder (शॅडर) Foster (फॉस्टर)
River (रिवर) Driver (ड्राइवर)
Barren (बैरॅन) Sunken (संकन)
Poster (पोस्टर) Tunnel (टनल)

इसी प्रकार दो व्यंजनों के बीच e आए तो उसका उच्चारण 'ए' के समान होगा, जैसे :

Pet (पेट) Red (रेड) Peg (पेग)
Yell (येल) Sell (सेल) Well (वेल)
Swell (स्वेल) Mend (मेंड) Bend (बेंड)
Neck (नेक) Net (नेट) Pen (पेन)

F का उच्चारण : F का उच्चारण 'फ' होता है, जैसे :

Fox (फॉक्स) Fan (फैन) Facial (फेशॅल)
Fire (फायर) Fat (फैट) Factor (फैक्टर)
अपवाद : Of (ऑव्, अव्)

G का उच्चारण : G का मुख्य उच्चारण 'ग' है, लेकिन कई शब्दों में यह 'ज' भी पढ़ा जाता है।

G के बाद स्वर a, o, u या कोई व्यंजन आए तो उच्चारण में सामान्यतया 'ग' पढ़ा जाता है, जैसे :

Gold (गोल्ड) Gang (गैंग) Gun (गन)
Mingle (मिंगल) Gather (गैदर) Mega (मेगा)

लेकिन कई शब्दों में G को 'ज' भी पढ़ा जाता है। साधारणतया (अपवादों को छोड़कर) 'ज' वहाँ पढ़ा जाता है जहाँ g के बाद e, i, y हो, जैसे :

Digit (डिजिट) Energy (एनर्जी) Strategy (स्ट्रेटजी)
Gender (जेंडर) Wager (वेजर) Messenger (मेसेंजर)
Surge (सर्ज) Ginger (जिंजर) Gel (जेल)

इसके अपवाद भी काफी हैं, जैसे :

Girl (गर्ल) Gear (गिअर) Target (टार्गेट)
Give (गिव) Geyser (गीजर) Gift (गिफ्ट)

(इनमें G का उच्चारण 'ग' ही होगा।)

H का उच्चारण : H का उच्चारण अधिकतर 'ह' ही होता है, जैसे :

House (हाउस) Harm (हार्म) Half (हाफ)
Her (हर) Hair (हेअर) High (हाई)

लेकिन कई शब्दों में यह मूक (Silent) रहता है, जैसे :

Hour (आवर) Honest (ऑनेस्ट) आदि।

I का उच्चारण : I का प्रमुख उच्चारण 'इ' है, लेकिन इसके अन्य उच्चारण भी हो सकते हैं।

I से शुरू होनेवाले या दो व्यंजनों के बीच में प्रयुक्त i का उच्चारण 'इ' होगा, जैसे :

Is (इज) In (इन) If (इफ) Fill (फिल)
Mill (मिल) Hill (हिल) Wink (विंक) Pink (पिंक)
Chip (चिप) Lip (लिप) Dip (डिप) Hint (हिंट)
Nib (निब) Nipple (निपल) Kid (किड) Sick (सिक)

I के बाद प्रयुक्त व्यंजन के तुरंत बाद e का प्रयोग होने पर उच्चारण 'आइ' होगा, जैसे :

Kite (काइट) Like (लाइक) Hike (हाइक) Nine (नाइन)
Fine (फाइन) Wine (वाइन) Wide (वाइड) Hide (हाइड)
Slide (स्लाइड) Wife (वाइफ) Nice (नाइस) Ripe (राइप)

यदि किसी शब्द के अंत में i के साथ re आए तो उच्चारण होगा 'आइअ', जैसे :

Umpire (अंपायर) Desire (डिजायर) Wire (वायर) Expire (एक्सपायर)

शब्द रचना में यदि ir से पहले तथा बाद में दोनों व्यंजन हों तो उच्चारण 'अऽ' होगा, जैसे :

Shirt (शर्ट) Girl (गर्ल)
First (फर्स्ट) Birth (बर्थ)

कुछ शब्दों में i का उच्चारण 'ई' होता है, जैसे :

Submarine (सबमरीन) Regime (रीजीम) Casino (कॅसीनो)

J का उच्चारण : J का उच्चारण 'ज' ही होता है, जैसे :

Jack (जैक) Jewel (ज्वेल) Jail (जेल)

K का उच्चारण : K का उच्चारण 'क' है, जैसे :

Kick (किक) Kite (काइट) Milk (मिल्क)

L का उच्चारण : L का एकमात्र उच्चारण 'ल' होता है, जैसे :

Late (लेट) Lesson (लॅसन) Life (लाइफ)

M का उच्चारण : M का उच्चारण हमेशा 'म' होता है, जैसे :

Mat (मैट) Minister (मिनिस्टर) Money (मनी)

N का उच्चारण : N का उच्चारण 'न' है, जैसे :

Nose (नोज) Noon (नून) Moon (मून)

O का उच्चारण : O का मुख्य उच्चारण 'ओ' है, लेकिन यह स्थिति के अनुसार, 'ऑ', 'आअ्', 'अ', 'ऊ' या 'व' हो सकता है, जैसे :

O यदि दो व्यंजनों के बीच में आए तो उच्चारण होगा 'ऑ', जैसे :

Dog (डॉग) Top (टॉप) Cop (कॉप)

Fog (फॉग) Mob (मॉब) Log (लॉग)

Toss (टॉस) God (गॉड) Lot (लॉट)

Cot (कॉट) Cock (कॉक) Sock (सॉक)

Hot (हॉट) Rod (रॉड) Fox (फॉक्स)

Sorry (सॉरी) Song (सॉन्ग) Wrong (रॉन्ग)

यदि O के बाद कोई व्यंजन (Consonant) हो तथा उसके तुरंत पश्चात् e आए तो o का उच्चारण 'ओ' होगा, जैसे :

Phone (फोन) Tone (टोन) Cone (कोन)

Mode (मोड) Code (कोड) Rope (रोप)

Bone (बोन) Slope (स्लोप) Vote (वोट)

इसी प्रकार शब्द के अंत में आए o का उच्चारण 'ओ' ही होगा, जैसे :

Mango (मैंगो) Memo (मेमो) Zero (जीरो)

Hero (हीरो) Auto (ऑटो) Motto (मोटो)

एक से ज्यादा शब्द-खंड वाले शब्दों में यदि अंत में o के बाद n या r आए तो o का उच्चारण 'अ' होगा, जैसे :

Tutor (ट्यूटर) Inspector (इंस्पेक्टर) Ribbon (रिबन)

Warrior (वॉरियर) Lesson (लॅसन) Union (यूनियन)

कुछ शब्दों में o का उच्चारण कहीं 'अ' होता है तो कहीं 'ऊ', जैसे :

Some (सम) None (नन) (अ उच्चारण)

Move (मूव) Approve (अप्रूव) (ऊ उच्चारण)

कुछ शब्दों में o का उच्चारण 'उ' होता है, जैसे :

Good (गुड) Book (बुक) Took (टुक)

कहीं–कहीं o को 'व' भी पढ़ा जाता है, जैसे :

One (वन) Oneness (वननेस)

P का उच्चारण : P का उच्चारण सामान्यतया 'प' होता है, जैसे :

Pipe (पाइप) Paper (पेपर) Pen (पेन)

लेकिन यदि p के तुरंत बाद h आए तो उच्चारण 'फ' होगा, जैसे :

Physics (फिजिक्स) Photo (फोटो) Pharmacy (फार्मेसी)

Q का उच्चारण : Q का उच्चारण 'क' के समान होता है, लेकिन अधिकतम शब्दों में Q के साथ U का प्रयोग किया जाता है, इसलिए इसका उच्चारण 'क्व' हो जाता है, जैसे :

Question (क्वेश्चन) Quality (क्वालिटी) Queen (क्वीन)

कभी यह उच्चारण 'क्यू' भी होता है, जैसे :

Queue (क्यू)

R का उच्चारण : R का उच्चारण 'र' होता है, लेकिन कुछ स्थितियों में यह आधा ही पढ़ा जाता है, जैसे :

Rain (रेन) Rice (राइस) Road (रोड)

Three (थ्री) March (मार्च) Search (सर्च)

S का उच्चारण : S का प्रमुख उच्चारण 'स' है, लेकिन यह अधिसंख्य शब्दों में 'ज' के रूप में भी पढ़ा जाता है।

S का 'स' उच्चारण :

Universe (यूनिवर्स) Glimpse (ग्लिंप्स्) Talks (टॉक्स)

S का 'ज' उच्चारण :

Advise (एडवाइज) Erase (इरेज) Criticism (क्रिटिसिज्म)

S को कहीं–कहीं 'श' भी पढ़ा जाता है, जैसे :

Mansion (मॅन्शन) Compulsion (कंपल्शन)

Sugar (शुगर) Ensure (एंश्योर)

T का उच्चारण : T का प्रमुख उच्चारण 'ट' है, जैसे :

Time (टाइम) Test (टेस्ट) Rest (रेस्ट)

Better (बेटर) Total (टोटल) Hotel (होटल)

लेकिन इसका उच्चारण 'च' तथा 'श' भी होता है—'च' उच्चारण वाले कुछ शब्द :

Mutual (म्यूचुअल) Future (फ्यूचर) Furniture (फर्नीचर)

Picture (पिक्चर) Signature (सिग्नेचर) Lecture (लेक्चर)

Question (क्वेश्चन) Century (सेंचुरी) Torture (टॉर्चर)

'श' उच्चारण वाले कुछ शब्द :

Nation (नेशन) Partial (पार्शल)

Nutritious (न्यूट्रिशियस) Martial (मार्शल)

U का उच्चारण : U के कई उच्चारण हैं, जैसे अ, उ, ऊ, यू आदि।

यदि किसी शब्द में दो व्यंजनों के बीच U आए तो उच्चारण 'अ' होता है, जैसे :

But (बट) Bus (बस) Tub (टब) Run (रन) Fun (फन)

Turn	(टर्न)	Clutter	(क्लटर)	Nut	(नट)	Cut	(कट)	Cub	(कब)
Tusk	(टस्क)	Dusk	(डस्क)	Huddle	(हडल)	Mummy	(मम्मी)	Rummy	(रम्मी)
Rubble	(रबल)	Rumble	(रंबल)	Jumper	(जंपर)				

U का 'उ' उच्चारण :

Full (फुल) Put (पुट) Bull (बुल)

U का 'ऊ' तथा 'यू' उच्चारण :

Truce (ट्रूस) Brute (ब्रूट)

Tube (ट्यूब) Fume (फ्यूम)

V तथा W का उच्चारण : दोनों का उच्चारण 'व' है।

V के 'व' उच्चारण के कुछ शब्द

Valley (वैली) Cave (केव) Vice (वाइस)

W के 'व' उच्चारण वाले शब्द :

Warm (वार्म) Ware (वेअर) Was (वाज)

X का उच्चारण : X का उच्चारण शब्द में इसकी स्थिति के अनुसार 'क्स', 'ग्ज' तथा 'ज' हो सकता है।

'क्स' के रूप में यदि X शब्दों के बीच या अंत में हो, जैसे :

Box (बॉक्स) Extra (एक्स्ट्रा) Exercise (एक्सरसाइज)

'ग्ज' के रूप में X :

Example (एग्जांपल) Exact (एग्जैक्ट)

'ज' के रूप में X :

Xerotic (जॅरोटिक) Xanthic (जैंथिक)

Y का उच्चारण : व्यंजन (Consonant) के रूप में Y का प्रयोग होने पर इसका उच्चारण 'य' होता है, जैसे :

Yes (येस) You (यू) Yellow (येलो)

Y के दो अन्य उच्चारण भी हैं; जब यह स्वर (Vowel) के रूप में प्रयुक्त होता है, जैसे 'ई' के रूप में :

Lady (लेडी) Copy (कॉपी) Many (मॅनी)

Y 'आइ' के रूप में :

Dry (ड्राइ) Reply (रिप्लाइ) Try (ट्राइ)

Z का उच्चारण : Z का उच्चारण 'ज' है, जैसे :

Zero (जीरो) Zeal (जील) Size (साइज)

❑

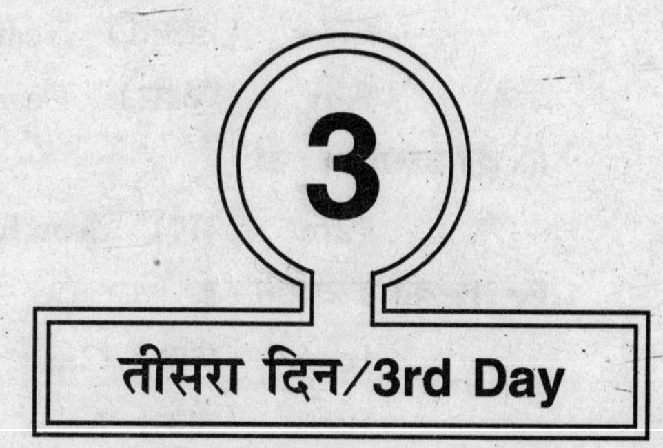

अंग्रेजी में स्वर
(Vowels)

A, E, I, O, U रोमन वर्णमाला में स्वर हैं। हिंदी के स्वरों की तरह इनका कार्य भी अक्षरों को जोड़ना है, ताकि शब्द निर्मित हो सकें। इसीलिए अध्याय-2 में इनका उच्चारण कुछ विस्तार से दिया गया है।

आइए, अब कुछ स्वर-जोड़ों के उच्चारण के बारे में जानें। ये निम्नलिखित हैं :

Ai : Ai का उच्चारण : ए अ्

Gait (गेट) Raid (रेड) Braid (ब्रेड्)
Fail (फेल) Faith (फेथ) Rail (रेल)

Ai का उच्चारण : एअ, एच

Chair (चेअर) Fair (फेयर) Fairy (फेयरी)

Ae : Ae का उच्चारण : ई

Paediatric (पीडिएट्रिक) Aegis (ईजिस्)

Ae का उच्चारण : एअ, एच

Aeroplane (एॅरोप्लेन) Aerial (एरियल)

Au : Au का उच्चारण : ऑ ऽ

Sauce (सॉस) Pause (पॉज)
Launch (लॉञ्च) Taunt (टॉण्ट)

Aw : Aw का उच्चारण : ऑऽ

Awkward (ऑक्वर्ड) Law (लॉ)
Lawn (लॉन) Spawn (स्पॉन)

Ay : Ay का उच्चारण : ए

Day (डे) Say (से) Clay (क्ले)
Betray (बिट्रे) Slay (स्ले) Okay (ओके)

Ea : Ea का उच्चारण : ई

Reach (रीच) Speak (स्पीक) Teach (टीच)
Lease (लीज) Meal (मील) Reveal (रिवील)

Ea का उच्चारण : ए

Dead (डेड) Head (हेड) Spread (स्प्रेड)

Ready (रेडी) Steady (स्टेडी) Breast (ब्रेस्ट)

Ea का उच्चारण : इअ या इय

Clear (क्लियर) Year (ईअर) Beard (बिअर्ड)

Fear (फिअर) Dear (डियर) Ideal (आइडियल)

Ea का उच्चारण : अ

Earn (अर्न) Search (सर्च) Dearth (डर्थ)

Ee : Ee का उच्चारण : ई

Feed (फीड) Green (ग्रीन) Breed (ब्रीड)

Week (वीक) Jeep (जीप) Fleet (फ्लीट)

Ee का उच्चारण : इअ या इय

Cheer (चिअर) Career (कॅरियर) Pioneer (पायनियर)

Eu : Eu का उच्चारण : यू

Eucalyptus (यूकेलिप्टस) Feud (फ्यूड)

Ew : Ew का उच्चारण : यू

Curfew (कर्फ्यू) New (न्यू) Few (फ्यू)

Ew का उच्चारण : ऊ

Flew (फ्लू) Brew (ब्रू)

Ey : Ey का उच्चारण : इ

Hockey (हॉकी) Trolley (ट्रॉली) Donkey (डंकी)

Ey का उच्चारण : ए

They (दे) Survey (सर्वे)

Ei : Ei का उच्चारण : ई

Conceive (कंसीव) Receive (रिसीव) Deceive (डिसीव)

Seize (सीज) Ceiling (सीलिंग) Protein (प्रोटीन)

Ei का उच्चारण : ए

Leisure (लेजर) Surveillance (सर्वेलांस)

Ei का उच्चारण इ या आइ

Surfeit (सरफिट) Height (हाइट) Either (आइदर)

Ie : Ie का उच्चारण : ई

Brief (ब्रीफ) Believe (बिलीव) Chief (चीफ)

Thief (थीफ) Siege (सीज) Yield (यील्ड)

Ie का उच्चारण : इ

Talkie (टॉकी) Movie (मूवी)

Ie का उच्चारण : आइ

Die (डाइ) Lie (लाइ)

इसके अलावा ie का उच्चारण कहीं-कहीं 'अ', 'इअ' तथा 'ए' भी हो सकता है।

Oa का उच्चारण : ओ

Coach (कोच) Boat (बोट) Goal (गोल)

Coat (कोट) Coal (कोल) Load (लोड)

Oa का उच्चारण : ऑअ

Hoard (हॉर्ड) Coarse (कॉर्स) Roar (रॉर)

Oe का उच्चारण : ओ, यू

Toe (टो) Woe (वो) Shoe (शू)

Oi का उच्चारण : ऑइ

Devoid (डिवॉइड) Turmoil (टरमॉइल) Boil (बॉइल)

Poison (पॉइजन) Coin (कॉइन) Join (जॉइन)

Oo का उच्चारण : ऊ

Moon (मून) Mood (मूड) Food (फूड)

Room (रूम) Too (टू) Snooze (स्नूज)

Oo का उच्चारण : उ

Good (गुड) Hook (हुक) Cook (कुक)

Oo का उच्चारण : अ, उअ

Flood (फ्लड) Blood (ब्लड) Poor (पुअर)

Ou का उच्चारण : आउ

Loud (लाउड) Proud (प्राउड) Pound (पाउंड)

Shout (शाउट) Count (काउंट) South (साउथ)

Ou का उच्चारण : अ

शब्दों के बीच में अथवा अंत में our या ous हो तो उच्चारण 'अ' या 'य' होगा, जैसे :

Harbour (हार्बर) Colour (कलर) Behaviour (बिहेवियर)

Famous (फेमस) Journal (जर्नल) Courtesy (कर्टसी)

Ou का उच्चारण : ऊ

Soup (सूप) Coup (कूप) Youth (यूथ)

Ou का उच्चारण : ओ

Shoulder (शोल्डर) Soul (सोल) Mould (मोल्ड)

Ow का उच्चारण : आउ

Crown (क्राउन)	Crowd (क्राउड)	Now (नाउ)
Town (टाउन)	Powder (पाउडर)	Brown (ब्राउन)

Ow का उच्चारण : ओ

Bellow (बिलो)	Borrow (बॉरो)	Crow (क्रो)
Blow (ब्लो)	Shadow (शैडो)	Low (लो)

Oy का उच्चारण : ऑय

Toy (टॉय)	Boy (बॉय)	Employ (इंप्लॉय)

Ue का उच्चारण : ऊ

Clue (क्लू)	Sue (सू)	Blue (ब्लू)

Ue का उच्चारण : यू

Due (ड्यू)	Venue (वेन्यू)	Revenue (रेवेन्यू)

Ui का उच्चारण : ऊ तथा यू

Fruit (फ्रूट)	Cruise (क्रूज)	Tuition (ट्यूशन)

ऊपर स्वर–युग्म एवं स्वर के साथ युग्मित व्यंजनों के उच्चारण दिए गए हैं। कुछ युग्मित व्यंजनों के उच्चारण इस प्रकार हैं :

युग्मित व्यंजन *(Double Consonant)*

Ch का उच्चारण : Ch का प्रमुख उच्चारण 'च' है, जैसे :

March	(मार्च)	Chapter	(चैप्टर)	Channel	(चैनल)
Bench	(बेंच)	Pinch	(पिंच)	Clich	(क्लिच)
Chance	(चांस)	Much	(मच)	Chuck	(चक)

Ch का उच्चारण 'क' भी होता है, जैसे :

Character	(कैरेक्टर)	Chemical	(केमिकल)	Christmas	(क्रिसमस)
Scheme	(स्कीम)	School	(स्कूल)	Monarch	(मोनार्क)
Echo	(ईको)	Chronic	(क्रॉनिक)	Archaic	(आर्केइक)

Ch का उच्चारण 'श', जैसे :

Brochure (ब्रोशर)	Chauffeur (शोफर)
Machine (मशीन)	Chef (शेफ)

Ck का उच्चारण : इसका सामान्य उच्चारण 'क' है, जैसे :

Black (ब्लैक)	Pick (पिक)	Trick (ट्रिक)
Tickle (टिकल)	Flock (फ्लॉक)	Clock (क्लॉक)

Ed का उच्चारण : इसके दो उच्चारण हैं, जैसे :

'ड' उच्चारण :

Striped (स्ट्राइप्ड)	Cursed (कर्स्ड)

'ड' उच्चारण :

Devoted (डिवोटेड) Deprived (डिप्राइव्ड)

Qu का उच्चारण : इसके निम्नलिखित उच्चारण हैं :

क्व : Quest (क्वेस्ट) Quilt (क्विल्ट)

Queen (क्वीन) Squeeze (स्क्वीज)

क : Liquor (लिकर) Mosquito (मॉस्क्यूटो)

यदि शब्द के अंत में Que आए तो भी उच्चारण 'क' ही होगा, जैसे :

Unique (यूनीक) Mosque (मॉस्क)

Sc का उच्चारण : Sc का सामान्य उच्चारण 'स' होता है, जैसे :

Science (साइंस) Scene (सीन)

Sc का उच्चारण 'स्क' भी होता है, यदि sc के बाद a, o, u या कोई consonant हो, जैसे :

Score (स्कोर) Script (स्क्रिप्ट) Rescue (रेस्क्यू)

Sc का उच्चारण : 'श', जैसे :

Conscience (कॉन्शंस) luscious (लशिअस)

Th का उच्चारण : Th का उच्चारण प्रमुखत: 'थ' होता है, जैसे :

Earth (अर्थ) Path (पाथ) Wealth (वेल्थ)

Theme (थीम) Fifth (फिफ्थ) Myth (मिथ)

यदि th के उपरांत i या e हो तो सामान्यत: उच्चारण 'द' होता है, जैसे :

Brother (ब्रदर) Other (अदर) Thine (दाइन)

This (दिस) Clothe (क्लोद) Lather (लेदर)

स्वरों एवं व्यंजनों के उच्चारण के कुछ सामान्य से नियम ऊपर दिए गए हैं। विस्तृत जानकारी गहन अध्ययन तथा स्वाध्याय से ही संभव है।

❑

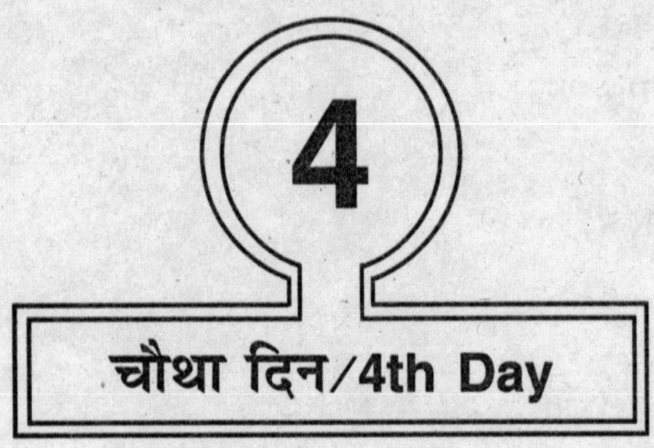

अनुच्चरित (मूक) अक्षर
(Silent letters)

अंग्रेजी शब्दों के शुरू, बीच या अंत में कई अक्षर ऐसे होते हैं जिनको उच्चारित नहीं किया जाता। इसका कोई निश्चित नियम नहीं है, फिर भी सुविधा हेतु कुछ उदाहरण प्रस्तुत हैं :

अनुच्चरित B : यदि शब्द का आखिरी अक्षर b हो तथा इसके ठीक पूर्व m आया हो तो b मूक रहता है, जैसे :

Lamb (लैम)   Bomb (बॉम)

इसी प्रकार t से पूर्व आया b भी शब्द में मूक रहता है, जैसे :

Doubt (डाउट)   Debt (डेट)

अनुच्चरित C : यदि C के ठीक पहले s आया हो तो c अधिकतर मूक रहता है, जैसे :

Science (साइंस)   Scent (सेंट)

अनुच्चरित E : E के तत्काल बाद ar आए तो e मूक रहता है, जैसे :

Earnest (अर्नेस्ट)   Earn (अर्न)   Earthly (अर्थली)

इसी प्रकार शब्दों के अंत में आनेवाला e भी अधिकतर मूक रहता है, जैसे :

Concede (कंसीड)   Exercise (एक्सरसाइज)   Inaccurate (इनऐक्युरेट)

अनुच्चरित G : शब्द का प्रारंभिक अक्षर G से शुरू हो तथा उसके तुरंत बाद n लगा हो तो केवल n का उच्चारण होता है—G मूक रहता है, जैसे :

Gnash (नैश)   Gnat (नैट)

इसी प्रकार शब्दों के बीच या अंत में आए g के तत्काल बाद यदि n हो तो g अनुच्चरित रहता है, जैसे :

Design (डिजायन)   Consignment (कंसाइनमेंट)

इसी तरह जब gh से पूर्व कोई स्वर आया हो तो gh दोनों मूक बने रहते हैं, जैसे :

Eight (एट)   Caught (कॉट)   Right (राइट)

अनुच्चरित H : H से शुरू होनेवाले कुछ शब्दों में h मूक रहता है, जैसे :

Honest (ऑनेस्ट)   Honourable (ऑनरेबल)   Hour (ऑवर)

अनुच्चरित K : यदि K शब्द के शुरू में हो तथा उसके बाद n आए तो k मूक रहता है, जैसे :

Knife (नाइफ)   Knock (नॉक)   Know (नो)

अनुच्चरित L : यदि l के पूर्व a या ou आए हों तथा उनके बाद d, f, k या m आए तो l मूक रहेगा, जैसे :

Could (कुड) Half (हाफ) Walk (वॉक) Balm (बाम)

अनुच्चरित N : यदि शब्द का अंतिम अक्षर n हो तथा उसके पूर्व m आया हो तो n मूक रहेगा, जैसे :

Column (कॉलम) Condemn (कंडेम) Autumn (ऑटम)

अनुच्चरित P : यदि किसी शब्द में p आया हो तथा उसके फौरन बाद t हो तो p मूक रहेगा, जैसे :

Contempt (कंटेम्ट) Receipt (रिसीट)

यदि शब्द का प्रथम अक्षर P हो तथा इसके तुरंत बाद s आया हो तो p का उच्चारण नहीं होगा, जैसे :

Pseudo (स्यूडो) Psychology (साइकोलॉजी)

इसी प्रकार P के तुरंत बाद n या t हो तो भी p मूक रहेगा, जैसे :

Pneumonia (निमोनिया) Ptomaine (टोमेन)

अनुच्चरित T : किसी शब्द में t के ठीक पहले f या s लगा हो तो t अनुच्चरित रहता है, जैसे :

Whistle (व्हिसल) Castle (कैसल) Listen (लिसन)

अनुच्चरित W : यदि शब्द का पहला अक्षर W हो तथा इसके तुरंत बाद r आए तो w का उच्चारण नहीं किया जाता, जैसे :

Wrist (रिस्ट) Wrapper (रैपर) Write (राइट)

अक्षर मूक रहने के कुछ नियम ऊपर दिए गए हैं। इसके अलावा भी कई अन्य नियम हैं, जो मूकता निर्धारित करते हैं। इसी तरह इनके अपवाद भी कई मिल जाते हैं।

❑

हिंदी का रोमन में प्रस्तुतीकरण
(Hindi in Roman)

हिंदी शब्दों को रोमन में लिखने हेतु आपको हिंदी अक्षरों की रोमन प्रस्तुति सीखनी होगी।

हिंदी के स्वर (Vowels) रोमन लिपि सहित

अ	आ	इ	ई	उ	ऊ	ऋ	ए	ऐ	ओ	औ	अं	अ:
a	a या aa	i	i या ee	u	u या oo	ri	e	ai	o	au	an	ah

'या' के साथ दी गई मात्राओं में कोई भी मात्रा प्रयुक्त की जा सकती है, अत: आवश्यकतानुसार आप किसी को भी चुन सकते हैं।

हिंदी के व्यंजन (Consonants) रोमन लिपि सहित

क्	ख्	ग्	घ्	ङ्	च्	छ्	ज्	झ्	ञ्
k	kh	g	gh	n या r	ch	chh	j	jh	n
ट्	ठ्	ड्	ढ्	ण्	त्	थ्	द्	ध्	न्
t	th	d	dh	n	t	th	d	dh	n
प्	फ्	ब्	भ्	म्	य्	र्	ल्	व्	श्
p	ph	b	bh	m	y	r	l	v	sh
		ष्	स्	ह्	क्ष्	त्र्	ज्ञ्		
		sh	s	h	ksh	tr	gy या jn		

आप जानते हैं कि क् ख् ग् अर्थात् हलंत लगे सभी अक्षर हिंदी में आधे माने जाते हैं। उन्हें पूर्ण बनाने के लिए उनमें 'अ' मिलाया जाता है, जैसे :

क् + अ = क इस प्रकार क = ka
ख् + अ = ख इस प्रकार ख = kha
ग् + अ = ग (इस प्रकार अन्य।) ग = ga

लेकिन कभी-कभी इन्हें (सभी व्यंजनों को) बगैर a के भी लिखा जाता है।

हिंदी स्वर व व्यंजनों की अंग्रेजी जानने के बाद अब बारी आती है मात्राओं की। इसे आप हिंदी की बारहखड़ी के माध्यम से जानें, जैसे :

क	का	कि	की	कु	कू	के	कै	को	कौ
ka	ka या kaa	ki	ki या kee	ku	ku या koo	ke	kai	ko	kau

कं kam या kan क: kah (अन्य भी इसी तरह लिखे जाते हैं।)

अंग्रेजी सिखानेवाली तमाम पुस्तकों में आ, ई, ऊ, अं की मात्राओं के लिए अधिकतर एक ही प्रकार की मात्रा दी जाती है। ऐसी स्थिति में यदि मात्रा का दूसरा रूप, जो पाठक को मालूम न हो, सामने आए तो वह उलझन में पड़ जाता है। इस स्थिति से बचने के लिए दोनों प्रकार के रूप यहाँ दिए गए हैं।

आ	राम	Ram	(Raam)
ई	सीता	Sita	(Seeta)
ऊ	मँगनू	Manganu	(Manganoo)
अं	अस्माकं	Asmakam	('म' उच्चारण)
अं	कंकड़	Kankar	('न' उच्चारण)

अर्थात् 'म' उच्चारण हेतु am तथा 'न' उच्चारण के लिए an आएगा।

पर्याप्त जानकारी होने के बाद आप हिंदी शब्दों को आसानी से अंग्रेजी में लिख सकते हैं, जैसे :

कम	Kam	औतार	Autar
काम	Kam या Kaam	जलोधर	Jalodhar
विक्रम	Vikram	रचित	Rachit
शौनक	Shaunak	समीर	Sameer
संधू	Sandhu	कुन्नू	Kunnu या Kunnoo
कराटे	Karate	राधा	Radha

आपने ध्यान दिया होगा कि ऊपर 'कम' शब्द में शुरुआती अक्षर 'क' के लिए ka का प्रयोग किया गया है तथा उसके 'म' के लिए सिर्फ m, न कि ma अर्थात् यह स्पष्ट है कि प्रारंभ में क, म, र, ल आदि जो कोई भी अक्षर हो उसके लिए ka, ma, ra, la आएगा। यदि यही अक्षर अंत में हो तो सिर्फ k, m, r, l आदि लिखना पर्याप्त है।

कुछ शब्द दो खंडों से मिलकर बनते हैं, जैसे : मनोजभूषण अर्थात् मनोज एवं भूषण। इसकी अंग्रेजी होगी Manojabhushan, न कि Manojbhushan, क्योंकि मनोज में 'ज' अंतिम शब्द है।

स्पेलिंग लिखते समय जहाँ तक संभव हो, उसके प्रचलित रूप का ही प्रयोग करें।

आइए, नाम-लेखन के अलावा कुछ अन्य हिंदी शब्दों को रोमन में लिखें, जैसे :

मेरा	Mera	रात	Raat
यार	Yaar	प्यास	Pyaas
निकलना	Nikalana	अंग्रेजी	Angrezi
प्यार	Pyar	भारतीय	Bhartiya
अमेरिकी	Ameriki	बुध	Budh
ध्यान	Dhyan	दागे	Daage, Dage
दोगे	Doge	कड़वा	Karwa
दिनांक	Dinank	राम:	Ramah
तुम्हारा	Tumhara		

❑

अंग्रेजी में अंक एवं संख्याएँ
(Digits and Numbers)

अंग्रेजी में संख्याएँ निम्न प्रकार से लिखी जाती हैं :

	अंग्रेजी		रोमन	हिंदी
1	One	वन	I	एक
2	Two	टू	II	दो
3	Three	थ्री	III	तीन
4	Four	फोर	IV	चार
5	Five	फाइव	V	पाँच
6	Six	सिक्स	VI	छह
7	Seven	सेवन	VII	सात
8	Eight	एट्	VIII	आठ
9	Nine	नाइन	IX	नौ
10	Ten	टेन	X	दस
11	Eleven	इलेवन	XI	ग्यारह
12	Twelve	ट्वेल्व	XII	बारह
13	Thirteen	थर्टीन	XIII	तेरह
14	Fourteen	फोर्टीन	XIV	चौदह
15	Fifteen	फिफ्टीन	XV	पंद्रह
16	Sixteen	सिक्सटीन	XVI	सोलह
17	Seventeen	सेवनटीन	XVII	सत्रह
18	Eighteen	एटीन	XVIII	अठारह
19	Nineteen	नाइंटीन	XIX	उन्नीस
20	Twenty	ट्वेंटी	XX	बीस
30	Thirty	थर्टी	XXX	तीस
40	Forty	फॉर्टी	XL	चालीस
50	Fifty	फिफ्टी	L	पचास
90	Ninety	नाइंटी	XC	नब्बे
100	Hundred	हंड्रेड	C	सौ

400	Four Hundred	फोर हंड्रेड	CD	चार सौ
500	Five Hundred	फाइव हंड्रेड	D	पाँच सौ
900	Nine Hundred	नाइन हंड्रेड	CM	नौ सौ
1000	Thousand	थाउजंड	M	हजार

Thousand के बाद अंग्रेजी संख्याएँ इस प्रकार चलती हैं :

1,00,000	a hundred thousand	हंड्रेड थाउजंड
1,000,000	a million	मिलिअन
100,000,000	a hundred million	हंड्रेड मिलिअन
1000,000,000	a billion	बिलिअन

क्रमवाचक संख्याएँ

First	फर्स्ट	प्रथम	Fourteenth	फोर्टींथ	चौदहवाँ
Second	सेकंड	द्वितीय	Fifteenth	फिफ्टींथ	पंद्रहवाँ
Third	थर्ड	तृतीय	Sixteenth	सिक्सटींथ	सोलहवाँ
Fourth	फोर्थ	चतुर्थ (चौथा)	Seventeenth	सेवंटींथ	सत्रहवाँ
Fifth	फिफ्थ	पंचम (पाँचवाँ)	Eighteenth	एटींथ	अठारहवाँ
Sixth	सिक्स्थ	छठा	Nineteenth	नाइनटींथ	उन्नीसवाँ
Seventh	सेवंथ	सातवाँ	Twentieth	ट्वेंटीअथ	बीसवाँ
Eighth	एॅट्थ	आठवाँ	Twenty-first	ट्वेंटी फर्स्ट	इक्कीसवाँ
Ninth	नाइंथ	नौवाँ	Thirtieth	थर्टीअथ	तीसवाँ
Tenth	टेंथ	दसवाँ	Hundredth	हंड्रेड्थ	सौवाँ
Eleventh	इलेवंथ	ग्यारहवाँ	Thousandth	थाउजंडथ	हजारवाँ
Twelfth	ट्वेल्थ	बारहवाँ	Millionth	मिलिअंथ	दस लाखवाँ
Thirteenth	थर्टींथ	तेरहवाँ	Billionth	बिलिअंथ	अरबवाँ

अपूर्ण *(Fractional)* संख्याएँ

एक-चौथाई	One-fourth	$\frac{1}{4}$ या 1/4	दसवाँ भाग	One-tenth	$\frac{1}{10}$ या 1/10
एक-तिहाई	One-third	$\frac{1}{3}$ या 1/3	आधा भाग	Half	$\frac{1}{2}$ या 1/2
			दुगुना	Double	Twice
दो-तिहाई	Two-thirds	$\frac{2}{3}$ या 2/3	तिगुना	Triple	Thrice
			चौगुना	Quadruple	Four fold
तीन-चौथाई	Three-fourths	$\frac{3}{4}$ या 3/4			या Four times

❑

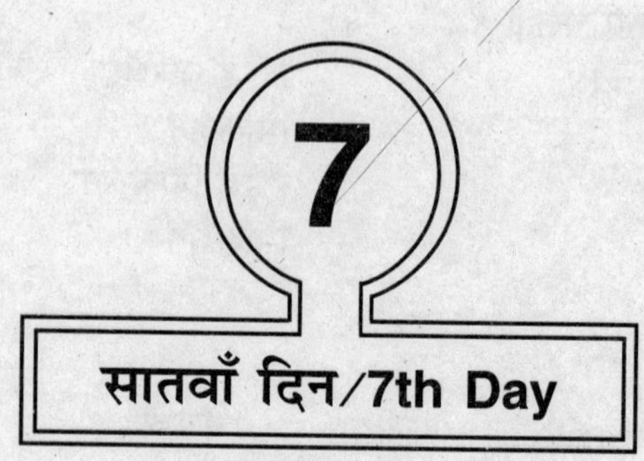

शब्द-भेद
(Parts of Speech)

वाक्य में शब्दों की स्थिति एवं कार्य के अनुसार उन्हें आठ भागों में बाँटा गया है, जिसे शब्द-भेद (Parts of Speech) के नाम से जाना जाता है। ये हैं :

1. Noun (संज्ञा), 2. Pronoun (सर्वनाम), 3. Adjective (विशेषण), 4. Verb (क्रिया), 5. Adverb (क्रिया-विशेषण), 6. Preposition (संबंधवाचक अव्यय), 7. Conjunction (समुच्चयबोधक), 8. Interjection (विस्मयादिबोधक)।

अंग्रेजी भाषा के समुचित ज्ञान हेतु Parts of Speech की अच्छी जानकारी होना आवश्यक है, इसलिए निरंतर अभ्यास जरूरी है।

Noun (संज्ञा)

किसी व्यक्ति, वस्तु, स्थान तथा भाव के नाम को संज्ञा कहते हैं। इसके चार प्रकार हैं :

(1) Proper Noun (व्यक्तिवाचक संज्ञा) : जिससे व्यक्ति या स्थान विशेष का बोध हो, जैसे :

Ram, Mohan, Sita, Mumbai, China, India etc.

(2) Common Noun (जातिवाचक संज्ञा) : जिससे जाति विशेष का बोध हो, जैसे :

Boy, Girl, Queen, House etc.

(3) Collective Noun (समूहवाचक संज्ञा) : जिससे समूह का बोध हो, जैसे :

Crowd, Army, Family, Team, Mob etc.

(4) Abstract Noun (भाववाचक संज्ञा) : जिससे किसी भाव का बोध हो, जैसे :

Kindness, Honesty, Bravery, Hatred, Childhood, Sickness etc.

Gender (लिंग)

अंग्रेजी में चार लिंग हैं :

(1) Masculine Gender (पुल्लिंग) : जिससे किसी पुरुष का बोध हो, जैसे :

Man, Son, Hero, Father, Lion, etc.

(2) Feminine Gender (स्त्रीलिंग) : जिससे स्त्री का बोध हो, जैसे :

Mother, Sister, Aunt, Heroine, Woman, etc.

(3) Common Gender (उभयलिंग) : जिससे पुरुष या स्त्री (दोनों) का बोध हो, जैसे :

Child, Student, Baby, Parent, Pupil, Thief, etc.

(4) Neuter Gender (नपुंसक लिंग) : जिससे स्त्री, पुरुष किसी का बोध न हो। सामान्यतया इसमें निर्जीव या समूहवाचक संज्ञाएँ आती हैं, जैसे :

Book, Chair, Crowd, Tree, Room, etc.

कुछ उदाहरण :

Masculine	Feminine	Masculine	Feminine
Brother (भाई)	Sister (बहन)	King (राजा)	Queen (रानी)
Bull or Ox (बैल)	Cow (गाय)	Man (आदमी)	Woman (औरत)
Dog (कुत्ता)	Bitch (कुतिया)	Lord (लॉर्ड)	Lady (लेडी)
Drone (नर मधुमक्खी)	Bee (मादा मधुमक्खी)	Nephew (भतीजा)	Niece (भतीजी)
Count (सामंत)	Countess (सामंत की पत्नी)	Sir (सर)	Madam (मैडम)
Gentleman (श्रीमान)	Lady (श्रीमती)	Son (पुत्र)	Daughter (पुत्री)
Horse (घोड़ा)	Mare (घोड़ी)	His (उसका)	Her (उसकी)

Ess जोड़कर पुल्लिंग से स्त्रीलिंग बनाना :

Masculine	Feminine	Masculine	Feminine
Author (लेखक)	Authoress (लेखिका)	Manager (व्यवस्थापक)	Manageress (व्यवस्थापिका)
Host (मेजबान)	Hostess (मेजबानी)	Heir (उत्तराधिकारी)	Heiress (उत्तराधिकारिणी)
Poet (कवि)	Poetess (कवयित्री)	Shepherd (गड़रिया)	Shepherdess (गड़ेरिन)
Lion (सिंह)	Lioness (सिंहनी)		

Ess जोड़ते समय पुल्लिंग शब्द के अंत के अक्षर से पूर्व के स्वर को हटा दिया जाता है :

Masculine	Feminine	Masculine	Feminine
Actor (अभिनेता)	Actress (अभिनेत्री)	Waiter (परिचारक)	Waitress (परिचारिका)
Hunter (शिकारी)	Huntress (शिकारिन)	Founder (संस्थापक)	Foundress (संस्थापिका)

कुछ अन्य रूप :

Masculine	Feminine
Grand-father (दादा)	Grand-mother (दादी)
Land-lord (मकान मालिक)	Land-lady (मकान मालकिन)
Man-servant (नौकर)	Maid-servant (नौकरानी)
He-goat (बकरा)	She-goat (बकरी)
He-bear (नर भालू)	She-bear (मादा भालू)
Bull-calf (बछड़ा)	Cow-calf (बछड़ी)
Son-in-law (दामाद)	Daughter-in-law (बहू)
Washerman (धोबी)	Washerwoman (धोबिन)

❑

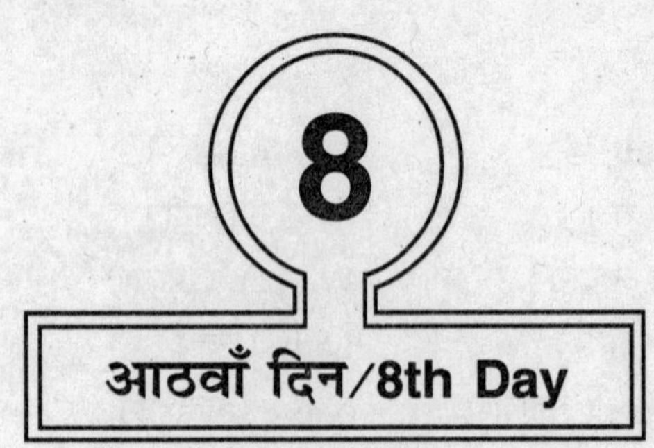

वचन
(Number)

अंग्रेजी में सिर्फ दो वचन होते हैं, न कि हिंदी की तरह तीन वचन। ये दो वचन हैं :

1. Singular Number (एकवचन) : इससे एक का बोध होता है।

2. Plural Number (बहुवचन) : इससे एक से अधिक का बोध होता है।

वचन बदलने के सामान्य नियम :

❑ एकवचन से बहुवचन बनाते समय अंत में s लगाना :

Singular	Plural	Singular	Plural
Boy (लड़का)	Boys (लड़के)	Car (कार)	Cars (कारें)
Girl (लड़की)	Girls (लड़कियाँ)	Pen (एक पेन)	Pens (कई पेन)
Book (किताब)	Books (किताबें)	House (एक घर)	Houses (कई घर)

❑ एकवचन संज्ञा में अंत में s, sh, ch या x हो तो बहुवचन बनाने के लिए es लगाते हैं, जैसे :

Class (कक्षा)	Classes (कक्षाएँ)	Box (संदूक)	Boxes (संदूकें)
Dish (तश्तरी)	Dishes (तश्तरियाँ)	Watch (घड़ी)	Watches (घड़ियाँ)
Glass (ग्लास)	Glasses (ग्लासेस)		

❑ अंत में o वाली एकवचन संज्ञाओं में बहुवचन बनाने हेतु es लगाया जाता है, जैसे :

Mango (एक आम)	Mangoes (कई आम)	Tomato (टमाटर)	Tomatoes (कई टमाटर)
Buffalo (भैंस)	Buffaloes (भैंसें)	Hero (नायक)	Heroes (कई नायक)

इसके कुछ अपवाद भी हैं, जैसे :

Photo (तस्वीर)	Photos (तस्वीरें)	Studio (स्टूडियो)	Studios (स्टूडियोज)
Kilo (किलो)	Kilos (कई किलो)		

❑ अंत में y वाली संज्ञाओं में y को ies में बदल देते हैं, जैसे :

Story (कहानी)	Stories (कहानियाँ)	Army (सेना)	Armies (सेनाएँ)
City (शहर)	Cities (कई शहर)		

लेकिन y के पूर्व यदि कोई स्वर (Vowel) हो तो केवल s लगाया जाता है, जैसे :

Boy (लड़का)	Boys (लड़के)	Day (दिन)	Days (कई दिन)
Guy (लड़का)	Guys (लड़के)		

❑ यदि एकवचन संज्ञा के अंत में f या fe हो तो उसे हटाकर ves लगाते हैं, जैसे :

Calf (बछड़ा)	Calves (बछड़े)	Life (जीवन)	Lives (अनेक जीवन)
Wife (पत्नी)	Wives (पत्नियाँ)	Knife (चाकू)	Knives (कई चाकू)
Thief (चोर)	Thieves (कई चोर)		

लेकिन अपवाद-स्वरूप कुछ शब्दों में केवल s लगाया जाता है, जैसे :

Proof (प्रमाण)	Proofs (कई प्रमाण)	Belief (मत)	Beliefs (अनेक मत)
Chief (प्रमुख)	Chiefs (अनेक प्रमुख)	Dwarf (बौना)	Dwarfs (बौने)

❑ एकवचन शब्द में बीच के अक्षर बदलकर :

Man (आदमी)	Men (कई आदमी)	Foot (पैर)	Feet (कई पैर)
Mouse (चूहा)	Mice (कई चूहे)	Goose (हंस)	Geese (कई हंस)

❑ संयुक्त शब्दों में प्रमुख शब्द में s लगाया जाता है, जैसे :

Daughter-in-law (बहू)	Daughters-in-law (बहुएँ)
Step daughter (सौतेली बेटी)	Step daughters (सौतेली बेटियाँ)
Commander-in-chief (प्रधान सेनापति)	Commanders-in-chief (अनेक प्रधान सेनापति)
Passer-by (राहगीर)	Passers-by (अनेक राहगीर)

❑ कुछ संज्ञाएँ एकवचन व बहुवचन में समान रहती हैं, जैसे :

Deer (हिरण)	Deer (हिरण)	Pair (जोड़ा)	Pair (जोड़ा)
Swine (सूअर)	Swine (सूअर)	Score (अंक-गणना)	Score (अंक-गणना)

❑ Ox का बहुवचन Oxen तथा Child का Children होता है।

❑ संक्षिप्त रूपों का बहुवचन बनाते समय अंतिम अक्षर में छोटा s जोड़ देते हैं, जैसे :

VIP (महत्त्वपूर्ण व्यक्ति) VIPs (कई महत्त्वपूर्ण व्यक्ति) | MLA (विधायक) MLAs (अनेक विधायक)

❑ कुछ संज्ञाएँ हमेशा बहुवचन में होती हैं, जैसे :

Scissors (कैंचियाँ)	Trousers (पैंटें)	Measles (खसरा)
Pliers (प्लायर्स)	Jeans (जींस)	Billiards (बिलियर्ड्स)
Pyjamas (पायजामे)	Drawers (दराजें)	Spectacles (चश्मे)

❑ कुछ बहुवचन सी लगनेवाली संज्ञाएँ एकवचन में प्रयुक्त होती हैं, जैसे :

Physics (भौतिकी)	Mathematics (गणित)	News (समाचार)
Politics (राजनीति)	Innings (पारी)	

❑ कुछ संज्ञाओं का एकवचन में कुछ अर्थ तथा बहुवचन में कुछ और अर्थ होता है, जैसे :

Good (अच्छा)	Goods (सामान)
Force (ताकत)	Forces (सेना)
Respect (आदर)	Respects (शुभवचन)

❑ भाववाचक संज्ञाओं का बहुवचन नहीं होता :

Love (प्रेम) Kindness (दयालुता)

❑

कारक/विभक्ति
(The Case)

कारक (Case) तीन हैं—कर्ता कारक, कर्म कारक एवं संबंध कारक।

कर्ता कारक (Nominative Case) : जब कोई संज्ञा या सर्वनाम किसी क्रिया (Verb) के विषय (कर्ता) के रूप में कार्य करता है, जैसे :

Ram wrote a letter to me. राम ने मुझे पत्र लिखा।

Sohan went to Kolkata. सोहन कोलकाता गया।

उपर्युक्त वाक्यों में प्रथम वाक्य में Ram तथा दूसरे वाक्य में Sohan क्रमशः लिखने व जाने का कार्य कर रहे हैं, अत: ये कर्ता कारक में हैं। कर्ता कारक को प्रथमा विभक्ति भी कहा जाता है।

कर्म कारक (Objective or Accusative Case) : जब कोई संज्ञा या सर्वनाम (Noun or Pronoun) क्रिया के कर्म के रूप में कार्य करता है तो वह कर्म कारक में होता है। इसे द्वितीया विभक्ति भी कहते हैं।

The book is on the table. किताब मेज पर है।

He gave me a pencil. उसने मुझे एक पेंसिल दी।

उपर्युक्त वाक्यों में table एवं me कर्म कारक हैं।

कर्ता कारक की पहचान के लिए क्रिया के आगे Who? or What? (कौन ? या क्या ?) रखें। उत्तर में जो प्राप्त होगा वह कर्ता कारक (Nominative Case) होगा।

इसी प्रकार कर्म कारक (Objective Case) की पहचान के लिए क्रिया तथा इसके विषय के आगे Whom? or What? रखें तो कर्म कारक स्पष्ट हो जाएगा।

संबंध सूचक अव्यय (Preposition) के बाद आनेवाला (आच्छादित) शब्द भी कर्म कारक होता है।

The cat jumped upon the table. बिल्ली मेज पर कूदी।

उपर्युक्त वाक्य में टेबल Objective Case है।

ध्यान दें कि कर्ता सामान्यतया क्रिया से पहले तथा कर्म क्रिया के बाद आता है।

संबंध कारक (Possessive or Genitive Case) : जिससे किसी वस्तु से किसी के संबंध का पता चले, उसे Possessive Case या षष्ठी विभक्ति कहते हैं, जैसे :

This is Mohan's chair. यह मोहन की कुरसी है।

It is my car. यह मेरी कार है।

यहाँ Mohan's तथा my, Possessive Case हैं।

इसे जानने का आसान सा तरीका है Whose? किसका ? किसकी ? प्रश्न पूछें।

लेकिन Possessive Case हमेशा स्वामित्व ही नहीं दरशाता, यह अन्य प्रकार से भी प्रयुक्त हो सकता है, जैसे :

Shiva's temple—temple dedicated to Shiva. शिवजी का मंदिर।

The Court's decree—Decree passed by a court. न्यायालय द्वारा मान्य।

Tulsidas's *Ramcharitmanas*—*Ramcharitmanas* written by Tulsidas.
तुलसीदास कृत *रामचरितमानस*।

षष्ठी विभक्ति (Possessive Case) बनाने के लिए 's का प्रयोग

❑ सजीव संज्ञाओं की षष्ठी बनाने हेतु 's का प्रयोग :

Reena's brother, Kailash's chair, cat's nail. रीना का भाई, कैलाश की कुरसी, बिल्ली का नाखून।

❑ राजनीतिक दलों, लोगों के समूह तथा देशों के साथ :

BJP's conference, the group's leader, India's heroes. भाजपा का सम्मेलन, समूह का नेता, भारत के नायक।

❑ दिन, समय, भार दरशाने वाली संज्ञाओं के साथ :

Thursday's march, five minute's stay, a pound's weight. गुरुवार का मार्च, पाँच मिनट का विश्राम, पाउंड भर वजन।

❑ ग्रहों के साथ, जैसे :

Moon's brightness, world's atmosphere. चाँद की चमक, वैश्विक वायुमंडल।

❑ बहुवचन संज्ञाएँ, जिनके अंत में s हो तो उनकी षष्ठी बनाते समय केवल ' लगाते हैं, जैसे :

Boys' school, farmers' fields. लड़कों का स्कूल, किसानों के खेत।

लेकिन अंत में बिना s वाली बहुवचन संज्ञाओं के साथ 's लगाया जाता है, जैसे :

Men's wears, women's seats. पुरुषों के परिधान, महिलाओं की सीटें।

विभक्ति चार्ट

	Nominative	**Objective**	**Possessive**
1st person	I (मैं) Singular We (हम) Plural	me (मुझे, मुझको) us (हमें, हमको)	mine, my (मेरा) our (हमारा)
2nd person	Thou (तू) Singular You (तुम) Singular and plural both	thee (तुझे, तुझको) you (तुम्हें, तुमको आपको)	thy, thine (तेरा) your (तुम्हारा, आपका)
3rd person	He (वह, उसने) Singular She (वह, उसने) " It (यह) " They (वे, उन्होंने) Plural	him (उसे, उसको) her (उसे, उसको) it (यह) them (उन्हें, उनको)	his (उसका, उसकी) her (उसका, उसकी) its their (उनका, उनके, उनकी)

- अंत में s युक्त एकवचन संज्ञाओं की षष्ठी दोनों प्रकार से अर्थात् केवल ' लगाकर या 's लगाकर बनाई जा सकती है, जैसे :

  Francis—Francis' or Francis's

- संयुक्त नामों में उसके अंतिम खंड में 's लगाया जाता है।

  Brother-in-law's bus. साले की बस।

  Father-in-law's house. ससुर का घर।

- निर्जीव संज्ञाओं के साथ 's नहीं लगाया जाता बल्कि of का प्रयोग किया जाता है, जैसे :

  The roof of the house (not house's roof). घर की छत।

  Leg of the cot (not cot's leg). चारपाई का पाया।

- षष्ठी विभक्ति के सर्वनामों जैसे yours, ours, its, theirs आदि के साथ ' का प्रयोग नहीं होता।
- षष्ठी विभक्ति (का, की, के) के लिए कई बार अंग्रेजी में कुछ भी प्रयोग नहीं किया जाता, जैसे :

A rose petal. गुलाब की पंखुड़ी।

Train service. रेलगाड़ी की सेवा।

A bus journey. बस-यात्रा।

❑

सर्वनाम
(Pronoun)

संज्ञा की जगह प्रयुक्त किए जानेवाले शब्दों को सर्वनाम (Pronoun) कहते हैं।

उदाहरण :

Shyam is out, so Shyam cannot come here. (1) श्याम बाहर है, इसलिए श्याम यहाँ नहीं आ सकता।

Shyam is out, so he cannot come here. (2) श्याम बाहर है, इसलिए वह यहाँ नहीं आ सकता।

आपने देखा कि दूसरे वाक्य में so के बाद Shyam की जगह he का प्रयोग किया गया है, अतः he सर्वनाम (Pronoun) है।

Personal Pronoun (व्यक्तिवाचक सर्वनाम) : जैसे I, we, thou, you, he, she, it, they.

इन्हें तीन वर्गों में बाँटा जा सकता है :

(1) First Person (प्रथम पुरुष) : जो बात करता है, जैसे :

I, we (I एकवचन, We बहुवचन हेतु प्रयुक्त)

(2) Second Person (मध्यम पुरुष) : जिससे बात की जाती है, जैसे :

Thou, you (Thou एकवचन, you बहुवचन हेतु, लेकिन आजकल दोनों के लिए you का ही प्रयोग होता है)

(3) Third Person (अन्य पुरुष) : जिसके बारे में बात की जाती है, जैसे :

He, she, it, they (He, she, it एकवचन, they बहुवचन में प्रयुक्त) : *(चार्ट देखें)*

First Person

	Singular	**Plural**
Nominative Case	I (मैं)	we (हम)
Objective Case	me (मुझे, मुझको)	us (हमको)
Possessive Case	my, mine (मेरा)	our, ours (हमारा)

Second Person

	Singular	**Plural**
Nominative Case	thou (तू) you (तुम)	you (तुम)
Objective Case	thee (तुझको) you (तुमको)	you (तुमको)
Possessive Case	thy, thine (तेरा) you (तुम्हारा)	your, yours (तुम्हारा)

	Third Person			
	Singular			Plural
	Masculine	Feminine	Neuter Gender	(All genders)
Nominative Case	he (वह)	she (वह)	it (वह)	they (वे)
Objective Case	him (उसको)	her (उसको)	it (उसको)	them (उनको)
Possessive Case	his (उसका)	her, hers (उसका)	its (उसका)	their, theirs (उनका)

सर्वनामों का प्रयोग (Use of Pronouns)

सर्वनाम it का प्रयोग :

- समय, दिनांक, दिन तथा मौसम व दूरी की बात करते समय कर्ता के रूप में, जैसे :

  It is a quarter to nine. (नौ बजने में पंद्रह मिनट हैं।)

  It is the thirteenth of July. (आज तेरह जुलाई है।)

  Is it Thursday today? (क्या आज बृहस्पतिवार है?)

  It is a very hot day today. (आज काफी गरम दिन है।)

  How far is it to Chennai? (चेन्नई कितनी दूर है?)

- निर्जीव वस्तु, लघु प्राणियों के लिए :

  It is a chair. (यह एक कुरसी है।)

  Mohan has a puppy, he loves it. (मोहन के पास एक पिल्ला है, वह उसे प्यार करता है।)

- कभी-कभी यह व्यक्तियों के लिए भी प्रयुक्त होता है :

  Is it Sita sitting there? (क्या वहाँ सीता बैठी है?)

  No, it is Meeta. (नहीं, वह मीता है।)

- अव्यक्तिवाचक क्रिया के कर्ता के रूप में :

  It is raining today. (आज बरसात हो रही है।)

  It is thundering. (गड़गड़ाहट हो रही है।)

  It is getting dark. (अँधेरा हो रहा है।)

- कुछ क्रियाओं जैसे appear, happen, seem, look, sound के साथ कर्ता के रूप में :

  It appears (looks, seems) that he is ill. (लगता है, वह बीमार है।)

  It will never happen again in my life. (यह मेरे जीवन में अब कभी नहीं होगा।)

- तदर्थ या अस्थायी कर्ता के रूप में :

  It is certain that you are a good person. (यह तो तय है कि तुम एक अच्छे आदमी हो।)

  It is easy to find faults with others. (दूसरों की गलतियाँ निकालना बहुत आसान है।)

- बाद में आने वाले Noun या Pronoun पर जोर देने हेतु :

  It was I who first stepped in. (मैं था, जो सबसे पहले अंदर आया था।)

  It was you who spoilt the game. (तुम्हीं थे, जिसने खेल बिगाड़ा था।)

Demonstrative Pronouns This, That का प्रयोग :

This का प्रयोग यह (these-ये) तथा that का वह (those-वे) के लिए होता है, जैसे :

This is a book which I have borrowed. (यह एक पुस्तक है, जो मैंने उधार ली है।)

That is the temple of Puri. (वह पुरी का मंदिर है।)

लेकिन यदि ये किसी संज्ञा से पहले प्रयुक्त हों तो विशेषण (Adjective) का कार्य करते हैं, जैसे :

This pen is yours. (यह पेन तुम्हारा है।)

What was that din? (वह शोरगुल कैसा था?)

This, these का प्रयोग निकट की वस्तु तथा that, those का प्रयोग दूर की वस्तु के लिए होता है।

Reflexive and Emphatic Pronouns :

जब my, your, him, her एवं it में self तथा our, your, them (बहुवचन में प्रयुक्त होने पर) में selves जोड़ा जाता है तो इन्हें Reflexive Pronouns कहा जाता है। Emphatic Pronouns का प्रयोग किसी बात पर जोर देने के लिए किया जाता है :

I hurt myself. (Reflexive Pronoun) (मैंने खुद को चोट पहुँचाई।)

You yourself did it. (Emphatic Pronoun) (यह खुद तुमने किया।)

We ourselves do it. (Emphatic Pronoun) (हम खुद यह करते हैं।)

They themselves say so. (Emphatic Pronoun) (वे खुद ऐसा कहते हैं।)

The cow hurt itself. (Reflexive Pronoun) (गाय ने खुद को चोट पहुँचाई।)

यदि self शब्द अलग लिखा हो तो वह संज्ञा (Noun) के रूप में प्रयुक्त हुआ होता है, जैसे :

He cares for nothing but self. (वह अपने अलावा किसी की परवाह नहीं करता।)

Relative Pronouns : संबंधवाचक सर्वनाम से संबंध ज्ञात होता है, जैसे :

जो, जिसने, जिसका, जिसको (who, which, that, whom).

Who का प्रयोग : जो, जिसने, जिन्होंने हेतु इसका प्रयोग होता है।

I met Shashi who had come from the city. (मैं शशि से मिला, जो शहर से आई थी।)

My father who is a physician has gone abroad. (मेरे पिता जो एक चिकित्सक हैं, विदेश गए हैं।)

Forms of Who : Nominative—Who, Objective—Whom, Possessive—Whose.

Which का प्रयोग : Which का प्रयोग भी who के अर्थ में होता है, लेकिन मूलभूत अंतर यह है कि which का प्रयोग निर्जीव वस्तुओं या जीव-जंतुओं के लिए होता है, जबकि who का प्रयोग अधिकांशत: मनुष्यों के लिए होता है।

The book which you saw on the desk was not mine. (डेस्क पर जो पुस्तक तुमने देखी थी, मेरी नहीं थी।)

The cow which was lost for ever had come back to its shed. (गाय जो हमेशा के लिए बिछड़ गई थी, अपने बाड़े में वापस आ गई थी।)

Whom का प्रयोग : इसका प्रयोग मनुष्यों के लिए होता है। निर्जीव वस्तुओं तथा प्राणियों के लिए which या that का प्रयोग होता है। इसका अर्थ जिसे, जिन्हें है।

Ganesh is the only person whom I can ask for help. (गणेश एकमात्र व्यक्ति है, जिससे मैं मदद के लिए कह सकता हूँ।)

He, whom we know as God, is Omnipotent. (वह, जिसे हम ईश्वर के रूप में जानते हैं, सर्वशक्तिमान है।)

लेकिन कई बार whom के बजाय who या that का प्रयोग किया जाता है।

Divya is the only girl who can solve it. (दिव्या एकमात्र लड़की है, जो इसे हल कर सकती है।)

ध्यान रखें कि संबंधसूचक अव्यय जैसे by, for या from के बाद केवल whom का प्रयोग किया जाता है।

Whose का प्रयोग : Whose का प्रयोग अधिकतर सजीव वस्तुओं या जीव-जंतुओं के लिए होता है, लेकिन कहीं-कहीं निर्जीव वस्तुओं के लिए भी इसे प्रयुक्त किया जाता है। इसके अर्थ जिसका, जिसकी, जिसके, जिनके हैं।

This article is written on a man whose bravery is known far and wide. (यह लेख उस व्यक्ति पर लिखा गया है जिसकी बहादुरी के किस्से दूर-दूर तक प्रसिद्ध हैं।)

We were travelling in a bus whose speed was very fast. (हम ऐसी बस में यात्रा कर रहे थे जिसकी गति बहुत तेज थी।)

Relative Pronoun के रूप में that का प्रयोग : इसका प्रयोग who एवं which के समान होता है तथा यह सजीव व निर्जीव दोनों के लिए प्रयुक्त किया जा सकता है। कुछ स्थितियों में which or who के स्थान पर that का प्रयोग नहीं होता, जैसे :

This is a subject in which I am not interested. (that नहीं) (यह एक विषय है, जिसमें मेरी रुचि नहीं है।)

कुछ सामान्य नियम : किसी वाक्य में person का निर्धारण इस प्रकार होगा :

He and I (not I and he.) वह और मैं (मैं और वह नहीं।)

You and I (not I and you.) तुम और मैं (मैं और तुम नहीं।)

Shobhan and I (not I and Shobhan.) शोभन और मैं (मैं और शोभन नहीं।)

उदाहरण :

He and I cannot stay together. वह और मैं साथ-साथ नहीं रह सकते।

You and I are friends. तुम और मैं दोस्त हैं।

You and he must study together. तुम्हें और उसे साथ-साथ पढ़ाई अवश्य करनी चाहिए।

- Pronoun उसी वचन, लिंग तथा पुरुष में होना चाहिए, जो कि उस संज्ञा का है जिसके लिए वह प्रयुक्त हुआ है।

Mariya helps me in study. She also attends to **her** study.
मारिया पढ़ाई में मेरी मदद करती है। वह अपनी पढ़ाई भी करती है।

The farmers are tilling. **They** shall do it till the evening.
किसान खेत जोत रहे हैं। वे शाम तक यह करेंगे।

- जब दो एकवचन की संज्ञाएँ and द्वारा जुड़ी हों तो सर्वनाम बहुवचन में होगा, जैसे :

Mahipal and Rishipal work laboriously. **They** are praised by all.
महिपाल और ऋषिपाल मेहनत से काम करते हैं। सब उनकी तारीफ करते हैं।

लेकिन and से जुड़े संज्ञा शब्द एक ही व्यक्ति से संबंधित हों तो Pronoun भी एकवचन होगा, जैसे :

The president and owner is a dull man. **He** is not fit for the post.
अध्यक्ष और मालिक बेवकूफ आदमी है। वह पद के योग्य नहीं है।

- each or every से जुड़े दो एकवचन की संज्ञाओं का सर्वनाम भी एकवचन होगा :

Every reporter and every editor was at his seat.
हर संवाददाता और हर संपादक अपनी कुरसी पर था।

इसी प्रकार either-or, neither-nor के लिए भी यही नियम लागू होगा।

- जब बहुवचन तथा एकवचन की संज्ञा or या nor से जुड़ी हो तो सर्वनाम बहुवचन में होगा, जैसे :

Either the gardener or his associates have done this.
यह या तो माली या उसके सहायकों ने किया है।

Interrogative Pronouns : जो सर्वनाम प्रश्न पूछने के लिए प्रयुक्त किए गए हों, उन्हें प्रश्नवाचक सर्वनाम

(Interrogative Pronouns) कहते हैं, जैसे :

Direct questions :

Who are you? तुम कौन हो ?

What do you say? तुम क्या कहते हो ?

Whom do you like? तुम किसे चाहते हो ?

Which is relevant? कौन सा प्रासंगिक है ?

Whose is this cycle? यह साइकिल किसकी है ?

Indirect way :

Tell me who you are? मुझे बताओ, तुम कौन हो ?

Ask Mohan what he desires? मोहन से पूछो, उसकी क्या इच्छा है ?

What का प्रयोग केवल वस्तुओं के लिए होता है।

What is your answer? तुम्हारा क्या जवाब है ?

What have you done? तुमने क्या किया है ?

What are those marks you bear on your face? तुम्हारे चेहरे पर ये निशान कैसे हैं ?

अपवाद :

What is he? वह क्या है ? (He is a doctor. वह एक चिकित्सक है।)

Who is he? वह कौन है ? (He is Somesh Sharma. वह सोमेश शर्मा है।)

❑

विशेषण
(Adjective)

संज्ञा (Noun) शब्दों की विशेषता बताने वाले शब्दों को विशेषण (Adjective) कहते हैं, जैसे :

Ramesh is my good friend. (Adj : good) रमेश मेरा अच्छा दोस्त है।

He is a small farmer. (Adj : small) वह एक छोटा किसान है।

He gave me ten oranges. (Adj : ten) उसने मुझे दस संतरे दिए।

Radha is an ideal girl. (Adj : ideal) राधा एक आदर्श लड़की है।

विशेषण के निम्नलिखित प्रकार हैं :

Adjectives of quality (गुणवाचक सर्वनाम) : जिनसे गुण का बोध हो, जैसे :

Delhi is a large city. दिल्ली एक बड़ा शहर है।

Rahim is an intelligent boy. रहीम एक मेधावी लड़का है।

अर्थात् जिससे पता चले—किस प्रकार का है।

Adjectives of quantity (परिमाणवाचक सर्वनाम) : मात्रा का बोध करानेवाले, जैसे :

We ate some rice. हमने थोड़े चावल खाए।

Madhav has little patience. माधव में धैर्य की कमी है।

Raghunath lost all his wealth. रघुनाथ ने अपना सारा धन खो दिया।

There is not sufficient food in the house. घर में पर्याप्त भोजन नहीं है।

मात्रा का अर्थ है—कितना ?

Adjectives of number (संख्यावाचक सर्वनाम) : जिनसे संख्या या क्रम का बोध हो, जैसे :

All students should reach school on time. सभी छात्रों को समय से स्कूल पहुँचना चाहिए।

Most boys like to play. अधिकतर लड़के खेलना पसंद करते हैं।

You know many things. तुम कई बातें जानते हो।

It is fourth in the row. यह पंक्ति में चौथा है।

(a) Definite numeral adjectives (निश्चित संख्यावाचक) जैसे :

One, two, second, fourth. एक, दो, दूसरा, चौथा।

(b) Indefinite numeral adjectives (अनिश्चित संख्यावाचक), जैसे :

Several, certain, many, few, etc. कई, निश्चित, बहुत से, कुछ आदि।

(c) Distributive adjectives (वितरणात्मक सर्वनाम) जैसे :

You may take either side. आप दोनों में से किसी भी एक तरफ हो सकते हैं।

Every girl was happy. प्रत्येक लड़की खुश थी।

The teacher checked neither answer. अध्यापक ने किसी भी उत्तर की जाँच नहीं की।

Demonstrative Adjectives (संकेतवाचक सर्वनाम) जैसे :

This girl is very industrious. यह लड़की बहुत मेहनती है।

That boy is honest. वह लड़का ईमानदार है।

Those goons must be booked. उन बदमाशों को जरूर सजा मिलनी चाहिए।

Do not hate such things. इन बातों से नफरत न करो।

Formation of Adjectives

कुछ उदाहरण :

Fool	Foolish	Courage	Courageous
Play	Playful	Man	Manly
Care	Careful	Talk	Talkative
Shame	Shameless	Move	Moveable
Trouble	Troublesome	Tire	Tireless
Gold	Golden	White	Whitish
Dirt	Dirty	Four	Fourfold
Laugh	Laughable	Black	Blackish

विशेषण की अवस्थाएँ (Degrees of Adjectives)

विशेषण की तीन अवस्थाएँ (डिग्रियाँ) हैं :

1. Positive Degree (प्रथमावस्था) : जिसके द्वारा किसी के बारे में मात्र कोई उल्लेख हो, जैसे :

Harsh is a tall boy. हर्ष एक लंबा लड़का है। (tall, लंबा)

2. Comparative Degree (उत्तरावस्था) : जिसके द्वारा एक की तुलना दूसरे से की जाए, जैसे :

Sushant is taller than Harsh. सुशांत हर्ष से अधिक लंबा है। (taller, अधिक लंबा)

3. Superlative Degree (सर्वोत्तमावस्था) : तुलना में सबसे ज्यादा या सर्वोच्च, जैसे :

Mahi is the tallest of all. माही सबसे अधिक लंबा है। (tallest सबसे अधिक, सर्वाधिक)

Formation of Degrees :

Positive से Comparative बनाने के लिए er तथा Superlative बनाने के लिए उसमें est जोड़ते हैं, जैसे :

Positive	Comparative	Superlative
Small (छोटा)	Smaller (उससे छोटा)	Smallest (सबसे छोटा)
Tall (लंबा)	Taller (उससे लंबा)	Tallest (सबसे लंबा)
Clever (चतुर)	Cleverer (उससे चतुर)	Cleverest (सबसे चतुर)
Young (जवान)	Younger (उससे जवान)	Youngest (सबसे जवान)
Great (महान)	Greater (उससे महान)	Greatest (सबसे महान)
Bold (साहसी)	Bolder (उससे साहसी)	Boldest (सबसे साहसी)
Sweet (मीठा)	Sweeter (उससे मीठा)	Sweetest (सबसे मीठा)

जब Positive डिग्री का शब्द e पर समाप्त हो तो Comparative के लिए केवल r तथा Superlative के लिए उसमें केवल st लगाते हैं, जैसे :

Fine (अच्छा)	Finer (उससे अच्छा)	Finest (सबसे अच्छा)
Able (योग्य)	Abler (उससे योग्य)	Ablest (सबसे योग्य)
Wise (बुद्धिमान)	Wiser (उससे बुद्धिमान)	Wisest (सबसे बुद्धिमान)
Large (बड़ा)	Larger (उससे बड़ा)	Largest (सबसे बड़ा)

यदि Positive Degree के अंत में y आया हो और उससे तुरंत पहले कोई व्यंजन हो तो y को i में बदलकर er तथा est जोड़ते हैं, जैसे :

Easy (सरल)	Easier (उससे सरल)	Easiest (सबसे सरल)
Wealthy(धनी)	Wealthier (उससे धनी)	Wealthiest (सबसे धनी)
Happy (खुश)	Happier (उससे खुश)	Happiest (सबसे खुश)

यदि शब्द के अंत में मात्र एक Consonant तथा उससे पूर्व लघु स्वर आया हो तो अंतिम अक्षर को er या est लगाने से पूर्व double कर देते हैं, जैसे :

Big (बड़ा)	Bigger (उससे बड़ा)	Biggest (सबसे बड़ा)
Fat (मोटा)	Fatter (उससे मोटा)	Fattest (सबसे मोटा)
Hot (गरम)	Hotter (उससे गरम)	Hottest (सबसे गरम)
Thin (पतला)	Thinner (उससे पतला)	Thinnest (सबसे पतला)

कुछ शब्दों से Comparative एवं Superlative बनाने हेतु उससे पूर्व क्रमश: more तथा most जोड़ते हैं, जैसे :

Beautiful (सुंदर)	more beautiful (उससे सुंदर)	most beautiful (सबसे सुंदर)
Difficult (कठिन)	more difficult (उससे कठिन)	most difficult (सबसे कठिन)
Courageous (साहसी)	more courageous (उससे साहसी)	most courageous (सबसे साहसी)
Proper (उचित)	more proper (उससे उचित)	most proper (सबसे उचित)

शब्द जिनकी डिग्री भिन्न प्रकार से बनाई जाती है, जैसे :

Good (अच्छा)	better (उससे अच्छा)	best (सबसे अच्छा)
Bad (बुरा)	worse (उससे बुरा)	worst (सबसे बुरा)
Much, Many (अधिक)	more (उससे अधिक)	most (सबसे अधिक)
Old (पुराना या बूढ़ा)	older (उससे पुराना या बूढ़ा)	oldest (सबसे पुराना या बूढ़ा)
Late (देर से)	later, latter (उससे देर से)	last, latest (सबसे देर से या नवीनतम)
Fore (पहला)	former (उससे पहले का)	foremost, first (सबसे पहले वाला या प्रथम)
Up (ऊपर)	upper (उससे ऊपर)	upmost or uppermost (सबसे ऊपर)

Comparative Degree में तुलना हेतु than का प्रयोग होता है। लेकिन कुछ शब्दों जैसे Junior, Senior, Inferior आदि के साथ to का प्रयोग होता है।

यह ध्यान देने योग्य है Superlative Degree से पूर्व अधिकांश शब्दों में the का प्रयोग किया जाता है, जैसे :

the latest, the worst.

यह भी याद रखें कि elder एवं eldest केवल व्यक्तियों के लिए प्रयुक्त होते हैं, जबकि older एवं oldest दोनों (व्यक्तियों/वस्तुओं) के लिए, जैसे :

Hari Mohan is my elder brother. (हरि मोहन मेरे बड़े भाई हैं।)

Sadhna is my eldest daughter. (साधना मेरी सबसे बड़ी बेटी है।)

Rakesh is older than Aakash. (राकेश आकाश से बड़ा है।)

This is the oldest building in this city. (यह शहर की सबसे पुरानी इमारत है।)

इसी प्रकार Farther दूरी के लिए further 'अतिरिक्त कोई' के संदर्भ में प्रयोग किया जाता है, जैसे :

I must go there without further delay. (और देरी किए बिना मुझे वहाँ अवश्य जाना चाहिए।)

Delhi is farther from Mumbai than Nagpur. (दिल्ली नागपुर की तुलना में मुंबई से ज्यादा दूर है।)

इसी संदर्भ में latter या last स्थिति दरशाते हैं, जबकि later एवं latest समय के संदर्भ में आते हैं, जैसे :

Have you heard the latest news? (क्या तुमने ताजा खबर सुनी है?)

The latter lessons are useless. (बाद के पाठ अनुपयोगी हैं।)

Nearest दूरी के संदर्भ में तथा next स्थिति दरशाने के लिए प्रयोग में लाया जाता है।

The nearest railway station is three kilometres away from here. (निकटवर्ती रेलवे स्टेशन यहाँ से तीन किलोमीटर दूर है।)

The Police Station is next to the school. (पुलिस स्टेशन स्कूल के बगल में है।)

❑

क्रिया
(Verb)

जो शब्द किसी व्यक्ति या वस्तु के बारे में कुछ कहता या बताता है उसे Verb (क्रिया) कहते हैं। यह तीन प्रकार से कार्य करता है :

- व्यक्ति या वस्तु द्वारा किया जानेवाला कार्य :

1. Rekha writes. रेखा लिखती है।
2. The clock strikes ten. घड़ी दस बजाती है।

- किसी व्यक्ति या वस्तु के साथ क्या हुआ है :

1. Rani is hurt. रानी को चोट लगी है।
2. The door is open. दरवाजा खुला है।

- व्यक्ति या वस्तु क्या है या किस स्थिति में :

1. The dog is ill. कुत्ता बीमार है।
2. Sayani is happy. सयानी खुश है।

क्रिया के प्रकार (Kinds of Verb)

क्रिया के दो प्रमुख भेद हैं :

1. अकर्मक क्रिया।
2. सकर्मक क्रिया।

1. अकर्मक क्रिया (Intransitive Verb)

जिस क्रिया के साथ किसी कर्म का प्रयोग न किया गया हो फिर भी वाक्य का अर्थ पूरी तरह स्पष्ट हो, उसे अकर्मक क्रिया कहते हैं, जैसे :

1. Roshan runs. रोशन दौड़ता है।
2. Shuchi sits. शुचि बैठती है।

2. सकर्मक क्रिया (Transitive Verb)

जिस क्रिया के साथ किसी कर्म या object का प्रयोग किया जाता है उसे सकर्मक क्रिया कहते हैं, जैसे :

1. Niharika sings a song. निहारिका गाना गाती है।

2. Harish serves his master. हरीश अपने मालिक की सेवा करता है।

स्मरण रहे, क्रिया का कर्म (Object) Noun, Pronoun, Infinitive, Gerund, Phrase (शब्द खंड) या Clause (अन्य वाक्य या वाक्य खंड) कुछ भी हो सकता है।

सकर्मक क्रिया कभी-कभी दो कर्म (Objects) लिये रहती है, जो व्यक्तिवाचक शब्द अप्रत्यक्ष कर्म (Indirect Object) एवं वस्तुवाचक प्रत्यक्ष (Direct) कर्म कहलाता है :

The teacher told me a good story. शिक्षक ने मुझे एक अच्छी कहानी सुनाई।

उपर्युक्त वाक्य में good story (Direct) एवं me (Indirect Object) है।

क्रिया के उपर्युक्त दो प्रमुख प्रकारों के अलावा दो और भेद होते हैं :

1. Linking (संयोजी) Verb
2. Auxiliary (सहायक) Verb

❑ जिस वाक्य में अर्थ पूरा करने हेतु क्रिया के बाद कुछ जोड़ा जाए उस क्रिया को Linking Verb कहते हैं, जैसे :

1. Raunak Lal looks happy. रौनक लाल खुश लगता है।
2. Grapes taste sour. अंगूर खट्टे हैं।

❑ सहायक क्रिया वह क्रिया है जो वाक्य में मुख्य क्रिया की सहायता करती है, जैसे :

1. Aanchal is going to school. आँचल स्कूल जा रही है।
2. Akash is going to the shop. आकाश दुकान पर जा रहा है।
3. I am doing my work. मैं अपना काम कर रहा हूँ।
4. You do not study. तुम पढ़ाई नहीं करते हो।
5. She is cooking food. वह खाना बना रही है।
6. You should go now. तुम्हें अब जाना चाहिए।

प्रमुख सहायक क्रियाएँ जिनका प्रयोग सबसे अधिक किया जाता है, Be, Have एवं Do हैं।

Be के रूप

1. Is, am एवं are	Present Form
2. Was, were	Past Form
3. Been	Past Participle Form

Have के रूप

1. Has, have	Present Form
2. Had	Past Form

Do के रूप

1. Do, does	Present
2. Did	Past

क्रिया के रूप (Forms of the Verb) :

क्रिया के निम्नलिखित तीन रूप होते हैं :

1. Present	(1st Form)
2. Past	(2nd Form)
3. Past Participle	(3rd Form)

4. इनके अलावा क्रिया का एक और रूप भी है, जो क्रिया के Present Form (1st form) में ing जोड़ने से बनता है और इसे Present Participle (ing form) के नाम से जाना जाता है।

कुछ मुख्य क्रियाओं के रूप हैं :

हिंदी शब्द	*1st Form*	*2nd Form*	*3rd Form*	*(ing) रूप*
पाबंद रहना	Abide एबाइड	Abode एबोड	Abode एबोड	Abiding
प्रशंसा करना	Admire एडमायर	Admired एडमायर्ड	Admired एडमायर्ड	Admiring
दोष लगाना	Accuse एक्यूज	Accused एक्यूज्ड	Accused एक्यूज्ड	Accusing
अनुमति देना	Allow अलाउ	Allowed अलाउड	Allowed अलाउड	Allowing
उत्तर देना	Answer आंसर	Answered आंसर्ड	Answered आंसर्ड	Answering
प्रकट होना	Appear अपिअर	Appeared अपिअर्ड	Appeared अपिअर्ड	Appearing
आवेदन करना	Apply एप्लाई	Applied एप्लाइड	Applied एप्लाइड	Applying
पूछना	Ask आस्क	Asked आस्क्ड	Asked आस्क्ड	Asking
आक्रमण करना	Attack अटैक	Attacked अटैक्ड	Attacked अटैक्ड	Attacking
पहुँचना	Arrive अराइव	Arrived अराइव्ड	Arrived अराइव्ड	Arriving
गिरफ्तार करना	Arrest अरेस्ट	Arrested अरेस्टेड	Arrested अरेस्टेड	Arresting
नियुक्त करना	Appoint अपॉइंट	Appointed अपॉइंटेड	Appointed अपॉइंटेड	Appointing
बहस करना	Argue आर्ग्यू	Argued आर्ग्यूड	Argued आर्ग्यूड	Arguing
उठना/उठाना	Arise अराइज	Arose अरोज	Arisen अराइजन	Arising
अभिनय करना	Act एक्ट	Acted एक्टिड	Acted एक्टिड	Acting
राय देना	Advise अडवाइज	Advised अडवाइज्ड	Advised अडवाइज्ड	Advising
गाली देना	Abuse अब्यूज	Abused अब्यूज्ड	Abused अब्यूज्ड	Abusing
जागना	Awake अवेक	Awoke अवोक	Awaken अवेकन	Awaking
होना	Be बी	Was वाज	Been बीन	Being
पीटना	Beat बीट	Beat बीट	Beaten बीटन	Beating
शुरू करना	Begin बिगिन	Began बिगैन	Begun बिगन	Beginning
होना	Become बिकम	Became बिकेम	Become बिकम	Becoming
माँगना	Beg बेग	Begged बेग्ड	Begged बेग्ड	Begging
झुकना	Bend बेंड	Bent बेंट	Bent बेंट	Bending
लाना	Bring ब्रिंग	Brought ब्रॉट	Brought ब्रॉट	Bringing
सहन करना	Bear बिअर	Bore बोर	Borne बोर्न	Bearing
विश्वास करना	Believe बिलीव	Believed बिलीव्ड	Believed बिलीव्ड	Believing
श्वास लेना	Breathe ब्रीद	Breathed ब्रीद्ड	Breathed ब्रीद्ड	Breathing
पालन-पोषण करना	Bring up ब्रिंगअप	Brought up ब्रॉटअप	Brought up ब्रॉटअप	Bringing up
खरीदना	Buy बाइ	Bought बॉट	Bought बॉट	Buying
चलना (हवा)	Blow ब्लो	Blew ब्ल्यू	Blown ब्लोन	Blowing
तोड़ना	Break ब्रेक	Broke ब्रोक	Broken ब्रोकन	Breaking
बाँधना	Bind बाइंड	Bound बाउंड	Bound बाउंड	Binding
आज्ञा देना	Bid बिड	Bade बेड	Bidden बिडेन	Bidding
नहाना	Bathe बाथ	Bathed बेद्ड	Bathed बेद्ड	Bathing

उधार लेना	Borrow बॉरो	Borrowed बॉरोड	Borrowed बॉरोड	Borrowing
डींग मारना	Boast बोस्ट	Boasted बोस्टेड	Boasted बोस्टेड	Boasting
जलना/जलाना	Burn बर्न	Burnt बर्न्ट	Burnt बर्न्ट	Burning
उबालना	Boil बॉइल	Boiled बॉइल्ड	Boiled बॉइल्ड	Boiling
बनाना (भवन)	Build बिल्ड	Built बिल्ट	Built बिल्ट	Building
आना	Come कम	Came केम	Come कम	Coming
बुलाना/पुकारना	Call कॉल	Called कॉल्ड	Called कॉल्ड	Calling
ले जाना	Carry कैरी	Carried कैरीड	Carried कैरीड	Carrying
धोखा देना	Cheat चीट	Cheated चीटेड	Cheated चीटेड	Cheating
चिपटना	Cling क्लिंग	Clung क्लंग	Clung क्लंग	Clinging
बंद करना	Close क्लोज	Closed क्लोज्ड	Closed क्लोज्ड	Closing
झिड़कना/फटकारना	Chide चाइड	Chid चिड/ Chided चाइडेड	Chidden चिडेन	Chiding
चढ़ना	Climb क्लाइंब	Climbed क्लाइंब्ड	Climbed क्लाइंब्ड	Climbing
चुनना	Choose चूज	Chose चोज	Chosen चोजन	Choosing
भोजन पकाना	Cook कुक	Cooked कुक्ड	Cooked कुक्ड	Cooking
पार करना	Cross क्रॉस	Crossed क्रॉस्ड	Crossed क्रॉस्ड	Crossing
चिल्लाना	Cry क्राई	Cried क्राइड	Cried क्राइड	Crying
गिनना	Count काउंट	Counted काउंटेड	Counted काउंटेड	Counting
स्पष्ट करना	Clear क्लिअर	Cleared क्लीअर्ड	Cleared क्लीअर्ड	Clearing
पकड़ना	Catch कैच	Caught कॉट	Caught कॉट	Catching
नकल करना	Copy कॉपी	Copied कॉपीड	Copied कॉपीड	Copying
परवाह करना	Care केअर	Cared केअर्ड	Cared केअर्ड	Caring
साफ करना	Clean क्लीन	Cleaned क्लींड	Cleaned क्लींड	Cleaning
बदलना	Change चेंज	Changed चेंज्ड	Changed चेंज्ड	Changing
एकत्रित करना	Collect कलेक्ट	Collected कलेक्टेड	Collected कलेक्टेड	Collecting
रेंगना	Creep क्रीप	Crept क्रेप्ट	Crept क्रेप्ट	Creeping
सलाह लेना/देना	Consult कंसल्ट	Consulted कंसल्टेड	Consulted कंसल्टेड	Consulting
भ्रमित करना	Confuse कन्फ्यूज	Confused कन्फ्यूज्ड	Confused कन्फ्यूज्ड	Confusing
तुलना करना	Compare कंपेअर	Compared कंपेअर्ड	Compared कंपेअर्ड	Comparing
पूरा करना	Complete कंप्लीट	Completed कंप्लीटेड	Completed कंप्लीटेड	Completing
ठीक करना	Correct करेक्ट	Corrected करेक्टिड	Corrected करेक्टिड	Correcting
छिपाना	Conceal कंसील	Concealed कंसील्ड	Concealed कंसील्ड	Concealing
करना	Do डू	Did डिड	Done डन	Doing
नाचना	Dance डांस	Danced डांस्ड	Danced डांस्ड	Dancing
मरना	Die डाई	Died डाइड	Died डाइड	Dying
समर्पित होना	Devote डिवोट	Devoted डिवोटेड	Devoted डिवोटेड	Devoting
निर्देश देना	Direct डाइरेक्ट	Directed डाइरेक्टेड	Directed डाइरेक्टेड	Directing
धोखा देना	Deceive डिसीव	Deceived डिसीव्ड	Deceived डिसीव्ड	Deceiving
देना/प्रेषित करना	Deliver डिलिवर	Delivered डिलिवर्ड	Delivered डिलिवर्ड	Delivering
मुकरना/मना करना	Deny डिनाई	Denied डिनाइड	Denied डिनाइड	Denying
घसीटना	Drag ड्रैग	Dragged ड्रैग्ड	Dragged ड्रैग्ड	Dragging

खोदना	Dig डिग	Dug डग	Dug डग	Digging
पीना	Drink ड्रिंक	Drank ड्रैंक	Drunk ड्रंक	Drinking
चलाना	Drive ड्राइव	Drove ड्रोव	Driven ड्रिवन	Driving
हिम्मत करना	Dare डेअर	Dared डेअर्ड	Dared डेअर्ड	Daring
हराना	Defeat डिफीट	Defeated डिफीटेड	Defeated डिफीटेड	Defeating
रक्षा करना	Defend डिफेंड	Defended डिफेंडेड	Defended डिफेंडेड	Defending
बाँटना	Divide डिवाइड	Divided डिवाइडेड	Divided डिवाइडेड	Dividing
सुखाना	Dry ड्राई	Dried ड्राइड	Dried ड्राइड	Drying
व्यवहार करना	Deal डील	Dealt डेल्ट	Dealt डेल्ट	Dealing
स्वप्न देखना	Dream ड्रीम	Dreamt ड्रेम्ट	Dreamt ड्रेम्ट	Dreaming
डूबना	Drown ड्राउन	Drowned ड्राउंड	Drowned ड्राउंड	Drowning
सजाना	Decorate डेकोरेट	Decorated डेकोरेटेड	Decorated डेकोरेटेड	Decorating
खाना	Eat ईट	Ate ऐट	Eaten ईटन	Eating
कमाना	Earn अर्न	Earned अर्न्ड	Earned अर्न्ड	Earning
प्रवेश करना	Enter एंटर	Entered एंटर्ड	Entered एंटर्ड	Entering
ढक लेना	Eclipse एक्लिप्स	Eclipsed एक्लिप्स्ड	Eclipsed एक्लिप्स्ड	Eclipsing
गूँजना	Echo इको	Echoed इकोड	Echoed इकोड	Echoing
संपादन करना	Edit एडिट	Edited एडिटेड	Edited एडिटेड	Editing
प्रभाव डालना	Effect इफेक्ट	Effected इफेक्टेड	Effected इफेक्टेड	Effecting
निकालना	Eject इजेक्ट	Ejected इजेक्टेड	Ejected इजेक्टेड	Ejecting
चुनाव करना	Elect इलेक्ट	Elected इलेक्टेड	Elected इलेक्टेड	Electing
शिक्षित करना	Educate एजुकेट	Educated एजुकेटेड	Educated एजुकेटेड	Educating
बचना	Escape एस्केप	Escaped एस्केप्ड	Escaped एस्केप्ड	Escaping
समाप्त करना	End एंड	Ended एंडेड	Ended एंडेड	Ending
हटना, बचना	Evade इवेड	Evaded इवेडेड	Evaded इवेडेड	Evading
उड़ना, उड़ाना	Fly फ्लाइ	Flew फ्लू	Flown फ्लोन	Flying
प्राप्त करना	Find फाइंड	Found फाउंड	Found फाउंड	Finding
गिरना	Fall फाल	Fell फेल	Fallen फॉलेन	Falling
लड़ना/झगड़ना	Fight फाइट	Fought फॉट	Fought फॉट	Fighting
खिलाना	Feed फीड	Fed फेड	Fed फेड	Feeding
मना कर देना	Forbid फॉरबिड	Forbade फॉरबेड	forbidden फॉरबिडन	Forbidding
डरना	Fear फिअर	Feared फिअर्ड	Feared फिअर्ड	Fearing
असफल होना	Fail फेल	Failed फेल्ड	Failed फेल्ड	Failing
दबाव डालना	Force फोर्स	Forced फोर्स्ड	Forced फोर्स्ड	Forcing
अनुभव करना	Feel फील	Felt फेल्ट	Felt फेल्ट	Feeling
सामना करना	Face फेस	Faced फेस्ड	Faced फेस्ड	Facing
तैरना, तैराना	Float फ्लोट	Floated फ्लोटेड	Floated फ्लोटेड	Floating
भाग जाना	Flee फ्ली	Fled फ्लेड	Fled फ्लेड	Fleeing
स्थापना करना	Found फाउंड	Founded फाउंडेड	Founded फाउंडेड	Founding
जुर्माना करना	Fine फाइन	Fined फाइंड	Fined फाइंड	Finding
समाप्त करना	Finish फिनिश	Finished फिनिश्ड	Finished फिनिश्ड	Finishing
झूठा सिद्ध करना	Falsify फॉल्सिफाइ	Falsified फॉल्सिफाइड	Falsified फॉल्सिफाइड	Falsifying

मोहित करना	Fascinate फेसिनेट	Fascinated फेसिनेटेड	Fascinated फेसिनेटेड	Fascinating
भरना	Fill फिल	Filled फिल्ड	Filled फिल्ड	Filling
मोड़ना	Fold फोल्ड	Folded फोल्डेड	Folded फोल्डेड	Folding
बहना	Flow फ्लो	Flowed फ्लोड	Flowed फ्लोड	Flowing
भूलना	Forget फॉरगेट	Forgot फॉरगॉट	Forgotten फॉरगॉटन	Forgetting
छोड़ना	Forsake फॉरसेक	Forsook फॉरसुक	Forsaken फॉरसेकन	Forsaking
जम जाना	Freeze फ्रीज	Froze फ्रोज	Frozen फ्रोजन	Freezing
भूनना	Fry फ्राई	Fried फ्राइड	Fried फ्राइड	Frying
कराहना	Groan ग्रोन	Groaned ग्रोंड	Groaned ग्रोंड	Groaning
जाना	Go गो	Went वेंट	Gone गॉन	Going
उगना/उगाना	Grow ग्रो	Grew ग्रू	Grown ग्रोन	Growing
देना	Give गिव	Gave गेव	Given गिवेन	Giving
पाना	Get गेट	Got गॉट	Got (Gotten) गॉटिन	Getting
स्वीकृत करना	Grant ग्रांट	Granted ग्रांटेड	Granted ग्रांटेड	Granting
लाभ देना	Gain गेन	Gained गेंड	Gained गेंड	Gaining
जुआ खेलना	Gamble गेंबल	Gambled गेंबल्ड	Gambled गेंबल्ड	Gambling
शासन करना	Govern गवर्न	Governed गवर्न्ड	Governed गवर्न्ड	Governing
पकड़ना	Grip ग्रिप	Gripped ग्रिप्ड	Gripped ग्रिप्ड	Gripping
सुनना	Hear हिअर	Heard हर्ड	Heard हर्ड	Hearing
छुपाना	Hide हाइड	Hid हिड	Hidden हिडेन	Hiding
पकड़ना	Hold होल्ड	Held हेल्ड	Held हेल्ड	Holding
रखना	Have हैव	Had हैड	Had हैड	Having
सहायता करना	Help हेल्प	Helped हेल्प्ड	Helped हेल्प्ड	Helping
घृणा करना	Hate हेट	Hated हेटेड	Hated हेटेड	Hating
उपेक्षा करना	Ignore इग्नोर	Ignored इग्नोर्ड	Ignored इग्नोर्ड	Ignoring
सूचना देना	Inform इन्फॉर्म	Informed इन्फॉर्म्ड	Informed इन्फॉर्म्ड	Informing
आक्रमण करना	Invade इन्वेड	Invaded इन्वेडेड	Invaded इन्वेडेड	Invading
शामिल होना	Join जॉइन	Joined जॉइंड	Joined जॉइंड	Joining
न्याय करना	Judge जज	Judged जज्ड	Judged जज्ड	Judging
मार डालना	Kill किल	Killed किल्ड	Killed किल्ड	Killing
चूमना	Kiss किस	Kissed किस्ड	Kissed किस्ड	Kissing
जानना	Know नो	Knew न्यू	Known नोन	Knowing
घुटने टेकना	Kneel नील	Knelt नेल्ट	Knelt नेल्ट	Kneeling
रखना	Keep कीप	Kept केप्ट	Kept केप्ट	Keeping
ठोकर मारना	Kick किक	Kicked किक्ड	Kicked किक्ड	Kicking
खटखटाना	Knock नॉक	Knocked नॉक्ड	Knocked नॉक्ड	Knocking
अपहरण करना	Kidnap किडनैप	Kidnapped किडनैप्ड	Kidnapped किडनैप्ड	Kidnapping
नेतृत्व करना	Lead लीड	Led लेड	Led लेड	Leading
सीखना	Learn लर्न	Learnt लर्न्ट	Learnt लर्न्ट	Learning
उछलना	Leap लीप	Leapt लैप्ट	Leapt लैप्ट	Leaping
परिश्रम करना	Labour लेबर	Laboured लेबर्ड	Laboured लेबर्ड	Labouring
झुकना	Lean लीन	Leaned लींड	Leaned लींड	Leaning

चाहना/पसंद करना	Like लाइक	Liked लाइक्ड	Liked लाइक्ड	Liking
ताला लगाना	Lock लॉक	Locked लॉक्ड	Locked लॉक्ड	Locking
देखना	Look लुक	Looked लुक्ड	Looked लुक्ड	Looking
रहना	Live लिव	Lived लिव्ड	Lived लिव्ड	Living
लादना	Load लोड	Loaded लोडेड	Loaded लोडेड	Loading
झूठ बोलना	Lie लाई	Lied लाइड	Lied लाइड	Lying
छोड़ना	Leave लीव	Left लेफ्ट	Left लेफ्ट	Leaving
रखना	Lay ले	Laid लेड	Laid लेड	Laying
खोना	Lose लॉस	Lost लॉस्ट	Lost लॉस्ट	Losing
प्रकाश करना	Light लाइट	Lighted लाइटेड	Lighted लाइटेड	Lighting
सुनना	Listen लिसन	Listened लिसंड	Listened लिसंड	Listening
बनाना	Make मेक	Made मेड	Made मेड	Making
मिलना	Meet मीट	Met मेट	Met मेट	Meeting
अर्थ बताना	Mean मीन	Meant मैंट	Meant मैंट	Meaning
प्रबंध करना	Manage मैनेज	Managed मैनेज्ड	Managed मैनेज्ड	Managing
सुधारना	Mend मेंड	Mended मेंडेड	Mended मेंडेड	Mending
हिलाना, हिलना	Move मूव	Moved मूव्ड	Moved मूव्ड	Moving
मातम मानना	Mourn मॉर्न	Mourned मॉर्न्ड	Mourned मॉर्न्ड	Mourning
हत्या करना	Murder मर्डर	Murdered मर्डर्ड	Murdered मर्डर्ड	Murdering
चूकना	Miss मिस	Missed मिस्ड	Missed मिस्ड	Missing
दुर्व्यवहार करना	Misbehave मिसबिहेव	Misbehaved मिसबिहेव्ड	Misbehaved मिसबिहेव्ड	Misbehaving
पिघलना	Melt मेल्ट	Melted मेल्टेड	Melted मेल्टेड	Melting
नापना	Measure मेजर	Measured मेजर्ड	Measured मेजर्ड	Measuring
विवाह करना	Marry मैरी	Married मैरीड	Married मैरीड	Marrying
जरूरत होना	Need नीड	Needed नीडेड	Needed नीडेड	Needing
झपकी लेना	Nap नैप	Napped नैप्ड	Napped नैप्ड	Napping
उपेक्षा करना	Neglect नेगलेक्ट	Neglected नेगलेक्टेड	Neglected नेगलेक्टेड	Neglecting
देखना/ध्यान देना	Notice नोटिस	Noticed नोटिस्ड	Noticed नोटिस्ड	Noticing
बातचीत करना	Negotiate नेगोशिएट	Negotiated नेगोशिएटेड	Negotiated नेगोशिएटेड	Negotiating
पकड़ना	Nab नैब	Nabbed नैब्ड	Nabbed नैब्ड	Nabbing
नाव/जहाज चलाना	Navigate नेवीगेट	Navigated नेवीगेटेड	Navigated नेवीगेटेड	Navigating
कुतरना	Nibble निबल	Nibbled निबल्ड	Nibbled निबल्ड	Nibbling
चिकोटी काटना	Nip निप	Nipped निप्ड	Nipped निप्ड	Nipping
आज्ञा-पालन करना	Obey ओबे	Obeyed ओबेड	Obeyed ओबेड	Obeying
आपत्ति करना	Object ऑब्जेक्ट	Objected ऑब्जेक्टेड	Objected ऑब्जेक्टेड	Objecting
अहसान करना	Oblige ऑब्लाइज	Obliged ऑब्लाइज्ड	Obliged ऑब्लाइज्ड	Obliging
कब्जा करना	Occupy ऑक्यूपाई	Occupied ऑक्यूपाइड	Occupied ऑक्यूपाइड	Occupying
निरीक्षण करना	Observe ऑब्जर्व	Observed ऑब्जर्व्ड	Observed ऑब्जर्व्ड	Observing
विरोध करना	Oppose अपोज	Opposed अपोज्ड	Opposed अपोज्ड	Opposing
खोलना	Open ओपन	Opened ओपंड	Opened ओपंड	Opening
पेश करना	Offer ऑफर	Offered ऑफर्ड	Offered ऑफर्ड	Offering
रुकावट डालना	Obstruct ऑब्सट्रक्ट	Obstructed ऑब्सट्रक्टेड	Obstructed ऑब्सट्रक्टेड	Obstructing

भूल जाना	Omit ओमिट	Omitted ओमिटेड	Omitted ओमिटेड	Omitting
क्षमा करना	Pardon पार्डन	Pardoned पार्डंड	Pardoned पार्डंड	Pardoning
भाग लेना	Partake पारटेक	Partook पारटुक	Partaken पारटेकन	Partaking
खेलना	Play प्ले	Played प्लेड	Played प्लेड	Playing
खेत जोतना	Plough प्लॉ	Ploughed प्लॉड	Ploughed प्लॉड	Ploughing
विष देना	Poison पॉइजन	Poisoned पॉइजंड	Poisoned पॉइजंड	Poisoning
मनाना/फुसलाना	Persuade परस्यूएड	Persuaded परस्यूएडेड	Persuaded परस्यूएडेड	Persuading
चुभोना	Pinch पिंच	Pinched पिंच्ड	Pinched पिंच्ड	Pinching
प्रतीक्षा करना	Promise प्रॉमिस	Promised प्रॉमिस्ड	Promised प्रॉमिस्ड	Promising
उन्नति करना	Progress प्रोग्रेस	Progressed प्रोग्रेस्ड	Progressed प्रोग्रेस्ड	Progressing
बाँधना/समेटना	Pack पैक	Packed पैक्ड	Packed पैक्ड	Packing
भुगतान करना	Pay पे	Paid पेड	Paid पेड	Paying
सिद्ध करना	Prove प्रूव	Proved प्रूव्ड	Proved प्रूव्ड	Proving
रँगना	Paint पेंट	Painted पेंटेड	Painted पेंटेड	Painting
झगड़ा करना	Quarrel क्वेरल	Quarrelled क्वेरल्ड	Quarrelled क्वेरल्ड	Quarrelling
थरथराना	Quake क्वेक	Quaked क्वेक्ड	Quaked क्वेक्ड	Quaking
योग्यता प्राप्त करना	Qualify क्वालिफाई	Qualified क्वालिफाइड	Qualified क्वालिफाइड	Qualifying
प्रश्न करना	Question क्वेश्चन	Questioned क्वेश्चंड	Questioned क्वेश्चंड	Questioning
पहुँचना	Reach रीच	Reached रीच्ड	Reached रीच्ड	Reaching
उठाना	Raise रेज	Raised रेज्ड	Raised रेज्ड	Raising
घुड़सवारी करना	Ride राइड	Rode रोड	Ridden रिडेन	Riding
उगना	Rise राइज	Rose रोज	Risen रिजेन	Rising
दौड़ना	Run रन	Ran रैन	Run रन	Running
सड़ना	Rot रॉट	Rotted रॉटेड	Rotted रॉटेड	Rotting
घंटी बजाना	Ring रिंग	Rang रैंग	Rung रंग	Ringing
कहना	Say से	Said सैड	Said सैड	Saying
देखना	See सी	Saw सॉ	Seen सीन	Seeing
बचाना	Save सेव	Saved सेव्ड	Saved सेव्ड	Saving
भेजना	Send सेंड	Sent सेंट	Sent सेंट	Sending
बेचना	Sell सेल	Sold सोल्ड	Sold सोल्ड	Selling
गोली मारना	Shoot शूट	Shot शॉट	Shot शॉट	Shooting
सोना	Sleep स्लीप	Slept स्लेप्ट	Slept स्लेप्ट	Sleeping
आकार देना	Shape शेप	Shaped शेप्ड	Shaped शेप्ड	Shaping
गाना गाना	Sing सिंग	Sang सैंग	Sung संग	Singing
चमकना	Shine शाइन	Shone शोन	Shone शोन	Shining
सिकुड़ना	Shrink श्रिंक	Shrank श्रैंक	Shrunk श्रंक	Shrinking
खोजना/ढूँढ़ना	Seek सीक	Sought सॉट	Sought सॉट	Seeking
महकना	Smell स्मेल	Smelt स्मेल्ट	Smelt स्मेल्ट	Smelling
बोलना	Speak स्पीक	Spoke स्पोक	Spoken स्पोकन	Speaking
बहाना	Spill स्पिल	Spilt स्पिल्ट	Spilt स्पिल्ट	Spilling
खड़ा होना	Stand स्टैंड	Stood स्टुड	Stood स्टुड	Standing
बिगाड़ना	Spoil स्पॉइल	Spoiled स्पॉइल्ड	Spoiled स्पॉइल्ड	Spoiling

चुराना	Steal स्टील	Stole स्टोल	Stolen स्टोलन	Stealing
शपथ लेना	Swear स्वीअर	Swore स्वोर	Sworn स्वोर्न	Swearing
चिपकाना	Stick स्टिक	Stuck स्टक	Stuck स्टक	Sticking
हड़ताल करना	Strike स्ट्राइक	Struck स्ट्रक	Struck स्ट्रक	Striking
संघर्ष करना	Strive स्ट्राइव	Strove स्ट्रोव	Striven स्ट्रीवन	Striving
दिखाना	Show शो	Showed शोड	Shown शोन	Showing
साफ करना	Sweep स्वीप	Swept स्वेप्ट	Swept स्वेप्ट	Sweeping
तैरना	Swim स्विम	Swam स्वैम	Swum स्वम	Swimming
सूजन होना	Swell स्वेल	Swelled स्वेल्ड	Swelled स्वेल्ड	Swelling
झूलना	Swing स्विंग	Swung स्वंग	Swung स्वंग	Swinging
कहना	Tell टेल	Told टोल्ड	Told टोल्ड	Telling
फाड़ना	Tear टिअर	Tore टोर	Torn टॉर्न	Tearing
लेना	Take टेक	Took टुक	Taken टेकन	Taking
पढ़ाना	Teach टीच	Taught टॉट	Taught टॉट	Teaching
सोचना	Think थिंक	Thought थॉट	Thought थॉट	Thinking
फेंकना	Throw थ्रो	Threw थ्रू	Thrown थ्रोन	Throwing
सफल होना	Thrive थ्राइव	Thrived थ्राइव्ड	Thrived थ्राइव्ड	Thriving
यात्रा करना	Travel ट्रैवल	Travelled ट्रैवल्ड	Travelled ट्रैवल्ड	Travelling
कोशिश करना	Try ट्राई	Tried ट्राइड	Tried ट्राइड	Trying
उपयोग करना	Use यूज	Used यूज्ड	Used यूज्ड	Using
थामना	Uphold अपहोल्ड	Upheld अपहेल्ड	Upheld अपहेल्ड	Upholding
खाली करना	Vacate वेकेट	Vacated वेकेटेड	Vacated वेकेटेड	Vacating
कीमत लगाना	Value वैल्यू	Valued वैल्यूड	Valued वैल्यूड	Valuing
बदनाम करना	Vilify विलिफाइ	Vilified विलिफाइड	Vilified विलिफाइड	Vilifying
उठाना/जागना	Wake up वेक अप	Woke up वोक अप	Woken up वोकेन अप	Waking up
बुनना	Weave वीव	Wove वोव	Woven वोवन	Weaving
रोना	Weep वीप	Wept वेप्ट	Wept वेप्ट	Weeping
धोना	Wash वॉश	Washed वॉश्ड	Washed वॉश्ड	Washing
चाहना	Want वांट	Wanted वांटेड	Wanted वांटेड	Wanting
पहनना	Wear विअर	Wore वोर	Worn वॉर्न	Wearing
शादी करना	Wed वेड	Wedded वेडेड	Wedded वेडेड	Wedding
काम करना	Work वर्क	Worked वर्क्ड	Worked वर्क्ड	Working
जीतना	Win विन	Won वन	Won वन	Winning
लिखना	Write राइट	Wrote रोट	Written रिटेन	Writing
इच्छा करना	Wish विश	Wished विश्ड	Wished विश्ड	Wishing
मोड़ना	Wring रिंग	Wrung रंग	Wrung रंग	Wringing

❑

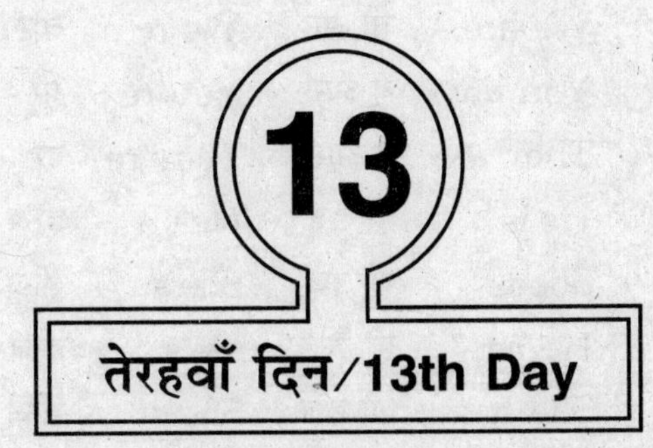

संकुचित शब्द
(Contracted Words)

दो शब्दों को जोड़कर और उनमें से एक अथवा अधिक अक्षरों को हटाकर संक्षिप्त रूप में बोले-लिखे जानेवाले शब्दों को संकुचित शब्द कहते हैं। इनके केवल दो स्वरूप हैं—सहायक क्रियाओं के साथ नॉट (not) जोड़कर बनाए गए संकुचित शब्द और सर्वनाम कर्ताओं के साथ सहायक क्रियाओं का हेल्पिंग वर्ब (सहायक क्रिया) जोड़कर बनाए गए संकुचित शब्द।

सहायक क्रियाओं के साथ 'not' जोड़कर बने शब्द

इनका उपयोग केवल निषेधात्मक वाक्यों में ही संभव है। इस प्रकार के वाक्यों में सहायक क्रिया के बाद नॉट (not) शब्द लगता है और उसके बाद मुख्य क्रिया। जब (not) सहायक क्रिया के साथ जोड़ा जाता है तो not के o को भी हटा देते हैं। अत: कैन नॉट का कांट (can't) बन जाता है और डू नॉट का डोंट (don't)। इस प्रकार बननेवाले सभी शब्दों को एक तालिका के रूप में नीचे दिया जा रहा है :

पूर्ण रूप (Full Form)		संकुचित रूप (Contracted Form)		पूर्ण रूप (Full Form)		संकुचित रूप (Contracted Form)	
are not	आर नॉट	aren't	आरंट	did not	डिड नॉट	didn't	डिडंट
is not	इज नॉट	isn't	इजंट	have not	हैव नॉट	haven't	हैवंट
do not	डू नॉट	don't	डोंट	will not	विल नॉट	won't	वोंट
does not	डज नॉट	doesn't	डजंट	shall not	शैल नॉट	shan't	शैंट
cannot	कैननॉट	can't	कांट	should not	शुड नॉट	shouldn't	शुडंट
could not	कुड नॉट	couldn't	कुडंट	ought not	ऑट नॉट	oughtn't	ऑण्ट
may not	मे नॉट	mayn't	मेयंट	dare not	डेअर नॉट	daren't	डेअरंट
must not	मस्ट नॉट	mustn't	मसंट	used not	यूज्ड नॉट	usedn't	यूजंट
need not	नीड नॉट	needn't	नीडंट	might out	माइट नॉट	mightn't	माइटंट
would not	वुड नॉट	wouldn't	वुडंट	am not	एम नॉट	aren't	आरंट

सर्वनाम कर्ता और सहायक क्रिया का संकुचन

जिन वाक्यों में कर्ता या सब्जेक्ट (Subject) सर्वनाम (Pronoun) हो उनमें सर्वनाम के साथ सहायक क्रिया को

जोड़कर प्रयोग किया जा सकता है। इसकी तालिका इस प्रकार है :

पूर्ण रूप (Full Form)		संकुचित रूप (Contracted Form)		पूर्ण रूप (Full Form)		संकुचित रूप (Contracted Form)	
I am	आइ एम	I'm	आइम	We had	वी हैड	We'd	वीड
We are	वी आर	We're	वीर	You have	यू हैव	You've	यूव
You are	यू आर	You're	यूर	You had	यू हैड	You'd	यूड
They are	दे आर	They're	देर	You would	यू वुड	You'd	यूड
He is	ही इज	He's	हीज	You should	यू शुड	You'd	यूड
She is	शी इज	She's	शीज	He had	ही हैड	He'd	हीड
He has	ही हैज	He's	हीज	She had	शी हैड	She'd	शीड
She has	शी हैंज	She's	शीज	It had	इट हैड	It'd	इट्ड
We will	वी विल	We'll	वीइल	We would	वी वुड	We'd	वीड
You will	यू विल	You'll	यूल	It is	इट इज	It's	इट्स
I have	आइ हैव	I've	आइव	They have	दे हैव	They've	देव
I had	आइ हैड	I'd	आइड	They would	दे वुड	They'd	देड

❑

क्रिया-विशेषण
(Adverb)

साधारण अर्थ में क्रिया की विशेषता बतानेवाले शब्द को क्रिया-विशेषण कहते हैं। परंतु इसमें वे सभी शब्द शामिल हैं, जो किसी Verb, Adjective या दूसरे Adverb के अर्थ में बदलाव लाते हैं, जैसे :

Satish goes quickly. (quickly—modifying verb goes)
That is a very sour fruit. (very—modifying adjective sour)
I laughed quite loudly. (quite—modifying adverb loudly)

Kinds of Adverb (क्रिया-विशेषण के प्रकार)

(A) Simple Adverb (सामान्य क्रिया-विशेषण)

1. Adverb of Place (स्थानवाचक) : जैसा कि नाम से स्पष्ट है, ये स्थान बताते हैं अर्थात् कहाँ (where), जैसे—up, down, here, there, in, out आदि।

Go there. (वहाँ जाओ) Come in. (यहाँ आओ)
Is Sheetal in? (क्या शीतल अंदर है ?)

2. Adverb of Time (कालवाचक) : कब (when) का उत्तर होते हैं, जैसे :

Today, tomorrow, now, ago, soon, before, yesterday, never, etc. (He had done it before.)

3. Adverb of Manner (ढंगवाचक) : ये शब्द कैसे (how) तथा किस प्रकार से (in what manner) दरशाते हैं, जैसे :

Clearly, hard, well, quickly, slowly, bravely, soundly, etc. (Rina reads clearly.)

4. Adverb of Frequency (बारंबारतावाचक) : ये शब्द बारंबारता—कितनी बार (how often) दरशाते हैं, जैसे :

Thrice, once, often, twice, always, again, seldom, frequently, etc. (I have met him twice.)

5. Adverb of Degree or Quantity (परिमाण या मात्रावाचक) : ये शब्द कितना (how much) तथा किस स्तर (degree or extent) को दरशाते हैं, जैसे :

Almost, fully, so, quite, partly, rather, any, etc. (The game was rather dull.)

6. Adverb of Affirmation : ये स्वीकारोक्ति की जानकारी देते हैं, जैसे :

Luckily, probably, certainly, possibly, etc. (I shall certainly go.)

इनके अलावा भी Adverb of Reason, Adverb of Negation होते हैं।

(B) Relative Adverb (सह-संबंधवाचक)

वह क्रिया-विशेषण जो अपने से पूर्व प्रयुक्त शब्दों की ओर इंगित करते हुए कब, कहाँ और क्यों (When, Where and Why) बताता है, जैसे :

Let me know when he will return. (Time) मुझे बताओ, वह कब लौटेगा (समय) ।

This is the city where we shall meet again. (Place) यह वह शहर है, जहाँ हम फिर से मिलेंगे (स्थान) ।

This is the cause why Mohan did not go. (Reason) यह कारण है कि मोहन नहीं गया (कारण) ।

(C) Interrogative Adverb (प्रश्नवाचक)

यह Adverb प्रश्न पूछने का कार्य करता है तथा किसी वाक्य की शुरुआत में आता है, जैसे :

How far, how many, how much, when, why, where, etc.

How many girls are there in your class? तुम्हारी कक्षा में कितनी लड़कियाँ हैं ?

Why are you sad? तुम उदास क्यों हो ?

When will you go there? तुम वहाँ कब जाओगे ?

Where is Mathura Prasad? मथुरा प्रसाद कहाँ है ?

Formation of Adverb (क्रिया-विशेषण का निर्माण)

कुछ शब्द ऐसे होते हैं जिन्हें कभी Adjective (विशेषण) तथा कभी Adverb (क्रिया-विशेषण) की तरह प्रयोग किया जाता है। वाक्य में उनकी स्थिति देखकर उनकी Category (श्रेणी) निर्धारित होती है।

Adverb मुख्यत: इस प्रकार से बनाए जाते हैं :

From Adjective (विशेषण से), जैसे :

Kind	Kindly	Quick	Quickly
Beautiful	Beautifully	Regular	Regularly
Ready	Readily	Nice	Nicely

From Nouns and Adjectives, जैसे :

Yesterday, meantime, otherwise, sometimes, midway, etc.

From Compounded Prepositions, जैसे :

Therewith, thereof, thereon, thereby, thereto, etc.

Herewith, hereby, hereafter, herein, etc.

Henceforth, henceforward, forward, etc.

From Adverbs when joined by and, जैसे :

Again and again	By and by
Far and wide	Far and near
Now and then	Off and on
Out and out	Over and above, etc.

विशेषणों (Adjectives) की तरह कुछ क्रिया-विशेषणों (Adverb) की भी डिग्रियाँ होती हैं, जिन्हें वाक्यों में प्रयुक्त किया जाता है। लेकिन Adverb of Manner, Degree and Time में ही ये डिग्रियाँ प्रयोग में लाई जाती हैं।

Adverb (Degree of Comparison)

	Positive	Comparative	Superlative
1.	Fast	faster	fastest
	Hard	harder	hardest
	Near	nearer	nearest
	Long	longer	longest
	Soon	sooner	soonest
2.	Quickly	more quickly	most quickly
	Skilfully	more skilfully	most skilfully
	Swiftly	more swiftly	most swiftly
3.	Ill/bad	worse	worst
	Much	more	most
	Near	nearer	nearest, next
	Late	later	latest
	Well/good	better	best

Position of Adverbs (वाक्य में क्रिया-विशेषण का स्थान)

1. ढंगवाचक (Manner) क्रिया-विशेषण सामान्यतया क्रिया के बाद (यदि कर्म न हो); यदि कर्म हो तो कर्म (object) के बाद आता है, जैसे :

He works carefully.	वह सावधानी से काम करता है।	(carefully)
He ran fast.	वह तेज दौड़ा।	(fast)
The boat is going slowly.	नाव धीरे चल रही है।	(slowly)
She speaks Hindi fluently.	वह धाराप्रवाह हिंदी बोलती है।	(fluently)

2. स्थानवाचक व समयवाचक क्रिया-विशेषण भी क्रिया अथवा कर्म (यदि कर्म हो तो) के बाद आते हैं, जैसे :

He will go there.	वह वहाँ जाएगा।	(there)
We shall meet him tomorrow.	हम उससे कल मिलेंगे।	(tomorrow)
He was searching us everywhere.	वह सब जगह हमें ढूँढ़ रहा था।	(everywhere)
It will be done next Monday.	यह अगले सोमवार को होगा।	(next Monday)

3. यदि वाक्य में एक से अधिक क्रिया-विशेषण क्रिया के बाद आएँ तो उनका क्रम होगा Manner (ढंग), Place (स्थान), Time (समय), जैसे :

They will come here tomorrow morning.

वे कल सुबह यहाँ आएँगे। (here, tomorrow morning)

We acted wisely in the drama last night.

कल रात नाटक में हमने बड़ी होशियारी से अभिनय किया। (wisely, in the drama, last night)

लेकिन इसके अपवाद भी हैं।

4. बारंबारतावाचक (Adverb of Frequency) को सामान्यतया कर्ता तथा क्रिया के बीच में रखते हैं, लेकिन यदि क्रिया (Verb) में एक से अधिक शब्द हों तो क्रिया के पहले शब्द के बाद इसे रखा जाता है, जैसे :

I usually have my dinner at appropriate time.

मैं शाम को भोजन प्राय: सही समय पर करता हूँ। (usually)

You never went there. तुम वहाँ कभी नहीं गए। (never)

We have just left that place. वह स्थान हमने अभी छोड़ा है। (just)

She has often asked him to keep quiet. उसने अकसर उसे शांत रहने के लिए कहा है। (often)

5. यदि वाक्य में सहायक क्रिया is, am, are, was, were का प्रयोग मुख्य क्रिया के रूप में हुआ हो तो Adverb इसके तुरंत बाद रखा जाता है, जैसे :

He is always ready to go out. बाहर जाने के लिए वह हमेशा तैयार है। (always)

We never reach late for our duty. हम अपने काम पर कभी देर से नहीं पहुँचे हैं। (never)

सहायक तथा मुख्य क्रिया के साथ प्रयुक्त होने पर Adverb सहायक व मुख्य क्रिया के बीच में आते हैं, जैसे :

They have always guided us. उन्होंने हमेशा हमारा मार्गदर्शन किया है। (always)

He has never asked me so. उसने ऐसा मुझसे कभी नहीं कहा है। (never)

6. वाक्यवाचक (Adverb of Sentence) : इन्हें अकसर वाक्य के प्रारंभ में प्रयोग किया जाता है, जैसे :

Perhaps, he had gone out. शायद वह बाहर चला गया था।

Unfortunately, you did not carry out my command. दुर्भाग्यवश तुमने मेरा आदेश नहीं माना।

7. Have to एवं used to के मामले में Adverb इनसे पहले रखा जाता है, जैसे :

We often have to go to market. हमें अकसर बाजार जाना पड़ जाता है। (often)

You always used to follow me. तुम हमेशा मेरा अनुसरण करते थे। (always)

8. लेकिन enough शब्द उस शब्द के बाद रखा जाता है जिसे यह modify करता है, जैसे :

The milk is cold enough. दूध काफी ठंडा है। (modifying cold)

She is rich enough to buy a car. वह कार खरीदने के लिए काफी धनवान् है। (rich)

9. Only को अधिकतर उस शब्द से पूर्व रखा जाता है, जिसे यह modify करता है, जैसे :

He works only on Sunday. वह केवल रविवार को काम करता है।

It is the only way to get out. बाहर निकलने का यह एकमात्र मार्ग है।

❑

संबंध-सूचक अव्यय
(Preposition)

Prepositions वे शब्द हैं, जो संज्ञा या सर्वनाम शब्दों के पूर्व लगाए जाते हैं तथा जो किसी अन्य के साथ इनका संबंध दरशाते हैं, जैसे :

The elephant is in the forest. ('in' shows the relation between elephant and forest)
हाथी जंगल में है।
I met him at the theatre. ('at' shows the relation between him and theatre)
मैं उससे थिएटर में मिला।

Kinds of Prepositions (प्रकार)

1. Simple Prepositions (सामान्य), जैसे :

By, for, from, in, on, at, of, out, to, up, with, till, etc. (The ball is **on** the box.)

2. Compound Prepositions (मिश्रित) जैसे :

Above, about, across, among, around, below, behind, beside,
between, outside, inside, within, etc. (The ball is **behind** the box.)

3. Phrase Prepositions (शब्द-समूह), जैसे :

According to, in addition to, along with, away from, by means of, because of, in accordance with, in care of, in spite of, on account of, in compliance with, in front of, in lieu of, with reference to, for the sake of, with regard to, etc.

She acted **according** to my advice. उसने मेरी सलाह के अनुसार काम किया।

In addition, we have to submit this paper also. साथ ही हमें यह कागज भी जमा करना है।

Sign this document **along with** it. इसके साथ इस दस्तावेज पर भी हस्ताक्षर करो।

Instead of talking uselessly, do some positive work. बेकार बातों के बजाय कुछ सकारात्मक काम करो।

In front of the large building, there is a hut. बड़ी इमारत के सामने एक झोंपड़ी है।

I could not go to the city **because of** illness. बीमारी के कारण मैं शहर नहीं जा सका।

4. Participle Prepositions : क्रिया में Present Participles के शब्द जो किसी संज्ञा या सर्वनाम के बिना प्रयुक्त किए जाते हैं, Participle Prepositions कहलाते हैं, जैसे :

1. Considering the price the quality is not up to the mark. (Considering)
मूल्य के लिहाज से गुणवत्ता ठीक नहीं है।
2. Regarding your reply, we regret it is insufficient. (Regarding)
आपके जवाब के अनुसार खेद है कि यह अपर्याप्त है।
3. During the battle, the soldiers fought bravely. (During)
लड़ाई के दौरान सैनिक बहादुरी से लड़े।
4. Respecting your words, I shall consider further in this matter. (Respecting)
तुम्हारे कहने पर इस विषय में और विचार करूँगा।

Use of some Prepositions (कुछ संबंध-सूचक अव्ययों का प्रयोग)

At का प्रयोग : निश्चित स्थान अथवा समय दरशाने के लिए :

1. Our class starts at 1 pm. हमारी कक्षा दोपहर एक बजे शुरू होती है।
2. We are at your mercy. हम आपकी दया के भरोसे हैं।
3. She was initiated at the age of 10. उसे 10 वर्ष की आयु में दीक्षित किया गया था।
4. I shall wait for you at the station. मैं स्टेशन पर तुम्हारा इंतजार करूँगा।

छोटे कस्बों, गाँवों के नाम से पहले at का प्रयोग :

1. She lives at Saket. वह साकेत में रहती है।
2. I live at Karol Bagh in Delhi. मैं करोलबाग, दिल्ली में रहता हूँ।

About का प्रयोग : बारे में, या लगभग दरशाने के लिए :

1. Do not worry about me; I am hale and hearty. मेरी चिंता मत करो, मैं पूर्ण रूप से स्वस्थ हूँ।
2. Sita is about five feet tall. सीता लगभग पाँच फीट लंबी है।
3. We went there about 9 am. हम वहाँ सुबह लगभग 9 बजे गए।

Above का प्रयोग : 'ऊपर' के संदर्भ में :

1. Your name is above mine in the short list. लघु-सूची में तुम्हारा नाम मेरे (नाम) से ऊपर है।
2. Is your house above ours? क्या तुम्हारा घर हमारे घर के ऊपर है ?

Across का प्रयोग : 'पार' या 'आर-पार' के संदर्भ में :

1. A bridge is being constructed across the Yamuna. यमुना के आर-पार एक पुल बनाया जा रहा है।
2. I live across the road. मैं सड़क पार रहता हूँ।

Against का प्रयोग : 'विरुद्ध' के संदर्भ में :

1. You have acted against the laid-down principles. तुमने तय सिद्धांतों के विरुद्ध काम किया है।
2. We are against your decision. हम तुम्हारे निर्णय के विरुद्ध हैं।

After का प्रयोग : 'पीछे' या 'बाद' के लिए प्रयुक्त :

1. The police ran after the thief. पुलिस चोर के पीछे दौड़ी।
2. You also come after I leave. मेरे जाने के बाद तुम भी आ जाना।

Among का प्रयोग : दो से अधिक के बीच के लिए प्रयुक्त :

1. Distribute these books among students. ये पुस्तकें विद्यार्थियों में बाँट दें।

2. Prizes were distributed to five only among fifty participants. पचास प्रतिभागियों में से पुरस्कार केवल पाँच को दिए गए।

Before का प्रयोग : 'पूर्व' या 'पहले' के संदर्भ में :

1. Think twice before you speak. बोलने से पहले दो बार सोचो।
2. He looked very strong before surgery. शल्य-चिकित्सा से पहले वह बहुत सशक्त दिखता था।

Below का प्रयोग : 'नीचे' के संदर्भ में :

1. The flat of Ramesh is below ours. रमेश का फ्लैट हमारे फ्लैट के नीचे है।
2. The temperature has gone below considerably. तापमान बहुत नीचे चला गया है।

Between का प्रयोग : दो के बीच के लिए प्रयोग होता है :

1. There is no bone of contention between you and me. तुम्हारे और मेरे बीच कोई विवाद की जड़ नहीं है।
2. That train runs between Delhi and Pune. वह रेलगाड़ी दिल्ली और पुणे के बीच चलती है।

By का प्रयोग : 'से' या 'द्वारा' के संदर्भ में :

1. He is a doctor by profession. वह पेशे से डॉक्टर है।
2. The student was punished by his teacher. अध्यापक द्वारा विद्यार्थी को सजा दी गई थी।
3. Get back by 5 pm. शाम पाँच बजे तक वापस आ जाना।
4. This work was done by Kashi. यह काम काशी के द्वारा किया गया था।

For का प्रयोग : 'के लिए' के संदर्भ में :

1. These packets are kept for poor children. ये पैकेट गरीब बच्चों के लिए रखे गए हैं।
2. I had to stay back for many reasons. मुझे कई कारणों से पीछे रुकना पड़ा था।
3. We have voted for a suitable candidate. हमने उपयुक्त उम्मीदवार के लिए मतदान किया है।
4. I have been doing this job for the last five years. मैं पिछले पाँच वर्षों से यह काम कर रहा हूँ। (अवधि दरशाने के लिए)

From का प्रयोग : 'से' के संदर्भ में :

1. I have received no answer from him. मुझे उससे कोई जवाब नहीं मिला है।
2. He is talking from his own experience. वह अपने अनुभव से कह रहा है।
3. Take out a note from your pocket. अपनी जेब से एक नोट निकालो।
4. None can save you from destruction. तुम्हें विनाश से कोई नहीं बचा सकता।

In का प्रयोग : 'में' के संदर्भ में :

1. He lives in Russia. (वह रूस में रहता है।) (बड़े शहरों तथा देशों के नाम के आगे)
2. She was born in July. वह जुलाई में जनमी थी।
3. Do not be always in a hurry. हमेशा जल्दी में मत रहो।
4. I am doing an M.Sc. in Botany. मैं वनस्पति विज्ञान में स्नातकोत्तर कर रहा हूँ।
5. Can you run this race in 5 minutes? क्या तुम 5 मिनट में यह दौड़ पूरी कर सकते हो?

किसी वस्तु की स्थिर अवस्था दरशाने के लिए :

1. We were in the room. हम कमरे में थे।

2. I was in my bed. मैं बिस्तर पर था।

Into का प्रयोग : गतिविधि अथवा प्रवेश की अवस्था दरशाने के लिए :

1. The boy jumped into the river. लड़का नदी में कूदा।

2. She poured the milk into the glass. उसने गिलास में दूध डाला।

3. We all got into the train. हम सब रेलगाड़ी में चढ़े।

4. Translate this passage into Hindi. इस गद्यांश का हिंदी में अनुवाद करें।

Inside का प्रयोग : 'अंदर', 'भीतर' के संदर्भ में :

1. There were five fielders inside the 15 yard circle. 15 गज के घेरे के अंदर पाँच फील्डर थे।

2. What is there inside the room? कमरे के भीतर क्या है ?

Within का प्रयोग : 'के अंदर' या 'के भीतर', के संदर्भ में :

1. She will come back within the decided time. वह निश्चित समय के भीतर लौट आएगी।

2. I can do this work within minutes. मैं मिनटों के भीतर यह काम कर सकता हूँ।

Of का प्रयोग : 'का', 'की', 'के' के संदर्भ में :

1. It was the 10th of January. जनवरी की दस तारीख थी।

2. Who is the President of America? अमेरिका के राष्ट्रपति कौन हैं ?

3. Mumbai is to the south of Delhi. मुंबई दिल्ली के दक्षिण में है।

4. She demanded two litres of oil. उसने दो लिटर तेल माँगा था।

Off का प्रयोग : अलग होने का भाव दरशाने के लिए :

1. She fell off a tree. वह पेड़ से गिरी थी।

2. Switch off your mobile. अपना मोबाइल बंद कर दो।

3. Keep off this dangerous place. इस खतरनाक जगह से दूर रहो।

4. Take your feet off the table. मेज से अपने पैर दूर रखो।

On का प्रयोग : दिन/ऊपर (आश्रित) का भाव दरशाने के लिए :

1. India became free on 15th August. भारत 15 अगस्त को आजाद हुआ।

2. I shall come back on Thursday. मैं गुरुवार को वापस आऊँगा।

3. My office is on the main road. मेरा दफ्तर मुख्य सड़क पर है।

4. Some small animals live on insects. कुछ छोटे जानवर कीड़ों पर पलते हैं।

5. Switch on your mobile. अपना मोबाइल चालू कर लो।

6. The book is on the table. किताब मेज पर है।

Onto का प्रयोग : गतिविधि दरशाने के लिए, विशेष रूप से ऊपर की ओर :

1. I lifted my son onto my shoulder. मैंने अपने बेटे को कंधों पर उठा लिया।

2. Do not touch; put it back onto the table. छुओ मत, इसे वापस मेज पर रख दो।

To का प्रयोग : 'स्थान' के संदर्भ में :

1. I have to go to the market. मुझे बाजार जाना है।
2. Go to the office at once. फौरन दफ्तर जाओ।
3. Throw the pen to me. कलम मेरी तरफ फेंको।
4. He wrote a letter to his wife. उसने अपनी पत्नी को पत्र लिखा।
5. It is a quarter to nine. पौने नौ बजे हैं।
6. This road goes to Lucknow. यह सड़क लखनऊ जाती है।

Up का प्रयोग : 'ऊपर' के संदर्भ में :

1. The lizard ran up the wall. छिपकली दीवार के ऊपर दौड़ी।
2. He can climb up that mango tree. वह आम के उस पेड़ पर चढ़ सकता है।

Up to का प्रयोग : 'तक' के संदर्भ में :

1. He was quite well up to yesterday. वह कल तक बिलकुल ठीक था।
2. Up to two hundred persons can join the conference. दो सौ लोग तक सम्मेलन में शामिल हो सकते हैं।

Upon का प्रयोग : 'पर' के संदर्भ में :

1. It totally depends upon him. यह पूरी तरह से उस पर निर्भर है।
2. Have you come here upon his request? क्या तुम उसकी प्रार्थना पर यहाँ आए हो?

Under का प्रयोग : 'नीचे' एवं 'में' के संदर्भ में :

1. He is sitting under a tree. वह एक पेड़ के नीचे बैठा है।
2. Now, the situation is under control. अब स्थिति नियंत्रण में है।
3. This bus is under repair. बस मरम्मत के क्रम में है।
4. I keep this ring under the pillow. यह अँगूठी मैं तकिए के नीचे रखता हूँ।
5. You will have to work under me. तुम्हें मेरे नीचे काम करना होगा।

Over का प्रयोग : अग्रांकित संदर्भों में :

1. He spoke to her over the phone. वह फोन पर उससे बोला।
2. The sky is pervaded over our heads. आसमान हमारे ऊपर फैला हुआ है।
3. There is a long bridge over the Ganges. गंगा पर एक लंबा पुल है।
4. I put my hands over my eyes. मैंने अपनी आँखों पर हाथ रखे।

Till तथा Until का प्रयोग : 'तक' के संदर्भ में :

1. Can you finish this work until Monday? क्या यह काम तुम सोमवार तक खत्म कर सकते हो?
2. Wait for me till 2 o'clock. दो बजे तक मेरा इंतजार करो।
3. Use this bus till the next crossing and then change. अगले चौराहे तक इस बस में जाओ और फिर बदल लेना।

Towards का प्रयोग : 'तरफ' के संदर्भ में :

1. Both of the friends ran towards each other. दोनों मित्र एक-दूसरे की तरफ दौड़े।
2. Have you any ill-thought towards me? क्या मेरे प्रति आपके मन में कोई दुर्भावना है ?

With का प्रयोग : 'साथ' तथा 'साधन' के संदर्भ में :

1. I am with you. मैं तुम्हारे साथ हूँ।
2. She was shivering with cold. वह ठंड से काँप रही थी।
3. Do not quarrel with your friends. अपने दोस्तों से मत झगड़ो।
4. The police shot the thief with a pistol. पुलिस ने चोर को पिस्तौल से मार दिया। (साधन)
5. Cut this paper with a knife. कागज को चाकू से काटो। (साधन)

संबंध-सूचक अव्यय के मेल से बने शब्द (Words followed by Prepositions)

कुछ विशेष शब्दों के साथ विशेष Prepositions का ही प्रयोग होता है। Prepositions के गलत प्रयोग से अर्थ बदल जाता है। अत: निम्नलिखित Prepositions को शब्द सहित कंठस्थ कर लें।

- ❑ Abide by—निभाना।
- ❑ Abstain from—अलग रहना।
- ❑ Absorb in—मग्न होना।
- ❑ Access to—पहुँच।
- ❑ Accuse of—दोष लगाना।
- ❑ Admitted to—दाखिल करना।
- ❑ Agree to—सहमत होना।
- ❑ Angry with—नाराज होना।
- ❑ Aim at—निशाना लगाना।
- ❑ Appeal to—अच्छा लगना।
- ❑ Arrive at—पहुँचना।
- ❑ Associate with—मेल रखना।
- ❑ Apply to, for—प्रार्थना-पत्र देना, लागू होना।
- ❑ Assure of—विश्वास दिलाना।
- ❑ Astonished at—हैरान होना।
- ❑ Annoyed with—नाराज होना।
- ❑ Ask of, for—माँगना।
- ❑ Amuse at, with—मनोरंजन करना।
- ❑ Attend to, upon—ध्यान देना।
- ❑ Afraid of—डरना।
- ❑ Apologise for—क्षमा माँगना।
- ❑ Belong to—संबंध होना।
- ❑ Believe in—विश्वास करना।
- ❑ Bent on, upon—तुला हुआ।
- ❑ Blind of—अंधा।
- ❑ Blind to—आँख मूँद लेना।
- ❑ Boast of—शेखी बघारना।
- ❑ Born of, in—पैदा होना।
- ❑ Beg of—माँगना।
- ❑ Busy with—व्यस्त होना।
- ❑ Beware of—सावधान रहना।
- ❑ Bark at—भौंकना।
- ❑ Bless with—देना।
- ❑ Care for, of—परवाह करना।
- ❑ Call on, at—मिलने जाना।
- ❑ Charge with—दोष लगाना।
- ❑ Comply with—पूरी बात करना।
- ❑ Complain of—किसी वस्तु के लिए शिकायत करना।
- ❑ Complain to—किसी से शिकायत करना।
- ❑ Convinced of—विश्वास होना।
- ❑ Conscious of—सचेत होना।

- ❑ Cling to—चिपकना।
- ❑ Consist of—बना हुआ होना।
- ❑ Come by—मिलना।
- ❑ Collide with—टकराना।
- ❑ Compare to, with—तुलना करना।
- ❑ Congratulate on—बधाई देना।
- ❑ Contented with—संतुष्ट होना।
- ❑ Deal in—व्यापार करना।
- ❑ Deal with—निपटना।
- ❑ Depend upon—निर्भर होना।
- ❑ Desire for—इच्छा।
- ❑ Differ with, from—भिन्न होना।
- ❑ Distinguish between—अंतर करना।
- ❑ Die of—मरना (बीमारी) से।
- ❑ Dispose of—बेच देना।
- ❑ Deprive of—वंचित करना।
- ❑ Disgusted with—तंग आना।
- ❑ Devoid of—वंचित।
- ❑ Escape from—भाग जाना।
- ❑ Envious of—स्पर्धा करना।
- ❑ Equal to—बराबर।
- ❑ Essential to—आवश्यक।
- ❑ Enquire after—पूछना।
- ❑ Expect of—आशा रखना।
- ❑ Exception to—अपवाद।
- ❑ Eligible for—योग्य होना।
- ❑ Exempt from—छूट पाना।
- ❑ Famous for—प्रसिद्ध।
- ❑ Faith in—विश्वास।
- ❑ Familiar with—परिचित।
- ❑ Faithful to—वफादार।
- ❑ Free of, free from—मुफ्त, मुक्त।
- ❑ Fond of—शौकीन।
- ❑ Filled with—भरा हुआ।
- ❑ Full of—भरा हुआ।
- ❑ Furnished with—युक्त करना।
- ❑ Fight for—के लिए लड़ना।
- ❑ Give up—छोड़ देना।
- ❑ Gifted with—प्रदत्त।
- ❑ Guilty of—दोषी।
- ❑ Grateful to, for—कृतज्ञ।
- ❑ Guard against—रक्षा करना।
- ❑ Hatred for—घृणा।
- ❑ Hope for, of—आशा करना।
- ❑ Honest in—ईमानदार।
- ❑ Heir to—वारिस होना।
- ❑ Ill with—बीमारी।
- ❑ Inform of—सूचित करना।
- ❑ Ignorant of—अपरिचित।
- ❑ Injurious to—हानिकारक।
- ❑ Indifferent to—लापरवाह।
- ❑ Introduce to—परिचित कराना।
- ❑ Invite to—निमंत्रण देना।
- ❑ Intimate with—घनिष्ठ।
- ❑ Interest in—रुचि होना।
- ❑ Inferior to—घटिया।
- ❑ Insist on—जोर देना।
- ❑ Jealous of—ईर्ष्यालु होना।
- ❑ Junior to—छोटा।
- ❑ Kind to—दयालु।
- ❑ Knock at—खटखटाना।
- ❑ Known for—प्रसिद्ध।
- ❑ Listen to—सुनना।
- ❑ Laugh at—पर हँसना।
- ❑ Lead to—ले जाना।
- ❑ Lead in—आगे चलना।
- ❑ Long for, to—चाह होना।
- ❑ Look at—देखना।

- ❑ Look for—तलाश करना।
- ❑ Look down—नीचा दिखाना।
- ❑ Loyal to—वफादार।
- ❑ Match for—टक्कर का।
- ❑ Meddle with—दखल देना।
- ❑ Need of—जरूरतमंद।
- ❑ Obedient to—आज्ञाकारी।
- ❑ Part from—जुदा होना।
- ❑ Part with—अलग करना या होना।
- ❑ Pray to, for—प्रार्थना करना।
- ❑ Prevent from—रोकना।
- ❑ Pride in—गौरव होना।
- ❑ Proud of—घमंड करना।
- ❑ Profit from—लाभ उठाना।
- ❑ Pity on—दया करना।
- ❑ Quarrel with—किसी से झगड़ना
- ❑ Quarrel over—किसी बात पर झगड़ना।
- ❑ Qualified for—योग्य होना।
- ❑ Repent of—पश्चात्ताप करना।
- ❑ Reply to—उत्तर देना।
- ❑ Recover from—छुटकारा पाना।
- ❑ Refer to—इशारा करना।
- ❑ Rejoice at—खुशी मनाना।
- ❑ Rely on—भरोसा करना।
- ❑ Related to—संबंधित होना।
- ❑ Respect for—सम्मान।
- ❑ Remind of—याद दिलाना।
- ❑ Rob of—लूट लेना।
- ❑ Refrain from—बचना।
- ❑ Sick of—तंग आ जाना।
- ❑ Sure of—विश्वास होना।
- ❑ Sympathy for—सहानुभूति।
- ❑ Sympathise with—हमदर्दी।
- ❑ Surprise at—हैरान होना।
- ❑ Suspect of—शक करना।
- ❑ Stare at—ताकना।
- ❑ Sorry for—अफसोस करना।
- ❑ Search for—तलाश करना।
- ❑ Search of—किसी चीज की तलाश।
- ❑ Satisfied with—संतुष्ट होना।
- ❑ Superior to—उच्च कोटि का होना।
- ❑ Shiver with—ठंड से काँपना।
- ❑ Tired of—थक जाना।
- ❑ True to—बात निभाना।
- ❑ Taste for—रुचि होना।
- ❑ Taken aback—धक्का लगना।
- ❑ Think over—विचार करना।
- ❑ Tremble with—डर से काँपना।
- ❑ Trust in—विश्वास करना।
- ❑ Useful to, for—लाभकारी होना।
- ❑ Vote for—मत देना।
- ❑ Worthy of—योग्य होना।
- ❑ Warn of—चेतावनी देना।
- ❑ Zeal for—के लिए उत्साह होना।

❑

समुच्चयबोधक या संयोजक (The Conjunction)

संयोजक (Conjunction) वे शब्द हैं, जो दो शब्दों या वाक्यों को एक-दूसरे से जोड़ते हैं, जैसे :

1. Sita and Geeta are sisters. (and)
2. Two and two make four. (and)
3. We must go there or we shall suffer a lot. (or)
4. You made me sit and he made me go. (and)
5. You must study well otherwise you will not pass the exams. (otherwise)

स्मरण रहे कि जब and संयोजक एक वाक्य के दो शब्दों को जोड़ता है तो उस वाक्य को दो हिस्सों में नहीं बाँटा जा सकता तथा जब दो वाक्यों को जोड़ता है तो उन्हें अलग-अलग Clause में बाँटा जा सकता है।

Conjunction (संयोजक) का वर्गीकरण :

संयोजकों को निम्नलिखित श्रेणियों में बाँटा जा सकता है :

(A) Co-ordinating Conjunctions (समानाश्रय संयोजक) : ये दो स्वतंत्र कथनों को आपस में जोड़ते हैं, जैसे :

1. Man proposes and God disposes.
2. She worked hard but she did not succeed.

इस श्रेणी के मुख्य संयोजक हैं—And, but, or, also, nor, for, either or तथा neither nor

Co-ordinating Conjunction (समानाश्रय संयोजक) के चार भेद हैं :

1. Copulative या Cumulative (संयुक्त) : जो एक कथन के साथ दूसरे को जोड़ते हैं, जैसे :

The king rules the subjects and the queen rules the king.

2. Adversative (विरोध-दर्शक) : यह संयोजक दो कथनों में भेद या विरोध दरशाता है, जैसे :

1. He was perplexed, still he did not show it. (still)
2. You are not fast but you are sure to win. (but)

3. Illative (परिणामसूचक) : जिससे कोई अनुमान प्रकट हो, जैसे :

Something has gone wrong, for I heard a din. (for)

4. Alternative या Disjunctive (विकल्प) : जिससे दो विकल्पों में से एक चुनने का संदर्भ हो, जैसे :

1. Either you are mad or you feign madness.
2. Run speedily, else you cannot cross him.

(B) Subordinating Conjunctions (आश्रित संयोजक) : वह संयोजक, जो एक कथन को दूसरे ऐसे कथन से जोड़ता है जिसके बिना उसका अर्थ व्यक्त नहीं हो पाता—अर्थात् वह दूसरे पर आश्रित है। मुख्य Subordinating Conjunctions हैं : As, after, although, before, because, if, that, though, unless, when, where, etc.

1. I could not talk to him as he was absent.
2. Tell him that you will go there.
3. I do not know when he left the class.
4. I will help you, though you are not worth it.
5. She walked out hurriedly because she was scared of her mother.

Subordinating Conjunction को इनके अर्थ के अनुसार निम्नांकित श्रेणियों में बाँटा जा सकता है :

1. Time (समय) : Before, till, since, after.
2. Reason या Cause (कारण) : Because, as, since (कारण के संदर्भ में प्रयुक्त होने पर), जैसे :

   Since he desired to go there, I accompanied him.
3. Purpose (उद्देश्य) :

   We take food so that we may stay hale and hearty.
4. Condition (शर्त) :

   I shall also follow you if you do this.
5. Comparison (तुलना) :

   Tanya is stronger than Ananya.

(C) Correlative Conjunctions (नित्य संबंधी संयोजक) : कुछ संयोजक हमेशा जोड़े में प्रयुक्त किए जाते हैं। इन्हें Correlative कहते हैं, जैसे :

Both... and, either... or, neither... nor, not only... but also, whether... or.

1. Go either inside or outside.
2. He is not only foolish but also slow.

(D) Compound Conjunctions (संयोजित संयोजक) : कुछ संयोजक मिश्रित प्रकृति के होते हैं, जैसे : Even if, as though, as soon as, as if, in order that, etc.

1. I got it published in order that all could know it.
2. She walks as though she hurt her leg.

कुछ अन्य संयोजकों (Conjunctions) का प्रयोग : कुछ संयोजकों का वाक्यों में प्रयोग नीचे उदाहरण के रूप में दिया गया है। कुछ संयोजक कई अर्थों में प्रयुक्त होते हैं, जैसे :

If :

1. As a supposition or condition :

   If you are there, I shall meet you.
2. Admitting something :

   Even if he is poor, he is honest.
3. As whenever :

   If any problem arises, I take guidance.
4. As whether :

   Ask him if he would go there.

Or :

1. Showing an alternative :
   Be true to your words or you will lose your credibility.
2. Meaning otherwise :
   Walk in a hurry or rain will spoil our programme.

That :

1. Expressing a reason :
   I am so exhausted that I cannot stay straight.
2. Showing purpose :
   I bought scooter so that I might save time.
3. Showing result :
   He toiled the whole day that rendered him lifeless.

As well as :

You as well as your friends were there.

As soon as :

As soon as the mother came, children encirled her.

However :

His attitude was not proper, however he managed the scene.

Otherwise :

1. He is a lazy guy, otherwise he is intelligent.
2. Now you should proceed, otherwise you will be in trouble.

So :

1. Note her address, so that you would not forget it.
2. You enquired, so I enlighten you.

Whether :

1. I am not sure whether he will meet you.
2. Whether you go or not, I am leaving just now.

❑

विस्मयादिबोधक (The Interjection)

वे शब्द जो आश्चर्य, दु:ख, खीझ, क्रोध, उत्साह आदि का भाव दरशाते हैं, विस्मयादिबोधक कहलाते हैं, जैसे :

Wow! what a lifestyle! वाह ! क्या जीवन-शैली है !

Alas! He is dead! अफसोस ! वह नहीं रहा !

1. Joy (आनंद दरशानेवाले) जैसे : Hurrah! Wah!
2. Sorrow (दु:ख दरशानेवाले) जैसे : Alas! Ah! Oh! Oph!
3. Surprise (आश्चर्य दरशानेवाले) जैसे : Ha! What! Wow! Good heavens! Good God!
4. Approve (अनुमोदन) जैसे : Well done! Bravo!
5. Comtempt (अरुचि) जैसे : Shame! Fie-fie! Shit!
6. Silence (खामोश) जैसे : Hush! Sish! Sh!
7. Greeting (संबोधन) जैसे : Hello! Hi! Look! Listen!
8. Gratitude (आभार) जैसे : God bless you!

भाव-प्रदर्शक वाक्य (Exclamatory Sentences)

उत्साहवर्द्धन व बधाई हेतु

कितना शानदार प्रदर्शन है !	What a grand show!
क्या सुंदर विचार है !	What an idea!
कितना सुखद आश्चर्ग !	What a pleasant surprise!
वाह ! आप जीत गए !	Hurrah! you have won!
बधाई हो !	Congratulations!
शाबाश ! बहुत अच्छा किया !	Well done!
वाह ! वाह !	Hurrah!
वाह ! मेरे बहादुर !	Bravo!

संवेदना प्रकट करने के लिए

कितनी दु:खद बात है!	How sad!
हे भगवान्!	O Lord!
हाय राम! हे मेरे ईश्वर!	Oh, my God!
अति भयानक!	How terrible!
कितने दु:ख की बात है!	How tragic!
कितनी खराब खबर है!	What a bad news!

सुंदरता की अभिव्यक्ति के लिए

बहुत अच्छा!	Very fine!
	Excellent!
प्यारा! सुंदर! अच्छा!	Lovely!
आश्चर्यजनक!	Wonderful!
अद्भुत! अति सुंदर	Marvellous!
अति सुंदर!	How beautiful!
अत्यंत मनमोहक!	How charming!
कितना प्यारा!	How lovely!
कितना प्यारा! कितना मोहक!	How sweet!
क्या खूब! कितना सुंदर!	How nice!

आश्चर्य प्रकट करने के लिए

आश्चर्यजनक!	Wonderful!
असंभव!	Impossible!
सचमुच!	Really!
प्रभु की माया! (आश्चर्य में)	Good heavens!
कितनी बड़ी खबर है!	What a great news!
कितना सुखद आश्चर्य!	What a pleasant surprise!
अद्भुत! (आश्चर्य से)	Splendid!

नापसंदगी दरशाने के लिए

बेकार की बात है!	How absurd!
कितने अपमान की बात है!	How disgraceful!
यह क्या बेहूदगी है!	What nonsense!
कितनी अप्रिय बात है!	How disgusting!
बड़ी शर्मनाक बात है!	What a shame!
क्या मुसीबत है।	What a bother!
अब चाहे जो हो!	Come what may!

बधाई देने के लिए

बधाई !	Congratulations!
जन्मदिन की शुभकामनाएँ !	Happy birthday!
आपको जन्मदिन की शुभकामनाएँ !	Happy birthday to you!
ईश्वर करे, यह शुभ दिन बार-बार आए !	Many happy returns of the day!
विवाह की वर्षगाँठ की शुभकामनाएँ !	Happy marriage anniversary!
शुभ दीपावली !	Happy Deepawali!
नव वर्ष की शुभकामनाएँ !	Happy New Year!
बड़ा दिन मुबारक !	Merry Christmas!

उप-पद
(The Articles)

A, an, the जो वास्तव में Demonstrative Adjectives (संकेतवाचक विशेषण) हैं, को ही Articles (उप-पद) कहा जाता है।

Articles दो प्रकार के हैं :

Indefinite Article (अनिश्चित) : A, an

Definite (निश्चित) : The, यह किसी निश्चित वस्तु, व्यक्ति या स्थान की ओर संकेत करता है, इसलिए इसे Definite Article कहते हैं। दूसरी ओर a और an—Indefinite (अनिश्चित) Article हैं, क्योंकि ये किसी की ओर निश्चित संकेत नहीं करते हैं।

A तथा An का प्रयोग :

A का प्रयोग : एकवचन की संज्ञाओं के साथ जो किसी व्यंजन (Consonant) की ध्वनि से उच्चारित किए जानेवाले अक्षर से शुरू होता है, जैसे :

A book, a horse, a woman, a university, a one-rupee note, a European, a gap, etc. (यहाँ University का u, one rupee का o तथा European का e व्यंजन की ध्वनि दे रहे हैं)।

An का प्रयोग : उन समस्त स्वरों (Vowels) व व्यंजनों (Consonants) से शुरू होनेवाले एकवचन के शब्दों के साथ किया जाता है, जो स्वर की ध्वनि देते हैं, जैसे :

An inkpot, an enemy, an umbrella, an hour, an honest person (यहाँ 'h' silent रहता है)

An MA, an MP (M—एम Vowel से उच्चारित)

कुछ Phrases तथा Professions के साथ भी a या an का प्रयोग होता है, जैसे :

Phrase : A lot, a few, etc.

Professions : An operator, a teacher, an artist, a doctor, etc.

The का प्रयोग :

1. Nationality (राष्ट्रीयता) तथा Communities (समुदायों) के पहले :

   The Hindus, the Muslims, the English, the Japanese

कुछ देशों से पहले, जैसे :

The USA, the UAE, the UK.

2. नदियों, समुद्रों, द्वीप-समूहों, पर्वत-शृंखलाओं तथा खाड़ियों के नामों से पूर्व, जैसे :

1. The Narmada is a holy river for the Hindus like the Ganges.
2. The Indian Ocean.
3. The Nicobar Islands.
4. The Himalayas.
5. The Bay of Bengal.

3. ग्रह-नक्षत्रों तथा दिशाओं (यदि उनसे पूर्व Preposition हो) के नाम से पूर्व :

The Earth, the Moon, the Sun, the Sky, the East, the West, the North

4. उस एकवचन की संज्ञा के साथ जिससे पूरी जाति का बोध होता है :

1. The dog is a faithful animal.
2. The banyan tree is worshipped by the Hindus.
3. The lotus is the most precious flower.

(अपवाद Man एवं Woman)

5. किसी निश्चित या पूर्व उल्लिखित व्यक्ति या वस्तु से पूर्व :

1. This is the road which you desired to walk on.
2. The shoe pair you want is out of stock.

6. कुछ निश्चित पुस्तकों से पूर्व :

The *Ramayana*, the *Vedas*, the *Gita*.

7. पत्र-पत्रिकाओं के नाम से पूर्व :

The Hindu, The Times of India, The Week.

8. प्रतिष्ठानों, कारखानों के नाम से पहले :

The Hindustan Shipyard, The Punjab and Sind Bank, The Union Bank of India.

9. ऐतिहासिक भवनों, सार्वजनिक स्थानों के नाम से पूर्व :

The National Library, The Victoria Terminus, The Taj Mahal, The Taj Palace.

10. राजनीतिक दलों, संगठनों के नाम से पूर्व :

The Bhartiya Janata Party, The Indian National Congress.

11. ऐतिहासिक घटनाओं से पूर्व :

The Sepoy Mutiny, the Battle of Haldighati.

12. Superlative Degree के पूर्व :

The fastest runner, the most dedicated person.

उप-पद का लोप (Omission of Article)

1. वस्तुओं के नाम से पूर्व :

Gold is a costly metal.

2. जातिवाचक संज्ञा से पूर्व—यदि इसे सुविचारित विस्तृत अर्थ में प्रयोग किया गया हो :

Man is mortal; he has to die.

3. व्यक्तिवाचक संज्ञा से पूर्व :

Chennai is a big harbour.

4. सामान्य अर्थ देनेवाले Abstract Noun के पूर्व :

Honesty is the best policy.

लेकिन जब यह किसी विशेषण या विशेषण शब्द-खंड से संदर्भित हो तो the उप-पद का प्रयोग किया जाएगा।

The wisdom of Birbal is famous in India.

5. भाषाओं से पूर्व :

I am studying Hindi.

6. संबंध दरशानेवाले नामों से पूर्व, जैसे :

mother, father, uncle, etc.

Mother has gone out.

7. जब दो विशेषण एक ही संज्ञा को इंगित करें तो Article केवल पहले प्रयुक्त Adjective के पूर्व आएगा, जैसे :

I need a brown and black horse. (One horse having both the colours)

इसी प्रकार दो संज्ञाएँ एक ही व्यक्ति को संदर्भित करें तो पूर्ववर्ती के साथ Article का प्रयोग होगा।

दोनों संज्ञाओं या विशेषणों के साथ Article प्रयुक्त करने का अर्थ होगा दो व्यक्तियों या वस्तुओं की उपस्थिति। यदि दो का संदर्भ हो तो दोनों के साथ Article का प्रयोग होगा।

8. तुलना करते वक्त यदि दो संज्ञाएँ एक ही व्यक्ति को संदर्भित करें तो केवल पहले आई संज्ञा के साथ Article का प्रयोग होगा जैसे :

He is a better lawyer than engineer. (only one person)

He is a better lawyer than an engineer. (referring two)

❑

बड़े अक्षर एवं विराम चिह्नों का प्रयोग
(Capital Letters and Punctuation)

वाक्य में उचित स्थान पर उचित विराम चिह्न का प्रयोग Punctuation कहलाता है।

Marks of Punctuation (विराम चिह्न) निम्नलिखित हैं :

1. Comma (अल्प विराम) sign (,)
2. Semi-colon (अर्द्धविराम) sign (;)
3. Colon (विवरण चिह्न) sign (:)
4. Full stop (पूर्ण विराम) sign (.)
5. Interrogation (प्रश्नवाचक) sign (?)
6. Exclamation (विस्मयादिबोधक) sign (!)
7. Hyphen (योजक या विभाजक) sign (-)
8. Apostrophe (ऊर्ध्वाल्प विराम) sign (')
9. Quotation Mark or Inverted Commas (उद्धरण चिह्न) sign (" ")

1. Comma (,) (अल्प विराम) का प्रयोग

किसी वाक्य में किसी क्षणिक ठहराव (अल्प विराम की अवस्था) में इसका प्रयोग इस प्रकार होता है :

1. किसी Part of Speech के and या or से जुड़े शब्द-खंड से पूर्व आए शब्द को अलग करने के लिए, जैसे :

   1. Maya, Mohan and Mahima were going to school.
   2. Naresh answered his questions clearly, legibly and correctly.

2. Vocative (संबोधित) Noun को वाक्य से पृथक् करने के लिए, जैसे :

   Sarika, go and get your books for inspection.

3. एक ही संज्ञा के लिए प्रयुक्त अन्य संज्ञाओं को अलग करने के लिए, जैसे :

   Napolean, the French king, was a great General.

4. Principal Phrase (मुख्य शब्द-खंड) को शेष वाक्य से पृथक् करने के लिए, जैसे :

   Having finished his job, he returned to his abode.

5. Sir, Madam, yes, no आदि को पृथक् करने, जैसे :

Would you go, Madam?

No, I would not.

6. Direct Speech में Reporting Verb को पृथक् करने के लिए, जैसे :

Hari said to me, "I will not go to the city."

7. वाक्य के बीच में असंबद्ध-से लगनेवाले शब्द-खंड को पृथक् करने के लिए, जैसे :

Man, of course, is mortal.

8. दिनांक को वर्ष से अलग करने के लिए, जैसे :

January 26th, 1950.

2. Semi-colon (;) (अर्द्धविराम) का प्रयोग :

इसका प्रयोग अल्प विराम (Comma) से कुछ ज्यादा देर तक रुकने के लिए इन अवस्थाओं में किया जाता है :

1. Otherwise, therefore, whereas से जुड़े clause को अलग करने के लिए, जैसे :

Ramu reached late; therefore he was punished.

2. शब्दों के जोड़ों को अलग करने के लिए, जैसे :

Accept, except; access, excess; show, sow.

3. समान महत्त्व के वाक्यों जिनका अपना अलग Subject हो, को पृथक् करने के लिए, जैसे :

We take birth; we grow up; we leave the world.

3. Colon (:) (विवरण चिह्न) का प्रयोग :

1. कोटेशन की शुरुआत में, जैसे :

The *Ramcharitmanas* tells us : "As you sow so shall you reap."

2. दो परस्पर विरोधी कथनों को पृथक् करने के लिए :

Man proposes : God disposes.

4. Full Stop (.) (पूर्ण विराम) का प्रयोग :

1. संक्षिप्त किए गए शब्दों के साथ :

M.L.A. (Member of Legislative Assembly), Govt. (Government)

2. वाक्यों के अंत में (प्रश्नवाचक तथा विस्मयादिबोधक को छोड़कर) :

Ramdhan is the son of a professor.
The court dropped all charges against the accused.

5. Sign of Interrogation (?) (प्रश्नवाचक चिह्न) का प्रयोग :

जैसा कि नाम से ही स्पष्ट है, यह प्रश्नवाचक वाक्यों के अंत में प्रयोग किया जाता है, यदि वह direct प्रश्न प्रदर्शित करता हो, जैसे :

1. Where is Mani?

2. Have you learnt the lesson?

लेकिन indirect प्रश्न के अंत में इसका प्रयोग नहीं होता, जैसे :

1. Ritesh enquired from me, "Why I was leaving the city."

2. Sonu asks him, "Where he will go."

6. Mark of Exclamation (!) (विस्मयादिबोधक) का प्रयोग :

1. यह विस्मयादिबोधक शब्दों तथा वाक्यों के अंत में प्रयुक्त होता है, जैसे :

Hurrah! Alas!
How cute!
What a chance!

2. कामना या इच्छावाचक (Imperative Sentences) के अंत में :

May you live long!
Wish you a happy married life!

7. Hyphen (-) (योजक) का प्रयोग :

1. Prefix (पूर्व प्रत्यय) के पश्चात् :

Vice-chairman, Sub-inspector.

2. मिश्रित शब्द (Compound) के खंडों को संयुक्त करने के लिए, जैसे :

Father-in-law, Daughter-in-law, foot-ball etc.

3. आंशिक हिस्सों (Fractional Parts) को पृथक् करने के लिए :

One-fourth, three-fourths.

8. Apostrophe (') (ऊर्ध्वाल्प विराम) का प्रयोग :

1. संज्ञा की षष्ठी विभक्ति (Possessive Case) का शब्द बनाने के लिए, जैसे :

Ram's chair, Mohan's umbrella, My friend's shop.

2. Contracted (संक्षिप्त) रूप बनाने के लिए, जैसे :

Do not = Don't, Cannot = Can't, It is = It's, etc.

9. Quotation Mark or Inverted Comma (" ") (उद्धरण चिह्न) का प्रयोग :

1. वक्ता के कथन को उसी के शब्दों में रखने हेतु, जैसे :

Gudiya said to me, "I cannot do this."

2. कोटेशनों, कविताओं, पुस्तकों को single Inverted Comma के अंदर रखा जाता है।

'India Wins Freedom' is an important book.

Use of Capital Letters (बड़े अक्षरों का प्रयोग) :

बड़े अक्षरों का प्रयोग इस तरह से किया जाता है :

1. Proper Noun (व्यक्तिवाचक संज्ञा) का प्रथम अक्षर :

Subhash, Ganges, Chennai, India, Uttar Pradesh.

2. नए वाक्य का प्रथम अक्षर :

1. He has gone to Mumbai.
2. Why are you so late?

3. भगवान् के सर्वशक्तिमान स्वरूप का प्रथम अक्षर और इसके लिए प्रयुक्त सर्वनाम सहित :

God is Omnipotent and He is the Creator of all.

4. उपाधियों तथा राजनीतिक दलों का पहला अक्षर :

Bharat Ratna, Param Veer Chakra, the Bharatiya Janata Party, the Congress.

5. विषयों, भाषाओं के नाम का प्रथम अक्षर :

Physics, Botany, Urdu, Hindi, etc.

6. दिन, महीनों एवं त्योहारों के नाम का प्रथम अक्षर :

Thursday, Friday, March, December, Holi, Diwali, Christmas etc.

7. पुस्तकों, समाचार-पत्रों के नाम का पहला अक्षर :

The Ramayana, The Bible, The Hindu, The Times of India, etc.

8. जातियों व राष्ट्रीयताओं के नाम का पहला अक्षर :

The Sikhs, the Muslims, the Americans, the English.

9. I अक्षर 'मैं' के रूप में वाक्य में कहीं भी आए तो बड़े अक्षर (Capital) में लिखा जाता है।

10. महाद्वीपों, महासागरों आदि के नाम भी Capital अक्षर से शुरू होते हैं, जैसे :

The Pacific Ocean, Asia, Europe, etc.

11. Poem (कविता) की प्रत्येक पंक्ति का पहला अक्षर बड़ा होता है, जैसे :

The mountain and the squirrel,
Had a quarrel,
And the former called the latter 'Little Prig'.

❑

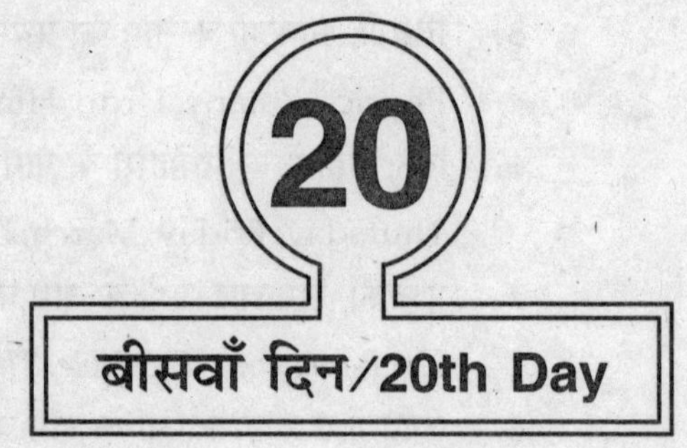

प्रत्यक्ष एवं अप्रत्यक्ष कथन
(Direct and Indirect Speech)

किसी वक्ता की कही बात को उसी के शब्दों में दूसरे को बताना Direct speech (प्रत्यक्ष कथन) तथा उसकी बात को अपने शब्दों में बताना Indirect speech (अप्रत्यक्ष कथन) कहलाता है, जैसे :

She said, "I am going to market." (Direct statement)

She said that she was going to market. (Indirect statement)

Direct speech के तीन हिस्से होते हैं। पहला Reporter, दूसरा Reporting verb और तीसरा Reported speech, Inverted commas (" ") के अंदर होता है।

वक्ता को Reporter; वक्ता की बात को जिस Verb से आरंभ किया जाए उसे Reporting verb और वक्ता की जिस बात को दोहराया जाए उसे Reported Speech कहते हैं।

She	said,	"I am going to market."
↓	↓	↓
Reporter	Reporting verb	Reported speech

Direct speech को Indirect में प्रस्तुत करने के लिए उसमें कई परिवर्तन करने पड़ते हैं।

जैसा कि आपने ऊपर के उदाहरण में देखा कि She के बाद comma एवं Inverted commas हटा दिए गए हैं तथा दोनों हिस्सों को जोड़ने के लिए that शब्द लाया गया है और I का She तथा am (Present tense का शब्द) का was (Past tense का शब्द) हो गया है।

इस प्रकार स्पष्ट है कि प्रत्यक्ष कथन को अप्रत्यक्ष कथन में बदलने के लिए कई परिवर्तन करने पड़ते हैं। ये परिवर्तन निम्नांकित हैं :

1. रिपोर्टिंग वर्ब (Reporting verb) को बदलना :

आदेशात्मक वाक्यों में रिपोर्टिंग वर्ब रिपोर्टेड स्पीच में व्यक्त भाव के अनुसार बदला जाता है।

2. Inverted commas (" ") को हटाकर उचित संयोजक (Conjunction) का प्रयोग।

3. काल (Tense) में।

4. कालदर्शक शब्दों में परिवर्तन।

5. सर्वनाम (Pronoun) को बदलना।

काल (Tense) में परिवर्तन

	Direct speech		Indirect speech
1.	Simple present	हो जाता है	Simple past
2.	Simple past	हो जाता है	Past perfect
3.	Present continuous	हो जाता है	Past continuous
4.	Past continuous	हो जाता है	Past perfect continuous
5.	Present perfect	हो जाता है	Past perfect
6.	Present perfect continuous	हो जाता है	Past perfect continuous
7.	Will/shall	हो जाता है	would/should
8.	Can/may	हो जाता है	could/might

इस परिवर्तन को एक क्रिया 'जाना' (go) से समझें

1.	go, goes	का	went
2.	went	का	had gone
3.	is/am/are going	का	was/were going
4.	was/were going	का	had been going
5.	has/have gone	का	had gone
6.	has/have been going	का	had been going
7.	will/shall go	का	would/should go
8.	can/may	का	could/might go

उपर्युक्त को एक सामान्य नियम के तौर पर प्रस्तुत किया गया है।

ध्यान रहे, काल तभी बदला जाता है जब रिपोर्टिंग वर्ब भूत काल (past) में हो, जैसे :

Direct : She said, "I am going to Delhi today."

Indirect : She said that she was going to Delhi that day.

1. लेकिन यदि Inverted commas के बाहर का अंश वर्तमान या भविष्यकाल में हो तो Indirect speech बनाते समय Inverted commas के अंदर वाले वाक्य-खंड का काल नहीं बदला जाता, जैसे :

Direct : She says, "I am going to Delhi today."

Indirect : She says that she is going to Delhi today.

(इसी प्रकार कालदर्शक शब्द today भी अपरिवर्तित रहा)।

2. यदि प्रत्यक्ष कथन (Direct speech) के वाक्य में कोई Universal truth या Habitual fact दरशाया गया हो तो रिपोर्टिंग वर्ब के Past tense में होने के बावजूद Reported speech का काल नहीं बदला जाता।

3. Reported speech में कोई ऐतिहासिक सत्य परिलक्षित होता हो तो उसके tense में कोई बदलाव नहीं होगा, जैसे :

Direct : "In the Battle of Panipat, Abdali badly defeated the Marathas," he said.

Indirect : He said that Abdali badly defeated the Marathas in the Battle of Panipat.

Direct : The scientist said, "The earth moves round the sun."

Indirect : The scientist said that the earth moves round the sun.

काल, स्थान तथा संकेतक शब्दों में परिवर्तन

	Direct	Indirect
1.	Today	that day
2.	Tonight	that night
3.	Yesterday	the day before/the previous day
4.	Tomorrow	the next day/the following day
5.	Ago	before
6.	Next week	the following week
7.	Last week	the previous week
8.	The day before yesterday	two days before
9.	The day after tomorrow	in two days' time
10.	Here	there
11.	This	that
12.	These	those
13.	Thus	so

यह एक सामान्य नियम है, लेकिन कोई बदलाव करने से पूर्व कथन के मर्म को भी ध्यान में रखा जाना आवश्यक है। ऐसा न हो कि कालवाचक शब्द बदलने की धुन में अर्थ का अनर्थ हो जाए, जैसे :

Direct : Misha said to me yesterday, "I shall observe fast tomorrow."

Indirect : Misha told me (yesterday) that she would observe fast the next day.

लेकिन यहाँ today का next day में परिवर्तन हास्यास्पद हो गया है, क्योंकि उसने कल, आज के लिए उपवास रखने को कहा था, इसलिए यहाँ tomorrow को बदलते वक्त next day की बजाय today का प्रयोग युक्तिसंगत होगा। यही सही भी है, अत: 'observe fast today' ही होगा।

Pronoun (सर्वनाम) का परिवर्तन

चूँकि I, we प्रथम पुरुष (first person); you (तुम, तुम सब) मध्यम पुरुष (second person); he, she, it, they, etc. अन्य पुरुष (third person) के शब्द हैं।

अत: स्पष्ट है कि first person के (सर्वनामों) का रूपांतरण, वक्ता (अर्थात् वाक्य कहनेवाले के) अनुसार करते हैं।

Second person (मध्यम पुरुष) का रूपांतरण, बात जिसे कही गई हो—इस आधार पर करते हैं।

Third person (अन्य पुरुष) अर्थात् जिसके बारे में कुछ कहा गया हो।

इसे हम निम्नांकित चार्ट से भी समझ सकते हैं :

सर्वनाम (Pronoun) चार्ट

	Nominative (कर्तावाचक)	Objective (कर्मवाचक)	Possessive (संबंधवाचक)	Reflexive (निजवाचक)
1st person	I (मैं) (Singular)	me (मुझे)	mine/my (मेरा)	myself (स्वयं)
1st person	We (हम) (Plural)	us (हमें, हमको)	our/ours (हमारा)	ourselves (हम)
2nd person	Thou (तू) (Singular)	thee (तुझको)	thy/thine (तेरा)	thyself
	You (तुम, आप) (Singular/Plural)	(you) (तुम्हें, तुमको)	(तुम्हारा, आपका)	yourself (तू स्वयं/तुम स्वयं)

3rd person	He (वह, उसने) (Singular)	him (उसे, उसको)	his (उसका)	himself (वह स्वयं)
	She (वह, उसने) (Singular)	her (उसे, उसको)	her (उसका)	herself (वह स्वयं)
	It (वह) (Singular)	it (उसकी)	its (उसका)	itself (वह स्वयं)
	They (वे, उन्होंने) (Plural)	them (उन्हें, उनको)	their (उनका)	themselves(वे स्वयं)

इसे हम इस तरह से भी समझ सकते हैं :

1. Reported speech में मौजूद first person के pronoun को Reporting verb के subject के अनुसार बदला जाएगा, जैसे :

Direct : He says, "I am ill."

Indirect : He says that he is ill. (I का He)

Direct : You say, "I am ill."

Indirect : You say that you are ill. (I का you)

2. Reported speech में प्रयुक्त second person के pronoun को Reporting verb के object (कर्म) के अनुसार बदला जाएगा, जैसे :

Direct : He says to me, "You are ill."

Indirect : He tells me that I am ill. (Second person Pronoun you का I हो गया)

Direct : She says to him, "You are ill."

Indirect : She tells him that he is ill. (Second person Pronoun you का he हो गया)

3. ध्यान रहे, Reported Speech में आए Third person के Pronoun में कोई परिवर्तन नहीं होता, जैसे :

Direct : He says, "He is not a respected person."

Indirect : He says that he is not a respected person. (Reported speech का he अपरिवर्तित रहा।)

Direct : Rohan says to Meena, "She is a good girl."

Rohan tells Meena that she is a good girl. (She अपरिवर्तित रहा)

Direct Speech (प्रत्यक्ष कथन) के दोनों हिस्सों का संयोजन :

Direct speech से Indirect speech बनाते समय दोनों हिस्सों को जोड़ने के लिए किस शब्द का प्रयोग किया जाए, इसका निर्धारण Reported speech (" ") के अंदर विद्यमान वाक्य के प्रकार को समझकर आसानी से किया जा सकता है। नीचे वाक्य के प्रकार के अनुसार उचित शब्द संबंधी कुछ दिशा-निर्देश प्रस्तुत हैं :

1. कथनात्मक वाक्य *(Assertive sentences)*

1. कथनात्मक वाक्य में Direct speech को Indirect speech में बदलते समय साधारणत: that का प्रयोग किया जाता है।

2. रिपोर्टिंग वर्ब के said to को told में परिवर्तित किया जा सकता है, लेकिन केवल said आया हो तो उसका told नहीं किया जाता।

3. Subject (कर्ता) के साथ say या tell का प्रयोग किया जा सकता है।

4. अपेक्षित अर्थ देने के लिए आवश्यकतानुसार अन्य क्रियाएँ भी प्रयोग में लाई जा सकती हैं, जैसे :

assure, add, admit, boast, complain, deny, explain, object, protest, reply, remind, etc.

Direct : He said, "She did not behave towards him properly."

Indirect : He complained that she had not behaved towards him properly. (Said को Complained में परिवर्तित किया गया है)

2. प्रश्नवाचक वाक्य *(Interrogative sentences)*

1. Say का रूपांतरण ask तथा said का asked में किया जाएगा।

2. Said to को enquired या demanded में भी बदला जा सकता है।

3. प्रश्नवाचक चिह्न को हटाकर वाक्य के अंत में पूर्ण विराम (.) लगाएँ।

4. दोनों हिस्सों को जोड़ने के लिए if या whether का प्रयोग किया जाता है। लेकिन यदि प्रश्नवाचक वाक्य की शुरुआत किसी प्रश्नवाचक शब्द से हुई हो तो उसी शब्द का उपयोग कर लिया जाता है।

5. यदि वाक्य में Sir या Madam शब्द का प्रयोग हुआ हो तो उसके लिए Respectfully (yes या no उत्तर वाले वाक्यों में) शब्द का प्रयोग किया जाता है।

नियम-4 के उदाहरण :

1. Direct : She said, "Is it so bad?"

Indirect : She asked if it was so bad. (जोड़ने के लिए if का प्रयोग)

2. Direct : He said, "What is the matter?"

Indirect : He asked what the matter was. (जोड़ने के लिए what का ही उपयोग कर लिया गया है)

नियम-5 के उदाहरण :

1. Direct : "Is Sita going home?" said the teacher. "Yes, Madam," said Geeta.

Indirect : The teacher asked Geeta if Sita was going home. Geeta replied respectfully that she was.

ध्यान रखें कि यदि किसी प्रश्नवाचक वाक्य में do या does (without not) सहायक क्रिया प्रयुक्त हुई हो तो Indirect speech बनाते समय उसको did में रूपांतरित न करें।

इस तरह के Direct sentence का Indirect कुछ इस तरह बनेगा, जैसे :

Direct : "What do you want?" he said to me.

Indirect : He asked me what I wanted.

3. आदेशात्मक या आज्ञावाचक वाक्य *(Imperative sentences)*

1. इस तरह के वाक्यों में आज्ञा, विनती या सलाह आदि के भाव व्यक्त होते हैं, इसलिए said to का रूपांतरण इन अवस्थाओं में इस प्रकार से होगा :

मना करने की अवस्था में	forbade
सलाह की अवस्था में	advised
प्रार्थना हेतु	requested
चेतावनी हेतु	warned

आज्ञा के संदर्भ में	ordered
उत्साहवर्धन में	encouraged
याचना में	implored/begged

2. Inverted comma (" ") को हटाने के लिए to का प्रयोग (उचित स्थान पर) किया जाता है।

3. Direct speech में कर्म की उपस्थिति न हो तो भी Indirect speech बनाते समय परिस्थिति के अनुरूप समुचित कर्म जोड़ना पड़ता है।

4. निषेधात्मक आज्ञावाचक (Negative Imperative) वाक्यों में Do not की जगह not to का प्रयोग किया जाता है।

उपर्युक्त नियम के कुछ उदाहरण :

Direct : The teacher said to Mahipal, "Keep your head down."

Indirect : The teacher ordered Mahipal to keep his head down. (said to का ordered)

Direct : Gudiya said to me, "Attend to your study properly."

Indirect : Gudiya advised me to attend to my study properly. (said to का advised)

Direct : The teacher said to the boys, "Do not enter the forest."

Indirect : The teacher warned the boys not to enter the forest. (चेतावनी के लिए warned का प्रयोग)

Direct : She said, "Stop a while."

Indirect : She told me (us/her/him/ them) to stop for a while. (said का told)

4. विस्मयादिबोधक वाक्य *(Exclamatory sentences)*

1. विस्मयादिबोधक वाक्य से Indirect speech बनाते समय उसे कथनात्मक वाक्य में बदला जाता है।

2. Inverted commas के साथ-साथ विस्मयादिबोधक चिह्न भी हटा दिया जाता है।

3. रिपोर्टिंग वर्ब को रिपोर्टेड स्पीच में व्यक्त भाव के अनुसार—exclaimed with joy, exclaimed with regret, exclaimed with surprise, exclaimed with sorrow, applauded... saying, etc. में बदलते हैं।

4. How या What के स्थान पर great या very का प्रयोग करते हैं।

5. शुभकामना शब्दों के लिए wished का प्रयोग किया जाता है।

उपर्युक्त नियमों संबंधी कुछ उदाहरण :

Direct : "Hurrah! I have won the race," she said.

Indirect : She exclaimed with joy that she had won the race. (showing joy)

Direct : He said, "Alas! I am ruined."

Indirect : He exclaimed with sorrow that he was ruined.

Direct : "Happy Holi," he said.

Indirect : He wished me a happy Holi.

Direct : He said, "What an idea!"

Indirect : He exclaimed that it was a great idea.

Let से प्रारंभ होनेवाले वाक्य

1. Let से प्रारंभ होनेवाले वाक्य सुझावात्मक (making suggestion) होते हैं, अत: ऐसे वाक्यों का Indirect speech में रूपांतरण करते वक्त Reporting verb, 'said to' को suggested या proposed में बदलते हैं तथा वाक्य जोड़ने के लिए that का प्रयोग किया जाता है।

उदाहरण :

Direct : He said to me, "Let us go home."

Indirect : He proposed (or suggested) me that we should go home.
or
He proposed me to go home.

2. Let's or let us को यथापरिस्थिति we should या they should में रूपांतरित करते हैं।

3. यदि let शब्द वाक्य में अनुमति (allow) देने का भाव व्यक्त करे तो इसका Indirect बनाते समय 'said to' का requested करके to जोड़कर let का प्रयोग बनाए रखा जाता है, जैसे :

Direct : The student said to the teacher, "Let me go to the post office."
Indirect : The student requested the teacher to let him go to the post office.

❑

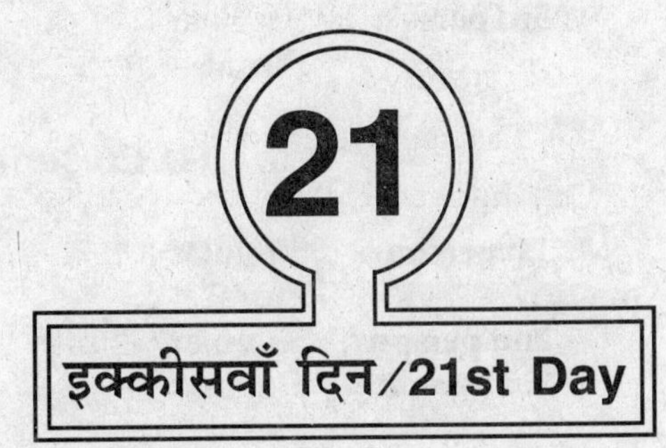

वाच्य
(Voice)

क्रिया का वह रूप जिससे यह पता चलता है कि कर्ता स्वयं कुछ करता है या उसके लिए कुछ किया जाता है, को वाच्य (Voice) कहा जाता है।

1. Ritika loves Shomen. 2. Shomen is loved by Ritika.

उपर्युक्त प्रथम वाक्य में subject Ritika स्वयं कुछ करती है, इसलिए यहाँ क्रिया loves, Active voice में है।

दूसरे वाक्य में subject द्वारा denoted व्यक्ति Shomen को कुछ किया जा रहा है, अत: क्रिया is loved, Passive voice में है। Active voice में कर्ता तथा Passive voice में क्रिया प्रधान होती है।

Active voice में कही किसी बात का कर्ता subject तथा passive में object होता है।

इस तरह वाच्य के दो भेद हैं :

1. Active voice (कर्तृवाच्य)
2. Passive voice (कर्मवाच्य)

Active voice को Passive में बदलना

Active voice के वाक्यों को Passive में बदलने के लिए निम्नांकित चार्ट काफी उपयोगी सिद्ध होगा :

(1) Present Indefinite Tense

		Active	Passive
1st person	Singular	I love.	I am loved.
	Plural	We love.	We are loved.
2nd person	Singular/Plural	You love.	You are loved.
3rd person	Singular	He/she/it loves.	He/she/it is loved.
	Plural	They love.	They are loved.

(2) Present Imperfect or Continuous Tense

		Active	Passive
1st person	Singular	I am loving.	I am being loved.
	Plural	We are loving.	We are being loved.
2nd person	Singular/Plural	You are loving.	You are being loved.
3rd person	Singular	He/she/it is loving.	He/she/it is being loved.
	Plural	They are loving.	They are being loved.

(3) Present Perfect Tense

		Active	Passive
1st person	Singular	I have loved.	I have been loved.
	Plural	We have loved.	We have been loved.
2nd person	Singular/Plural	You have loved.	You have been loved.
3rd person	Singular	He/she/it has loved.	He/she/it has been loved.
	Plural	They have loved.	They have been loved.

(4) Present Perfect Continuous Tense

		Active	Passive
1st person	Singular	I have been loving.	No Passive
	Plural	We have been loving.	"
2nd person	Singular/Plural	You have been Loving.	"
3rd person	Singular	He/she/it has been loving.	"
	Plural	They have been loving.	"

(5) Past Indefinite Tense

		Active	Passive
1st person	Singular	I loved.	I was loved.
	Plural	We loved.	We were loved.
2nd person	Singular/Plural	You loved.	You were loved.
3rd person	Singular	He/she/it loved.	He/she/it was loved.
	Plural	They loved.	They were loved.

(6) Past Imperfect or Continuous Tense

		Active	Passive
1st person	Singular	I was loving.	I was being loved.
	Plural	We were loving.	We were being loved.
2nd person	Singular/Plural	You were loving.	You were being loved.
3rd person	Singular	He/she/it was loving.	He/she/it was being loved.
	Plural	They were loving.	They were being loved.

(7) Past Perfect Tense

		Active	Passive
1st person	Singular	I had loved.	I had been loved.
	Plural	We had loved.	We had been loved.
2nd Person	Singular/Plural	You had loved.	You had been loved.
3rd person	Singular	He/she/it had loved.	He/she it had been loved.
	Plural	They had loved.	They had been loved.

(8) Past Perfect Continuous Tense

		Active	Passive
1st person	Singular	I had been loving.	No Passive
	Plural	We had been loving.	"
2nd person	Singular/Plural	You had been loving.	"
3rd person	Singular	He/she/it had been loving.	"
	Plural	They had been loving.	"

(9) Future Indefinite Tense

		Active	Passive
1st person	Singular	I shall love.	I shall be loved.
	Plural	We shall love.	We shall be loved.
2nd person	Singular/Plural	You will love.	You will be loved.
3rd person	Singular	He/she/it will love.	He/she/it will be loved.
	Plural	They will love.	They will be loved.

(10) Future Imperfect or Continuous Tense

		Active	Passive
1st person	Singular	I shall be loving.	No passive
	Plural	We shall be loving.	"
2nd person	Singular/Plural	You will be loving.	"
3rd person	Singular	He/she/it will be loving.	"
	Plural	They will be loving.	"

(11) Future Perfect Tense

		Active	Passive
1st person	Singular	I shall have loved.	I shall have been loved.
	Plural	We shall have loved.	We shall have been loved.
2nd person	Singular/Plural	You will have loved.	You will have been loved.
3rd person	Singular	He/she/it will have loved.	He/she/it will have been loved.
	Plural	They will have loved.	They will have been loved.

(12) Future Perfect Continuous Tense

		Active	Passive
1st Person	Singular	I shall have been loving.	No passive
	Plural	We shall have been loving.	"
2nd person	Singular/Plural	You will have been loving.	"
3rd person	Singular	He/she/it will have been loving.	"
	Plural	They will have been loving.	"

ऊपर दिए गए चार्ट से आपको यह स्पष्ट हो गया होगा कि किस काल (Tense) में, किस पुरुष (Person) के, किस वचन (Number) के साथ, क्रिया का कौन सा रूप प्रयुक्त होगा। एक बात हमेशा ध्यान में रखें कि Passive voice के वाक्यों में मुख्य क्रिया का हमेशा तीसरा रूप (Third form) ही प्रयुक्त होता है।

कुछ अन्य नियम

1. यदि सहायक क्रिया can, could, should का प्रयोग करते हुए वाक्य बनाने हों तो क्रम कुछ इस तरह होगा :

कर्म+सहायक क्रिया+be+third form of the verb, जैसे :

दान दिया जाना चाहिए। Charity should be given.

इसी प्रकार जिन सहायक क्रियाओं के अंत में have जुड़ा हो; जैसे should have, might have, must have, could have आदि तो इनका Passive बनाते समय be की जगह been शब्द का प्रयोग किया जाता है। क्रम इस प्रकार होता है :

कर्म+सहायक क्रिया+have+been+third form of verb, जैसे :

(a) पैकेट भेजा जाना चाहिए था। A packet should have been sent.

(b) पैकेट भेजा जा सकता था। A packet could have been sent.

Passive voice के वाक्यों की पहचान

किसी वाक्य को Passive में बनाने से पूर्व यह जानना जरूरी है कि वह Passive voice का है या नहीं। इसके लिए कुछ बातों पर ध्यान दें :

1. Passive voice के वाक्य में साधारणत: कर्ता का अभाव दिखता है, जैसे : अनाथों को भोजन बाँटा गया।

इस वाक्य में यह तो स्पष्ट है कि 'भोजन बाँटा गया', लेकिन बाँटने वाला (कर्ता) कौन था, इस जानकारी का अभाव है।

कभी-कभी यह जानकारी वाक्य में इस तरह भी हो सकती है—अनाथों को मेरे द्वारा भोजन बाँटा गया।

2. Passive voice के वाक्यों में हिंदी में इस तरह के प्रयोग, जैसे—भेजा जाता है, भेजा जाएगा, भेजा गया, भेजा जा रहा है आदि का प्रयोग होता है; लेकिन कभी-कभी आसान रूप भी प्रयोग कर लिये जाते हैं, जैसे : 'भेजा जाना चाहिए' की जगह 'भेजना चाहिए' आदि।

3. इस वाच्य के वाक्यों में सकर्मक क्रिया, जैसे : पढ़ना, लिखना, बेचना, खरीदना, खाना आदि का प्रयोग होता है।

Passive voice के वाक्यों की शुरुआत कर्म (Object) से होती है। अत: 'क्या' अथवा 'किसे' शब्द से प्रश्न पूछकर कर्म का सही आकलन कर लेना आवश्यक है। क्या प्रश्न से, मिलनेवाला उत्तर प्रत्यक्ष कर्म (Direct object) तथा किसे प्रश्न से अप्रत्यक्ष कर्म (Indirect object) का बोध होता है। जब किसी वाक्य में दो कर्म हों तो वाक्य की शुरुआत अधिकतर अप्रत्यक्ष कर्म (Indirect object) से करनी चाहिए।

कुछ उदाहरण :

1. Nothing can be done now. — अब कुछ नहीं किया जा सकता।
2. He was taken to the bedroom. — उसे शयनकक्ष में ले जाया गया।
3. Gandhiji was born in Porbandar. — महात्मा गांधी पोरबंदर में पैदा हुए।
4. The building should be repaired. भवन की मरम्मत होनी चाहिए।
5. We were not told. — हमें बताया नहीं गया।
6. The meeting of the Managing Committee has been cancelled. — प्रबंध समिति की बैठक रद्द हो गई है।
7. What can be done now? — अब क्या किया जा सकता है ?
8. When was this pond dug? — यह तालाब कब खोदा गया था ?
9. How should this letter be written? — यह पत्र कैसे लिखा जाना चाहिए ?
10. How should this answer have been communicated? यह उत्तर किस तरह प्रेषित करना चाहिए था ?

❑

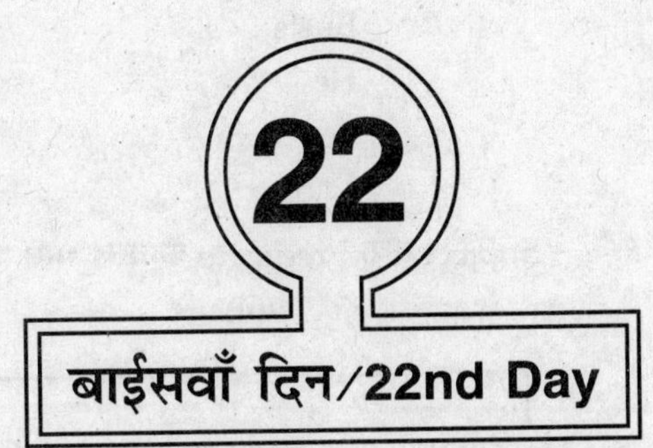

वाक्य एवं काल
(The Sentence and the Tense)

वाक्य (Sentence) का अर्थ है—शब्दों का वह समूह, जो इस तरह गठित हो कि पूरा अर्थ प्रकट करने में सक्षम हो।

वाक्य के प्रकार (Kinds of Sentences)

वाक्य के चार प्रकार हैं :

1. Assertive sentence (कथनात्मक वाक्य) : वाक्य का वह सामान्य रूप जिससे किसी बात की अभिव्यक्ति हो, जैसे :

Monika sings a song. (मोनिका गाना गाती है।)

The teacher is teaching the students. (अध्यापक छात्रों को पढ़ा रहे हैं।)

2. Interrogative sentence (प्रश्नवाचक वाक्य) : वे वाक्य जो प्रश्न पूछने के लिए प्रयुक्त होते हैं, जैसे :

What is your name? (आपका नाम क्या है ?)

Why are you running fast? (तुम तेज क्यों दौड़ रहे हो ?)

3. Imperative sentence (आज्ञावाचक वाक्य) : वे वाक्य जो आज्ञा या विनती का भाव व्यक्त करते हैं, जैसे :

Stand up. (खड़े हो जाओ।)

Wait a minute. (एक मिनट इंतजार करो।)

4. Exclamatory sentence (विस्मयादिबोधक) : विस्मयादिबोधक वाक्य विस्मय, उत्साह, दु:ख आदि के भाव व्यक्त करते हैं, जैसे :

What a shame! (कितने शर्म की बात है!)

What a lazy man you are! (तुम कितने आलसी हो!)

वाक्यों के उपर्युक्त प्रकारों में मुख्यत: कथनात्मक (Assertive) एवं प्रश्नवाचक (Interrogative) वाक्यों से निषेधात्मक (Negative or Negative Interrogative) वाक्य भी बनते हैं—अर्थात् ये सकारात्मक या नकारात्मक (Affirmative or Negative) दोनों प्रकार के हो सकते हैं, जैसे :

Monika does not sing a song (मोनिका गाना नहीं गाती है।)

Why are you not running fast? (तुम तेज क्यों नहीं दौड़ रहे हो ?)

Parts of the Sentences (वाक्यों के विभाग)

प्रत्येक वाक्य के दो भाग होते हैं—1. Subject (उद्देश्य) एवं 2. Predicate (विधेय)। जिसके विषय में हम कुछ कहते हैं, उसे Subject कहते हैं और Subject के विषय में जो कुछ कहा जाता है, उसे Predicate कहते हैं, जैसे :

Subject (उद्देश्य)	Predicate (विधेय)	
Birds	fly	(पक्षी उड़ते हैं।)
He	smiled	(वह हँसा।)
Boy	plays	(लड़का खेलता है।)
Kites	fly	(पतंगें उड़ती हैं।)

Subject तथा Predicate के कुछ भाग भी हो सकते हैं, जैसे :

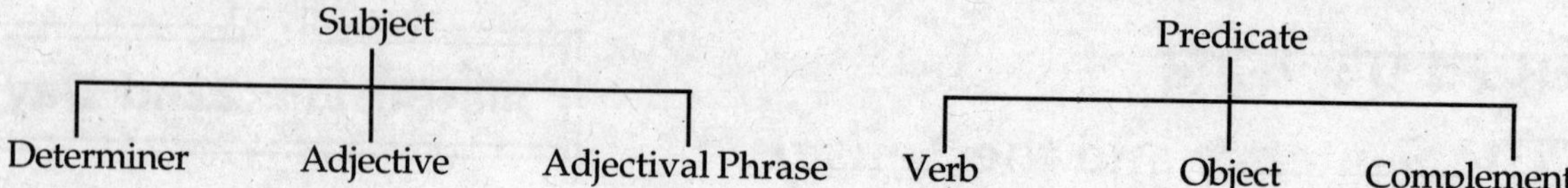

(1) Subject के भाग

निम्न तालिका में दिए गए वाक्यों का अध्ययन कीजिए :

Subject				Predicate
Determiner	**Adjective**	**Noun**	**Adjectival Phrase**	
The	tall	boy	in white shirt	is my brother
A	pretty	girl	—	is smiling
My	younger	sister	—	is a singer
A	valuable	pot	made of gold	was found yesterday
A	strong	man	from the hut	stood before me

उपर्युक्त तालिका में मुख्य शब्दों (Noun) की व्याख्या करने के लिए Determiner, Adjective तथा Adjectival Phrase का प्रयोग हुआ है। ये सब Subject के भाग हैं।

(2) Predicate के भाग

निम्न तालिका में दिए गए वाक्यों का अध्ययन कीजिए :

Subject	Predicate		
	Verb	**Object**	**Complement**
The teacher	appointed	Mohan	monitor
Rama	keeps	her house	clean
He	found	him	guilty
Ravi	thought	it	useless
The principal	thinks	I'm	intelligent

उपर्युक्त तालिका में Verb (क्रिया), Object (कर्म) तथा Complement (पूरक) से मिलकर Predicate (विधेय) बना है। इस (Complement) में Adjective, Adjectival phrase या Past participle है। इस प्रकार के Complements को Objective complement कहते हैं।

काल (The Tense)

काल (Tense) तीन प्रकार के होते हैं :

1. वर्तमान काल (Present Tense)

2. भूत काल (Past Tense)

3. भविष्य काल (Future Tense)

1. वर्तमान काल : किसी कार्य के वर्तमान में होने का भाव दरशाता है, जैसे :

I know this. मुझे यह पता है। I write a letter. मैं एक पत्र लिखता हूँ।

2. भूत काल : कार्य के भूत काल (बीते समय) में होना दरशाता है, जैसे :

I wrote a letter. मैंने एक पत्र लिखा।

He came second in the race. वह दौड़ में द्वितीय स्थान पर आया।

3. भविष्यकाल : आनेवाले समय में कार्य होने का भाव व्यक्त करता है, जैसे :

They will start their journey in the next December. वे आगामी दिसंबर में अपनी यात्रा शुरू करेंगे।

We will win the hockey match. हम हॉकी मैच जीतेंगे।

उपर्युक्त प्रत्येक काल (Tense) के चार उपभेद हैं :

1. Indefinite (सामान्य काल), 2. Continuous (अपूर्ण काल)

3. Perfect (पूर्णकाल), 4. Perfect Continuous (पूर्ण निरंतर काल)

Tense Chart

Present Indefinite Tense

1st person	Singular	I run.	मैं दौड़ता हूँ।
	Plural	We run.	हम दौड़ते हैं।
2nd person	Singular	You run.	तुम दौड़ते हो।
	Plural	You run.	तुम दौड़ते हो।
3rd person	Singular	He/she/it runs.	वह/यह दौड़ता/दौड़ती है।
	Plural	They run.	वे दौड़ते हैं।

Present Imperfect or Continuous Tense

1st person	Singular	I am running.	मैं दौड़ रहा हूँ।
	Plural	We are running.	हम दौड़ रहे हैं।
2nd person	Singular/Plural	You are running.	तुम दौड़ रहे हो।
3rd person	Singular	He/she/it is running.	वह/यह दौड़ रहा/रही है।
	Plural	They are running.	वे दौड़ रहे हैं।

Present Perfect Tense

1st person	Singular	I have worked.	मैंने काम किया है।
	Plural	We have worked.	हमने काम किया है।
2nd person	Singular	You have worked.	तुमने काम किया है।
	Plural	You have worked.	तुमने काम किया है।
3rd person	Singular	He/she/it has worked.	उसने/इसने काम किया है।
	Plural	They have worked.	उन्होंने काम किया है।

Present Perfect Continuous Tense

1st person	Singular	I have been running for ten minutes. मैं दस मिनट से दौड़ रहा हूँ।
	Plural	We have been running for ten minutes. हम दस मिनट से दौड़ रहे हैं।
2nd person	Singular	You have been running for ten minutes. तुम दस मिनट से दौड़ रहे हो।
	Plural	You have been running for ten minutes. तुम दस मिनट से दौड़ रहे हो।
3rd person	Singular	He/she/it has been running for ten minutes. वह/यह दस मिनट से दौड़ रहा है।
	Plural	They have been running for ten minutes. वे दस मिनट से दौड़ रहे हैं।

Past Indefinite Tense

1st person	Singular	I worked.	मैंने काम किया।
	Plural	We worked.	हमने काम किया।
2nd person	Singular	You worked.	तुमने काम किया।
	Plural	You worked.	तुमने काम किया।
3rd person	Singular	He/she/it worked.	उसने/इसने काम किया।
	Plural	They worked.	उन्होंने काम किया।

Past Imperfect or Continuous Tense

1st person	Singular	I was working.	मैं काम कर रहा था।
	Plural	We were working.	हम काम कर रहे थे।
2nd person	Singular	You were working.	तुम काम कर रहे थे।
	Plural	You were working.	तुम काम कर रहे थे।
3rd person	Singular	He/she/it was working.	वह/यह काम कर रहा था/रही थी।
	Plural	They were working.	वे काम कर रहे थे।

Past Perfect Tense

1st person	Singular	I had worked.	मैंने काम किया था।
	Plural	We had worked.	हमने काम किया था।

2nd Person	Singular	You had worked.	तुमने काम किया था।
	Plural	You had worked.	तुमने काम किया था।
3rd person	Singular	He/she/it had worked.	उसने/इसने काम किया था।
	Plural	They had worked.	उन्होंने काम किया।

Past Perfect Continuous Tense

1st person	Singular	I had been working for ten minutes. मैं दस मिनट से काम कर रहा था।
	Plural	We had been working for ten minutes. हम दस मिनट से काम कर रहे थे।
2nd person	Singular	You had been working for ten minutes. तुम दस मिनट से काम कर रहे थे।
	Plural	You had been working for ten minutes. तुम दस मिनट से काम कर रहे थे।
3rd person	Singular	He/she/it had been working for ten minutes. वह/यह दस मिनट से काम कर रहा था/रही थी।
	Plural	They had been working for ten minutes. वे दस मिनट से काम कर रहे थे।

Future Indefinite Tense

1st person	Singular	I shall work.	मैं काम करूँगा।
	Plural	We shall work.	हम काम करेंगे।
2nd person	Singular	You will work.	तुम काम करोगे।
	Plural	You will work.	तुम काम करोगे।
3rd person	Singular	He/she/it will work.	वह/यह काम करेगा/करेगी।
	Plural	They will work.	वे काम करेंगे।

Future Imperfect or Continuous Tense

1st person	Singular	I shall be working.	मैं काम कर रहा हूँगा।
	Plural	We shall be working.	हम काम कर रहे होंगे।
2nd person	Singular	You will be working.	तुम काम कर रहे होगे।
	Plural	You will be working.	तुम काम कर रहे होगे।
3rd person	Singular	He/she/it will be working.	वह/यह काम कर रहा होगा/रही होगी।
	Plural	They will be working.	वे काम कर रहे होंगे।

Future Perfect Tense

1st person	Singular	I shall have worked.	मैं काम कर चुका हूँगा।
	Plural	We shall have worked.	हम काम कर चुके होंगे।
2nd person	Singular	You will have worked.	तुम काम कर चुके होगे।
	Plural	You will have worked.	तुम काम कर चुके होगे।

3rd person	Singular	He/she/it will have worked.	वह/यह काम कर चुका होगा/चुकी होगी।
	Plural	They will have worked.	वे काम कर चुके होंगे।

Future Perfect Continuous Tense

1st person	Singular	I shall have been working for ten minutes. मैं दस मिनट से काम कर रहा हूँगा।
	Plural	We shall have been working for ten minutes. हम दस मिनट से काम करते रहे होंगे।
2nd person	Singular	You will have been working for ten minutes. तुम दस मिनट से काम कर रहे होगे।
	Plural	You will have been working for ten minutes. तुम दस मिनट से काम रहे होगे।
3rd person	Singular	He/she/it will have been working for ten minutes. वह/यह दस मिनट से काम कर रहा होगा/रही होगी।
	Plural	They will have been working for ten minutes. वे दस मिनट से काम कर रहे होंगे।

❑

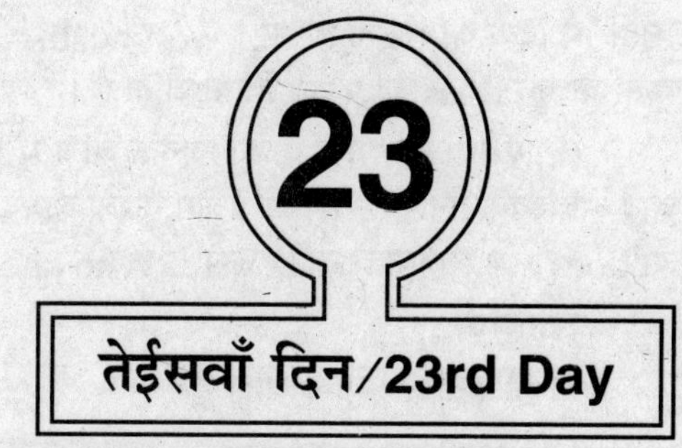

वर्तमान काल
(The Present Tense)

वर्तमान काल के चार भेद हैं :

1. Present Indefinite Tense (सामान्य वर्तमान काल)
2. Present Continuous or Imperfect Tense (अपूर्ण वर्तमान काल)
3. Present Perfect Tense (पूर्ण वर्तमान काल)
4. Present Perfect Continuous Tense (पूर्ण निरंतर वर्तमान काल)

(1) Present Indefinite Tense (सामान्य वर्तमान काल)

कोई सामान्य सत्य, आदत या शाश्वत सत्य व्यक्त करने के लिए इस काल का प्रयोग किया जाता है, जैसे :

1. The Earth moves round the Sun. पृथ्वी सूर्य का चक्कर लगाती है। (सामान्य सत्य)
2. He observes fast every Monday. वह प्रत्येक सोमवार व्रत रखता है। (आदत)
3. Benaras is a famous pilgrimage of the Hindus. बनारस हिंदुओं का एक प्रसिद्ध तीर्थ है। (शाश्वत सत्य)
4. I go to office daily. मैं प्रतिदिन कार्यालय जाता हूँ। (दिनचर्या)
5. Dogs bark. कुत्ते भौंकते हैं। (आदत)

पहचान : जिन हिंदी वाक्यों के अंत में 'ता है', 'ती है', 'ते हैं', 'ता हूँ' हों, वे सामान्य वर्तमान काल में होते हैं।

उपर्युक्त नियम के दायरे के बाहर भी वाक्य सामान्य वर्तमान काल के हो सकते हैं, जैसे वाक्य संख्या-3 (इस तरह के वाक्यों के बारे में अलग उल्लेख किया जाएगा।)

कुछ अन्य उदाहरण :

1. I need your help. मैं तुम्हारी मदद चाहता हूँ।
2. She needs something. वह कुछ चाहती है।
3. They agree with me. वे मुझसे सहमत हैं।
4. Do you know me? क्या तुम मुझे जानते हो ?

अंग्रेजी में रूपांतरित करने के नियम :

1. Affirmative (कथनात्मक) वाक्य : कर्ता + क्रिया की 1st form+ ... I, we, you, they तथा अन्य Plural

Subject के साथ Verb (क्रिया) की 1st form का प्रयोग तथा he, she, it एवं अन्य Singular (एकवचन) कर्ता के साथ Verb की 1st form में s या es जोड़ा जाता है।

2. Negative (निषेधात्मक) वाक्य : I, we, you, they तथा अन्य बहुवचन कर्ता के साथ do not एवं he, she, it तथा अन्य एकवचन कर्ता के साथ does not का प्रयोग किया जाता है।

3. Interrogative (प्रश्नवाचक) वाक्य : (i) क्या से शुरू होनेवाले वाक्यों (अर्थात् जिनका उत्तर 'हाँ' अथवा 'नहीं' में दिया जा सकता है) में I, we, you, they तथा अन्य बहुवचन कर्ता के पूर्व do एवं he, she, it और अन्य Singular कर्ता के पूर्व does का प्रयोग किया जाता है।

(ii) ऐसे प्रश्नवाचक वाक्य जिनके बीच में प्रश्नवाचक शब्द आया हो, पहले प्रश्नवाचक शब्द की अंग्रेजी तथा उसके बाद आवश्यकतानुसार 3 (i) का प्रयोग करके वाक्य बनाते हैं। ध्यान रहे, who शब्द से प्रश्नवाचक बनाते समय उसके बाद do या does नहीं लगाया जाता। (जैसे : Who knows the reality?)

उदाहरण :

1. मैं प्रतिदिन स्कूल जाता हूँ।
   I go to school daily.
2. वह प्रतिदिन स्कूल जाता है।
   He goes to school daily. (क्रिया में s या es जोड़ना)
3. मैं प्रतिदिन स्कूल नहीं जाता हूँ।
   I do not go to school daily. (do not का प्रयोग)
4. He does not go to school daily. (does not का प्रयोग)
5. क्या मैं प्रतिदिन स्कूल जाता हूँ ? (शुरू में प्रश्नवाचक)
   Do I go to school daily?
6. क्या वह प्रतिदिन स्कूल जाता है ?
   Does he go to school daily?
7. वह स्कूल कब जाता है ? (बीच में प्रश्नवाचक)
   When does he go to school?

आज्ञावाचक वाक्यों की प्रस्तुति में भी सामान्य वर्तमान काल का प्रयोग किया जाता है, जैसे :

1. Do not tell a lie. — झूठ मत बोलो।
2. Always speak the truth. — सदा सत्य बोलो।

समुच्चबोधक अव्ययों जैसे : if, until, so, when, as soon as, after, before आदि के बाद सामान्य वर्तमान काल का प्रयोग होता है, जैसे :

1. Wait until he comes. — उसके आने तक उसका इंतजार करो।
2. I shall leave this place when she comes. — उसके आते ही मैं यहाँ से चला जाऊँगा।

उपर्युक्त तीनों के अलावा भी वाक्य का एक और प्रकार है : Interrogative Negative or Negative Interrogative, जो प्रश्नवाचक वाक्य में Not लगाकर बनता है।

Verb (क्रिया) में s या es जोड़ने के नियम

1. क्रिया का अंतिम अक्षर यदि o, s, x, ch या sh हो तो क्रिया में es लगाएँ। शेष में केवल s लगेगा (अपवादों को छोड़कर)।

2. यदि verb के अंत में y हो तथा उसके पूर्व कोई व्यंजन तो y का ies करते हैं।

(2) Present Continuous or Imperfect Tense (अपूर्ण वर्तमान काल)

यह किसी कार्य के जारी रहने का बोध कराता है तथा नजदीकी भविष्य-काल दरशाने के लिए भी इस काल का उपयोग किया जा सकता है।

पहचान : इस काल के वाक्य 'रहा है', 'रही है', 'रहे हैं', 'रहा हूँ' पर समाप्त होते हैं, जैसे :

1. मैं घर आ रहा हूँ। I am coming home.
2. रेलगाड़ी तेज दौड़ रही है। The train is running fast.

अंग्रेजी में रूपांतरण के नियम :

1. साधारण वाक्य : कर्ता + is/am/are + क्रिया (क्रिया की 1st form में ing जोड़कर)।

ध्यान दें : I के साथ am, you के साथ are, अन्य सभी एकवचन कर्ता के साथ is तथा बहुवचन कर्ता के साथ are का प्रयोग होता है।

2. निषेधात्मक वाक्य : कर्ता + is/am/are+not क्रिया की 1st form में ing जोड़कर।

3. प्रश्नवाचक वाक्य : शुरू में प्रश्नवाचक शब्द होने पर is/am /are+ कर्ता + क्रिया की 1st form में ing जोड़कर। प्रश्नवाचक शब्द बीच में आया हो तो पहले उसकी अंग्रेजी, फिर उपर्युक्त नियमानुसार।

उदाहरण :

1. I am going. मैं जा रहा हूँ।
2. We are going. हम जा रहे हैं।
3. I am not going. मैं नहीं जा रहा हूँ।
4. We are not going. हम नहीं जा रहे हैं।
5. Am I going? क्या मैं जा रहा हूँ?
6. Are we going? क्या हम जा रहे हैं?
7. Where are we going? हम कहाँ जा रहे हैं?

कुछ अन्य उदाहरण :

1. Who is walking? कौन चल रहा है?
2. We are taking food in the restaurant. हम रेस्टोरेंट में खाना खा रहे हैं।
3. I am waiting for the train. मैं रेलगाड़ी का इंतजार कर रहा हूँ।
4. He is studying M.Sc. Chemistry. वह स्नातकोत्तर रसायनशास्त्र का अध्ययन कर रहा है।
5. I am going to Chennai tomorrow. मैं कल चेन्नई जा रहा हूँ।

क्रिया (Verb) की 1st form में ing जोड़ने के नियम

1. यदि क्रिया के अंत में e आया हो तो ing जोड़ते समय e को हटाकर ing जोड़ते हैं, जैसे :

   Move+ing—Moving, Behave+ing—Behaving.

2. यदि क्रिया के अंत में ie हो तो ie का y कर लेते हैं, जैसे :

   Lie+ing—lying, Die+ing—Dying

3. यदि क्रिया के अंतिम अक्षर (r, w, y को छोड़कर) से पूर्व कोई स्वर (vowel) हो तो अंतिम अक्षर को दो बार रखा जाता है, जैसे :

   Hit+ing—Hitting, Beg+ing=Begging.

(3) Present Perfect Tense (पूर्ण वर्तमान काल)

यह वर्तमान में किसी कार्य के पूर्ण होने को दरशाता है। इसका प्रयोग किसी पहले के अनुभव को व्यक्त करने के लिए भी किया जाता है।

पहचान : क्रिया में—'चुका हूँ', 'चुकी है', 'चुके हैं' या क्रिया के अंत में ई, इत्यादि अक्षर तथा बाद में हैं, हूँ, है शब्द आए हों, जैसे :

1. वह जा चुका है। He has gone.
2. मैंने यह पत्रिका पढ़ी है। I have read this magazine.

अंग्रेजी में रूपांतरण के नियम :

1. साधारण (कथनात्मक) वाक्य : कर्ता + has/have + 3rd form of the verb. (I तथा you को छोड़कर शेष सभी एकवचन क्रियाओं के साथ has, I, you तथा बाकी सबके साथ have)

3. प्रश्नवाचक : प्रश्नवाचक शुरू में हो तो has/have+ कर्ता + 3rd form; प्रश्नवाचक शब्द बीच में हो तो पहले उसकी अंग्रेजी, फिर उपर्युक्त नियमानुसार।

उदाहरण :

1. They have arrived. वे आए हैं।
2. She has done her job. उसने अपना कार्य कर लिया है।
3. They have not arrived. वे नहीं आए हैं।
4. She has not done her job. उसने अपना कार्य नहीं किया है।
5. Have they arrived? क्या वे आ गए हैं ?
6. Has she done her job? क्या उसने अपना कार्य कर लिया है ?
7. When have they arrived? वे कब आए हैं ?
8. Why has she not done her work? उसने अपना कार्य क्यों नहीं किया है ?

कुछ अन्य उदाहरण

1. उसने अपना पाठ याद कर लिया है।

   He has learnt his lesson.
2. वह बहुत बदल गया है।

   He has changed a lot.
3. सभापति ने बैठक बुलाई है।

   The chairman has called a meeting.
4. वे लखनऊ पहुँच चुके हैं।

   They have reached Lucknow.
5. मुझे कमरे में किताब मिली है।

   I have found a book in the room.
6. मुझे जुकाम हो गया है।

   I have caught cold.

भूत काल के द्योतर शब्दों जैसे yesterday, last night, in 2004, etc. में इसका प्रयोग नहीं किया जाता।

लेकिन भूत काल में शुरू कोई क्रिया अभी जारी है तो उसमें इसका प्रयोग हो सकता है, जैसे :

He has served him for ten years. वह दस वर्षों से उसकी सेवा में है।

(4) Present Perfect Continuous Tense (पूर्ण निरंतर वर्तमान काल)

यह काल कार्य के भूत काल में शुरू होकर अभी तक चलते रहने का बोध कराता है।

पहचान : 'आ रहा है' या केवल 'रहा है' आदि शब्दों का प्रयोग। इसके अलावा भी यदि वाक्य में यह स्पष्ट हो कि कार्य पहले से हो रहा है या समय का किसी रूप में उल्लेख हो तो इसका प्रयोग किया जाएगा।

1. शिक्षक दो घंटे से पढ़ा रहे हैं।

   The teacher has been teaching for two hours.

2. मैं तुम्हें सुबह से ढूँढ़ रहा हूँ।

   I have been looking for you since morning.

अंग्रेजी में रूपांतरण के नियम :

1. कथनात्मक वाक्य : कर्ता + have/has+been+ क्रिया का ing रूप, जैसे : (I, you तथा सभी बहुवचन कर्ता we, they, etc. के साथ have)। अन्य सभी एकवचन कर्ता जैसे he, she, it, Ram, Sita, etc. के साथ has)

2. निषेधात्मक वाक्य : कर्ता+has/have+not+been+ing form.

3. प्रश्नवाचक वाक्य : has/have+subject+been+ing form.

4. समयसूचक शब्द से पहले since या for लगाया जाता है।

5. Since का प्रयोग निश्चित समय, जैसे : 2 बजे से, 5 तारीख से, 1975 से, सुबह से आदि में होता है।

For का प्रयोग समयावधि, जैसे : 2 घंटे से, 1 हफ्ते से, 2 महीने से, 4 साल से, 5 मिनट से आदि में होता है।

कुछ उदाहरण :

1. लड़के 5 बजे से खेल रहे हैं।

   Boys have been playing since 5 o' clock.

2. मैं कई घंटों से यहाँ खड़ा हूँ।

   I have been standing here for many hours.

3. माली कल से पेड़ों को पानी नहीं दे रहा है।

   The gardener has not been watering the plants since yesterday.

4. क्या वह मुंबई में कई वर्षों से रह रहा है ?

   Has he been living in Mumbai for many years?

Practice Set

1. निम्नलिखित वाक्यों का अंग्रेजी में अनुवाद कीजिए—

    a. रामू प्रतिदिन स्कूल जाता है।
    b. मैं क्रिकेट खेलता हूँ।
    c. साक्षी गाना गाती है।
    d. कुत्ते रात में भौंकते है।
    e. घास हरी होती है।
    f. कौआ काला होता है।
    g. तुम अपना होमवर्क पूरा नहीं करते हो।
    h. श्रेष्ठ एक मेधावी छात्र है।
    i. उसके शिक्षक उसे प्यार करते हैं।
    j. वह बड़ों का सम्मान करता है।
    k. घोड़े सड़क पर दौड़ रहे हैं।
    l. मेरे पिताजी अखबार पढ़ रहे हैं।
    m. बत्तखें पानी में तैर रही हैं।
    n. विनीत मेरी किताब वापस नहीं करता है।
    o. ठंडी हवा बह रही है।
    p. चार घंटे से वर्षा हो रही है।
    q. नेहा एक सप्ताह से बीमार है।
    r. मैं चार घंटे से पढ़ रहा हूँ।
    s. मेरी माँ एक घंटे से खाना पका रही है।
    t. हिमालय सबसे ऊँची पर्वतमाला है।
    u. गंगा नदी गंगोत्री से निकलती है।
    v. मैं दो घंटे से तुम्हारा इंतजार कर रहा हूँ।
    w. मैंने अपना काम समाप्त कर लिया है।
    x. क्या तुमने ताजमहल देखा है ?
    y. क्या तुमने नाश्ता कर लिया है ?
    z. चिड़ियाँ बगीचे में चहचहा रही हैं।

2. इनके प्रश्नवाचक रूप लिखिए—

    a. I read a book.
    b. He writes with a pen.
    c. Nidhi likes painting.

d. You are sincere to your studies.
e. I walk in the evening.
f. Children are playing football in the field.
g. Rohit has done his work.
h. The earth moves around the sun.
i. The moon is shining in the sky.
j. I have sent this message to my friend.
k. The train has left the station.
l. You are pleased with me.
m. Birds are flying in the sky.
n. Rakesh obeys his parents.
o. You have kept your words.
p. I have composed a poem.
q. Milk is white.
r. I like chocolates.
s. The tree was laden with fruits.
t. He gets up at 6 O'clock in the morning.
u. I go to school by bus.
v. I always speak truth.
w. Children have been playing cricket for two hours.
x. I am impressed with his honesty.
y. He has been practising law for last five years.
z. I met Manu in playground.

3. निम्नलिखित वाक्यों को नकारात्मक बनाइए—

a. The horses run.
b. Have you seen Meenakshi?
c. I like music.
d. They work together.
e. My father has gone to office.
f. I study for two hours daily.
g. The sky is overcast with clouds.
h. Cold wind is blowing.
i. He is working hard for his examinations.

j. Boys enjoy playing football.
k. My mother has been cooking for two hours.
l. Dr. Neha is a good neighbour.
m. He tells a lie.
n. I am pleased with you.
o. I know his name.
p. Fruits are fresh.
q. These vegetables are rotten.
r. Asha is my sister.
s. You are a sincere student.
t. He likes to travel in car.
u. The Sun rises in the East.
v. The Himalayas stand to the north of India.
w. The Hindus worship the Ganges.
x. Mobile has changed the life of people.
y. His standard of living has changed.
z. Walking is good for health.

4. निम्नलिखित वाक्यों में दी गई क्रियाओं के सही रूप भरिए—

a. He .... sports. (likes/like)
b. I .... to school daily. (go/goes)
c. He .... stood first in his class. (has/have)
d. It .... raining cats and dogs. (has been/have been)
e. Neha .... working for his friend for one hour. (has been/have been)
f. The Sun .... set in the West. (doesnot/don't)
g. Mr. Mehta .... living in this colony for the last ten years. (has been/have been)
h. I .... scored well in my examination. (have/has)
i. Deepti .... hard for her examination. (works/work)
j. Nikhil .... his teachers. (respects/respect)
k. Shikha .... bought this book. (has/have)
l. My father .... reading newspaper. (is/are)
m. I .... writing a letter. (am/are)

❑

भूत काल
(The Past Tense)

यह किसी कार्य के भूत काल अर्थात् बीते हुए समय में (in the past) होने का बोध कराता है। इसके भी चार प्रकार हैं :

1. Past Indefinite (सामान्य भूत काल)
2. Past Continuous or Imperfect (अपूर्ण भूत काल)
3. Past Perfect (पूर्ण भूत काल)
4. Past Perfect Continuous (पूर्ण निरंतर भूत काल)

(1) Past Indefinite Tense (सामान्य भूत काल)

भूत काल में संपन्न किसी घटना या कार्य का बोध कराता है।

पहचान : वाक्यों के अंत में या, ई, आ, ए, ई आते हैं, जैसे : वह आया, चाँद निकला, बैठक खत्म हुई, सब उपस्थित थे आदि। भूत काल की किसी आदत को व्यक्त करने में भी इसका प्रयोग होता है।

1. घंटी बजी।	The bell rang.
2. भगवान् ने हमें बचाया।	God saved us.
3. पूरे झगड़े के दौरान वह शांत रहा।	He remained silent throughout the quarrel.
4. उसने अपनी बात रखी।	He kept his word.
5. वह हमेशा सफेद पोशाक पहनता था।	He always wore a white dress.
6. मुझे सब मालूम था।	I knew everything.

अंग्रेजी में रूपांतरण के नियम : रूपांतरण के नियमों के बारे में पिछले पाठ में विस्तार से समझाया गया है, अत: यहाँ सिर्फ संकेत करना पर्याप्त होगा।

1. कथनात्मक वाक्य : कर्ता+2nd form of verb.

2. निषेधात्मक वाक्य : कर्ता+did not+1st form of verb.

3. प्रश्नवाचक वाक्य : प्रश्नवाचक शुरू में हो तो Did+कर्ता+1st form of verb+...?

प्रश्नवाचक बीच में आया हो तो प्रश्नवाचक शब्द की अंग्रेजी+did+कर्ता+1st form+...?

कुछ उदाहरण :

1. वह मेरे साथ आई। — She came with me.
2. वे घर नहीं गए। — They did not go to home.
3. लड़कियाँ कल खेलने नहीं गईं। — The girls did not go to play yesterday.
4. क्या उसने काम पूरा किया? — Did he complete the work?
5. तुमने मेरी बड़ी सहायता की। — You helped me a lot.

(2) Past Continuous Tense (अपूर्ण भूत काल)

कार्य के भूत काल में जारी रहने का बोध कराता है।

पहचान : वाक्य की समाप्ति 'रहा था', 'रहे थे', 'रही थी' आदि पर होती है। यदि क्रिया जारी लगे तो भी इसका प्रयोग होता है।

1. अपर्णा घर आ रही थी। — Aparna was coming home.
2. हम खेल रहे थे। — We were playing.
3. वह खड़ी हो रही थी। — She was standing.

अंग्रेजी में रूपांतरण के नियम :

1. साधारण वाक्य : कर्ता+was/were+1st form+ing+...

I, he, she, it तथा एकवचन कर्ता के साथ was एवं you व अन्य सभी बहुवचन कर्ता के साथ were का प्रयोग।

2. निषेधात्मक वाक्य : कर्ता+was/were+not+1st form+ing (अर्थात् ing form)

3. प्रश्नवाचक वाक्य : was/were+कर्ता+ing form+...?

प्रश्नवाचक शब्द यदि बीच में आया हो तो पहले उसकी अंग्रेजी, फिर उपर्युक्त नं. 3 के अनुसार।

कुछ उदाहरण :

1. वह तुम्हें देख रही थी। — She was looking at you.
2. तुम्हें अच्छा नहीं लग रहा था। — You were not feeling well.
3. हम फुटबॉल नहीं खेल रहे थे। — We were not playing football.
4. क्या वह दुकान जा रहा था? — Was he going to the shop?
5. तुम कहाँ जा रहे थे? — Where were you going?

(3) Past Perfect Tense (पूर्ण भूत काल)

भूत काल में किसी कार्य के किसी समय से पहले अथवा उस समय तक पूर्ण होना दरशाता है। साथ ही भूत काल में किसी नए कार्य के शुरू होने से पहले, पहले वाले की समाप्ति की ओर इशारा करता है।

पहचान : हिंदी वाक्यों में 'चुका था', 'चुकी थी', 'चुके थे', 'दी थी', 'गया', 'गई', 'गए थे' आदि का प्रयोग होता है, जैसे :

1. मैंने उन्हें निमंत्रण दिया था। — I had invited them.
2. उसने उससे पूछा था। — She had asked him.

अंग्रेजी में रूपांतरण के नियम :

1. कथनात्मक वाक्य : कर्ता+had+ 3rd form of verb+...

2. निषेधात्मक वाक्य : कर्ता+had+not+3rd form of verb+...

3. प्रश्नवाचक वाक्य : Had+ कर्ता+3rd form of verb+...

यदि प्रश्नवाचक शब्द बीच में आया हो तो पहले उसकी अंग्रेजी, फिर उपर्युक्त नं. 3 के अनुसार।

कुछ उदाहरण :

1. वह अपने चाचा के घर गई थी। She had gone to her uncle's home.
2. तुमने खाना नहीं खाया था। You had not taken food.
3. क्या वह जा चुका था? Had he gone?
4. वह कब गया था? When had he gone?

अन्य नियम : यदि वाक्य में दो कार्य हों तो पहले पूर्ण होनेवाले कार्य हेतु कर्ता+had+verb के 3rd form तथा बाद में पूर्ण होनेवाले कार्य हेतु कर्ता+verb के 2nd form का प्रयोग होता है, जैसे :

गाड़ी आने से पूर्व मैं स्टेशन पर पहुँच चुका था। I had reached the station before the train arrived.

वाक्य में आवश्यकतानुसार, पहले (before), तक (till), पहले ही हेतु (already) का प्रयोग करें।

(4) Past Perfect Continuous Tense (पूर्ण निरंतर भूत काल)

भूत काल में कोई क्रिया पहले से शुरू होकर उसका उस समय तक जारी रहना दरशाने के लिए इस काल का प्रयोग होता है।

पहचान : वाक्य के अंत में ता/ती/ते/ आ रहा था या स्पष्ट स्थिति में रहा/रही/रहे थे आदि का प्रयोग, जैसे :

1. मैं लंबे समय से उसका इंतजार कर रहा था। I had been waiting for him for a long time.
2. वह पाँच साल से कानपुर में रह रही थी। She had been living in Kanpur for 5 years.

अंग्रेजी में रूपांतरण के नियम :

1. कथनात्मक वाक्य : कर्ता+had been+ क्रिया की ing form (1st form + ing).

2. निषेधात्मक वाक्य : कर्ता+had+not+been+ing form.

3. प्रश्नवाचक वाक्य : Had+ कर्ता+been+ing form.

प्रश्नवाचक शब्द बीच में आया हो तो पहले उसकी अंग्रेजी, फिर नं. 3 के अनुसार।

कुछ उदाहरण :

1. मैं एक साल से प्रतियोगिता की तैयारी कर रहा था।
   I had been preparing for the competition for the last one year.
2. वह इन पुस्तकों को कई सालों से खोज रहा था।
   He had been searching for these books for many years.
3. वह दो घंटे से इंतजार नहीं कर रहा था।
   He had not been waiting for two hours.
4. क्या तुम छह माह तक पीलिया से पीड़ित रहे थे?
   Had you been suffering from Jaundice for six months?
5. तुम यहाँ कब से मेरा इंतजार कर रहे थे?
   Since how long had you been waiting for me here?

Practice Set

1. निम्नलिखित वाक्यों का अंग्रेजी में अनुवाद कीजिए—
   a. मैंने एक चिट्ठी लिखी।
   b. उसने हमें एक कविता सुनाई।
   c. मैंने दोनों पौधों को सींचा।
   d. मेरी माँ ने केक बनाया।
   e. गायें खेतों में चर रही थीं।
   f. किसान हल जोत रहा था।
   g. आकाश में काले बादल छाए हुए थे।
   h. मैं अपने दोस्त के साथ जयपुर गया था।
   i. उसकी सरलता से मैं बड़ा प्रभावित हुआ।
   j. पिछले तीन घंटों से वर्षा हो रही थी।
   k. बच्चे दो घंटे से तैर रहे थे।
   l. नौकर ने प्याली तोड़ दी।
   m. श्रीमती चोपड़ा ने मुझे चाय पर आमंत्रित किया।
   n. मेरा मित्र एक धनी व्यक्ति था।
   o. प्रतिदिन शाम को हम हॉकी खेलते थे।
   p. जब मैं पढ़ता था तब मेरी माँ खाना पकाती थीं।
   q. मैं दोपहर में दो घंटे सोता था।
   r. दो पड़ोसी आपस में लड़ रहे थे।
   s. भारत की आजादी के लिए अनेक वीरों ने अपने प्राणों की आहुति दी।
   t. उसने समय से पहले ही अपनी दुकान बंद कर दी।
   u. मेरी दादी प्रति वर्ष दर्शन हेतु वैष्णो देवी जाती थीं।
   v. मैं बहुत थक गया था।
   w. मैं अपने काम में व्यस्त था।
   x. उसकी बूढ़ी माँ पिछले चार वर्ष से अस्वस्थ थीं।
   y. हम छुट्टियों में लाइब्रेरी जाते थे।
   z. मैं दो वर्ष से मेडिकल परीक्षा की तैयारी कर रहा था।

2. निम्नलिखित वाक्यों का नकारात्मक रूप लिखिए—
   a. Ashoka was a great ruler.
   b. The Red Fort was built by Shahjahan.
   c. Akbar was famous for his justice and generosity.

d. My friend had a small radio.

e. I walked for an hour every morning.

f. I bought a shirt.

g. He liked English movie.

h. Bal Gangadhar Tilak was his favourite hero.

i. India remained under the British rule for over two centuries.

j. The nurse took great care of the patients.

k. My mother was very anxious for me.

l. Siddhartha has not done his homework.

m. His teacher punished him.

n. In my childhood, I was fascinated with the characters of the Mahabharata..

o. My friend waited for me for an hour.

p. He helped the poor.

q. He donated Rs. 10,000/- to the Poor Boys' Fund.

r. I reached home at 10.30 pm.

s. My father was very happy with my results.

t. The English left the country bag and baggage.

u. The poor man lost his legs in the accident.

v. The dying man donated his eyes to the young boy.

w. The Indian cricket team had been preparing for the world cup for the last one year.

x. Sania Mirza brought honour to the country.

y. The standing crops were washed away in the floods.

z. The natural calamities added to the miseries of the poor.

❑

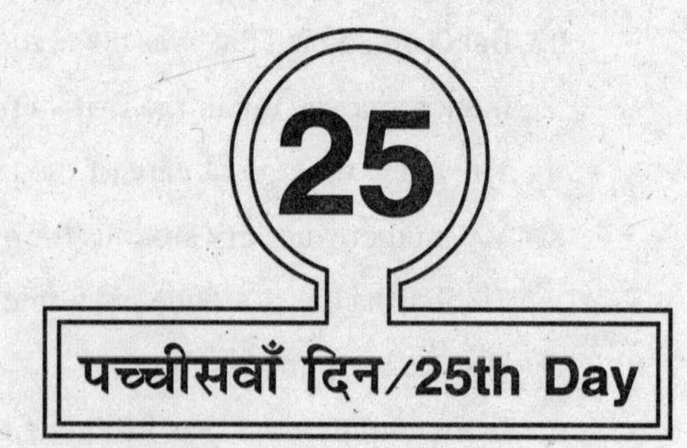

भविष्य काल
(The Future Tense)

वर्तमान काल व भूत काल की तरह ही भविष्य काल के भी चार प्रकार होते हैं :

1. Future Indefinite Tense (सामान्य भविष्य काल)
2. Future Continuous or Imperfect Tense (अपूर्ण भविष्य काल)
3. Future Perfect Tense (पूर्ण भविष्य काल)
4. Future Perfect Continuous Tense (पूर्ण निरंतर भविष्य काल)

(1) Future Indefinite Tense (सामान्य भविष्य काल)

यह भविष्य में किसी कार्य के होने का ज्ञान कराता है।

पहचान : हिंदी वाक्यों के अंत में 'गा', 'गे', 'गी' आता है। भविष्यसूचक शब्दों जैसे कल (आने वाला) अथवा आगे (next) शब्द वाक्य में हो सकते हैं, जैसे :

1. तुम तीन दिन में ठीक हो जाओगे।	You will get well in three days.
2. मैं कल भोपाल जाऊँगा।	I shall go to Bhopal tomorrow.

अंग्रेजी में रूपांतरण के नियम :

1. कथनात्मक वाक्य : कर्ता+shall/will+1st form of verb.

I, we के साथ shall तथा शेष कर्ता के साथ will लगाया जाता है।

2. निषेधात्मक वाक्य : कर्ता+shall/will+not+1st form of verb.

3. प्रश्नवाचक वाक्य : Shall/will+ कर्ता+1st form of verb.

प्रश्नवाचक बीच में आया हो तो पहले प्रश्नवाचक शब्द की अंग्रेजी, फिर उपर्युक्त नियम के अनुसार।

कुछ उदाहरण :

1. मैं जल्दी ही मामला तय कर लूँगा।	I shall decide the matter soon.
2. वह यहाँ 5 बजे तक उपस्थित रहेगा।	He will stay here till 5 o'clock.
3. मैं कहीं नहीं जाऊँगा।	I shall not go anywhere.
4. क्या तुम कल घर जाओगे ?	Will you go to home tomorrow?

कुछ अतिरिक्त नियम : संभावना व्यक्त करने के लिए will का प्रयोग किया जाता है, जैसे :

अनुपमा अभी घर पर होगी। Anupama will be at home now.

वर्तमाल काल की आदत या हमेशा होनेवाली किसी क्रिया के लिए भी कभी-कभी सामान्य भविष्य काल का प्रयोग कर लिया जाता है, जैसे :

वह केवल अपनी माँ की ही सुनेगी। She will listen to her mom only.

यदि सामान्य भविष्य में दो कार्य इंगित हों तो पूर्व में होनेवाले कार्य; या if, when, until आदि से बने adverb clause में Present Indefinite तथा दूसरे कार्य हेतु Future Indefinite Tense का प्रयोग किया जाएगा, जैसे :

1. If he works hard, he will pass.
2. Unless you change your attitude, you will not get success in life.

Shall/Will का प्रयोग :

भविष्य काल के वाक्यों में सामान्यतया I एवं we के साथ shall तथा अन्य सभी के साथ will का प्रयोग होता है। लेकिन वर्तमान में सभी के साथ will का प्रयोग आम बात हो गई है।

निश्चय दरशाने के लिए I, we के साथ will तथा अन्य के साथ shall का प्रयोग करते हैं।

1. He shall not do any mischief.
2. I will do this job.

प्रश्नवाचक वाक्यों में प्रश्न पूछने के लिए I तथा we के साथ shall का ही प्रयोग किया जाता है।

(2) Future Continuous or Imperfect Tense (अपूर्ण भविष्य काल)

यह भविष्य काल में किसी समय किसी क्रिया का जारी रहना दरशाता है। क्रिया के शुरू रहने की संभावना व्यक्त करने में भी इसका प्रयोग होता है।

पहचान : हिंदी वाक्य के अंत में 'रहा होगा', 'रही होगी', 'रहे होगे/होंगे' आदि शब्द।

1. वह आ रहा होगा। He will be coming.
2. वे क्रिकेट खेल रहे होंगे। They will be playing cricket.

अंग्रेजी में रूपांतरण के नियम :

1. कथनात्मक वाक्य : कर्ता+shall/will be+ क्रिया का 1st form +ing.

2. निषेधात्मक वाक्य : कर्ता+ shall/will+not+be+ing form.

3. प्रश्नवाचक वाक्य : Shall/will+ कर्ता+be+ing form.

प्रश्नवाचक शब्द बीच में आया हो तो पहले उसकी अंग्रेजी, फिर उपर्युक्त नियमानुसार।

कुछ उदाहरण :

1. वह फिल्म देख रहा होगा। — He will be watching a film.
2. लड़के दौड़ रहे होंगे। — Boys will be running.
3. माली फूल नहीं तोड़ रहा होगा। — The gardener will not be plucking the flowers.
4. क्या आशा खाना पका रही होगी? — Will Asha be cooking food?

किसी क्रिया के भविष्य में होने की संभावना दरशाने के लिए भी इस काल का प्रयोग होता है, जैसे :

मैं पार्टी में नाचूँगा। — I will be dancing in the party.

(3) Future Perfect Tense(पूर्ण भविष्य काल)

किसी निश्चित समय से पहले भविष्य में कोई क्रिया पूरी हो गई होगी—इसकी संभावना व्यक्त करने के लिए इस काल का प्रयोग किया जाता है।

पहचान : क्रिया के अंत में 'चुका हूँगा', 'चुके होंगे', 'चुका होगा/होगी', 'लिया/लिये होंगे', 'दिया होगा/दी होगी' आदि।

1. वह अब घर पहुँच गई होगी। She will have reached home by now.
2. अगले माह के अंत तक मैं वहाँ जा चुका हूँगा। I will have gone there by the end of the next month.

अंग्रेजी में रूपांतरित करने के नियम :

1. कथनात्मक वाक्य : कर्ता+will have/shall have+3rd form of verb.

2. निषेधात्मक वाक्य : कर्ता+will not have/shall not have+3rd form of verb.

3. प्रश्नवाचक वाक्य : Will/shall+ कर्ता+have+ 3rd form of verb.

प्रश्नवाचक शब्द बीच में आया हो तो पहले उसकी अंग्रेजी, फिर उपर्युक्त नियम के अनुसार।

कुछ उदाहरण :

1. जुलाई तक वह शादी कर चुका होगा। He will have married by July.
2. उन्हें यह सूचना मिल गई होगी। They will have received this information.
3. तुम कल तक यह शहर नहीं छोड़ चुके होगे। You will not have left this city by tomorrow.
4. क्या सभापति के आने से पूर्व प्रतिनिधिगण सभा से जा चुके होंगे? Will the delegates have left the meeting before the chairman comes?

(4) Future Perfect Continuous Tense (पूर्ण निरंतर भविष्य काल)

भविष्य काल में किसी निश्चित समय से बहुत पहले शुरू होकर उस समय भी जारी किसी क्रिया को व्यक्त करने के लिए इस काल का प्रयोग किया जाता है। साधारणतया इसमें समय का उल्लेख रहता है।

पहचान : हिंदी वाक्य के अंत में, 'ता/आ रहा होगा', 'ती/आ रही होगी', 'ते/आ रहे होंगे' आदि।

1. अगले महीने के अंत तक यहाँ रहते हुए मुझे दस वर्ष हो जाएँगे।

   By the end of the next month, I shall have been living here for ten years.
2. पुनीत सुबह से अखबार पढ़ता आ रहा होगा।

   Punit will have been reading the newspaper since morning.

अंग्रेजी में रूपांतरित करने के नियम :

1. कथनात्मक वाक्य : कर्ता+shall have been/will have been+ क्रिया की ing form.

2. निषेधात्मक वाक्य : कर्ता+ shall/will+not+have been+ing form.

3. प्रश्नवाचक वाक्य : Shall/will+ कर्ता+have been+ ing form.

प्रश्नवाचक शब्द बीच में आया हो तो पहले उसकी अंग्रेजी, फिर उपर्युक्त नियम के अनुसार।

कुछ उदाहरण :

1. इस माह के अंत तक वह दस वर्ष से हिंदी सीखता आ रहा होगा।

   He will have been learning Hindi for ten years by the end of this month.
2. लड़कियाँ सुबह से नहीं पढ़ रही होंगी। The girls will not have been studying since morning.
3. क्या वह एक माह से परीक्षा दे रहा होगा? Will he have been giving exams for one month?
4. क्या मजदूर सुबह से काम कर रहे होंगे? Will the labourers have been working since morning?

Practice Set

1. निम्नलिखित वाक्यों का अंग्रेजी में अनुवाद कीजिए—

a. मैं शाम को बाजार जाऊँगा।
b. वह कल मुंबई जाएगा।
c. इस सप्ताह के अंत में उसकी माँ उससे मिलने आएँगी।
d. मैं पढ़-लिखकर डॉक्टर बनूँगा।
e. मैं गरीबों की मुफ्त सहायता करूँगा।
f. मैं पढ़ता रहूँगा।
g. वह खेलता रहेगा।
h. मैं दो घंटे में इस कहानी को पढ़ चुकुँगा।
i. वह कल तक अपना पाठ याद कर चुकेगा।
j. इस माह के अंत तक शिक्षक कॉपियाँ जाँचने का काम कर चुकेंगे।
k. रीना गाना गाती रहेगी।
l. तुम पतंग उड़ा रहे होगे।
m. मैं अपनी माँ को एक चिट्ठी लिखूँगा।
n. मेरा परीक्षाफल देखकर मेरे शिक्षक खुश होंगे।
o. मैं तुम्हारी प्रतीक्षा करूँगा।
p. समय पर वर्षा से फसल अच्छी होगी।
q. इससे किसानों को फायदा होगा।
r. सरकार की इस योजना से गरीब लाभान्वित होंगे।
s. साक्षरता की दर बढ़ने से बेरोजगारी कम होगी।
t. व्यायाम करने से शरीर स्वस्थ होगा।
u. अगले माह मेरे पिताजी मुझे कंप्यूटर देंगे।
v. गरमी की छुट्टी में मैं शिमला जाऊँगा।
w. मैं समाचार पत्र पढ़ता रहूँगा।
x. वह कल अपने घर जा रहा होगा।
y. बच्चा रो रहा होगा।
z. हम कभी झूठ नहीं बोलेंगे।

2. निम्नलिखित प्रश्नों के उत्तर 'हाँ' में दीजिए—

Question: *Will you go to Banaras?*
Answer: *Yes, I shall go.*

Question: Will you play with me?
Answer: ....

Question: Shall I join you in your trip to Shimla?
Answer: ....

Question: Will they come to play football?
Answer: ....

Question: Shall we be coming from Patna on your birthday?
Answer: ....

Question: Will the match be over by that time?
Answer: ....

Question: Will your brother be back to his duty by the end of this month?
Answer: ....

Question: Will you help me in my studies?
Answer: ....

Question: Will your mother return from the market by 7 pm?
Answer: ....

Question: Shall we visit the Agra Fort in this summer vacation?
Answer: ....

Question: Shall I have finished my work by 8 O'clock.
Answer: ....

Question: Will you have your dinner by 10 O'clock?
Answer: ....

Question: Will Rishabh be always speaking the truth?
Answer: ....

Question: Will they return next week?
Answer: ....

❑

मुख्य क्रिया के रूप में प्रयुक्त सहायक क्रियाएँ
(Helping Verbs Used as Main Verbs)

अधिकांश वाक्यों में सहायक क्रियाओं का प्रयोग मुख्य क्रिया की सहायक क्रिया के रूप में होता है, किंतु कुछ सामान्य सूचनादायक वाक्यों में मुख्य क्रियावाचक शब्द नहीं होता। वहाँ सहायक क्रिया ही मुख्य क्रिया के रूप में कार्य करती है।

इस तरह की कई क्रियाएँ हैं, जिन्हें हम प्रयोग के अनुसार तीन हिस्सों में बाँट सकते हैं :

1. वर्तमान काल हेतु (For Present Tense)
2. भूत काल हेतु (For Past Tense)
3. भविष्य काल हेतु (For Future Tense)

वर्तमान काल के लिए is, am, are का प्रयोग

ये वर्तमान काल की क्रियाएँ हैं। Is का अर्थ 'है', am का अर्थ 'हूँ' तथा are का अर्थ 'हैं', 'हो' है।

He, she, it तथा अन्य सभी एकवचन क्रियाओं (I एवं you को छोड़कर) के साथ is का, I के साथ am का तथा you व सभी बहुवचन क्रियाओं के साथ are का प्रयोग होता है :

उदाहरण :

1. वह एक लड़का है। He is a boy.
2. वह एक लड़की है। She is a girl.
3. वह सीता है। She is Sita.
4. यह एक कलम है। It is a pen.
5. मैं स्वस्थ हूँ। I am healthy.
6. तुम अच्छे व्यक्ति हो। You are a good person.
7. ईश्वर सब जगह है। God is everywhere.
8. मैं भारतीय हूँ। I am an Indian.
9. वह घर के बाहर है। He is out of home.
10. वे अच्छे व्यक्ति हैं। They are good people.
11. इंडिया गेट दिल्ली में है। The India Gate is in Delhi.
12. वे हमारे गुरुजी हैं। He is our teacher.

Has, have का प्रयोग

ये दोनों मुख्य क्रिया की तरह वहाँ प्रयुक्त किए जाते हैं जहाँ किसी तरह का possession (होने का भाव) प्रकट होता है, जैसे : कोई चीज रखना या पास में होना आदि।

I, you तथा बहुवचन कर्ता के साथ have तथा अन्य सभी एकवचन कर्ता के साथ has का प्रयोग होता है।

उदाहरण :

1. उसका एक भाई है।	She has one brother.
2. मेरी एक बहन है।	I have one sister.
3. मेरे स्कूल में खेल का एक मैदान है।	My school has a playground.
4. तुम्हारे पास बहुत अच्छा घर है।	You have a good house.
5. मेरे भाई के पास एक गुड़िया है।	My brother has a doll.
6. उसके पास स्कूटर है।	He has a scooter.
7. हमारे पास दस कमरे हैं।	We have ten rooms.
8. उनके पास कुछ नहीं है।	They have nothing.

भूत काल के लिए was, were एवं had का प्रयोग

भूत काल (Past Tense) के इस तरह के वाक्यों के अंत में 'था', 'थी', 'थे' लगा होता है।

I, he, she, it तथा अन्य एकवचन कर्ता के साथ was तथा शेष के साथ were लिखा जाता है। 'रखता था/थे/थी' या 'पास था/थे/थी' के लिए एकवचन व बहुवचन दोनों कर्ताओं के लिए had का प्रयोग किया जाता है।

उदाहरण :

1. वह पेशे से डॉक्टर था।	He was a doctor by profession.
2. रमेश बीमार था।	Ramesh was ill.
3. तुम उससे अधिक स्वस्थ थे।	You were healthier than him.
4. वे सब स्वस्थ तथा सानंद थे।	They all were hale and hearty.
5. हम आगरा में बहुत खुश थे।	We were very happy in Agra.
6. रोशन के पास बड़ा घर था।	Roshan had a large house.
7. उसमें बीस कमरे थे।	There were twenty rooms in it.
8. उसके पास अपनी कार थी।	He had his own car.
9. लेकिन तुम वहाँ थे।	But you were there.
10. हमारे पास काफी संपत्ति थी।	We had much property.

भविष्य काल के लिए will be, shall be तथा will/shall have का प्रयोग

उपर्युक्त शब्द भविष्य काल हेतु प्रयुक्त होते हैं। जिन वाक्यों के अंत में 'होगा/होगी', 'हूँगा/हूँगी/होंगे' आते हैं उनके साथ इनका प्रयोग होता है। सामान्य रूप से I एवं we के साथ shall be तथा अन्य एकवचन व बहुवचन कर्ता के साथ will be का प्रयोग किया जाता है। लेकिन जब कोई 'निश्चितता' या 'अवश्य' का भाव दरशाना हो तो यह क्रम उलट दिया जाता है अर्थात् I, we के साथ will be तथा अन्य के साथ shall be का प्रयोग किया जाता है।

उदाहरण :

1. वह एक अच्छा खिलाड़ी बनेगा।	He will become a good player.
2. वह अवश्य एक अच्छा खिलाड़ी बनेगा।	He shall be a good player.
3. मैं आपका दोस्त होऊँगा।	I shall be your friend.
4. मैं अवश्य आपका दोस्त बनूँगा।	I will be your friend.
5. वे वहाँ होंगे।	They will be there.
6. उनके पास एक बड़ा बँगला होगा।	They will have a big bungalow.
7. मेरे पास एक कार होगी।	I shall have a car.
8. रीमा मेरी सहेली बनेगी।	Reema will be my friend.
9. हमारे पास बड़ा कार्यालय होगा।	We shall have a large office.
10. शीला हमारी बहू बनेगी।	Sheela will be our daughter-in-law.

उपर्युक्त क्रियाओं से निषेधात्मक (Negative) वाक्य बनाना

उपर्युक्त क्रियाओं में से is, am, are, has, have, had के बाद आवश्यकतानुसार not या no लगाकर निषेधात्मक वाक्य बनाए जा सकते हैं। लेकिन भविष्य काल के वाक्यों में will या shall के बाद not लगाकर आवश्यकतानुसार be या have का प्रयोग किया जाता है।

उदाहरण :

1. हमारे घर के सामने खेल का मैदान नहीं है।	There is no playground in front of our house.
2. हम नर्तक नहीं हैं।	We are not dancers.
3. राम होशियार विद्यार्थी नहीं है।	Rama is not an intelligent student.
4. तुम व्यस्त नहीं हो।	You are not busy.
5. उसके पास धन नहीं है।	He has no money.
6. मेरे पास कलम नहीं है।	I have no pen.
7. श्याम अच्छा लड़का नहीं था।	Shyam was not a good boy.
8. वे अच्छे लोग नहीं थे।	They were not good people.
9. उनके पास पैसा नहीं था।	They had no money.
10. उनके ज्यादा संपर्क नहीं थे।	They did not have good relations.
11. हम अच्छे खिलाड़ी नहीं होंगे।	We shall not be good players.
12. उनके पास घर नहीं होगा।	They will not have a house.
13. मेरे पास बिल्ली नहीं होगी।	I shall not have a cat.
14. तुम्हारे कई मित्र नहीं होंगे।	You will not have many friends.
15. यह कोई महत्त्वपूर्ण जगह नहीं होगी।	It will not be an important place.

उपर्युक्त क्रियाओं से प्रश्नवाचक (Interrogative) वाक्य बनाना

हिंदी के ज़िन वाक्यों का उत्तर 'हाँ' या 'नहीं' में होता है, उनका प्रश्नवाचक वाक्य बनाते समय 'क्या' को वाक्य के

शुरू में रखा जाता है; परंतु अंग्रेजी में ऐसे वाक्यों के लिए सहायक क्रिया को वाक्य के प्रारंभ में रखकर प्रश्नवाचक बना लिया जाता है। लेकिन भविष्य काल के वाक्यों में shall या will ही वाक्य के प्रारंभ में लाए जाते हैं तथा be या have यथावत् अपने स्थान पर रहते हैं, जैसा कि कथनात्मक वाक्यों में होता है। इसी प्रकार निषेधात्मक प्रश्नवाचक वाक्यों में केवल सहायक क्रिया ही पहले रखी जाती है, 'not' शब्द पूर्ववत् अपने स्थान पर बना रहता है।

उदाहरण :

1. क्या तुम धनी व्यक्ति हो?	Are you a rich person?
2. क्या वे तुम्हारे पिता हैं?	Is he your father?
3. क्या शन्नो एक अच्छी लड़की है?	Is Shanno a good girl?
4. क्या उसके पास अपना घर है?	Has he his own house?
5. क्या उनके पास एक अच्छी कार है?	Have they a good car?
6. क्या तुम्हारे पास बड़ा कार्यालय था?	Had you a large office?
7. क्या वे वहाँ थे?	Were they there?
8. क्या तुम्हारा भाई इंजीनियर था?	Was your brother an engineer?
9. क्या वे गरीब नहीं थे?	Were they not poor?
10. क्या उसके पास कलम नहीं थी?	He had no pen?
11. क्या वह अच्छा हीरो होगा?	Will he be a good hero?
12. क्या वह अच्छी हीरोइन नहीं होगी?	Will she not be a good heroine?
13. क्या हम फरीदाबाद में नहीं होंगे?	Shall we not be at Faridabad?
14. क्या तुम्हारे पास कुछ मूल्यवान् चीजें होंगी?	Will you have some valuable items?
15. क्या वे कल घर पर होंगे?	Will they be at home tomorrow?

उपर्युक्त के अलावा कुछ सहायक क्रियाएँ ऐसी भी हैं जिनका उपर्युक्त रूप में प्रयोग संभव नहीं है, जैसे : can, may, could, might, should एवं would.

वाक्य बनाते समय ध्यान दें कि अंग्रेजी वाक्यों में पहले कर्ता, फिर क्रिया तथा इसके बाद कर्म (object) तथा अन्य चीजें यथाक्रमानुसार रखी जाती हैं।

❑

कुछ अन्य सहायक क्रियाएँ एवं उनके प्रयोग
(Some Other Auxiliary Verbs and their Uses)

अंग्रेजी में सहायक क्रियाओं का प्रयोग बहुतायत में होता है, अत: इनके समुचित प्रयोग की जानकारी होना आवश्यक है। कुछ सहायक क्रियाओं तथा उनके प्रयोग संबंधी जानकारी निम्नलिखित है—

Can :

इसका अर्थ सामान्यतया 'सकता है', 'सकती है', 'सकते हैं', होता है और यह क्षमता या योग्यता व्यक्त करने के लिए प्रयुक्त होता है। संभावना व्यक्त करने या अनुमति लेने या देने में भी इसका प्रयोग होता है। Can के साथ क्रिया (Verb) के 1st form का प्रयोग किया जाता है।

उदाहरण :

1. अब तुम जा सकते हो।	You can go now.
2. वह यहाँ आ सकता है।	He can come here.
3. मैं हिंदी बोल सकता हूँ।	I can speak Hindi.
4. तुम मुझे इस नंबर पर फोन कर सकते हो।	You can call me on this number.
5. वे घर पर हो सकते हैं।	They can be at home.
6. यह सूचना सही हो सकती है।	This information can be true.
7. क्या तुम इसे दो घंटे में कर सकते हो?	Can you do this in two hours?
8. क्या हम दो दिन में लौट सकते हैं?	Can we return in two days?
9. यह समाचार सही नहीं हो सकता।	This news cannot be true.
10. मैं वहाँ कैसे जा सकता हूँ?	How can I go there?
11. तुम कौन सा खेल खेल सकते हो?	Which game can you play?
12. इस कागज पर क्या लिखा है, क्या तुम पढ़ सकते हो?	Can you read what is written on this paper?
13. क्या मैं राधा से बात कर सकता हूँ?	Can I speak to Radha?
14. तुम देख सकते कि वह बीमार है।	You can see that she is ill.
15. मैं तुम्हारी समस्या समझ सकता हूँ।	I can understand your problem.

Could :

यह Can का 2nd form है। यह भूत काल में किसी सामर्थ्य को प्रकट करने के लिए प्रयोग में लाया जाता है। जब हम

'नहीं सका', 'नहीं सकी' या 'नहीं सके' कहना चाहें तो भी इसका प्रयोग करते हैं। Could के साथ भी क्रिया का 1st form आता है।

उदाहरण :

1. जब वह मंच पर था तो पक्का अभिनय कर सकता था।
   When he was on the stage, he could act perfectly.
2. मैं वहाँ नहीं जा सका। — I could not go there.
3. वे सही ढंग से जवाब नहीं दे सके। — They could not answer properly.

वर्तमान काल में विनती या किसी न्यून संभावना को व्यक्त करने के लिए भी could का प्रयोग हो सकता है।

1. क्या तुम मुझे अपनी कलम दे सकते हो? — Could you lend me your pen?
2. अरिहंत घर पर हो सकता है। — Arihant could be at home.
3. क्या मैं घर जा सकता हूँ? — Could I go home?
4. तुम सप्ताह में एक बार तो आ सकते हो। — You could visit once in a week.

Could have :

Could have का प्रयोग 'सकता था' के संदर्भ में किया जाता है। इसके साथ क्रिया का 3rd form आता है, जैसे :

1. वह यह सब मुझे कल बता सकता था। — He could have told me all this yesterday.
2. मैं तुम्हें कुछ रुपया उधार दे सकता था। — I could have lent you some money.
3. वे रुपया वापस दे सकते थे। — They could have returned the money.
4. तुम क्या कर सकते थे? — What could you have done?

इसी संदर्भ में 'किया हुआ', 'नहीं हो सकता' या 'संभव नहीं है', भाव व्यक्त करने के लिए क्रमश: could not have तथा can not have का प्रयोग किया जाता है।

May :

May का प्रयोग संभावना व्यक्त करने, अनुमति लेने या देने, इच्छा व्यक्त करने के लिए किया जाता है। इसके साथ क्रिया के 1st form का प्रयोग होता है, जैसे :

1. शायद तुम्हें देर हो सकती है। — You may be late.
2. शायद मेरे अंकल घर पर हो सकते हैं। — My uncle may be at home.
3. महोदय, क्या मैं अंदर आ सकता हूँ? — May I come in, sir?
4. ईश्वर आपकी सहायता करे! — May God help you!
5. ईश्वर करे, तुम्हारी उम्र लंबी हो! — May you live long!

Might :

किसी कम संभावना को व्यक्त करने में might का प्रयोग होता है। इसके साथ क्रिया के 1st form का प्रयोग किया जाता है, जैसे :

1. संभव है, तुम्हें घटना की कुछ जानकारी हो। — You might have some knowledge about that incident.
2. यदि समय मिला तो शायद मैं कोलकाता जा सकता हूँ। — If I get time, I might go to Kolkata.

May have/might have :

ऐसी कोई क्रिया, जो हो चुकी हो, की संभावना व्यक्त करने के लिए इनका प्रयोग किया जाता है। May have या might have के साथ क्रिया के 3rd form का प्रयोग किया जाता है, जैसे :

1. मेरे आभूषण किसने चुराए होंगे ?	Who might have stolen my ornaments?
2. ट्रेन छूट गई होगी।	The train might have left.
3. वे अब तक शहर पहुँच चुके होंगे।	They might have reached the city by now.

Will be able to :

'करने योग्य होगा' या 'कर सकेगा' भाव व्यक्त करने के लिए इसका प्रयोग किया जाता है। इसके साथ क्रिया के 1st form का प्रयोग होता है, जैसे :

1. वह शीघ्र गाना गा सकेगी।	She will be able to sing a song soon.
2. वह कब चलने योग्य होगा ?	When will he be able to walk?

Would :

कोई संभावना व्यक्त करने, भूत काल की किसी आदत आदि को दरशाने के लिए इसका प्रयोग किया जाता है। कई बार यह वाक्य में will के स्थान पर भी प्रयोग किया जाता है। Would के साथ क्रिया का 1st form आता है। वाक्य का पहला हिस्सा यदि Past Tense में हो तो दूसरे हिस्से में will की जगह would का प्रयोग होता है।

1. हम जानते थे, वह मैच जीतेगा।	We knew he would win the match.
2. मुझे नहीं लगा था, यह कार्य इतना कठिन होगा।	I had not thought that this work would be so difficult.
3. तुम्हें इस पर विश्वास नहीं होगा, लेकिन यह बिलकुल सच है।	You would not belive this but it is absolutely true.
4. क्या इस मुसीबत से पार पाने में मेरी मदद करोगे ?	Would you help me to bail out from this trouble?
5. जब मैं स्कूल में था तो क्रिकेट में काफी रुचि लेता था।	When I was in school, I would take much interest in cricket.

Would like :

इसका प्रयोग चाहने, इच्छा करने, चाहिए आदि भाव व्यक्त करने के लिए होता है। 1st person एकवचन तथा बहुवचन कर्ता के साथ इसके स्थान पर should like का भी प्रयोग किया जा सकता है, लेकिन would like का प्रचलन ज्यादा है, जैसे :

1. मैं आप सबको इस सभा में भाग लेने के लिए धन्यवाद देना चाहूँगा।	I would like to thank all of you for attending this meeting.
2. मैं धारा-प्रवाह मराठी बोलना चाहूँगा।	I would like to speak Marathi fluently.
3. क्या आप अब जाना चाहेंगे ?	Would you like to go now?
4. हम उनसे आमने-सामने बात करना चाहेंगे।	We would like to talk to them face-to-face.
5. मैं इस ड्रॉइंग प्रतियोगिता में भाग लेना चाहूँगा।	I would like to participate in this drawing competition.

Should :

कोई कार्य 'करना चाहिए', यह भाव व्यक्त करने के लिए should का प्रयोग होता है और इसके साथ क्रिया के 1st form का प्रयोग होता है, जैसे :

1. तुम्हें अपने माता-पिता की सलाह माननी चाहिए। You should lend an ear to the advice of your parents.
2. तुम्हें अपने गलत कार्यों पर शर्मिंदा होना चाहिए। You should be ashamed of your misdeeds.
3. तुम्हें वहाँ क्यों जाना चाहिए? Why should you go there?
4. हमें अपने बड़ों का सम्मान करना चाहिए। We should respect our elders.

I, we के साथ should का प्रयोग प्रश्न पूछने तथा Third person के कर्ता के साथ संभावना व्यक्त करने के लिए भी किया जाता है, जैसे :

1. क्या मैं दरवाजे में ताला लगा दूँ? Should I lock the door?
2. यह उससे अच्छा होना चाहिए। This should be better than that.

Should have :

Should have के साथ क्रिया के 3rd form का प्रयोग होता है। कोई क्रिया 'होनी या करनी चाहिए'—इस अर्थ में इसका प्रयोग किया जाता है, जैसे :

1. तुम्हें उसे सहारा देना चाहिए था। You should have supported him.
2. तुम्हें बैठक में उपस्थित रहना चाहिए था। You should have attended the meeting.

Ought to :

इसका प्रयोग कोई स्वाभाविक संभावना व्यक्त करने के लिए या 'करना चाहिए' के संदर्भ में होता है, जैसे :

1. उसे आलसी नहीं होना चाहिए। He ought not to be lazy.
2. हमें सब लोगों से अच्छा व्यवहार करना चाहिए। We ought to behave nicely with all people.

इसी संदर्भ में 'करना चाहिए था' के संदर्भ में 'ought to have' का प्रयोग होता है।

Must एवं must have :

Must का प्रयोग—कोई 'क्रिया अवश्य करनी चाहिए', यह भाव व्यक्त करने के लिए must का प्रयोग किया जाता है। इसके साथ क्रिया की 1st form का प्रयोग होता है, जैसे :

1. प्रत्येक को यातायात नियमों का पालन करना चाहिए। Everyone must attend to traffic rules.
2. तुम्हें ऑफिस अवश्य जाना चाहिए। You must go to office.
3. हमें 10 बजे से पहले बैठक में पहुँच जाना चाहिए। We must reach the meeting before 10 o'clock.

कोई संभावना व्यक्त करने के लिए भी must का प्रयोग किया जा सकता है।

एक लंबी यात्रा के बाद वह अभी पहुँचा है, थक गया होगा।

After a long journey, he has reached just now; he must be tired.

Must have—इसके साथ क्रिया के 3rd form का प्रयोग होता है। यह दरशाता है कि कोई 'क्रिया' की होनी चाहिए, जैसे :

1. घटना रात दस बजे हुई होगी। The incident must have occurred at 10 p.m.
2. उसने अपने दोस्त का इंतजार अवश्य किया होगा। He must have waited for his friend.

Going to :

इसका अर्थ है कुछ 'करने की ओर तत्पर होना' या 'करने के लिए जाना'। इसके पहले आवश्यकतानुसार सहायक क्रिया is, am, are का प्रयोग किया जाता है तथा क्रिया की 1st form प्रयोग में लाई जाती है, जैसे :

1. क्या वह इस प्रतियोगिता में भाग लेने वाला है? Is he going to take part in this competition?
2. वे एक नया सोफा खरीदने वाले हैं। They are going to purchase a new sofa.
3. मैं यह बुरी आदत छोड़ने वाला हूँ। I am going to give up this bad habit.
4. हम प्रदर्शनी देखने जाने वाले हैं। We are going to view the exhibition.

Used to :

Used to का प्रयोग भूत काल में हुई किसी क्रिया को दरशाने या उस समय की आदत व्यक्त करने के लिए किया जाता है। इसके साथ क्रिया का 1st form आता है, जैसे :

1. वह पहले शराब पीता था। He used to drink wine before.
2. तब वह मिदनापुर में रहता था। He used to live in Midnapore then.
3. वह सही उपचार करता था। He used to treat correctly.

Be used to :

आदत रहना/होना के संदर्भ में be used to का प्रयोग किया जाता है। इसका अर्थ है used to के साथ आवश्यकतानुसार अन्य रूपों का प्रयोग। कई बार be used to को व्यक्त करने के लिए get used to या become used to का भी प्रयोग वाक्य के अनुसार किया जाता है, जैसे :

1. अर्पिता को झूठ बोलने की आदत है। Arpita is used to lying.
2. मुझे पंजाबी बोलने की आदत नहीं है। I am not used to speaking Punjabi.
3. तुम्हें शीघ्र ही इस शोर की आदत हो जाएगी। You will soon become used to this noise.
4. हमें रात भर काम करने की आदत है। We are used to working for the whole night.

इसी प्रसंग में आदत न होने के लिए unused to या not used to का प्रयोग किया जाता है।

Have to/Has to :

Have to एवं has to में अंतर केवल इनके प्रयोग को लेकर है। जिन संज्ञा/सर्वनाम के साथ have का प्रयोग होता है, उनके साथ have to तथा जिसके साथ has का प्रयोग होता है, उनके साथ has to का प्रयोग होता है। जब 'कोई क्रिया करनी पड़ती है' या 'करना है' का भाव व्यक्त करना होता है तो उपर्युक्त का प्रयोग किया जाता है।

इनके साथ क्रिया के 1st form का प्रयोग होता है।

कुछ उदाहरण :

1. मुझे रोजाना अस्पताल जाना पड़ता है।	I have to go to hospital daily.
2. तुम्हें कल उससे मिलना है।	You have to meet him tomorrow.
3. क्या उन्हें कुछ कहना है ?	Have they anything to say?
4. हमें प्रतीक्षा करनी पड़ सकती है।	We may have to wait.

Had to :

इसका प्रयोग उपर्युक्त अर्थ में भूत काल में किया जाता है। इसके साथ भी क्रिया के 1st form का प्रयोग होता है, जैसे :

1. हमें सुबह तक वहाँ पहुँचना था।	We had to reach there by morning.
2. उसे कल जाना था।	He had to go yesterday.
3. उसे पैदल जाना पड़ा।	He had to walk.
4. उन्हें अपना घर छोड़ना पड़ा।	They had to leave their home.

Had better :

'क्या ज्यादा ठीक रहेगा या अच्छा रहेगा', यह भाव व्यक्त करने के लिए had better का प्रयोग किया जाता है। इसके साथ क्रिया का 1st form आता है, जैसे :

1. तुम्हारा अपने माता-पिता से सलाह लेना ज्यादा ठीक रहेगा।	You had better take your parent's advice.
2. अब हमारा निकलना ज्यादा अच्छा रहेगा।	We had better leave now.

Will have to :

'करना पड़ेगा', 'करना होगा'—यह भाव व्यक्त करने के लिए will have to का प्रयोग किया जाता है। यह भविष्य की क्रिया व्यक्त करता है तथा इसके साथ क्रिया के 1st form का प्रयोग होता है।

उदाहरण :

1. मुझे जाना पड़ेगा।	I shall have to go.
2. हमें यह घर छोड़ना पड़ेगा।	We shall have to leave this home.
3. यह दौड़ जीतने के लिए तुम्हें काफी अभ्यास करना पड़ेगा।	You will have to practise a lot to win this race.
4. तुम्हें ठीक प्रकार से सोचना होगा।	You will have to think correctly.

Need not :

इसका प्रयोग किसी कार्य को करने की आवश्यकता नहीं है, इस संदर्भ में किया जाता है। इसके साथ क्रिया का पहला रूप आता है, जैसे :

1. तुम्हें वहाँ जाने की जरूरत नहीं है।	You need not go there.
2. तुम्हें उसकी प्रतीक्षा करने की जरूरत नहीं है।	You need not wait for him.
3. हमें बाजार जाने की जरूरत नहीं है।	We do not need to go to the market.

Need not have :

जिस तरह वर्तमान काल के लिए 'किसी कार्य को करने की जरूरत नहीं है' का प्रयोग होता है, उसी तरह भूत काल में यह 'किसी कार्य को करने की जरूरत नहीं थी' के रूप में सामने आएगा। इस हेतु need not have का प्रयोग किया जाता है। इसके साथ क्रिया के 3rd form का प्रयोग होता है, जैसे :

1. तुम्हें वहाँ जाने की जरूरत नहीं थी। — You need not have gone there.
2. तुम्हें उसे मेरे बारे में बताने की जरूरत नहीं थी। — You need not have told him about me.

Dare :

Dare का अर्थ है साहस या हिम्मत करना। इसका प्रयोग इन रूपों में होता है :

1. मेरी वहाँ जाने की हिम्मत नहीं है। — I dare not go there.
2. तुममें यह कार्य करने की हिम्मत है? — Do you dare do this work?
3. मुझे उसके घर जाने की हिम्मत नहीं हुई। — I dare not go to his home.
4. तुम्हें यहाँ आने की हिम्मत कैसे हुई? — How dare you come here?

प्रश्नवाचक शब्द एवं उनके उपयोग

प्रश्नवाचक शब्द अनेक हैं। नीचे अर्थ सहित उनके प्रयोग दिए जा रहे हैं :

What

What का अर्थ है—क्या?

उदाहरण :

1. तुम्हें क्या पसंद है? — What do you like?
2. तुम्हारा मतलब क्या है? — What do you mean?
3. इसका क्या कारण है? — What is the reason behind this?
4. वह अब क्या कहेगा? — What will he say now?
5. मैंने तुम्हें क्या समझाया था? — What did I explain to you?
6. वह क्या पढ़ रही होगी? — What will she be reading?

इसके अलावा what का प्रयोग कितना एवं कौन सा के अर्थ में भी किया जाता है।

उदाहरण :

तुमने कौन सी पोशाक चुनी है? — Which dress have you selected?

Where

Where का अर्थ है—कहाँ?

उदाहरण :

1. तुम कहाँ जा रहे हो? — Where are you going?
2. वह कहाँ रहती है? — Where does she live?
3. तुमने यह पोशाक कहाँ से खरीदी? — Where from did you buy this dress?

4. अब वे कहाँ जाएँगे ? — Where will they go now?

5. तुमने दस्तावेज कहाँ रखा है ? — Where have you kept the document?

How

How का अर्थ है—कैसे ?

उदाहरण :

1. तुम कार्यालय कैसे जाते हो ? — How do you go to office?
2. तुम यह सब कैसे जान गए ? — How did you know all this?
3. तुम वहाँ कैसे पहुँच पाए ? — How did you reach there?
4. वह अकेले कैसे रह रही होगी ? — How will she be living alone?

When

When का अर्थ है—कब ?

उदाहरण :

1. तुम स्कूल कब जाते हो ? — When do you go to school?
2. तुम्हें सूचना कब मिली ? — When did you get the information?
3. तुम पुणे कब जाओगे ? — When will you go to Pune?
4. तुमने अपना निवास कब बदला ? — When did you change your residence?

Who

Who का अर्थ है—कौन या किसने ?

उदाहरण :

1. कौन जा रहा है ? — Who is going?
2. बच्चे को कौन खिलाएगा ? — Who will feed the baby?
3. वहाँ से कौन आया था ? — Who had come from there?

(ध्यान दें, उपर्युक्त वाक्यों में who शब्द प्रश्नवाचक होने के साथ कर्ता का भी कार्य कर रहा है)

4. उसे किसने पीटा होगा ? — Who will have beaten him?

Who के साथ सामान्य प्रश्नवाचक वाक्य में, सामान्य वर्तमान एवं भूत काल में do, does एवं did का प्रयोग नहीं किया जाता, जैसे :

1. कौन जाता है ? — Who goes?
2. कौन गया ? — Who went?

लेकिन निषेधात्मक प्रश्नवाचक वाक्यों में do, does एवं did का प्रयोग होता है।

1. कौन नहीं जाता है ? — Who does not go?
2. कौन नहीं गया ? — Who did not go?

यदि do, does, did का प्रयोग मुख्य क्रिया के रूप में हुआ है तो who के साथ इनका प्रयोग किया जाएगा, जैसे :

1. इतने भद्दे ढंग से यह किसने किया ? — Who did this so abruptly?
2. इसे सुंदर ढंग से कौन करता है ? — Who does it with perfection?

Whom

Whom का अर्थ है—किसे, किसको, किसकी या किससे ?

उदाहरण :

1. तुम किसे दोष देते हो ? — Whom do you blame?
2. तुम किसकी मदद कर रहे हो ? — Whom are you helping?
3. मैं अब किसको सूचना दूँगा ? — Whom shall I inform now?

लेकिन कर्ता रहित वाक्यों में 'किसे' के लिए who का प्रयोग किया जाता है, जैसे :

1. यह किसे नापसंद है ? — Who dislikes it?
2. यह किसे पसंद होगा ? — Who will like this?

Why

Why का अर्थ है—क्यों ?

यह अपने इसी अर्थ में सामान्यतया प्रयोग किया जाता है, जैसे :

1. तुम वहाँ क्यों जाते हो ? — Why do you go there?
2. तुम ऐसा क्यों सोचते हो ? — Why do you think so?
3. तुम घर क्यों नहीं गए ? — Why did you not go home?
4. वे तुम्हारे पास क्यों आए हैं ? — Why have they come to you?
5. तुम इतने उदास क्यों हो ? — Why are you so sad?
6. उन्होंने यह घर क्यों छोड़ा था ? — Why had they left this home?

Which/Whose

Which का अर्थ है—कौन सा ?

1. तुम कौन सी भाषा बोलना पसंद करते हो ? — Which language do you like to speak?
2. तुम मुझसे किस स्थान पर मिले थे ? — At which place did you meet me?
3. वह कौन सा जादू दिखाता है ? — Which magic does he show?
4. तुम्हें कौन सा कलाकार ज्यादा पसंद है ? — Which artist do you like most?

Whose का अर्थ है—किसका ?

1. तुम किसकी मदद लोगे ? — Whose help will you seek?
2. किसकी सलाह सही होगी ? — Whose advice will be accurate?

How much/How many

एक छोटे से अंतर के अलावा दोनों का अर्थ एक समान है—अर्थात् कितना या कितने। अंतर सिर्फ इतना है कि how much का प्रयोग उसके साथ होता है जिसे गिना न जा सके, जबकि गिने जा सकने योग्य के लिए how many का प्रयोग होता है, जैसे :

1. तुम्हारे पास कितनी संपत्ति है ? — How much property do you have?
2. इस फ्रिज का मूल्य कितना है ? — How much does this fridge cost?
3. तीर्थयात्रा पर कितने लोग जा रहे हैं ? — How many people are going on pilgrimage?
4. तुमने कितने विषय पढ़े हैं ? — How many subjects have you studied?

❑

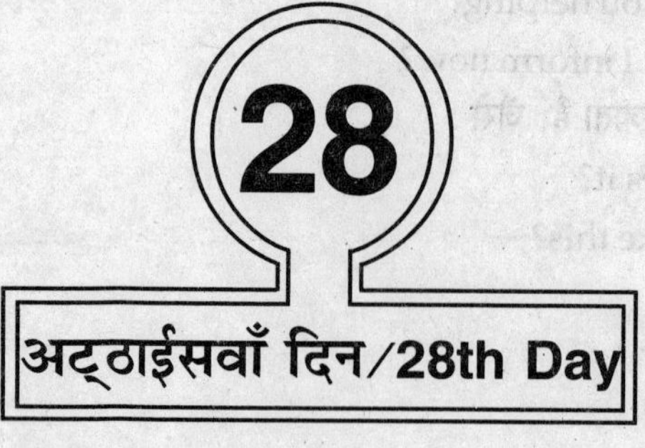

क्रियार्थक, कृदंत तथा क्रियावाचक (Infinitive, Participle and Gerund)

इनफिनिटिव (Infinitive) (क्रियार्थक)

वह क्रियाखंड जिस पर कर्ता या काल का कोई असर नहीं होता, Infinite या Infinitive कहलाता है। इसके छह प्रकार हैं—चार Active voice में तथा दो Passive voice में।

Forms of active voice (कर्तृवाच्य के रूप) :

1. Simple Infinitive : (to+ क्रिया का 1st form) इसका प्रयोग वाक्य के शुरू में, संज्ञा, विशेषण या क्रिया के बाद आदि कई स्थानों पर होता है। To का प्रयोग अधिकतर 'करने के' संदर्भ में होता है, जैसे :

1. He will try **to come** on time.
2. I tried **to persuade** him.
3. I have done this work **to satisfy** my ego.
4. She fears **to visit** him alone.
5. We like **to speak** Hindi.
6. He is going **to post** the letter.

2. Continuous Infinitive : (to be+ क्रिया का ing form) 'चल रही' इस तरह की क्रियाओं में इस अपूर्ण रूप का प्रयोग होता है, जैसे :

1. The tiger seems **to be going** that side.
2. He seemed **to be guarding** the building.
3. She pretends **to be writing** fast whenever I check her.
4. The culprit is thought **to be hiding** in a neighbouring country.

3. Perfect Infinitive (to have+ क्रिया का 3rd form) इस infinitive का प्रयोग पूर्ण हुई क्रिया को व्यक्त करने के लिए किया जाता है, जैसे :

1. You are very fortunate **to have found** such a good servant.
2. He seems **to have left** for his native place.
3. The journey is likely **to have taken** six months.
4. The spy is likely **to have changed** his modus-operandi.

4. Perfect Continuous Infinitive : (to have been + क्रिया का ing रूप) Infinitive के इस रूप का प्रयोग 'करते आ रहे होने', इस संदर्भ में होता है, जैसे :

1. He seems **to have been doing misdeeds** for long.
2. She appears **to have been deceiving** us.

Infinitive in passive form

1. Simple Infinitive (to be + 3rd form of the verb)

उदाहरण :

1. I wish **to be left** alone.
2. This building needs **to be whitewashed.**
3. This medicine is **to be taken** before going to bed.
4. It is necessary for the girls **to be taught** household work.

2. Perfect Infinitive (to have been+3rd form of the verb)

इस रूप का अर्थ 'बताया गया होना', 'लिखा गया होना', 'जा चुका होना' होता है, जैसे :

1. She seemed **to have been sacked from her job.**
2. He is likely **to have been told** about this information.

ध्यान रहे, let के साथ Active एवं Passive दोनों में to का प्रयोग नहीं होता।

कुछ क्रियाओं जैसे feel, hear, make, see या watch में Infinitive के साथ to नहीं लगाया जाता।

पार्टिसिपल (The Participle) (कृदंत)

Participle क्रिया (verb) से बनता है तथा वाक्य में विशेषण (adjective) का कार्य करता है। ये तीन प्रकार के होते हैं :

1. Present Participle   2. Past Participle   3. Perfect Participle

1. Present Participle : जिस Participle से कार्य का जारी रहना प्रकट हो वह Present Participle होता है। यह क्रिया की 1st form में ing जोड़कर बनता है।

Present Participle मुख्यत: Noun या Pronoun को qualify करते हैं। इस रूप में यह एक अलग Phrase की रचना करते हैं, जिसे Absolute phrase कहते हैं तथा Participle में इस तरह प्रयुक्त Noun या Pronoun, Nominative absolute कहलाता है।

उदाहरण :

1. The horse came running. (Complement of a subject)
2. We saw him thieving the articles. (Complement of an object)
3. Barking dogs seldom bite. (Qualifying a noun)
4. It being very hot, I could not go out. (Absolute phrase)

2. Past Participle : इस Participle से काम का पूरा होना प्रकट होता है, जैसे :

उदाहरण :

1. You appeared irritated.
2. Deceived by friends, he lost all hope.
3. Driven by hunger, he stole foodgrains.
4. The girl chosen for reward is my cousin.

3. Perfect Participle : किसी कार्य के समाप्त होने के बाद अगले कार्य का बोध कराता है। इस प्रकार यह एक तरह से वाक्यों को आपस में जोड़ने का कार्य करता है। यह having+ क्रिया की 3rd form से बनता है।

उदाहरण :

1. Having done my duty I went home.
2. Having been left out of the team, the player felt neglected.

जेरंड (Gerund) (क्रियावाचक)

Gerund क्रिया का वह ing रूप है, जो संज्ञा तथा क्रिया दोनों की विशेषता लिये होता है। Infinitive की ही तरह Gerund भी Noun तथा Verb की विशेषता समेटे होता है, जैसे :

1. To give is better than to ask.
   (Giving is better than asking.)
2. Teach me dancing.

Gerund संज्ञा (Noun) तथा क्रिया (Verb) की शक्ति समेटे रहता है, इसलिए इसे Verbal noun भी कहते हैं, जैसे :

1. She is fond of taking tea.
2. The patient was tired of walking.

Gerund को क्रिया के कर्ता, सकर्मक क्रिया के कर्म, क्रिया के पूरक तथा Preposition के पूरक के रूप में प्रयोग किया जा सकता है, जैसे :

1. Reading is studying.
2. I like dancing modern dances.
3. They were punished for spoiling walls of classroom.
4. What I most dislike is drinking.

वर्तमान में Participle अथवा Gerund जहाँ भी क्रिया का ing रूप प्रचलित है, सुविधा की दृष्टि से उसे एक ही श्रेणी 'ing form' में वर्गीकृत किया जाने लगा है।

उदाहरण :

1. We avoid **going** to market on Sunday.
2. I have stopped **purchasing** vegetables.
3. **Taking** your advice helped me a lot.
4. Do not come **running** to me for every minor problem.
5. They stayed there two hours **waiting** for the bus.
6. She does not like **walking** alone.
7. I hate **standing** in a queue for long hours.
8. I go **walking** every day.
9. He pondered over the matter for a while before **speaking.**
10. I am thinking of **buying** another building.
11. They denied **having made** the mischief.
12. Is there any chance of your **being** selected?

❑

मुहावरे एवं वाक्य-खंड (Idioms and Phrases)

के अतिरिक्त	In addition to
की वजह से	On account of
हवाई किले	Castles in the air
अचानक उपस्थित होना	Appear out of nowhere
हथियार उठाना	Take up arms
अनिश्चित स्थिति में होना	Hang in the balance
सलाखों के पीछे	Behind bars
फिलहाल	For the time being
पत्थर पर सिर पटकना	Against a brick wall
सबसे पहले	To begin with
अपनी पूरी क्षमता के साथ	To the best of one's ability
यथासंभव प्रयत्न करना	Try one's best
अधिकाधिक लाभ उठाना	Make the best of
थोड़ा-थोड़ा करके	Bit by bit
डींगें हाँकना	Blow one's own trumpet
की जड़ होना	Be at the bottom of
किसी की तह तक पहुँचना	Get to the bottom of
दिन दूनी, रात चौगुनी	In leaps and bounds
हँस पड़ना	Break into laughter
रो पड़ना	Break into tears
आखिरी साँस लेना	Breathe one's last
प्रकाश में लाना	Bring to light
रात देर तक काम करना	Burn the midnight oil

अचानक हँसने लगना	Burst into laughter
अचानक रोने लगना	Burst into tears
किसी भी परिस्थिति में	In any case
उस परिस्थिति में	In that case
रात-दिन	Round the clock
समाप्त होना	Come to an end
समझौता करना	Come to terms with
लागू होना	Come into effect/force
जी भरकर	To one's heart's content
जादू करना	Cast a spell on
प्रकाश डालना	Cast light on
दूसरा गाल सामने करना	Turn the other cheek
बच्चों का खेल	Child's play
इसके विपरीत	On the contrary
किसी भी हालत में	At any cost
के दौरान	In the course of
सही समय पर	In due course
इधर कुआँ, उधर खाई की स्थिति में	Between the devil and the deep sea
आँखों में धूल झोंकना	Throw dust in one's eyes
लागू होना	Take effect
अंतिम क्षण में	At the eleventh hour
बिलकुल/बेशक	Of course
के सौजन्य से	By courtesy of
घड़ियाली आँसू	Crocodile tears
दोराहे पर होना	Be at a crossroads
ध्यान न देना	Turn a deaf ear to
खत्म करना	Put an end to
नजर रखना	Keep an eye on
आँखें खुली रखना	Keep one's eyes open
भले-बुरे किसी भी तरह से	By fair means or foul
दूर-दूर से	From far and wide
के पक्ष में	In favour of
मुँह के बल गिरना	Fall on one's face
सब ओर	Far and near

संघर्ष करना	Put up a fight
सबसे पहले	In the first place
अच्छी शुरुआत करना	Get off to a flying start
मौत के करीब होना	Have one foot in the grave
निष्पक्षता से	Without fear or favour
आँखें सेंकना	Feast one's eyes on
गौरव की बात	Feather in one's cap
किसी के पदचिह्नों पर चलना	Follow in a person's footsteps
उत्सुकता से प्रतीक्षा करना	Look forward to
के सामने	In front of
मौज करना	Have fun
अदृश्य होना	Get out of sight
नाखुशी से	With bad grace
गंभीरता से न लेना	Take for granted
समझौता कर लेना	Meet halfway
आसानी से जीतना	Win hands down
प्रगति करना	Make headway
एक नजर में	At a glance
भगवान् के लिए	For God's sake
के समान	As good as
खुशी से	With good grace
जी भरकर रोना	Cry one's heart out
भावना के आवेग में	In the heat of the moment
राहत की साँस लेना	Heave a sigh of relief
की तारीफ करना	Speak highly of
मुश्किल से गुजारा करना	Live hand to mouth
कटु अनुभवों से सीखना	Learn the hard way
सिर से पाँव तक	From head to toe
इतिहास रचना	Make history
इतिहास बनना	Become history
किसी भी तरीके से	By hook or by crook
घर बसाना	Set up house
बुराई करना	Speak ill of
के स्थान पर	Instead of

प्राण अर्पण करना	Lay down one's life
कम-से-कम	At least
खुद के पैरों पर खड़े रहना	Stand on one's own feet
पल भर में	In less than no time
के बजाय/के बदले में	In lieu of
के हित में	In the interest of
हिम्मत बनाए रखना	Keep up one's spirits
कुल मिलाकर	By and large
आखिरी रास्ता	Last resort
देर-सबेर	Sooner or later
जीने-मरने का सवाल	A matter of life and death
जान गँवाना	Lose one's life
प्रकाश में आना	Come to light
विपत्ति में छोड़कर जाना	Leave in the lurch
संकल्प करना	Make up one's mind
तूफान से पहले की शांति	The lull before the storm
की स्मृति में	In memory of
की दया पर निर्भर	At the mercy of
प्रसिद्धि के प्रकाश में	In the limelight
बड़ा हिस्सा	Lion's share
थोड़ा-थोड़ा	Little by little
आखिर में	In the long run
से प्यार होना	Lose one's heart to
बराबरी से	Neck and neck
अपनी नाक घुसेड़ना/अड़ाना	Poke one's nose into
संक्षेप में	In a nutshell
के विरोध में	In opposition to
के साथ चलना	Keep pace with
लिखना शुरू करना	Put pen to paper
बीती बातों पर पछताना	Cry over spilt milk
किसी भी क्षण	At any moment
अधिक-से-अधिक लाभ उठाना	Make the most of
कीचड़ उछालना	Hurl/throw mud at
आग में घी डालना	Pour oil in the fire

घर सिर पर उठाना	Raise the roof
किसी भी स्थिति में	At any rate/cost
मूर्ख बनाना	Take for a ride
का अभिन्न अंग	Part and parcel of
जेब काट लेना, पॉकेट मारना	Pick a person's pocket
आग से खेलना	Play with fire
में दो ध्रुवों का अंतर होना	Be poles apart
सकुशल	Safe and sound
के लिए	For the sake of
हिसाब-किताब बराबर करना	Settle a score
अंदाजे की गोली	A shot in the dark
ओझल	Out of sight
शक होना	Smell a rat
मंद गति से	At a snail's pace
विश्वासघात करना	Stab in the back
बाजी मार लेना	Steal a march on
धीरे-धीरे	Step by step
जीवन में	On this side of the grave
क्षण भर दिखना	Catch sight of
निगाह से ओझल हो जाना	Lose sight of
पहली नजर में	At first sight
हर संभव प्रयत्न करना	Leave no stone unturned
गरम तवे पर रोटी सेंकना	Strike while the iron is hot
उगते हुए सूर्य को प्रणाम करना	Hail the rising sun
मुसीबत को दावत देना	Ask for trouble
तुरुप का पत्ता	Trump card
नया अध्याय शुरू करना	Turn over a new leaf
उलट जाना	Turn turtle
वर्चस्व पाना	Have the upper hand
प्रत्येक व्यक्ति की जुबान पर होना	Be the talk of the town
मुट्ठी में	Under one's thumb
ऐरा-गैरा नत्थू खैरा	Tom, Dick and Harry
संपूर्ण शक्ति से	Tooth and nail
कुल मिलाकर	On the whole

से बात करना	Have a word with
वचन का पक्का, बात का धनी	As good as one's word
कुछ ही क्षणों में	In a matter of seconds
के किनारे पर	On the verge of
हतोत्साहित करना	Throw cold water on
के तौर पर	By way of
किसी-न-किसी तरीके से	One way or another
बिलकुल नहीं	In no way
बोलना आरंभ करना	To break the ice
आरंभ में ही समाप्त कर देना	To nip in the bud
बिलकुल नहीं	In no way
अनावश्यक खर्चवाली वस्तु	A white elephant
प्रथम व प्रमुख	First and foremost
दुम दबाकर भाग जाना	To take to one's heels
सदा के लिए	For good
मुसलाधार वर्षा होना	To rain cats and dogs
बिलकुल ठीक हालत में	Apple-pie order
संकट में, द्वंद्व	In a fix
दिन-दहाड़े	In broad daylight
बंधु-बांधव	Kith and kin
विद्वान् आदमी	Man of letters

❑

तीसवाँ दिन/30th Day

मिलते-जुलते शब्द (Confusing Words)

❑ adapt	अनुकूल बनाना
adept	कुशल
adopt	अपनाना या गोद लेना
❑ affect	प्रभावित करना
effect	प्रभाव
❑ alternate	एक के बाद एक
alternative	विकल्प
❑ bare	खुला या नग्न
bear	सहना, भालू
❑ berth	सोने की जगह (ट्रेन आदि में)
birth	जन्म
❑ brake	ब्रेक (गाड़ी का)
break	टुकड़े करना
❑ bridal	वधू का
bridle	घोड़े की लगाम, नियंत्रित करना
❑ bread	रोटी, डबल रोटी
braid	लट या चोटी/फीता
❑ cannon	तोप
canon	सामान्य मापदंड
❑ carrier	साइकिल आदि का कैरियर
career	जीवन, पेशा
❑ cast	फेंकना या ढालना
caste	जाति
❑ cellar	तहखाना
sailor	नाविक
seller	बेचनेवाला
❑ cemetery	कब्रिस्तान
symmetry	समरूपता
❑ cereal	अनाज
serial	धारावाहिक
❑ chase	पीछा करना
chess	शतरंज का खेल
❑ cheque	चेक (धनादेश)
check	जाँचना
❑ chilli	मिर्च
chilly	ठंडा
❑ chord	तार
cord	रस्सी
❑ complement	पूरक
compliment	प्रशंसा
❑ complementary	पूरक
complimentary	सम्मानार्थ
❑ coarse	मोटा या रूखा
course	पाठ्यक्रम
❑ confident	विश्वासी
confidant	अंतरंग मित्र
❑ context	संदर्भ, प्रसंग
contest	विवाद, प्रतियोगिता

- ❑ corps — सैन्य दल
  corpse — लाश, शव
- ❑ council — परिषद्
  counsel — सलाह
- ❑ councillor — परिषद् का सदस्य
  counsellor — सलाहकार
- ❑ dear — प्यारा
  deer — हिरन
- ❑ decease — मृत्यु
  disease — रोग
- ❑ decent — शालीन
  descent — अवरोहण
  dissent — विरोध करना
- ❑ diary — डायरी
  dairy — डेयरी/दुग्धशाला
- ❑ die — मरना
  dye — रंग
- ❑ dose — खुराक, मात्रा
  doze — ऊँघना
- ❑ dual — दोहरा
  duel — द्वंद्व युद्ध
- ❑ except — के सिवाय
  accept — स्वीकार करना
- ❑ excess — अधिक
  access — पहुँच, प्रवेश
- ❑ fail — असफल होना
  fell — गिरा हुआ
- ❑ faint — फीका
  feint — छल-कपट, दिखावा
- ❑ fair — गोरा, मेला, अच्छा
  fare — किराया
- ❑ fete — उत्सव, मेला
  feat — करतब, कमाल
  feet — पैर (फुट का बहुवचन)
- ❑ flair — जन्मजात कौशल
  flare — गुस्सा होना, फैलना
- ❑ flea — पिस्सू
  flee — भाग जाना
- ❑ floor — फर्श
  flour — आटा
- ❑ farmer — किसान
  former — भूतपूर्व
- ❑ foul — गंदा/अनुचित
  fowl — पक्षी
- ❑ gait — चाल
  gate — द्वार, फाटक
- ❑ hail — ओले
  hale — स्वस्थ
  hell — नरक
- ❑ hair — बाल
  hare — खरगोश
- ❑ hangar — विमानशाला
  hanger — कपड़े टाँगने का हैंगर
- ❑ heaven — स्वर्ग
  haven — आश्रय स्थल
- ❑ heal — स्वस्थ होना या करना
  heel — एड़ी
  hill — पहाड़ी, टीला
- ❑ heap — ढेर, अंबार
  hip — कूल्हा, नितंब
- ❑ hear — सुनना
  here — यहाँ
- ❑ heroin — मादक पदार्थ, हेरोइन
  heroine — नायिका
- ❑ hoard — जमाखोरी
  horde — झुंड
- ❑ house — मकान
  home — घर
- ❑ human — मानवीय
  humane — दयालु
- ❑ idle — सुस्त
  idol — प्रतिमा
- ❑ immigrant — आप्रवासी
  emigrant — उत्प्रवासी
- ❑ immigration — आप्रवास
  emigration — उत्प्रवास

- ❑ imminent सन्निकट
  eminent प्रसिद्ध
- ❑ interested दिलचस्पी रखनेवाला
  interesting रोचक, दिलचस्प
- ❑ lair माँद, गुफा
  layer तह, परत, स्तर
- ❑ lawyer वकील
  liar झूठा आदमी
- ❑ latter बाद का
  letter पत्र
- ❑ least न्यूनतम
  list सूची, तालिका
- ❑ lever उत्तोलक
  liver यकृत
- ❑ litter कूड़ा-कचरा
  litre लीटर (माप की इकाई)
- ❑ loan ऋण, कर्ज
  lone अकेला
- ❑ loose ढीला
  lose खो देना
- ❑ mace राजदंड, गदा
  mess अव्यवस्था/भोजनालय
- ❑ maid नौकरानी
  made बना हुआ
- ❑ mail डाक
  male पुरुष
- ❑ main मुख्य
  mane लंबे बाल
- ❑ marital वैवाहिक
  martial युद्ध संबंधी
- ❑ massage मालिश
  message संदेश
- ❑ maze भूल-भुलैया
  maize मक्का
- ❑ meat गोश्त/मांस
  meet मिलना
- ❑ medal पदक
  meddle दखल देना
- ❑ mediate मध्यस्थता करना
  meditate ध्यान करना
- ❑ meter लंबाई मापने की इकाई
  metre लंबाई की इकाई
- ❑ metal धातु
  mettle ओज
- ❑ meal भोजन
  mill कारखाना
- ❑ miner खान कर्मचारी
  minor छोटा, नाबालिग
- ❑ moral नैतिक
  morale मनोबल
- ❑ morning सुबह
  mourning शोक
- ❑ naval नौसेना-विषयक
  navel नाभि
- ❑ none कोई भी नहीं
  nun ईसाई भिक्षुणी
- ❑ oar चप्पू या डाँड़
  ore कच्ची धातु/अयस्क
- ❑ packet पैकेट
  pocket जेब
- ❑ pail बालटी या डोल
  pale पीला, फीका
- ❑ pain दुःख, दर्द
  pane खिड़की का शीशा
- ❑ pare छीलना
  pair जोड़ी
  pear नाशपाती
- ❑ paper कागज
  pepper काली मिर्च
- ❑ paste चिपकाना, लेई
  pest हानि पहुँचानेवाले कीड़े-मकोड़े
- ❑ patrol गश्त लगाना
  petrol गाड़ी में डालनेवाला ईंधन (पेट्रोल)

❑	peace	शांति
	piece	टुकड़ा
❑	peak	चोटी
	peek	झाँकना
❑	peal	गरज या घनघनाहट
	pill	गोली
	peel	छीलना
❑	pedal	पेडल (साइकिल चलाने के लिए)
	peddle	फेरी लगाना
❑	persecute	सताना
	prosecute	मुकदमा चलाना
❑	persevere	डटे रहना
	preserve	सुरक्षित रखना
	perverse	विकृत या भ्रष्ट
❑	personal	व्यक्तिगत
	personnel	कर्मचारी वर्ग
❑	plain	साफ, स्पष्ट
	plane	हवाई जहाज
❑	pool	पोखर या तालाब
	pull	खींचना
❑	pore	रंध्र, छिद्र
	pour	उड़ेलना
❑	pray	प्रार्थना करना
	prey	शिकार करना
❑	price	मूल्य, कीमत
	prize	पुरस्कार, इनाम
❑	principal	मुख्य, प्रधान
	principle	सिद्धांत
❑	prophecy	भविष्यवाणी
	prophesy	भविष्यवाणी करना
❑	quiet	शांत, निस्तब्ध
	quite	बिलकुल/बहुत कुछ
❑	raid	हमला या छापा
	red	लाल
❑	raise	ऊपर उठाना
	raze	मिटा देना/गिरा देना
❑	rare	दुर्लभ
	rear	पालन-पोषण करना, पिछला
❑	reach	पहुँचना
	rich	अमीर
❑	recollect	याद करना
	re-collect	फिर से जमा करना
❑	reed	बाँसुरी/सरकंडा
	read	पढ़ना
	rid	पीछा छुड़ाना
❑	reign	राज्य करना/राज्यकाल
	rain	बारिश
	rein	लगाम
❑	right	सही
	rite	संस्कार
	write	लिखना
❑	role	भूमिका
	roll	नामावली, गोला
❑	sail	जलयात्रा
	sale	बिक्री
	sell	बेचना
❑	sailor	नाविक
	seller	बेचनेवाला
❑	scent	सुगंध
	saint	साधु
❑	sea	समुद्र
	see	देखना
❑	seat	आसन, बैठाना
	sit	बैठना
❑	septic	दूषित
	sceptic	संशयी व्यक्ति
❑	sever	काट देना, तोड़ देना
	severe	कठोर, सख्त
❑	shade	छाया
	shed	गिराना
❑	sheep	भेड़
	ship	जहाज
❑	sight	दृष्टि, नजर
	site	स्थान, स्थल

❑ slip फिसल जाना
sleep सोना, नींद

❑ soar ऊँचा उड़ना या चढ़ना
sore दुखता हुआ
sour खट्टा

❑ sole पैर का तलुआ, अकेला
soul आत्मा

❑ son बेटा
sun सूरज

❑ stair जीना, सीढ़ी
stare घूरना

❑ stationary स्थिर
stationery लेखन सामग्री

❑ statue प्रतिमा
statute लिखित कानून

❑ steal चुराना
steel स्टील
still निस्तब्ध, अभी तक

❑ storey मंजिल
story कहानी

❑ some कुछ
sum जोड़

❑ sweat पसीना
sweet मीठा

❑ tail पूँछ
tale कहानी
tell बताना

❑ taste चखना
test परीक्षा लेना

❑ than की अपेक्षा
then तब

❑ there वहाँ
their उनका

❑ thorn काँटा
throne सिंहासन

❑ thorough पूरा, संपूर्ण
through के आर-पार, बीच में से

❑ vacation लंबी छुट्टी
vocation व्यवसाय

❑ vague अस्पष्ट
vogue प्रचलन

❑ vain व्यर्थ
vein शिरा

❑ valley घाटी
volley बौछार

❑ verses कविता
versus बनाम

❑ very बहुत
vary भिन्न होना

❑ west पश्चिम दिशा
waist कमर
waste अपव्यय करना

❑ weight वजन
wait प्रतीक्षा करना

❑ waive छोड़ देना
wave लहर

❑ wear पहनना
ware सामान

❑ wine शराब
vine बेल

❑ wonder हैरान होना
wander आवारा फिरना

❑ weak कमजोर
week सप्ताह
wick बत्ती

❑ weather मौसम
whether या तो

❑ yoke जुआ
yolk अंडे की जरदी

❑ zealous उत्साही
jealous डाही

❑

परिशिष्ट-I
(Appendix)

शब्दों का निर्माण
(Formation of Words)

संज्ञा से संज्ञा (Noun from noun)

संज्ञा (Noun)		संज्ञा (Noun)	
archer	तीरंदाज	archery	तीरंदाजी
architect	वास्तु-शिल्पी	architecture	वास्तुकला
assistant	सहायक	assistance	सहायता
boy	लड़का	boyhood	लड़कपन
brother	भाई	brotherhood	बंधुत्व
candidate	उम्मीदवार	candidature	उम्मीदवारी
child	बच्चा	childhood	बचपन
engineer	अभियंता	engineering	अभियांत्रिकी
father	पिता	fatherhood	पितृत्व
friend	मित्र	friendship	मित्रता
journalist	पत्रकार	journalism	पत्रकारिता
leader	नेता	leadership	नेतृत्व
man	पुरुष	manhood	पुरुषत्व
marksman	निशानेबाज	marksmanship	निशानेबाजी
member	सदस्य	membership	सदस्यता
midwife	दाई	midwifery	दाई का काम
mother	माता	motherhood	मातृत्व
mountaineer	पर्वतारोही	mountaineering	पर्वतारोहण
owner	स्वामी	ownership	स्वामित्व
partner	भागीदार	partnership	भागीदारी

reader	पाठक	readership	पाठकगण
robber	डाकू	robbery	डकैती
servant	नौकर	service	नौकरी
slave	गुलाम	slavery	गुलामी
thief	चोर	theft	चोरी
woman	स्त्री	womanhood	स्त्रीत्व

संज्ञा से क्रिया (Verb from Noun)

संज्ञा (Noun)		क्रिया (Verb)	
beauty	सुंदरता	beautify	सुंदर बनाना
hospital	अस्पताल	hospitalise	अस्पताल में भरती करना
jeopardy	संकट	jeopardise	संकट में डालना
pressure	दबाव	pressurise	दबाव डालना
scrutiny	छानबीन	scrutinise	छानबीन करना
slave	गुलाम	enslave	गुलाम बनाना
strength	शक्ति	strengthen	मजबूत करना
threat	धमकी	threaten	धमकी देना
throne	सिंहासन	enthrone	सिंहासन पर बैठाना

संज्ञा से विशेषण (Adjective from Noun)

संज्ञा (Noun)		विशेषण (Adjective)	
abdomen	उदर	abdominal	उदरीय
absence	अनुपस्थिति	absent	अनुपस्थित
abundance	प्रचुरता	abundant	प्रचुर
accuracy	यथार्थता	accurate	यथार्थ
agriculture	कृषि	agricultural	कृषि संबंधी
ambition	महत्त्वाकांक्षा	ambitious	महत्त्वाकांक्षी
ancestor	पूर्वज	ancestral	पुश्तैनी
angel	देवदूत	angelic	देवदूत जैसा
anger	क्रोध	angry	क्रुद्ध
arrogance	घमंड	arrogant	घमंडी
atmosphere	वायुमंडल	atmospheric	वायुमंडलीय
atom	परमाणु	atomic	परमाणु विषयक
bag	थैला	bagful	थैला भर

basket	टोकरी	basketful	टोकरी भर
beard	दाढ़ी	bearded	दाढ़ीवाला
beauty	सौंदर्य	beautiful	सुंदर
book	किताब	bookish	किताबी
box	संदूक	boxful	संदूक भर
bravery	बहादुरी	brave	बहादुर
centre	केंद्र	central	केंद्रीय
clerk	लिपिक	clerical	लिपिकीय
climate	जलवायु	climatic	जलवायु संबंधी
cloud	बादल	cloudy	बादलों से ढँका
coast	समुद्र-तट	coastal	तटीय
colour	रंग	colourful	रंगीन
colour	रंग	colourless	रंगहीन
commerce	वाणिज्य	commercial	वाणिज्यिक
compassion	दयाभाव	compassionate	दयालु
competence	योग्यता	competent	योग्य
cone	शंकु	conical	शंक्वाकार
confidence	विश्वास	confident	विश्वासी
continent	महाद्वीप	continental	महाद्वीपीय
controversy	विवाद	controversial	विवादित
cube	घन	cubic	घनीय
culture	संस्कृति	cultural	सांस्कृतिक
cup	कप	cupful	कप भर
danger	खतरा	dangerous	खतरनाक
department	विभाग	departmental	विभागीय
dependence	निर्भरता	dependent	निर्भर
diligence	परिश्रम	diligent	परिश्रमी
education	शिक्षा	educational	शैक्षणिक
efficiency	कार्य-कुशलता	efficient	कार्य-कुशल
emotion	भाव	emotional	भावुक
emphasis	जोर	emphatic	जोरदार
excellence	श्रेष्ठता	excellent	श्रेष्ठ
fat	चरबी	fatty	चरबीवाला
father	पिता	fatherly	पितृवत्
fault	दोष	faultless	निर्दोष

fluency	धारा-प्रवाहिता	fluent	धारा-प्रवाह
fog	कुहरा	foggy	कुहरेदार
fragrance	सुगंध	fragrant	सुगंधित
friend	दोस्त, मित्र	friendly	मित्रवत्
geometry	रेखागणित	geometrical	रेखागणितीय
glass	गिलास	glassful	गिलास भर
glory	गौरव	glorious	गौरवपूर्ण
grace	कृपादृष्टि	gracious	कृपालु
greed	लालच	greedy	लालची
hair	बाल	hairy	रोएँदार
history	इतिहास	historical	ऐतिहासिक
home	घर	homeless	बेघर
humour	हास्य, विनोद	humorous	हास्यजनक
hunger	भूख	hungry	भूखा
ice	बर्फ	icy	बर्फीला
ignorance	अज्ञान	ignorant	अज्ञानी
importance	महत्त्व	important	महत्त्वपूर्ण
indifference	उदासीनता	indifferent	उदासीन
industry	उद्योग	industrial	औद्योगिक
innocence	अबोधता	innocent	अबोध
intensity	तीव्रता	intense	तीव्र
irony	व्यंग्य	ironic	व्यंग्यात्मक
job	नौकरी	jobless	बेरोजगार
joy	हर्ष	joyful	हर्षपूर्ण
joy	हर्ष	joyous	हर्षपूर्ण
juice	रस	juiceless	रसहीन
juice	रस	juicy	रसीला
knot	गाँठ	knotty	गाँठदार
life	जीवन	lifeless	निर्जीव
literacy	साक्षरता	literate	साक्षर
luck	भाग्य	luckless	भाग्यहीन
lunacy	पागलपन	lunatic	पागल
lustre	चमक	lustrous	चमकदार
malice	द्वेष	malicious	द्वेषपूर्ण

meaning	अर्थ	meaningless	अर्थहीन
mercy	दया	merciful	दयालु
metal	धातु	metallic	धात्विक
microscope	सूक्ष्मदर्शी	microscopic	सूक्ष्मदर्शीय
might	शक्ति	mighty	शक्तिशाली
milk	दूध	milky	दूध जैसा
miracle	चमत्कार	miraculous	चामत्कारिक
mischief	शरारत	mischievous	शरारती
money	मुद्रा	monetary	मौद्रिक
mother	माँ, माता	motherly	मातृवत्
motion	गति	motionless	गतिहीन
music	संगीत	musical	संगीत संबंधी
mystery	रहस्य	mysterious	रहस्यमय
name	नाम	nameless	नाम-रहित
nation	राष्ट्र	national	राष्ट्रीय
nature	प्रकृति	natural	प्राकृतिक
negligence	लापरवाही	negligent	लापरवाह
noise	शोरगुल	noiseless	नीरव, मौन, शांत
obstinacy	हठ	obstinate	जिद्दी, हठी
oil	तेल	oily	तैलीय
patriot	देशभक्त	patriotic	देशभक्तिपूर्ण
peace	शांति	peaceful	शांतिपूर्ण
poison	जहर	poisonous	जहरीला
presence	उपस्थिति	present	उपस्थित
prestige	प्रतिष्ठा	prestigious	प्रतिष्ठित
principle	सिद्धांत	principled	सिद्धांतवादी
profession	व्यवसाय	professional	व्यावसायिक
radiance	चमक	radiant	चमकदार
relevance	संबद्धता	relevant	संबद्ध
repentance	पछतावा	repentant	पछतावा करनेवाला
risk	जोखिम	risky	जोखिम भरा
rust	जंग	rusty	जंग लगा हुआ
saint	संत	saintly	संत जैसा
salt	नमक	salty	नमकीन

sand	रेत	sandy	रेतीला
satan	शैतान	satanic	शैतानी
sensation	सनसनी	sensational	सनसनीखेज
silence	शांति	silent	शांत
sin	पाप	sinful	पापी
sister	बहन	sisterly	बहन जैसी
society	समाज	social	सामाजिक
sorrow	दुःख	sorrowful	दुःखी
spoon	चम्मच	spoonful	चम्मच भर
storm	तूफान	stormy	तूफानी
suspicion	संदेह, शक	suspicious	संदेहास्पद
tactic	रणनीति	tactical	रणनीति संबंधी
talent	प्रतिभा	talented	प्रतिभा-संपन्न
thirst	प्यास	thirsty	प्यासा
tolerance	सहन-शक्ति	tolerant	सहनशील
tradition	परंपरा	traditional	परंपरागत
tragedy	दुःखद घटना	tragic	दुःखद
tribe	जनजाति	tribal	जनजातीय
turban	पगड़ी	turbaned	पगड़ीधारी
use	उपयोग	useful	उपयोगी
use	उपयोग	useless	अनुपयोगी
weight	वजन, भार	weighty	वजनी, भारी
wisdom	बुद्धि/ज्ञान	wise	बुद्धिमान
wonder	आश्चर्य	wonderful	आश्चर्यजनक
zone	क्षेत्र	zonal	क्षेत्रीय

संज्ञा से विशेषण के मिश्रित उदाहरण

संज्ञा (Noun)		विशेषण (Adjective)	
apathy	उदासीनता	apathetic	उदासीन
aroma	सुगंध	aromatic	सुगंधित
asthma	दमा	asthmatic	दमाग्रस्त
cell	कोशिका	cellular	कोशिकामय
circle	वृत्त	circular	वृत्ताकार, गोल
custom	रिवाज	customary	रिवाजी

diet	आहार	dietary	आहार संबंधी
discipline	अनुशासन	disciplinary	अनुशासनात्मक
earth	मिट्टी	earthen	मिट्टी का
east	पूर्व दिशा	eastern	पूर्वी
gland	ग्रंथि	glandular	ग्रंथि का/ग्रंथिमय
gold	सोना	golden	सोने का/सुनहरा
heredity	आनुवंशिकता	hereditary	आनुवंशिक
mars	मंगल ग्रह	martian	मंगल का
moment	क्षण	momentary	क्षणिक
nose	नाक	nasal	नाक का
nerve	तंत्रिका	neural	तंत्रिक
night	रात	nocturnal	रात संबंधी
picture	चित्र	pictorial	चित्रमय, सचित्र
planet	ग्रह	planetary	ग्रह का/ग्रहीय
precaution	सावधानी/एहतियात	precautionary	सावधानी का/एहतियाती
problem	समस्या	problematic	समस्यात्मक, जटिल
proprietor	मालिक	proprietary	मालिकाना
silk	रेशम	silky, silken	रेशमी
silver	चाँदी	silvery	चाँदी का, रुपहला
sun	सूर्य	solar	सूर्य संबंधी, सौर
wood	लकड़ी	wooden	लकड़ी का

क्रिया से संज्ञा (Noun from verb)

क्रिया (Verb)		संज्ञा (Noun)	
abolish	समाप्त करना	abolition	समाप्ति
abort	गर्भपात करना	abortion	गर्भपात
absorb	सोखना	absorption	अवशोषण
accept	स्वीकार करना	acceptance	स्वीकृति
accumulate	इकट्ठा करना	accumulation	संचय
accuse	दोषी ठहराना	accusation	दोषारोपण
achieve	प्राप्त करना	achievement	प्राप्ति, उपलब्धि
acquaint	परिचय करना	acquaintance	परिचय
act	कार्य करना	action	कार्य
add	जोड़ना	addition	जोड़
adopt	गोद लेना	adoption	दत्तक ग्रहण

advertise	विज्ञापन करना	advertisement	विज्ञापन
advise	सलाह देना	advice	सलाह
alter	परिवर्तन करना	alteration	परिवर्तन
amaze	विस्मित करना	amazement	विस्मय
amuse	मनोरंजन करना	amusement	मनोरंजन
announce	घोषित करना	announcement	घोषणा
appear	दिखाई पड़ना	appearance	प्रकटीकरण
apply	आवेदन करना	application	आवेदन
appoint	नियुक्त करना	appointment	नियुक्ति
approve	स्वीकृति देना	approval	स्वीकृति
arrange	व्यवस्था करना	arrangement	व्यवस्था
arrive	आगमन होना	arrival	आगमन
assist	सहायता करना	assistance	सहायता
assume	मान लेना	assumption	मानना
assure	आश्वासन देना	assurance	आश्वासन
attend	उपस्थित होना	attendance	उपस्थिति
attract	आकर्षित करना	attraction	आकर्षण
begin	आरंभ करना	beginning	आरंभ
betray	विश्वासघात करना	betrayal	विश्वासघात
build	निर्माण करना	building	निर्माण, इमारत
bury	गाड़ना	burial	दफन
calculate	हिसाब लगाना	calculation	हिसाब
cancel	रद्द करना	cancellation	रद्द
certify	प्रमाणित करना	certification	प्रमाणीकरण
cheat	धोखा देना	cheater	धोखेबाज
circulate	संचार होना	circulation	संचार
clarify	स्पष्ट करना	clarification	स्पष्टीकरण
classify	वर्गीकरण करना	classification	वर्गीकरण
close	बंद करना	closure	बंदी
collect	संग्रह करना	collection	संग्रहण
compare	तुलना करना	comparison	तुलना
compensate	क्षतिपूर्ति करना	compensation	क्षतिपूर्ति
compete	स्पर्धा करना	competition	स्पर्धा
complain	शिकायत करना	complaint	शिकायत

complete	पूरा करना	completion	पूर्णता
concentrate	ध्यान केंद्रित करना	concentration	एकाग्रता
conclude	निष्कर्ष निकालना	conclusion	निष्कर्ष
confine	कैद रखना	confinement	कैद
confirm	पुष्टि करना	confirmation	पुष्टि
congratulate	बधाई देना	congratulation	बधाई
connect	जोड़ना	connection	संबंध
conquer	जीतना	conquest	जीत
conspire	षड्यंत्र रचना	conspiracy	षड्यंत्र
consult	परामर्श करना	consultation	परामर्श
consume	उपभोग करना	consumption	उपभोग
continue	जारी रखना	continuance	निरंतरता
contribute	अंशदान करना	contribution	अंशदान
cook	पकाने की क्रिया	cook	रसोइया
correct	ठीक करना	correction	संशोधन
corrupt	भ्रष्ट करना	corruption	भ्रष्टाचार
create	रचना करना	creation	रचना, उत्पत्ति
deceive	धोखा देना	deception	धोखा
decide	निर्णय लेना	decision	निर्णय
declare	घोषित करना	declaration	घोषणा
defend	रक्षा करना	defence	रक्षा
define	परिभाषा करना	definition	परिभाषा
defy	अवज्ञा करना	defiance	अवज्ञा, विरोध
deny	अस्वीकार करना	denial	अस्वीकार
describe	वर्णन करना	description	वर्णन
destroy	नष्ट करना	destruction	विनाश
devastate	सर्वनाश करना	devastation	सर्वनाश
develop	विकसित करना	development	विकास
disagree	असहमत होना	disagreement	असहमति
disappear	लुप्त होना	disappearance	लोप
disclose	प्रकट करना	disclosure	प्रकटीकरण
discover	खोज निकालना	discovery	खोज
dismiss	बरखास्त करना	dismissal	बरखास्तगी
distribute	बाँटना	distribution	बँटवारा

divide	विभाजन करना	division	विभाजन
donate	दान देना	donation	दान
educate	शिक्षा देना	education	शिक्षा
emit	उत्सर्जन करना	emission	उत्सर्जन
encourage	प्रोत्साहन देना	encouragement	प्रोत्साहन
enjoy	आनंद लेना	enjoyment	आनंद
enquire	पूछताछ करना	enquiry	पूछताछ
enrol	नामांकन करना	enrolment	नामांकन
enter	प्रवेश करना	entry	प्रवेश
eradicate	समूल उखाड़ना	eradication	उन्मूलन
evaluate	मूल्यांकन करना	evaluation	मूल्यांकन
evolve	विकसित होना	evolution	विकास
exam	परीक्षा	examination	परीक्षा
examine	परीक्षण करना	examination	परीक्षा या जाँच
exist	अस्तित्व में होना	existence	अस्तित्व
expand	विस्तार करना	expansion	विस्तार
expel	बाहर निकालना	expulsion	निष्कासन
fail	असफल होना	failure	असफलता
fight	झगड़ा करना	fighting	झगड़ा
flatter	खुशामद करना	flattery	खुशामद
fluctuate	ऊपर-नीचे होना	fluctuation	उतार-चढ़ाव
free	मुक्त करना	freedom	स्वतंत्रता
gamble	जुआ खेलना	gambler	जुआरी
grieve	दुःख देना	grief	दुःख
happen	घटित होना	happening	घटना
hate	नफरत करना	hatred	नफरत
hunt	शिकार करना	hunter	शिकारी
identify	पहचान करना	identification	पहचान
imagine	कल्पना करना	imagination	कल्पना
imitate	अनुकरण करना	imitation	अनुकरण
imprison	कैद करना	imprisonment	कैद
improve	सुधारना	improvement	सुधार
infer	अनुमान लगाना	inference	अनुमान
inform	सूचित करना	information	सूचना

injure	चोट पहुँचाना	injury	जख्म, चोट
inspect	निरीक्षण करना	inspection	निरीक्षण
insure	बीमा करना	insurance	बीमा
interfere	हस्तक्षेप करना	interference	हस्तक्षेप
interrupt	बाधा डालना	interruption	बाधा
invade	आक्रमण करना	invasion	आक्रमण
invest	निवेश करना	investment	निवेश
investigate	जाँच करना	investigation	जाँच
invite	निमंत्रण देना	invitation	निमंत्रण
lament	विलाप करना	lamentation	विलाप
laugh	हँसना	laughter	हँसी
marry	विवाह करना	marriage	विवाह
mean	अर्थ होना	meaning	अर्थ
measure	नापना	measurement	नाप
meet	मिलना	meeting	भेंट
mix	मिश्रण करना	mixture	मिश्रण
modify	परिवर्तन करना	modification	परिवर्तन
motivate	प्रेरित करना	motivation	प्रेरणा
multiply	गुणा करना	multiplication	गुणन
notify	सूचित करना	notification	अधिसूचना
oppose	विरोध करना	opposition	विरोध
participate	भाग लेना	participation	भाग
permit	अनुमति देना	permission	अनुमति
perspire	पसीना आना	perspiration	पसीना
prepare	तैयार करना	preparation	तैयारी
proclaim	घोषणा करना	proclamation	घोषणा
promote	तरक्की देना	promotion	तरक्की
protect	रक्षा करना	protection	रक्षा
prove	सिद्ध करना	proof	प्रमाण
punish	सजा देना	punishment	सजा
read	पढ़ना	reader	पाठक
recommend	सिफारिश करना	recommendation	सिफारिश
refuse	मना करना	refusal	मनाही/अस्वीकृति
rehearse	पूर्वाभ्यास करना	rehearsal	पूर्वाभ्यास

reject	अस्वीकार करना	rejection	अस्वीकृति
remember	याद रखना	remembrance	याद
remove	हटाना	removal	हटाने का कार्य
renovate	नया करना	renovation	नवीनीकरण
repeat	दोहराना	repetition	दोहराव
repent	पछताना	repentance	पछतावा
require	आवश्यकता होना	requirement	आवश्यकता
respond	प्रतिक्रिया दिखाना	response	प्रतिक्रिया
revive	पुनर्जीवित करना	revival	पुनर्जीवन
satisfy	संतुष्ट करना	satisfaction	संतोष
serve	सेवा करना	service	सेवा
shop	खरीदारी करना	shopper	खरीदार
smoke	धूम्रपान करना	smoker	धूम्रपान करनेवाला
smuggle	तस्करी करना	smuggler	तस्कर
solve	हल करना	solution	हल
starve	भूख से मरना	starvation	भुखमरी
subtract	घटाना	subtraction	घटाव
suspend	निलंबित करना	suspension	निलंबन
transform	रूपांतरण करना	transformation	रूपांतरण
translate	अनुवाद करना	translation	अनुवाद
verify	सत्यता जाँचना	verification	जाँच
vibrate	कंपन करना	vibration	कंपन
warn	चेतावनी देना	warning	चेतावनी
waste	अपव्यय करना	wastage	अपव्यय
weigh	तौलना	weight	तौल, वजन

विशेषण से संज्ञा (Noun from Adjective)

विशेषण (Adjective)		संज्ञा (Noun)	
able	सक्षम	ability	सक्षमता
acid	अम्ल	acidity	अम्लता
agile	फुरतीला	agility	फुरती
anxious	व्याकुल	anxiety	व्याकुलता
available	उपलब्ध	availability	उपलब्धता
broad	चौड़ा	breadth	चौड़ाई

brutal	निर्दयी, क्रूर	brutality	निर्दयता, क्रूरता
capable	समर्थ	capability	सामर्थ्य
certain	निश्चित	certainty	निश्चितता
chaste	पवित्र	chastity	पवित्रता
coward	कायर	cowardice	कायरता
credible	विश्वसनीय	credibility	विश्वसनीयता
cruel	क्रूर	cruelty	क्रूरता
curious	जिज्ञासु	curiosity	जिज्ञासा
deep	गहरा	depth	गहराई
desirable	वांछनीय	desirability	वांछनीयता
dry	सूखा	dryness	सूखापन
elastic	लचीला	elasticity	लोच/लचक
eligible	योग्य	eligibility	योग्यता
enemy	शत्रु	enmity	शत्रुता
ferocious	क्रूर	ferocity	क्रूरता
fertile	उपजाऊ	fertility	उपजाऊपन
formal	औपचारिक	formality	औपचारिकता
gallant	वीर	gallantry	वीरता
generous	उदार	generosity	उदारता
good	अच्छा	goodness	अच्छाई
honest	ईमानदार	honesty	ईमानदारी
humble	नम्र	humility	नम्रता
ill	बीमार	illness	बीमारी
inferior	घटिया/हीन	inferiority	घटियापन/हीनता
insane	पागल	insanity	पागलपन
loyal	वफादार	loyalty	वफादारी
mental	मानसिक	mentality	मानसिकता
modest	विनम्र	modesty	विनम्रता
national	राष्ट्रीय	nationality	राष्ट्रीयता
notorious	बदनाम	notoriety	बदनामी
possible	संभव	possibility	संभावना
pure	शुद्ध	purity	शुद्धता
real	वास्तविक	reality	वास्तविकता
regular	नियमित	regularity	नियमितता

responsible	जिम्मेदार	responsibility	जिम्मेदारी
safe	सुरक्षित	safety	सुरक्षा
scarce	दुर्लभ	scarcity	दुर्लभता
sensitive	संवेदनशील	sensitivity	संवेदनशीलता
simple	सरल	simplicity	सरलता
stable	स्थिर	stability	स्थिरता
supreme	सर्वोच्च	supremacy	सर्वोच्चता
warm	उष्ण	warmth	उष्णता

क्रिया से विशेषण (Adjective from Verb)

क्रिया (Verb)		विशेषण (Adjective)	
amaze	आश्चर्यचकित करना	amazing	आश्चर्यजनक
arm	सशस्त्र करना	armed	सशस्त्र
authorise	अधिकार देना	authorised	अधिकृत
civilise	सुसंस्कृत करना	civilised	सभ्य, सुसंस्कृत
classify	वर्गीकरण करना	classified	वर्गीकृत
commend	प्रशंसा करना	commendable	प्रशंसनीय
compare	तुलना करना	comparable	तुलनीय
complicate	जटिल बनाना	complicated	जटिल
congratulate	बधाई देना	congratulatory	बधाई का
connect	जोड़ना	connected	जुड़ा हुआ
contradict	विपरीत होना	contradictory	विपरीत
deafen	बहरा कर देना	deafening	बहरा कर देनेवाली
decorate	सजाना	decorated	सज्जित
describe	वर्णन करना	descriptive	वर्णनात्मक
distress	दु:ख देना	distressing	दु:ख देनेवाला
disturb	बेचैन करना	disturbing	बेचैन करनेवाला
dry	सुखाना	dried	सूखा हुआ
eat	खाना	eatable	खाने योग्य
equip	सज्जित करना	equipped	सुसज्जित
exhaust	थका देना	exhausted	पूरा थका हुआ
frighten	डराना	frightened	डरा हुआ
impress	प्रभावित करना	impressive	प्रभावशाली
like	पसंद आना	likeable	पसंद आने योग्य

marry	शादी करना	married	शादीशुदा
obtain	प्राप्त करना	obtainable	प्राप्ति के योग्य
pardon	क्षमा करना	pardonable	क्षमा योग्य
pervade	व्याप्त होना	pervasive	व्यापक
please	खुश करना	pleased	खुश
protect	रक्षा करना	protective	रक्षात्मक
punish	दंड देना	punishable	दंडनीय
repair	मरम्मत करना	repairable	मरम्मत योग्य
terrify	भयभीत करना	terrified	भयभीत
thrive	समृद्ध होना	thriving	समृद्ध
understand	समझना	understandable	समझने लायक

विशेषण से क्रिया (Verb from Adjective)

विशेषण (Adjective)		क्रिया (Verb)	
able	योग्य	enable	योग्य बनाना
black	काला	blacken	काला करना
bright	चमकीला	brighten	चमकीला
broad	चौड़ा	broaden	चौड़ा करना
central	केंद्रीय	centralise	केंद्रीकरण करना
deep	गहरा	deepen	गहरा बनाना
fat	मोटा	fatten	मोटा करना
final	अंतिम	finalise	अंतिम रूप देना
fresh	ताजा	freshen	ताजा करना
glad	प्रसन्न	gladden	प्रसन्न करना
hard	कठिन	harden	कठिन बनाना
large	बड़ा	enlarge	बड़ा करना
less	कम	lessen	कम करना
loose	ढीला	loosen	ढीला करना
modern	आधुनिक	modernise	आधुनिक बनाना
popular	लोकप्रिय	popularise	लोकप्रिय बनाना
pure	शुद्ध	purify	शुद्ध करना
rich	समृद्ध	enrich	समृद्ध बनाना
ripe	पका हुआ	ripen	पकना
sad	दु:खी, उदास	sadden	उदास करना

short	छोटा	shorten	छोटा करना
simple	सरल	simplify	सरल करना
sweet	मीठा	sweeten	मीठा करना
tight	कसा हुआ	tighten	कसना
weak	कमजोर	weaken	कमजोर करना
white	सफेद	whiten	सफेद करना
wide	चौड़ा	widen	चौड़ा करना

विशेषण से क्रिया-विशेषण (Adverb from Adjective)

विशेषण (Adjective)		क्रिया-विशेषण (Adverb)	
able	समर्थ	ably	समर्थता से
active	सक्रिय	actively	सक्रियता से
artificial	कृत्रिम	artificially	कृत्रिमता से
attentive	एकाग्र	attentively	एकाग्रता से
attractive	आकर्षक	attractively	आकर्षक रूप से
automatic	स्वयंचलित	automatically	अपने आप
baseless	निराधार	baselessly	बिना आधार के
bitter	कड़वा	bitterly	कटुता से
bold	निडर	boldly	निडरता से
careful	सावधान	carefully	सावधानीपूर्वक
careless	लापरवाह	carelessly	लापरवाही से
certain	निश्चित	certainly	निश्चित रूप से
cheerful	प्रसन्न	cheerfully	प्रसन्नता से
chief	मुख्य	chiefly	मुख्यत:
clean	साफ	cleanly	सफाई से
clear	स्वच्छ	clearly	स्वच्छता से
clever	होशियार	cleverly	होशियारी से
collective	सामूहिक	collectively	सामूहिक रूप से
comfortable	आरामदायक	comfortably	आराम से
comparative	तुलनात्मक	comparatively	तुलनात्मक रूप से
confident	विश्वासपूर्ण	confidently	विश्वास से
convenient	सुविधाजनक	conveniently	सुविधाजनक रूप से
correct	सही	correctly	ठीक तरह से
courageous	निडर	courageously	निडरता से
curious	जिज्ञासु	curiously	जिज्ञासा से
dangerous	खतरनाक	dangerously	खतरनाक तरीके से

delicate	नाजुक	delicately	नजाकत से
different	अलग	differently	अलग तरह से
dramatic	नाटकीय	dramatically	नाटकीयता से
eager	उत्सुक	eagerly	उत्सुकता से
emotional	भावुक	emotionally	भावुकता से
emphatic	जोरदार	emphatically	जोरदार ढंग से
enthusiastic	उत्साहपूर्ण	enthusiastically	उत्साह से
evident	स्पष्ट	evidently	स्पष्टता से
favourable	अनुकूल	favourably	अनुकूल रूप में
final	अंतिम	finally	अंतिम रूप से
foolish	मूर्ख	foolishly	मूर्खता से
fortunate	सौभाग्यशाली	fortunately	सौभाग्य से
full	पूरा	fully	पूरी तरह से
glad	प्रसन्न	gladly	प्रसन्नतापूर्वक
global	विश्व संबंधी	globally	विश्व–स्तर पर
grammatical	व्याकरण का	grammatically	व्याकरण की दृष्टि से
habitual	आदत	habitually	आदत से
hasty	जल्दबाजी भरा	hastily	जल्दबाजी से
humble	नम्र, विनम्र	humbly	नम्रता से, विनम्रता से
immediate	तात्कालिक	immediately	तत्काल
lazy	आलसी	lazily	सुस्ती से
lucky	भाग्यशाली	luckily	सौभाग्य से
magical	जादुई	magically	जादू से
main	मुख्य	mainly	मुख्यत:
obvious	स्पष्ट	obviously	स्पष्ट रूप से
oral	मौखिक	orally	मौखिक रूप से
ordinary	साधारण	ordinarily	साधारणत:
perfect	पूर्ण	perfectly	पूर्णत:
permanent	स्थायी	permanently	स्थायी रूप से
polite	नम्र	politely	नम्रता से
previous	पहले का	previously	पहले
recent	हाल का	recently	हाल ही में
regular	नियमित	regularly	नियमित रूप से
responsible	जिम्मेदार	responsibly	जिम्मेदारी से
serious	गंभीर	seriously	गंभीरता से
shameless	निर्लज्ज	shamelessly	निर्लज्जता से

similar	समान	similarly	उसी तरह
specific	विशिष्ट	specifically	विशेष रूप से
speedy	तेज	speedily	तेजी से
strict	सख्त	strictly	सख्ती से
successful	सफल	successfully	सफलतापूर्वक
systematic	व्यवस्थित	systematically	व्यवस्थित रूप से
usual	सामान्य	usually	सामान्यत:

विपरीतार्थक शब्द (Antonyms)

हिंदी में इन्हें विलोम शब्द और अंग्रेजी में Antonyms कहते हैं।

alive	अलाइव	जीवित	dead	डेड	मृत
always	ऑलवेज	सदैव	never	नेवर	कभी नहीं
agree	एग्री	सहमत होना	disagree	डिसएग्री	असहमत होना
allow	अलाऊ	आज्ञा देना	disallow	डिसअलाऊ	आज्ञा न देना
advantage	एडवांटेज	लाभ	disadvantage	डिसएडवांटेज	हानि
ancient	एनसिएंट	प्राचीन	modern	मॉडर्न	आधुनिक
appear	अपिअर	प्रकट होना	disappear	डिसअपिअर	लुप्त होना
arrival	अराइवल	आगमन	departure	डिपार्चर	प्रस्थान
attack	अटैक	आक्रमण करना	defend	डिफेंड	बचाव करना
awake	अवेक	जागना	sleep	स्लीप	सोना
bad	बैड	बुरा	good	गुड	अच्छा
beautiful	ब्यूटीफुल	सुंदर	ugly	अग्ली	कुरूप
before	बिफोर	पहले	after	आफ्टर	बाद में
beginning	बिगिनिंग	आरंभ	end	एंड	अंत
belief	बिलीफ	विश्वास	doubt	डाउट	संदेह
bitter	बिटर	कड़वा	sweet	स्वीट	मीठा
brave	ब्रेव	साहसी	coward	कॉवर्ड	डरपोक
buy	बाई	खरीदना	sell	सेल	बेचना
clean	क्लीन	साफ	dirty	डर्टी	गंदा
cool	कूल	ठंडा	warm	वार्म	गरम
costly	कॉस्टली	मूल्यवान्	cheap	चीप	सस्ता
day	डे	दिन	night	नाइट	रात
death	डेथ	मृत्यु	life	लाइफ	जिंदगी
decrease	डिक्रीज	घटना	increase	इंक्रीज	बढ़ना
dry	ड्राई	सूखा	wet	वेट	गीला
early	अर्ली	जल्दी	late	लेट	देर से
easy	इजी	सरल	difficult	डिफिकल्ट	कठिन

empty	एंप्टी	खाली	full	फुल	भरा हुआ
equal	इक्वल	समान	unequal	अनइक्वल	असमान
fall	फाल	गिरना	rise	राइज	उठना
fast	फास्ट	तेज	slow	स्लो	धीमा
fat	फैट	मोटा	slim	स्लिम	पतला
fine	फाइन	सुंदर	rough	रफ	अनगढ़
first	फर्स्ट	प्रथम	last	लास्ट	अंतिम
friend	फ्रेंड	मित्र	enemy	एनिमी	शत्रु
forget	फॉरगेट	भूलना	remember	रिमेंबर	याद रखना
great	ग्रेट	बड़ा/महान्	small/ordinary	स्मॉल	छोटा/सामान्य
happy	हैप्पी	प्रसन्न	unhappy	अनहैप्पी	उदास, दुखी
hard	हार्ड	सख्त	soft	सॉफ्ट	कोमल
healthy	हेल्दी	स्वस्थ	unhealthy	अनहेल्दी	अस्वस्थ
here	हिअर	यहाँ	there	देअर	वहाँ
honest	ऑनेस्ट	ईमानदार	dishonest	डिसऑनेस्ट	बेईमान
in	इन	अंदर	out	आउट	बाहर
junior	जूनियर	कनिष्ठ	senior	सीनियर	वरिष्ठ
kind	काइंड	दयालु	unkind	अनकाइंड	निर्दयी
length	लेंथ	लंबाई	breadth	ब्रेड्थ	चौड़ाई
light	लाइट	प्रकाश/हलका	darkness/heavy	डार्कनेस	अंधकार/भारी
love	लव	प्रेम करना	hate	हेट	घृणा करना
male	मेल	पुरुष	female	फिमेल	स्त्री
master	मास्टर	मालिक	servant	सर्वेंट	नौकर
narrow	नैरो	तंग	wide	वाइड	चौड़ा
obey	ओबे	आज्ञा मानना	disobey	डिसओबे	आज्ञा न मानना
old	ओल्ड	बूढ़ा/पुराना	young/new	यंग/न्यू	जवान/नया
open	ओपन	खोलना	shut/close	शट/क्लोज	बंद करना
poor	पुअर	निर्धन	rich	रिच	धनी
permanent	परमानेंट	स्थायी	temporary	टेंपरेरी	अस्थायी
possible	पॉसिबल	संभव	impossible	इंपॉसिबिल	असंभव
presence	प्रेजेंस	उपस्थिति	absence	ऐब्सेंस	अनुपस्थिति
public	पब्लिक	जनता/सार्वजनिक	private	प्राइवेट	व्यक्तिगत
question	क्वेश्चन	प्रश्न	answer	अंसर	उत्तर
small	स्मॉल	छोटा	big	बिग	बड़ा
spend	स्पेंड	खर्च करना	save	सेव	बचाना
silence	साइलेंस	शांत	noise	नॉइज	शोर
something	समथिंग	कुछ	nothing	नथिंग	कुछ नहीं
near	नियर	निकट	far	फार	दूर

superior	सुपीरिअर	बढ़िया	inferior	इनफीरिअर	घटिया
thick	थिक	मोटा	thin	थिन	पतला
true	ट्रू	सच्चा	false	फॉल्स	झूठा
up	अप	ऊपर	down	डाउन	नीचे
useful	यूजफुल	लाभप्रद	useless	यूजलेस	बेकार
victory	विक्ट्री	विजय	defeat	डिफीट	हार
white	व्हाइट	सफेद	black	ब्लैक	काला
win	विन	जीतना	lose	लूज	हारना
yes	येस	हाँ	no	नो	नहीं

समय-सूचक शब्द (Words denoting Period of Time)

Minute	मिनट	मिनट
Second	सेकंड	सेकंड
O'clock	ओ'क्लॉक	घड़ी में समय
Date	डेट	दिनांक या तारीख
Week	वीक	सप्ताह
Fortnight	फोर्टनाइट	आधा महीना/पखवाड़ा
Month	मंथ	महीना
Year	ईयर	वर्ष/साल
Yearly	ईयरली	प्रतिवर्ष, वार्षिक
Annual	एन्युअल	वार्षिक
Decade	डिकेड	दस वर्ष, दशक
Century	सेंचुरी	शताब्दी, शतक
Daily	डेली	दैनिक
Weekly	वीकली	साप्ताहिक
Fortnightly	फोर्टनाइटली	पाक्षिक
Monthly	मंथली	मासिक
Quarterly	क्वार्टरली	त्रैमासिक
Half-yearly	हाफ-ईयरली	अर्ध-वार्षिक
Quarter of an hour	क्वार्टर ऑफ एन आवर	चौथाई घंटा
Hour	आवर	घंटा
Half an hour	हाफ एन आवर	आधा घंटा

दिन के भाग (Parts of a Day)

Dawn	डॉन	सूर्योदय से पहले
Morning	मॉर्निंग	सुबह
Noon	नून	दोपहर
Afternoon	आफ्टरनून	दोपहर बाद
Mid-day	मिड-डे	मध्याह्न

Evening	ईवनिंग	सायं, सायंकाल
Dusk	डस्क	सूर्यास्त
Night	नाइट	रात्रि
Day	डे	दिन

दिनों के शब्द (Words about Days)

Today	टुडे	आज
Yesterday	येस्टरडे	बीता हुआ कल
Tomorrow	टुमॉरो	आने वाला कल
Day after tomorrow	डे आफ्टर टुमॉरो	आने वाला परसों
Day before yesterday	डे बिफोर येस्टरडे	गुजरा हुआ परसों

सप्ताह के दिन (Days of a Week)

सोमवार	Monday	मंडे
मंगलवार	Tuesday	ट्यूजडे
बुधवार	Wednesday	वेडनसडे
बृहस्पतिवार	Thursday	थर्सडे
शुक्रवार	Friday	फ्राइडे
शनिवार	Saturday	सैटरडे
रविवार	Sunday	संडे

अंग्रेजी महीने (Months in a Year)

जनवरी	January	जैनुअरी
फरवरी	February	फेब्रुअरी
मार्च	March	मार्च
अप्रैल	April	एप्रिल
मई	May	मे
जून	June	जून
जुलाई	July	जुलाई
अगस्त	August	ऑगस्ट
सितंबर	September	सेप्टेंबर
अक्तूबर	October	ऑक्टोबर
नवंबर	November	नॉवेंबर
दिसंबर	December	डिसेंबर
अधिवर्ष	Leapyear	लीपईयर

मौसम और ऋतुएँ (Weather and Seasons)

Season	सीजन	ऋतु
Weather	वेदर	मौसम
Autumn	ऑटम	पतझड़ का मौसग
Summer	समर	ग्रीष्म ऋतु
Spring	स्प्रिंग	वसंत ऋतु
Winter	विंटर	शीत ऋतु
Rainy-season	रेनी सीजन	वर्षा ऋतु

शरीर के अंग (Parts of the Body)

Ankle	ऐंकल	टखना	Intestine	इंटेस्टाइन	आँत
Armpit	आर्मपिट	काँख	Jaw	जॉ	जबड़ा
Backbone	बैकबोन	रीढ़ की हड्डी	Joint	जॉइंट	जोड़
Beard	बिअर्ड	दाढ़ी	Kidney	किडनी	गुर्दा
Blood	ब्लड	खून	Knee	नी	घुटना
Body	बॉडी	शरीर	Lap	लैप	गोद
Brain	ब्रेन	दिमाग	Leg	लेग	टाँग
Breast	ब्रेस्ट	छाती (स्त्री)	Lip	लिप	होंठ
Buttocks	बटक्स	नितंब	Little finger	लिटिल फिंगर	छोटी उँगली
Cheek	चीक	गाल	Liver	लिवर	जिगर
Chest	चेस्ट	सीना (पुरुष)	Lung	लंग	फेफड़ा
Chin	चिन	ठुड्डी	Middle finger	मिडिल फिंगर	मध्यम उँगली
Ear	इयर	कान	Moustache	मुसटैश	मूँछ
Elbow	एल्बो	कुहनी	Mouth	माउथ	मुँह
Eye	आई	आँख	Muscle	मसल	मांसपेशी
Eyebrow	आईब्रो	भौह	Nail	नेल	नाखून
Eyelid	आइलिड	पलक	Navel	नेवल	नाभि
Face	फेस	चेहरा	Neck	नेक	गरदन
Finger	फिंगर	हाथ की उँगली	Nose	नोज	नाक
Fist	फिस्ट	मुट्ठी	Palate	पैलेट	तालु
Foot	फुट	पाँव	Palm	पाम	हथेली
Forehead	फोरहेड	माथा	Pulse	पल्स	नाड़ी
Gland	ग्लैंड	ग्रंथि	Pupil	प्यूपिल	पुतली
Gum	गम	मसूड़ा	Rib	रिब	पसली
Hair	हेयर	बाल	Saliva	सलाइवा	लार
Hand	हैंड	हाथ	Shoulder	शोल्डर	कंधा
Head	हेड	सिर	Skin	स्किन	त्वचा
Heart	हार्ट	हृदय	Skull	स्कल	खोपड़ी
Heel	हील	एड़ी	Sole	सोल	तलवा

Stomach	स्टमक	पेट	Tongue	टंग	जीभ
Teeth	टीथ	दाँत	Trunk	ट्रंक	धड़
Temple	टेंपल	कनपटी	Vein	वेन	नस
Throat	थ्रोट	गला	Waist	वेस्ट	कमर
Thumb	थंब	अँगूठा	Wind pipe	विंडपाइप	श्वास-नली
Toe	टो	पैर की उँगली	Wrist	रिस्ट	कलाई

रोग एवं शारीरिक स्थितियाँ (Ailments and Bodily Conditions)

Acidity	एसिडिटी	अम्लपित्त	Giddiness	गिडिनेस	चक्कर आना
Anaemia	एनीमिया	खून की कमी	Goitre	गोएटर	कंठमाला
Asthma	अस्थमा	दमा	Gonorrhoea	गनोरिया	सूजाक
Bald	बाल्ड	गंजा	Haemorrhage	हैमरेज	खून का बहना
Beri-beri	बेरी-बेरी	बेरी-बेरी रोग	Headache	हेडेक	सिरदर्द
Blind	ब्लाइंड	अंधा	Hepatitis	हेपेटाइटिस	यकृत संबंधी रोग
Boil	बॉयल	फोड़ा	Hernia	हर्निया	आँत उतरना
Bronchitis	ब्रोंकाइटिस	श्वासनली-शोथ	Hiccup	हिकप	हिचकी
Cancer	कैंसर	कैंसर	Hunch-backed	हंच-बैक्ड	कुबड़ा
Carbuncle	कार्बंकल	नासूर	Hurt	हर्ट	चोट
Cataract	कैटरैक्ट	मोतियाबिंद	Hydrocele	हाइड्रोसील	अंड-वृद्धि
Chill	चिल	ठंड/ठिठुरन	Indigestion	इंडाइजेशन	अपच
Cholera	कॉलेरा	हैजा	Influenza	इनफ्लुएंजा	शीत-ज्वर
Conjunctivitis	कंजक्टिवाइटिस	आँख आना	Itch	इच	खुजली
Constipation	कांस्टीपेशन	कब्ज	Jaundice	जॉण्डिस	पीलिया
Coryza	कॉरिजा	जुकाम	Lame	लेम	लँगड़ा
Cough	कफ	खाँसी	Leprosy	लेप्रोसी	कोढ़
Dengue	डेंगू	डेंगू बुखार	Leucoderma	ल्यूकोडरमा	श्वेत कुष्ठ
Diabetes	डायबिटीज	मधुमेह	Leucorrhoea	ल्यूकोरिया	प्रदर
Diarrhoea	डायरिया	अतिसार	Loose motion	लूज मोशन	दस्त लगना
Disease	डिसीज	रोग	Madness	मैडनेस	पागलपन
Dumb	डंब	गूँगा	Malaria	मलेरिया	मलेरिया
Dysentery	डिसेंट्री	पेचिश	Measles	मीजल्स	खराश
Dyspepsia	डिस्पेप्सिया	अजीर्ण	Obesity	ओबेसिटी	मोटापा
Eczema	एग्जिमा	दाद	Otorrhoea	ओटोरिया	कान बहना
Elephantasis	एलीफैंटासिस	फील पाँव	Pain/Ache	पेन/ऍक	दर्द
Epilepsy	एपिलेप्सि	मिरगी	Paralysis	पैरालिसिस	लकवा
Fainting	फेंटिंग	बेहोशी	Phlegm	फ्लेग्म	बलगम
Fever	फीवर	बुखार	Piles	पाइल्स	बवासीर
Fistula	फिस्टुला	भगंदर	Pimple	पिंपल	मुहाँसा
Flu	फ्लू	फ्लू	Plague	प्लेग	प्लेग

Pneumonia	न्यूमोनिया	निमोनिया
Prickly heat	प्रिकली हीट	पित्ती
Psychosis	साइकोसिस	उन्माद
Pus	पस	पीव, मवाद
Ring worm	रिंग वर्म	दाद
Scabies	स्केबीज	खुजली
Sinus	साइनस	नासूर
Smallpox	स्मॉलपॉक्स	चेचक
Sneezing	स्नीजिंग	छींक
Sprain	स्प्रेन	मोच
Sputum	स्प्यूटम	थूक
Stomachache	स्टमकएक	पेट का दर्द
Stone	स्टोन	पथरी
Stool	स्टूल	पाखाना
Sun stroke	सन-स्ट्रोक	लू लगना
Swelling	स्वेलिंग	सूजन
Tears	टियर्स	आँसू
Tonsilitis	टॉन्सिलाइटिस	गले की खराबी (टॉन्सिल बढ़ना)
Toothache	टूथेक	दाँत दर्द
Tuberculosis	ट्यूबरक्युलोसिस	क्षय रोग
Tumour	ट्यूमर	गिल्टी
Typhoid	टायफाइड	आंत्र-ज्वर
Vomiting	वॉमिटिंग	उलटी होना
Worms	वर्म्स	कृमि
Wound	वूंड	घाव
Yawn	यॉन	उबासी

वस्त्र एवं परिधान (Clothes)

Belt	बेल्ट	पेटी, कमरबंद
Blanket	ब्लैंकेट	कंबल
Bodice	बॉडिस	अँगिया
Border	बॉर्डर	किनारा
Breeches	ब्रीचेज	जाँघिया
Button	बटन	बटन
Calico	कैलिको	सूती कपड़ा
Cap	कैप	टोपी
Chintz	चिंट्स	छींट
Cloak	क्लोक	चोगा
Cloth	क्लॉथ	कपड़ा
Coat	कोट	कोट
Collar	कॉलर	कॉलर
Cotton	कॉटन	रुई
Damask	डैमस्क	बेलबूटेदार कपड़ा
Darn	डार्न	रफू
Drill	ड्रिल	जीन
Frock	फ्रॉक	फ्रॉक
Gauze	गॉज	जाली
Gloves	ग्लव्स	दस्ताने
Gown	गाउन	लबादा
Half pant	हाफ पैंट	निकर
Handkerchief	हैंडकरचीफ	रूमाल
Hat	हैट	टोप
Jacket	जैकेट	जैकेट
Jersey	जर्सी	बंडी/स्वेटर
Jumper	जंपर	जंपर/ब्लाउज
Knickers	निकर	निकर
Lace	लेस	गोटा, पट्टा
Loincloth	लाइनक्लॉथ	धोती/लँगोटी/लुंगी
Mat	मैट	चटाई
Mattress	मैट्रेस	गद्दा
Muffler	मफलर	गुलुबंद
Muslin	मसलिन	मलमल
Napkin	नेपकिन	रूमाल या अँगोछा
Necktie	नेकटाई	नेकटाई
Overcoat	ओवरकोट	लंबा कोट
Pants	पैंट्स	पतलून
Petticoat	पेटीकोट	लहँगा
Pocket	पॉकेट	जेब
Quilt	क्विल्ट	रजाई
Saree	सारी	साड़ी/धोती
Satin	सेटिन	साटन
Scarf	स्कार्फ	दुपट्टा
Shawl	शॉल	शॉल
Sheet	शीट	चादर
Shoes	शूज	जूते
Silk	सिल्क	रेशम

Sleeve	स्लीव	आस्तीन	Underwear	अंडरवियर	जाँघिया
Socks	सॉक्स	मोजे	Veil	वेल	बुर्का/घूँघट
Stays	स्टेस	अँगिया	Velvet	वेलवेट	मखमल
Stockings	स्टॉकिंग्ज	मोजे	Vest	वेस्ट	बनियान
Tape	टेप	फीता	Waistcoat	वेस्टकोट	बास्कट
Thread	थ्रेड	धागा	Wool	वूल	ऊन
Towel	टॉवल	तौलिया	Woollen	वूलन	ऊनी
Trousers	ट्राउजर्स	पतलून	Yarn	यार्न	सूत
Turban	टर्बन	पगड़ी/साफा			

कार्य एवं व्यवसाय (Occupations)

Actor	एक्टर	अभिनेता	Grain parcher	ग्रेनपार्चर	भड़भूँजा
Advocate	एडवोकेट	अधिवक्ता	Green-grocer	ग्रीन ग्रॉसर	कुँजड़ा
Agent	एजेंट	अभिकर्ता	Hawker	हॉकर	खोमचेवाला
Artist	आर्टिस्ट	कलाकार	Jeweller	ज्वेलर	जौहरी
Author	ऑथर	लेखक	Musician	म्यूजिशियन	संगीतकार
Barber	बारबर	नाई	News agent	न्यूज एजेंट	अखबारवाला
Binder	बाइंडर	जिल्दसाज	Peon	पीअन	चपरासी
Blacksmith	ब्लैकस्मिथ	लुहार	Perfumer	परफ्यूमर	गंधी
Boatman	बोटमैन	नाविक	Porter	पोर्टर	कुली
Carder	कार्डर	धुनिया	Postman	पोस्टमैन	डाकिया
Carpenter	कारपेंटर	बढ़ई	Potter	पॉटर	कुम्हार
Cashier	कैशिअर	खजांची	Reporter	रिपोर्टर	संवाददाता
Coachman	कोचमैन	कोचवान	Sailor	सेलर	नाविक
Cobbler	कॉबलर	मोची	Sculptor	स्कल्पटर	मूर्तिकार
Confectioner	कन्फेक्शनर	हलवाई	Shepherd	शेफर्ड	गड़रिया
Cook	कुक	रसोइया	Surgeon	सर्जन	शल्य-चिकित्सक
Cowherd	काउहर्ड	ग्वाला	Tailor	टेलर	दर्जी
Dyer	डायर	रँगरेज	Teacher	टीचर	शिक्षक
Engineer	इंजीनियर	अभियंता	Washerman	वाशरमैन	धोबी
Farmer	फार्मर	किसान	Watchman	वॉचमैन	चौकीदार
Gardener	गार्डनर	माली	Weaver	वीवर	जुलाहा
Goldsmith	गोल्डस्मिथ	सुनार			

राशियाँ (Signs of the Zodiac)

Aries	एरिज	मेष राशि	Leo	लिओ	सिंह राशि
Taurus	टॉरस	वृषभ राशि	Virgo	विरगो	कन्या राशि
Gemini	जेमिनी	मिथुन राशि	Libra	लिब्रा	तुला राशि
Cancer	कैंसर	कर्क राशि	Scorpio	स्कॉरपियो	वृश्चिक राशि

Sagittarius	सैजीटेरिअस	धनु राशि	Aquarius	एक्वेरिअस	कुंभ राशि
Capricorn	कैप्रीकॉर्न	मकर राशि	Pisces	पाइसीज	मीन राशि

ग्रह (Planets)

Jupiter	जुपिटर	बृहस्पति	Satellite	सैटेलाइट	उपग्रह
Mars	मार्स	मंगल	Saturn	सैटर्न	शनि
Mercury	मर्करी	बुध	Star	स्टार	तारा
Moon	मून	चंद्रमा	Sun	सन	सूर्य
Neptune	नेप्च्यून	वरुण	Uranus	यूरेनस	अरुण
Pole-star	पोल-स्टार	ध्रुव तारा	Venus	वीनस	शुक्र

आभूषण और रत्न (Ornaments and Jewels)

Anklet	ऐंकलॅट	पाजेब	Medal	मेडल	तमगा/पदक
Armlet	आर्मलेट	बाजूबंद	Necklace	नेकलेस	हार, हँसुली
Bangle	बेंगल	चूड़ी, कड़े	Nose-ring	नोज-रिंग	नथ
Bracelet	ब्रैसलेट	कंगन	Ornaments	ऑर्नामेंट्स	आभूषण
Cats-eye	कैट्स-आई	लहसुनिया	Pearl	पर्ल	मोती
Chain	चेन	जंजीर	Pebble	पेबल	बिल्लौर
Clip	क्लिप	चिमटी/पिन	Ring	रिंग	अँगूठी
Coral	कोरल	मूँगा	Ruby	रूबी	माणिक
Diamond	डायमंड	हीरा	Sapphire	सेफायर	नीलम
Ear-ring	इअर-रिंग	कान की बाली	Tiara	टियारा	मुकुट
Emerald	एमरल्ड	पन्ना	Topaz	टोपाज	पुखराज
Gem	जेम	रत्न	Turquoise	टरकॉएज	फिरोजा
Hair-pin	हेयर-पिन	जूड़े की पिन/हेयर पिन	Wristlet	रिस्टलेट	कलाई पट्टी
Jewels	ज्वेल्स	रत्न	Wrist-watch	रिस्ट-वाच	कलाई घड़ी
Link	लिंक	कड़ी	Zircon	जरकॅन	गोमेद
Locket	लॉकेट	लटकन			

अनाज, दालें तथा मसाले (Grains, Pulses and Spices)

Aniseed	एनीसीड	सौंफ	Cinnamon	सिनैमन	दालचीनी
Arrowroot	अरारूट	अरारोट	Citric acid	सिट्रिक एसिड	टाटरी
Asafoetida	ऐसाफोटिडा	हींग	Cloves	क्लोव्ज	लौंग
Barley	बारली	जौ	Cluster-bean	क्लस्टरबीन	ग्वार
Black fly	ब्लैक फ्लाई	उड़द	Coffee	कॉफी	कॉफी
Blackpepper	ब्लैकपेपर	काली मिर्च	Coriander	कोरियांडर	धनिया
Bran	ब्रान	चोकर	Cumin seed	क्यूमिन सीड	जीरा
Cardamom	कार्डामम	इलायची	Currant	करेंट्	किशमिश
Cassia	कैसिया	तेजपत्ता	Dry-ginger	ड्राई जिंजर	सोंठ
Chilli	चिली	लाल मिर्च	Fenugreek seeds	फेन्यूग्रीक सीड्स	मेथी

Field-pea	फील्ड-पी	मकई	Pea	पी	मटर
Fine flour	फाइन फ्लोर	मैदा	Pickle	पिकल	अचार
Flour	फ्लोर	आटा	Pigeon-pea	पिजनपी	अरहर
Galls	गॉल्ज	बहेड़ा	Poppy seed	पॉपी सीड	खसखस
Gram	ग्राम	चना	Rice	राइस	चावल
Gruel	ग्रुएल	दलिया	Rock-salt	रॉक-सॉल्ट	सेंधा नमक
Hogplums	हॉगप्लम्स	आँवला	Sago	सागो	साबूदाना
Kidney-bean	किडनीबीन	मूँग	Salt	साल्ट	नमक
Lentil	लेंटिल	मसूर	Semolina	सेमोलिना	सूजी
Linseed	लिनसीड	अलसी	Sesame	सीसेम	तिल
Mace	मेस	जावित्री	Sugar	शुगर	चीनी/शक्कर
Maize	मेज	मक्का	Sugar-candy	शुगर-कैंडी	मिश्री
Millet	मिलेट	बाजरा	Syrup	सीरप	शरबत/चाशनी
Mustard	मस्टर्ड	सरसों	Tea	टी	चाय
Nutmeg	नटमेग	जायफल	Turmeric	टर्मरिक	हल्दी
Oat	ओट	जई	Vinegar	विनेगर	सिरका
Oil	ऑयल	तेल	Wheat	व्हीट	गेहूँ
Paddy	पैडी	धान			

फल एवं सब्जियाँ (Fruits and Vegetables)

Amaranthus	एमरेंथस	चौलाई	Currant	करंट	दाख, किशमिश
Apple	एप्पल	सेब	Custard apple	कस्टर्ड एप्पल	शरीफा
Apricot	एप्रिकॉट	खुबानी	Date	डेट	खजूर
Arum	एरम	अरबी	Drum-stick	ड्रम-स्टिक	सहजन फली
Banana	बनाना	केला	Dry fruits	ड्राई फ्रूट्स	मेवे
Bean	बीन	सेम	Fig	फिग	अंजीर
Beet root	बीटरूट	चुकंदर	Garlic	गार्लिक	लहसुन
Bitter gourd	बिटर गॉर्ड	करेला	Ginger	जिंजर	अदरक
Bottle gourd	बोटल गॉर्ड	घिया	Grapes	ग्रेप्स	अंगूर
Brinjal	ब्रिंजल	बैंगन	Gromia	ग्रोमिया	फालसा
Cabbage	कैबेज	बंदगोभी	Groundnut	ग्राउंडनट	मूँगफली
Cauliflower	कॉलिफ्लावर	गोभी	Guava	गुआवा	अमरूद
Cluster beans	क्लस्टर बीन्स	ग्वार की फली	Jack fruit	जैक फ्रूट	कटहल
Coconut	कोकोनट	नारियल	Lady's finger	लेडीज फिंगर	भिंडी
Corn-ear	कॉर्न-इयर	भुट्टा	Lemon	लेमन	नीबू
Cucumber	कुकुंबर	खीरा	Lettuce	लेट्यूस	सलाद पत्ता

Mango	मैंगो	आम	Plum	प्लम	बेर
Mint	मिंट	पुदीना	Pomegranate	पॉमग्रेनेट	अनार
Mulberry	मलबेरी	शहतूत	Pumpkin	पंपकिन	कद्दू
Muskmelon	मस्कमेलन	खरबूजा	Radish	रैडिश	मूली
Olive	ऑलिव	जैतून	Sapodilla	सैपोडिला	चीकू
Onion	ओनियन	प्याज	Star fruit	स्टार फ्रूट	स्टार फ्रूट
Orange	ऑरेंज	नारंगी/संतरा	Sweet potato	स्वीट पोटैटो	शकरकंद
Papaya	पपाया	पपीता	Tamarind	टेमरिंड	इमली
Potato	पोटैटो	आलू	Turnip	टर्निप	शलगम
Pear	पिअर	नाशपाती	Walnut	वालनट	अखरोट
Peas	पीज	मटर	Water nut	वाटर नट	सिंघाड़ा
Pineapple	पाइनएप्पल	अनानास	Watermelon	वाटरमेलन	तरबूज

फूल, पत्तियाँ तथा रंग (Flowers, Leaves and Colours)

Basil	बेसिल	तुलसी	Lemon Yellow	लेमन येलो	हलका पीला
Black	ब्लैक	काला	Lily	लिली	कुमुदिनी
Blue	ब्लू	नीला	Lotus	लोटस	कमल
Brown	ब्राउन	भूरा	Magnolia	मैगनोलिया	चंपा
Bud	बड	कली	Marigold	मैरिगोल्ड	गेंदा
Colour	कलर	रंग	Oleander	ओलिएंडर	कनेर
Dahlia	डेहलिया	डहलिया	Red	रेड	लाल
Daisy	डेजी	गुलबहार	Rose	रोज	गुलाब
Grass	ग्रास	घास	Rosy pink	रोजी पिंक	गुलाबी
Grey	ग्रे	सलेटी	Scarlet	स्कारलेट	गहरा लाल
Green	ग्रीन	हरा	White	व्हाइट	सफेद
Jasmine	जैसमिन	चमेली, जूही	Yellow	येलो	पीला

कीट-पतंगे तथा जीव-जंतु (Insects and Creatures)

Alligator	एलिगेटर	घड़ियाल	Cod-fish	कॉड फिश	मछली
Ant	आंट	चींटी	Conch	कॉन्च	शंख
Beetle	बीटल	गुबरैला	Crab	क्रैब	केकड़ा
Boa	बोआ	अजगर	Cricket	क्रिकेट	झींगुर
Bug	बग	खटमल	Crocodile	क्रॉकोडाइल	मगर
Butterfly	बटरफ्लाई	तितली	Drone	ड्रोन	मधुमक्खी (नर)
Centipede	सेंटिपीड	शतपदी, कनखजूरा	Earthworm	अर्थवॉर्म	केंचुआ
Chameleon	कैमीलियन	गिरगिट	Fin	फिन	मछली का पर
Cobra	कोबरा	नाग	Fire-fly	फायर-फ्लाई	जुगनू
Cockroach	कॉकरोच	तिलचट्टा	Fly	फ्लाई	मक्खी
Cocoon	कुकून	रेशम का कोया	Frog	फ्रॉग	मेढक

Hippopotamus	हिप्पोपोटॅमस	दरियांई घोड़ा	Roe	रो	छोटा हिरन
Honey-bee	हनी-बी	मधुमक्खी	Scale	स्केल	मछली का छिलका
Hood	हुड	फन	Scorpion	स्कॉर्पियन	बिच्छू
Hornet	हॉर्नेट्	बर्रा	Serpent	सर्पेंट	साँप
Humble-bee	हंबल-बी	भ्रमर	Shark	शार्क	शार्क मछली
Insects	इंसेक्ट्स	कीट-पतंगे	Silkworm	सिल्कवॉर्म	रेशम का कीड़ा
Leech	लीच	जोंक	Slough	स्लफ	साँप की केंचुल
Lizard	लिजर्ड	छिपकली	Snail	स्नेल	घोंघा
Lobster	लॉब्स्टर	झींगा मछली	Snake	स्नेक	साँप
Locust	लोकस्ट	टिड्डी	Spider	स्पाइडर	मकड़ी
Louse	लाउज	जूँ	Tortoise	टॉरटॉयज	कछुआ
Mosquito	मॉसक्यूटो	मच्छर	Wasp	वास्प	बर्र
Oyster	आयस्टर	सीप	Whale	व्हेल	व्हेल मछली
Reptile	रेपटाइल	रेंगनेवाले प्राणी	Worm	वॉर्म	छोटा कीड़ा

घरेलू उपयोग की वस्तुएँ (Articles of Domestic Use)

Almirah	अलमीरा	अलमारी	Goods	गुड्स	वस्तुएँ
Balance	बैलेंस	तराजू	Hammer	हैमर	हथौड़ा
Basket	बास्केट	डलिया	Jar	जार	मर्तबान
Bed	बेड	बिस्तर	Jug	जग	जग, मग
Bed-sheet	बेड-शीट	चादर	Kettle	कैटल	पतीली
Bottle	बॉटल	बोतल	Key	की	चाबी
Bowl	बाउल	कटोरा	Knife	नाइफ	चाकू
Box	बॉक्स	संदूक	Lamp	लैंप	दीपक, दीया
Brush	ब्रश	ब्रुश	Lantern	लैनटर्न	लालटेन
Bucket	बकेट	बालटी	Lid	लिड	ढक्कन
Candle	कैंडल	मोमबत्ती	Lock	लॉक	ताला
Canister	कॅनस्टर	कनस्तर	Mat	मैट	चटाई
Carpet	कारपेट	गलीचा	Match box	मैचबॉक्स	दियासलाई
Chest	चेस्ट	तिजोरी	Mirror	मिरर	दर्पण, शीशा
Comb	कॉम्ब	कंघा	Mortar	मोर्टार	खरल
Cup	कप	प्याला	Needle	नीडल	सूई
Cushion	कुशन	गद्दी	Pan	पैन	बरतन
Dish	डिश	तश्तरी	Pestle	पेसल	लोढ़ी, मूसली
Drawer	ड्रॉअर	दराज	Phial	फायल	शीशी
Fan	फैन	पंखा	Pillow	पिलो	तकिया
Fork	फोर्क	काँटा	Pincers	पिंसर्स	चिमटा
Frying-pan	फ्राइंगपैन	कड़ाही	Pitcher	पिचर	घड़ा
Funnel	फनल	कीप	Plate	प्लेट	तश्तरी

Pot	पॉट	बरतन	Stool	स्टूल	तिपाई
Quilt	क्विल्ट	रजाई	Stove	स्टोव	चूल्हा
Sack	सैक	बोरा, थैला	Table	टेबल	मेज
Scissors	सिजर्स	कैंची	Tooth-brush	टूथ-ब्रश	दाँत का ब्रुश
Sieve	सीव	छलनी	Tray	ट्रे	ट्रे
Soap	सोप	साबुन	Tumbler	टंबलर	गिलास
Spade	स्पेड	फावड़ा	Umbrella	अंब्रेला	छाता
Stick	स्टिक	छड़ी			

इमारतें और उनके भाग (Buildings and Their Parts)

Arch	आर्च	मेहराब	Home	होम	निवास-स्थान, घर
Attice	एटिक	अटारी/परछत्ती	House	हाउस	घर, मकान
Bedroom	बेडरूम	शयनकक्ष	Kitchen	किचन	रसोईघर
Brick	ब्रिक	ईंट	Mosque	मॉस्क	मसजिद
Building	बिल्डिंग	भवन, इमारत	Palace	पैलेस	महल
Bungalow	बैंग्लो	बँगला	Platform	प्लेटफॉर्म	चबूतरा
Church	चर्च	गिरजाघर	Railing	रेलिंग	रेलिंग
Corridor	कॉरिडोर	गलियारा	Roof	रूफ	छत
Cottage	कॉटिज	छोटा मकान, कुटिया	Room	रूम	कमरा
Courtyard	कोर्टयार्ड	आँगन	Shop	शॉप	दुकान
Doorframe	डोरफ्रेम	चौखट	Stair	स्टेयर	सीढ़ी
Drain	ड्रेन	नाली	Temple	टेंपल	मंदिर
Drawing room	ड्रॉइंगरूम	बैठक	Tile	टाइल	खपरैल
Floor	फ्लोर	फर्श	Urinal	यूरिनल	पेशाबघर
Fort	फोर्ट	किला	Verandah	वरांडा	बरामदा
Gallery	गैलरी	गलियारा	Window	विंडो	खिड़की

वाद्य यंत्र (Musical Instruments)

Bagpipe	बैगपाइप	मशकबाजा	Harmonium	हारमोनियम	हारमोनियम
Bell	बेल	घंटी	Harp	हार्प	वीणा, सारंगी
Bugle	ब्युगल	बिगुल	Musician	म्यूजिशियन	संगीतकार
Clarinet	क्लैरिनेट	शहनाई	Piano	पियानो	पियानो
Clarion	क्लैरियन	तुरही	Sarod	सरोद	सरोद
Conch	कॉन्च	शंख	Sitar	सितार	सितार
Cymbal	सिंबल	झाँझ	Tabla	तबला	तबला
Drum	ड्रम	नगाड़ा, ढोल	Tambourine	टैमबोरिन	डफ
Drumet	ड्रमेट	डुगडुगी	Tom-tom	टॉमटॉम	ढोलक
Flute	फ्लूट	बाँसुरी	Violin	वायोलिन	वायलिन
Guitar	गिटार	गिटार			

स्कूल से संबंधित शब्द (Words pertaining to School)

Book	बुक	किताब	Head master	हेड-मास्टर	मुख्याध्यापक
Chair	चेयर	कुरसी	Home-work	होमवर्क	गृहकार्य
Chalk	चाक	चॉक/खड़िया	Map	मैप	नक्शा
Chart	चार्ट	चार्ट	Note-book	नोटबुक	कॉपी
Class teacher	क्लास-टीचर	कक्षाध्यापक	Pass	पास	उत्तीर्ण
Class	क्लास	कक्षा	Picture	पिक्चर	तसवीर
Classmate	क्लासमेट	सहपाठी	Play	प्ले	खेल
College	कॉलेज	महाविद्यालय	Read	रीड	पढ़ना
Desk	डेस्क	मेज, डेस्क	Room	रूम	कमरा
Examination	एग्जामिनेशन	परीक्षा	Rubber	रबर	रबर
Exercise	एक्सरसाइज	कसरत	School	स्कूल	पाठशाला, विद्यालय
Fail	फेल	अनुत्तीर्ण	Section	सेक्शन	वर्ग
Game	गेम	खेल	Student	स्टुडेंट	विद्यार्थी
Globe	ग्लोब	पृथ्वी का गोला	Teacher	टीचर	अध्यापक
Ground	ग्राउंड	मैदान	Write	राइट	लिखना

रंग (Colours)

Azure	एज्यूर	आसमानी	Orange	ऑरेंज	नारंगी
Balsom	बालसम	गुलमेहँदी	Poppy	पॉपि	पोस्त
Black	ब्लैक	काला	Purple	परपल	बैंगनी
Dusky	डस्की	खाकी	Round jasmine	राउंड जैसमिन	मोतिया
Golden	गोल्डन	सुनहरा	Saffron	सैफ्रन	केसरिया
Green	ग्रीन	हरा	Sunflower	सन फ्लॉवर	सूरजमुखी
Grey	ग्रे	स्लेटी	Tulip	ट्यूलिप	गुलमाला
Maroon	मैरून	गहरा सुर्ख	Vermilion	वर्मिलिओन	सिंदूरी
Narcissus	नार्सिसस	नरगिसी	White	व्हाइट	सफेद

डाक, तार और टेलीफोन (Posts, Telegraph and Telephone)

Address	एड्रेस	पता, ठिकाना	Money order	मनीऑर्डर	धनादेश
Deliver	डिलिवर	सौंपना	Packet	पैकेट	पुलिंदा
Deposit	डिपॉजिट	जमा	Paid letter	पेड लेटर	सशुल्क चिट्ठी
Envelope	एनवलप	लिफाफा	Parcel	पार्सल	पार्सल
Inland letter	इनलैंड लेटर	अंतर्देशीय पत्र	Post master	पोस्ट मास्टर	डाकपाल
Insured letter	इंश्योर्ड लेटर	बीमाकृत पत्र	Post office	पोस्ट ऑफिस	डाकघर
Insured	इंश्योर्ड	बीमाकृत	Post	पोस्ट	डाक
Late fee	लेट फी	विलंब शुल्क	Postage	पोस्टेज	डाक टिकट
Local	लोकल	स्थानीय	Postcard	पोस्टकार्ड	पोस्टकार्ड

Postman	पोस्टमैन	डाकिया	Telegram	टेलीग्राम	तार
Remitter	रेमिटर	भेजने वाला	Telephone	टेलीफोन	दूरभाष
Savings bank	सेविंग्स बैंक	बचत बैंक	Underpaid	अंडरपेड	कम टिकट लगे पत्र
Specimen	स्पेसिमेन	नमूना	Withdraw	विदड्रॉ	वापस लेना
Stamp	स्टैंप	टिकट			

अनेक शब्दों के लिए एक शब्द (One-Word Substitutes)

- Absence of government—**Anarchy** (अराजकता)
- Happening every year—**Annual** (वार्षिक)
- Without a name—**Anonymous** (गुमनाम)
- Animals living in water—**Aquatic** (जलचर)
- One who does not believe in God—**Atheist** (नास्तिक)
- An assembly of listeners—**Audience** (श्रोतागण)
- The life-story of a person written by himself—**Autobiography** (आत्मकथा)
- One who pursues some art or sport as a hobby—**Amateur** (शौकिया)
- Signature of any person in his own hand-writing—**Autograph** (किसी के हस्ताक्षर)
- One who cannot pay off his debts—**Bankrupt** (दिवालिया)
- The life-story of a person—**Biography** (जीवनी)
- Persons working in the same institution—**Colleagues** (सहयोगी)
- A disease that is communicated by contact—**Contagious** (संक्रामक रोग)
- One who believes whatever is told to him—**Credulous** (भोला या सरल हृदय)
- A game in which neither of the parties wins—**Draw** (बराबर)
- Fit to be eaten—**Edible** (खाने योग्य)
- Fit to be elected/or selected—**Eligible** (योग्य)
- That which causes death—**Fatal** (घातक)
- A post for which no salary is paid—**Honorary** (अवैतनिक)
- A vehicle used to carry dead bodies—**Hearse** (शव-वाहन)
- Contrary to the law—**Illegal** (अवैध)
- One who can neither read nor write—**Illiterate** (निरक्षर)
- Incapable of being approached—**Inaccessible** (अगम्य)
- That which cannot be heard—**Inaudible** (अवश्रव्य)
- That which cannot be believed—**Incredible** (अविश्वसनीय)
- That (or who) cannot be corrected—**Incorrigible** (अशोध्य)
- That which cannot be rubbed out—**Indelible** (अमिट)
- That which cannot be dispensed with—**Indispensable** (अनिवार्य)

- Not fit to be elected or selected—**Ineligible** (अयोग्य)
- One who cannot be satisfied—**Insatiable** (अतिकामी)
- That which cannot be conquered—**Invincible** (अजेय)
- That which cannot be seen—**Invisible** (अदृश्य)
- Not to the point—**Irrelevant** (अनर्गल)
- One who is quick to anger—**Irritable** (क्रोधी)
- To carry away a person forcibly—**Kidnap** (अपहरण)
- A place containing books for reading or reference—**Library** (पुस्तकालय)
- One who knows many languages—**Linguist** (बहुभाषी)
- A speech made for the first time—**Maiden Speech** (पहला भाषण)
- Papers written by hand—**Manuscript** (पांडुलिपि)
- A man working merely for money—**Mercenary** (धन-लोलुप)
- One who moves from one place to another—**Migratory** (भ्रमणकारी)
- A declaration of Government or a political party—**Manifesto** (सरकारी या दलीय घोषणा-पत्र)
- Concerning marriage—**Matrimonial** (विवाह संबंधी)
- Of evil reputation—**Notorious** (बदनाम)
- One who is present everywhere—**Omnipresent** (सर्वव्यापक)
- One who is all powerful—**Omnipotent** (सर्वशक्तिमान)
- One who knows everything—**Omniscient** (सर्वज्ञाता)
- One who takes the bright side of things—**Optimist** (आशावादी)
- A child whose parents are dead—**Orphan** (अनाथ)
- A man of traditional beliefs—**Orthodox** (रूढ़िवादी)
- A remedy for all ills—**Panacea** (रामबाण औषधि)
- One who looks at the dark side of things—**Pessimist** (निराशावादी)
- Award given after the death of the awardee—**Posthumous** (मरणोपरांत पुरस्कार)
- One who totally abstains from all alcoholic drinks, etc.—**Teetotaller** (मद्य-त्यागी)
- A body through which light can pass—**Transparent** (पारदर्शक)
- A person who changes his party and/or principles—**Turncoat** (दल-बदलू)
- One who lives on vegetables only—**Vegetarian** (शाकाहारी)
- Of one's own free will—**Voluntary** (स्वेच्छा से)
- To utter profane language against God, etc.—**Blasphemy** (धर्म-निंदा)
- Idol worship—**Idolatory** (मूर्ति-पूजा)
- Act of killing of a human being—**Homicide** (मानव-हत्या)
- Murder of a child—**Infanticide** (शिशु-हत्या)

- ❑ Murder of one's brother—**Fratricide** (भ्रातृ-हत्या)
- ❑ Murder of one's mother—**Matricide** (मातृ-हत्या)
- ❑ Murder of one's father—**Patricide** (पितृ-हत्या)
- ❑ Murder of oneself—**Suicide** (आत्महत्या)
- ❑ Study of mankind—**Anthropology** (नृविज्ञान/मानव-विज्ञान)
- ❑ The art of beautiful handwriting—**Calligraphy** (सुलेखन)
- ❑ A brief summary of a book—**Synopsis** (सारांश)
- ❑ A four-footed animal—**Quadruped** (चौपाया)
- ❑ Literary theft or passing off an author's original work as one's own—**Plagiarism** (विचार-हरण)
- ❑ Animal or plant growing on another—**Parasite** (परजीवी)
- ❑ A general pardon for offenders—**Amnesty** (क्षमादान)
- ❑ To destroy completely—**Annihilate** (विध्वंस)
- ❑ One who collects postage stamps—**Philatelist** (टिकट-संग्राहक)
- ❑ One who walks in sleep—**Somnambulist** (निद्राचर)
- ❑ One who lends money at exorbitant interest—**Usurer** (सूदखोर)
- ❑ Lack of blood—**Anaemia** (रक्ताल्पता)

समूहवाचक शब्द (Words denoting collection)

लोगों की भीड़	A crowd of people
जहाजों का बेड़ा	A fleet of ships
द्वीपों का समूह	A group of islands
मक्खियों का झुंड	A swarm of flies
अंगूरों का गुच्छा	A bunch of grapes
फूलों का गुलदस्ता	A bouquet of flowers
यात्रियों का काफिला	A caravan of travellers
घोड़ों की टुकड़ी	A troop of horses
पक्षियों का झुंड	A flight of birds
भेड़ों का झुंड	A flock of sheep
मवेशियों का झुंड	A herd of cattle
चाबियों का गुच्छा	A bunch of keys
लकड़ियों का गट्ठा	A bundle of sticks
पहाड़ों की शृंखला	A chain of mountains
भेड़ियों का झुंड	A pack of wolves

प्राणियों की आवाजें (Sounds)

कौओं का काँव-काँव करना	To caw
बतखों का कैं-कैं करना	To quack
मेढकों का टर्र-टर्र करना	To croak
गधों का रेंकना	To bray
मक्खियों/मधुमक्खियों का भिनभिनाना	To hum/buzz
मुरगे का कुकड़ूँ कूँ करना/बाँग देना	To crow
उल्लुओं का हुँ-हुँ करना	To hoot
चिड़ियों का चहचहाना	To chirp
बिल्लियों का म्याऊँ-म्याऊँ करना	To mew
मवेशियों का रँभाना	To low
कुत्तों का भौंकना	To bark
कबूतरों का गुटर-गूँ करना	To coo
भेड़ों/बकरियों का मिमियाना	To bleat
भालुओं का गुर्राना	To growl
हाथियों का चिंघाड़ना	To trumpet
चूहों का चीं-चीं करना	To squeak
बुलबुलों का गाना गाना	To sing
तोते का टाँय-टाँय करना	To talk
बाजों का चीखना	To scream
घोड़े का हिनहिनाना	To neigh
शेरों का दहाड़ना	To roar
सूअरों का घुरघुराना	To grunt
साँपों का फुफकारना	To hiss

❑

परिशिष्ट–II
(Appendix-II)

रिश्ते (Relations)

हिंदी	अंग्रेजी	
माताजी या माँ	Mother	मदर
पिताजी	Father	फादर
बाबा या नाना	Grandfather	ग्रांडफादर
दादी या नानी	Grandmother	ग्रांडमदर
पत्नी	Wife	वाइफ
पति	Husband	हसबेंड
मामा, चाचा, ताऊ आदि	Uncle	अंकल
चाची, ताई, मामी, मौसी आदि	Aunt	आंट
चचेरी, ममेरी, फुफेरी बहन	Cousin sister	कजिन सिस्टर
चचेरे, ममेरे, फुफेरे भाई	Cousin brother	कजिन ब्रदर
ननद, भाभी, साली आदि	Sister-in-law	सिस्टर-इन-लॉ
जीजा, साला, साढ़ू आदि	Brother-in-law	ब्रदर-इन-लॉ
मित्र या दोस्त	Friend	फ्रेंड
छोटा बच्चा	Child	चाइल्ड
महोदया	Madam	मैडम
महोदय या श्रीमानजी	Sir	सर

अभिवादन व विदाई के शब्द
(Words for Salutation and Departure)

अंग्रेजी में छोटों-बड़ों और बराबर वालों अर्थात् सभी के लिए समान रूप से एक ही प्रकार का अभिवादन प्रचलित है। शुभ प्रभात, शुभ मध्याह्न, शुभ दोपहर तथा शुभ संध्या (समयानुसार)। यह चार तरह से व्यक्त किया जाता है।

अभिवादन हेतु :

प्रातःकाल *(Morning)* 11 बजे तक

Good morning! गुड मॉर्निंग! सुप्रभात/शुभ प्रभात!

[इसका कोई पक्का नियम नहीं है। यह 12 बजे या उसके बाद तक भी सुनने को मिलता रहता है।]

दोपहर *(Noon)* एक बजे तक

Good noon! गुड नून! शुभ मध्याह्न!

दोपहर के बाद *(Afternoon)* 1 से 5 बजे तक

Good afternoon! गुड आफ्टरनून! शुभ दोपहर!

सायंकाल *(Evening)* से मध्य रात्रि *(Midnight)* तक

Good evening! गुड ईवनिंग! शुभ संध्या!

अभिवादन के कुछ अन्य रूप

उपर्युक्त परंपरागत अभिवादनों के साथ ही आजकल 'गुड डे', 'हैलो' तथा 'हाए' जैसे शब्द भी अभिवादन के रूप में काफी चल रहे हैं।

Good day! गुड़ डे!
Hello! हैलो!
Hi! हाए!

विदाई हेतु :

शुभ रात्रि अर्थात् गुड नाइट *(Good night)*

उसी दिन यदि दोबारा मिलने की आशा न हो तब विदा लेते समय गुड नाइट कहा जाता है, चाहे दोपहर का समय ही क्यों न हो।

शुभ रात्रि/अब आज्ञा दीजिए/अब चलें! Good night! गुड नाइट!

दोबारा मिलने की आशा या अनुरोध के लिए

अच्छा, फिर मिलेंगे! See you again!
कृपया फिर आइएगा! Please do come again!
अच्छा, अब कल मिलेंगे! See you tomorrow!
चलते हैं, फिर मिलेंगे! Bye-bye, see you again!
ठीक है, कल फिर मिलेंगे! Ok, see you tomorrow!

विदाई के अन्य सामान्य वाक्य

अच्छा, अब चलते हैं !	Good bye!
मित्रों व बराबर वालों को	Ok, bye-bye!
बालकों से	Bye-bye!

बातचीत में शिष्टाचार
(Etiquettes)

शिष्टाचार के शब्द *(Words denoting Manners)*

शिष्टाचार के लिए अंग्रेजी में अनेक वाक्य या वाक्यांश हैं, परंतु उनमें से अधिकांश इन्हीं निम्न शब्दों पर आधारित हैं:

कृपया।	Please.	प्लीज।
कृपा करके।	Kindly.	काइंडली।
कृपया क्षमा करें।	Excuse me.	एक्सक्यूज मी।
क्षमा कीजिए।	Pardon.	पार्डन।
आपका धन्यवाद।	Thank you.	थैंक यू।
धन्यवाद।	Thanks.	थैंक्स।
मुझे खेद है।	Sorry/Sorry sir.	सॉरी/सॉरी सर।
कोई बात नहीं।	No mention.	नो मेंशन।
आपका स्वागत है।	You are welcome.	यू आर वेल्कम।
जैसी आपकी मरजी।	As you please.	ऐज यू प्लीज।
जैसा आप चाहें।	As you like.	ऐज यू लाइक।
कहिए जनाब।	Yes please.	यस प्लीज।
मेरा सौभाग्य है।	My pleasure.	माई प्लेजर।

[Sorry (मुझे खेद है) आजकल एक सामान्य शब्द की तरह प्रयुक्त किया जाने लगा है, चाहे कहनेवाले की कोई गलती हो या न हो। इसी तरह किसी बातचीत में रुकावट पैदा करने या अपनी तरफ से कुछ जोड़ने के लिए Excuse me का प्रयोग होने लगा है। जहाँ तक Pardon की बात है, यह क्षमा माँगने या किसी की बात उससे दुबारा सुनने के लिए प्रयुक्त किया जाता है।]

धन्यवाद एवं आभार व्यक्त करना *(Thanks and Gratitudes)*

शुक्रिया अर्थात् धन्यवाद।	Thanks.	थैंक्स।
आपको/आपका धन्यवाद।	Thank you.	थैंक यू।
आपको बहुत-बहुत धन्यवाद।	Thank you very much.	थैंक यू वेरी मच।
आपका बहुत-बहुत धन्यवाद।	Many many thanks to you.	मेनी-मेनी थैंक्स टु यू।
मैं आपका हृदय से शुक्रगुजार हूँ।	I am really thankful to you.	आई एम रिअली थैंकफुल टु यू।
मैं आपका आभारी हूँ।	I am grateful to you.	आई एम ग्रेटफुल टु यू।
आपकी बहुत मेहरबानी है।	It is very kind of you.	इट इज वेरी काइंड ऑफ यू।
मैं आपका हृदय से आभारी हूँ।	I am really grateful to you.	आई एम रिअली ग्रेटफुल टु यू।

धन्यवाद के उत्तर में *(Replies to Thanks)*

कोई बात नहीं।	No mention.	नो मेंशन।
ठीक है, श्रीमानजी।	All right, sir.	ऑल राइट, सर।
बहुत अच्छा जी।	It is fine.	इट इज फाइन।
धन्यवाद जैसी कोई बात नहीं।	It is all right.	इट इज ऑल राइट।

यदि आपके द्वारा किसी का कोई कार्य किए जाने पर आपको धन्यवाद दिया जा रहा है तो इसका प्रत्युत्तर निम्नवत् होगा :

आपका कार्य करके मुझे खुशी हुई है।	It is my pleasure, sir.	इट इज माइ प्लेजर, सर।
मैं सदैव आपकी सेवा में तत्पर रहूँगा।	You are always welcome.	यू आर ऑलवेज वेलकम।
कोई और सेवा बतलाइए।	You are welcome, dear.	यू आर वेलकम, डियर।

कृपया का प्रयोग *(Use of Please)*

जी हाँ या हाँ जी।	Yes, please.	यस, प्लीज।
अंदर आइए।	Please come in.	प्लीज कम इन।
कृपया बैठिए।	Please be seated.	प्लीज बी सीटेड।

क्षमा-याचना या खेद व्यक्त करना *(Using Sorry)*

मुझे क्षमा करें।	Sorry.	सॉरी।
मुझे दुःख है।	I am sorry.	आई एम सॉरी।
श्रीमानजी, मुझे खेद है।	Sorry, sir.	सॉरी सर।
मुझे वास्तव में दुःख है।	I am really sorry.	आई एम रिअली सॉरी।
मुझे बहुत अधिक खेद है।	I am extremely sorry.	आई एम एक्स्ट्रीमली सॉरी।
कृपया क्षमा करें।	Pardon, please.	पार्डन, प्लीज।

हालचाल जानना तथा इनके उत्तर

प्रश्न : आप कैसे हैं ? (पहली बार के परिचय पर)	How do you do?	हाउ डू यू डू ?
प्रश्न : श्रीमानजी, आप कैसे हैं ?	Sir, how do you do?	सर, आप कैसे हैं ?
प्रश्न : आप कैसे हैं ? (पूर्व परिचित से)	How are you?	हाउ आर यू ?
पहला प्रश्नकर्ता :		
आपकी तरह (प्रसन्न) हूँ।	Same as you, dear.	सेम ऐज यू, डियर।
पूर्णत: अच्छी तरह हूँ।	Quite well, sir.	क्वाइट वेल, सर।
ठीक हूँ, तुम कैसे हो ?	Fine dear, and you?	फाइन डियर, एंड यू ?

व्यवहार में शिष्टाचार

(Behaviour and Etiquettes)

पूछना :

महाशय, क्या मैं अंदर आ सकता हूँ?	May I come in, please?	मे आई कम इन, प्लीज?
श्रीमानजी, क्या मैं अंदर आ सकता हूँ?	May I come in, sir?	मे आई कम इन, सर?
मैडम, क्या मैं अंदर आ सकता हूँ?	May I come in, madam?	मे आई कम इन, मैडम?

उत्तर देना :

जी हाँ, कृपया अंदर आइए।	Yes, please come in.	यस, प्लीज कम इन।
अंदर आने की कृपा कीजिए।	Please come in.	प्लीज कम इन।
खुशी के साथ आइए।	With great pleasure, sir.	विद ग्रेट प्लेजर, सर।
अवश्य आइए।	Of course.	ऑफ कोर्स।

किसी बात को दोबारा कहने के लिए

कृपया दोबारा कहिए!	Pardon, please.	पार्डन, प्लीज।
मैं क्षमा प्रार्थी हूँ!	I beg your pardon, sir.	आई बेग योर पार्डन, सर।

व्यवधान डालना

मुझे क्षमा करें।	Excuse me.	एक्सक्यूज मी।

सहायता, सहयोग करने के लिए

क्या आपको मेरी मदद चाहिए?	May I help you?	मे आइ हेल्प यू?
क्या मैं आपकी सहायता करूँ?	May I help you, sir?	मे आइ हेल्प यू, सर?
मुझे सहायता करने की अनुमति दीजिए।	Please allow me to help you.	प्लीज, अलाउ मी टु हेल्प यू।

मना करना

सॉरी सर या सॉरी डियर	Sorry, sir or Sorry, dear.	

शिष्टाचार के विविध वाक्य

नहीं जी (जी नहीं)।	No, please.	नो, प्लीज।
और नहीं।	No more, thank you.	नो मोर, थैंक यू।
कॉफी लीजिए/दीजिए।	Coffee, please.	कॉफी, प्लीज।
ठंडा लीजिए/दीजिए।	Cold drink, please.	कोल्ड ड्रिंक, प्लीज।
छुट्टा लीजिए/दीजिए।	Change, please.	चेन्ज, प्लीज।
असुविधा के लिए खेद है।	Sorry for interruption.	सॉरी फॉर इंटरप्शन।
कष्ट के लिए खेद है।	Sorry for trouble.	सॉरी फॉर ट्रबल।
बिलकुल ठीक है।	Perfectly all right.	परफेक्टली ऑल राइट।
वास्तव में मैं खुश हूँ।	I am Really happy.	आई एम रिअली हैप्पी।

क्या मैं यहाँ बैठ सकता हूँ?	May I sit here, please?	मे आई सिट हियर, प्लीज?
कृपया यहाँ बैठिए।	Please take your seat.	प्लीज टेक योर सीट।
क्या आप थोड़ा खिसकेंगे?	Will you please move a little?	विल यू प्लीज मूव ए लिटिल?
कष्ट के लिए क्षमा करें।	Sorry for the inconvenience.	सॉरी फॉर दि इन्कन्वीनिअंस।
आपसे मिलकर खुशी हुई।	Glad to meet you.	ग्लैड टु मीट यू।
आपकी अच्छी सलाह के लिए धन्यवाद।	Thanks for your kind advice.	थैंक्स फॉर योर काइंड एडवाइस।
मैं पूरी कोशिश करूँगा।	I will try my level best.	आइ विल ट्राई माइ लेवल बेस्ट।
कृपया मुझे निकलने के लिए थोड़ा रास्ता दीजिए।	Please make a little room.	प्लीज मेक ए लिटिल रूम।
आप कितने अच्छे आदमी हैं!	What a good man you are!	व्हॉट ए गुड मैन यू आर!
मैंने मिलने का समय दिया था, परंतु मैं आ नहीं सका, मुझे माफ करें।	I am sorry; I could not make it that day.	आइ एम सॉरी, आइ कुड नॉट मेक इट दैट डे।
अपने काम में मेरी मदद ले लीजिए।	Let me also help you.	लेट मी ऑल्सो हैल्प यू।
क्या मैं आपका थोड़ा समय ले सकता हूँ?	Could you spare a few moments for me?	कुड यू स्पेयर ए फ्यू मोमेंट्स फॉर मी।
आराम से बैठिए।	Please make yourself comfortable.	प्लीज, मेक योरसेल्फ कंफर्टेबल।
मेरी ओर से उनसे क्षमा माँग लेना।	Please beg my apologies.	प्लीज बेग माइ एपॉलॉजीस।
यह सब मेरी गलती से हुआ है।	It was all my mistake.	इट वाज ऑल माई मिस्टेक।
कृपया धीमे बोलिए।	Will you please speak slowly?	विल यू प्लीज स्पीक स्लोली?
मुझे कुछ कहना है। कृपया आज्ञा दें।	Please allow me to say.	प्लीज एलाउ मी टु से।
मेरी बात ध्यान से सुनिए।	Listen to me.	लिसिन टु मी।
क्षमा कीजिए, मुझे आने में देर हो गई।	I am sorry; I got little late.	आई एम सॉरी, आइ गॉट लिटिल लेट।

प्रश्न पूछने हेतु वाक्य *(Asking questions)*

क्या आपने मुझे बुलाया था?	Had you asked for me?	हैड यू आस्क्ड फॉर मी?
आप कहाँ रहते हैं?	Where do you live?	व्हेअर डू यू लिव?
आपके पिताजी क्या (करते) हैं?	What is your father?	व्हॉट इज योर फादर?
अब हम कहाँ जाएँ?	Where do we go now?	व्हेअर डू वी गो नाउ?
क्या यह सच हो सकता है?	Can it be true?	कैन इट बी ट्रू?
उसका क्या मतलब हो सकता है?	What could he/she mean?	व्हाट कुड ही/शी मीन?
क्या आज कोई डाक नहीं आई?	Is there no mail today?	इज देअर नो मेल टुडे?
आपकी उम्र क्या है?	What is your age?	व्हॉट इज योर एज?
आप कितने साल के हैं?	How old are you?	हाऊ ओल्ड आर यू?
कौन परवाह करता है?	Who cares?	हू केयर्स?

आपके कितने भाई और बहनें हैं ?	How many brothers and sisters do you have?	हाउ मेनी ब्रदर्स ऐंड सिस्टर्स डू यू हैव ?
आप मेरे बारे में क्या जानते हैं ?	What do you know about me?	व्हाट डू यू नो अबाउट मी ?
क्या तुम सुन सकते हो कि वह क्या कह रहा है ?	Can you hear what he is saying?	कैन यू हिअर व्हाट ही इज सेइंग ?
क्या यह सारा सामान आपका है ?	Are all these articles yours?	आर ऑल दीज आर्टिकल्स योर्स ?
क्या आपने यह बात स्पष्ट कर दी है ?	Have you made this matter clear?	हैव यू मेड दिस मैटर क्लिअर ?
क्या तुम्हें पता है, यहाँ कौन रहता है ?	Do you know who lives here?	डू यू नो हू लिव्स हिअर ?
आप किससे बात कर रहे हैं ?	Whom are you speaking to?	हूम आर यू स्पीकिंग टु ?

अकसर बोले जानेवाले वाक्य *(Frequently used phrases)*

सावधान रहो।	Be careful/Be cautious.	बी केअरफुल/बी कॉशियस।
धीरे चलो।	Go slowly/Walk slowly.	गो स्लोली/वॉक स्लोली।
बाहर इंतजार करो।	Wait outside	वेट आउटसाइड।
सुनो।	Listen.	लिसन।
तैयार हो जाओ।	Be ready/Get ready.	बी रेडी/गेट रेडी।
चुप रहो।	Keep quiet.	कीप क्वाइट।
जैसी आपकी मरजी।	As you like/As you please.	एज यू लाइक/एज यू प्लीज।
कल मिलेंगे।	See you tomorrow.	सी यू टुमॉरो।
हाँ, जरूर।	Yes, by all means!	यस, बाई ऑल मीन्स!
ध्यान रखना।	Take care.	टेक केअर।
आइए!	Welcome.	वेलकम।
कोई खास बात नहीं।	Nothing special.	नथिंग स्पेशल।
भरोसा रखें।	Rest assured.	रेस्ट अश्योर्ड।

वार्त्तालाप
(Conversation)

सुबह की संभावित बातचीत
(Morning Talks)

माँ : मोंटी, जल्दी उठो; छह बज गए हैं।	Monty, get up now, it's six o'clock.
मोंटी : मम्मीजी, नमस्ते।	Good morning, mummy.
माँ : जल्दी बिस्तर छोड़ो और अपने दाँत तथा मुँह साफ करो।	Get up now; wash your face and clean your teeth.
मोंटी : अच्छा मम्मी, मैंने दाँत व मुँह साफ कर लिये हैं।	Ok mummy. I have washed my face and cleaned my teeth.
माँ : अच्छा बेटे, अब दूध भी ले लो।	Good boy. Now, take your milk.
मोंटी : अच्छा मम्मी।	Ok mummy.
माँ : अब अपनी स्कूल-ड्रेस और जूते पहन लो।	Now wear your school dress and shoes.
मोंटी : मम्मीजी, मेरी स्कूल-ड्रेस कहाँ हैं ?	Mummy, where is my school dress?
माँ : यह लो अपनी स्कूल-ड्रेस और जल्दी तैयार हो जाओ।	Here is your school dress and get ready fast.
मोंटी (थोड़ी देर बाद) : मम्मी, मैं तैयार हूँ।	Mummy, I am ready.
माँ : स्कूल बस का इंतजार करो।	Wait for the school bus.
मोंटी : ठीक है, मम्मी।	Yes, mummy.

धोबी के साथ बातचीत
(With a Washerman)

धोबी : बीबीजी, अपने कपड़े ले लीजिए।	Madam, take your clothes.
रमा : कितने कपड़े हैं ?	How many clothes are there?
धोबी : दो साड़ी, दो कुरते और दो पैंट हैं।	Two sarees, two shirts and two trousers.
रमा : लाओ, देखूँ।	Let me check.
धोबी : अवश्य।	Sure Madam.
रमा : ठीक हैं ! कितने पैसे हुए ?	Clothes are ok. What is the amount to be paid?
धोबी : बीबीजी, सिर्फ पंद्रह रुपए।	Madam, fifteen rupees only.
रमा : यह लो।	Take it.

किसी बच्चे से बातचीत
(With a Child)

चिन्मय : बेटे, तुम्हारा नाम क्या है ?	What is your name, son?
चिंटू : मेरा नाम चिंटू है।	My name is Chintu.

चिन्मय :	तुम किस स्कूल में पढ़ते हो ?	In which school do you study?
चिंटू :	मैं बाल भारती स्कूल में पढ़ता हूँ।	I study in Bal Bharati School.
चिन्मय :	यह स्कूल कहाँ है ?	Where is this school?
चिंटू :	यह मॉडल टाउन में है।	It is in Model Town.
चिन्मय :	तुम किस कक्षा में पढ़ते हो ?	In which class do you study?
चिंटू :	मैं तीसरी कक्षा में पढ़ता हूँ।	I study in the third class.
चिन्मय :	तुम्हारे कक्षा अध्यापक कौन हैं ?	Who is your class teacher?
चिंटू :	हमारे कक्षा अध्यापक श्री तिवारी हैं।	Our class teacher is Mr. Tewari.
चिन्मय :	तुम्हारी कक्षा में कितने विद्यार्थी हैं ?	How many students are there in your class?
चिंटू :	हमारी कक्षा में तीस विद्यार्थी हैं।	There are thirty students in our class.
चिन्मय :	तुम्हारा शौक क्या है ?	What is your hobby?
चिंटू :	पेंटिंग मेरा शौक है।	Painting is my hobby.
चिन्मय :	स्कूल में तुम्हारा सबसे अच्छा दोस्त कौन है ?	Who is your best friend in school?
चिंटू :	रमेश मेरा सबसे अच्छा दोस्त है।	Ramesh is my best friend.
चिन्मय :	तुम्हें अपना स्कूल कैसा लगता है ?	How do you like your school?
चिंटू :	मुझे अपना स्कूल बहुत अच्छा लगता है।	I like my school very much.
चिन्मय :	तुम्हारे पिताजी का क्या नाम है ?	What is your father's name?
चिंटू :	मेरे पिताजी का नाम श्री राधेश्याम है।	My father's name is Shri Radheyshyam.
चिन्मय :	तुम्हारे पिताजी क्या काम करते हैं ?	What is your father?
चिंटू :	मेरे पिताजी वकील हैं।	My father is an advocate.
चिन्मय :	तुम्हारे कितने भाई हैं ?	How many brothers do you have?
चिंटू :	मेरा केवल एक छोटा भाई है।	I have only one younger brother.
चिन्मय :	तुम्हारी कितनी बहनें हैं ?	How many sisters do you have?
चिंटू :	मेरी कोई बहन नहीं है।	I have no sister.
चिन्मय :	तुम्हारी माताजी क्या करती हैं ?	What is your mother?
चिंटू :	मेरी माताजी घरेलू महिला हैं।	My mother is a homemaker.
चिन्मय :	तुम जीवन में क्या बनना चाहते हो ?	What do you want to become in life?
चिंटू :	मैं डॉक्टर बनना चाहता हूँ।	I want to become a doctor.
चिन्मय :	तुम अच्छे लड़के हो।	You are a good boy.
चिंटू :	धन्यवाद अंकल !	Thank you uncle!

दरजी से बातचीत
(Talking to a Tailor)

सोहन	: मेरे सूट के लिए कितना कपड़ा लगेगा ?	How much cloth will be required for my suit?
दर्जी	: सवा तीन मीटर।	Three and a quarter metres only.
सोहन	: सूट कितने दिन में तैयार कर दोगे ?	When will you get the suit ready?
दर्जी	: कम-से-कम एक हफ्ता चाहिए।	It will take at least one week to stitch.
सोहन	: ठीक है, समय पर दे देना।	Ok, please deliver it on time.

दावत में जाते समय
(Going to a Party)

गीता : (फोन पर) हैलो मीता! क्या हाल हैं?	Hello Meeta! how are you?
मीता : मैं बिलकुल ठीक हूँ और तुम?	I am quite well, what about you?
गीता : मैं भी ठीक हूँ। तुम यहाँ कब आ रही हो?	Same as you. When are you coming here?
मीता : मैं आज लीना के जन्मदिन की पार्टी में जा रही हूँ।	Today, I am going to Leena's birthday party.
गीता : ओह! मैं भी वहीं जा रही हूँ।	Oh! I am also going there.
मीता : तब तो बहुत अच्छा है। जल्दी आओ, हमारे साथ चलो।	Very good. Then come on fast. I shall take you with me.
गीता : ठीक है। धन्यवाद।	All right, thank you.
मीता : इस पैकेट में क्या है?	What is there in this packet?
गीता : यह लीना के लिए जन्मदिन का उपहार है।	It's a birthday present for Leena.
मीता : परंतु मुझे तो अभी उपहार खरीदना है।	But I have still to purchase a present.
गीता : तुम उपहार अनारकली गिफ्ट सेंटर से खरीद सकती हो।	Ok, you can buy the present from Anarkali Gift Centre.
मीता : यह कहाँ है?	Where is it?
गीता : यह लीना के घर की ओर जाते समय रास्ते में ही है।	It's on our way to Leena's house.
(गिफ्ट सेंटर के पास पहुँचकर वे दोनों रुकती हैं। मीता दुकान के अंदर चली जाती है।)	(Both of them stop at the gift centre. Meeta gets inside the shop to purchase a present.)
मीता : लो, मैं अपना उपहार ले आई हूँ।	Here I am with my present.
गीता : ओह! बहुत अच्छा। यह तो बहुत सुंदर उपहार है।	Oh! very nice. It's an excellent present.
मीता : हम पहुँच गए हैं।	We have reached now.
गीता : ओह! कितनी सुंदरता से सजाया गया है!	Oh! how beautifully the house has been decorated!
मीता : हाँ, वास्तव में, यह सजावट बहुत ही सुंदर है।	Yes, it is really a very beautiful decoration.

स्वास्थ्य के संबंध में पूछताछ
(Enquiring about Health)

आकाश : हैलो, आप कैसे हैं?	Hello! how are you?
मुकेश : मुझे जुकाम है।	I have caught cold.
आकाश : क्या आपने डॉक्टर को दिखाया?	Have you consulted the doctor?
मुकेश : हाँ, डॉ. माथुर ने इलाज शुरू कर दिया है।	Yes, Dr. Mathur has started the treatment.
आकाश : और कोई परेशानी?	Ok, any other problem?

मुकेश	: डॉ. माथुर का कहना है, मेरे गुर्दे ठीक से काम नहीं कर रहे हैं।	Dr. Mathur says that my kidneys are not functioning properly.
आकाश	: अब आपकी पत्नी की तबीयत कैसी है?	How is your wife now?
मुकेश	: वह पहले से ठीक है।	She is better now.
आकाश	: किस डॉक्टर का इलाज चल रहा है?	Who is treating her?
मुकेश	: डॉ. राठी का। वे अच्छे डॉक्टर हैं।	Dr. Rathi. He is a good doctor.
आकाश	: क्या राठी के इलाज से आपको संतोष है?	Are you satisfied with Dr. Rathi's treatment?
मुकेश	: हाँ, वे एक काबिल डॉक्टर हैं। उन्होंने मेरे बेटे का भी इलाज किया था।	Yes, he is an able doctor. He had treated my son also.
आकाश	: हाँ, मुझे भी बाद में मालूम हुआ था।	Yes, I too came to know later.
मुकेश	: चिंता न करें, सब ठीक हो जाएगा।	Don't worry, all will be well.

अध्यापक व छात्र की बातचीत
(Teacher and Student)

छात्र	: सुप्रभात, सर।	Good morning, sir.
अध्यापक	: सुप्रभात।	Good morning.
छात्र	: क्या मैं अंदर आ सकता हूँ, सर?	May I come in, sir?
अध्यापक	: हाँ, तुम्हारा नाम क्या है?	Yes, what is your name?
छात्र	: मेरा नाम शोभित है।	My name is Shobhit.
अध्यापक	: क्या तुमने अपनी फीस जमा कर दी है?	Have you deposited your fees?
छात्र	: जी, हाँ।	Yes sir, I have.
अध्यापक	: क्या तुम हिंदी नहीं जानते हो?	Do you not know Hindi?
छात्र	: नहीं सर, मैं अच्छी हिंदी सीखना चाहता हूँ।	No sir, I want to learn good Hindi.
अध्यापक	: क्या तुम वास्तव में अपनी हिंदी सुधारना चाहते हो?	Do you really want to improve your Hindi?
छात्र	: जी सर।	Yes sir.
अध्यापक	: यदि तुम मेहनत करो तो बहुत जल्दी अपनी हिंदी सुधार लोगे।	If you work hard, you will improve your Hindi very soon.
छात्र	: इसमें कितना समय लगेगा?	How much time will it take?
अध्यापक	: यह तुम पर निर्भर करता है।	It depends on you.
छात्र	: समझा नहीं, सर।	I could not make out, sir.
अध्यापक	: यदि तुम नियमित अभ्यास करो तो जल्दी ही सीख जाओगे।	If you practise regularly, you will learn quickly.
छात्र	: सर, आप कब से मुझे पढ़ाना शुरू करेंगे?	Sir, when will you start to teach me?
अध्यापक	: अगले सोमवार से।	From next Monday.

दुकान पर
(At a Shop)

ग्राहक	: श्रीमान, क्या आपके पास गेहूँ है ?	Sir, do you have wheat?
दुकानदार	: हाँ, अगर आपको पसंद हो तो ले लीजिए।	Yes, there is. If it serves your purpose, take it.
ग्राहक	: नहीं, यह अच्छा नहीं है।	No, it is not of good quality.
दुकानदार	: हमारे पास अच्छी किस्म का गेहूँ भी है, लेकिन उसका मूल्य कुछ ज्यादा है।	We have some wheat of good quality also but it is available at higher rate.
ग्राहक	: ठीक है, मुझे वही दे दीजिए।	All right, give me that quality.
दुकानदार	: लीजिए। क्या आपको चावल और चीनी भी चाहिए ?	Take it please. Do you want rice and sugar also?
ग्राहक	: हाँ, पाँच किलो चावल तथा दो किलो चीनी।	Yes, 5 kilograms of rice and 2 kilograms of sugar.
दुकानदार	: ये लीजिए।	Take it.
ग्राहक	: ये लीजिए पैसे।	Have the amount, please.
दुकानदार	: बहुत शुक्रिया।	Thank you very much.

टेलीफोन पर
(On Telephone)

श्याम	: हैलो !	Hello...Hello.
शिखा	: हैलो, मैं शिखा हूँ। आप कौन ?	Hello, I am Shikha. Who is speaking?
श्याम	: हैलो शिखा, मैं श्याम बोल रहा हूँ।	Hello Shikha, Shyam speaking.
शिखा	: तुम कहाँ से बोल रहे हो ?	From which place are you speaking?
श्याम	: इंडिया गेट से। तुम क्या कर रही हो ?	From the India Gate. What are you doing?
शिखा	: मैं एक मैगजीन पढ़ रही हूँ।	I am reading a magazine.
श्याम	: तुमने परीक्षा की तैयारी अच्छी तरह से कर ली ?	Have you prepared well for your exams?
शिखा	: नहीं, बहुत अच्छी तरह तो नहीं, पर मुझे भरोसा है कि सफल हो जाऊँगी।	No, not very well, but I am sure I will get through.
श्याम	: मुंबई पहुँचने पर मुझे सूचित कर देना, ताकि मैं तुम्हें लेने आ सकूँ।	Please inform me when you reach Mumbai so that I may receive you.
शिखा	: यह ठीक रहेगा।	That's fine.
श्याम	: ठीक है। सफलता के लिए मेरी शुभकामनाएँ।	Ok, all the best for your success.

दुकान में
(In a Shop)

दुकानदार	:	मैं आपकी क्या सेवा करूँ, श्रीमानजी ?	Sir, may I help you?
विमल	:	मुझे एक पर्स चाहिए।	I want a purse.
दुकानदार	:	अच्छा, कृपया आप बाईं तरफ के शोकेस में देख लीजिए।	Ok sir, please look in the left-side show-case.
विमल	:	क्या आप लाल रंग का वह पर्स दिखाएँगे ?	Would you show me the red-coloured purse?
दुकानदार	:	क्यों नहीं। यह रही आपकी पसंद।	Yes sir, here it is.
विमल	:	बिल दीजिए।	Please give me the bill.
दुकानदार	:	केवल पचास रुपए दीजिए।	Please pay fifty rupees only.
विमल	:	कृपया यह लीजिए।	Please have it.
दुकानदार	:	श्रीमानजी, और सेवा बताएँ।	Sir, any other thing.
विमल	:	कृपया एक अच्छा खिलौना दिखाइए।	Please show me a good toy.
दुकानदार	:	अच्छा सर! आप इस पर कितना खर्च करना चाहेंगे ?	Ok sir. How much would you like to spend on it?
विमल	:	इसके लिए पैसे की कोई बात नहीं है।	Money is no consideration for it.
दुकानदार	:	सर, यह खिलौनों का सेक्शन है। कृपया कोई भी खिलौना छाँट लीजिए।	Sir, this is Toys section, please select anyone.
विमल	:	मैं नई डिजाइन की एक कार लेना चाहता हूँ।	I want to purchase a car of new design.
दुकानदार	:	ठीक है सर, यह लीजिए नई डिजाइन की कार।	Ok sir, this is a car in a new design.
विमल	:	इसकी क्या कीमत है ?	What is its price?
दुकानदार	:	सर, केवल दो सौ रुपए।	Sir, two hundred rupees only.
विमल	:	यह लीजिए।	Take it, please.

साक्षात्कार में
(In an Interview)

उम्मीदवार	:	मेरा नाम संत कुमार है, मुझे इंटरव्यू में बुलाया गया है।	My name is Sant Kumar. I have been called for an interview.
क्लर्क	:	ठीक है महोदय, इनके बाद आपका ही नंबर है।	Right sir, it is your turn after him.
उम्मीदवार	:	ठीक है, मैं ठीक समय पर पहुँचा हूँ।	Ok, I have reached in time.
क्लर्क	:	कृपया जाइए, अब आपको अंदर बुलाया जा रहा है।	Please go inside, you are being called now.
उम्मीदवार	:	श्रीमानजी, क्या मैं अंदर आ सकता हूँ ?	Sir, may I come in?
अधिकारी	:	हाँ, आइए।	Yes, come in.
उम्मीदवार	:	नमस्ते सर, मैं संत कुमार।	Good morning sir, I am Sant Kumar.

अधिकारी :	मिस्टर संत कुमार, कृपया बैठ जाइए।	Mr. Sant Kumar please sit down.
अधिकारी :	आपने किस पद के लिए आवेदन किया है ?	For what post have you applied?
उम्मीदवार :	सर, मैंने ग्राफिक डिजाइनर पद के लिए आवेदन किया है।	Sir, I have applied for the post of Graphic Designer.
अधिकारी :	आपकी शैक्षिक योग्यता क्या है ?	What is your educational qualification?
उम्मीदवार :	सर, मैंने इलाहाबाद विश्वविद्यालय से बी.ए. पास किया है।	Sir, I have passed my B.A. from Allahabad University.
अधिकारी :	बी.ए. में तुम्हारे क्या विषय थे ?	What were your subjects in B.A.?
उम्मीदवार :	सर, मेरे विषय थे—अंग्रेजी, इतिहास और राजनीतिशास्त्र।	Sir, my subjects were English, History and Political Science.
अधिकारी :	आपने ग्राफिक डिजाइनर का कोर्स कहाँ से किया है ?	From which institute have you completed your Graphic Designing course?
उम्मीदवार :	सर, मैंने एन.आई.आई.टी., इलाहाबाद से यह कोर्स किया है।	Sir, I have done it from NIIT, Allahabad.
अधिकारी :	इस क्षेत्र में आपको कोई पहले का अनुभव है ?	Do you have any experience in this field?
उम्मीदवार :	जी हाँ सर, मुझे एक साल का अनुभव है।	Yes sir, I have got one year experience.
अधिकारी :	क्या आप इस समय कहीं काम कर रहे हैं ?	Are you working at the moment?
उम्मीदवार :	जी हाँ सर, पिछले एक वर्ष से मैं एक फर्म में काम कर रहा हूँ।	Yes sir, I have been serving in a firm for the last one year.

विवाह संबंधी वार्त्तालाप

(About the Marriage)

श्रीवास्तव :	हैलो! प्रधानजी नमस्ते! आप कैसे हैं ?	Hello Mr. Pradhan, how are you?
प्रधानजी :	मैं बिलकुल ठीक हूँ, धन्यवाद।	I am quite well, thank you.
श्रीवास्तव :	आपसे मिलकर बड़ी खुशी हुई।	I am glad to see you.
प्रधानजी :	खुशी की बात मेरे लिए है।	The pleasure is mine.
श्रीवास्तव :	यह मेरी पत्नी रश्मि है।	This is my wife, Rashmi.
प्रधानजी :	नमस्कार रश्मिजी, आपका स्वागत है।	Hello Rashmiji, welcome.
श्रीवास्तव :	प्रधानजी, हम आपसे कुछ मदद माँगने आए हैं।	Mr. Pradhan, we have come to take your help.
प्रधानजी :	जी हाँ, कहिए, मैं आपके लिए क्या कर सकता हूँ ?	Yes, what can I do for you?
श्रीवास्तव :	आपके ऑफिस में विपुल हैं, क्या आप उन्हें जानते हैं ?	Do you know Mr. Vipul in your office?
प्रधानजी :	जी हाँ, वे मेरे अच्छे मित्र हैं।	Yes, he is my good friend.
श्रीवास्तव :	क्या आप उनके परिवार के बारे में जानकारी रखते हैं ?	Do you know about his family?
प्रधानजी :	जी हाँ, मैं उन सबको बहुत अच्छी तरह से जानता हूँ।	Yes, I know them very closely.

श्रीवास्तव	: वास्तव में, विपुलजी अपने पुत्र के लिए मेरी पुत्री शीला से संबंध के बारे में चर्चा करना चाहते हैं।	In fact, Vipulji wants to consider a match for his son with my daughter Sheela.
प्रधानजी	: तो ये बात है।	Oh, I see.
श्रीवास्तव	: आप उनके पुत्र एवं परिवार के बारे में कुछ बताएँगे?	Could you please give me some details about their son and their family?
प्रधानजी	: उनके परिवार में तीन सदस्य हैं। मिस्टर एंड मिसेज विपुल तथा उनका बेटा अंकुर।	There are three members in his family, Mr. & Mrs.Vipul and their son Ankur.
श्रीवास्तव	: अंकुर क्या करता है?	What does Ankur do?
प्रधानजी	: वह एक कंपनी में अधिकारी है।	He is an officer in a company.
श्रीवास्तव	: क्या आप अंकुर के स्वभाव के बारे में कुछ और बता सकते हैं?	Could you tell me something more about Ankur's nature?
प्रधानजी	: वह एक सरल और मिलनसार लड़का है।	He is a simple and adjustable boy by nature.

विद्यार्थियों में बातचीत
(Talks between Students)

ओम	: हैलो कोमल, तुम कैसी हो?	Hello Komal, how are you?
कोमल	: ठीक हूँ, तुम कैसे हो?	I am fine, what about you?
ओम	: मैं बिलकुल ठीक हूँ।	I am quite ok.
कोमल	: आजकल तुम क्या कर रहे हो?	What are you doing these days?
ओम	: मैं एम.ए. में पढ़ रहा हूँ।	I am studying in M.A.
कोमल	: तुमने एम.ए. कब जॉइन किया?	When did you join M.A.?
ओम	: इसी वर्ष।	This very year.
कोमल	: तुम्हारा कॉलेज कहाँ है?	Where is your college?
ओम	: यह उत्तरी दिल्ली में है।	It is in north Delhi.
रचना	: हाय कोमल! कैसी हो?	Hi Komal, how are you?
कोमल	: बिलकुल ठीक हूँ।	Quite ok.
रचना	: आज बहुत दिनों बाद दिखाई दीं।	I have seen you after a long time today.
कोमल	: हाँ, मैं बाहर गई हुई थी।	Yes, I was out of station.
रचना	: यहाँ आओ और मेरी सहेली जूही से मिलो।	Come here and meet my friend Juhi.
कोमल	: हाय जूही, नमस्ते।	Hi Juhi, good morning.
जूही	: तुम कौन सा कोर्स कर रही हो?	What course are you doing?
कोमल	: मैंने कंप्यूटर कोर्स में एडमिशन लिया है।	I have joined a computer course.
जूही	: तुम यह कोर्स कहाँ से कर रही हो?	From where are you doing this course?
कोमल	: मैं एन.आई.आई.टी. से कर रही हूँ।	I am doing this course from NIIT.
जूही	: तुम्हारे घर से यह इंस्टीट्यूट कितनी दूर है?	How far is this institute from your house?
कोमल	: करीब दो किलोमीटर।	About two kilometres.

जूही	: वहाँ पहुँचने में कितना समय लगता है?	How much time it takes to reach there?
कोमल	: कम-से-कम एक घंटा।	At least an hour.
जूही	: अच्छा!	Oh!
कोमल	: अरे! मैंने तुम्हारे बारे में नहीं पूछा।	Oh! I did not ask about you.
जूही	: मैं बी.ए. कर रही हूँ।	I am doing B.A.
कोमल	: बहुत अच्छा।	Very good.
जूही	: अच्छा, बाय कोमल।	Ok, bye Komal.
कोमल	: अच्छा जूही, फिर मिलते हैं।	Bye-bye Juhi, see you again.

कॅरियर (जीविका) के बारे में विचार-विमर्श

(Career-related Interaction)

शेखर	: नमस्ते सर।	Good morning, sir
प्रोफेसर	: नमस्ते शेखर।	Good morning, Shekhar.
शेखर	: सर, क्या मैं अंदर आ सकता हूँ?	May I come in, sir?
प्रोफेसर	: हाँ, कृपया आइए।	Yes, please come in.
शेखर	: सर, मैं आपसे कुछ विचार-विमर्श करना चाहता हूँ।	Sir, I want to talk to you on certain matters.
प्रोफेसर	: हाँ, तुम बताओ।	Yes, tell me.
शेखर	: सर, मैं अपने कॅरियर के बारे में आपकी अमूल्य सलाह चाहता हूँ।	Sir, I want your valuble advice about my career.
प्रोफेसर	: शेखर, आजकल तुम क्या कर रहे हो?	Shekhar, what are you doing nowadays?
शेखर	: सर, मैंने इस वर्ष बी.ए. की परीक्षा दी है।	Sir, I have appeared in the B.A. examination this year.
प्रोफेसर	: शेखर, तुम्हारे पेपर कैसे हुए हैं?	Shekhar, how have you done your papers?
शेखर	: सर, मुझे 75 प्रतिशत अंक मिलने की उम्मीद है।	Sir, I expect to get about 75% marks.
प्रोफेसर	: बहुत अच्छा, तब तो तुमको एम.ए. में प्रवेश आसानी से मिल सकता है।	Very good. Then, you can get admission in M.A. easily.
शेखर	: परंतु सर, मैं कोई अच्छा प्रोफेशनल कोर्स करना चाहता हूँ।	But sir, I want to join a good professional course.
प्रोफेसर	: तब तुम कोई कंप्यूटर कोर्स जॉइन कर सकते हो।	Then, you can join any computer course.
शेखर	: सर! आपकी सलाह ठीक है।	Sir, your advice is good.
प्रोफेसर	: तुम कोई कम (शॉर्ट टर्म) या अधिक समय (लॉन्ग टर्म) वाला डिप्लोमा कोर्स कर सकते हो।	You can go for any short-or long-term diploma course.

शेखर	: इसमें कितना समय लगेगा, सर?	How much time will it take, sir?
प्रोफेसर	: शॉर्ट टर्म कोर्स में छह महीने से एक साल और लॉन्ग टर्म कोर्स में दो से तीन साल तक का समय लग सकता है।	A short-term course takes 6 months to one year, whereas a long-term course takes 2-3 years.

किसी बैंक में खाता खोलने हेतु
(In a Bank to Open an Account)

ग्राहक	: महोदय, मैं आपके बैंक में खाता खोलना चाहता हूँ।	Sir, I want to open an account in your bank.
क्लर्क	: श्रीमान, हमारे प्रबंधक श्री चावलाजी से मिल लीजिए।	Please see Mr. Chawla, our Bank Manager.
ग्राहक	: धन्यवाद।	Thank you.
क्लर्क	: कोई बात नहीं।	No mention.
मैनेजर	: मैं आपके लिए क्या कर सकता हूँ?	What can I do for you?
ग्राहक	: महोदय, मेरा नाम सलिल है। मैं आपके बैंक में एक बचत खाता खोलना चाहता हूँ।	Sir, my name is Salil and I want to open a savings account with your bank.
मैनेजर	: यह लीजिए फॉर्म। कृपया इसे भर दें और उसके बाद किसी ऐसे व्यक्ति से परिचय-पुष्टि करवा दें, जिसका पहले से इस बैंक में खाता हो।	Here is the form. Please fill it up and get it introduced by any person who already has an account with this bank.
ग्राहक	: मैं चेक की सुविधा भी चाहता हूँ।	I want the cheque facility also.
मैनेजर	: तब आपको कम-से-कम एक हजार रुपए के साथ इसे खोलना होगा।	Then you have to open it at least with Rs. 1000.
ग्राहक	: क्या मैं इस खाते के साथ नामांकन की सुविधा भी ले सकता हूँ?	Can I avail nomination facility in this account?
मैनेजर	: क्यों नहीं। यह सुविधा सभी प्रकार के खातों पर उपलब्ध है।	Why not. This facility is available for all types of accounts.

नौकर से बातचीत
(Talking to a Servant)

कल्लू, यहाँ आओ।	Kallu, come here.
एक कप चाय बनाओ।	Prepare a cup of tea.
क्या नाश्ता तैयार है?	Is breakfast ready?
चाय और नाश्ता मेज पर रखो।	Put the tea and breakfast on the table.
आज खाना जल्दी बना लेना।	Prepare food early today.
अब तुम जाओ।	You may go now.
कल्लू, बरतन साफ कर दिए?	Kallu, have you cleaned the utensils?

अच्छा, बिजली बुझा दो।	Switch off the light.
राम को टेलीफोन करो।	Ring up Ram.
चार बजे का अलार्म लगा दो।	Set the alram at four o'clock.
बिस्तर बिछा दो।	Make the bed, please.
अंदर से दरवाजे की चिटकनी लगा दो।	Latch the door from inside.
कल सुबह मुझे जल्दी उठा देना।	Wake me up early in the morning.

खान-पान संबंधी
(About Food and Drinks)

आप क्या लेंगे?	What would you take?
एक कप कॉफी बनाओ।	Prepare a cup of coffee.
नाश्ते में आप क्या पसंद करेंगे?	What will you have in the breakfast?
दोपहर का भोजन हम एक बजे करते हैं।	We take our lunch at 1 pm.
खाने के लिए मेज लगाओ।	Lay the table for meals.
आप सब जी भरकर खाएँ।	Eat to your heart's content, all of you.
शानू, आपका भोजन लग गया है।	Shanu, your dinner has been laid.
मुझे जोर की भूख लगी है।	I am awfully hungry.
बासी खाना कभी मत खाओ।	Never take stale food.
बासी खाना स्वास्थ्य के लिए हानिकारक होता है।	Stale food is harmful for health.
रोटी पर घी लगाओ।	Spread ghee on the bread.
हमें हरी सब्जियाँ खूब खानी चाहिए।	We should eat a lot of green vegetables.
मुझे चाय से कॉफी ज्यादा पसंद है।	I prefer coffee to tea.
आपने खाने-पीने की बहुत अच्छी व्यवस्था की है।	Your arrangement for eating and drinking is very good.
मैं गरमियों में अकसर शीतल पेय पीता हूँ।	I often take cold drinks in summer.
कृपया हम सभी के लिए चाय लाइए।	Please serve tea for all of us.
उनका रहन-सहन अच्छा है।	They have a good standard of living.

खराब टेलीफोन की शिकायत
(Telephone Complaint)

रोमी	: हैलो! टेलीफोन एक्सचेंज?	Hello! Telephone exchange?
ऑपरेटर	: जी हाँ श्रीमान।	Yes sir.
रोमी	: मैं सिविल लाइंस से बोल रहा हूँ। मेरा टेलीफोन काम नहीं कर रहा है।	I am speaking from Civil Lines. My telephone is dead.
ऑपरेटर	: यह कब से खराब है?	Since when?
रोमी	: यह दस दिन से खराब है।	It has been dead for ten days.

ऑपरेटर	: क्या आपने अपनी शिकायत पहले दर्ज करवाई?	Have you registered your complaint earlier?
रोमी	: हाँ, मैंने पिछले शुक्रवार को दर्ज कराई थी।	Yes, I registered the complaint last Friday.
ऑपरेटर	: सर, आपका नंबर क्या है?	Sir, what is your telephone number?
रोमी	: कृपया नोट करें, 23848790.	Please note down. It is 23848790.
ऑपरेटर	: हाँ सर, मैंने नंबर नोट कर लिया है।	Yes sir, I have noted down the telephone number.
रोमी	: आप मुझे कंप्लेंट नंबर देंगे?	Could you give me the complaint number?
ऑपरेटर	: यस सर, यह है D-20.	Yes sir, it is D-20.
रोमी	: इसे जल्दी ठीक करा दें।	Please get it repaired soon.
ऑपरेटर	: जी हाँ, जल्दी ठीक हो जाएगा।	Yes, it will be done soon.

ग्राहक और बैंक अधिकारी में बातचीत
(Conversation between a Customer and a Bank Officer)

रोहित	: सर, मैं इस बैंक की शाखा में अपना अकाउंट खोलना चाहता हूँ।	Sir, I want to open an account in your bank.
ऑफिसर	: आप किस प्रकार का अकाउंट चाहते हैं—सेविंग्स या करेंट?	What type of account do you want—Saving or Current?
रोहित	: सेविंग्स अकाउंट, सर।	Saving account, please.
ऑफिसर	: यह रहा आवेदन फॉर्म। इसे भरने के बाद यहाँ एक फोटो लगाएँ और अपनी पहचान व पते के प्रूफ की एक फोटोकॉपी संलग्न करें।	Here is the application form. Once you have filled it, affix your photo here and enclose a photocopy of your identity-cum-residence proof.
रोहित	: जी सर, क्या कोई और दस्तावेज भी चाहिए?	Okay! Is there any other specific requirement?
ऑफिसर	: हाँ, अपने परिचय के लिए आपको इसमें किसी पूर्व बैंक सदस्य के हस्ताक्षर कराने होंगे।	Yes. For your introduction, you need to get it signed by an old account holder of our bank.
रोहित	: अच्छा! क्या नामांकन की सुविधा भी है?	Okay! What about nomination facility?
ऑफिसर	: वह तो आजकल अनिवार्य है।	It is mandatory these days.
रोहित	: मुझे किसका नाम प्रस्तावित करना चाहिए?	Whose name should I propose?
ऑफिसर	: आप अपनी पत्नी, बेटे या बेटी का नाम प्रस्तावित कर सकते हैं। अगर नामांकन किसी माइनर का	You may fill in the name of your wife, son or daughter. In case the nominee is

	है तो आप को दो और साक्षी हस्ताक्षर कराने होंगे, ताकि यह सुरक्षित रहें।	a minor, you will need to get it signed by two different witness for further safety.
रोहित :	बिलकुल, मैं राशि कहाँ जमा करा सकता हूँ?	Of course! Where can I deposit the money?
ऑफिसर :	आप काउंटर नं. 3 पर जाकर इस फॉर्म के साथ रुपए जमा करा सकते हैं।	You can go at counter no. 3 and deposit the money along with this form.
रोहित :	मुझे इसकी पास बुक, चेक बुक व डेबिट कार्ड कब मिलेंगे?	When would I get my passbook, cheque-book and debit card?
ऑफिसर :	आप एक हफ्ते बाद यह सब काउंटर नं. 4 से ले सकते हैं।	You will get these at counter no. 4 after a week.
रोहित :	क्या आपके पास इंटरनेट-चालित बैंक सुविधा भी है?	Do you also have Internet access facility?
ऑफिसर :	जी बिलकुल, आपको दस दिनों के भीतर एक इंटरनेट स्वचालित कोड व पासवर्ड दिया जाएगा।	Yes, of course. You will also get the Internet transaction code and password within 10 days.
	क्या आप कुछ और जानना चाहेंगे?	Is there anything else you would like to know?
रोहित :	जी नहीं, आपकी जानकारी के लिए शुक्रिया।	No, thank you very much for your guidance.
ऑफिसर :	आपका स्वागत है।	You are welcome.

दस दिन बाद उसी बैंक में
(After 10 Days in the same Bank)

रोहित :	सुप्रभात सर, मैं रोहित शर्मा। मैंने पिछले सप्ताह यहाँ एक सेविंग्स अकाउंट खोला था। कृपया मुझे उसकी पास बुक, चेक बुक व डेबिट कार्ड दे दें।	Good morning, sir. I am Rohit Sharma. I opened a savings account last week. Please provide the passbook, chequebook and debit card for it.
ऑफिसर :	हैलो मिस्टर शर्मा, यह रही आपकी पासबुक व डेबिट कार्ड। कृपया यहाँ हस्ताक्षर करें। आपके डेबिट कार्ड का पासवर्ड और चेक बुक डाक द्वारा भेज दिया गया है। संभवत: आपको दो दिन तक मिल जाए।	Hello! Mr. Sharma. Here is your passbook and debit card. Kindly sign here. The password for debit card as well as cheque-book has been sent by post. You are likely to receive it in two days.
रोहित :	आपकी सहायता के लिए धन्यवाद।	Thanks for your cooperation.
ऑफिसर :	कोई बात नहीं।	It's alright.
	आपका स्वागत है।	You're welcome.

फिक्स्ड डिपॉजिट बनवाने के लिए
(Getting a Fixed Deposit done)

रोहित	: गुड मॉर्निंग सर।	Good morning, sir.
बैंक ऑफिसर	: गुड मॉर्निंग मि. शर्मा, कहिए कैसे आना हुआ?	Good morning, Mr. Sharma. What brings you here?
रोहित	: मैं यहाँ एक एफ.डी. करवाने आया हूँ। लंबी अवधि के निवेश की ब्याज दर क्या है?	I have come to get an F.D. done. How much is the interest rate for long-term deposits?
बैंक ऑफिसर	: कृपया आरोहित से बैठें सर। क्या आप पहले पानी लेना पसंद करेंगे?	Please be seated, sir. Would you like to get a glass of water first?
रोहित	: जी नहीं, शुक्रिया।	No, thank you.
बैंक ऑफिसर	: सर, अलग-अलग निवेश पोलिसी व डिपॉजिट के लिए अलग-अलग ब्याज दर है, जैसे कि 365 दिन पर 8% वार्षिक।	Sir, we have different interest rates for different policies and deposits. For 365 days, it's 8% p.a.
रोहित	: ओह! मैंने तो 9.5% वार्षिक ब्याज सुना था।	Oh! I had heard it's 9.5% p.a.
बैंक ऑफिसर	: सर, तीन साल के सावधि निवेश पर 9% वार्षिक ब्याज उपलब्ध है, मगर 9.5% केवल सीनियर सिटीजन के लिए है।	Sir, we have 9% p.a. for fixed deposits over 3 years but 9.5% p.a. for only senior citizens.
रोहित	: तो क्या यह सुविधा मैं अपने पिताजी के नाम पर ले सकता हूँ? वे एक सीनियर सिटीजन हैं।	So, can I avail that scheme in the name of my father? He is a senior citizen.
बैंक ऑफिसर	: बिलकुल, वह मुख्य दावेदार बन सकते हैं और आप उनके नॉमिनी।	Of course. He may become the main proposer and you may become the nominee.
रोहित	: फिर तो बहुत अच्छा है, तो इसके लिए मुझे कौन से दस्तावेजों की जरूरत होगी?	That sounds good. So what documents would I need to finish the formalities?
बैंक ऑफिसर	: मुझे मुख्य दावेदार की दो फोटो, एक पते व पहचान-पत्र की नकल व उनके इस आवेदन-पत्र पर हस्ताक्षर चाहिए होंगे।	You would need two photographs of the main proposer, a copy of residence-cum-identity proof and his signature on this application form.
रोहित	: क्या वोटर आई.डी. कार्ड चल जाएगा?	Will the voter ID card suffice the purpose?

बैंक ऑफिसर :	बिलकुल, यह लीजिए फॉर्म।	Definitely. Please take this form.
रोहित :	राशि किस तरीके से जमा होगी?	What would be the mode of payment?
बैंक ऑफिसर :	केवल एसी पेई चेक से, जो कि ए.बी.सी.एल. नेशनल बैंक की दिल्ली शाखा में देय हो।	Account payee cheque only in favour of ABCL National Bank payable at Delhi.
रोहित :	क्या निवेश पूँजी की कोई अधिकतम सीमा भी है?	Is there any maximum limit for investment?
बैंक ऑफिसर :	जी हाँ, एक निवेशक की 3 लाख व दो के लिए 6 लाख।	Yes, Rs. 3 lakh for single proposer and Rs. 6 lakh for joint proposers.
रोहित :	टैक्स राहत का क्या? क्या कुल जमा राशि का ब्याज राशि पर टैक्स में राहत मिलती है?	What about the tax benefits? Is the interest on principal amount subject to any tax relief?
बैंक ऑफिसर :	क्यों नहीं, आपकी निवेश राशि पर आप सेक्शन 80डी व 80सी की राहत पा सकते हैं।	Certainly, sir, your investments are exempted from tax under section 80D and 80C.
रोहित :	तब ठीक है। अच्छा, अगर मैं मैच्योरिटी की अवधि से पहले ही जमा राशि निकालना चाहूँ तो क्या होगा?	That's very good. So, what happens in case I wish to withdraw the amount before the maturity period?
बैंक ऑफिसर :	सर, आप अपनी जमा राशि 365 दिन के बाद ही निकाल सकते हैं, उससे पहले नहीं। उसपर भी आपकी निवेश राशि पर 5 प्रतिशत की कटौती मान्य होगी।	Sir, you can only withdraw your amount after a period of 365 days and not before that. In that case too, a deduction of 5% on your principal amount shall be applicable.
रोहित :	ठीक है, मैं समझ गया। क्या कोई और भी नियम व शर्तें लागू हैं, जो मुझे निवेश से पहले जाननी चाहिए?	Okay, I got that. Are there any other terms and conditions applied that I need to know before investment?
बैंक ऑफिसर :	सर आपको फॉर्म पर हस्ताक्षर करने से पहले इसमें लिखे सभी नियम व शर्तें ध्यानपूर्वक पढ़नी चाहिए।	Sir, you should carefully read all the terms and regulations for this fixed deposit scheme in this brochure as listed before signing the form.
रोहित :	अच्छा, जानकारी के लिए धन्यवाद। मैं आपसे दस्तावेजों के साथ कल मिलता हूँ। अभी के लिए विदा।	Fine, thanks for the information. I'll see you tomorrow with the papers. Goodbye for now.
बैंक ऑफिसर :	आपका स्वागत है सर। आपका दिन मंगलमय हो!	You're welcome, sir. Have a goodday!

दो मित्रों के बीच बातचीत

(Conversation between two Friends)

रोहित : हैलो सैम, कहो कैसे हो?	Sam Hi! How do you do?
सैम : हैलो रोहित, मैं बिलकुल ठीक हूँ। अपनी कहो? क्या कर रहे हो आजकल?	Hello Rohit, I am fine. What about you? What are you doing these days?
रोहित : मैं आजकल ए.बी.सी. इंस्टीट्यूट से इंग्लिश स्पीकिंग कोर्स कर रहा हूँ।	I am doing an English speaking course from ABC Institute these days.
सैम : अच्छा, यह कैसा कोर्स है?	Aha! How is it?
रोहित : यह बहुत अच्छा कोर्स है। इसमें ना सिर्फ बोलने की बल्कि सुनने व पढ़ने की ट्रेनिंग भी दी जाती है।	Well, the course is very good. It includes not only spoken but listening and reading modules also.
सैम : क्या यह फायदेमंद है?	Is it useful?
रोहित : हाँ बिलकुल, इस प्रोगाम को फॉलो करने से मुझे व्याकरण के सभी मूल नियम और शब्दों व वाक्यों का उच्चारण भी समझ आ गया है।	Yes, of course! By following this program, I have understood all the basic rules of grammar and also about how words and sentences are spoken.
सैम : मैं कुछ समझा नहीं।	I did not get you.
रोहित : देखो, जब मैं ऑडियो टेप सुनता हूँ तो मुझे सही उच्चारण, स्ट्रेस, इंटोनेशन व मॉड्यूलेशन के बारे में सीखने को मिलता है। और जब मैं पढ़ता हूँ तो व्याकरण को समझ पाता हूँ।	See, when I listen to the audio-tapes I learn about correct pronunciation, stress, intonation and modulation. And when I read, I learn about grammar.
सैम : तुम्हारी क्लास की अवधि क्या होती है?	How long does your class run for?
रोहित : एक कक्षा लगभग दो घंटे की होती है।	One session lasts for two hours.
सैम : क्या तुम वहाँ रोज जाते हो?	Do you go there daily?
रोहित : हाँ, मैं सभी वीकडेज में जाता हूँ।	Yes, I attend classes on all weekdays.
सैम : क्या बच्चे क्लास में सवाल पूछ सकते हैं?	Are the students allowed to ask questions during the class?
रोहित : बिलकुल, क्लास में चल रहे विषय के अनुसार कोई भी सवाल पूछा जा सकता है।	Of course! One can ask any query related to the subject being discussed.
सैम : क्या तुम्हें अपनी बातचीत में कोई सुधार महसूस होता है?	Do you feel any improvement in your conversation?
रोहित : हाँ, बहुत ज्यादा।	Oh, yes! By leaps and bounds.
सैम : तब तो बहुत अच्छा है, इसे बनाए रखना।	That's very good. Keep it up!

पिता और पुत्र के बीच बातचीत
(Conversation between a Father and Son)

रोहित : हैलो पापा, मैं आपसे अपनी रिपोर्ट कार्ड साइन कराना चाहता हूँ।	Hello Dad, I want you to please sign my report card.
पापा : हैलो बेटा! जरूर क्यों नहीं। जाओ ले आओ और मुझे बताओ कि परीक्षा में इस बार तुमने कैसा परफॉर्म किया?	Hello dear. I'll surely sign that. Bring it to me. Tell me how did you do in your exams this time?
रोहित : पापा मैंने बहुत अच्छा नहीं किया। मैंने सभी विषयों में किसी तरह बी पा लिया, लेकिन खेल-संबंधी विषय में केवल सी प्लस ही ले पाया।	Dad, I did not do very well. I just managed to get B in all the subjects and scored the least in Physical Activities with just a C^+ grade.
पापा : यह तो सही नहीं है, इस बार तुम्हारा प्रदर्शन लगातार खराब क्यों रहा? क्या कोई खास वजह है?	That's not happening. Why has your performance been consistently low this time? Is there any specific reason?
रोहित : नहीं पापा, मैंने इस बार भी पिछले छह सत्र की तरह ही मेहनत की थी। मुझे नहीं पता कि क्या गलत हुआ। पिछली बार मेरे ए, ए प्लस ग्रेड थे, पर इस बार मुझे नहीं पता कि कहाँ गलती हुई।	No, dad. I worked as hard as I did in the last semester. I don't know what went wrong. Last time I had A, A^+ grades but this time I just don't know what went amiss.
पापा : ठीक है, ज्यादा चिंता मत करो। मुझे यह बताओ कि तुम अपना समय किस तरह से मैनेज करते हो? स्कूल के बाद तुम शाम में और क्या करते हो?	Okay! Don't worry much about that. Tell me how do you manage your time? After school, during the evening what all do you do?
रोहित : पापा मैं सिर्फ किताबों में घुस जाता हूँ। हर समय पढ़ाई करता रहता हूँ। ना तो बाहर जाता हूँ, ना खेलता हूँ और ना ही टी.वी. देखता हूँ। मेरे सभी दोस्तों ने मुझे 'पढ़ाकू कीड़ा' कहकर छेड़ना व तंग करना शुरू कर दिया है।	Dad, I just engross myself in books. I keep studying all the times. I don't go out, I don't play or even watch T.V. All my friends have started teasing me and calling me nerd.
पापा : ठीक है, मैं तुम्हारी परेशानी समझ गया। बेटे वो ठीक कहते हैं। तुम्हें पढ़ाई और खेलकूद में एक बैलेंस बनाना होगा।	All right. I got your problem. Son, they are right. You need to strike a balance between studies and co-curricular activities.
रोहित : मैं कुछ समझा नहीं।	I did not get that.
पापा : बेटा पढ़ाई करते समय छोटे-छोटे ब्रेक लेना बहुत जरूरी है। अगर तुम हर 44 मिनट पर 4-10 मिनट का छोटा विरोहित नहीं लोगे तो तुम्हारा ध्यान कम	Son, it's important to take short breaks while studying. If you do not take a 4-10 minutes break after every 44 mintues,

होने लगेगा। तुम्हारा खेलकूद, में भाग लेना बहुत जरूरी है। तुम्हारी उम्र में शरीर के संपूर्ण विकास और दिमाग की तरोताजगी के लिए ऐसी क्रियाएँ बहुत जरूरी हैं।

your concentration will begin to decline anyway. Also, you need to be actively involved in sports, games and other physical exercises. At your age, such activities are very important for proper development of your body and for rejuvenation of mind.

तुम्हें खाली समय में खेल-कूद में जरूर हिस्सा लेना चाहिए, ताकि शारीरिक तंदुरुस्ती बनी रहे। मेरे बेटे याद रखो 'तंदुरुस्त शरीर में ही तंदुरुस्त दिमाग का निवास होता है।' किसी भी काम को ज्यादा करने से परेशानी व तकलीफ ही होगी, जिससे और ज्यादा चिंता, घबराहट व अंडरपरफॉमेंस होगी। क्या तुम मेरी बात समझ पा रहे हो?

You must pursue some games in your leisure time to retain physical fitness. Remember my child, "A healthy mind lives in a healthy body." Overdoing any thing will cause trouble and discomfort which in turn adds to the stress, tension and underperformance. Did you get my point?

रोहित : शुक्रिया पापा, मुझे नहीं पता था कि खेलकूद में भाग लेना इतना जरूरी है। मैं आगे से ध्यान रखूँगा। मैं आपकी सलाह जरूर मानूँगा और अपने परीक्षा के अंकों व ग्रेड में सुधार लाकर दिखाऊँगा।

Thanks, dad. I did not really know that it so important to indulge in sports activities. I'll be watchful and careful from now. I promise to follow your advice and show some improvement in my test scores and grades.

पापा : बेटा मेरी शुभकामनाएँ तुम्हारे साथ हैं! अगली बार और बेहतर करना। अपनी सेहत का ख्याल रखो और अपने अच्छे कामों से मेरा नाम रोशन करो।

Good luck, son ! Do better next time. Take good care of your health and make me proud by doing well.

सिनेमा की टिकट बुक कराने के लिए टेलीफोन पर बातचीत
(Telephonic booking for a Movi Ticket)

बुकिंग क्लर्क : पी.वी.आर. राजौरी में कॉल करने का शुक्रिया। मैं रोहन बात कर रहा हूँ। मैं आपकी किस प्रकार सहायता कर सकता हूँ?

Thank you for calling PVR Rajouri. I am Rohan. How may I assist you?

डेविड : रोहन, मैं शुक्रवार की दोपहर के सुपरस्टार-2 सीरिज (शृंखला) के दो टिकट बुक कराना चाहता हूँ। क्या आप यह फोन पर कर सकते हैं।

Rohan, I want to book two tickets for Friday matinee show of Superstar-II series. Could you do that over the phone?

बुकिंग क्लर्क : जी बिलकुल सर, आप कौन सी पंक्ति व

Certainly sir. Which row or seat would

	सीट बुक करना चाहेंगे?	you like to go for?
डेविड :	मैं आखिरी पंक्ति की कोने की दो टिकटें लेना चाहूँगा।	I want the corner tickets in the last row, please.
बुकिंग क्लर्क :	क्षमा कीजिए सर, वे बिक चुकी हैं। हमारे पास पीछे से तीसरी पंक्ति में कोने की दो सीटों के टिकट बचे हैं, क्या आप यह लेना चाहेंगे?	Sorry, Sir. They're already taken. But we do have the corner seat tickets for third row from the last. Would you like to go for that?
डेविड :	नहीं, मुझे आखिरी पंक्ति में ही चाहिए।	No, I want something in the last row itself.
बुकिंग क्लर्क :	माफ कीजिए सर, यह तो सारी बुक हो चुकी हैं। लेकिन फिर भी आप पीछे से दूसरी पंक्ति में से कुछ चुन सकते हैं। उससे भी आप सारा नजारा देख सकते हैं। क्या आप यह लेना पसंद करेंगे?	Very sorry sir. It's all booked. But you can still go for the last but one row. It gives you full view as well. Would you like to go for that?
डेविड :	ओह, उसमें आपके पास कौन सी टिकट उपलब्ध है?	Um, which seats do you have in that?
बुकिंग क्लर्क :	मध्य की व बाएँ कोने की।	The centre and the left corner.
डेविड :	ठीक है, तो मुझे मध्यांतर में से दो दे दीजिए।	Alright, book me two tickets from the centre then.
बुकिंग क्लर्क :	अच्छा सर, मैं आपकी पसंद एक बार दोहरा देता हूँ। आपको कल दोपहर के सुपरस्टार-2 शृंखला के दो टिकट चाहिए और वह बी पंक्ति जो कि पीछे से दूसरी है उसमें मध्य के होंगे। क्या यह सही है सर?	Ok, sir. I'll repeat your preference once. you want 2 tickets for tomorrow's matinee show of Superstar-II series and the centre tickets would be for the 'B row' that is second from last. Do you confirm, sir?
डेविड :	जी, बिलकुल सही है।	Yeah, that's correct.
बुकिंग क्लर्क :	सर, टैक्स के साथ आपकी देय राशि 500 रुपए बनती है। कृपया भुगतान के लिए क्या मैं आपका कार्ड नंबर जान सकता हूँ?	Sir, the amount comes out to be Rs. 500/- with taxes. To process the payment, can I have your card number, please?
डेविड :	जी बिलकुल। नंबर है 16111234 1234।	Yes, of course. It's 16111234 1234.
बुकिंग क्लर्क :	क्या आप इसकी समाप्ति की तिथि बता सकते हैं?	Could you provide the expiry date also?
डेविड :	हाँ, तिथि है 04/12	Ya, that's 04/12.
बुकिंग क्लर्क :	जानकारी देने के लिए शुक्रिया। मैंने भुगतान की अदायगी कर दी है व आपकी टिकट बुक हो गई है। आप ऑनलाईन (कंप्यूटर द्वारा) कॉपी का प्रिंट (छाप) निकाल सकते हैं।	Thank you for providing the details. I have processed the payment and booked your tickets. You may print the copy online.

डेविड	: क्या आप मेरे मोबाइल पर भी एक कन्फर्मेशन (प्रमाण) भेज सकते हैं?	Uh! can you send the confirmation on my mobile as well?
बुकिंग क्लर्क	: बिलकुल सर, क्या मैं आपका मोबाइल नं. जान सकता हूँ?	Sure, sir. May I have your contact no.?
डेविड	: जी हाँ, नंबर है 9812312312।	Yes, that's 9812312312.
बुकिंग क्लर्क	: मैं एक बार इसे दोहरा देता हूँ। नंबर है 9812312312। क्या यह सही है सर?	I'll just repeat the number. It is 9812312312. Is that correct sir?
डेविड	: हाँ, यह सही है।	Yes, that's right.
बुकिंग क्लर्क	: आपके सहयोग के लिए शुक्रिया सर, आपके मोबाइल पर एक प्रमाण रूपी एस.एम.एस. संदेश, बुकिंग कोड नंबर व अन्य जानकारी के साथ भेज दिया गया है। आपको यह जल्दी ही मिल जाएगा। क्या मैं आपकी किसी और तरह से सहायता कर सकता हूँ।	Thank you for your patience, sir. A confirmation SMS has been sent to your mobile with the booking code and details. You will receive it shortly. Is there anything else I can help you with?
डेविड	: जी नहीं शुक्रिया, बस इतना ही काफी है।	Nope! Thanks, that's it.
बुकिंग क्लर्क	: पी.वी.आर. राजौरी में कॉल करने का शुक्रिया, आपका दिन मंगलमय हो!	Thank you for calling PVR Rajouri. Have a good day!

पुस्तक विक्रेता और ग्राहक के बीच बातचीत
(Conversation between a Customer and Bookseller)

रोहित	: क्या आपके पास *सुपर स्पीड इंग्लिश स्पीकिंग* की किताब है प्लीज?	Do you have *Superspeed English Speaking* book, please?
किताब विक्रेता	: मुझे खेद है कि यह स्टॉक में खत्म है।	I regret it is out of stock.
रोहित	: ओह! मुझे लगा कि यह इतनी प्रसिद्ध नहीं होगी, चूँकि यह तो फिलहाल ही प्रकाशित हुई है।	Oh! I thought it had recently been launched and might not be so popular.
किताब विक्रेता	: इसकी उपयोगिता के कारणवश यह हाथों-हाथ बिक गई। मगर हमने नए स्टॉक का आर्डर दे दिया है। यह आपको कल तक मिल जाएगी।	Owing to its usefulness, it sold hand to hand. But we have already placed the order for the fresh stock. You will get it by tomorrow.
रोहित	: यह तो अच्छा है। क्या आपके पास प्रसिद्ध *जी.के. एनसाइक्लोपिडिया है,* जो मार्शल ब्रेंट ने लिखी है?	That's very nice. Do you have the famous *G.K. Encyclopedia* written by Marshall Brent?
किताब विक्रेता	: मुझे लगता है कि आपको लेखक के बारे में गलती लग रही है। क्या आपका	I think you are mistaken about the author. Did you mean the *G.K. Encyclopedia* by

	मतलब मार्कस ब्रेंट के *जी.के. एनसाइक्लोपिडिया* से है?	Marcus Brent?
रोहित :	जी हाँ, वही है। मुझे क्षमा कीजिए, मैं काफी उलझन में हूँ।	Oh yes! That's the one. I am really sorry, sir. I think I am mixed up.
किताब विक्रेता :	ओह! आपको इसके बारे में परेशान होने की जरूरत नहीं, यह लीजिए इसकी प्रतिलिपि। क्या मैं आपकी किसी और प्रकार सहायता कर सकता हूँ?	Ah! you need not worry about that. Here is the copy. Is there anything else I can help you with?
रोहित :	जी बिलकुल, क्या आप मुझे नए प्रकाशित साईंस फिक्शन की तालिका दे सकते हैं?	Yes, of course. Could you also provide me the brochure of the latest sciencefiction blockbusters?
किताब विक्रेता :	जी बिलकुल सर, यह लीजिए ब्रोशर। अगर आप इनकी प्रतिलिपियाँ देखना चाहते हैं तो आप दक्षिण क्षेत्र में बने बाईं ओर के रास्ते पर चले जाएँ। आपको सभी नए साईंस फिक्शन की कृतियाँ वहाँ मिल जाएँगी। क्या मैं आपको वहाँ छोड़ दूँ?	For sure, sir. Here's the brochure. In case you want to go through the arrivals, you could move to the South-block corridor on the left. You will find all latest science fiction works there. Do you want me to walk you down?
रोहित :	नहीं धन्यवाद, मैं खुद ही चला जाऊँगा।	No, thanks. I will help myself.

ग्राहक ने पुस्तकें चयन कर ली है और उनमें से दो खरीदना और एक उधार लेना चाहता है
(Customer has selected the books and wants to buy and borrow them)

रोहित :	मैंने यह तीन किताबें पसंद की हैं, मगर मैं यह दो प्रकाशन ही खरीदना चाहता हूँ। मैं तीसरी उधार पर लेना चाहता हूँ। क्या आपके पास यह सुविधा है?	I have selected these three books. But I want to buy these two editions only. I want the third one on the rental basis. Do you have this facility?
किताब विक्रेता :	जी बिलकुल है सर, मैं इसके कवर पर तिथि व बिक्री मूल्य की मोहर लगा दूँगा। अगर आप दो महीने में इसे लौटा देंगे तो आपकी 2/3 राशि वापिस लौटा दी जाएगी। क्या यह आपको मंजूर है?	By all means, sir. I will place the stamp of date and selling price on the cover. If you return it within 2 months, 2/3 of your money would be refunded. Is that okay with you?
रोहित :	बहुत बढ़िया, बाकी के दो प्रकाशनों का क्या? क्या आप अधिकतम मूल्य पर कोई	Great! What about the other two editions? Do you offer any discount on the listed

	छूट देते हैं?	MRP?
किताब विक्रेता :	चूँकि यह दोनों माँग पर हैं, हम केवल 10% छूट ही देते हैं। क्या मैं आपका बिल तैयार कर दूँ?	Since these two are in demand, we can offer only 10% discount on the MRP. Should I go ahead and prepare the bill?
रोहित :	हाँ, कृपया कर दें।	Yes! please go ahead.
किताब विक्रेता :	आपका कुल बिल केवल 650 रुपए है। यह रहा बिल।	The total bill is Rs. 650/- only. Here is the bill.
रोहित :	बहुत-बहुत धन्यवाद। मैं कल *सुपरस्पीड इंग्लिश स्पीकिंग* किताब लेने वापिस आऊँगा।	Thanks a lot. I will come back tomorrow for *Superspeed English Speaking* book.
किताब विक्रेता :	बिलकुल सर, यह ठीक रहेगा।	Sure, sir. That will be fine.

पुस्तकालाध्यक्ष और छात्र के बीच बातचीत
(Conversation between a Student and Librarian)

रोहित :	गुड मॉर्निंग मैडम, मैं यह किताब वापिस करना चाहता हूँ।	Good morning, madam. I want to return this book.
लाइब्रेरियन :	सुप्रभात रोहित, लाओ यह मुझे दे दो।	Very good morning, Rohit. Please hand it over to me.
रोहित :	यह लीजिए।	Here is it.
लाइब्रेरियन :	तुम्हें पचास रुपए शुल्क भी देना होगा।	You will also have to pay a fine of Rs. 50.
रोहित :	हे भगवान्! किसलिए?	Oh God! What for madam?
लाइब्रेरियन :	इसे वापिस करने की अंतिम तिथि दो माह पहले थी। कृपया लाइब्रेरी की रसीद पर लगी इस मोहर को देखो। इस पर अंतिम तिथि व उसके पश्चात् प्रतिदिन 1 रुपया शुल्क राशि का दंड साफ लिखा है।	The due date for returning it was two months back. Please check the stamp on the library receipt. It clearly reflects the date and penalty charge of one rupee per day after the last date.
रोहित :	मुझे इस बात का खेद है, मगर मैं इसे इसलिए नहीं लौटा पाया, क्योंकि पिछले महीने मेरी माताजी अस्पताल में भरती थीं। अगर आप चाहें तो मैं आपको बिल भी दिखा सकता हूँ।	I am very sorry about that. But I could not return it as my mother was hospitalised last month. If you wish, I could show you the bills.
लाइब्रेरियन :	ओह! वह अब कैसी हैं?	Oh! How is she now?
रोहित :	वह अब ठीक हैं।	She is stable now.
लाइब्रेरियन :	रोहित स्वास्थ्य संबंधी या निजी आपातकालीन स्थिति में तुम्हें लिखित में	Rohit, in case of such medical/personal emergency, you should inform the library

		लाइब्रेरी अध्यक्ष को सूचित कर उनसे विलंबित समय की अनुमति ले लेनी चाहिए। तुम हमें बिना सूचित किए अंतिम तिथि के बाद किताबें नहीं रख सकते।	incharge in writing and seek an approval for the delayed time. You cannot keep the books beyond permissible limit without informing us.
रोहित	:	मुझे यह पता नहीं था, मैं शर्मिंदा हूँ।	I did not know that. I am sorry.
लाइब्रेरियन	:	फिलहाल तुम्हें इस बार तो शुल्क देना होगा, चूँकि हमें विलंब की कोई भी जानकारी तुम्हारी ओर से नहीं दी गई थी, मगर अगली बार से तुम्हें ध्यान रखना चाहिए।	Anyway, this time you will have to pay the fine as we did not have any intimation about delay from your end. But from next time, you should take care.
रोहित	:	जी मैडम, यह लें शुल्क अदाएगी। कृपया मुझे इसकी रसीद भी दे दें।	Okay madam. Here is the deposit. Kindly give me a receipt for this.
लाइब्रेरियन	:	बिलकुल, यह लो तुम्हारी रसीद व लाइब्रेरी कार्ड, अगली बार ध्यान रखना।	Of course. Here is your receipt and library card. Take care next time.
रोहित	:	मैं जरूर रखूँगा मैडम, आपकी सलाह के लिए धन्यवाद।	I will madam. Thank you for your advice.

छात्र और अध्यापक के बीच बातचीत

(Conversation between a Student and Teacher / School-counsellor)

रोहित	:	गुड मॉर्निंग सर, क्या मैं आपका एक मिनट ले सकता हूँ?	Good morning, sir. Could I bother you for a minute?
अध्यापक	:	गुड मॉर्निंग। हाँ बताओ।	Good morning. Yes, go ahead.
रोहित	:	सर, मैंने बहुत मेहनत से पढ़ाई की, मगर अच्छा परिणाम नहीं ला पाया।	Sir, I studied very hard but did not fare well.
अध्यापक	:	ओह ! मैंने तुम्हारी रिपोर्ट कार्ड देखी थी। मैंने पाया कि तुम्हारे गणित व अंग्रेजी के अंक इतने अच्छे नहीं हैं। मुझे बताओ कि इसका क्या कारण है ? क्या तुम अध्यापकों के निर्देशों को समझ पाने में असमर्थ हो ?	Ah! I saw your report-sheet. I saw that you did not score well in Mathematics and English. Tell me what's the reason? Are you unable to follow teacher's instructions given in the class?
रोहित	:	नहीं सर, मुझे कक्षा के दौरान दिए गए निर्देश बहुत अच्छे से समझ आते हैं। मैं यह भी सुनिश्चित करता हूँ कि मैं सारी कक्षाओं में उपस्थित रहूँ और मैं ध्यानपूर्वक कक्षा के दौरान दिए गए निर्देशों को लिख लेता हूँ, नोट कर लेता हूँ।	No, sir. I understand the classroom instructions well. I also make sure that I attend all the classes regularly and I always remain attentive and take notes during class.

अध्यापक	: तो परेशानी क्या है ?	So, where is the problem?
रोहित	: सर, मैं अपने लिखे नोट्स को समझ नहीं पाता। जब मैं पढ़ाए गए विषय का अनुसरण करने बैठता हूँ तो मुझे कुछ भी समझ नहीं आता है।	Sir, I can't understand my own notes. When I sit to revise the taught material I am at loss.
अध्यापक	: अच्छा, यह परेशानी है। मुझे लगता है कि तुम्हें कक्षा समाप्त होने के बाद जल्दी से जल्दी अपने बनाए नोट्स को रिव्यू (दोबारा देखना) करना चाहिए। तुम ऐसा लंचब्रेक में कर सकते हो और अपनी गलतियों में उसी समय सुधार कर सकते हो। तुम ना समझ आने वाले सिद्धांतों को रेखांकित कर सकते हो, ताकि अगली कक्षा में तुम उनके बारे में सवाल पूछ सको। इस तरह का लगातार किया गया अनुसरण तुम्हारी शिक्षा की पद्धति को विकासशील व फायदेमंद बना देगा।	Okay! That's the problem. I think you should review your notes as soon as possible after the class. You may do so during the lunch break and make corrections there and then. You could also underline the confusing text that you fail to comprehend, so that you could seek clarifications during the next class. This kind of continuous follow-up will make your learning more progressive and beneficial/consistent.
रोहित	: यह तो बहुत मजेदार लगता है। मैं निश्चय ही नोट्स को समय अनुसार रिव्यू व रिवाइस (दोबारा पढ़ना) करूँगा। मगर एक और परेशानी है। मैं शाम को पूरी तरह से थका हुआ महसूस करता हूँ। मैं लंबी अवधि तक पढ़ाई नहीं कर पाता और ठीक से ध्यान केंद्रित नहीं कर पाता।	That sounds interesting. I will certainly review and revise the notes on a regular basis. But there is one more problem. I feel totally exhausted in the evening. I am unable to study for long hours and fail to concentrate properly.
अध्यापक	: हम्म! तुम्हें 45 मिनट से जयादा लगातार नहीं पढ़ना चाहिए। हर 1 घंटे के बाद छोटे-छोटे ब्रेक लेने चाहिए। तुम इस ब्रेक के दौरान कुछ छोटा-मोटा खाने या हलके टाइम आउट का विचार कर सकते हो। तुम्हें रोजाना 7 घंटे नींद लेनी चाहिए ताकि तुम्हारा दिमाग व शरीर स्वस्थ रहे। अपनी मनोस्थिति की तरोताजगी के लिए आरोहित बहुत जरूरी है।	Hmm! You should not study continuously for over 45 minutes. Take short breaks after every one hour. You may consider taking some refreshment in between or even a short time-out. You should also sleep for 7 hours daily to ensure healthy mind and body. Rest is very important to revive your spirit.
रोहित	: ओह! मुझे यह पता नहीं था। मुझे लगता है कि मैं बहुत ज्यादा काम कर रहा था। इसलिए बहुत मेहनत के बावजूद मेरा परिणाम अच्छा नहीं आया। मैं निश्चय	Ah! I did not know that. I think I have been over-exerting myself. That's why despite my best efforts, I failed to score well. I will certainly follow your advice

		ही आपकी सलाह मानूँगा और अपनी दिनचर्या में बदलाव लाऊँगा। आपके सुझाव के लिए बहुत-बहुत धन्यवाद।	and bring a change in my schedule. Thanks a lot for your feedback.
अध्यापक	:	आपका स्वागत है। अपनी सेहत का खयाल रखो और याद रहे कि स्वास्थ्य ही सबसे बड़ी पूँजी है।	You are welcome. Take good care of your health and remember that "health is wealth."

बॉस और नौकरी पाने के इच्छुक युवक के बीच बातचीत

(Conversation between an Employer and a Candidate)

रोहित	:	गुड मॉर्निंग सर।	Good morning, sir.
बॉस	:	गुड मॉर्निंग मि. शर्मा, आइए बैठ जाइए। अपने बारे में हमें कुछ बताएँ।	Good morning, Mr. Sharma. Please take a seat and be comfortable. Tell us something about yourself.
रोहित	:	सर, यह रहा मेरा बायोडाटा। मेरा पूरा नाम रोहित शर्मा है। मुझे सेल्स व मार्किटिंग में 8 साल से अधिक का अनुभव है। इससे पहले मैं मारुति में जनरल मैनेजर के रूप में कार्यरत था, जहाँ मैंने 3 वर्ष काम किया। उससे पहले मैं जनरल मोटर्स के साथ सीनियर सेल्स मैनेजर के रूप में कार्यरत था। मैंने एबीसीएल कंपनी के साथ दो साल, सन् 2006 से 2008 में प्रोजेक्ट मैनेजर के रूप में भी काम किया है।	Sir, here is my biodata. My full name is Rohit Sharma. I have over 8 years of work experience in sales and marketing. Previously, I was employed as General Manager with Maruti wherein I worked for 3 years. Prior to that I was working with General Motors as Senior Sales manager. I have also worked as Project Manager for 2 years with ABCL Company from 2006 to 2008.
बॉस	:	यह काफी प्रशंसनीय है। सेल्स, मार्किटिंग व प्रोजेक्ट के अलावा आपकी और किन क्षेत्रों में रुचि है?	That sounds impressive. Apart from sales, marketing and project handling, what other areas interest you?
रोहित	:	इनके अलावा, मुझे एच.आर. क्षेत्र व ऑपरेशन एग्जिक्यूशन क्षेत्र में काम करने का मौका भी मिला और जैसा उचित समझा जाए उसके अनुसार मैं किसी भी क्षेत्र में कार्य करने के लिए तैयार हूँ।	Apart from these, I also got an opportunity to work in HR department and operation execution sector and I am willing to undertake any responsibility as deemed fit.
बॉस	:	यह तो बहुत अच्छा है। दूसरे शहरों में सेवा-नियुक्ति का क्या? क्या आप अन्य शहरों में भी कार्यभार लेना चाहेंगे?	That's good. What about inter-city deployment? Would you be willing to take outstation projects as well?

रोहित	: जी बिलकुल, मैं अन्य शहरों में भी यात्रा करने व कार्यरत होने के लिए तैयार हूँ। मुझे यात्रा करने का काफी शौक है और मैं नए-नए स्थान खोजने, विभिन्न लोगों से मिलने और भिन्न-भिन्न जीवन शैलियों को जानना काफी पसंद करता हूँ।	Yes, of course. I am open to outstation travel and work. I am very fond of travelling and I love to explore different places, meet different people and experience different vistas of life.
बॉस	: हमारी कंपनी की 24×7, 365 दिन कार्य करने की पद्धति है। क्या आप बदलती समय प्रणाली के नियमानुसार कार्य करने के लिए तैयार हैं?	Our organisation has 24×7, 365 days working strategy. Are you open to work on rotational-shift basis?
रोहित	: जी हाँ, मैं काम-रूपी कीड़ा हूँ। मुझे रात में भी काम करने से कोई आपत्ति नहीं है।	Yes, I am a work a ohlic. I have no qualms about working in night shifts as well.
बॉस	: बहुत अच्छी! तो अब मुझे यह बताओ कि तुमने अपनी पुरानी कंपनी क्यों छोड़ी?	Wonderful! Now tell me as to why did you leave your last organisation?
रोहित	: मेरी निजी तरक्की ही एकमात्र कारण थी। तीन वर्षों तक एक ही जैसे कार्य के बाद, मैं कार्य शैली व पद्धति में बदलाव चाहता था।	The only reason was the personal growth. After 3 years of same kind of work I aspired for a change in working environment and profile.
बॉस	: तो क्या आप किसी और तरीके से भी अपनी पहली कंपनी की आलोचना करना चाहेंगे?	So, is there any other way in which you would like to criticize your ex-employers?
रोहित	: जी नहीं, बिलकुल नहीं। मैं उनके कार्य के तरीके, व्यवसाय नियमों व कामकाज की शर्तों से काफी संतुष्ट था। यह तो मेरी अलग-अलग जगहों व चुनौती भरे मौकों से सीखने की चाह थी, जिसने मुझे बदलाव के लिए प्रेरित किया।	No, not at all. I was very happy and satisfied with their work policies, business rules and working conditions. It was my own desire to gain in-depth experience from various places and challenging situations that motivated me to seek a change.
बॉस	: अच्छा! हमें अपनी कमियों के बारे में बताएँ।	Aha! Tell as about your weaknesses.
रोहित	: मुझे लगता है कि मेरी काम करने की धुन ही मेरी एकमात्र कमजोरी है। मेरी कभी ना खत्म होने वाली यह चाहत कि मैं और ज्यादा सीखूँ, मुझे एक क्षण के लिए भी आरोहित नहीं करने देती।	I think my only weakness is my workaholic attitude. My never ending desire to learn more and more never lets me rest even for a while.
बॉस	: क्या सूझबूझ से भरा जवाब है! आपके	What a diplomatic answer! What about

		ख्याल में परफेक्ट नौकरी क्या होती है?	your idea of perfect job?
रोहित	:	एक परफेक्ट (सर्वोत्तम) नौकरी, मेरे ख्याल में वह होगी जिसमें मुझे मेरी क्षमता के अनुसार मौके, उचित वेतन, नियमित तरक्की व नए कौशल सीखने की ट्रेनिंग मिले।	A perfect job, according to me, is the one that provides opportunities as per my calibre, commensurate emoluments, timely appraisals and regular training for new skills.
बॉस	:	अच्छा, तो क्या ऐसे ट्रेनिंग मौकों के लिए आप और समय या धनराशि खर्च करना चाहेंगे?	Ok. So, would you be willing to spare extra time or money for such training programs?
रोहित	:	मैं ऐसे ट्रेनिंग प्रोगाम से सीखने लिए बहुत उत्सुक रहूँगा और अगर अधिक समय या धनराशि की जरूरत हो तो भी उसे पूरा करने का कोई अवसर हाथ से नहीं जाने दूँगा।	I would be more than happy to undertake such training and would not miss even a single chance to pursue that even if extra money or time is involved.
बॉस	:	एक ऐसा मौका बताएँ जब आपको किसी रुष्ट खरीददार को हैंडल करना पड़ा।	Tell us of an incident when you had to handle an irate customer.
रोहित	:	सन् 2009 में मुझे एक बहुत गुस्से वाले खरीददार को हैंडल करना पड़ा, जो कि अपनी राशि वापिस माँग रहा था, क्योंकि उसे दिए गए स्पयहर पार्ट गलत थे।	In the year 2008, I came across a very irate customer who demanded a refund as the spare parts delivered to him were found to be faulty.
बॉस	:	तो तुमने क्या किया?	So, what did you do?
रोहित	:	सबसे पहले तो मैंने ध्यानपूर्वक व तसल्ली से उसकी सारी शिकायतें सुनी। इसी से उसका गुस्सा काफी हद तक शांत हो गया। फिर मैंने उससे दिए गए उत्पादों को लिया व अपने कैटेलॉग में चेक किया और पाया कि उसे गलत डिलीवरी पैकेट दे दिया गया था। तुरंत ही मैंने उसे दो दिन के अंदर बदला हुआ डिब्बा भेजने का आश्वासन दिया और उसे खुशी-खुशी घर भेज दिया। इसके बाद मैंने अपने सुपरवाइजर से संपर्क साधा और उन्हें इस घटना के बारे में सूचित किया, जिस पर उन्होंने मुझे इसको ठीक से हल करने का निर्देश दिया। मैंने भी यह सुनिश्चित किया कि यह मुद्दा खरीददार की जरूरत के अनुसार संतुष्ट रूप से हल हो जाए।	First of all, I patiently and carefully listened to all his complaints. That in itself pacified him to a great extent. Then I undertook his products and checked the catalogue and realised that he had been given the wrong delivery packet. Instantly, I assured him a replacement within next two days and sent him back happy. Afterwards, I contacted my supervisor and informed him about the incident who instructed me to take care of it properly. I ensured that the matter was resolved satisfactorily as per customer's needs.

बॉस : ठीक है, तो तुमने उस अनुभव से क्या सीखा?

Alright. So, what did you learn from the experience?

रोहित : यही कि सब्र का फल मीठा होता है, बातचीत से मुश्किल से मुश्किल मुद्दे का भी शांतिपूर्वक हल निकल आता है और यह कि जीवन में सफलता के लिए उत्तम बातचीत / वार्त्तालाप का कौशल बहुत जरूरी है।

That "patience bears sweet fruits," that communication can resolve biggest problems peacefully and that effective interpersonal skills are very important to succeed in life.

बॉस : तुम्हारे ख्याल में और दूसरा कौन सा गुण जीवन में सफल होने के लिए जरूरी है?

Which other quality, if any, do you think is important to be successful in life?

रोहित : मेरे हिसाब से यह नेतृत्वकारी क्षमता होगी। चूँकि मुद्दों व मसलों को हल करने के लिए पहल करना बहुत जरूरी होता है। एक नेता जलती हुई मशाल की तरह काम करता है और दूसरों का मार्गदर्शन करता है। चूँकि ऐसे लोग अन्य लोगों के लिए उदाहरण स्थापित करते हैं, अत: वे किसी भी कंपनी के लिए बहुत ही मूल्यवान होते हैं।

I think it would be leadership quality. As taking initiatives to resolve problems and issues is very important. A leader works like a "beacon of light" showing direction to everybody. As such people set examples for others they are like assets to any organization.

बॉस : बहुत बढ़िया! तुम्हें सेवाकाल में कौन-सी चीज निराश करती है?

Very good! What makes you unhappy at work?

रोहित : वह एकमात्र चीज जो मुझे निराश करती है, वह है कार्यस्थान पर उपलब्ध संसाधनों का अनुपयुक्त इस्तेमाल। जब लोगों व संसाधनों का पूरा इस्तेमाल नहीं होता तो इससे उत्पादन व क्षमता कम हो जाती है। मुझे लगता है कि सभी डिपार्टमेंट्स की लगातार छानबीन होनी चाहिए, ताकि कामयाब व बढ़िया परिणाम निकाले जा सकें।

The only thing that disheartens me is poor use of available resources. When the workforce and other resources are not utilised fully it results in less productivity and efficiency. I feel that regular screening of all departments should be encouraged to improvise efficient and effective outcomes.

बॉस : अच्छा, अंतिम सवाल हम तुम्हें क्यों चुनें और तुम हमारी कंपनी के साथ क्यों काम करना चाहते हो?

Okay, last question : Why should we hire you? And why do you want to work with our company?

रोहित : सर, मैं पूरे आदर के साथ यह कहना चाहूँगा कि आपने मेरे बायोडाटा में कार्य-प्रणाली को देख लिया है। अभी तक मैं काफी प्रभावशील परिणाम लाता आया हूँ। मेरे पास ना केवल जरूरी डिग्रियाँ व

With due respect sir, I would say that you have gone through my CV and workprofile. So far, I have been able to produce consistent results. I hold not only required qualifications and experience

		अनुभव हैं बल्कि नए संघर्षों को आशावादी तरीके से निपटाने का जज़्बा भी है। जहाँ तक आपकी कंपनी का सवाल है, यह फॉर्चून-500 संस्थानों में से एक है और ऑटोमोबिल क्षेत्र में एक चुनिंदा, जाना-माना नाम है। 5000 नौकरी-पेशा लोगों व देशभर में 14 केंद्रों के साथ यह कंपनी ग्राहकों व कार्य संतुष्टि की दृष्टि से भी ऊपर से 25वीं स्थान पर मानी गई है। इसीलिए मैं यहाँ काम करना चाहता हूँ।	but also a drive to take up new challenges positively. As for your company, it is one of the Fortune-500 establishments and has an undisputed rapport in the automobile sector. With over 5000 employees and 15 centres across nation, it has been ranked as top 25th in customer and employee satisfaction forum. Hence, I wish to serve here.
बास	:	आपका बहुत-बहुत धन्यवाद, हम आपको एक या दो दिनों में अपना निर्णय बता देंगे। अगर आप चुने गए तो आपको यहाँ दोबारा बुलाया जाएगा, ताकि आप अपना नियुक्ति-पत्र ले सकें। आपसे मिलकर अच्छा लगा।	Thank you very much. We will inform you about our decision within a day or two. If selected, you will be called again to come and collect your appointment letter. It was a pleasure to meet you.
रोहित	:	आप सब का शुक्रिया। मैं अब आपकी इजाजत चाहता हूँ। गुडबाय।	Thank you, all. I will take your leave now. Goodbye!

मरीज और डॉक्टर के बीच बातचीत
(Conversation between a Patient and Doctor)

डॉक्टर	:	गुड मॉर्निंग मि. रोहित, आप कैसे हैं?	Good morning, Mr. Ram. How do you do?
मरीज	:	आज की सुबह में क्या गुड है? मुझे अच्छा नहीं लग रहा।	What's good about this morning? I don't feel well.
डॉक्टर	:	क्यों? क्या हुआ?	Why? What happened?
मरीज	:	मेरी आँखों में काफी दर्द है। इनमें जलन है व पानी आ रहा है।	I have severe pain in my eyes. They are sore and watering.
डॉक्टर	:	ओह! यह दुख की बात है। मुझे आपकी आँखें व बी.पी. चेक करने दें।	Oh! that's sad. let me check your eyes and b.p. (blood pressure).

		(चेक करने के बाद)	**(After Checking)**
डॉक्टर	:	मुझे आपकी आँखों में लाली व इंफेक्शन नजर आ रहा है, आपका बी.पी. भी ज्यादा है और आपके मुँह के अंदर सिस्ट फॉर्मेशन बनना दिखाता है कि आपको	I see the redness and infection. Your blood pressure is also high and the cyst formation in your mouth shows that you have viral infection. I am writing you

		वायरल इंफेक्शन हुआ है। मैं यह दवाई लिख रहा हूँ। आप अपनी आँखें इस दवाई वाले रसायन से दिन में दो बार धो लें और इस आँखों की दवाई की दो-दो बूँदें दोनों आँखों में तीन बार अगले दो दिन तक डालें। और यह गोली दिन में दो बार अगले तीन दिन तक लें व कम से कम 8-10 गिलास पानी रोज पीएँ।	this prescrip-tion. You need to wash your eyes with this medicated solution twice a day and put these eyedrops, two each in both the eyes thrice daily for next two days. Also, take this pill twice daily for next three days and drink at least 8-10 glasses of water everyday.
मरीज	:	यह दर्द कब तक जाएगा?	When will the pain go away?
डॉक्टर	:	आज की खुराक निर्देशानुसार लें और यह कल शाम तक चल जाएगी। पूरे आरोहित के लिए बताए गए तरीके से दवा खाते रहें व मुझे तीन दिन बाद आकर दिखाएँ।	Take today's dosage as directed and it will subside by tomorrow evening. For the full relief, continue as directed and come to see me 3 days from now.
मरीज	:	मगर मुझे यह इंफेक्शन क्यों हुआ?	But why did I catch this infection?
डॉक्टर	:	इसके कई कारण हो सकते हैं, मगर आपके केस में मुझे यह अपर्याप्त सफाई लगता है।	There could be several reasons. But in your case it seems poor hygiene.
मरीज	:	मैं आपकी बात समझा नहीं।	I did not get you.
डॉक्टर	:	मेरा मतलब है कि संक्रमण शायद गंदे पानी की वजह से हुआ होगा।	I mean the infection could have been caused by dirty water.
मरीज	:	ओह! मैं अब समझा, मगर मेरे पास तो पानी फिल्टर करने की मशीन है।	Ah! Now I get you. But I have a water filter at my place.
डॉक्टर	:	स्वीमिंग पूल के बारे में क्या कहना है। क्या तुम तैराकी की क्लास लेते समय कोई आँखों का चश्मा, आँखों का सुरक्षा-कवच पहनते हो?	What about the swimming pool? Did you wear any eye-protection like eye-goggles/eye-gear while taking swimming classes?
मरीज	:	नहीं, मैं पिछले सप्ताह यह भूल गया था। ओह! मुझे अब याद आया, उसके बाद ही मुझे आँखों में चुभन, दर्द व बैचेनी शुरू हो गई थी।	No, I forgot that last weekend. Ah! Now I remember. After that only, I started feeling itching, pain and irritation in my eyes.
डॉक्टर	:	अच्छा, तो अब तुम्हें कारण याद आया। अगली बार से सावधान रहना। सुरक्षित रहने के लिए हमेशा सावधानी बरतो। अपनी आँखों का खयाल रखो व इन दवाओं को निर्देश अनुसार ले लेना।	Ok, so now you have recalled the cause. Be careful next time. Always use protection to be on the safer side, take good care of your eyes and follow this prescription.
मरीज	:	धन्यवाद डॉक्टर, मैं आपसे शुक्रवार को मिलूँगा। मैं निश्चय ही यह याद रखूँगा कि बचाव पछतावे से बेहतर है। गुड बाय।	Thank you, doctor. I shall see you on Friday. I will surely remember that "it is better to be safe than sorry." Goodbye!
डॉक्टर	:	गुड बाय।	Goodbye.

ब्यूटी पार्लर में ब्यूटीशियन और ग्राहक के बीच बातचीत
(Conversation between a Beautician and a Customer at a Beauty Clinic / Salon / Parlour)

रमा	: हैलो मैडम, मैं अगले सप्ताह होने वाली एक पार्टी के लिए हेयर कट व फेस मसाज कराना चाहती हूँ।	Hello madam! I want to get a haircut and facial massage done for a party next week.
ब्यूटीशियन	: हैलो मैडम, पार्टी कब है?	Hello madam! When is the party?
रमा	: यह दो दिन बाद है।	It's two days away.
ब्यूटीशियन	: ओह! तब तो यही सर्वोत्तम समय है कि आप फेस मसाज कराएँ, चूँकि चेहरे पर चमक तीन दिन बाद ही सबसे ज्यादा आती है। क्या आप अपना चेहरा ब्लीच भी कराना चाहेंगी?	Aha! Then it's the perfect time to go for a facial massage. As the glow reflects best on the third day only. Would you also like to bleach your face?
रमा	: उसका क्या फायदा होता है?	What is the benefit?
ब्यूटीशियन	: इससे आपके चेहरे के बाल हलके हो जाएँगे व चेहरे पर एक चमक आ जाएगी।	It will lighten your facial hair and add radiance to your face.
रमा	: क्या इसका कोई दुष्प्रभाव भी है?	Is there any side effect also?
ब्यूटीशियन	: नहीं! हम आपके चेहरे पर पहले एक प्री-ब्लीच क्रीम लगाते हैं जिससे यह सुनिश्चित होता है कि आपका चेहरा किसी भी तेज रासायनिक प्रभाव से सुरक्षित रहे।	No. We make sure that a pre-bleach cream is applied on your face to save it from any harsh chemical exposure.
रमा	: इसमें कितना समय लगेगा और इसकी कीमत कितनी है?	How much time will it take and how much does it cost?
ब्यूटीशियन	: इसमें केवल 15-20 मिनट ही लगेंगे और जहाँ तक कीमत की बात है, यह अलग-अलग उत्पादों पर निर्भर करता है। हमारे पास 50 रुपए से 150 रुपए तक की ब्लीच क्रीम हैं। आप कौन सी पसंद करेंगी?	It will take only 15-20 minutes. As for the cost, it varies from product to product. We have bleach creams from Rs. 50 to 150. Which one would you prefer?
रमा	: इसमें इतना अंतर क्यों है? मेरा मतलब है कि इनमें क्या अंतर है?	Why is there such a huge variation? I mean what's the difference?
ब्यूटीशियन	: मैडम, इनमें से कुछ हर्बल व कुछ रसायन पर आधारित हैं। इनका परिणाम भी अलग-अलग है। ब्रांड जितनी महँगी होती है, असर उतना ही लंबा रहता है। उदाहरणत: 50 रुपए की क्रीम का असर	Madam, some are herbal whereas others are chemical-based. Also the result may vary. The costlier the brand the longer its result lasts. For example, the result of Rs. 50/- cream shall last for 15 days

	15 दिन व 100 रुपए वाली का 30 दिन तक रहता है।	whereas Rs. 100/- cream shall set you free for next 30 days.
रमा	: आह! तो मैं हर्बल उत्पादों का उपयोग करना चाहूँगी और मैं चाहती हूँ कि इसका परिणाम लगभग 30 दिनों तक रहे। तो आप मुझे कौन सी प्रस्तावित करेंगी?	Aha! So, I would like to use the herbal products. And I want the results to last for 30 days or so. So which one would you suggest me?
ब्यूटीशियन	: मैं समझती हूँ 100 रुपए वाली। यह हर्बल है तो कोई नुकसान नहीं और इसमें आपके चेहरे पर लगभग एक माह के लिए चमक आ जाएगी।	I think Rs. 100/- one. It's herbal, so no sideeffects and it will leave a glow on your face for almost one month.
रमा	: अच्छा, तो फेशियल का क्या? मेरी तैलीय त्वचा है। मैं अत्यधिक क्रीम वाले उत्पाद नहीं चाहती, क्योंकि उनसे मुझे मुँहासे हो जाते हैं तो आप कौन सा फेशियल सुझाएँगी।	Alright, what about the facials? I have an oily skin. I don't want excessively cream-based products as they may cause acne breakout. So, which facial type would you recommend?
ब्यूटीशियन	: आपके लिए रोज एन पर्ल सबसे अच्छा रहेगा। इसके एस्ट्रीजेंट जैसे गुण हैं। यह आपके चेहरे का अत्यधिक तेल सुखाकर आपके चेहरे में ताजगी व कमसिनता भर देगा। क्या मैं आपकी सेवा शुरू करूँ?	Rosen Pearl facial would be the best for you. It has astringent like properties. It would absorb the excessive oil from your face, giving you a very fresh and young look. Shall I begin the services?
रमा	: जी बिलकुल, लेकिन हेयरकट का क्या? मेर बेजान व कमजोर बाल हैं। मुझ पर कैसा हेयरकट अच्छा लगेगा?	Yes, of course. But what about the haircut? I have dull and limp hair. What type of hair cut would suit me?
ब्यूटीशियन	: आपका अंडाकार चेहरा है तो मैं आपके चेहरे के अनुसार कुछ घुंघराली लटें छोड़ दूँगी और दोमुँहे बाल काट दूँगी। मैं आपको कंडीशन कराने की सलाह भी दूँगी, जिससे आपके बाल नरम व चमकदार हो जाएँ। क्या आप यह इस्तेमाल करने के लिए इच्छुक होंगी?	You have an oval face. So, I would leave curving fringes around your face and trim the splitends. I would also suggest you conditioning to make your hair look smooth and shiny. Would you be willing to try that?
रमा	: क्या यह बालों को किसी भी प्रकार का नुकसान पहुँचाता है? मेरी एक सहेली ने मुझे बताया था कि इससे बाल काफी ग्रीस भरे लगने लगते हैं।	Does it harm the hair in any way? My friend told me that it makes the hair look greasy.
ब्यूटीशियन	: नहीं बिलकुल नहीं, या तो आपकी सहेली ने गलत उत्पादन इस्तेमाल किया होगा या गलत तरीके से किया होगा।	Not at all. Your friend may have either used the wrong product or used it in an improper way.
रमा	: तो सही तरीका क्या है?	What is the right way?

ब्यूटीशियन :	कंडीशनर को लगाने का सही तरीका है इसे सर से दूरी बनाकर रखें। बालों की ऊपर से नीचे की तरफ एक मिनट तक मसाज करनी चाहिए। फिर एक मिनट तक छोड़ देने के बाद ठंडे या गुनगुने पानी से धो देना चाहिए। कभी भी अत्याधिक गर्म पानी से बाल या सर ना धोएँ क्योंकि इससे वह खराब हो जाते हैं।	The right way for application of conditioner is away from scalp. Leaving the scalp, you should massage it for a minute working towards tip. Then leave it for a minute and rinse off with either cold or lukewarm water. Never use too hot water on hair or scalp as it damages them.
रमा :	ओह, अच्छा! आप काफी जानकार साबित हुईं, धन्यवाद। चलिए, अब आप मेरी सेवा शुरू कर दें।	Ah! Ok, you have been very informative. Thanks. Now go ahead and start my regime.
ब्यूटीशियन :	जी, अभी लीजिए मैडम।	Right away, madam.
	(सारे कामों के बाद)	**(After all Services)**
रमा :	आहा! कोई हैरानी की बात नहीं कि लोग आपके पार्लर की काफी तारीफ करते हैं। तुमने मुझे देखने में वाकई बहुत खूबसूरत बना दिया है। मेरा चेहरा व बाल इतने चमक रहे हैं, जैसे पहले कभी नहीं चमके। बहुत-बहुत धन्यवाद।	Aha! No wonder people speak highly of your parlour. You have made me look really pretty. My hair and face are glowing like never before. Thanks a lot.
ब्यूटीशियन :	आपका स्वागत है, मैडम। यह रहा आपका पहली-बार का कूपन। आप अगली बार कुल राशि पर 20 प्रतिशत तक की छूट का लाभ ले सकती हैं।	You are welcome, madam. Here is your first-time coupon. You may avail upto 20% discount on the bill next time.
रमा :	वाह! यह तो और भी फायदे की बात है। इस बार मेरा बिल कितना हुआ?	Wow! That's an added advantage. How much is my bill this time?
ब्यूटीशियन :	यह केवल 250 रुपए है, मैडम।	It's Rs. 250/- only, madam.
रमा :	यह लीजिए, एक बार फिर आपके सुझाव व सेवाओं के लिए शुक्रिया। मैं निश्चय ही आपके द्वारा बताई उपयोगी बातें अपने मित्रों के साथ बाटूँगी व उन्हें आपके बढ़िया काम के बारे में भी बताऊँगी।	Here it is. Once again, thank you for your recommendation and services. I shall surely share the tips that you gave me with my friends – and tell them about your good work.
ब्यूटिशियन :	मैडम, यह तो आपकी विनम्रता है। मुँह की कही बातें आग की तरह फैलती हैं और हमारे लिए तो यही पुरस्कार की तरह होती हैं। आपकी उदारता के लिए शुक्रिया। गुड ईवनिंग।	Madam, that's very kind of you. Words of mouth spread like fire and are like reward for us. Thanks for your generosity. Good evening!
रमा :	गुड ईवनिंग। मैं अगले माह फिर आऊँगी, अब चलती हूँ। अभी के लिए गुड बाय।	Good evening. I shall see you next month. Bye for now.

मालिक और सेवक के बीच बातचीत
(Conversation between a Master and his Servant)

मालिक	: रोहित, यहाँ जल्दी आओ।	Ramu, come here fast.
रोहित	: जी सर।	Yes, sir.
मालिक	: जाओ, मेरे लिए एक गिलास पानी व आज का अखबार ले आओ।	Go and get me a glass of water and today's newspaper.
रोहित	: जी सर, यह रहा।	Ok, sir. Here it is.
मालिक	: मेरा चश्मा कहाँ है? तुम इसे कभी भी पढ़ाई की टेबल पर नहीं रखते, तुम्हारी क्या परेशानी है?	Where are my spectacles? You never keep them on my study table. What's wrong with you?
रोहित	: कुछ नहीं सर, मैंने इसे कल शाम ही यहाँ रखा था। कृपया मुझे ढूँढ़ने दें।	Nothing, sir. I did keep them here last evening. Let me search for them.
	(चीजें इधर-उधर बिखेरता है।)	**(Ruffles things)**
	सर, मुझे मिल गया। यह रहा।	I found them, sir. Here they are.
मालिक	: यह क्या गंद मचा दिया! यह तुमने क्या किया? जल्दी जाओ इसे साफ करो।	What a mess! What have you done? Go, clean it quickly.
रोहित	: जी सर।	Ok, sir.
मालिक	: मुझे सुबह की सैर के लिए जाना है। पीटर कुत्ते को भी ले आओ। मैं उसे भी अपने साथ ले जाऊँगा।	I have to go for the morning walk. Bring Peter (dog) also. I shall take him along with me.
रोहित	: जी सर।	Ok, sir.
	(कुत्ते को ले आता है।)	**(Brings The Dog)**
मालिक	: अरे बेवकूफ, तुमने इसकी चेन क्यों निकाल दी? इसकी चेन वापिस लगा दो, नहीं तो मैं इसे कैसे नियंत्रित करूँगा?	You fool, why did you take off the chain? Put the chain back on. How else would I control him?
रोहित	: जैसी आपकी मरजी सर।	As you command, sir.
मालिक	: अच्छा, मैं जब तक घर से बाहर रहूँ, घर का खयाल रखना। मेरे आने से पहले नाश्ता तैयार रखना। अगर कोई कॉल करे तो उसका संदेश व नंबर लिख लेना। अगर तब तक ड्राइवर आ जाए तो उसे पेट्रोल टैंक पूरा भरवाने को कह देना। और तुम, मेरे आने से पहले यह सब साफ कर देना, जल्दी करो। अब जाओ और अपना काम शुरू कर दो। बेवकूफों की तरह यहाँ खड़े रहकर मुझे देखते मत रहो।	Ok, while I am away from home, take care of the house. Get the breakfast ready before I return. If anyone calls, note down his message and number. If the driver comes by then, tell him to get the petrol tank full. And you, clean up this mess before I come back. Make haste. Go away. Start doing your work. Don't keep standing here and staring at me foolishly.
रोहित	: जैसी आपकी आज्ञा सर।	At your service sir.

प्रोफेसर और कॉलेज छात्र के बीच बातचीत
(Conversation between a Professor and College Student)

रोहित	: गुड मॉर्निंग सर। क्या मैं आपसे एक मिनट बात कर सकता हूँ?	Good morning, sir. Can I talk to you for a minute?
प्रोफेसर	: हाँ कहो रोहित, क्या बात है?	Go ahead, Rohit. What is it?
रोहित	: सर, मुझे आपके दिए गृहकार्य को समझने में परेशानी हो रही है। मुझे नहीं पता कि मैं इस रिपोर्ट को कैसे तैयार करूँ। क्या आप मेरा इस बारे में मार्गदर्शन कर सकते हैं?	Sir, I have problem in understanding the assignment that you gave. I don't know how to compile the report. Could you guide me about it?
प्रोफेसर	: रोहित, मेरे खयाल से यह तो मैं पहले ही क्लास में बता चुका हूँ। फिर भी तुम क्या सोचते हो? इसे कैसे करना चाहिए?	Rohit, I think I have already discussed that in the class. Anyway, what do you think? How should it be done?
रोहित	: सर, मुझे लगता है, इसे विभिन्न कलाओं के संग्रह या टैंपलेट मुख्य वाक्यों के तरीके से किया जा सकता है, मगर मैं पूरे दावे से नहीं कह सकता कि सही तरीका क्या है।	Sir, I think it could either be a collage or template from. But I'm not sure which one is the right way.
प्रोफेसर	: अच्छा, किसी भी प्रोजेक्ट को करने का कोई सुनिश्चित सही या गलत तरीका नहीं होता तो इसकी ज्यादा चिंता मत करो। बस इनमें से किसी भी एक तरीके पर काम शुरू कर दो। तुम्हें जो बढ़िया लगे, उस पर काम शुरू कर दो।	Alright. There is never a fixed right or wrong way of doing a project. So don't worry about that. Just start working on any of these. You should prefer the one that suits you.
रोहित	: सर, मैं पूरे दावे से नहीं कह सकता कि सर्वोत्तम तरीका कौन सा है।	Sir, I am not sure what would be the best way.
प्रोफेसर	: रोहित, तुम पहले से एक लघु सूची क्यों नहीं बनाते, जिसमें तुम यह लिखो कि तुम अपने प्रोजेक्ट में क्या सिद्ध करना चाहते हो और तुम कैसे इस सारी जानकारी को संगठित करोगे? पहले मुझे अपनी वह रिपोर्ट दिखा देना और फिर हम यह बातचीत कर सकते हैं कि तुमने यह प्लान ठीक से समझा है या नहीं। क्या तुम्हें लगता है कि यह तुम्हारे लिए ठीक रहेगा?	Rohit, why don't you first prepare an objective list of what you aim to achieve in your project and how you are going to organise your information. Show me that report first and then we can discuss whether you have understood the plan or not. Do you think that will work for you?
रोहित	: जी, बिलकुल सर। मैं पहले एक लघु रिपोर्ट तैयार करूँगा। मैं आपको यह कब	Of course, sir. I will first prepare an objective report. When shall I come to

	दिखाने आऊँ?	show you that?
प्रोफेसर	: क्या तुम्हें लगता है कि तुम इसे सोमवार तक तैयार कर सकते हो?	Do you think you can prepare that by Monday?
रोहित	: जी, बिलकुल। मैं इसे सोमवार तक ले आऊँगा। आपकी सलाह के लिए धन्यवाद।	Of course, sir. I will bring it on Monday. Thanks for your advice.
प्रोफेसर	: आपका स्वागत है।	You are welcome.

वीजा ऑफिस में इमीग्रेशन के लिए बातचीत
(Conversation at the Visa Office for Immigration)

वीजा ऑफिसर	: हैलो मि. रोहित, आप कहाँ से आए हैं?	Hello, Mr. Rohit. Where do you come from?
रोहित	: गुड मॉर्निंग सर। मैं पंजाब से आया हूँ।	Good morning, sir. I have come from Punjab.
वीजा ऑफिसर	: आप क्या काम करते हैं?	What work do you do?
रोहित	: मैं एक सहायक शिक्षक हूँ।	I am a teaching assistant.
वीजा ऑफिसर	: आप कनाडा क्यों जाना चाहते हैं?	Why do you want to migrate to Canada?
रोहित	: सर, वहाँ बेहतर संसाधन, आजीविका के मौके व आधुनिक तकनीक उपलब्ध है। मैं विभिन्न जानकारी के जरिए और सीखने की चाह रखता हूँ, इसीलिए मैं वहाँ जाना चाहता हूँ।	Sir, it offers better resources, employment opportunities and updated technology. I want to experience different vistas of knowledge and learn more. Hence I wish to migrate there.
वीजा ऑफिसर	: अच्छा, क्या आपके पास कोई नौकरी का प्रस्ताव है?	Okay. Do you have any job offer?
रोहित	: नहीं, अभी तो नहीं, मगर मुझे पूरा यकीन है कि इस महीने के अंत तक मुझे यह मिल जाएगी।	Not as yet. But I am sure I would get that by this month's end.
वीजा ऑफिसर	: तुम ऐसा कैसे कह सकते हो? क्या आपके वहाँ कोई रिश्तेदार हैं?	How can you say that? Do you have any relatives there?
रोहित	: जी, मेरे वहाँ जानकार हैं। इसके अलावा मैंने कनाडा में सहायक शिक्षक की नौकरी के लिए आवेदन भरा था और मुझे बता दिया गया है कि मेरा वहाँ चयन हो गया है। मेरा नियुक्ति-पत्र तैयार हो रहा है और मुझे यह शायद एक हफ्ते के दौरान मिल जाएगा।	I have aquaintances there. Besides, I have applied for an assitant teacher post at a school in Canada and have been intimated about my selection. The offer letter is under process and I am likely to receive it within a week or so.
वीजा ऑफिसर	: ठीक है, क्या तुम्हारा कोई आपराधिक रिकॉर्ड है?	Okay. Do you have any criminal record?
रोहित	: नहीं सर, यह लीजिए मेरे पुराने मालिक	No, sir. Here is my character certificate

	के द्वारा जारी प्रमाण-पत्र।	from previous employer.
वीजा ऑफिसर :	क्या आपको कोई संक्रमित कर देने वाली बीमारी है?	Do you suffer from any contagious disease?
रोहित :	नहीं, बिलकुल नहीं। मेरी स्वास्थ्य जाँच की रिपोर्ट भी फाईल में लगी हुई है, आप देख सकते हैं।	No, not at all. My medical report is also enclosed in the file. You may have a look.
वीजा ऑफिसर :	कोई पुरानी या छोटी बीमारी जैसे हृदय रोग, अधिक रक्तचाप या अस्थमा इत्यादि?	What about any chronic/acute disease like heart problem, high b.p., asthma, etc?
रोहित :	नहीं सर, इसी महीने किए गए टेस्ट के अनुसार मैं बिलकुल ठीक व स्वस्थ हूँ। भगवान् की कृपा से मुझे कोई भी बड़ा-छोटा स्वास्थ्य रोग नहीं है।	No, sir. I am fully fit and fine as per medical tests conducted this month itself. By God's grace, I have no major/minor health problem.
वीजा ऑफिसर :	कोई अन्य एलर्जी?	Any known allergies?
रोहित :	मुझे सल्फ्यूरिक रसायन से एलर्जी है।	I am allergic to sulphuric chemicals.
वीजा ऑफिसर :	क्या आपने अपने मेडिकल फॉर्म में इसका वर्णन किया है?	Did you make a note of it in your medical form?
रोहित :	जी, मैंने किया है।	Yes, I did.
वीजा ऑफिसर :	क्या आप पहले किसी दूसरे देश में गए हैं?	Have you been to any other foreign land earlier?
रोहित :	जी, मैं एक छोटे दौरे के लिए ऑस्ट्रेलिया गया था।	Yes, I have been to Australia for a short while.
	यह दो माह की व्यापार-संबंधी यात्रा थी और फिर मैं लौट आया।	It was a business trip for two months and then I returned.
वीजा ऑफिसर :	आप कनाडा की सामाजिक व्यवस्था के लिए कैसे सहायक होंगे?	How will you contribute to the Canadian society?
रोहित :	मैं अपने खाली समय में वहाँ के सामाजिक कार्यों में हिस्सा लूँगा और लोगों को योग, ध्यान व अध्यात्म के बारे में बताऊँगा, जो कि पूर्वी समाज में काफी प्रचलित हैं।	I would involve myself in community work in my spare time and teach people about yoga, meditation and spirituality as prevalent in Eastern culture.
वीजा ऑफिसर :	आप अंग्रेजी का इस्तेमाल कब से कर रहे हैं?	How long have you been using English?
रोहित :	मैं यह स्कूल के समय से कर रहा हूँ। यह लगभग 10 वर्ष या उससे अधिक होगा।	I have been using it since school time. So that would be approximately 10 years or so.
वीजा ऑफिसर :	अंग्रेजी में लिखते हुए आपको क्या परेशानियाँ आती हैं?	What difficulties do you face when you write in English?
रोहित :	मुझे अंग्रेजी में लिखने में कोई परेशानी	I don't face any difficulties while writing

	नहीं होती। मुझे IELTS की परीक्षा में 7 का स्कोर मिला है। मैं अंग्रेजी का अच्छा ज्ञाता हूँ।	in English. I got a good score of 7 in my IELTS exam. So I am a competent user of English.
वीजा ऑफिसर :	क्या आप कैनेडियन समाज की किसी प्रकार उपेक्षा करेंगे?	Is there any way in which you criticize the Canadian culture?
रोहित :	नहीं, मैं यह मानता हूँ कि पश्चिमी शैली पूर्वी शैली से पूरी तरह भिन्न है, मगर मैं यह भी मानता हूँ कि विविधता ही जीवन में स्वाद भरती है। मैं इस विभिन्नता की कद्र करता हूँ और अपने आपको किसी पर लादता नहीं और ना ही इसका विपरीत होने देता हूँ।	No, I do feel that Western culture is poles apart from Eastern culture but I believe that variety adds spice to life. I respect the difference and do not wish to impose myself on others or vice-versa.
वीजा ऑफिसर :	आप अपनी इस विभिन्नता की कद्र करने की क्षमता के बारे में इतने दावे के साथ कैसे कह सकते हैं?	How can you be so assertive about your ability to respect the differences?
रोहित :	सर, भारत एक बहु-शैली, बहुभाषी व बहु-धार्मिक देश है। 234 से भी अधिक आम भाषाएँ, 27 राज्य और कई धर्मों के साथ हम सबसे बड़े जन-निर्वाचित व निरपेक्ष देशों में से एक हैं। इसके बावजूद हम एकता में रहते हैं अखंडता में विश्वास करते हैं। तो यह विभिन्न तौर-तरीकों, शैलियों, मूलों व सिद्धांतों की कद्र हमारे खून में है।	Sir, India is a multi-cultural, multi-lingual and multi-religious country. With over 235 local dialects, 27 states and several religions, we are one of the biggest democratic and secular nations. Inspite of this, we stand in unity and believe in integrity. So this appreciation for the different ways, lifestyles, values and beliefs is there in our blood.
वीजा ऑफिसर :	अच्छा शुक्रिया, आपका वीजा मंजूर किया जाता है। मुबारक हो।	Fine, thank you. Your visa has been approved. Congratulations.
रोहित :	सर बहुत-बहुत शुक्रिया आपका दिन मंगलमय हो!	Thanks a lot, sir. Have a good day.!

स्टुडेंट वीजा के लिए छात्र और वीजा ऑफिसर के बीच बातचीत

(Conversation between a Student and Visa Officer for Student Visa)

वीजा ऑफिसर :	हैलो मिस रमा, आप कहाँ से हैं?	Hello Miss Rama Hello!. Where do you come from?
रमा :	मैं पटना से आई हूँ।	I have come from Patna.
वीजा ऑफिसर :	आप डैलेस यूनिवर्सिटी विश्वविद्यालय में क्यों पढ़ना चाहती हैं?	Why do you want to study in Dallas University?

रमा :	मैं वहाँ उच्चस्तरीय पढ़ाई करना चाहती हूँ, क्योंकि वहाँ बेहतर अवसर, सीखने का मौका, रिसर्च की सुविधाएँ, अंर्तविषयी मौके व आधुनिक तकनीक उपलब्ध है।	I want to go there for higher studies because of availability of better opportunities, exposure, research facilities, inter-disciplinary interaction and latest technology.
वीजा ऑफिसर :	तो क्या आप यह कहना चाहती हैं कि भारत की तकनीकी आधुनिकता पर्याप्त नहीं है?	So, do you mean in India, the technology is not advanced enough?
रमा :	सर, मैं अपनी मास्टर्स खेल व्यायाम के विषय में करना चाहती हूँ, मगर इस पर भारत में कोई खास रिसर्च नहीं चल रही है। इसके अलावा यहाँ बहुत कम विश्वविद्यालय हैं जो यह विषय पढ़ाते हैं। मैं सर्वोत्तम माहौल व शैक्षिक संस्थान में पढ़ना चाहती हूँ। इसलिए मैं डैलेस यूनिवर्सिटी में जाना चाहती हूँ।	Sir, I want to do my Master's in sports exercise but there is not much research going on here in India in this subject. Besides, there are very few universities which offer this subject. I want to study in the best environment and academia. Hence, I want to go to Dallas University.
वीजा ऑफिसर :	क्या आपने किसी और यूनिवर्सिटी में भी आवेदन भरा है?	Have you applied to any other university?
रमा :	नहीं, मैंने नहीं भरा। मैंने इस यूनिवर्सिटी के बारे में इतनी रुचि इसलिए दिखाई, चूँकि यहाँ का स्थान, मौसम, फीस, रिसर्च विषय व एम.ए. प्रोगाम की अवधि भी मेरे लिए काफी उपयुक्त है।	No, I did not. I was very particular about this university because its location, weather, fees, research topics and even course tenure of M.A. program suit me well.
वीजा ऑफिसर :	क्या तुम्हारे वहाँ कोई रिश्तेदार हैं?	Do you have any relatives there?
रमा :	नहीं, श्रीमान्। मेरे कुछ मित्र हैं, जो वहाँ डैलेस यूनिवर्सिटी में पढ़ रहे हैं, मगर मेरे परदेस में कोई भी रिश्तेदार नहीं हैं।	No, sir. I have some friends who are studying at Dallas University but I do not have any relatives overseas.
वीजा ऑफिसर :	तुम्हारे विदेश जाने के बारे में तुम्हारे परिवार का क्या विचार है?	How does your family feel about your moving abroad?
रमा :	वे काफी खुश हैं व सहायक हैं। उन्होंने मुझे खुद ही सर्वोत्तम यूनिवर्सिटी में प्रवेश लेने के लिए प्रेरित किया है।	They are very happy and supportive. They themselves have encouraged me to go for the best university.
वीजा ऑफिसर :	क्या कोई भी कारण, इनसान या चीज, है जो तुम्हें विदेश जाने से रोकती है?	Is there any reason, person or thing, that stops you from going abroad?
रमा :	नहीं, ऐसी कोई चीज नहीं।	None, as such.
वीजा ऑफिसर :	क्या तुम्हारा कभी भी कोई आपराधिक केस, इल्जाम या फैसला रहा है?	Did you ever have any criminal charge, case or trial against you?
रमा :	नहीं सर, मैं एक मौलिक चरित्रवान इनसान	No, sir. I am a morally upright person

	हूँ व मेरे खिलाफ कोई भी इल्जाम, भूतकाल या वर्तमान में नहीं रहा है। मेरे चरित्र का प्रमाण-पत्र इस फाईल में पहले ही लगा हुआ है।	with no pending, ongoing or settled criminal charges. My character certificate has already been enclosed in this file.
वीजा ऑफिसर :	मैं जानता हूँ कि तुम प्रति सप्ताह 20 घंटों का पार्ट-टाईम कार्य कर सकती हो, तुम वहाँ किस प्रकार का कार्य करना चाहोगी?	Given the fact that you can do part-time work for 20 hours per week, what work would you like to take up there?
रमा :	सर, मेरे अनुसार मैं कॉलेज परिसर में ही कोई नौकरी या कार्य करूँगी, जैसे कि लैब सहायक या उप-रिसर्च सहायक इत्यादि।	Sir, most probably I would take up some campus placement or campus job such as lab assistantship or fellow-research associate, etc.
वीजा ऑफिसर :	आपका अपने एम.ए. प्रोगाम को खत्म करने के पश्चात् क्या प्लान है?	What do you plan to do after completion of your M.A. program?
रमा :	मैं भारत वापिस आना चाहूँगी व यहाँ आकर गरीबों की बेहतरी के लिए कार्य करना चाहूँगी।	I propose to come back to India and work for the betterment of underprivileged here.
वीजा ऑफिसर :	आप यह कैसे साबित कर सकती हैं कि आप वापिस आने की इच्छा रखती हैं?	How can you prove that you intend to come back?
रमा :	सर, मैंने पहले ही सिक्योरिटी जमा करा दी है। मेरी बैंक द्वारा जारी स्टेटमेंट रिपोर्ट भी यहाँ संलग्न है और यह मेरी कुल जमा पूँजी व सरलता को दरशाती है। तो मैं वहाँ हमेशा के लिए नहीं रहना-बसना चाहती। दरअसल, यहाँ भारत में हमारा खुद का स्कूल चल रहा है। अपनी पढ़ाई खत्म हो जाने के बाद, मैं अपने खानदानी शैक्षिक व्यवसाय में ही कार्य करना चाहती हूँ और जो मैंने इस समाज से प्राप्त किया है, वह उनकी सेवा में तत्पर होकर लौटाना चाहती हूँ।	Sir, I have already deposited the security fund. Also, the bank statements enclosed here reflect my family's liquid assets and well-established status. So, I do not intend to settle there permanently. In fact we have our own school running here in India. Once I finish my academics, I want to join my family's educational enterprise and serve the community by giving them back what I have received from it.
वीजा ऑफिसर :	तुम अमेरिकी शैली के मुताबिक बदलने के लिए कितनी तैयार हो?	How much prepared are you to adapt as per the US culture?
रमा :	सर, मैं अमेरिकी शैली की जीवनशैली व तौर-तरीके से परिचित हूँ और इस विभिन्नता की कद्र करता हूँ। मेरा मानना है कि विभिन्नता ही जीवन में विविधता की कुंजी है और यह अमेरिकी शैली की विविधता, जीवनशैली, तरीके और अपार	Sir, I appreciate the difference and am aware of cultural and social ways of U.S. I believe that variety is the spice of life and it's the vast culture, lifestyle, ways and plethora of global opportunities in US that fascinate me a lot. I am a very

	अंतरराष्ट्रीय अवसर ही हैं, जो मुझे इसकी ओर बहुत आकर्षित करते हैं। मैं एक मिलनसार व्यक्ति हूँ व वहाँ की जीवनशैली के बदलाव के बारे में अच्छे से समझती हूँ। चूँकि मैं बहुत ही मिलनशील व्यक्ति हूँ, मुझे लगता है कि मैं आसानी से अमेरिकी जीवन पद्धति के अनुसार अपने आप को ढाल लूँगी।	adaptive person and have done my homework well about the cultural differences. Being very resourceful that I am, I think I'll be easily able to adopt and adapt as per U.S. lifestyle.
वीजा ऑफिसर :	क्या आप पहले कभी विदेश गई हैं?	Have you ever been to any other foreign country previously?
रमा :	जी बिलकुल, मैं एक बार दक्षिणी अफ्रीका गई हूँ, जब मैं 13 वर्ष की थी। यह गरमी की छुट्टियों के दौरान की गई स्कूल यात्रा थी व मुझे यह बहुत पसंद आई।	Well, yes. I have been to South Africa once, when I was about 13 years old. It was a school trip during summer vacations and I really liked it.
वीजा ऑफिसर :	क्या आप अंग्रेजी में आरोहित से बात कर पाती हैं?	Do you feel comfortable while speaking in English?
रमा :	जी, सर आप मेरे आईलेटस टेस्ट का स्कोर कार्ड देख सकते हैं, जो यह दरशाता है कि मैं अंग्रेजी की अच्छा ज्ञाता हूँ।	Yes, sir. You may see my IELTS test score card which reflects that I am a competent user of English.
वीजा ऑफिसर :	क्या आप कोई और विदेशी भाषा भी बोलती हैं?	Do you also speak any other foreign language?
रमा :	नहीं सर, मगर मैं फ्रेंच समझ सकती हूँ।	No sir. But I can understand French.
वीजा ऑफिसर :	अच्छा! क्या ऐसी कोई खास जगह है, जो आप देखने की इच्छुक हैं?	Alright. Is there any specific place you are looking forward to see?
रमा :	जी, मैं लास एजेंल्स जाना चाहती हूँ, क्योंकि मैंने इसकी रंगीन रातों व बढ़िया जीवनशैली के बारे में बहुत सुना है।	Yes, I wanna visit Los Angles because I have heard a lot about its night-life and lively culture.
वीजा ऑफिसर :	आपकी विदेश में पढ़ाई का खर्च कौन उठा रहा है?	Who's sponsoring your educational expenses?
रमा :	मैंने ए.बी.सी.एल. बैंक से विद्यार्थी लोन पास करवा लिया है।	I've got a student's educational loan approved from ABCL Bank.
वीजा ऑफिसर :	क्या आपको विदेश में पढ़ाई करने व रहने का खर्च उठाने में कोई परेशानी है?	Do you have any financial difficulties in bearing the education and living cost abroad?
रमा :	नहीं सर, सब चीजों का पहले ही प्रबंध हो गया है। इस फाइल में बैंक दस्तावेज, कुल पूँजी का प्रमाण व लोन पास संबंधी कागज लगे हैं। आप इससे सारी जानकारी	No, sir. Everything has been arranged beforehand. The file contains the bank statements, liquid asset proof and loan approval documents. You may verify the

		चेक कर सकते हैं।	details from this file.
वीजा ऑफिसर	:	ठीक है, आपका विद्यार्थी वीजा मंजूर किया जाता है। मुबारक हो!	Alright. Your student visa has been approved. Congrats!
रमा	:	सर, बहुत-बहुत शुक्रिया। आपका दिन मंगलकारी हो!	Thanks a lot, sir. Have a good day!

सुपर मार्किट में खरीदारी के लिए बातचीत
(Conversation at a Supermarket)

सीमा	:	हैलो रितू, तुम यहाँ क्या कर रही हो?	Hello Ritu!. What are you doing here?
रितू	:	मैं यहाँ खरीददारी के लिए आई हूँ। तुम कहो? यहाँ कैसे आई हो?	I came for shopping. What about you? What brings you here?
सीमा	:	वही बात। मैं घर के लिए कुछ सामान खरीदना चाहती थी। मैंने यहाँ चल रही 50% सेल के बारे में सुना तो मैंने सोचा कि मौके का फायदा उठाया जाए।	Same here. I wanted to buy some household items. I heard about the ongoing 50% sale here. So I thought of availing this opportunity.
रितू	:	यह तो तुमने खूब सोची। चलो जल्दी चलें, इससे पहले कि सारी दुकानों में से सामान खत्म हो जाए।	That's really smart of you. Come, let's get going before shops run out of stock.
सीमा	:	हा! हा! हाँ, तुम सही कह रही हो। यह बेहतर होगा कि हम जल्दी करें, इससे पहले कि देर हो जाए।	Ha! Ha! Yes, you are right. It would be better if we make haste while the sun shines.
		(राशन की दुकान पर)	**(At a Grocery Shop)**
सेल्समैन-1	:	गुड मॉर्निंग मैडम, मैं आपकी किस प्रकार सहायता कर सकता हूँ?	Good morning, madam. How can I help you?
सीमा	:	यह लीजिए लिस्ट, कृपया यह सारी चीजें पैक करवा दें। तब तक मैं कपड़ों के सेक्शन से होकर आती हूँ।	Here is the list, please get all these items packed. Meanwhile, I shall go to the apparel section and come back.
रितू	:	कृपया मेरी सूची भी रख लें। इन चीजों को जल्दी से जल्दी पैक करवा दें। हम शीघ्र ही वापिस आ जाएँगे।	Please keep my list also. Get these things packed as early as possible. We will come back very soon.
सेल्समैन-1	:	मैडम चिंता ना करें। 15 मिनटों में ही आप इसे ले सकती हैं। यह तब तक तैयार हो जाएगा।	Don't worry, madam. You can collect it within 15 minutes. It will be ready by then.
रितू	:	सीमा, चलो कपड़ों के सेक्शन में चलते हैं।	Seema, let's rush to apparel section.

(कपड़ों के सेक्शन में)		(In the Apparel Section)
सेल्सगर्ल	: हैलो मैडम, मैं आपकी किस प्रकार मदद कर सकती हूँ?	Hello, madam. How may I assist you?
सीमा	: कृपया हमें सिल्क साड़ियों के सबसे नए डिजाइन दिखाएँ।	Please show us some latest designs of silk saris.
सेल्सगर्ल	: यह सबसे नए डिजाइन हैं। मैडम आप कौन सा रंग पसंद करेंगी?	These are the latest arrivals. Which colour would you like, madam?
रितू	: क्या आपके पास यह डिजाइन हरे रंग में है?	Do you have this design in green?
सीमा	: कृपया मुझे यही नीले में दिखाएँ।	And I would like to have it in blue, please.
सेल्सगर्ल	: बिलकुल, यह लें एक हरा व दूसरा नीला।	Sure, here's the one in green and another in blue.
रितू	: इसकी क्या कीमत है?	
सेल्सगर्ल	: 50 प्रतिशत छूट के बाद प्रत्येक के 500 रुपए।	How much does it cost? Rs. 500/- each madam, after the 50% discount.
सीमा	: ठीक है, इन दोनों को पैक कर दें। यह लीजिए मेरा कार्ड। कृपया भुगतान अदायगी कर दें।	All right. Go ahead and pack both of these. Here's my card. Please process the payment.
सेल्सगर्ल	: जी बिलकुल, यह लीजिए आपकी नायाब नौ गज पोशाक के पैकेट डिब्बा।	Of course. Here's your packet with nine yards of wonder.
रितू	: धन्यवाद।	Thank you.
सेल्सगर्ल	: कृपया हमारे यहाँ दोबारा पधारें।	Please visit us again.
सीमा	: (रितू से) चलो ऊपर म्यूजिक स्टोर में चलते हैं। मुझे आजकल के बढ़िया गानों की वीसीडी और डीवीडी खरीदनी हैं।	(to Ritu) Let's go upstairs to the music store. I need to buy some VCDs and DVDs of the latest chartbusters.
रितू	: तुम्हें कब से नए गाने पसंद आने लगे?	Since when have you started liking the new songs?
सीमा	: ओह! मेरे अपने लिए नहीं। मुझे यह अपनी बेटी के लिए खरीदने हैं। तुम तो जानती ही हो कि उसे नई चीजों का कितना शौक है।	Ah! Not for myself. I have to buy them for my daughter. You know how fond she is of all the new stuff.
रितू	: हाँ बिलकुल, सभी जवान बच्चे ऐसे ही होते हैं। अच्छा, वो कैसी है?	Of course. All teenagers are like that. By the way, how's she doing?
सीमा	: वह ठीक है। सच कहूँ तो आजकल वह काफी जिम्मेदार हो गई है।	She is fine. To be very honest, off late she has become really responsible.
(म्यूजिक स्टोर में)		(At the Music Stores)
सेल्सबॉय	: हैलो मैडम, मैं आपकी किस प्रकार सहायता कर सकता हूँ?	Hello, madam. How can I help you?
सीमा	: हैलो, मुझे नए गानों की डीवीडी व नई फिल्मों की वीसीडी चाहिए। पिछले शुक्रवार	Hi! I want the DVDs of the latest chartbusters and VCD of the latest

	कौन सी फिल्म रिलीज हुई थी?	release. Which moive was released last Friday?
सेल्सबॉय	: यह सुपर किड्स-2 थी। क्या आपको उसके लिए केवल वीसीडी चाहिए?	It was Superkids-II. Do you want only one VCD for that?
सीमा	: हाँ अभी के लिए। डीवीडी है क्या?	For now, yes. What about the DVDs?
सेल्सबॉय	: देखिए, यह रहे नए हिट गाने। आप अपनी पसंद के अनुसार चुन सकते हैं। अगर आप इन्हें पहले सुनना चाहें तो आप स्टेशन पर पड़े खुले पैक को चलाकर सुन सकती हैं। आप हेडफोन लगा लें और खुद ही चयन कर लें कि आप कौन सी सीडी खरीदना चाहती हैं।	See, these are few latest chartbusters. You may select as per your liking. If you wish to hear them first, you may play the opened packs there at the station. Plug in the headphones and decide for yourself as to which ones do you wanna buy.
सीमा	: वाह! यह तो बहुत बढ़िया है। पर मुझे लगता है मैं बहुत पुराने समय की हूँ, यह समझने के लिए कि क्या प्रचलित है और क्या नहीं। क्या आप एक 14 साल के युवा की पसंद अनुसार कुछ सुझा सकते हैं?	Wow! That's great. But I think I'm too old to decide what's in and what's not. Could you suggest something likeable for a youngster of about 14 years old?
सेल्सबॉय	: जी बिलकुल मैडम, मुझे लगता है आपको यह डीवीडी चेक करनी चाहिए और वो वाली (इशारा करते हुए)। यह इस माह के बहुत ज्यादा बिकने वाले गाने हैं। हर नौजवान इन्हें खरीदना चाहता है। मैं पूरे दावे से यह कह सकता हूँ कि आपके बेटे-बेटी को भी यह पसंद आएँगे। अगर इन्हें यह पसंद नहीं आए तो आप एक हफ्ते में वापिस आकर इसे मुफ्त में बदलवा सकती हैं। क्या आप यह खरीदना चाहेंगी?	At your service, madam. I think you should go for this DVD and that one (pointing fingers). They are hot-sellers of the month. Every youngster wants to have them. I'm sure your son/daughter is also gonna like it. In case they don't you could still come back within a week and get it replaced with another one for free of cost. Would you like to go ahead with this order?
सीमा	: ठीक है, मैं यह ले लूँगी। कृपया बिल तैयार करें।	It's okay. I'll take these. Please, prepare the bill.
रितू	: बहुत मजा आया। वह अपने काम में काफी माहिर है।	It was fun. He's really good at his job.
सीमा	: हाँ, मुझे भी यही लगता है। मैं उम्मीद करती हूँ कि यह मेरी बेटी को पसंद आए।	Yeah, I guess so. I hope my daughter likes it.
सेल्सबॉय	: मैडम परेशान ना हो। वह इसे जरूर पसंद करेगी।	Don't worry about that, madam. She'll certainly like it.
सीमा	: आपकी सहायता के लिए शुक्रिया।	Thanks a lot for your help.
सेल्सबॉय	: आपका स्वागत है, मैडम।	You are welcome, madam.
रितू	: क्या तुम्हें नहीं लगता कि हमें देर हो रही	Don't you think we're getting late? I think

	है ? मुझे लगता है कि हमें राशन वाले की दुकान की ओर चलना चाहिए। वह हमारी राह देख रहा होगा।	we should head towards grocer's store. He must be expecting us.
सीमा	: हाँ, तुम सही कह रही हो। यह तो मेरे दिमाग से ही निकल गया। चलो, जल्दी चलें।	Ya, ou're right. It just skipped my mind. Let's hurry up.

(दोबारा राशन की दुकान पर) — **(At the Grocer's Store Again)**

सीमा	: माफ कीजिए, हमने आपको प्रतीक्षा करवाई।	Sorry, we kept you waiting.
सेल्समैन-1	: कोई बात नहीं मैडम। यह रहा आपका ऑर्डर। क्या आप चाहती हैं कि मैं किसी को भेजकर इसे आपकी कार में रखवा दूँ?	No issues, madam. Here's your order. Do you want me to send someone to load it in your car?
रितू	: यह तो आपकी बहुत मेहरबानी होगी। क्या आप यह जल्दी करवा सकते हैं?	That would be really nice of you. Could you arrange that fast?
सेल्समैन-1	: मैडम, बस एक मिनट। (एक हैल्पर को बुलाता है।) रोहितू जाओ, जल्दी से यह पैकेट इनकी कार में रख आओ। जी मैडम, यह तो हो गया। क्या आपको किसी ओर चीज की आवश्यकता है?	In a minute, madam. (Calls a helper) Ramu, go, load these packets in their cars quickly. Yes, madam. That is taken care of. Is there anything else you need help with?
रितू	: नहीं, धन्यवाद। यह लीजिए रुपए। कृपया बिल के मुताबिक काट लें व छुट्टे रख लें। यहाँ से खरीददारी करने का अनुभव बहुत सुखद रहा। मैं यहाँ निश्चय ही वापिस आऊँगी, चाहे सेल ना लगी हो, तब भी।	No, thank you. Here's the money. Please adjust against the bill and keep the change. It has been a real pleasure to shop for things here. I'll surely come back, even if the sale is not on.
सीमा	: हाँ, मैं दावे से कह सकती हूँ कि तुम आओगी। अच्छा, चलो चलते हैं। एक बार फिर आपकी तुरंत सर्विस के लिए शुक्रिया।	Yeah, I bet you will. ok, let's get going. Thanks once again for your quick service.
सेल्समैन-1	: आपका स्वागत है, यहाँ फिर पधारिएगा।	You're welcome. Do visit us again.

दवाइयों की दुकान पर बातचीत
(Conversation at a Drug Store/Chemist Shop)

रोहित	: क्षमा कीजिए, क्या आप मुझे इस परची के अनुसार दवाईयाँ दे सकते हैं?	Excuse me, could you give me the medicines as per this prescription, please?
कैमिस्ट	: जी बिलकुल सर, इस परची के अनुसार आपको सात दिन की दवाईयाँ चाहिए और यह 3 नंबर पर लिखी दवा अभी हमारे पास उपलब्ध नहीं है, मगर हमारे	Of course, sir. As per this slip, the prescription is for seven days. Also, this number 3 medicine is not available at the moment. But, we do have the substitute.

	पास इसका सबस्टीट्यूट मौजूद है। क्या आप वह लेना पसंद करेंगे?	Would you like to go for that?
रोहित	: हाँ, सात दिन, कोई बात नहीं। जल्दी से इन्हें पैक कर दें। मगर जहाँ तक सबस्टीट्यूट की बात है, मैं पक्का नहीं कह सकता। क्या कोई और दवा लेना सही है? क्या आपको नहीं लगता कि पहले डॉक्टर से परोहितर्श ले लेना चाहिए?	Ya! seven days that's ok. Go ahead and pack them. But as for the substitute, I am not very sure. Is it all right to take some other medicine? Don't you think I should ask the doctor first?
कैमिस्ट	: सर, अगर आप चाहें तो निश्चय ही अपने डॉक्टर से पूछताछ कर सकते हैं। लेकिन आपकी तसल्ली के लिए इस सबस्टीट्यूट में वही रसायन है जो कि डॉक्टर द्वारा सुझाई गई दवा में। और इसकी गुणवत्ता उससे भी बेहतर है। देखिए, क्या आप यहाँ एबीसी कंपनी का चिह्न देख सकते हैं? यह मार्किट में अपनी गुणवत्ता के नियंत्रण के लिए काफी प्रसिद्ध है। फिर भी अगर आपको इसके बारे में कोई शंका हो तो आप पहले अपने डॉक्टर से अनुमति ले सकते हैं। यह रहा टेलीफोन। क्या आप पहले एक कॉल करना चाहेंगे।	Sir, if you wish you can certainly ask your doctor. However, just to let you know, this substitute has the same salt/ chemical composition as the one recommended by the doctor. And it has better quality. See, do you see the ABC company's logo here? They are universally acclaimed in the market for their excellent quality control. Still, in case you have any doubt/reservation, you may get it approved first by your doctor. Here's the telephone. Do you wish to make a call first?
रोहित	: नहीं, कोई बात नहीं। मैं यह खरीद लूँगा। मैं यह समझता हूँ। मुझे कितने रुपए अदा करने हैं?	No, that's fine. I'll take that. I understand that. How much do I need to pay?
कैमिस्ट	: आपको केवल 350 रुपए की अदायगी करनी है।	You need to make the payment of Rs. 350/- only.
रोहित	: माफ कीजिए, मैं भूल गया कि मुझे एक टूथब्रश व शेविंग क्रीम भी चाहिए।	Sorry, I forgot that I also need a toothbrush and a shaving cream.
रोहित	: अभी लीजिए सर, आपका नया बिल 380 रुपए बनता है।	Right away, sir. The new total comes out to be Rs. 380/-.
रोहित	: अच्छा, यह लीजिए रुपए। कृपया यह सब एक प्लास्टिक के बैग में डाल दें।	Fine, here is the money. Please put all these in a plastic bag.
कैमिस्ट	: माफ कीजिए, हम यह नहीं रखते। यह निषेध हो गया है। यह कागज से बना बैग लीजिए। सर कुछ और लेंगे?	Sorry about that. We don't keep them. It has been banned. Here's a paper bag instead. Anything else, sir?
रोहित	: नहीं, बस हो गया। धन्यवाद।	No, I'm done. Thank you.
कैमिस्ट	: आपका स्वागत है।	You're welcome.

लड़का और लड़की के बीच बातचीत
(Conversation between a Boy and Girl)

डेविड	: हैलो प्रिया! क्या तुम्हारा कल के लिए कोई विशेष प्लान है?	Priya Hi!. Do you have any important plan for tomorrow?
प्रिया	: हैलो डेविड, नहीं, अभी कुछ सुनिश्चित नहीं है, क्यों?	David Hello!. No I don't have any fixed plan as yet. Why?
डेविड	: मैं सोच रहा था कि क्या तुम मेरे साथ कल सॉकर टूर्नामेंट में चलना पसंद करोगी। मेरे पास पहली पंक्ति के दो वीआईपी पास हैं। यह काफी रोमांचकारी होगा। क्या तुम आना चाहोगी?	I was wondering if you would be interested in accompanying me to the Soccer tournament tomorrow. I have got two VIP passes for the first row. It's gonna be reallly exciting. Do you wanna come?
प्रिया	: हाँ बिलकुल, पूछने के लिए शुक्रिया पर तुम्हें यह कैसे प्राप्त हुए?	Yes, definitely. Thanks for asking me. But how did you get them?
डेविड	: यह बिलकुल किस्मत से हुआ। यकीन मानो, तुम यह जानना नहीं चाहोगी।	It was sheer luck. Trust me, you won't (would not) wanna know that.
प्रिया	: मुझे नहीं पता था कि तुम रहस्य भी छुपा सकते हो। जब तक तुम सच नहीं बताओगे, मैं तुम्हारे साथ नहीं आऊँगी।	I did not know that you were capable of holding secrets. I wouldn't come along with you unless you tell me the truth.
डेविड	: ठीक है, गुस्सा मत करो। तुम्हें पिछले सत्र का वह समय याद है, जब मैं पार्ट-टाईम में कॉलेज कैंटीन में काम करता था। एक दिन मालिक ने खुद आकर मेरे काम की बहुत तारीफ की। उन्होंने अकस्मात् ही यह वर्णन किया कि इस प्रतियोगिता के प्रबंधक साझेदार होने के तहत वे वीआईपी सीट के टिकट आसानी से ले सकते थे। तो इस मैच के लिए मैं उनसे मिला व उन्होंने मुझे दो टिकट दे दिए।	Okay, don't get angry. You remember the last semester when I worked part time at the college canteen. One day the owner himself came and appreciated my good work. He just mentioned casually that he could easily get hold of VIP seat tickets as he is one of the stakeholders of the event. So, for this match, I approached him and he gave me two tickets.
प्रिया	: तो क्या तुमने अपनी सारी बचत इसके लिए उड़ा दी? मुझे यकीन नहीं हो रहा। इसकी कितनी कीमत लग गई?	Did you splurge all your savings for this? I can't believe that. How much did they cost?
डेविड	: ओह नहीं! तुम मुझे गलत समझ रही हो। मेरा मालिक एक नर्म व दयालु इनसान है। उसने मुझे यह फ्री में दे दिए। मैंने इसकी अदायगी करनी चाही, मगर उन्होंने	Oh! no, you are getting me wrong here. My boss is a very kind and generous man. He gave them to me free of cost. I did try to pay for them but he said it was

	कहा कि यह प्रशंसा उपहार है।	a complem-entary gift.
प्रिया	: ठीक है, फिर तो मैं खुशी से आ जाऊँगी।	Okay. Then I'll come along happily.
डेविड	: धन्यवाद, तो मैं कल शाम 5.30 बजे तुम्हें लेने आऊँगा। क्या यह तुम्हारे लिए सही होगा?	Thanks. So, I'll come to pick you up at 5.30 p.m. tomorrow. Is that fine with you?
प्रिया	: हाँ, कोई परेशानी नहीं है। फिर कल मिलते हैं, गुड बाय।	Yeah, no problem. See you tomorrow then. Goodbye!
डेविड	: अच्छा, गुड बाय!	Ok, goodbye!

(अगले दिन उस जगह पर।) **(Next Day At The Venue)**

प्रिया	: हे भगवान्! इस लंबी कतार को देखो। शुक्र है कि हमने टिकट पहले ही ले ली थी।	Oh my God! Look at this long queue! Thank God, we got the tickets beforehand.
डेविड	: हाँ! यह हम दोनों के लिए अच्छा है। मुझे लगता है हमें द्वार एक पर जाना चाहिए। क्या तुम वह बोर्ड देख रही हो? इस पर लिखा है वीआईपी। तो मुझे लगता है कि हमें उस तरफ चलना चाहिए।	Yeah! It's good for both of us. I think we need to go to the entrance one. Do you see that signboard? It says VIP. So, I guess we should move over there.
प्रिया	: हाँ, तुम सही कह रहे हो। मगर मुझे कुछ खाने-पीने का सामान ले आने दो। तुम क्या लेना पसंद करोगी—ठंडा या गरम।	Yes, you're right. But, let me get some refreshments first. What would you like to have cold drink or hot beverage?
डेविड	: मैं एक कप चाय लूँगी, प्लीज।	I'll have a cup of tea, please.
प्रिया	: सैंडविच का क्या? ग्रिल्ड लोगी या सादा?	What about the sandwich? Do you want grilled or plain?
डेविड	: मैं सादा ही लूँगी, प्लीज। बस कृपया चीनी व कैचअप दोनों का एक-एक पैकेट ज्यादा ले आना।	I'd like it plain, please. Just get an extra sachet each of sugar and ketchup, please.
प्रिया	: तुम्हें यह कहने की जरूरत नहीं। मुझे तुम्हारे स्वाद का पहले ही पता है। अच्छा, यहीं इंतजार करना। मैं कुछ मिनटों में ही वापिस आ जाऊँगा।	You need not mention that. I already know your taste. OK, just wait here. I'll be back in a few minutes.

(खाने-पीने की चीजें लाने के बाद।) **(After Bringing Snacks)**

डेविड	: मुझे उम्मीद है कि मैंने आपको ज्यादा इंतजार नहीं करवाया। यह लो तुम्हारा सैंडविंच, चाय व चटनी का एक्सट्रा पैकेट। चलो, जल्दी चलते हैं। हमें देर हो रही है।	I hope I didn't keep you waiting for long. Here is your sandwich, tea and extra sausage. Come, let's hurry up. We are getting late.

प्रिया	: परेशान ना हो, अभी तो केवल अनाउंसमेंट ही हो रही है। प्रीमियर तो अभी शुरू होना बाकी है। चलो पहले आरोहित से बैठ जाएँ।	Don't worry. It's just the announcement. The premier is yet to start. Let's get settled first.

(शो खत्म होने के उपरांत।) | **(After The Show Gets Over)**

डेविड	: तो प्रिया, तुम्हें यह कैसा लगा?	So, Priya how did you like it?
प्रिया	: यह बहुत ही बढ़िया था। जैसा कि तुमने वायदा किया था यह बहुत रोमांचकारी व वास्तविक था। मैंने इसे कभी इतने करीब से नहीं देखा। मुझे ऐसा लग रहा था, जैसे मैं मैदान पर ही थी। भीड़ का रोमांच बहुत शोरदायक, मगर मजेदार था। मुझे इसमें इतना आनंद पहले कभी नहीं आया। बहुत-बहुत धन्यवाद। चूँकि यह तुम ही थे जो मुझे यहाँ ले आए।	It was incredible. Just as you had promised, it was so real and thrilling. I have never seen it so close. It felt as if I was out there on the ground itself. The uproar of the crowd was maddening yet so lively. I loved it like never before. Thanks a lot. For it was you who brought me here.
डेविड	: ऐसा सोचना तुम्हारा बड़प्पन है। मुझे लगता है कि अब हमें चलना चाहिए। हमें देर हो रही है, तुम्हारी माताजी को तुम्हारी चिंता हो रही होगी।	It's very kind of you to think so. I think we should get going now. We are getting late. Your mother would start worrying about you.
प्रिया	: ओह! मुझे समय का ध्यान ही नहीं रहा। चलो चलें।	Ah! I just lost the track of time. Let's go.

ट्रेफिक पुलिस ऑफिसर और कार ड्राइवर के बीच बातचीत
(Conversation between a Traffic Police Officer and a Car Driver)

ऑफिसर	: ठहरो! कृपया खिड़की का शीशा नीचे करें।	Stop! Roll down the window, please.
कार-चालक	: गुड मॉर्निंग ऑफिसर, क्या बात है? मैंने क्या गलत किया?	Good morning, officer. What's wrong? What did I do?
ऑफिसर	: कृपया अपना लाइसेंस दिखाएँ।	Show me your license, please.
कार-चालक	: मगर हुआ क्या, सर?	But what happened, sir?
ऑफिसर	: मैं आपको जरूर बताऊँगा। क्या आप वहाँ वह कैमरा लगा देख सकते हैं? यह बताता है कि आप जरूरत से ज्यादा तेज रफ्तार पर गाड़ी चला रहे थे।	I'll surely tell you that. Do you see that camera placed there? It reflects that you were overspeeding.

कार-चालक	: आपको कुछ गलती लग रही है। मुझे नहीं लगता कि मैंने सीमा पार कर दी।	There's some mistake. I don't think I crossed the limit.
ऑफिसर	: जी बिलकुल, आपने की। वह गति-मापक यंत्र देखें। इसमें 60 किलोमीटर प्रति घंटा की स्पीड है। वहाँ उस सूचक बोर्ड के अनुसार यह एक आम रास्ता है। आप यहाँ 50 किलोमीटर प्रति घंटा से अधिक तेज गाड़ी नहीं चला सकते। तो अब जल्दी से अपना ड्राइविंग लाइसेंस दिखाओ।	Of course, you did. Look at that speedometer. It reads 60 km/hr. As per that signboard over there, it's a common road. You cannot go beyond 50 km/hr here. So, show me your driving license real quick.
कार-चालक	: जी अच्छा, यह लीजिए। मगर मेरा ऐसा कोई इरादा नहीं था। मैंने बस ध्यान नहीं दिया।	Ok. Here it is. But I did not mean to go so fast. I just didn't take a note of that.
ऑफिसर	: आपकी बात आपके नियम के उल्लंघन की पुष्टि नहीं करती। क्या मैं आपकी कार के रजिस्ट्रेशन के दस्तावेज देख सकता हूँ?	That does not explain your violation of rules. Can I see your car registration papers?
कार-चालक	: क्षमा कीजिए, वह तो अभी मेरे पास नहीं हैं?	I'm sorry. I don't have it right now.
ऑफिसर	: इंश्योरेंस का क्या? वह है? जरा उसके कागज दिखाएँ।	What about the insurance? Do you have it? Show me the papers, please.
कार-चालक	: जी. बिलकुल, यह रहे।	Ya, sure. Here they are.
ऑफिसर	: ठीक है, यह लो तुम्हारा चालान। तुम्हें इसे 30 दिन के भीतर त्रिमूर्ति रोड न्यायालय में जमा कराना है। अगली बार ध्यानपूर्वक गाड़ी चलाना और नियमों का पालन करना। एक छोटी सी गलती भी जीवन भर के लिए तकलीफदेय बन सकती है। सुरक्षा करना पछतावे से बेहतर है।	Ok. Here's your challan/ticket. You have to submit the penalty within 30 days at the Trimurti Road Court. Drive carefully next time and follow the traffic rules. One mistake could mar you for life. It is better to be safe than sorry.
कार-चालक	: आपकी सलाह के लिए धन्यवाद। मैं अगली बार से ध्यान रखूँगा।	Thank you for your advice. I'll be watchful next time.

डाकखाने में बाबू और ग्राहक के बीच बातचीत
(Conversation between a Post Office Clerk and a Customer)

प्रिया	: क्षमा कीजिए श्रीमान्, मुझे एक लिफाफा व 10 रुपए की टिकट चाहिए।	Excuse me, sir. I need an envelope and a ticket for Rs. 10/-

क्लर्क	: यह रहे। कृपया 15 रुपए दें।	Here you go. You need to pay Rs. 15/-.
प्रिया	: ठीक है, यह लीजिए।	All right. Please accept this.

(दस्तावेज लिफाफे में डालने के बाद।) — **(Puts The Documents Inside)**

	सर, मैं यह पार्सल रजिस्टर्ड डाक द्वारा मुंबई भेजना चाहती हूँ।	Sir, I want to send this parcel to Mumbai by registered post.
क्लर्क	: उसके लिए पहले इसके भार का अनुमान लगाना होगा। कृपया इसे वहाँ ले जाएँ और इसके भार का अनुमान लगवा लें।	For that it needs to be weighed first. Please take it there and get it weighed.
प्रिया	: सर, यह 150 ग्राम का है।	Sir, it's 150 grams.
क्लर्क	: ठीक है, इसमें और 15 रुपए की टिकट लगाकर इसे 25 रुपए का बना दो। यह रही टिकट। इसे लो और लिफाफे के दाहिने हाथ के कोने पर चिपका दो।	Ok. Then affix another Rs. 15/- stamp on it to make it worth Rs. 25/-. Here is the stamp. Take this and affix on the top right hand side corner of the envelope.
प्रिया	: श्रीमान्, यह हो गया। मुझे और क्या करने की जरूरत है?	It's done, sir. What else do I need to do?
क्लर्क	: ज्यादा कुछ नहीं। इस पार्सल की यह रसीद ले लो। जब यह डिलीवर हो जाएगा तो तुम्हें एक्नोलॉजमेंट भी मिल जाएगी।	Nothing much. Take this receipt of the parcel. Once it gets delivered you will get the acknowledgement too.
प्रिया	: तो इसे डिलीवर होने में कितना समय लगेगा?	So, how long will it take to get delivered?
क्लर्क	: यह वहाँ तीन कार्यकारी दिनों में पहुँच जाएगा।	It will reach there within three working days.
प्रिया	: वाह! यह तो बहुत शीघ्र है।	Wow! That's really quick.
क्लर्क	: हम यह रजिस्ट्री आज ही भेज देंगे।	We will dispatch the registered parcel today itself.
प्रिया	: जी, बहुत-बहुत शुक्रिया।	Thank you very much.
क्लर्क	: आपका स्वागत है। यह तो हमारा फर्ज है। क्या आपको कोई और सहायता चाहिए?	You're welcome. It's part of our duty. Is there anything else you need?
प्रिया	: क्या आपके पास कुछ पोस्टकार्ड भी हैं? मुझे केवल दो चाहिए।	Do you also have some post cards? I need two of them.
क्लर्क	: जी बिलकुल, यह लीजिए। आपको इनके लिए एक रुपया और देना है।	Yeah, of course. Take these. You need to pay Rs. 1/- more for these.
प्रिया	: कृपया यह लें, शुक्रिया।	Take it, please. Thanks again.
क्लर्क	: कोई बात नहीं।	It's alright.

पादरी और एक पीड़ित भक्त के बीच बातचीत
(Conversation between a Priest and a Disturbed Visitor)

रोहित	: फादर, क्षमा कीजिए। क्या मैं आपके कुछ कीमती क्षण ले सकता हूँ? मुझे आपकी मदद की जरूरत है।	Excuse me, Father. Can I take your few precious moments? I need your help.
पादरी	: बिलकुल मेरे बच्चे। क्या बात है? तुम उदास व निराश लग रहे हो।	Of course, my child. What is it? You sound so gloomy and despondent.
रोहित	: फादर, मुझे लगता है मैं बड़ा पापी हूँ। मैंने भगवान् को नाराज कर दिया है और अपने आप को उसकी नजरों में गिरा लिया है। मैं अपने लक्ष्य को प्राप्त करने के लिए बहुत मेहनत करता हूँ, मगर उन्हें पूरा नहीं कर पाता।	Father, I think I'm a sinner. I have offended God and disgraced myself. I work very hard to get my desirable goals but just can't achieve them.
पादरी	: ऐसा संभव नहीं मेरे बेटे। भगवान् अपने सभी बच्चों से बराबर प्रेम करता है। वह ना तो बेवजह किसी का पक्ष लेता है और ना विपक्ष। मुझे ठीक से बताओ कि क्या बात है।	That cannot be, my son. God loves all His children alike. He neither favours nor punishes unnecessarily. Tell me exactly what's wrong.
रोहित	: फादर, मैं अमीर, प्रसिद्ध और धनवान होना चाहता हूँ। मैं दूसरों की तरह बनना चाहता हूँ, मैंने अपने लिए बहुत ऊँचे लक्ष्य निर्धारित किए हैं और मैं दिन-रात मेहनत करने के बावजूद उन्हें पाने में नाकामयाब रहा। मुझे उन सबसे ईर्ष्या होती है, जो अमीर व प्रसिद्ध हैं। मैं जैसा हूँ मुझे उससे सख्त नफरत है।	Father, I want to be rich, famous and wealthy. I aspire to be like others. I have set high goals for myself and work day in and day out but have been unable to get success. I envy those who are rich and famous. I hate myself as I am.
पादरी	: मेरे प्यारे बच्चे, तुम्हें चीजों को तसल्ली से लेना सीखना होगा। और लोगों की चीजों से ईर्ष्या मत करो। प्रतियोगी आचरण केवल तब तक अच्छा है जब तक मौलिक हो। सीमा से ज्यादा व अत्यधिक तौर-तरीके से किए काम सिर्फ पराजय, असंतुष्टि व दुःख ही देते हैं। अपने सभी कार्यों में ईमानदार व संतुष्टि भाव लाना सीखो। तभी तुम सुखी हो पाओगे।	Dear son, you need to learn to take things easy. Do not envy other's possessions. Competition is good but only as long as it is healthy. Crossing the limit and overdoing things will bring failure, dissatisfaction and misery. Learn to be patient and honest in all your dealings. Then only you'll be happy.
रोहित	: मगर मैं सफल क्यों नहीं हूँ? ऐसा क्या है, जो मेरे पास नहीं है? मैं बहुत इच्छावान हूँ,	But why am I not successful? What is it that I do not have? I am ambitious but

	पर मेहनती भी हूँ। लेकिन फिर भी मैं भगवान् को खुश नहीं कर पाया, शायद इसीलिए मुझे जो चाहिए वह नहीं मिल पा रहा। फादर, मैं भगवान् को खुश करने के लिए क्या करूँ?	persistent too. Yet I failed to appease God. May be that's why I'm not getting what I want. What do I do father to propitiate God?
पादरी	: मेरे बच्चे, मैं तुम्हें यह याद दिलाना चाहता हूँ कि ''भगवान् उसी की मदद करता है, जो अपनी मदद स्वयं करता हैं'', वह किसी भी पूजा-रूपी पाखंड से परे है। अगर तुम अपना रास्ता सुधार लोगे तो तुम सफलता के पथ पर आ जाओगे। तुम्हारे अच्छे कर्म ही तुम्हें उन्नति के पथ पर ले जाएँगे। याद रखो ''जैसा करोगे, वैसा ही भरोग''। ईर्ष्या, घृणा, लालच, इच्छावादी आचरण—सब अमौलिक हैं, जो कष्ट ही देते हैं। अपनी काबिलियत के अनुसार ही अपने लक्ष्य निर्धारित करो। अपने कार्यकारी तरीकों को अनुचित मत बनाओ और तुम्हें सफलता मिलेगी।	My son, I need you to remember that "God helps those who help themselves." He is beyond any propitiation. If you mend your ways, you will be on your road to success. It's your good deeds that will take you higher. Remember, "as you sow so shall you reap." Jealousy, envy, greed, overambition are all vices that lead to misery. Set your goals as per your capabilities. Do not become impractical in your approach and success will be yours.
रोहित	: ओह! मैं यह जरूर अपनाऊँगा पर मुझे नहीं लगता कि इस सब के बावजूद भी मैं सफल हो पाऊँगा।	Oh! I will surely follow that. But I think I'm still not going to make it.
पादरी	: मेरे बच्चे, अपने कर्मों में विश्वास रखो। उन्हें 100 प्रतिशत पूरे दिल से करो और बाकी सब भगवान् पर छोड़ दो। किस्मत को नियंत्रित करने की इस इच्छा से या फल को पहले ही जान लेने की चाह से अपने जीवन को कष्टपूर्ण मत बनाओ। उस सर्वशक्तिमान के नियंत्रण का सम्मान करो। उस महान् शक्तिवान को ही जीवन-रूपी खेल को पालने दो। उस सर्वशक्तिमान के कार्य में बाधा मत डालो। और जहाँ तक सफलता की बात है, यह एक रैलेटिव शब्द है।	My child, believe in your action. Do them 100% whole-heartedly and leave the rest to God. Do not kill yourself with this desire to control destiny or know results beforehand. Let the supernatural power take control. Let the almighty run the show. Don't meddle with Higher power. As for success, it is a relative term.
रोहित	: फादर, मैं समझा नहीं। रैलेटिव शब्द, इसका क्या मतलब है?	Father, I did not get that. Relative term, what does that mean?
पादरी	: मेरे बच्चे, अगर तुम अपनों से कम समर्थ लोगों से तुलना करोगे तो ही तुम जानोगे कि तुम कितने खुश व संपन्न हो। जो तुम्हारे पास है, उसमें संतुष्ट होना सीखो। अपने	My son, if only you compare yourself with those beneath you, you would feel how happy and well-placed you are. Learn to be satisfied with what you have.

	स्टेट्स की कद्र करो व भगवान् की कृपा के लिए उसका शुक्रिया अदा करो।	Appreciate your assets and thank God for His graceful blessings.
रोहित	: ठीक है फादर, मैं अपकी सलाह मानूँगा और सहजवान व संतुष्ट रहने की कोशिश करूँगा। मुझे अभी से अपना जीवन आशावादी लगने लगा है।	Okay, Father. I'll follow your advice and learn to be patient and satisfied. I already have started feeling positive about my life.
पादरी	: हाँ बेटे, तुम्हें इस पदार्थवादी संसार के गलत असर से दूर रहने की जरूरत है। और परलौकिक मूल्यों व अच्छे सिद्धांतों को पाने की जरूरत है। वह ही जीवन में असली सफलता की कुंजी है। अगर तुम हमेशा खुश रहना चाहते हो तो अपने वर्तमान का ध्यान रखना सीखो, चूँकि तुम्हारा वर्तमान ही कल तुम्हारा भविष्य बन जाएगा। अपने भूतकाल के बारे में बहुत ज्यादा चिंता मत करो, क्योंकि तुम उसे बदल नहीं सकते। लगातार आशावादी होने व ध्यान केंद्रित करने की कोशिश करो, ताकि तुम अपनी ऊर्जा को सही दिशा में लगा सको।	Yes, dear. You need to stop being so negatively influenced by material world and engross in the noble aspiratons and pursue the higher ideals in life. That's the real key to success in life. If you want to be ever happy, learn to take care of your present, for it is your present that'll become your future tomorrow. Don't be worried too much about your past as there is nothing you can do about that. Learn to be progressively positive and meditate to channelise your inner strengths in the right direction.
रोहित	: फादर, शुक्रिया। मैं आपके मूल्यवान सुझावों की कद्र करता हूँ और वायदा करता हूँ कि जो विश्वास आपने मुझमें दिखाया है, अपने आपको उस विश्वास के काबिल सिद्ध करूँगा। गुड ईवनिंग, फादर।	Thanks a lot, Father. I appreciate your valuable suggestions and promise to prove myself worthy of the faith that you've put in me. Good evening, Father.
पादरी	: गुड ईवनिंग, मेरे बेटे। भगवान् तुम्हारा भला करे। अपना खयाल रखना।	Good evening, my child. God bless you! Take care.

चश्मेवाले (ऑप्टीशियन) और ग्राहक के बीच बातचीत
(Conversation between an Optician and a Customer)

सेल्समैन	: गुड मॉर्निंग सर, मैं आपकी किस प्रकार सहायता कर सकता हूँ?	Good morning, sir. How may I help you?
सैम	: सर, मुझे मेरी आँखों में तकलीफ लगती है। मैं दूर की चीजें ठीक से नहीं देख पाता। क्या आप चेक कर सकते हैं कि मेरी आँखों में क्या तकलीफ है?	Sir, I have problem with my vision. I can't see distant objects clearly. Could you check what's wrong with my eyes?
सेल्समैन	: जी बिलकुल सर, हमारे पास कंप्यूटर-चालित व हाथ से चालित यंत्र है। कृपया	Of course, sir. We have computerised as well as manual eye-testing system. Please

	आप ऊपर ऑप्टीशियन के पास चले जाएँ। वह आपकी आँखों की जाँच करेगा और बताएगा कि आपको चश्मे की जरूरत है या नहीं।	go upstairs to see the optician. He will examine your eyes and assess whether you need any corrective glasses or not.
सैम :	ठीक है। (ऊपर जाता है।)	Alright. (Goes Upstairs)
	हैलो सर, मैं आँखों की जाँच कराना चाहता हूँ, ताकि यह पता चल जाए कि मेरी आँखें ठीक है या नहीं।	Hello, sir. I want to take an eye test to check if my eyes are working fine or not.
ऑप्टीशियन :	क्या आपको फिलहाल कोई परेशानी महसूस होती है?	Have your experienced any problem lately?
सैम :	जी, मैं दूर की चीजें ठीक से नहीं देख पाता। मुझे आँखों में काफी तकलीफ व दबाव महसूस होता है। शाम होने तक, मुझे बहुत तीव्र सिरदर्द और आँखों में जलन महसूस होती है। मेरे डॉक्टर ने मुझे आँखों की जाँच कराने का सुझाव दिया है।	Yes, I can't see the distant objects clearly. It causes a lot of stress and strain in my eyes. By the evening, I feel a severe headache and shooting pain in my eyes. My physician suggested me to get an eye test done.
ऑप्टीशियन :	जी सर, कृपया यहाँ बैठ जाएँ। इस कोने पर अपनी ठोड़ी रखें और लेंस में बनी तसवीर की तरफ बिना आँखें झपके देखें। कंप्यूटर अपने आप ही आपकी आँखों का नंबर नोट कर लेगा।	Okay, sir. Please be seated here. Place your chin on this edge and look at the picture inside the lens without blinking your eyes. The computer will automatically register your lens number.
सैम :	अच्छा! मगर मैं पलक झपकना रोक नहीं सकता।	Okay, but I can't stop blinking.
ऑप्टीशियन :	इसे जितनी देर हो सके रोकें। बस ठीक है। चलिए, यही दूसरी आँख के साथ भी दोहराते हैं। कृपया हिलें नहीं, बस ठीक है, हो गया। आप साधारण स्थिति में आ सकते हैं।	Just control it as long as you can. That's it. Now let's do that with the second eye also. Here, please relax. That's it, we're done. You may return to normal position.
ऑप्टीशियन :	मुझे लगता है आप सही थे। आपको सही चश्मे की जरूरत है। आपकी बाईं आँख में –0.5 डी और दाहिनी आँख में –0.75 डी नंबर आया है। आप यह परची लेकर नीचे चले जाएँ। मैंने इसमें आपके नंबर संबंधी जानकारी लिख दी है। कृपया नीचे जाकर अपनी पसंद के अनुसार फ्रेम व शीशे चुन लें और 2 दिनों में आपका चश्मा तैयार हो जाएगा।	I guess you're right. You need corrective glasses. Your left eye has a minus power of 0.5D and right eye has minus 0.75D. You may go downstairs with this slip. I have penned down your lens power specifications. Please, select a frame and type of lenses you want and your spectacles will be ready within two days.

सैम	: ओह! ठीक है, शुक्रिया। मगर क्या आपको नहीं लगता कि मेरा नंबर बहुत ज्यादा नहीं है और मुझे असल में हमेशा के लिए चश्मे की जरूरत नहीं है?	Oh! fine, thanks. But don't you think my number is not very high and I do not really need permanent glasses?
ऑप्टीशियन	: सर यह दूरदृष्टि की परेशानी उम्र के साथ बढ़ती जाएगी। अगर आप चश्मा या कॉन्टेक्ट लेंस नहीं लगाएँगे तो आपकी आँखों की जलन व सिरदर्द बना रहेगा और आपकी आँखें प्रतिदिन कमजोर होती जाएँगी।	Sir, this myopia will become progressive with age. If you do not wear glasses or contact lenses, your eyestrain and headache will persist and your eyes will become weaker day by day.
सैम	: ओह! मैं नहीं चाहता कि ऐसा हो। आपके सुझाव के लिए धन्यवाद। मैं निश्चय ही चश्मा बनवा लूँगा।	Ah! I don't want that to happen. Thanks for your suggestion. I'll definitely get the spectacles made.
ऑप्टीशियन	: मगर यह जरूर सुनिश्चित कर लें कि आप उसे हमेशा पहने, नहीं तो उनका कोई फायदा नहीं।	But make sure that you wear/use them regularly. Otherwise, they will be of no use.
सैम	: कॉन्टेक्ट लेंस का क्या? क्या मैं साधारण चश्मे के बजाय उन्हें पहन सकता हूँ? कम से कम यह आकर्षक दिखते हैं।	What about the contact lenses? Can I wear contact lenses instead of normal spectacles? At least they look trendy.
ऑप्टीशियन	: सर, आप कॉन्टेक्ट लेंस या चश्मे में से कुछ भी इस्तेमाल कर सकते हैं। दोनों ही आँखों की क्षीण होती शक्ति को नियंत्रित करने के बचावकारी तरीके हैं। मगर कॉन्टेक्ट लेंस के लिए लगातार साफ-सफाई व सँभाल करनी पड़ती है जबकि चश्मे का रख-रखाव व इस्तेमाल आसान है। आप नीचे चले जाएँ और वहाँ मौजूद सेल्समैन आपकी इसमें मदद कर देगा। आपको वहाँ काफी प्रकार के फ्रेम, कॉन्टेक्ट लैंस व चश्मे मिलेंगे, जिनमें से आप अपनी पसंद के मुताबिक चुनकर ऑर्डर पर बनवाई के लिए दे सकते हैं। क्या आप किसी और तरह की सहायता चाहते हैं?	Sir, you may either use contact lenses or spectacles. Both of them are preventive measures to control deteriorating eye power. But contact lenses require regular hygiene and maintenance whereas less spectacles are easy to use and keep. You may go downstairs and the salesman there will asist you with it. You will find a wide variety of frames, contact lenses and glases to choose from. You can place your order as per your liking. Is there anything else I can do for you?
सैम	: नहीं, ठीक है। आपकी सलाह के लिए धन्यवाद।	No, that's alright. Thanks again for your advice.
ऑप्टीशियन	: यह तो मेरे लिए खुशी की बात है। आपसे मिलकर अच्छा लगा।	It's my pleasure, sir. Nice to meet you.

ग्राहक और मोबाइल विक्रेता के बीच बातचीत
(Conversation between a Customer and Mobile-seller)

सेल्समैन	: गुड मॉर्निंग सर, मैं आपकी किस प्रकार सहायता कर सकता हूँ?	Good morning, sir. How may I assist you?
रमेश	: नमस्कार, मैं एक अच्छा मोबाइल खरीदना चाहता हूँ, जिसमें सभी आधुनिक फीचर हों जैसे कि कलर स्क्रीन, एफएम रेडियो, कैमरा, ई-मेल इत्यादि। आपके पास क्या-क्या है?	Hello! I want to buy a good mobile phone with latest features like colour screen, FM radio, camera, e-mail features, etc. What do you have?
सेल्समैन	: सर, हमारे पास सभी ब्रांड, प्रकार व मॉडल हैं। यह आपकी पसंद व बजट पर निर्भर करता है। क्या मैं जान सकता हूँ कि आपका लगभग कितना बजट है?	Sir, we have all types, brands and models. It depends on your choice and budget. May I ask you what's your approximate budget or range?
रमेश	: हाँ, मुझे 10,000 रुपए से 12,000 रुपए तक के बजट में चाहिए।	Yes, I want it in the range of Rs. 10,000/- to 12,000/-, please.
सेल्समैन	: कोई खास ब्रांड?	Any specific brand?
रमेश	: नोकिया या सोनी प्लीज।	Nokia or Sony, please.
सेल्समैन	: ठीक है! यह देखिए, यह रहे। यह नोकिया का अत्यधिक आधुनिक इंटरनेट चालित फोन है। यह काफी पतला, आधुनिक, आसानी से रखा जाने वाला रंगीन व द्विभाषी भी है। यह चार अलग-अलग रंगों में मिलता है जैसे कि काला, लाल, सिल्वर और नीला। यह रही इसकी मैन्युल। आप इससे इसके फंक्शन व फीचर्स के बारे में जान सकते हैं।	Okay! Here they are. This is the latest Nokia Internet-friendly phone. It's sleek, portable advanced, coloured and bilingual too. It is available in four different colours such as black, red, silver and blue. Here's the manual. You can refer to it for its functions and features.
रमेश	: आहा! मुझे यह पसंद आया। क्या इसके साथ कोई ब्लूटूथ, इयरफोन आता है?	Aha! I really like it. Does it come with a bluetooth earphone as well?
सेल्समैन	: बिलकुल, आपको इसके साथ एक इयरफोन, ब्लूटूथ, हैंडसेट व यू.एस.बी. तार भी मिलेगी। आप पेज नं. 12 पर दी गई जानकारी द्वारा इसके साथ मिलने वाली फ्री चीजों के बारे में जान सकते हैं।	Definitely, you'll get an earphone, bluetooth headset and a USB data cable along with it. You can turn to page no. 12 to have a look at its complementary accessories.
रमेश	: बैटरी बैकअप का क्या? यह कितनी देर चलती है?	What about the battery back up? How long does it last?
सेल्समैन	: सर, यह तो आपके इस्तेमाल पर निर्भर	Sir, it depends on your usage. But once

	करता है, मगर एक बार पूरी तरह से चार्ज करने के बाद इसकी बैटरी बिना परेशानी कम से कम 24 घंटों तक चलती है।	fully charged, the battery lasts for upto 24 hours without any problem.
रमेश	: वाह! यह तो बहुत बढ़िया लगता है। डाउनलोडिंग का क्या? क्या यह डेटाबेस व एमएमएस भी भेजता है?	Wow! That sounds great. What about downloading? Does it support only database or MMS also?
सेल्समैन	: सर, यह बहुत जल्दी डाउनलोड करता है, चूँकि इसकी मेमोरी क्षमता 8 जीबी है। आप इसमें 2000 से भी अधिक गाने व फोटो-वीडियो रख सकते हैं। जहाँ तक एमएमएस, वीडियो व फोटो भेजने की बात है उसके लिए आपको फोन सर्विस कंपनी द्वारा किए जीपीआरएस-चलित फंक्शन की जरूरत होगी। यह सभी आधुनिक फोनों में संभव होता है, अगर फोन सर्विस कंपनी द्वारा भेजी खास सेटिंग सेलफोन में चालू हों।	Sir, it downloads very quickly because its memory storage is upto 8GB. You can store more than 2000 songs and pictures/ videos. As for sending MMS, videos and pictures you would require GPRS activation from the service provider. All mobile phones support such functions if you have GPRS settings installed in your cellphone.
रमेश	: ओह! मैं समझ गया। इस टचस्क्रीन का क्या? क्या इसमें आसानी से खरोंच नहीं लग जाती?	Ah! I got that. What about this touchscreen? Does it not get scratched easily?
सेल्समैन	: सर, आप चाहें तो इसे स्क्रीन गार्ड लगा कर बचा सकते हैं। उसके अलग से 50 रुपए लगेंगे। क्या आपके लिए एक ले आऊँ?	Sir, you may protect it with a screen-guard if you wish. That'll cost you around Rs. 50/- extra. Shall I get you one?
रमेश	: कृपया ले आएँ। ब्रिकी के उपरांत की सर्विस व गारंटी का क्या?	Yes, please. What about after sale service and warranty?
सेल्समैन	: सर, यह फोन सभी बिजली-चालित पुर्जों व आईसी सर्किट के लिए एक साल की गारंटी के साथ आता है। अगर एक साल के भीतर कोई भी इस्तेमाल-संबंधी असुविधा पैदा होती है तो आपको फ्री में इसे ठीक करके दिया जाएगा। किसी भी तरह की प्लास्टिक संबंधी टूट-फूट, पानी में गिरने की खराबी व गलत इस्तेमाल संबंधी स्थिति में ग्राहक को स्वयं ही बदले गए हिस्सों की कीमत अदा करनी होगी।	Sir, this phone comes with a one year warranty on electronic items and I.C. circuits. If there be any functional disorder within one year, it shall be repaired free-of-cost. For any plastic breakage due to fall, water spilling dysfunctionality or manhandling the customer will have to bear the expenses for replaced parts.
रमेश	: हाँ, मैं यह समझता हूँ। ठीक है, चलो इसी को खरीद लेते हैं। कृपया बिल बना दें और	Yes, I understand that. Fine, let's go ahead with this. Please, prepare the bill and

	फोन संबंधी सारी जानकारी व आपकी मोहर इसके वारंटी कार्ड पर लिख दें। आप वीजा लेते हैं या मास्टर कार्ड?	place the details and your stamp on the warranty card as well. What do you accept VISA or MASTER CARD?
सेल्समैन	: सर कोई भी चलेगा। आपका कुल बिल 10.2 प्रतिशत सर्विस टैक्स व स्क्रीन गार्ड की कीमत के साथ बनता है—मात्र 10,150 रुपए। क्या मैं इस राशि का कार्ड से भुगतान पूरा कर दूँ?	Either will do, sir. Your total bill along with the 10.2% service tax and screen guard comes out to be Rs. 10,150/- only. Shall I go ahead and process the payment?
रमेश	: ठीक है, कर दो।	Ya, go ahead.
सेल्समैन	: यह लीजिए, आपके बिल की कॉपी व आपके भुगतान की रसीद। इस सेल की कॉपी पर कृपया हस्ताक्षर कर दें। धन्यवाद। आप अपना सामान रिसेप्शन से ले सकते हैं।	Here is your copy of the bill and payment receipt. Please sign this sale's copy. Thank you. You may collect your packet from the main reception.
रमेश	: अच्छा, आपकी सहायता के लिए शुक्रिया।	Fine, Thanks a lot for your help.
सेल्समैन	: सर, आपका स्वागत है। मुझे इसमें काफी खुशी हुई। गुड बाय।	You're welcome, sir. It was my pleasure. Goodbye!
रमेश	: गुड बाय।	Goodbye!

कैरियर के बारे में दो दोस्तों के बीच बातचीत

(Conversation between Two Friends about Career Counselling)

रोहित	: हैलो शाम, तुम कैसे हो?	Sham Hello! How do you do?
शाम	: हैलो रोहित, मैं ठीक हूँ। शुक्रिया आजकल कहाँ रहते हो? मैंने कितनी बार तुम्हें संपर्क करने की कोशिश की, मगर तुमने कभी जवाब नहीं दिया।	Hey Rohit ! I am fine. Thank you. Where have you been off late? I contacted you so many times but you never replied.
रोहित	: माफ करना, मैं आजकल काफी व्यस्त रहता हूँ। आजकल मैं एक पार्ट-टाइम नौकरी व कंप्यूटर एप्लीकेशनस में डिप्लोमा कोर्स कर रहा हूँ इसलिए बातचीत या मिलने-जुलने के लिए समय नहीं बचता।	Sorry about that. I have been really occupied these days. I have taken up a part-time job and a diploma course in computer applications and therefore I am left with no spare time for chatting or socialising.
शाम	: वाह! मुझे यह जानकर तुम्हारे लिए बहुत खुशी हुई, मगर तुमने यह इस खूबसूरती से कैसे किया, हमारा परीक्षाफल तो अभी ही आया है और कॉलेज में प्रवेश तो अभी	Wow! I am very happy for you. But how did you manage it so well? Our result has just been declared and the college admissions are yet to start. Where did

	बाकी है। तुमने इतनी जल्दी कहाँ प्रवेश ले लिया?	you enrol yourself so early?
रोहित	: देखो शाम, तुम तो जानते ही हो कि मैं अपने जीवन व कॅरियर को लेकर कितना गंभीर हूँ। तुम्हें वो सुपरस्पीड कंप्यूटर कोर्स याद है। मैंने वह किताब खरीदकर घर पर ही अपनी तैयारी की और आई.टी.आई. के डिप्लोमा कोर्स में आवेदन-पत्र भर दिया। जब मुझे इंटरव्यू के लिए बुलाया गया तो मैंने उनके सभी प्रश्नों का संतुष्टिजनक जवाब दिया क्योंकि मैंने पहले ही सुपरस्पीड कंप्यूटर कोर्स की किताब अच्छे से पढ़ ली थी। इंटरव्यू पैनल के लोग मेरी तैयारी से संतुष्ट हो गए और मैं चुन लिया गया। और जहाँ तक नौकरी का सवाल है, मैं आई.टी.आई. के कॅरियर-काउंसलर से मिला और अपना नाम वहाँ दर्ज करा दिया। एक हफ्ते में ही मुझे लैब-सहायक के रूप में कॉलेज-परिसर में काम मिल गया व क्लास के बाद हर रोज प्रतिमाह 3 घंटों के काम के लिए 2000 रुपए का स्टाइपंड मिलने का आश्वासन भी।	See Sham, you know how focussed I am about my career and life. Remember that *Superspeed Computer Course*. I purchased that book and prepared myself at home and applied for diploma program at ITI. On being called for an interview, I answered all their queries satisfactorily as I had read that *Superspeed Computer Course* from A to Z. The panel was satisfied with my preparation and I got selected. As for the job, I went to see the career counsellor at ITI and registered my name there. Within a week, I was called for the lab assistance job of within the campus and promised a stipend of Rs. 2000/- per month for devoting 3 hours daily after my classes.
शाम	: बहुत बढ़िया। यह तो दुगुने फायदे की बात है।	Wonderful! That's like double the benefit.
रोहित	: हाँ, कमाई के साथ पढ़ाई। इस तरह से मैं जो भी क्लास में सीखता हूँ, मुझे उसका प्रेक्टिकल ज्ञान शाम को मिल जाता है। इस कोर्स की यह सबसे अच्छी बात है।	Yes, earn while you learn. Thus, whatever I learn during class, I get its practical exposure in the evening. That's the best part of the course.
शाम	: यह तो तुम्हारे लिए बहुत ही अछा है। मुझे तुमसे ईर्ष्या हो रही है। अरे, मजाक कर रहा हूँ। क्या तुम्हें लगता है कि कि मुझे भी इसकी कोशिश करनी चाहिए?	It must be really nice for you. How I envy you! Just kidding, ha! Do you think I should also try for that?
रोहित	: क्यों नहीं, बस अच्छे से तैयारी करो और फिर अपने मुताबिक सही कोर्स में आवेदन-पत्र भरो। अगर तुम इंटरव्यू ठीक से दे पाओगे तो तुम्हें निश्चय ही कॉलेज में सीट मिल जाएगी।	Why not! Just do your homework well and then apply for a suitable course. If you manage the interview well, you shall certainly get a seat in the campus.
शाम	: ठीक है। तुम्हारी अनमोल सलाह के लिए	Alright! Thanks for your precious advice.

	शुक्रिया। तुमसे आज मिलकर बहुत अच्छा लगा। मैं भी अपना समय व ऊर्जा बरबाद नहीं करना चाहता। काश! मैं भी सफल हो पाता।	It was really nice to meet you today. I don't wanna waste my time and energy either. I hope I get successful too.
रोहित :	शाम याद रखो, 'जहाँ चाह वहाँ राह।' बस सही काम करो और बाकी भगवान् पर छोड़ दो। तुम्हारे मंगलमय प्रयास के लिए शुभकामनाएँ!	Remember, Sham : "Where there is a will, there is a way." Just do the right actions, and leave the rest to God. All the best for your efforts in advance!
शाम :	शुक्रिया, तुम वाकई में एक हीरो जैसे हो। तुम जिसे भी मिलते हो प्रेरित कर देते हो। तुम्हारे इतने आशावादी स्वभाव को देखकर बहुत हैरानी होती है।	Thanks. You're a real hero. You inspire everyone you meet. It's amazing to see your so optimistic outlook.
रोहित :	अब बस करो। तुम्हारी इतनी ज्यादा प्रशंसा भरी तारीफें सुनकर मैं शर्मसार महसूस कर रहा हूँ, पर फिर भी तारीफ के लिए शुक्रिया। अब मैं तुम्हारी इजाजत चाहता हूँ। मुझे घर के लिए देर हो रही है। माँ चिंता करना शुरू कर देगी।	Now, don't go on. I'm feeling embarrased with your compliments being so lavish. But anyway, thanks for the praise. Now, I'll take your leave. I'm getting late for home. Mom would start worrying.
शाम :	ठीक है, बाय। अपनी माताजी को सादर प्रणाम कहना। अपना खयाल रखना।	Ok, Goodbye! Pay my regards to your mother. Take care.
रोहित :	गुड बाय, फिर मिलेंगे।	Good bye! see you, later.

कर्ज देनेवाले एजेंट और ग्राहक के बीच बातचीत

(Conversation between a Loan Agent and a Customer)

एजेंट :	हैलो मि. शर्मा, मैंने आपका लोन का आवेदन-पत्र देखा है और मैं आपसे कुछ सवाल पूछना चाहता हूँ। क्या आप इसके लिए तैयार हैं?	Hello, Mr. Sharma! I have seen your application for the loan approval and would like to ask you few questions. Are you ready for that?
रोहित :	जी सर, पूछिए।	Yes, sir. Go ahead.
एजेंट :	आप किस तरह का लोन चाह रहे हैं?	What type of loan are you looking for?
रोहित :	मैं होम लोन लेना चाहता हूँ।	I am interested in home loan.
एजेंट :	ठीक है, आप कुल कितनी राशि का लोन लेना चाहते हैं?	Alright. How much total amount do you wish to be loaned?
रोहित :	लगभग 15 लाख रुपए।	Approximately Rs. 15 lakh.
एजेंट :	आप कितने साल की किश्तें बनवाना चाहते हैं?	For how many years do you propose to make part payment installments for?

रोहित	: अगर संभव हो तो मैं सात साल के प्लान के लिए जाना चाहता हूँ।	If possible, I wish to go for a 7 years plan, please.
एजेंट	: अच्छा, हम देखेंगे कि यह लगभग कितना बैठता है। कागजी कार्रवाई का क्या? क्या आपके पास पेन कार्ड नंबर है?	Fine, we'll see how much that comes around to be. What about the paper work? Do you have a handy PAN card number?
रोहित	: हाँ मेरे पास है, यह रहा कार्ड।	Yes, I do. Here's the card.
एजेंट	: आपकी आई.टी.आर. का क्या? क्या आप अपनी रिटर्नस लगातार व ईमानदारी से भरते हैं?	What about your ITR? Do you regularly and honestly maintain your returns?
रोहित	: हाँ, पिछले 5 सालों से मैं लगातार अपनी रिटर्नस भर रहा हूँ और मेरे पास इसकी सभी रसीदें व कागज हैं।	Ya! For the last 5 years, I have been consistently filling my returns and have all the supporting receipts and papers for that.
एजेंट	: अच्छा है, आपकी मौजूदा कमाई के साधन के बारे में बात करते हैं। आप अभी कहाँ नौकरी करते हैं?	Good! Let's talk about your present source of income. Where are you employed presently?
रोहित	: मैं पिछले पाँच वर्षों से टाबा स्टील इंडस्ट्री में प्रोजेक्ट मैनेजर की हैसियत से काम कर रहा हूँ।	I am working with TABA steel industry as project manager for the the last 5 years.
एजेंट	: आपकी सालाना कमाई कितनी है?	How much is your annual CTC?
रोहित	: लगभग 15 लाख वार्षिक। सभी कटौतियों, करों व पी.एफ. भागीदारी इत्यादि के उपरांत मुझे सालाना लगभग 12 लाख रुपए मिलते हैं।	It's roughly Rs. 15 lakh p.a. After deduction, adjustments, and P.F. contirubion, etc. I get in-hand Rs. 12 lakh p.a.
एजेंट	: क्या जरूरत पड़ने पर आप अपनी तनख्वाह की रसीद, बैंक स्टेटमेंट व अपना नौकरी नियुक्ति-पत्र दिखा पाएँगे?	Can you produce supporting salary slips, bank statements and appointment letter if need be?
रोहित	: जी बिलकुल, मुझे इसमें कोई आपत्ति नहीं।	Of course, I have no problem with that.
एजेंट	: क्या आपने पहले भी कभी कोई और लोन लिया है?	Have you ever taken any other loan?
रोहित	: नहीं, यह पहली बार है कि मैं किसी भी तरह के लोन के लिए आवेदन भर रहा हूँ।	No, this is the first time I'm applying for any type of loan.
एजेंट	: क्या आप कभी भी किसी कानूनी कार्रवाई के लिए कोर्ट में प्रस्तुत या सजा के भागी हुए हैं?	Have you ever been accused or tried for any legal charge?

रोहित	: भगवान् की दया से नहीं। मैं कभी भी किसी आपराधिक या गैर-आपराधिक गतिविधि के लिए बदनाम, प्रस्तावित या सजा का भागी नहीं हुआ हूँ। अगर जरूरत हो तो मैं अपने मौलिक व्यवहार का प्रमाण-पत्र अपने वर्तमान या भूतपूर्व कंपनी से ला सकता हूँ।	With God's grace, no. I have never been charged, accused or tried for any criminal or non-criminal proceedings. I can even produce a bonafide certificate from my previous or current employer if needed.
एजेंट	: नहीं, इसकी जरूरत नहीं। आपकी बाकी संपत्ति का क्या? आपके पास कुल कितनी जमा राशि व अन्य वस्तु स्वरूपी मूल है—जैसे कि घर, शेयर, स्टॉक, निवेश, फंड व मूवेबल कार-बाईक हैं?	That's alright. What about your other assets? How much total worth in liquid and otherwise you possess including housing, shares, stocks, investments, funds and movables?
रोहित	: लगभग 30 लाख रुपए।	Around Rs. 30 lakh.
एजेंट	: लोन जल्दी पास कराने के लिए क्या आप हमें आपके नाम पर जारी सभी वस्तुओं के दस्तावेजों की कॉपी दे पाएँगे?	Would you be able to supply us the xerox copies of all the assets in your name to process the loan fast?
रोहित	: बिलकुल, मैं कब पेपर ले आऊँ?	Definitely. When shall I supply the papers?
एजेंट	: आप जितनी जल्दी ला सकें उतना अच्छा और जहाँ तक आठ प्रतिशत वार्षिक दर के लोन का सवाल है, हम आपकी सुविधानुसार 7-8 साल के लिए लगभग 1000 रुपए की तिमाही भुगतान अदायगी तय कर देंगे। क्या यह आपके लिए ठीक रहेगा?	As soon as you can arrange. As for the loan at 8% p.a., we will make installments for 7-8 years as per your convenience for around Rs. 1000/- as quarterly payment. Would that be fine with you?
रोहित	: हाँ, मुझे लगता तो है। ठीक है, तो मैं कल सभी दस्तावेजों के साथ वापिस आता हूँ, ताकि हम इसकी बारीकियाँ व भुगतान राशि तय कर सकें।	Yes, I think so. Fine, so I'll come back tomorrow with all the papers and then we can finalise the figures and details.
एजेंट	: क्या आप कुछ और जानकारी लेना चाहते हैं?	Is there anything else you want to know?
रोहित	: नहीं, अभी तो नहीं। आपकी सहायता के लिए धन्यवाद। मैं अब आपकी इजाजत चाहता हूँ। कल मिलते हैं। गुड बाय।	Not as of now. Thank you for your patience and cooperation. I shall take your leave now. See you, tomorrow. Goodbye!
एजेंट	: गुड बाय, सर।	Goodbye, sir.

पति-पत्नी के बीच अपने बच्चे को लेकर बातचीत

(Conversation between a husband and Wife about their child)

पति	:	प्रिय, क्या तुम्हें नहीं लगता कि अब रूबी को प्ले स्कूल भेजने का समय आ गया है? वह तीन साल की हो चुकी है और बहुत बातें करती है।	Dear, don't you think it's high time we should send little Ruby to playschool? She is three already and talks a lot.
पत्नी	:	ओह! नहीं अभी नहीं, वह तो अभी बस 2 साल और 8 महीनों की ही है। मुझे लगता है कि वह अभी स्कूल जाने के लिए बहुत छोटी है।	Oh, no dear. Not as yet. She is just 2 years and 8 months. I think she is too young to attend school.
पति	:	सीमा, मैं तुम्हें नाराज नहीं करना चाहता, मगर तुमने मेरी बात गौर से नहीं सुनी। मैंने कहा प्ले स्कूल ना, कि फॉर्मल स्कूल। मेरे मुताबिक, रूबी टॉयलेट-ट्रेंड है। वह सब कुछ बता पाती है। वह जानती है कि कैसे उसे अपना संदेश दूसरों तक पहुँचाना है। वह जो भी चाहती है, उसके बारे में बात कर पाती है। मुझे लगता है कि यह सही उम्र है, जब वह प्ले स्कूल जाकर दूसरे बच्चों के साथ उठना-बैठना व मिलना-जुलना सीख सकती है। तीन साल के बाद तो वह फॉर्मल स्कूल जाना शुरू कर देगी। तुम अचानक से उससे यह नहीं करवाना चाहोगी, है ना?	Seema, I didn't mean to offend you but you didn't listen to me carefully. I said the playschool not the formal school. I mean, Ruby is toilet-trained. She speaks everything. She knows how to convey her message across. Whatever she wants she can easily talk about that. I think it's the right age for her to attend playschool to learn how to sit, behave and coordinate within a given environment. After 3, she would attend a formal school, you don't want her to do that suddely, do you?
पत्नी	:	नहीं, मैं ऐसा भी नहीं चाहती। मगर उसे अपने से दूर भेजने की बात मुझे बहुत डरा देती है।	No, I don't want that either. But the idea of sending her away scares me a lot.
पति	:	तो क्या तुम उसे घर से कभी बाहर ही नहीं जाने दोगी?	So, do you mean you'll never let her go out of home ever?
पत्नी	:	अब तुम ज्यादा प्रतिक्रिया कर रहे हो।	Now you are over reacting.
पति	:	प्रिय, मेरी बात समझने की कोशिश करो। हर किसी को आदतवश होने के लिए समय चाहिए होता है। अगर वह अभी से प्ले स्कूल जाना शुरू कर देगी तो	Dear, understand my point. Everyone needs the adjustment time. If she attends some playschool now she would learn to acclimatize. Besides, she would also start

	जल्दी ही अच्छे से घुल-मिल जाएगी। साथ ही वह अक्षर ज्ञान, गिनती, पेंसिल का इस्तेमाल वगैरह प्ले स्कूल में सीखना शुरू कर देगी। मेरे दोस्त मि. शर्मा की बेटी भी प्ले स्कूल जाती है। और आज जब मैं उनकी बेटी से मिला तो वह हमारी रूबी से ज्यादा खुश व हृष्ट-पुष्ट लगी। तब ही मुझे समझ आई कि हमारी बच्ची क्या नहीं पाएगी, अगर हमने उसे प्ले स्कूल नहीं भेजा। वैसे भी, प्ले स्कूल की गतिविधियाँ प्लेवे तरीके पर ही आधारित होती हैं तो उसे भी बाकी बच्चों के साथ खेलने व झूले-झूलने में बहुत मजा आएगा।	learning alphabets, counting and use of pencil, etc. at playschool. My friend Mr. Sharma's daughter goes to playschool. And when I met his daughter today, she seemed more jovial and active than our Ruby. It was then that I realised what our child would be missing if we don't send her to attend a playschool. After all most of the activities at playschool are based on playway method. So, she would have fun while playing and swinging with other children around.
पत्नी :	मगर उसकी सुरक्षा का क्या? मैं उसके साथ हर समय नहीं रह सकती।	But what about her saftey? I can't be there with her all the times.
पति :	तुम्हें जरूरत भी नहीं। स्कूल का स्टाफ अध्यापक, गार्ड गाइड, केयरटेकर व अटेडेंट वगैरह सभी वहाँ होते हैं और ध्यान रखते हैं कि सभी बच्चे बहुत ध्यानपूर्वक वो सब गतिविधियाँ करें तो इसके बारे में बहुत ज्यादा चिंता मत करो।	You need not to. The school staff, teachers, guards, guides, caretakers, attendants will all be there to ensure that all children do those activities carefully. So, don't worry too much about that.
पत्नी :	मुझे लगता है कि आप सही कह रहे हैं। चलिए, रूबी से पूछते हैं। हैलो प्यारी गुड़िया, क्या तुम स्कूल जाना चाहती हो, जहाँ बहुत सारे दोस्त, झूले, खिलौने व खाने-पीने की चीजें होती हैं?	I think you've a point. Let's ask Ruby. Little angel Hello!. Do you wanna go to school with a lot of friends, swings, toys and eatables?
रूबी :	हाँ, मैं चाहती हूँ। मैं स्कूल जाना चाहती हूँ।	Ya, I want, Ya, I want. Ya, I wanna go to school.
पति :	देखो, मैं इसी चीज का जिक्र कर रहा था। सीमा, अभी पतझड़ का समय है। कल मिसेज शर्मा से मिलकर दाखिले संबंधी जानकारी ले लो और कोशिश करना कि इस माह के अंत तक यह काम पूरा हो जाए। मुझे नहीं लगता हमें और देर करनी चाहिए है, ना?	See, that's what I'm talking about. Seema, it's the fall session. Go, ask Mrs. Sharma tomorrow about admission procedure and see if it can be finalised by this month's end. I don't think we wanna delay it further. Right?
पत्नी :	हाँ प्रिय, मैं आपकी बात से सहमत हूँ।	Yes, dear. I agree with that. I'll surely

		मैं निश्चय ही कल यह काम कर लूँगी। चलो आरोहित करने के लिए देर हो रही है। चलो चलकर थोड़ी नींद पूरी कर लेते हैं। शुभ रात्रि।	take care of it tomorrow. You're getting late for bed. Let's go and catch up some sleep. Good night!
पति	:	शुभ रात्रि प्रिय, और शुभ रात्रि मेरी छोटी प्यारी बच्ची। अच्छे सपनों में खो जाना।	Good night, dear, and good night my sweet little cutie-pie. Have sweet dreams.

क्लास टीचर और छात्र के पिता के बीच बातचीत
(Conversation between a Class Teacher and a Parent)

क्लास टीचर	:	गुड मॉर्निंग मि. भाटिया, आप कैसे हैं?	Good morning, Mr. Bhatia. How do you do?
मि. भाटिया	:	गुड मॉर्निंग मैडम, मैं ठीक हूँ। धन्यवाद। मैं आपसे अपनी बेटी रूबी की पढ़ाई इत्यादि के बारे में जानने आया हूँ। आपके अनुसार वह कैसा कर रही है?	Very good morning, madam. I am fine. Thank you. I have come to you regarding my daughter Ruby's performance. How do you think is she doing?
क्लास टीचर	:	मेरे खयाल से उसकी समझदारी व हाजिर जवाबी से आप भी परिचित होंगे। यह रही उसकी प्रगति रिपोर्ट। आप उसके सभी विषयों में प्राप्त अंक देख सकते हैं। अंग्रेजी व कंप्यूटर के अलावा उसने सभी विषयों में ठीक-ठाक परफॉर्म किया है। मुझे यह कहने में कोई संकोच नहीं कि वह एक होशियार बच्ची है, जो कि कक्षा में हो रही गतिविधियों के दौरान बहुत ही सजग व केंद्रित रहती है। उसकी स्कूल संबंधी सभी गतिविधियों में भागीदारी प्रशंसनीय है, मगर उसकी कंप्यूटर व अंग्रेजी में खराब परफार्मेंस के चलते, मुझे लगता है कि आपको उसे एक्स्ट्रा कोचिंग दिलवानी चाहिए। क्या वह इनके लिए कोई ट्यूशन लेती है?	Well, I am sure you are aware of her intelligence and ready wit. Here's her progress report. Take a look at her scores in all the subjects. She has managed to score satisfactorily in all the subjects except English and computer. I have no qualms in saying that she is a brilliant child who is very attentive and focussed during classroom interactions. Her participation in school all activities is also praiseworthy. But as for her poor performance in English and computers, I think you need to provide her extra classes or coaching. Does she attend any tuition for these?
मि. भाटिया	:	जी मैडम। वह एक अध्यापक के पास जाती है, मगर मैं देख सकता हूँ कि उससे उसके अंकों में कोई सुधार नहीं आया है। आपके अनुसार एक जिम्मेदार	Yes, madam. She does go to a tutor but I can see that it hasn't brought any improvement in her performance. What do you think I should do as a responsible

पिता होने के नाते मुझे क्या करना चाहिए? मैं पूरे असमंजस में हूँ।

parent? I'm at a loss.

क्लास टीचर : सर, मैं जानती हूँ कि आप रूबी के भविष्य व पढ़ाई को लेकर काफी जागरूक हैं। मुझे लगता है आपको मिस नीरू व मिसेज प्रभा से मिलना चाहिए। वे उसकी अंग्रेजी व कंप्यूटर की शिक्षिका हैं। वे दोनों ही आपको स्टाफ रूम में मिलेंगी। मुझे लगता है कि वे बेहतर निष्कर्ष निकाल पाएँगी कि परेशानी क्या है और उसे कैसे हल किया जाए। इसके अलावा मैं आपको *सुपर स्पीड इंग्लिश कोर्स व कंप्यूटर कोर्स* की किताबें खरीदने का सुझाव भी दूँगी। यह पुस्तकें रूबी को इन विषयों को गहराई से समझने में सहायता करेंगी। अगर उसका बेस मजबूत हो जाए तो कोई कारण नहीं कि वह परीक्षा में अच्छे अंक ना प्राप्त कर पाए। मैंने इन दोनों ही किताबों को बच्चों की मजबूत पकड़ की नींव बनने में सहायक पाया। आप लाइब्रेरी में भी उन दो पुस्तकों को पढ़ सकते हैं या घर के लिए जारी करवा सकते हैं।

Sir, I know that you are very much concerned about her future and studies. What I feel is that you should go and see Ms. Neeru and Mrs. Prabha. They are her subject teachers for English and computer respectively. Both of them will be available in the staff-room. I think they would better judge as to what's the problem and how to resolve it. In addition, I would like to recommend you to buy the *Superspeed English Speaking and Computer Course*. These books will help Ruby in gaining the in-depth knowledge of these subjects. If her basics get strengthened, there is no way she would not fare well in exams. I found these two books very helpful in building students' fundamentals strong. You may refer to them or get them issued from the library as well.

मि. भाटिया : आपके अच्छे सुझावों के लिए धन्यवाद मैडम। मैं आज ही यह पुस्तकें खरीद लूँगा। मैं अब आपकी इजाजत चाहूँगा, ताकि मैं इसकी विषय-शिक्षिकाओं से भी मिल लूँ। मैं रूबी के उज्ज्वल भविष्य के लिए कोई भी कसर नहीं छोड़ना चाहता। अब चलता हूँ। एक बार फिर आपका शुक्रिया।

Thanks for your kind suggestions, madam. I'll surely buy these books today itself. I shall take your leave now and go and see her subject teachers as well. I don't wanna leave any stone unturned for Ruby's bright future. Good bye for now. Thank you once again.

क्लास टीचर : कोई बात नहीं, आपका स्वागत है।

Its's ok, you're welcome.

(रूबी से) : और तुम छोटी चैंपियन, अच्छे काम करती रहो, ठीक है। देखो तुम्हारे पिता कितने निश्चयवादी हैं। तुम्हें अगली बार से और मेहनत करनी होगी। अगली बार के लिए शुभकामनाएँ! गुड बाय।

(to Ruby) And you little champ, keep up the good work, alright. See, how determined your father is. You need to try harder next time. All the best for next time! Goodbye!

छात्र और ऑटो ड्राइवर के बीच बातचात
(Conversation between a Student and an Auto Driver)

यात्री	: ऑटो, ऑटो।	Auto, Auto.
ऑटो ड्राइवर-1	: जी मैडम, कहाँ जाना चाहती हैं?	Yes, madam, where do you wanna go?
यात्री	: मैं इंडिया गेट जाना चाहती हूँ। वहाँ का कितना लगेगा?	I wanna go to the India Gate. How much would that be?
ऑटो ड्राइवर-1	: 100 रुपए लगेगा।	It'll be Rs. 100/- .
यात्री	: हे भगवान्! यह तो बहुत ज्यादा है। यह कितना दूर है? मेरे ख्याल से यहाँ से सिर्फ 4 कि.मी.। 100 रुपए बहुत ज्यादा हैं।	Oh my God! That's too much. How many kilometers away is that? I think barely 4 kms from here. Rs. 100/- is too much.
ऑटो ड्राइवर-1	: मैडम, कॉमनवेल्थ गेम्स की वजह से सभी रास्ते बदल दिए गए हैं। दूरी तो कम है, मगर सड़कों पर जाम बहुत बढ़ गया है, जिसकी वजह से 4 कि.मी. की दूरी तय करने में ही 1 घंटे से भी ज्यादा समय लग जाता है। तो मैं ज्यादा नहीं माँग रहा। आपको वहाँ ले जाने के लिए इससे कम में कोई राजी नहीं होगा।	Madam, due to the Commonwealth Games, all lanes have been changed. The distance is less but the jams on the road have increased, due to which it takes more than an hour to cover even 4 kms around that area. So, I'm not overcharging. Nobody would agree to take you there for less than this amount.
यात्री	: ओह! कोई बात नहीं, मैं इतने ज्यादा पैसे नहीं दे सकती। मैं केवल एक शिष्य हूँ। मैं शायद दूसरे से पूछूँगी।	Ah! Doesn't matter. I can't afford to pay that kind of money. I'm just a student. May be I'll try another one.
ऑटो ड्राइवर-1	: ठीक है, जैसी आपकी मरजी।	Alright, as you please.
यात्री दूसरे ऑटो चालक से	: ऑटो, ऑटो।	(to second auto-driver) : Auto, Auto.
ऑटो ड्राइवर-2	: जी मैडम, कहाँ को?	(Stops) : Yes madam, where to?
यात्री	: इंडिया गेट की तरफ।	India Gate, please.
ऑटो ड्राइवर-2	: ठीक है, कृपया बैठ जाएँ।	Alright, please get in.
यात्री	: उसका कितना किराया लगेगा?	How much would that cost?
ऑटो ड्राइवर-2	: आप मीटर के अनुसार अदा कर सकती हैं।	You can pay by meter.
यात्री	: यह तो अच्छा है। आप वहाँ जाने के लिए कैसे तैयार हो गए? मैंने तो सुना है कि जाम की वजह से कोई भी ऑटो चालक उस तरफ नहीं जाना चाहता।	That's good. How come you got ready to go there? I've heard that due to jammed roads these days, no auto-driver wants to head towards that direction.

ऑटो ड्राइवर-2	: नहीं मैडम, ऐसा कहना गलत होगा। और जहाँ तक अभी की बात है तो मैं उसी दिशा में जा रहा था। मेरा घर के.जी. मार्ग पर है तो मुझे तो इंडिया गेट से हर रोज 4 बार आना-जाना पड़ता है।	No madam. It would be incorrect to say so. As for right now, I had to go towards that direction anyway. I have my home at K.G. Road. So, I have to commute across India Gate four times a day daily.
यात्री	: ठीक है।	Alright.
ऑटो ड्राइवर-2	: क्या आप गाना सुनना पसंद करेंगी? क्या मैं गाने चला दूँ?	Would you like me to put the music on?
यात्री	: नहीं, रहने दें मुझे नहीं चाहिए। धन्यवाद।	No. I don't want that. Thanks.
ऑटो ड्राइवर-2	: लीजिए पहुँच गए। आप कौन से प्रवेश मार्ग पर उतरना चाहेंगी?	Here you are which entry route do you want to get down at?
यात्री	: वह जो नावों के क्षेत्र को मुख्य द्वार से जोड़ता है।	The one that connects the boating area to the main gate.
ऑटो ड्राइवर-2	: आह! वह तो गेट नं. 1 है। ठीक है, मैं आपको वहाँ उतार देता हूँ। यह रही आपकी मंजिल।	Ah! That's the gate no. 1. Okay, I'll drop you there. Here is your destination.
यात्री	: कितना दूँ? मुझे कितना भुगतान करना है?	How much do I need to pay?
ऑटो ड्राइवर-2	: आप खुद देख सकती हैं। मीटर कुल राशि 55 रुपए दिखा रहा है।	You may look yourself. The meter reflects the total fare of Rs. 55/-.
यात्री	: यह रहे रुपए। खुले रख लें।	Here is the money. Keep the change.
ऑटो ड्राइवर-2	: धन्यवाद, मैडम।	Thank you, madam.

स्कूल में दाखिले हेतु एडमिशन इनचार्ज और माता-पिता के बीच बातचीत

(Conversation between School Admission Incharge and Parents (Seeking admission of their child)

दाखिला अध्यक्ष	: गुड मॉर्निंग सर, हैलो मैडम। आइए बैठिए।	Goodmorning, sir. Hello madam! Please be seated.
पिता	: गुड मॉर्निंग मैडम।	Good morning madam.
माता	: हैलो मैडम।	Hello madam!.
दाखिला अध्यक्ष	: हैलो प्यारी बच्ची, तुम्हारा शुभ नाम क्या है?	Hello sweet angel. What's your good name?
बच्ची	: हैलो मैं रूबी हूँ।	Hello! I am Ruby.

दाखिला अध्यक्ष	: बहुत प्यारा नाम है। तुम कैसी हो?	That's a lovely name. How do you do?
बच्ची	: मैं ठीक हूँ, धन्यवाद।	I am fine, thank you.
दाखिला अध्यक्ष	: बहुत बढ़िया। आपकी बेटी बहुत ही हाजिरजवाब व सतर्क है। जी मिसेज व मि. शर्मा, मैं आप लोंगों से भी कुछ प्रश्न पूछना चाहती हूँ। क्या हम आगे बढ़ें? क्या आप तैयार हैं?	Very good. Your daughter is very responsive and alert. Yes, Mrs. and Mr. Sharma, I want to ask you people a few questions as well. Shall I go ahead? Are you ready?
पिता	: जैसा आप चाहें, मैडम।	As you please, madam.
दाखिला अध्यक्ष	: आपने यही स्कूल क्यों चुना?	Why did you choose our school?
पिता	: मैडम, इसका आस-पास के इलाके में काफी नाम है। और फिर यह हमारे घर के नजदीक भी है तो रूबी को भी आसानी होगी।	Madam, it has a great reputation in the market. Besides, it's very near to our home. So, Ruby will find it convenient too.
दाखिला अध्यक्ष	: और मिसेज शर्मा आपका इस बारे में क्या कहना है?	And what do you have to say about it, Mrs. Sharma?
माता	: मैडम, मेरी एक सहकारी मित्र की बेटी यहाँ पढ़ती है। उनसे मुझे आपके प्लेवे तरीकों से सीखने, अकसर घूमने फिराने, पिकनिक व बाकी प्रतियोगी गतिविधियों इत्यादि के बारे में पता चला, जो कि मैं मानती हूँ कि एक बच्चे के संपूर्ण विकास के लिए बहुत जरूरी है।	Madam, one of my colleague's daughter is attending your school. From them, I came to know about your playway methods of learning and regular excursions, field trips and co-curricular activities, etc. which I feel are very important for the natural and overall development of a child.
	एक माँ होने के नाते मैं भी यही चाहती हूँ कि मेरी बेटी को सबसे अच्छा माहौल मिले, इसीलिए मेरे पति और मैंने यह निर्णय लिया कि रूबी का दाखिला यहाँ हो।	Being a parent, I also want the best of all resources for my child. Hence, I and my husband decided to get Ruby admitted here.
दाखिला अध्यक्ष	: ठीक है, उसकी पढ़ाई का क्या? मेरा मतलब है कि आप दोनों तो नौकरीशुदा हैं तो घर पर उसकी पढ़ाई की देखरेख कौन करेगा?	Fine. So what about her education? I mean, since both of you are working, who's gonna take care of her studies at home?
पिता	: मैडम, मेरी पत्नी भी टीचर ही हैं। वह दोपहर तक घर आ जाती हैं और शाम को आरोहित से रूबी की पढ़ाई का ध्यान रख सकती हैं। और मैं भी शाम को 6.30 बजे तक आ जाता हूँ और रूबी के साथ कम से कम 3 घंटे	Madam, my wife is a teacher as well. She returns home by afternoon and can easily take care of Ruby's education in the evening. Even I return by 6.30 p.m. and spend at least 3 hours daily with Ruby. So, I guess there would not be any

		रोजाना बिताता हूँ तो मुझे नहीं लगता कि ऐसी कोई खास परेशानी होगी।	problem as such.
दाखिला अध्यक्ष	:	अच्छा, तो मिसेज शर्मा आप किस स्कूल में कार्यरत हैं?	Alright. So which school do you work with Mrs. Sharma?
माता	:	ए.बी.सी. वर्ल्ड स्कूल, सीपी शाखा में।	That's ABC world school, C.P. branch.
दाखिला अध्यक्ष	:	बहुत बढ़िया, डे-बोर्डिंग का क्या? आप इसे वहाँ क्यों रखना चाहते हैं?	That's wonderful. What about the day-boarding? Why do you wanna keep her there?
माता	:	देखिए, जैसा कि मि. शर्मा ने भी आपको बताया कि मैं दोपहर में घर लौटती हूँ, मगर रूबी के प्ले स्कूल का समय केवल 12 बजे तक ही होता है। इसीलिए हम उसे यहाँ डे-बोर्डिंग में रखना चाहते हैं, ताकि वह 4 बजे तक घर लौटे। यह उसके लिए लंबी अवधि में भी अच्छा साबित होगा।	See, as Mr Sharma also told you that I return by afternoon. But Ruby's playschool timing will be only till 1 p.m. That's why we want her to be in day-boarding till 4.00 and then return home. It would be fruitful for her in the long run also.
दाखिला अध्यक्ष	:	क्या आप लोगों के घर में दादा-दादी या आया नहीं है? किसी भी मेडिकल संबंधी परेशानी के समय तुरंत कौन हाजिर होगा?	Don't you have any grandparents or attendants at home? In case of any medical emergency, who would be immediately available?
माता	:	मैडम, रूबी के दादाजी रिटायर्ड क्लास-1 ऑफिसर हैं और किसी भी परेशानी के समय वह तुरंत ही स्कूल में हाजिर हो सकते हैं। साथ ही आप मुझे या मेरे पति को भी फोन कर सकती हैं और हम बिना विलंब के स्कूल में उपस्थित हो जाएँगे।	Madam, Ruby's grandfather is a retired class-I officer and in case of any problem he can immediately report to the school. Besides, you can also ring me or my husband and we would also show up in no time.
दाखिला अध्यक्ष	:	फिर ठीक है, ट्रांसपोर्ट का क्या? वह रोजाना स्कूल कैसे आएगी?	That's okay. What about the transportation? How would she come to the school daily?
पिता	:	चूँकि हमारा घर स्कूल के बहुत ही नजदीक है, हम खुद ही उसे यहाँ छोड़ जाएँगे।	Since our house is very near to the school, we'll ourselves drop her here.
दाखिला अध्यक्ष	:	आपकी स्कूल से क्या अपेक्षाएँ हैं?	What are your expectations from the school?
पिता	:	मैं सिर्फ इतना ही चाहता हूँ कि मेरी बेटी को सभी मौजूदा सुविधाओं का	I just want that the best of all resources be made available to my daughter. That's

		बढ़िया से बढ़िया ज्ञान मिले, बस, देखिए, पिता होने के नाते मैं यही चाहता हूँ कि उसे हर बेहतरीन चीज मिले।	it. You see, as a father I want the best of everything for her.
दाखिला अध्यक्ष	:	ठीक है, आपकी सहायता व सहजता के लिए धन्यवाद। हम अपने फैसले के बारे में आपको जल्दी ही सूचित कर देंगे। अगर आप चुने गए तो आपको अगले दो दिनों में सूचित कर दिया जाएगा, ताकि आप वापिस आकर कागजी कार्रवाई संपन्न कर सकें। इसी दौरान, मैं आपको रूबी का जन्म-पत्र तैयार करने की सलाह दूँगी। क्या आप हमारे स्कूल, यहाँ कि शिक्षा व मूल्यों के बारे में कुछ पूछना या जानना चाहते हैं?	Fine, thank you for your patience and cooperation. Soon we'll let you know about our decision. If selected, you'll be called within next two days to come back again and finish the formalities. Meanwhile, I would suggest you to arrange for Ruby's birth certificate. Is there anything that you wish to ask me or know about our school, education or values?
पिता	:	नहीं मैडम, मैं यह सब मूल बातें पहले ही जानता हूँ। धन्यवाद। अब हम आपकी आज्ञा चाहते हैं। आपका दिन मंगलमय हो।	No, madam. I am already aware of all the basics. Thank you. We shall take your leave now. Have a good day.
दाखिला अध्यक्ष	:	आपका भी। रूबी अपना खयाल रखना। गुड बाय।	You too. Take care Ruby. Goodbye!

एयरपोर्ट पर फ्लाइट होने के बारे में बातचीत
(Conversation at the Airport about Flight Cancellation)

एयरलाइन स्टाफ	:	सर गुड मॉर्निंग, मैं आपकी किस तरह से मदद कर सकता हूँ?	Good morning, sir. How can I help you?
रोहित	:	इस सुबह में कुछ भी गुड नहीं है और जहाँ तक मदद की बात है, मुझे नहीं लगता कि आप यह कर पाएँगे। न्यूयॉर्क जाने वाली सभी उड़ानें या तो रद्द कर दी गई हैं या विलंबित हो गई है। मुझे हर हाल में कल 11 बजे तक न्यूयॉर्क पहुँचना था। मैं किस मुसीबत में फँस गया हूँ।	There's nothing good about this morning. As for the help, I don't think you can do that either. All flights to New York have been delayed or cancelled. I had to reach New York tomorrow at 11 by any means. What a mess I'm in!

एयरलाइन स्टाफ	:	हम इसके लिए काफी शर्मिंदा हैं। ज्यादातर उड़ानें खराब मौसम की वजह से विलंबित करनी पड़ी। और जहाँ तक एक उड़ान के रद्द होने की बात है, वह तकनीकी खराबी के कारण करना पड़ा। हमें असुविधा के लिए खेद है। मगर मुझे विश्वास है कि कुछ ना कुछ प्रबंध जरूर किया जा सकता है।	We are very sorry about that. Most of the flights had to be delayed due to the poor weather conditions. As for the cancellation of one flight, that happened due to the technical problem. We regret the inconvenience. But I'm sure that something could be managed yet.
रोहित	:	क्या आप यह काम जल्दी कर सकते हैं? मुझे कल दोपहर तक कैसे भी न्यूयॉर्क पहुँचना है। मुझे एक अत्यंत जरूरी व्यवसायी मीटिंग में जाना है और मैं इससे चूक नहीं सकता।	Could you do that fast, please? I need to be in New York by tomorrow noon anyhow. I have to attend an urgent business meeting which I just can't afford to miss.
एयरलाइन स्टाफ	:	सर, मैंने बाकी उड़ानों की सूची चेक की है। अब से दो घंटों में आईजी एयरपोर्ट से न्यूयॉर्क के लिए एक विमान रवाना होने वाला है। आप यहाँ से आईजी एयरपोर्ट लगभग 1 घंटे में उड़कर तय कर सकते हैं और वहाँ से आप अगली उड़ान न्यूयॉर्क के लिए आज शाम को ही ले सकते हैं। क्या मैं यह टिकट आपके लिए बुक कर दूँ?	Sir, I have checked the other flight schedules. There is a flight for New York today in another two hours from IG airport. You could probably fly from here to I.G. airport in an hour or so and then board the next flight to New York by today evening. Shall I go ahead and book it for you?
रोहित	:	जी बिलकुल! मुझे किसी भी तरह कल न्यूयॉर्क पहुँचना है।	Yes, of course. By hook or crook, I need to land at New York tomorrow.
एयरलाइन स्टाफ	:	यह रही, आपकी आईजी एयरपोर्ट की टिकट। आप जल्दी करें तो अच्छा होगा। आपके पास ज्यादा समय नहीं है।	Here's your ticket to I.G. Airport. You better hurry up. You don't have much time left.
रोहित	:	बिलकुल, आपकी मदद के लिए धन्यवाद।	Cartainly. Thanks for you help.
एयरलाइन स्टाफ	:	आपका स्वागत है। अपना ध्यान रखें।	You're welcome. Take care.

पुलिस अधिकारी और शिकायतकर्ता के बीच बातचीत
(Conversation between a Police Officer and Complainant)

रोहित	: गुड मॉर्निंग सर। मैं एक एफ.आई.आर. लिखवाना चाहता हूँ।	Good morning, sir. I want to lodge an FIR.
ऑफिसर	: बताइए, क्या बात है?	Tell me, what's the matter?
रोहित	: मैं एक चोरी के केस की रिपोर्ट करना चाहता हूँ।	I wanna report a case of theft.
ऑफिसर	: क्या चोरी हो गया है? और कहाँ से?	What has been stolen? And from where?
रोहित	: सर, कल शाम से मेरी मोटरबाईक चोरी हो गई है।	Sir, my motorbike has gone missing since last evening.
ऑफिसर	: तुमने इसे कहाँ पार्क किया था?	Where did you park it?
रोहित	: मैंने इसे कल शाम को अपने घर के बाहर पार्क किया था और जब मैं लगभग एक घंटे के बाद बाहर आया तो वह कहीं भी नहीं मिली। मैंने इसे सब जगह ढूँढ़ा, मगर यह कहीं नहीं मिली।	I had parked it outside my house in the evening and when I came out after an hour or so it was nowhere to be found. I searched for it everywhere but could not trace it anywhere.
ऑफिसर	: क्या तुमने अपने पड़ोसियों से पूछताछ की? या क्या किसी भी व्यक्ति ने कोई अजीब गतिविधि होते हुआ देखा?	Did you ask your neighbours? Or was there anybody who noticed anything fishy?
रोहित	: मैंने सभी पड़ोसियों से पूछताछ की, मगर किसी ने भी कोई असामाजिक तत्त्व या गतिविधि होते नहीं देखा।	I enquired all my neighbours. But nobody withessed any anti-social element or activity.
ऑफिसर	: क्या, तुम्हें किसी पर शक है?	Do you suspect anyone?
रोहित	: हाँ, मेरे चचेरे भाई का बेटा।	Yes, my cousin's son.
ऑफिसर	: तुम ऐसा क्यों सोचते हो?	What makes you think so?
रोहित	: सर, उसका मेरे साथ पिछले सप्ताह विवाद हो गया था और उसने सारी बिरादरी के सामने यह कसम खाई थी कि उसकी बेइज्जती की मुझे एक बड़ी कीमत अदा करनी होगी, चूँकि यह मेरी वजह से हुआ था।	Sir, he had a fight with me last week and he swore in front of all the community members that I would have to face the dire consequences of the insult that I had caused him.
ऑफिसर	: क्या इस विवाद में हाथापाई हुई थी?	Was the fight violent?
रोहित	: हाँ, मुझे कुछ बाहरी चोटें लगी, मगर मैंने उन पर ज्यादा गौर नहीं किया।	Yes, I did suffer some external injuries but I did not pay much heed to it.

ऑफिसर	: तुमने उसके खिलाफ कोई शिकायत क्यों नहीं दर्ज की?	Why did you not lodge a complaint against him?
रोहित	: सर, मुझे लगा कि वह मेरा रिश्तेदार है और मुझे उसे माफ कर देना चाहिए।	Sir, I thought that he was my relative and I should forgive him.
ऑफिसर	: ठीक है, तुम्हारी मोटरबाईक का मॉडल, रंग व नंबर क्या था?	Alright. What was the make, colour and number of your mobike?
रोहित	: यह लाल रंग की काइनेटिक थी व इसका नंबर डीएलएस 2 1234 था।	It was red kinetic and the number was DLS2 1234.
ऑफिसर	: क्या तुम्हारे पास गाड़ी के दस्तावेज हैं, जिससे तुम्हारी मालकियत साबित हो सके?	Do you have the papers to prove your ownership?
रोहित	: जी बिलकुल, सर। यह रहे कागजात।	Of course, sir. Here are the papers.
ऑफिसर	: तुमने या किसी और ने आखिरी बार इस मोटरबाईक को कब देखा था?	At what time did you or anybody last see that mobike?
रोहित	: कल शाम 5 बजे।	It was 5 pm, yesterday.
ऑफिसर	: ठीक है, मैंने तुम्हारी शिकायत दर्ज कर ली है। कृपया यहाँ हस्ताक्षर करें। हम तुम्हें परसों बाकी की छानबीन के लिए बुला सकते हैं।	Fine, I have registered your complaint. Please, sign here. We may call you day after tomorrow for further investigation.
रोहित	: यह मुझे कब तक मिल सकती है?	When would I possibly get it?
ऑफिसर	: हम तुम्हारे चचेरे भाई के बेटे से आज पूछताछ करेंगे और खोज संबंधी जानकारी एकत्रित करेंगे। उसी के मुताबिक, हम जरूरी कदम उठाएँगे और निश्चय ही तुम्हें इसके बारे में जानकारी दे देंगे। आप अब जा सकते हैं।	We'll interrogate your cousin's son today and search for clues. Accordingly, we'll take an action and will certainly inform you about it. You may go now.
रोहित	: ठीक है सर, आपके सहयोग के लिए धन्यवाद।	Fine sir. Thanks a lot for your support.

❑

कहावतें
(Some Proverbs)

(हिंदी)	(अंग्रेजी)
हर चमकनेवाली चीज सोना नहीं होती।	All that glitters is not gold.
जैसी करनी वैसी भरनी।	As you sow, so shall you reap.
अपना-अपना, पराया-पराया।	Blood is thicker than water.
चोर-चोर मौसेरे भाई।	Birds of same feather flock together.
नौ नकद न तेरह उधार।	A bird in hand is worth two in the bush.
नाच न जाने आँगन टेढ़ा।	A bad workman quarrels with his tools.
जो गरजते हैं वो बरसते नहीं।	Barking dogs seldom bite.
दान में मिली बछिया के दाँत नहीं देखे जाते।	Beggars cannot be choosers.
होनहार बिरवान के होत चीकने पात।	Coming events cast then shadow before.
दूर के ढोल सुहाने।	Distance lends enchantment to the view.
डूबते को तिनके का सहारा।	A drowning man catches at a straw.
अंधों में काना राजा।	A king among cyphers.
किसी को अगर उँगली दो तो पहुँचा पकड़ लेता है।	Give someone an inch and he will take a mile.
चादर देखकर पाँव फैलाओ।	Cut your coat according to your cloth.
जाको राखे साइयाँ मार सकै ना कोय।	He whom God steers sails safely.
जल में रहकर मगरमच्छ से वैर करना उचित नहीं।	It is folly to live in Rome and fight with the Pope.
अब पछताए होत क्या जब चिड़ियाँ चुग गई खेत।	It is no use crying over spilt milk.
एक हाथ से ताली नहीं बजती।	It takes two to make a quarrel.
पाँचों उँगलियाँ एक जैसी नहीं होतीं।	It takes all sorts to make a world.
आधा ज्ञान संकट का सामान।	A little learning is a dangerous thing.
कुत्ते की पूँछ कभी सीधी नहीं होती।	A leopard can't change its spots.
सुनो सबकी करो मन की।	Listen to people but obey your conscience.
जिसकी लाठी उसकी भैंस।	Might is right.
दाम बनाए काम।	Money makes the mare go.
बहती गंगा में हाथ धोना।	Make hay while the sun shines.
पैसे पेड़ पर नहीं उगते।	Money doesn't grow on trees.
आवश्यकता आविष्कार की जननी है।	Necessity is the mother of invention.
सेवा करे, सो मेवा पावे।	No pains, no gains.

दूध का जला छाछ भी फूँक-फूँककर पीता है।	Once bitten twice shy./A burnt child dreads the fire.
एक की हानि, दूसरे का लाभ।	One man's loss is another man's gain.
घमंडी का सिर नीचा।	Pride goes before fall.
उपचार से परहेज श्रेष्ठ।	Prevention is better than cure.
हथेली पर सरसों एक दिन में नहीं उगती।	Rome wasn't built in a day.
काँटे से काँटा निकलता है।	Set a thief to catch a thief.
अधजल गगरी छलकत जाय।	Shallow water makes much noise.
एक म्यान में दो तलवारें नहीं रह सकतीं।	Two of a trade seldom agree.
बूँद-बूँद से घड़ा भरता है।	Take care of the pennies and the pounds will take care of themselves.
साँच को आँच नहीं।	Truth will be out.
बिना आग के धुआँ नहीं होता।	There's no smoke without fire.
विनाशकाले विपरीत बुद्धि।	Fools rush in where angels fear to tread.
अमीरों के लिए एक कानून होता है और गरीबों के लिए दूसरा।	There is one law for the rich and another for the poor.
समझदार को इशारा काफी।	A word to the wise is sufficient.
जहाँ चाह वहाँ राह।	Where there is a will, there is a way.
जूता कहाँ काट रहा है, यह तो पहननेवाले को ही पता चलता है।	Only the wearer knows where the shoe pinches.
दीवारों के भी कान होते हैं।	Walls too have ears.
भगवान के घर देर है, पर अंधेर नहीं।	God's mill grinds slow but surely.
निर्बल गाय भी सींग दिखाती है।	Even a worm will turn.

❑

अनेकार्थक शब्द

address	पता, भाषण देना
article	वस्तु, लेख
balance	संतुलन, तराजू, शेष
bank	तट, किनारा, बैंक
bark	पेड़ की छाल, भौंकना
bat	बल्ला, चमगादड़
board	तख्ता, सवार होना
boil	उबलना, फोड़ा
capital	राजधानी, पूँजी
chest	छाती, कैश बॉक्स
circular	गोल, परिपत्र
condition	स्थिति, शर्त
dear	प्रिय, महँगा
drop	बूँद, गिराना, गिर पड़ना
duty	कर्तव्य, कर
express	प्रकट करना, द्रुतगामी
fan	प्रशंसक, पंखा
fast	तेज, उपवास, घनिष्ठ
fine	उत्तम, जुर्माना
fly	उड़ना, उड़ाना, मक्खी
found	स्थापित किया हुआ, पाया हुआ
free	मुक्त, मुफ्त
function	समारोह, कार्य करना
grave	कब्र, गंभीर
graze	चरना, चराना
hang	लटकाना, फाँसी लगाना
implement	यंत्र, कार्यान्वित करना
interest	रुचि, ब्याज
kind	दयालु, प्रकार
kite	पतंग, चील
lead	नेतृत्व करना, सीसा
letter	अक्षर, पत्र
lie	लेटना, झूठ बोलना
light	रोशनी, जलाना
long	लंबा, दीर्घ, इच्छा होना, चाहना
match	मुकाबला, समान होना, माचिस
mine	मेरा, खदान
mole	तिल, छछूँदर
mummy	माँ, रसायनों द्वारा सँभालकर रखा गया शव
nail	नाखून, कील
net	जाला, जाल, वास्तविक
object	वस्तु, आपत्ति करना
offence	अपराध, आक्रमण
outstanding	बहुत अच्छा, बकाया
partial	आंशिक, पक्षपाती
patient	मरीज, सहनशील
plant	पौधा, वनस्पति, संयंत्र
post	डाक, पद, खंभा
pulse	नब्ज, दाल
race	दौड़, कुल, वंश
reason	कारण, तर्क-शक्ति, तर्क करना
refuse	अस्वीकार करना, कूड़ा-करकट
rest	आराम करना, बाकी, शेष
revolution	क्रांति, परिभ्रमण
ring	बजना, बजाना, अँगूठी
sack	बोरा, काम से निकाल देना
sanction	स्वीकृति देना, दंड, सजा
second	दूसरा, क्षण
set	डूबना (सूरज), निश्चित करना
solution	हल, घोल
spell	स्पेलिंग लिखना, जादू
spring	वसंत ऋतु, झरना, उछलना
staff	कर्मचारी वर्ग, डंडा, छड़ी
stage	मंच, चरण
stick	छड़ी, डंडा, लाठी, चिपकाना
strip	पट्टी, उतारना, कपड़े उतारना
stuff	पदार्थ, ठूँसकर भरना
substance	पदार्थ, द्रव्य, तत्त्व, सार
table	मेज, तालिका
tear	आँसू, फाड़ना
temple	मंदिर, कनपटी
tense	तना हुआ, बेचैन
train	रेलगाड़ी, प्रशिक्षण देना
treat	बरताव करना, चिकित्सा करना
trunk	पेड़ का तना, हाथी की सूँड़
uniform	एक समान, वर्दी
upright	ईमानदार, सच्चा, सीधा
utter	उच्चारण करना, पूरा
watch	देखना, नजर रखना, घड़ी

❑

English-Hindi Dictionary

A

aback (अॅबैक्) *adv.* behind, पीछे (की ओर)। □ **taken aback,** चकित, भौचक्का।
abandon (अॅबैन्डॅन्) *v.* 1. to give up, त्याग देना। 2. to yield completely to an emotion, भावाभिभूत हो उठना, आवेश में आ जाना।
abash (अॅबैश्) *v.* to embarrass or confound, लज्जित करना। □ **feel abashed,** मारे शर्म के गड़ जाना, पानी-पानी हो जाना। 2. to reduce, हलका करना या होना।
abbreviate (अॅब्रीविएट्) *v.* to shorten, संक्षिप्त करना।
abdomen (ऐब्डॅमॅन्) *n.* the lower belly, उदर।
abduct (ऐब्डक्ट्) *v.* to carry off by force, ज़बरदस्ती उठा ले जाना।
abide (अॅबाइड्) *v.* 1. to dwell, वास करना, रहना। 2. to endure, सहन करना। □ **abide by,** अनुपालन करना।
ability (अॅबिलइटी) *n.* the capacity or power to do something, योग्यता, क्षमता, सामर्थ्य।
able (एबॅल्) *adj.* 1. capable, योग्य, क़ाबिल। 2. competent, सक्षम, समर्थ।
abnormal (ऐब्नॉर्मल) *adj.* 1. different from what is normal, अपसामान्य। 2. irregular अनियमित।
aboard (अॅबोड्) *adv., prep.* on or into a train, ship, plane etc., यान में, सवारी पर।
abolition (ऐब्अॅलिश्अॅन्) *n.* समाप्ति, उन्मूलन।
abortion (एबॉर्शन) *n.* miscarriage, गर्भपात,
abroad (अॅब्रॉड्) *adv.* away from one's own country, देश से बाहर।
absence (ऐब्सॅन्स्) *n.* 1. being away, अनुपस्थिति, 2. nonexistence, अभाव।
absolute (ऐब्सोल्यूट) *adj.* 1. perfect, पूर्ण, 2. despotic, निरंकुश। *n.*
absorb (ऐब्सॉ:ब्) *v.* 1. to soak up, सोख लेना। 2. to engross, तन्मय हो जाना,
absorption (ऐब्सॉ:प्शॅन्) *n.* 1. the act of absorbing, सोख लेना, अवशोषण; 2. the state of mental concentration, तन्मयता, तल्लीनता।
abstract (ऐब्स्ट्रैक्ट) *adj.* not concrete, अमूर्त। *n.* a summary, सारांश, संक्षेप, सार।
abundance (अॅबन्डॅन्स्) *n.* plenty, प्रचुरता।
abuse (अब्यूज़्) *v.* 1. to misuse, दुरुपयोग करना। 2. to maltreat, दुर्व्यवहार करना।
academic (ऐक्अॅडेम्इक) *adj.* 1. of an academy, अकादमिक। 2. scholarly, विद्वत्तापूर्ण।
accelerator *n.* a contrivance for increasing the speed of a motor engine, गतिवर्धक, एक्सेलरेटर।
accept (ऐक्सेप्ट्) *v.* 1. to take, receive or undertake, स्वीकार करना।
accessory (ऐक्सेसरी) *adj.* extra, additional, अतिरिक्त, आनुषंगिक। *n.* a person who helps another in a crime, अपराध-सहायक, अपसहायक।
accident (ऐक्सिडेन्ट) *n.* an undesirable event, दुर्घटना। □ **by accident,** संयोगवश।
accommodate (एकॉमोडेट) *v.* to make room for, जगह देना, गुंजाइश निकालना।
accord (एकॉर्ड) *n.* 1. agreement, harmony, mutual understanding, मतैक्य, मेल, समझौता। 2. treaty, संधि। □ **of one's own accord,** अपनी इच्छा या मर्ज़ी से; **with one accord,** सबकी सहमति से। *v.* 1. to be in harmony, मेल होना। 2. to give or grant, देना, प्रदान करना.
account (अॅकाउन्ट्) *n.* 1. a statement of money received and paid out, हिसाब, लेखा। 2. description, विवरण, वृत्तांत।
accredit (एक्रेडिट) *v.* to recognise officially, सरकारी मान्यता प्रदान करना।
accumulate (एक्यूमुलेट) *v.* to amass or collect, संचय या संग्रह करना, ढेर लगाना।
accuracy (ऐक्यूरेसी) *n.* 1. correctness, शुद्धता। 2. exactness, यथार्थता।
accuse (एक्यूज़) *v.* to put blame to, दोष लगाना, आरोप लगाना।
achieve (एचीव) *v.* 1. to attain or obtain, प्राप्त करना, पाना।
acidity (एसिडिटी) *n.* 1. sourness, अम्लता। 2. an over-acid condition of the stomach, अम्लपित्त।
acknowledge (एक्नॉलिज) *v.* 1. to admit the validity or truth of, स्वीकार करना। 2. to report the receipt of, पावती देना, 3. to express thanks or gratitude for, आभार स्वीकार करना।
acquire (एक्वाइर) *v.* 1. to earn, अर्जित करना। 2. to obtain, प्राप्त या हस्तगत करना।
acquit (अॅक्विट्) *v.* to discharge, बरी करना, छोड़ देना।
act (ऐक्ट) *n.* 1. something done, काम, कार्य। 2. an action, क्रिया, व्यापार। 3. statute or law, अधिनियम। 4. a major division of a play, नाटक का अंक। *v.* 1. to do, काम करना, करना-धरना। 2. to perform a part in a play, अभिनय करना।
actor (ऐक्टर) *n.* a performer in a film etc., अभिनेता, पात्र।
actress (ऐक्ट्रिस्) *n.* a female actor, अभिनेत्री।
actual (ऐक्चुअल) *adj.* 1.real, वास्तविक
acute (एक्यूट) *adj.* 1. sharp पैना, तीक्ष्ण। 2. intense, प्रचंड।
adapt (एडैप्ट) *v.* to make or become suitable for a new situation, अनुकूल बनना या बनाना।
add (ऐड) *v.* 1. to get a total, योग करना, जोड़ना। 2. to include, शामिल करना।
address (एड्रैस) *v.* 1. to speak to, संबोधित करना। 2. to make with a destination or location, पता लिखना। **address[2]** *n.* 1. a formal spoken or written communication, अभिभाषण। 2. the indication of destination or location, पता, सरनामा।
adequate (ऐडिक्विट) *adj.* sufficient, पर्याप्त।
adhesive (एडहीसिव) *adj.* sticky, चिपकनेवाला, चिपचिपा। *n.* an adhesive substance, चिपकने या चिपकानेवाला पदार्थ।
adjacent (एजेसेन्ट) *adj.* 1. lying near, समीपवर्ती। 2. adjoining, संलग्न।
adjourn (एजर्न) *v.* to postpone, स्थगित होना या करना।
adjust (एजस्ट) *v.* 1. to change so as to match or fit, समायोजित करना, ठीक करना। 2. to adapt (oneself) to new circumstances, अभ्यस्त बनना या बनाना।
administration (ऐडमिनिस्ट्रेशन) *n.* the act of administering, प्रबंध, व्यवस्था, प्रशासन।
admire (एडमाइर)to praise, प्रशंसा करना।
admission (ऐडमिशन) *n.* 1. the act of admitting, प्रवेश। 2. something confessed, स्वीकृति।
admit (ऐडमिट) *v.* 1. to permit to enter, अंदर आने देना। 2. to confess, स्वीकार कर लेना, मान लेना।
adopt (एडॉप्ट) *v.* 1. to take as one's child, गोद लेना। 2. to take as one's own, अपना लेना।
adorn (एडोर्न) *v.* to decorate with ornaments, अलंकृत करना।
adult (ऐडल्ट्) *n.* a full grown person,

वयस्क, बालिग। *adj.* mature प्रौढ़।

advance (एडवान्स) *v.* 1. to bring forward or onward, आगे बढ़ाना, सामने रखना। 3. to develop, विकसित होना।

n. 1. the act of moving or going forward, बढ़ाव, आगे बढ़ना। 2. progress, प्रगति, उन्नति। 3. payment of money before legally due, अग्रिम, पेशगी। 4. (plu.) efforts for winning someone or attempts to establish a friendly relationship, छेड़खानी। □ **in advance**, अग्रिम रूप से, पहले ही। *adj.* prior, पूर्व, अग्रिम।

advantage (एड्वान्टिज) *n.* 1. profit, फ़ायदा, लाभ। 2. a favourable condition, लाभप्रद स्थिति।

adventure (एडवैन्चर) *n.* a risky undertaking, साहसिक कार्य, जोखिम-भरा कार्य।

advice (एडवाइस) *n.* an opinion सलाह, परामर्श।

advocate (ऐडवोकेट) *n.* 1. a person who pleads on behalf of another, अधिवक्ता, वकील। 2. public supporter of a proposal, पक्ष-समर्थक, पैरोकार। *v.* to uphold or recommend publicly, पक्ष-समर्थन करना, पैरवी करना।

affair (अफ़ेयर) *n.* 1. something that has been done or to be done, काम, प्रसंग। 2. an event or happening, घटना। 3. a temporary romantic or sexual relationship, प्रेम-संबंध, प्रेम-प्रपंच।

affection (एफ़ैक्शन) *n.* kind feeling, स्नेह, अनुराग।

affidavit (ऐफ़िडेविट) *n.* a written statement on oath, हलफ़नामा।

affirm (एफ़र्म) *v.* to confirm, दृढ़तापूर्वक कहना।

affix (एफ़िक्स) *v.* to stick on, चिपका देना, लगा देना। 2. to add in writing, लिखना।

affluent (ऐफ़्लुएन्ट) *adj.* wealthy, धनी। 3. prosperous, समृद्ध।

afford (एफ़ोर्ड) *v.* 1. to have the financial means for, धन जुटा पाना, खरीद पाना, ले सकना। 2. to be in a position to do something, कर पाना, करने में समर्थ होना।

afloat (एफ़्लोट) *adj.* 1. floating, तैरता हुआ।

aforesaid (एफ़ोर्सेड) *adj.* said before, पूर्वकथित।

afraid (एफ्रेड) *adj.* frightened, डरा हुआ, भयभीत।

after (आफ़्टर) *prep.* 1. following in time, के बाद, के उपरांत; 2. following in space, के बाद; *adv.*1. behind, पीछे। 2. afterwards, बाद में।

against (एगेन्स्ट) *prep.* 1. contrary to, के विरुद्ध। 2. in opposition or resistance to, के विरोध में।

agency (एजेन्सी) *n.* the business or office of an agent, एजेंसी, अभिकरण।

agenda (एजेन्डा) *n.* a list of items to be attended to at a meeting, कार्यसूची, एजंडा।

agent (एजेन्ट) *n.* 1. one who acts, कर्ता। 2. one who acts for another, अभिकर्ता.

aggression (एग्रेशन) *n.* an unpro-voked attack, आक्रमण।

agitate (ऐजिटेट) *v.* 1. to stir violenty, ज़ोर से हिलाना, 2. to fight for a cause, आंदोलन या संघर्ष करना।

agree (एग्री) *v.* to grant consent, सहमत होना।

agreement (एग्रीमेन्ट) *n.* 1. mutual understanding, करार, समझौता। concord, मेल, समझौता।

aid (एड) *v.* to help, to assist, सहायता करना, मदद करना। *n.* assistance, सहायता, मदद।

aim (एम) *v.* to direct towards target to be struck, निशाना साधना, लक्ष्य साधना। *n.* 1. the act of aiming, लक्ष्य-साधन। 2. intention, purpose, लक्ष्य, ध्येय, उद्देश्य।

air (एयर) *n.* 1. the gaseous substance surrounding the earth, हवा, वायु। 2. (plu.) affectation, बनावट, दिखावा, बनावटी रंग-ढंग।

aircraft *n.* an aeroplane, हवाई जहाज़, विमान।

airline *n.* service of passenger aircraft, वायुसेवा।

airy (एअरी) *adj.* well-ventilated, हवादार।

alarm (एलार्म) *n.* 1. fear, भय। 2. a warning signal, ख़तरे की घंटी। *v.* 1. to frighten, डरा देना, भयभीत कर देना। 2. to warn by alarm, ख़तरे की घंटी बजाना।

album (ऐल्बम) *n.* a book for collecting photographs, stamps etc., अलबम।

alcohol (ऐल्कोहॉल) *n.* an intoxicating liquid present in whiskey, wine etc., अलकोहल।

alert (एलर्ट) *adj.* attentive, watchful, सचेत, सावधान, सतर्क। *v.* to make alert, सचेत करना, सतर्क करना।

algebra (ऐल्जेब्रा) *n.* a branch of mathematics in which symbols represent quantities, बीजगणित।

alignment (एलाइनमेन्ट) *n.* the state of being arranged in a straight line, सीध में होना, सीध।

alike (एलाइक) *adj.* similar, समान, सदृश।

alive (एलाइव) *adj.* having life, living, जीवित।

all (ऑल) *adj.* 1. the whole amount or number of, सब, कुल, सभी।

allegation (ऐलिगेशन) *n.* accusation, blame, आरोप, दोषारोप।

alliance (एलाएन्स) *n.* 1. a group or association of countries, राष्ट्रों का गठबंधन, मैत्री। 2. union by marriage, विवाह-संबंध।

allot (एलॉट) *v.* to divide and give as a share, हिस्सा लगाना और देना, आवंटित करना।

allow (एलाउ) *v.* to permit, अनुमति देना।

all-rounder *n.* having ability in many things esp. in various sports, बहुमुखी योग्यतावाला व्यक्ति।

almond (आमन्ड) *n.* a nut with a soft shell, बादाम।

almost (ऑल्मोस्ट) *adv.* very nearly, लगभग, करीब-करीब, प्राय:।

alone (अॅलोन) *adj.* solitary, अकेला। *adv.* 1. only, सिर्फ़, केवल। 2. solely, अकेले।

alphabet (ऐल्फ़ेबेट) *n.* 1. a set of letters used in any language, वर्णमाला। 2. elementary knowledge, प्रारंभिक ज्ञान।

alteration *n.* an act of altering, परिवर्तन, फेरबदल, रद्दोबदल।

alternate (ऑल्टर्नेट) *adj.* happening or following in turns, बारी-बारी से होनेवाला, एक छोड़कर दूसरा, एकांतर। *v.* to occur in successive turns, बारी-बारी से होना।

alternative (आल्टर्नेटिव) *n.* the choice between two or more things, विकल्प।

altogether (ऑल्टूगैदर) *adv.* entirely, पूर्ण रूप से, पूर्णतया।

a.m. (ए. एम.) abbreviation of *ante meridiem*, दोपहर से पहले, पूर्वाह्न में।

amateur (ऐमेच्योर) *n.* one who does something as a pastime rather than as a profession, शौकिया खिलाड़ी, शौक़ीन।

amaze (एमेज़) *v.* to astonish, चकित करना, विस्मित करना।

amazon (ऐमेज़न) *n.* a female warrior, वीरांगना।

amber (ऐम्बर) *n.* a yellow or brownish yellow resin, राल, अंबर।

ambition (ऐम्बिशन) *n.* the strong desire

ambulance (ऐम्ब्यूलेन्स) *n.* a vehicle for carrying sick, injured or dead persons, रोगी-वाहन, रोगी-गाड़ी।

amen (आमैन) *interj.* so be it, तथास्तु, आमीन!

amend (एमेन्ड) *v.* to correct or improve, सुधारना, संशोधन करना।

amenity (एमेनिटी) *n.* 1. a thing or condition which makes life pleasant,सुविधा।

amity (एमिटी) *n.* friendship, मित्रता।

amnesty (एम्नेस्टी) *n.* a general pardon for political offences, सामूहिक क्षमादान।

among (अमंग) ***prep.*** 1. in the middle of, surrounded by, के बीच।

amount (एमाउन्ट) ***n.*** 1. the total quantity or number, रक़म, राशि, जमा। 2. total, योग, योगफल, कुल जमा।

ample (ऐम्पल) ***adj.*** quite enough, प्रचुर, यथेष्ट।

amuse (एम्यूज़) ***v.*** to entertain, मनोरंजन करना, मन बहलाना।

anaemia (अनीमिया) ***n.*** lack of red corpuscles in blood, रक्ताल्पता, रक्तक्षीणता।

anaesthesia (ऐनिस्थीज़िया) ***n.*** 1. loss of sensation, संवेदनाहरण। 2. insensibility to pain, असंवेदनशीलता, संवेदनहीनता।

analysis (अनैलिसिस) ***n.*** a detailed description of the parts or elements of something, विश्लेषण।

anatomy (एनैटॉमी) ***n.*** 1. science dealing with bodily structures, शरीर-विज्ञान 2. dissection, चीर-फाड़।

ancestor (ऐन्सेस्टर) ***n.*** any person from whom one is descended, पितर, पूर्वज।

anchor (ऐंकर) ***n.*** a device to keep the vessel in place, लंगर। ***v.*** to lower the anchor, लंगर डालना।

ancient (एन्शेन्ट) ***adj.*** very old, पुराना, प्राचीन

angel (एन्जेल) ***n.*** a messenger of God, देवदूत, फ़रिश्ता।

anger (ऐंगर) ***n.*** wrath, क्रोध, गुस्सा।

angle (ऐन्गल) ***v.*** to fish with a hook and line, काँटे या बंसी से मछलियाँ पकड़ना। ***n.*** 1. the shape made by two straight lines meeting in a point, कोण। 2. a point of view, दृष्टिकोण।

angry (ऐन्ग्री) ***adj.*** feeling, showing or resulting from anger, क्रुद्ध, क्रोधी या क्रोधजनित।

animal (ऐनिमल) ***n.*** a living creature, जीव, जंतु, प्राणी।

ankle (ऐंकल) ***n.*** the joint between the foot and leg, टखना।

anklet (ऐंक्लिट) ***n.*** an ornament wornround the ankle, पायल, पाज़ेब।

annex (ऐनैक्स) ***v.*** to add or join to a larger thing, अनुबद्ध करना, जोड़ना।

anniversary (ऐनिवर्सरी) ***n.*** the yearly return of the date of an event and the celebration of it, जयंती, वर्षगाँठ।

announce (एनाउन्स) ***v.*** to declare publicly, घोषणा करना, उद्घोषणा करना।

annoy (एनॉइ) ***v.*** to make angry, झखिजाना, चिढ़ाना।

annul (एनल) ***v.*** to cancel, रद करना।

anonymous (एनॉनिमस) ***adj.*** whose name is not known, अनाम, अज्ञात।

another (ऐनदर) ***adj.*** different, दूसरा।

answer (आन्सर) ***n.*** a reply, उत्तर, जवाब। ***v.*** to reply to, उत्तर देना, जवाब देना।

antarctic (ऐन्टार्कटिक) ***adj.*** pertaining to the regions surrounding the South Pole, दक्षिण ध्रुव-संबंधी।

antelope (ऐन्टिलोप) ***n.*** a deer like animal, एक तरह का हिरन।

anthem (ऐन्थेम) ***n.*** 1. a devotional song, भजन। 2. a national anthem, राष्ट्रगीत।

anti (ऐन्टी) ***prefix.*** opposed to, against, प्रतिरोधी, विरोधी।

antiaircraft (ऐन्टिएअरक्राफ़्ट) ***adj.*** used against aircrafts, विमानभेदी।

antibiotic (ऐन्टिबॉइओटिक) ***n.*** a medicine that treats diseases by destroying microorganisms, प्रतिजीवाणु।

anticipate (ऐन्टिसिपेट) ***v.*** to foresee, अनुमान लगाना।

antique (ऐन्टीक) ***adj.*** ancient, प्राचीन, पुरातन, पुराकालीन। ***n.*** an antique object, प्राचीन दुर्लभ वस्तु।

antiseptic (ऐन्टिसैप्टिक) ***adj.*** hostile to bacteria, रोगाणु-विरोधी।

anus (एनस) ***n.*** the opening at the lower end of the alimentary canal, गुदा, मलद्वार।

anxiety (ऐंग्ज़ाइटी) ***n.*** worry, चिंता, दुश्चिंता।

anyhow (एनिहाउ) ***adv.*** 1. in any way, किसी तरह, किसी भी तरह। 2. in any case, हर हालत में।

anyway (एनिवे) ***adv.*** in any way, किसी तरह।

anywhere (एनिवेअर) ***adv.*** to any place, in any place, कहीं भी।

apart (एपार्ट) ***adv.*** 1. at a distance, (से) दूर। 2. away from one another, एक-दूसरे से दूर।

aperture (ऐपर्चर) ***n.*** an opening or hole, सुराख़, छेद।

apologize (एपॉलोजाइज़) ***v.*** to make an apology, माफ़ी माँगना, क्षमा माँगना।

appeal (एपील) ***v.*** to make an earnest request, निवेदन करना, अपील करना। ***n.*** 1. an earnest request, अपील, निवेदन।

appear (अपिअर) ***v.*** to come into view, सामने आना, प्रकट होना, दिखाई पड़ना।

appease (एपीज़) ***v.*** 1. to pacify, समझा-बुझाकर शांत करना, प्रशमित करना।

appendix (एपैन्डिक्स) ***n.*** 1. a tube-like outgrowth near the large intestine, उपांत्र। 2. a supplement, परिशिष्ट।

appetite (ऐपिटाइट) ***n.*** a desire for food, भूख, क्षुधा।

application (ऐप्लिकेशन) ***n.*** 1. the act of applying, आवेदन। 2. a letter for applying something, आवेदन-पत्र।

apply (ऐप्लाई) ***v.*** 1. to put one thing into contact with another, लगाना, सटाना, टाँकना। 2. to make a formal request, आवेदन-पत्र भेजना।

appoint (एपॉइन्ट) ***v.*** 1. to nominate, नियुक्त करना, रखना। 2. to fix, नियत करना।

apposite (ऐपॉज़िट) ***adj.*** suitable उपयुक्त।

appraise (एप्रेज़) ***v.*** to fix a price for, दाम निश्चित करना, दाम लगाना।

appreciate (एप्रीशिएट) ***v.*** to esteem highly, to praise, प्रशंसा या कद्र करना।

apprehension (ऐप्रिहेन्शन) ***n.*** anxiety, आशंका।

approach (एप्रोच) ***v.*** to come near to, पास जाना, पहुँचना। ***n.*** 1. the act of approaching, पहुँच।

appropriate (एप्रोप्रिएट) ***adj.*** specially suitable, proper, समुचित।

approval (एप्रूवल) ***n.*** the act of approving, अनुमोदन, मंज़ूरी, स्वीकृति।

aptitude (ऐप्टिट्यूड) ***n.*** a natural tendency or inclination, रुझान, अभिवृत्ति।

aquarium (एक्वेरिअम) ***n.*** an artificial pond for keeping fish and other water animals and plants, जलजीवशाला।

arbitration (आर्बिट्रेशन) ***n.*** 1. the act ofarbitrating, मध्यस्थता। 2. the verdict of arbitrators, पंच-निर्णय।

archaeology (आर्किऑलोजी) ***n.*** the scientific study of cultural remains of the remote past, पुरातत्त्व।

archer (आर्चर) ***n.*** one who shoots with bow and arrow, धनुर्धारी।

architect (आर्किटेक्ट) ***n.*** an expert in designing the buildings, वास्तुकार, वास्तुविद्।

archives (आर्काइव्ज़) ***n.*** (pl.) a place where historical documents are kept and preserved, अभिलेखागार, पुरालेखागार।

argue (आर्ग्यू) ***v.*** to give a reason, तर्क या दलील देना।

argument (आर्ग्युमेन्ट) ***n.*** 1. a statement for or against a proposition, तर्क, दलील, युक्ति। 2. a quarrel, झगड़ा, विवाद।

arid (ऐरिड) ***adj.*** dry, सूखा।

Aries (एअरीज़) ***n.*** a sign of the zodiac, मेष राशि।

arise (एराइज़) ***v.*** (arose, arisen) 1. to get up, जागना, उठना। 2. to come into being, अस्तित्व में आना।

aristocrat (ऐरिस्टॉक्रेट) ***n.*** a member of an upper class, अभिजात, कुलीन।

arithmetic (ऐरिथ्मेटिक) ***n.*** the science of numbers, अंकगणित, हिसाब।

armament (आर्ममेन्ट) ***n.*** 1. the process

of arming or equipping for the war, शस्त्रीकरण, शस्त्रसज्जा, हथियारबंदी।

armed (आर्म्ड) ***adj.*** having an arm or arms, सशस्त्र।

armlet (आर्मलिट) ***n.*** an ornament worn around the upper arm, बाजूबंद।

armpit (आर्मपिट) ***n.*** the hollow under the arm below the shoulder, काँख, बगल।

army (आर्मी) ***n.*** organised body of soldiers, सेना, फौज़।

around (एराउन्ड) ***adv.*** on all sides, चारों ओर।

arrange (एरेन्ज) ***v.*** to put into a proper order, व्यवस्थित करना।

arrant (ऐरेन्ट) ***adj.*** out and out, पूरा, पक्का।

arrest (अरेस्ट) ***v.*** to take into custody by the police, गिरफ़्तार करना।

arrival (एराइवल) ***n.*** act of arriving, आगमन, पहुँच।

arrogant (ऐरोगेन्ट) ***adj.*** haughty, अक्खड़, घमंडी।

arrow (ऐरो) ***n.*** a pointed shaft to be shot from a bow, तीर, बाण।

artificial (आर्टिफ़िशल) ***adj.*** not natural, कृत्रिम, मनुष्य-निर्मित।

artillery (आर्टिलरी) ***n.*** 1. large guns and cannons, तोपों का समूह। 2. troops armed with cannons, तोपख़ाना।

artist (आर्टिस्ट) ***n.*** one who practises or works in one of the Fine Arts, कलाकार।

ascend (एसेन्ड) ***v.*** 1. to go up, ऊपर उठना। 2. to climb up, चढ़ना।

ascent (एसेन्ट) ***n.*** 1. act of ascending, आरोहण। 2. slope leading upward, चढ़ाई।

ascetic (ऐसेटिक) ***n.*** a religious person who practises rigid self-denial, संन्यासी, तपस्वी।

ash (ऐश) ***n.*** the grey powder that remains after something has burned, राख, भस्म।

ashamed (एशेम्ड) ***adj.*** feeling or showing shame, लज्जित, शर्मिंदा।

ashes (ऐशिज़) ***n.*** (plu.) human remains after cremation, अस्थियाँ।

ashore (एशोर) ***adv.*** on the shore, किनारे।

aside (एसाइड) ***adv.*** to one side, एक तरफ़, किनारे, दूर।

ask (आस्क) ***v.*** 1. to put a question to, प्रश्न करना। 2. to enquire, पूछना।

aspect (ऐस्पेक्ट) ***n.*** 1. an appearance, शक्ल, आकृति। 2. a facet, पक्ष, पहलू।

aspirant (ऐस्पिरेन्ट) ***n.*** 1. one who aspires, आकांक्षी, इच्छुक। 2. a candidate, प्रत्याशी, उम्मीदवार।

aspire (एस्पाइर) ***v.*** to have a high ambition, अभिलाषा करना।

assassin (एसैसिन) ***n.*** a killer, हत्यारा।

assassinate (एसैसिनेट) ***v.*** to murder, हत्या करना।

assault (एसॉल्ट) ***n.*** a violent attack, आक्रमण, धावा।

assemble (एसेम्बल) ***v.*** to gather or bring together, इकट्ठा होना या करना।

assent (एसेन्ट) ***v.*** to agree to, to consent, स्वीकृति देना। ***n.*** consent, concurrence, स्वीकृति।

assertive (एसर्टिव) ***adj.*** forceful, ज़ोरदार, सशक्त।

assess (एसैस) ***v.*** to determine (the value of a property), (दाम) आँकना, (क़ीमत) कूतना।

assessment (एसैसमेन्ट) ***n.*** valuation, मूल्यांकन। 3. opinion, मत, राय, विचार।

asset (ऐसैट) ***n.*** property, जायदाद.

assign (एसाइन) ***v.*** to allot, आवंटित करना।

assist (एसिस्ट) ***v.*** to help, सहायता करना।

assistance (एसिस्टेन्स) ***n.*** help, सहायता।

associate (एसोशिएट) ***v.*** to join as colleague, सहयोगी बनना, सोहबत करना। ***n.*** a colleague or companion, सहयोगी, साथी।

assume (एस्यूम) ***v.*** 1. to suppose, मान लेना। 2. to put on, धारण करना।

assure (एश्योर) ***v.*** to promise confidently, आश्वस्त करना, भरोसा दिलाना।

asthma (ऐज़्मा) ***n.*** a respiratory disease, दमा।

astonish (एस्टॉनिश) ***v.*** to take by surprise, चकित कर देना।

astray (एस्ट्रे) ***adv. & adj.*** out of the right way, भटका हुआ।

astrologer (ऐस्ट्रोलॉजर) ***n.*** one who is versed in astrology, ज्योतिषी।

astrology (ऐस्ट्रॉलोजी) ***n.*** the study and prediction of the supposed influence of planets and stars on human affairs, ज्योतिष, फलित ज्योतिष।

astronaut (एस्ट्रोनॉट) ***n.*** a crew member of the spaceship, अंतरिक्ष-यात्री।

astronomy (एस्ट्रॉनोमी) ***n.*** the science dealing with the movements of stars, खगोल विज्ञान।

athlete (ऐथ्लीट) ***n.*** one who is skilled in athletics, एथलीट, व्यायामी।

athletic (ऐथ्लेटिक) ***adj.*** of athletics, खेलकूद या व्यायाम-संबंधी।

at-home ***n.*** a reception for visitors, प्रीतिगोष्ठी।

atlas (ऐटलस) ***n.*** a book of maps, मानचित्रावली, एटलस।

atmosphere (ऐट्मॉस्फ़िअर) ***n.*** the gaseous mass surrounding the earth, पर्यावरण।

atom (ऐटम) ***n.*** a smallest particle of an element, परमाणु।

attach (एटैच) ***v.*** to join, fasten or fix, जुड़ना या जोड़ना।

attack (एटैक) ***v.*** to act violently against, आक्रमण करना, भर्त्सना करना। ***n.*** 1. an act of violence, आक्रमण।

attain (एटेन) ***v.*** to succeed in getting (something, कुछ) प्राप्त करना, पाना।

attempt (एटेम्ट) ***v.*** to try, प्रयास करना। ***n.*** an effort, प्रयास।

attend (एटेन्ड) ***v.*** 1. to pay attention, ध्यान देना। 2. to be present at, उपस्थित होना।

attendant (एटेन्डेन्ट) ***n.*** a person who is employed to look after, परिचारक, सेवक।

attention (एटेन्शन) ***n.*** applying one's mind to something, ध्यान।

attest (अटेस्ट) ***v.*** to certify by signing as a witness, अनुप्रमाणित/तसदीक करना।

attitude (ऐटिट्यूड) ***n.*** mental disposition, रुख, अभिवृत्ति, मानसिकता।

attractive (एट्रैक्टिव) ***adj.*** pleasing in appearance or effect, आकर्षक, लुभावना।

attribute (एट्रिब्यूट) ***n.*** a characteristic quality, लक्षण, विशेषता, गुण।

attune (एट्यून) ***v.*** to adapt or adjust, अनुकूल करना, समंजित करना।

auction (ऑक्शन) ***n.*** a public sale of goods to the highest bidder, नीलाम।

audacity (ऑडैसिटी) ***n.*** the quality of being audacious, दुस्साहस।

audience (ऑडिएन्स) ***n.*** a gathering of listeners or spectators, श्रोतागण, दर्शकगण।

audio (ऑडिओ) ***adj.*** of or relating to sound or hearing, श्रव्य।

audit (ऑडिट) ***n.*** official examination of accounts, लेखा-परीक्षण।

aura (औरा) ***n.*** a faintly shining shadow that surrounds the human body, प्रभा-मंडल।

authentic (ऑथेन्टिक) ***adj.*** genuine, real, वास्तविक, प्रामाणिक।

author (ऑथर) ***n.*** a writer, लेखक।

authority (ऑथॉरिटी) ***n.*** the person (or group) having right or power, प्राधिकारी, सत्ताधारी।

autobiography (ऑटोबाइयोग्राफ़ी) ***n.*** life of a person written by himself, आत्मकथा।

autocracy (ऑटोक्रेसी) ***n.*** 1. government by a single absolute ruler, तानाशाही, निरंकुश शासन।

autograph (ऑटोग्राफ़) ***n.*** a person's own signature, स्वहस्ताक्षर।

autonomous (ऑटोनॉमस) ***adj.*** self-governing, स्वायत्त।

autopsy (ऑटोप्सी) *n.* शव-परीक्षा, शव परीक्षण।
autumn (ऑटम) *n.* the season between summer and winter, शरद् ऋतु, शरत्काल।
avenue (ऐवेन्यू) *n.* a wide street, चौड़ा रास्ता।
aviator (एविएटर) *n.* a pilot of an aircraft, विमानचालक।
avoid (एवॉइड) *v.* to keep away from, दूर रहना, बाज़ आना।
await (एवेट) *v.* to wait for, प्रतीक्षा करना।
awake to wake, जागना या जगाना।
award (एवार्ड) *v.* to give as a reward, पुरस्कार देना, इनाम देना। *n.* something given as a reward, पुरस्कार, इनाम।
aware (एवेअर) *adj.* having knowledge, अवगत।
away (एवे) *adv.* to another place, at a distance, दूर, परे।
awesome (औसम) *adj.* causing feelings of awe, विस्मयकारी।
awful (ऑफुल) *adj.* terrible, shocking, भयावह, भयंकर।
axis (ऐक्सिस) *n.* a shaft or the (imaginary) straight line around which a body rotates, धुरी, अक्ष।

B

baby (बेबी) *n.* an infant, शिशु।
back (बैक) *n.* the part of the body from neck to hip, पीठ। to support, समर्थन करना, सहारा देना।
backbite *v.* to speak ill of others in their absence, चुगली खाना।
backbone *n.* the spine, रीढ़।
backdated *adj.* marked with previous date, पूर्व दिनांकित।
backdoor *adj.* secret, गुप्त।
background *n.* the back surface of a scene or picture, पृष्ठभूमि।
backward (बैकवर्ड) *adj.* retarded in progress, पिछड़ा।
bacteria (बैक्टीरिआ) *n.* plu. of bacterium, जीवाणु।
badge (बैज) *n.* an emblem worn to indicate rank, membership etc., बिल्ला, बैज।
bag (बैग) *n.* a flexible container, थैला, झोला। 2. a small box, पेटी। 3. a sack, बोरा, बोरी।
bail (बेल) *v.* to set free from custody on security for reappearance, ज़मानत मंजूर करना।
bake (बेक) *v.* to cook in an oven, बेक करना, सेकना।
balance (बैलेन्स) *n.* 1. the scales, तराजू। 2. an amount or anything that is left over, बाकी, शेष।
bald (बाल्ड) *adj.* having no hair on the scalp, गंजा।
ballot (बैलट) *n.* 1. a slip used to cast a vote, मतपत्र। 2. the act of voting, मतदान। *v.* to vote by ballot, मतदान करना।
ballroom (बॉलरूम) *n.* a large room for dancing, नृत्यकक्ष।
balm (बाम) *n.* a medicinal ointment, बाम, मलहम।
bamboo (बैम्बू) *n.* a tall plant with jointed stems, बाँस.
ban (बैन) *v.* to forbid officially, रोक लगाना, निषेध या मनाही करना, प्रतिबंधित करना।
banana (बनाना) *n.* a plant and its fruit, केला।
band (बैन्ड) *n.* a flexible strip used to encircle and bind together, पेटी, बंद, पट्टी। *v.* to bind with a band, पेटी लगाना, बंद से कसना, पट्टी बाँधना।
bandit (बैन्डिट) *n.* a robber, लुटेरा, बटमार।
bang (बैंग) *v.* to make a violent noise, like an explosion, धमाका करना। a sudden explosive noise, धमाका।
bangle (बैंगल) *n.* a bracelet or anklet, चूड़ी, कड़ा या कंगन।
banish (बैनिश) *v.* to expel from the country, to exile, देश से निर्वासित करना, देश-निकाला देना।
banker (बैंकर) *n.* one who is authorised to perform financial transactions, महाजन, बैंकर।
banner (बैनर) *n.* a flag, झंडा, पताका।
banquet (बैंक्विट) *n.* a ceremonial dinner, भोज, ज्योनार, दावत, पार्टी।
bar (बार) *n.* 1. a long piece of metal, wood etc., छड़, डंडा। anything that prevents or obstructs, रोक, बाधा, अड़चन। 3. a band, पट्टी, धारी। 4. the legal profession, वकालत, वकील का पेशा।
barbarian (बार्बैरिअन) *adj.* uncivilized, savage, असभ्य, बर्बर।
barber (बार्बर) *n.* one who cuts hair and shaves, नाई, नाऊ, हज्जाम।
bare (बेअर) *adj.* without clothing, unclothed, naked, नंगा, निर्वस्त्र। *v.* to make naked, नंगा करना, अनावृत करना।
bargain (बार्गेन) *n.* an agreement about transaction, सौदा। *v.* to negotiate the terms of a sale, सौदा करना।
barge (बार्ज) *n.* a large boat for transporting freight, बोझ ढोनेवाली नाव। *v.* to transport by barge, नाव से माल की ढुलाई करना।
bark[1] (बार्क) *n.* the harsh sound made by a dog, भौं-भौं, भौंक। *v.* to make such a sound, भौंकना, भौं-भौं करना।
barley (बार्ली) *n.* a plant bearing grain used as food, जौ।
barman (बारमैन) *n.* a man who serves alcoholic drinks, bartender, मधुवितरक, साक़ी।
barometer (बेरॉमिटर) *n.* an instrument which registers changes in the atmosphere, वायुदाबमापी।
barrage (बैराज़) *n.* 1. a dam, बाँध। 2. a heavy bombardment, गोलों की बौछार।
barren (बैरन) *adj.* infertile, अनुपजाऊ, अनुर्वर।
barricade (बैरिकेड) *n.* a temporary fence or wall to block a passage, रोक, आड़।
barrier (बैरिअर) *n.* a fence, wall or anything that obstructs the movement, रोक, आड़।
barrister (बैरिस्टर) *n.* one who pleads cases in superior courts, बैरिस्टर।
baseball (बेसबॉल) *n.* a game played with a bat and ball by two opposing teams, बेसबॉल।
basement (बेसमेन्ट) *n.* the underground floor, तहख़ाना, तलघर।
bashful (बैशफुल) *adj.* 1. shy, शर्मीला, लजालू। 2. timid, संकोची, झेंपू।
basic (बेसिक) *adj.* fundamental, मूल, आधारभूत, मौलिक।
bastard (बैस्टर्ड) *n.* a child born out of wedlock, an illegitimate child, दोगला, वर्णसंकर। *adj.* illegitimate, हरामी।
baton (बैटन) *n.* a staff serving as a symbol of office, (अधिकारी का) डंडा, बेंत।
battalion (बटैल्यन) *n.* a large army unit, बटालियन, पलटन, वाहिनी।
battle (बैटल) *n.* a combat between two armed forces, युद्ध, लड़ाई। to fight against, युद्ध करना, लड़ना।
bay (बे) *n.* a part of the sea partly enclosed by land, खाड़ी।
beach (बीच) *n.* the sea-shore, समुद्रतट।
bead (बीड) *n.* a pierced small ball for

threading, मनका, गुरिया, दाना।

beam (बीम) *n.* 1. a ray, किरण, रश्मि। 2. a bright look or smile, हँसी, मुस्कान।

bean (बीन) *n.* a long seed vessel like that of a pea, फली।

bear (बेअर) *n.* a wild mammal with thick fur and strong claws, भालू, रीछ।

beard (बिअर्ड) *n.* hair growing on a man's chin and cheeks, दाढ़ी।

beast (बीस्ट) *n.* 1. any four-footed animal, पशु। 2. a brutal person, निर्दय व्यक्ति, पशु, वहशी।

beat (बीट) *v.* 1. to strike repeatedly, मारना, पीटना। 2. to defeat, हराना।

beauty queen *n.* a woman who has won a beauty contest, सुंदरियों की रानी, महासुंदरी, रूपरानी।

beaver (बीवर) *n.* a rodent that lives both on land and in water, ऊदबिलाव।

because (बिकॉज़) *conj.* for the reason that, क्योंकि, इसलिए कि।

become (बिकम) *v.* 1. to come to be, हो जाना, बन जाना। 2. to suit, जँचना, फबना।

bed (बेड) *n.* 1 a piece of furniture for sleeping, चारपाई, खाट।

bedding *n.* the sheets, covers etc. put on a bed, बिछौना, बिस्तर।

bedroom *n.* a room for sleeping in, शयनकक्ष, सोने का कमरा।

bedtime *n.* a time for going to bed, सोने का समय, शयनकाल।

bee (बी) *n.* an insect that produces honey, मधुमक्खी।

beef (बीफ़) *n.* the meat (of a cow or ox), गोमांस।

beehive (बीहाइव) *n.* a hive, मधुमक्खियोंका छत्ता।

beep (बीप) *n.* a short high-pitchedsound made by electronic equipment, इलेक्ट्रॉनिक ध्वनि-संकेत, पीं-पीं।

beer (बिअर) *n.* a drink made from barley, बीयर, यविरा।

befriend (बिफ्रेंड) *v.* to act as a friend to, मित्रवत् व्यवहार करना, दोस्ती निभाना।

beg (बेग) *v.* 1. to ask humbly for anything, माँगना, याचना करना।

beggar (बेगर) *n.* 1. one who solicits alms for living, भिखारी, भिखमंगा, भिक्षुक।

begin (बिगिन) to commence, to start, आरंभ करना होना,

beginner (बिगिनर) *n.* a novice, नौसिखुआ।

behalf (बिहाफ़) *n.* interest, benefit, हित।

behave (बिहेव) *v.* to act, व्यवहार / बरताव करना।

behind (बिहाइन्ड) *adv.* at the back, पीछे।

behold (बिहोल्ड) *v.* to see, देखना,

belated (बिलेटिड) *adj.* arriving late, tardy, देर से आनेवाला, देर से पहुँचनेवाला, मंदगति।

belief (बिलीफ़) *n.*trust, confidence, विश्वास, भरोसा, यक़ीन।

bell (बेल) *n.* 1. an object made of metalwhich rings when struck, घंटा, घंटी

belladonna (बेलाडोना) *n.* a poisonous plant, धतूरा, बेलाडोना।

belle (बेल) *n.* a beautiful woman, सुंदरी,

belly (बेली) *n.* the stomach, पेट, उदर।

beloved (बिलव्ड) *adj.* dearly loved, परम प्रिय। *n.* one who is beloved, प्रियतम या प्रिया।

belt (बेल्ट) *n.* a band worn around the waist, पेटी।

bend (बेन्ड) *v.* to make curved, मोड़ना, टेढ़ा कर देना।

beneath (बिनीथ) *adv.* below, नीचे।

beneficial (बेनिफ़िशल) *adj.* helpful, हितकर।

benefit (बेनिफ़िट) *n.* financial gain, profit, लाभ, फ़ायदा।

benign (बिनाइन) *adj.* generous, उदार, दयालु, सौम्य।

bent (बेन्ट) *adj.* not straight, crooked, टेढ़ा, तिरछा। *n.* a twist or turn, मोड़, घुमाव।

benumbed (बिनम्ड) *adj.* deprived of feeling, सुन्न।

bequest (बिक्वेस्ट) *n.* a legacy, वसीयत।

bereavement *n.* the loss of a relative or friend through death, वियोग, विच्छेद।

berth (बर्थ) *n.* a sleeping place in a train, ship etc., बर्थ, शायिका।

beside (बिसाइड) *prep.* by the side of, के बगल में, के पास।

besiege (बिसीज) *v.* to lay siege to, घेर लेना।

best (बेस्ट) *adj.* of excellent quality, उत्तम, श्रेष्ठ।

bestow (बिस्टो) *v.* to give, to grant, देना, प्रदान करना।

bet (बेट) *n.* an agreement to risk money on the result of something uncertain, दाँव, बाज़ी, शर्त।

betel (बीटल) *n.* a leaf of a plant used for chewing, पान, पान का पत्ता।

bethink (बिथिन्क) *v.* to think, सोचना, सोच-विचार करना।

betray (बिट्रे) *v.* to be unfaithful to, विश्वासघात करना

better (बेटर) *adj.* (compar. of good) 1. higher in quality, बेहतर।

between (बिट्वीन) *prep.* 1. in the middle, के बीच, में।

beware (बिवेअर) *v.* to be careful, सावधान रहना या होना, बचकर रहना।

bewilder (बिविल्डर) *v.* to perplex or confuse, विचलित कर या चौंका देना।

bewitch (बिविच) *v.* to influence by witchcraft, जादू कर देना।

beyond (बियॉन्ड) *prep.* outside the territory of, के बाहर, से दूर।

biannual (बाइऐन्युअल) *adj.* coming, appearing twice a year, अर्धवार्षिक, छमाही।

bias (बाइअस) *n.* a prejudice, पूर्वाग्रह।

bicameral (बाइकैमरल) *adv.* having two legislative chambers, द्विसदनी।

bicycle (बाइसिकल) *n.* a two- wheeled vehicle propelled by pedalling, साइकिल, बाइसिकल।

bid (बिड) *n.* an offer of price for something, बोली, डाक। 2. attempt, प्रयत्न।

biennial (बाइएनिअल) *adj.* 1. living or lasting for two years, द्विवर्षीय। 2. happening every second year, द्विवार्षिक।

bifocal (बाइफ़ोकल) *adj.* having two different focal lengths (ऐसा चश्मा) जिसमें दूर और पास के दोनों लेंस हों, बाइफ़ोकल, दुफ़ोकसी।

bigot (बिगॉट) *n.* a narrow-minded intolerant person in matters of religion, race or politics, कट्टरपंथी, धर्मांध।

bilateral (बाइलेटरल) *adj.* relating to two sides, parties, द्विपक्षीय, दुतरफ़ा।

bile (बाइल) *n.* a digestive fluid secreted by the liver, पित्त।

bilingual (बाइलिंग्वल) *adj.* able to speak two languages, द्विभाषी।

bill[1] (बिल) *n.* a statement of costs for goods or charges for services, बिल,प्राप्यक, उधार पुर्ज़ा।

billion (बिल्यन) *adj. & n.* 1. a thousand million (U.S.), एक अरब। 2. a million millions (U.K.), दस खरब।

billionaire (बिल्यनेअर) *n.* a very rich person, अरबपति, धनाढ्य व्यक्ति।

bimonthly (बाइमंथली) *adj.* happening, coming or occurring every two months, द्विमासिक।

bin (बिन) *n.* a container, पात्र, आधान, डिब्बा; a dustbin, कूड़ेदान।

bind (बाइन्ड) *v.* (bound, binding) 1. to fasten or tie, बाँधना। 2. to hold or restrain, बाँध देना, बंधन में लाना, जकड़ना।

biography (बाइओग्रैफ़ी) *n.* a written account of an individual's life, जीवनी,जीवनचरित।

biology (बाइऑलोजी) *n.* the scientific study of the life and structure of living things, जीवविज्ञान, जैविकी।

biopsy (बाइऑप्सी) *n.* an examination of tissue cut from a living body, प्राणी के काटे हुए ऊतक का परीक्षण, ऊतक-परीक्षण।

birth (बर्थ) *n.* the fact of being born, जन्म, पैदाइश।

birthday *n.* the day of anniversary of a person's birth, जन्मदिन।

birthplace *n.* the place where someone is born, जन्मभूमि।

birthrate *n.* proportion of births to the population of the country, जन्मदर।

birthright *n.* a right to which a person is entitled by birth, जन्मसिद्ध अधिकार, पैदाइशी हक।

bisect (बाइसेक्ट) *v.* to divide into two equal parts, दो बराबर हिस्से लगाना, समद्विभाजित करना।

bisexual (बाइसेक्सुअल) *adj.* having both type of sexual organs, उभयलिंगी, द्विलिंगी।

bison (बाइसन) *n.* a wild buffalo or ox, जंगली भैंसा, अरना।

bitch (बिच) *n.* a female dog or wolf, कुतिया या मादा भेड़िया।

bite (बाइट) *v.* to cut with the teeth, दाँतों से काट लेना, काटना। 2. to sting, डंक मारना, दंश मारना।

bitter (बिटर) *adj.* sharp in taste, कड़वा, कटु।

biweekly (बाइवीकली) *adj.* fortnightly, पाक्षिक।

bizarre (बिज़ार) *adj.* peculiar, odd, बेतुका, ऊटपटांग।

blackfaced (ब्लैकफ़ेस्ड) *n.* defamed, बदनाम, कुख्यात।

blackmail *n.* extortion by the threat of revealing a discreditable or criminal secret, भयादोहन।

blackout *n.* the extinguishing of all lights, घुप्प अँधेरा, अंधाकुप्प।

blacksheep *n.* a worthless member ofthe family, कुलकलंक, कुलद्रोही।

blacksmith *n.* a worker in iron, लुहार, लोहार।

blame (ब्लेम) *v.* to hold responsible forsomething bad, दोष लगाना या मढ़ना। *n.* a fault, दोष।

blandish (ब्लैन्डिश) *v.* to coax by flattery, फुसलाना, चापलूसी करना।

blanket (ब्लैंकिट) *n.* a thick woollen covering, कंबल।

blast (ब्लास्ट) ignition of an explosive charge, धमाका, विस्फोट।

blaze (ब्लेज़) *n.* a brightly burning fire, लपट, धधक।

bleach (ब्लीच) *v.* to make or become colourless, विरंजित होना या करना।

bleed (ब्लीड) *v.* to lose blood, ख़ून बहना।

bless (ब्लेस) *v.* to invoke divine favour on, आशीर्वाद देना।

blind (ब्लाइन्ड) *adj.* without sight, अंधा, नेत्रहीन, सूर।

blink (ब्लिंक) *v.* to close and open one's eyes rapidly, आँखें झपकना।

bliss (ब्लिस) *n.* complete and perfecthappiness, आनंद, परमानंद।

blister (ब्लिस्टर) *n.* a thin watery swelling under the skin, छाला, फफोला।

blithe (ब्लाइथ) *adj.* joyful, ख़ुश, प्रसन्न।

blitz (ब्लिट्स) *n.* a sudden or swift attack, धावा।

blockade (ब्लॉकेड) *n.* the complete closure of a place by the forces, नाकेबंदी।

blockhead (ब्लॉकहेड) *n.* a stupid person, मूढ़ व्यक्ति।

blood bank *n.* a place where blood is stored, रक्त-केंद्र।

blood bath *n.* a massacre, नरसंहार, क़त्लेआम।

blood brother *n.* a real brother, सगा भाई।

blood donor *n.* one who donates his blood, रक्तदाता।

blood group *n.* a group of persons having blood with same properties, रक्त वर्ग।

blood pressure *n.* the pressure of the blood within the arteries, रक्तचाप।

bloodshed (ब्लडशेड) *n.* the killing or wounding of people, मारकाट, रक्तपात।

blood vessel *n.* a vessel through which blood circulates, रक्तवाहिका।

bloom (ब्लूम) *n.* 1. a flower, फूल, पुष्प। 2. prime of life, यौवन।

blossom (ब्लॉसम) *n.* 1. a flower of a fruit tree, फूल, पुष्प। *v.* 1. to bloom, फूलना, खिलना, फलना।

blot (ब्लॉट) *n.* a spot or stain, दाग़, धब्बा।

blouse (ब्लाउज़) *n.* a loose shirtlike garment worn by women, ब्लाउज़, कुरती।

blow (ब्लो) *v.* 1. (of the wind) to move or flow, बहना, चलना। 2. to pant, हाँफना। 7. to cause to explode, विस्फोट करना। **blow** *n* . 1. a hard or violent stroke, आघात, प्रहार, वार। 2. a push, धक्का।

blueblood (ब्लूब्लड) *n.* a noble, कुलीन व्यक्ति।

bluebook (ब्लूबुक) *n.* an official printed report, सरकारी दस्तावेज़।

blueprint (ब्लूप्रिन्ट) *n.* 1. a blue photographic print of building plans, नीला नक्शा। 2. a programme of action, कार्य-योजना।

bluff (ब्लफ़) *v.* to deceive by making a bold pretence, झाँसा देना, धुप्पल देना।

blunder (ब्लन्डर) *n.* a stupid mistake, मूर्खता-भरी भूल।

blunt (ब्लन्ट) *adj.* not sharp, भोथरा, कुंद।

blur (ब्लर) *v.* 1. to smear or stain, गंदा कर देना, दाग़ लगा देना।

blush (ब्लश) *v.* to become suddenly red in face from shame or modesty, लाज से भर उठना या शर्म से गड़ जाना।

boar (बोर) *n.* a male wild pig, बनैला सुअर।

board (बोर्ड) *n.* a flat piece of wood, तख़्ता, पटरा, पट। to go aboard, सवार होना, गाड़ी, जहाज़ आदि पर चढ़ना।

boast (बोस्ट) *n.* an expression of self-praise, शेख़ी, डींग।

boat (बोट) *n.* a small open sailing vessel, नाव, नौका, किश्ती।

bodyguard (बॉडीगार्ड) *n.* a personal guard, अंगरक्षक।

bog (बॉग) *n.* marsh, दलदल, कीचड़।

bogus (बोगस) *adj.* fake, counterfeit, नकली, जाली, बोगस।

boil (बॉइल) *n.* a painful pus-filled swelling under skin, फोड़ा।

boil 1. to heat to boiling point, उबालना, खौलाना।

bold (बोल्ड) *adj.* fearless and courageous, दिलेर, साहसी।

bolt (बोल्ट) *n.* a metal bar for fastening a door, सिटकिनी, चटखनी। बोल्ट। *v.* 1. to fasten with a bolt, सिटकिनी लगाना, बोल्ट कसना।

bomb (बॉम) *n.* an explosive container used as weapon, बम। *v.* to attack or destroy with bombs, बम मारना या गिराना, बमबारी करना।

bond (बॉन्ड) *n.* a binding agreement, अनुबंध, अनुबंध-पत्र।

bone (बोन) *n.* one of the hard parts of the body, हड्डी, अस्थि।

bonfire (बॉनफ़ाइअर) *n.* a large outdoor fire, अलाव।

bonus (बोनस) *n.* a share of the profitgiven to the workers or shareholders, लाभांश।

book (बुक) *n.* a collection of written, printed or blank sheets of paper bound together, पुस्तक, किताब। *v.* to reserve, आरक्षित करना।

boom (बूम) to flourish swiftly, तेज़ी से पनपना, समृद्ध होना। *n.* period of growth, गरम बाज़ारी, समृद्धिकाल।

boon (बून) *n.* a blessing, वरदान, वर।

boost (बूस्ट) *v.* to promote, उन्नत करना,

बढ़ावा देना, ***n.*** an upward thrust, बढ़ावा।
boot (बूट) ***n.*** a shoe, जूता, बूट।
booth (बूथ) ***n.*** a small enclosed compartment, बूथ, मंडप, कोष्ठ।
border (बॉर्डर) ***n.*** an edge, किनारा।
born (बॉर्न) ***adj.*** brought into existence by birth, पैदा, उत्पन्न, जात।
borrow (बॉरो) ***v.*** to receive temporarilyon loan, माँगना, उधार लेना।
boss (बॉस) ***n.*** an employer, नियोजक।
botanical (बॉटैनिकल) ***adj.*** of botany, वनस्पति-विज्ञान संबंधी।
both (बोथ) ***pron. adj.*** the two, दोनों।
bother (बॉदर) ***v.*** to annoy or pester, तंग करना, परेशान करना।
bothersome ***adj.*** troublesome, कष्टकारक।
bottom (बॉटम) ***n.*** the lowest part of anything, तल, पेंदा।
boulder (बोल्डर) ***n.*** a large rounded mass of stone, शिलाखंड, प्रस्तरखंड।
bounce (बाउन्स) ***v.*** to spring back from a collision, (गेंद का या गेंद की तरह) टकराकर लौटना, उछाल लेना, उछलना।
boundary (बाउन्डरी) ***n.*** a border, सीमा, हद।
bounty (बाउन्टी) ***n.*** 1. generosity, उदारता, दानशीलता। 2. a generous gift, उपहार।
bouquet (बुके) ***n.*** a bunch or cluster of flowers, गुलदस्ता।
boutique (बूटीक) ***n.*** a small shop for fashionable clothes etc., बुटीक।
bow (बो) ***n.*** a device for shooting arrows, धनुष, कमान।
bow ***v.*** 1. to make a bow, नमन करना, सिर झुकाना।
bowels (बॉवल्स) ***n.*** (plu.) an intestine, आँत, अँतड़ी।
bowl (बोल) ***n.*** 1. a rounded hollow container, कटोरा, कटोरदान।
bowler (बोलर) ***n.*** a person who bowls regularly in the game of cricket, गेंदबाज़।
box (बॉक्स) ***n.*** 1. a rectangular container with a lid, संदूक, बक्सा, पेटी।
2. a blow with a fist, मुक्का। ***v.*** 1. to slap, थप्पड़ या मुक्का मारना।
boy (बॉइ) ***n.*** a male child, लड़का, बालक।
boycott (बॉइकॉट) ***v.*** to refuse to accept, use or attend,बायकाट/ बहिष्कार करना।
bracelet (ब्रेसलिट) ***n.*** an ornament for the wrist, कंगन, कड़ा।
brag (ब्रैग) ***n.*** a boast, शेख़ी, डींग।
brain (ब्रेन) ***n.*** 1. a mind, मस्तिष्क, दिमाग़। 2. intelligence, बुद्धि।
brake (ब्रेक) ***n.*** a device for slowing or stopping motion, ब्रेक।
bran (ब्रैन) ***n.*** the husk of grain, चोकर, भूसी।
branch (ब्रान्च) ***n.*** 1. any woody extension growing from the trunk or main stem, टहनी, डाल, शाखा।
brand (ब्रैन्ड) ***n.*** a trademark or distinctive name of a product, छाप, ब्रैंड। ***v.*** to mark, to mark with a brand, चिह्नित करना, छाप डालना।
brandish (ब्रैन्डिश) ***v.*** to wave (a sword) menacingly, चमकाना, भाँजना।
brassiere (ब्रेसिअर) ***n.*** a woman's undergarment, चोली, ब्रा।
brave (ब्रेव) ***adj.*** 1. powerful and courageous, वीर, बहादुर।
bray (ब्रे) ***n.*** a cry of a donkey, रेंक। ***v.*** to make such cry, रेंकना।
breach (ब्रीच) a violation, उल्लंघन, अतिक्रमण। ***v.*** to make a breach in, दरार डालना।
break (ब्रेक) ***v.*** to fall or cause to fall into pieces, टूटना या तोड़ना.
breakdown (ब्रेकडाउन) ***n.*** a collapse, निपात।
breakfast (ब्रेकफ़ास्ट) ***n.*** the first meal of the day, नाश्ता।
breath (ब्रेथ) ***n.*** the air taken into and let out of the lungs, साँस, श्वास।
breathe (ब्रीद) ***v.*** to inhale, साँस लेना।
breed (ब्रीड) ***v.*** (bred, breeding) to produce offspring, प्रजनन करना। ***n.*** a variety of animals with special features, नस्ल, प्रजाति।
breeze (ब्रीज़) ***n.*** a light, gentle wind, समीर।
bribe (ब्राइब) ***n.*** something given to a person to influence his judgement, घूस, रिश्वत। ***v.*** to give a bribe to, रिश्वत/घूस देना।
bridal (ब्राइडल) ***adj.*** of wedding, विवाह-संबंधी।
bride (ब्राइड) ***n.*** a newly married woman, नववधू, दुल्हन।
bridegroom (ब्राइडग्रूम) ***n.*** a man who has just been married or is about to be married, दुल्हा, वर।
bridge (ब्रिज) ***n.*** a structure built over a river, highway etc., to provide a way across, पुल, सेतु,
brief (ब्रीफ़) ***adj.*** short in length or duration, छोटा, अल्पकालिक।
brigade (ब्रिगेड) ***n.*** a unit of army, वाहिनी, ब्रिगेड।
brigadier (ब्रिगेडिअर) ***n.*** a military officer commanding a brigade, ब्रिगेडियर।
bright (ब्राइट) ***adj.*** 1 full of light, shining, चमकदार।
brilliant (ब्रिल्यन्ट) ***adj.*** 1 talented, प्रतिभासंपन्न।
brim (ब्रिम) ***n.*** the top edge of cup, bowl etc., किनारा, लब, मुँह।
bring (ब्रिंग) ***v.*** (brought, bringing) to cause to come with oneself by carrying or leading, लाना, ले आना।
brisk (ब्रिस्क) ***adj.*** 1. moving or acting quickly, फुर्तीला, तेज़। 2. lively, सजीव, जीवंत, जानदार।
bristle (ब्रिसल) ***n.*** a short stiff hair, छोटा कड़ा बाल, शूक।
broad (ब्रॉड) ***adj.*** wide, चौड़ा।
broadcast (ब्रॉडकास्ट) ***v.*** to transmit by radio or television, प्रसारित करना।
brochure (ब्रोशुअर) ***n.*** a booklet containing information about some event, स्मारिका, विवरणिका।
broken (ब्रोकन) ***v. adj.*** separated into pieces, टूटा, टूटा-फूटा।
broker (ब्रोकर) ***n.*** an agent who gets commission on purchases, sales or contracts done for another, दलाल।
bronchitis (ब्रॉन्काइटिस) ***n.*** inflammation of the membrane of the bronchial tube, श्वासनली में होनेवाली सूजन।
bronze (ब्रॉन्ज़) ***n.*** an alloy of copper and tin, काँसा।
broth (ब्रॉथ) ***n.*** a mixed soup, सूप, रसा, शोरबा।
brothel (ब्रॉथल) ***n.*** a house of prostitutes, वेश्यालय, चकला।
brow (ब्राउ) ***n.*** 1. an eyebrow, भौंह, भृकुटी। 2. the forehead, माथा।
brutal (ब्रूटल) ***adj.*** very cruel, merciless, नृशंस, निर्दय, निर्मम।
brute (ब्रूट) ***adj.*** cruel, क्रूर, नृशंस।
bubble (बबल) ***n.*** a hollow ball of liquid containing air or gas, बुलबुला, बुल्ला। ***v.*** to rise in bubble, बुलबुले उठना।
bud (बड) ***n.*** a knob containing undeveloped flower, leave etc., कली।
buddy (बडी) ***n.*** a friend, मित्र, यार।
budget (बजिट) ***n.*** an estimate of income and expenditure, बजट।
buffet (बुफ़े) ***n.*** the food placed on the table which guests serve themselves, मेज़ पर लगाया हुआ भोजन जिसे अतिथि स्वत: परोसते हैं, बुफ़े।
bug (बग) ***n.*** a blood-sucking insect, खटमल।
build (बिल्ड) ***v.*** (built, building) to construct or erect, बनाना, निर्मित करना।
bulk (बल्क) ***n.*** 1. great size, magnitude or mass, आकार या विस्तार की अधिकता, ढेर, राशि, अंबार।
bullet (बुलिट) ***n.*** a metal projectile fired from a rifle or revolver, गोली।

bullock (बुलॉक) ***n.*** a bull after castration, बैल।
bump (बम्प) ***v.*** to strike or collide with, टकराना, भिड़ जाना। ***n.*** a raised round swelling, गुमड़ा।
bunch (बन्च) ***n.*** a cluster or group of things, गुच्छा।
bungalow (बंगलो) ***n.*** a single story building with open space, बँगला।
bunker (बंकर) ***n.*** a strongly built underground shelter, बंकर, तहख़ाना।
bureau (ब्यूरो) ***n.*** an office or department, कार्यालय या विभाग।
bureaucrat (ब्यूरोक्रेट) ***n.*** a member of the bureaucracy, नौकरशाह।
burglar (बर्गलर) ***n.*** a house breaker, सेंधमार।
burial (बेरिअल) ***n.*** the act of burying, दफ़नाना, दफ़न; ~ **ground,** क़ब्रिस्तान।
burn (बर्न) ***v.*** (burned / burnt, burning) to undergo combustion, जलना, जल उठना।
burrow (बरो) ***n.*** a hole dug by an animal, बिल, माँद, गड्ढा।
burst (बर्स्ट) ***v.*** 1. to break suddenly and loudly from internal pressure, फट जाना।
bury (बेरी) ***v.*** to place in a grave, दफ़नाना।
bush (बुश) ***n.*** a shrub, झाड़ी।
butcher (बूचर) ***n.*** one who slaughters animals, बूचड़, कसाई। ***v.*** to slaughter animals, जानवर काटना, हलाल करना।
butler (बटलर) ***n.*** the chief male servant of a house, मुख्य परिचर या सेवक, ख़ानसामाँ।
butter (बटर) ***n.*** the fat made from milk, curd or cream by churning, मक्खन।
butterfly (बटरफ़्लाइ) ***n.*** an insect with colourful wings, तितली।
buttermilk (बटरमिल्क) ***n.*** the liquid that remains after the fat has been removed, लस्सी, मट्ठा।
buttock (बटक) ***n.*** either of the two fleshy parts at the back of hips, चूतड़।
buy (बाइ) ***v.*** (bought, buying) to purchase, खरीदना।
buzz (बज़) ***v.*** to make a buzz, भिनभिन करना, गुनगुन करना।
buzzer (बज़र) ***n.*** a bell which produces buzzing sound, घंटी।
bye ***interj.*** goodbye, बाइ-बाइ।
bygone (बाइगॉन) ***adj.*** gone by, बीता हुआ, गत।
bypass (बाइपास) ***n.*** an alternative or secondary road that passed to one side of a congested area, बाइपास, उपमार्ग, गौण मार्ग।
byword (बाइवर्ड) ***n.*** a proverb, कथन, उक्ति, कहावत।

cabbage (कैबिज) ***n.*** a vegetable plant with green leaves, बंदगोभी, पत्तागोभी।
cabin (कैबिन) ***n.*** a small room, कक्ष।
cactus (कैक्टस) ***n.*** any leafless spiny plant, कैक्टस, नागफनी।
cadet (केडेट) ***n.*** . a student who is undergoing military training, छात्र-सैनिक.
cadre (काडर) ***n.*** an inner group of trained personnel, संवर्ग, काडर।
cafe (कैफ़े) ***n.*** a small restaurant, लघु जलपानगृह।
cafeteria (कैफ़िटिरिआ) ***n.*** a self-service restaurant, कैफ़िटेरिया।
cage (केज) ***n.*** a framework in which birds or animals are kept, पिंजरा।
cajole (कैजोल) ***v.*** to coax, फुसलाना।
calamity (केलैमिटी) ***n.*** a disaster, संकट, विपत्ति।
calculate (कैलक्युलेट) ***v.*** to compute mathematically, गिनना।
calibre, caliber (कैलिबर) ***n*** ability, योग्यता, क्षमता।
caliph (कैलिफ़) ***n.*** a Muslim religious leader in some Muslim countries, ख़लीफ़ा।
callous (कैलस) ***adj.*** 1. (of skin) hardened and thickened, कड़ा, सख़्त। 2. insensitive, संवेदनहीन।
calm (काम) ***adj.*** still, quiet, शांत। ***n.*** 1. stillness, शांति।
calorie (कैलोरी) ***n.*** a unit for measuring the quantity of heat, कैलोरी, ऊष्मांक।
campaign (कैम्पेन) ***n.*** a series of military operations, अभियान। ***v.*** to start or conduct a campaign, अभियान चलाना।
campfire (कैम्पफ़ाइर) ***n.*** an outdoor fire in camp used for warmth, अलाव।
camphor (कैम्फ़र) ***n.*** a strong smelling white substance, कपूर, कर्पूर।
canal (कनैल) ***n.*** an artificial waterway for navigation or irrigation, नहर।
cancel (कैन्सल) to cross out by drawing a line through, काट देना, रद करना।
candid (कैन्डिड) ***adj.*** straightforward, frank, स्पष्टवादी, ख़रा।
cane (केन) ***n.*** sugarcane, गन्ना। ***v.*** to beat with a cane, बेंत लगाना।
canker (कैंकर) ***n.*** a sore, व्रण, नासूर।
cannibal (कैनिबल) ***n.*** a person who eats human flesh, नरभक्षी।
cannon (कैनन) ***n.*** any heavy gun, तोप।
canny (कैनी) ***adj.*** shrewd in worldly affairs, सयाना, धूर्त।
canopy (कैनोपी) ***n.*** a cloth covering fixed above a seat or carried over an important person, छतरी, छत्र।
cant (कैन्ट) ***n.*** insincere talk, बुराई, निंदा।
canvas (कैन्वेस) ***n.*** a closely woven fabric for tents, sails and shoes, कैन्वस, किरमिच।
canyon (कैन्यन) ***n.*** a deep narrow valley with a river flowing through, नदी-घाटी।
capability (केपेबिलिटी) ***n.*** the quality of being capable, क्षमता, सामर्थ्य.
capacity (केपैसिटी) ***n.*** the ability to hold or contain, धारिता, क्षमता।
capillary (कैपिलैरी) ***n.*** any of the tiny blood vessels that connect the arteries and veins, केशिका।
capital (कैपिटल) ***adj.*** most important, principal, प्रधान, महत्त्वपूर्ण। wealth or property that is invested to produce more wealth, पूँजी, राशि।
capital goods ***n.*** (plu.) goods used in the production of commodities, पूँजीगत माल।
capitalism (कैपिटलिज़म) ***n.*** an economic system based on the private ownership of wealth, पूँजीवाद।
capitation (कैपिटेशन) ***n.*** a tax fixed at an equal sum per person, प्रतिव्यक्ति कर।
caprice (कैप्रीस) ***n.*** a whim, सनक।
captain (कैप्टिन) ***n.*** a leader of a team, कप्तान, नायक।
caption (कैप्शन) ***n.*** a heading or title, शीर्षक।
captivate (कैप्टिवेट) ***v.*** to fascinate, मोहित कर लेना।
captive (कैप्टिव) ***n.*** taken as a prisoner, बंदी।
captor (कैप्टर) ***n.*** one who captures a person or animal, बंदीकर्ता।
capture (कैप्चर) ***v.*** to take captive, बंदी बना लेना।
cardiac (कार्डिएक) ***adj.*** of or pertaining to the heart, हृदय-संबंधी; ~ failure, दिल का दौरा।

care (केअर) ***n. v.*** to look after, देखभाल करना।
cargo (कार्गो) ***n.*** the freight carried by a ship, plane or vehicle, माल।
caricature (कैरिकेचर) ***n.*** a pictorial representation for comic effect, व्यंग्यचित्र।
carnage (कार्निज) ***n.*** massive slaughter, नरसंहार।
carnal (कार्नल) ***adj.*** 1. bodily, शारीरिक।
carnival (कार्निवल) ***n.*** a fete, आनंद-मेला।
carnivorous (कार्निवोरस) ***adj.*** feeding on flesh, मांसाहारी।
carol (कैरल) ***n.*** 1. a joyful song, आनंदगीत। 2. a hymn, भजन।
carrier (कैरिअर) ***n.*** 1. a person who carries goods, कुली, वाहक। 2. a vehicle that carries goods, माल ढोनेवाली गाड़ी, छकड़ा।
cart (कार्ट) ***n.*** a two-wheeled vehicle used for carrying loads, छकड़ा, ठेला।
cartage (कार्टिज) ***n.*** the act of transporting by cart, ढुलाई।
carton (कार्टन) ***n.*** 1. a cardboard box , गत्ते का डिब्बा, कार्टन।
cartoon (कार्टून) ***n.*** a satirical drawing or caricature, व्यंग्यचित्र, कार्टून।
cartridge (कार्ट्रिज) ***n.*** a metal case containing explosive and a bullet for a rifle etc., कारतूस।
case (केस) ***n.*** 1. a problem or matter, समस्या, विषय, मामला। 2. a law suit, मुकदमा, वाद।
cashew (कैशू) ***n.*** a tree and its nut, काजू।
cashier (कैशिअर) ***n.*** an official in a bank or office responsible for handling cash, ख़ज़ांची।
cashmemo (कैशमेमो) ***n.*** a memo for goods delivered against cash, नक़दी पुर्ज़ा।
casino (कैसीनो) ***n.*** a public building for gambling, जुआघर।
casual (कैजुअल) ***adj.*** 1. happening by accident, आकस्मिक। 2. informal, अनौपचारिक।
catalogue, catalog (कैटैलॉग) ***n.*** a list, सूची।
catapult (कैटैपुल्ट) ***n.*** an apparatus for hurling missiles, गुलेल।
cataract (कैटैरैक्ट) ***n.*** 1. a large waterfall, बहुत बड़ा जलप्रपात। 2. partial or total opacity of the lens of the eye, मोतियाबिंद।
catch (कैच) ***v.*** (caught, catching) to capture, पकड़ लेना, पकड़ना।
catchment area (कैचमेन्ट एरिआ) ***n.*** the area from which a river gets its water, जलग्रहण-क्षेत्र।
catchy (कैची) ***adj.*** 1. easily remembered, सहज-स्मरणीय। 2. deceptive, छलपूर्ण।
category (कैटेगरी) ***n.*** a class or group, श्रेणी, वर्ग।
cater (केटर) ***v.*** to provide and serve food and drink, खान-पान का प्रबंध करना।
caterpillar (कैटरपिलर) ***n.*** a larva of a moth, सूँडी, इल्ली।
cattle (कैटल) ***n.*** (plu.) large four-footed horned mammals, पशु, मवेशी, ढोर; ~pound काँजी हाउस।
cause (कॉज़) ***n.*** a thing or person which produces an effect, कारण।
caustic (कॉस्टिक) ***adj.*** able to burn, corrode or dissolve, क्षारक, कास्टिक। 2. bitter, कटु, कड़वा, अप्रिय।
caution (कॉशन) ***n.*** something intended or serving as a warning, चेतावनी।
cavalier (कैवेलिअर) ***n.*** a horseman, अश्वारोही। ***adj.*** haughtly, घमंडी।
cave (केव) ***n.*** a deep natural hollow place, गुफा, कंदरा।
cavity (कैविटी) ***n.*** a hollow or hole, छिद्र, गड्ढा।
cease (सीस) ***v.*** to come to an end, ख़त्म होना, रुक जाना।
cease-fire ***n.*** a suspension of active hostilities, युद्धविराम।
cedar (सीडर) ***n.*** a tall evergreen tree, देवदार।
celebrate (सैलिब्रेट) ***v.*** to observe (a day or event), (दिन या त्योहार) मनाना।
celebration (सैलिब्रेशन) ***n.*** an occasion of celebrating, समारोह, उत्सव, मेला।
cell (सैल) ***n.*** 1. a narrow small room, कोठरी। 2. a very small division of living matter able to act independently, कोशिका, कोशाणु।
cellar (सैलर) ***n.*** a basement, तहख़ाना।
cellular (सैल्युलर) ***adj.*** made of cells, कोशिकीय।
cemetery (सेमिटेरी) ***n.*** a graveyard, क़ब्रिस्तान।
censure (सेन्शर) ***n.*** strong criticism, कड़ी आलोचना, फटकार।
census (सेन्सस) ***n.*** a periodic count of population (of a country), जनगणना।
cent (सेन्ट) ***n.*** one 100th of a dollar, सेन्ट (सिक्का)।
centralize (सेन्ट्रलाइज़) ***v.*** to bring under a central authority, केंद्रीकरण करना।
century (सेन्चरी) ***n.*** a period of 100 years, शताब्दी, शती, सदी।
ceramic (सिरैमिक) ***adj.*** of pottery, मिट्टी (चीनी मिट्टी) के बर्तनों से संबद्ध।
cereal (सिअरिअल) ***n.*** foodgrain, अनाज, अन्न। ***adj.*** made of grains, अनाजी।
ceremonial (सेरिमोनिअल) ***adj.*** of or characterized by ceremony, रस्मी, रिवाजी।
certain (सर्टन) ***adj.*** definite, निश्चित।
certificate (सर्टिफ़िकिट) ***n.*** an official written or printed statement giving certain facts, प्रमाणपत्र, प्रमाणक।
chamber (चेम्बर) ***n.*** 1. a room or hall, सदन। 2. an office of a *vakil*, judge, doctor etc., कक्ष, चेंबर, प्रकोष्ठ।
chameleon (कैमीलिअन) ***n.*** a lizard, गिरगिट।
champion (चैम्पिअन) ***n.*** a winner in a contest, विजेता।
chance (चान्स) ***n.*** an opportunity, अवसर, मौका। ***v.*** to happen by chance, का संयोग होना।
chancellor (चान्सलर) ***n.*** the head of a university, कुलाधिपति।
chandelier (शैन्डिलिअर) ***n.*** an ornamental holder for lights, झाड़, फ़ानूस।
change (चेन्ज) ***v.*** to make different, बदल देना, परिवर्तित करना।
channel (चैनल) ***n.*** 1. a stretch of water connecting two seas, जलधारा, चैनल।
chant (चान्ट) ***n.*** a song, गीत। ***v.*** to sing, गाना।
chapel (चैपल) ***n.*** a small church, छोटा गिरजा।
char (चार) ***v.*** to become or make black by burning, जलकर कोयला हो जाना, कोयला कर देना।
charge (चार्ज) ***v.*** 1. to entrust with a duty, responsibility etc., भार सौंपना। ***n.*** the price asked or paid for goods or services, मूल्य, दाम, मज़दूरी देना/लेना।
chariot (चैरिअट) ***n.*** a horse-drawn two-wheeled carriage used in ancient times, रथ।
charitable (चैरिटेबल) ***adj.*** 1. of or for charity, दातव्य, धर्मार्थ, ख़ैराती। 2. generous, उदार, परोपकारी, दानशील।
charity (चैरिटी) ***n.*** the giving of food, money etc. to those in need, दान, भिक्षा, ख़ैरात।
charm (चार्म) ***n.*** the power of attracting, आकर्षण, लुभावनापन। ***v.*** to bewitch, अभिभूत करना, मोह लेना।
chart (चार्ट) ***n.*** 1. a map, नक़्शा।
charter (चार्टर) ***n.*** a document from a government to establish an institution and defining its rights and privileges, अधिकार-पत्र, घोषणा-पत्र।
chase (चेस) ***v.*** to pursue or follow, पीछा करना, पीछे जाना।

chat (चैट) *v.* to talk in a friendly or informal manner, बात करना, गपशप करना।
chauffeur (शोफ़र) *n.* a person who is hired to drive an automobile, भाड़े का चालक, शोफ़र।
cheap (चीप) *adj.* low in price, inexpensive, सस्ता।
cheat (चीट) *v.* to deceive or swindle, छलना, धोखा देना।
check (चेक) *v.* to pause or cause to pause abruptly, रुकना या रोकना।
checkmate (चेकमेट) *n.* a position (in chess) in which an opponent's king is under attack and unable to escape, शहमात।
checkup (चेकअप) *n.* a medical examination, डॉक्टरी जाँच, चेकअप।
cheek (चीक) *n.* either side of the face below the eye, गाल, कपोल।
cheer (चिअर) *n.* 3. happiness, joy, प्रसन्नता, ख़ुशी।
cheese (चीज़) *n.* a preparation of milk, पनीर।
chef (शेफ़) *n.* a chief cook in a restaurant, प्रमुख रसोइया या बावर्ची।
chemical (केमिकल) *n.* a substance produced by or used in a chemical process, रसायन, रासायनिक पदार्थ।
cheque (चेक) *n.* a written order to a bank to pay an amount from one's account, चेक।
cherish (चेरिश) *v.* to keep in one's heart, दिल में बनाए रखना, सँजोए रखना, पाल रखना।
chess (चेस) *n.* a game played on a chessboard, शतरंज।
chest (चेस्ट) *n.* 1. the upper front part of the human body, छाती, सीना। 2. a box used for storage of valuable objects, संदूक, पेटी.
chew (च्यू) *v.* to grind with the teeth, चबाना।
chicken (चिकन) *n.* the domestic fowl, मुर्गा या मुर्गी।
Chickenpox *n.* a disease caught especially by children, causing fever and spots on the skin, चेचक, छोटी माता।
chide (चाइड) *v.* to reprimand, to scold, डाँटना-डपटना, झिड़कना, बिगड़ना।
chief (चीफ़) *n.* a leader, नेता, मुखिया
chill (चिल) *n.* severe coldness, ठंड।
chilli, chili (चिली) *n.* a pod of red pepper, लाल मिर्च; ~ sauce चिल्ली सॉस।
chip (चिप) *n.* a small piece broken or cut off, टुकड़ा, चिप्पड़।
chisel (चिज़ल) *n.* a tool for cutting a solid material, छेनी, टाँकी।
chit (चिट) *n.* a short written note, पुर्ज़ा, पर्ची।
choke (चोक) *v.* to feel difficulty in breathing, दम घुटना।
cholera (कॉलेरा) *n.* a fatal epidemic, हैज़ा, कॉलरा।
choose (चूज़) *v.* 1. to pick out, चुनना, चुनाव करना।
chop (चॉप) *v.* to cut by striking with a knife or axe, टुकड़े-टुकड़े करना.
chorus (कोरस) *n.* a group of singers or dancers, गायक / नर्तक दल।
Christian (क्रिस्चन) *n.* one who believes in Christianity, ईसाई।
chronic (क्रॉनिक) *adj.* of long duration, चिरकालिक, पुराना।
chronology (क्रॉनोलॉजी) *n.* the arrangement of dates and sequences of events, कालानुक्रम, कालक्रम।
church, Church (चर्च) *n.* 1. a building for Christian worship, गिरजा.
cinnamon (सिनैमन) *n.* a bark used as a spice, दालचीनी।
cipher (साइफ़र) *n.* a symbol 0, शून्य, सिफ़र, ज़ीरो।
circle (सर्कल) *n.* a perfectly round plane figure, वृत्त, सर्कल, दायरा। to enclose in a circle, घेरना।
circuit (सर्किट) *n.* a circular course or route, चक्कर, परिधि।
circumcise (सर्कमसाइज़) *n.* to remove the foreskin of male sex organ, खतना करना, सुन्नत करना, मुसलमानी करना।
cistern (सिस्टर्न) *n.* a water tank, पानी की टंकी, हौज़।
citadel (सिटैडल) *n.* a fort, दुर्ग, क़िला।
citation (साइटेशन) *n.* an act of citing or something cited, उद्धरण, हवाला।
cite (साइट) *v.* to quote as an example, उद्धरण देना, हवाला देना।
citizen (सिटिज़न) *n.* a person who has full rights in a country, नागरिक।
civic (सिविक) *adj.* of citizen, नागरिक-संबंधी।
civics (सिविक्स) *n.* the science dealing with government and the citizens, नागरिकशास्त्र।
civil (सिविल) *adj.* of a citizen, नागरिक-संबंधी, सिविल, नागर।
civility (सिविलिटी) *n.* an act of courtesy, शिष्टाचार।
civilization (सिविलिज़ेशन) *n.* the advanced stage of human social development, सभ्यता।
civil war *n.* a war between the groups or factions of the citizens of the same country, गृहयुद्ध।
claim (क्लेम) *v.* to demand as one's due or right, दावा करना।
clamp (क्लैम्प) *n.* a mechanical device for holding two or more things together, क्लैम्प, शिकंजा।
clarinet (क्लैरिनेट) *n.* a wind instrument, शहनाई।
clarity (क्लैरिटी) *n.* clearness, स्पष्टता।
clash (क्लैश) *v.* to collide or strike together with a loud harsh sound, टकरा जाना, भिड़ जाना, लड़ जाना।
class (क्लास) *n.* a division of people or things sharing a common characteristic, वर्ग, श्रेणी।
classic (क्लैसिक) *adj.* of the highest class or rank, उच्च कोटि का, उच्च श्रेणी का।
clay (क्ले) *n.* a soft earth used in making bricks, pottery etc., मिट्टी।
clean (क्लीन) *adj.* free from dirt, स्वच्छ, साफ़।
clear (क्लिअर) *adj.* free from anything that dims, transparent, पारदर्शक, साफ़।
cleavage (क्लीविज) *n.* a break caused by splitting, दरार, फटन।
clergy (क्लर्जी) *n.* the body of people ordained for religious service, पुरोहित-वर्ग, याजकवर्ग।
clever (क्लेवर) *adj.* quick at learning and understanding, चतुर, होशियार, बुद्धिमान, समझदार।
client (क्लाइएन्ट) *n.* a customer, ग्राहक, मुअक्किल।
cliff (क्लिफ़) *n.* a steep rock, खड़ी चट्टान।
climate (क्लाइमिट) *n.* the prevailing weather conditions of an area, जलवायु, हवा-पानी।
climax (क्लाइमैक्स) *n.* the event or point marked by greatest intensity or effect in a series, चरमबिंदु, पराकाष्ठा।
climb (क्लाइम) *v.* 1. to go up or higher, (ऊपर) चढ़ना, ऊँचे जाना। 2. to mount, सवार होना। 3. to grow up or upward, ऊपर की ओर बढ़ना।
clinch (क्लिन्च) *v.* to fasten securely (with a nail or bolt, कील या रिपिट) जड़ देना।
cloak (क्लोक) *n.* a sleeveless outer garment, लबादा।
cloakroom *n.* a room in which luggage can be deposited, यात्री-सामान-घर।
clock (क्लॉक) *n.* a timepiece, घड़ी।
close (क्लोस) *adj.* near in space or time, पास का, नज़दीक।

closure (क्लोज़र) ***n.*** the act of closing or the state of being closed, बंदी, समाप्ति, समापन।

clot (क्लॉट) ***n.*** a thick lump formed from liquid, थक्का।

clove (क्लोव) ***n.*** a tree and its flower bud, लौंग और उसका पेड़।

clown (क्लॉउन) ***n.*** a comic entertainer, विदूषक, जोकर, मसख़रा।

clue (क्लू) ***n.*** any information that guides or directs in the solution of a problem, अता-पता, संकेत।

cluster (क्लस्टर) ***n.*** 1. a number of things occurring, growing or fastened close together, गुच्छा।

coal (कोल) ***n.*** 1. a hard black mineral used as fuel, कोयला। 2. an ember, अंगार, अंगारा।

coalition (कोअलिशन) ***n.*** an alliance between parties, गठबंधन।

coalmine (कोलमाइन) ***n.*** a mine containting coal, कोयले की खान।

coarse (कोर्स) ***adj.*** not fine, rough, खुरदरा।

coast (कोस्ट) ***n.*** the seashore, समुद्रतट।

coax (कोक्स) ***v.*** to try to persuade by pleading or flattery, फुसलाना, ख़ुशामद करना।

cobbler (कॉब्लर) ***n.*** 1. one who mends shoes, जूते गाँठनेवाला, मोची।

cobra (कोब्रा) ***n.*** a poisonous snake having a flattened hood, फनवाला ज़हरीला साँप, फनधर, कोबरा।

cockpit (कॉकपिट) ***n.*** a pilot's compartment in an aircraft, वायुयान का चालक कक्ष।

cockroach (कॉकरोच) ***n.*** a householdlarge black insect, तिलचट्टा।

coconut (कोकोनट) ***n.*** a large hardshelled nut of a palm tree, नारियल, खोपड़ा।

code (कोड) ***n.*** a collection of laws or rules, संहिता, विधान।

co-education (को-एजुकेशन) ***n.*** education of boys and girls at the same institution, सहशिक्षा।

coercion (कोअर्शन) ***n.*** the act of coercing, ज़ोर-ज़बरदस्ती।

coexistence (कोइग्ज़िस्टेन्स) ***n.*** the state of existing together at the same time and in peace, सह-अस्तित्व।

coffin (कॉफ़िन) ***n.*** a box in which a dead body is buried, ताबूत, शवपेटी।

cognate (कॉग्नेट) ***adj.*** having the same origin or source, सजातीय।

cognizable (कॉग्निज़ेबल) ***adj.*** capable of being taken cognizance of, संज्ञेय।

cohabit (कोहैबिट) ***v.*** to live together as husband and wife, सहवास करना।

cohere (कोहिअर) ***v.*** to stick together, जुड़े रहना।

coil (कॉइल) ***v.*** to wind or twist into rings, कुंडल या लच्छा बनाना।

coincide (कोइन्साइड) ***v.*** 1. to occur at the same time, एक साथ होना या घटना। 2. to agree, समान या एक जैसा होना, मेल खाना।

cold (कोल्ड) ***adj.*** of a rather low temperature, ठंडा, सर्द।

cold-blooded (कोल्डब्लडिड) ***adj.*** ruthless, निर्मम, नृशंस।

collapse (कोलैप्स) ***v.*** to fall down suddenly, भर्रा जाना, ध्वस्त हो जाना।

collateral (कोलैटरल) ***adj.*** situated or running side by side, समपार्श्विक।

colleague (कॉलीग) ***n.*** a fellow worker, सहकर्मी, सहयोगी, साथी।

collect (कलेक्ट) ***v.*** to gather together or be gathered together, इकट्ठा करना या होना।

collide (कोलाइड) ***v.*** to strike together with a violent impact, टकराना।

colliery (कॉलिअरी) ***n.*** a coal mine, कोयले की खान।

collision (कोलिज़न) ***n.***the act of striking violently against each other, टक्कर।

collusion (कल्यूज़न) ***n.*** conspiracy, साँठ-गाँठ।

colony (कॉलोनी) ***n.*** a territory occupied by a foreign settler, उपनिवेश।

colour blind ***adj.*** unable to see differences in colours, वर्णांध।

coma (कोमा) ***n.*** a state of prolonged unconsciousness, मूर्च्छा, बेहोशी।

comb (कोम) ***n.*** a toothed device for arranging hair, कंघी।

combat (कॉम्बैट) ***n.*** fighting, लड़ाई।

combine (कम्बाइन) ***v.*** 1. to make or become united, संगठित करना या होना।

combustion (कम्बस्चन) ***n.*** the process of burning, दहन, ज्वलन।

come (कम) ***v.*** to move toward the speaker or a place or point, आना।

comedian (कॉमीडिअन) ***n.*** a humorous entertainer or actor, विदूषक।

comet (कॉमिट) ***n.*** a heavenly body with a tail, पुच्छल तारा, धूमकेतु।

comfort (कम्फ़र्ट) ***n.*** a condition of ease or well-being, सुख, सुख-सुविधा।

comfortable (कम्फ़र्टेबल) ***adj.*** giving or providing comfort, आराम देनेवाला।

comic (कॉमिक) ***adj.*** funny, विनोदपूर्ण, मज़ेदार। ***n.*** (plu.) a book of comic strips, मनोरंजक चित्र पुस्तक।

coming (कमिंग) ***adj.*** next, approaching, आगामी, भावी।

command (कमान्ड) ***n.*** an authoritative order, समादेश, आदेश, कमान।

commencement (कमेन्समेन्ट) ***n.*** a beginning, प्रारंभ, शुरुआत।

comment (कॉमेन्ट) ***n.*** an expression of critical observation, टीका, टीका-टिप्पणी।

commerce (कॉमर्स) ***n.*** the buying and selling of goods, वाणिज्य, व्यापार।

commercial (कमर्शल) ***adj.*** of or engaged in commerce, वाणिज्यिक, वाणिज्य-संबंधी।

commission (कमिशन) ***n.*** an agent's remuneration, आढ़त, कमीशन, दलाली।

commit (कमिट) ***v.*** to do, to perform, करना।

committee (कमिटी) ***n.*** a body of persons elected or appointed, समिति, कमेटी।

commodity (कमॉडिटी) ***n.*** something of use or profit, वस्तु, चीज़, शै।

common (कॉमन) ***adj.*** ordinary, सामान्य, साधारण, मामूली।

common sense (कॉमनसेन्स) ***n.*** sound practical sense, सहज बुद्धि।

communal (कम्यूनल) ***adj.*** pertaining to a community, समुदाय-संबंधी, सामुदायिक।

communication (कम्यूनिकेशन) ***n.*** the act of communicating, संचार।

community (कम्यूनिटी) ***n.*** the people living in one locality, समुदाय।

compact (कॉम्पैक्ट) ***n.*** a contract or agreement, क़रार, समझौता। solid, सघन, ठोस। 2. concise, संक्षिप्त, संहत, छोटा।

companion (कम्पैनियन) ***n.*** an associate, साथी, सखा, संगी।

company (कम्पनी) ***n.*** a group of people, संगति, संगत।

comparable (कॉम्पेरेबल) ***adj.*** similar, समान, तुल्य।

compare (कम्पेअर) ***v.*** to mark the similarities and differences between one thing or person with another, तुलना करना।

compartment (कम्पार्टमेन्ट) ***n.*** any separate section (of a building), खंड, प्रखंड।

compassion (कम्पैशन) ***n.*** the deep feeling of sharing the suffering of another, करुणा, संवेदना।

compel (कम्पेल) ***v.*** to force, ज़बरदस्ती करना, बलात् कराना।

compensate (कॉम्पेन्सेट) ***v.*** to make a suitable payment in return for loss or injury, क्षतिपूर्ति करना

compete (कम्पीट) ***v.*** to strive or contend with another, स्पर्धा करना।

competition (कॉम्पिटिशन) ***n.*** a contest, प्रतियोगिता।

compilation (कॉम्पिलेशन) *n.* the act of compiling or something compiled, संकलन, संग्रह।

complain (कम्प्लेन) *v.* 1. to express feeling of pain, कष्ट बतलाना, शिकायत करना। 2. to protest that something is wrong, शिकायत करना।

complaint (कम्प्लेन्ट) *n.* an expression of grief, dissatisfaction or pain, शिकायत।

complementary (कॉम्प्लिमेन्टरी) *adj.* forming a complement, पूरक।

complete (कम्प्लीट) *adj.* having all its normal or necessary parts, संपूर्ण,

complex (कम्प्लेक्स) *adj.* complicated, intricate, पेचीदा, जटिल।

complexion (कम्प्लेक्शन) *n.* the colour and general appearance of the skin

compliment (कॉम्प्लिमेन्ट) *n.* an expression of regard, अभिवादन। *v.* to express regard for, अभिवादन करना।

component (कम्पोनेन्ट) *n.* a constituent part, घटक।

compose (कम्पोज़) *v.* to make up or constitute, बनाना, रचना।

composition (कॉम्पज़िशन) *n.* the actof composing, संयोजन, संरचना, गठन।

compost (कॉम्पोस्ट) *n.* a mixture of decaying organic matter used as fertilizer, (हरी) खाद।

compound (कॉम्पाउन्ड) *adj.* made up of several parts, संयोजित। *v.* to combine or mix, मिश्रित करना, यौगिक बनाना।

comprehend (कॉम्प्रिहेन्ड) *v.* to understand thoroughly, अच्छी तरह समझना।

compress (कम्प्रेस) *v.* to squeeze or press together, दबाना।

compulsion (कम्पल्शन) *n.* the state of being compelled, बाध्यता, विवशता।

compulsory (कम्पल्सरी) *adj.* compelling, essential, अनिवार्य।

compunction (कम्पंक्शन) *n.* remorse,पश्चात्ताप।

comrade (कॉम्रेड) *n.* a friend or companion, मित्र, संगी, साथी।

concede (कन्सीड) *v.* to admit that something is true, मान लेना, स्वीकार कर लेना।

conceivable (कन्सीवेबल) *adj.* capable of being understood or imagined, कल्पनीय।

conceive (कन्सीव) *v.* to think or imagine, सोचना, कल्पना करना।

concentrate (कॉन्सेन्ट्रेट) *v.* to direct or draw all one's thoughts or attention on something, केंद्रित करना, संकेंद्रित करना।

concept (कॉन्सेप्ट) *n.* general idea, thought, धारणा, संकल्पना।

concern (कन्सर्न) *v.* to relate to, से संबद्ध होना, से जुड़ा होना। something of interest or importance, महत्त्व या रुचि की बात, सरोकार, वास्ता।

concession (कन्सेशन) *n.* the act of conceding or something conceded, रियायत.

conch (कॉन्च) *n.* a spiral shell, घोंघा, शंख।

concise (कन्साइस) *adj.* brief and to the point, संक्षिप्त।

conclude (कन्क्लूड) *v.* to bring or come to an end, समाप्त करना या होना।

concord (कॉन्कॉर्ड) *n.* agreement, करार, समझौता।

concrete (कॉन्क्रीट) *adj.* existing in reality, मूर्त, यथार्थ।

condemn (कन्डेम) *v.* to denounce, भला-बुरा कहना, कोसना, निंदा करना।

condense (कन्डेन्स) *v.* 3. to abridge, संक्षिप्त करना।

condolence (कन्डोलेन्स) *n.* an expression of sorrow or sympathy, अफ़सोस, शोक, मातमपुर्सी।

conduct (कन्डक्ट) *v.* to behave, आचरण करना।

conference (कॉन्फ़रेंस) *n.* a meeting for exchange of ideas, कॉन्फ्रेंस, सम्मेलन।

confess (कन्फ़ेस) *v.* to admit one's fault, sin or weakness, ग़लती, पाप या कमज़ोरी मान लेना।

confidence (कॉन्फ़िडेन्स) *n.* full trust, पूर्ण विश्वास, भरोसा, यकीन।

confidential (कॉन्फ़िडेन्शल) *adj.* to be kept secret, गोपनीय।

confirm (कन्फ़र्म) *v.* to verify or ratify, पुष्टि करना। 2. to give approval to, अनुमोदन करना।

confiscation (कॉन्फ़िस्केशन) *n.* seizure of private property, क़ुर्क़ी, ज़ब्ती।

conflict (कॉन्फ़्लिक्ट) *n.* disagreement between people with different ideas or beliefs, विरोध। वैषम्य होना।

confrontation (कॉन्फ़्रन्टेशन) *n.* the act of confronting, सामना, आमना-सामना।

confuse (कन्फ़्यूज़) *v.* to cause to be mistaken, भ्रम में डाल देना।

confusion (कन्फ़्यूज़न) *n.* the act of confusing or the condition of being confused, भ्रम, विभ्रम।

congenital (कन्जेनिटल) *adj.* existing since someone's birth, जन्मजात।

congestion (कन्जेस्चन) *n.* 1. a congested condition, भीड़-भाड़।

congratulations (कन्ग्रैच्युलेशन्स) *n.* (plu.) an expression of joy on someone's good fortune, बधाई, मुबारक, मुबारकबाद।

conjugal (कॉन्जुगल) *adj.* of the marriage, वैवाहिक।

conjunction (कन्जंक्शन) *n.* 1. the act or state of being conjoined, मिलन, युति, सहमिलन, संयोजन.

connect (कनेक्ट) *v.* to join, जोड़ना, मिलाना, संबद्ध करना।

connection (कनेक्शन) *n.* the act of connecting or the state of being connected, संबंध।

connive (कनाइव) *v.* to work together secretly for some wrong, मिलीभगत होना।

connoisseur (कॉनिशर) *n.* an expert of fine arts, पारखी।

conquer (कॉन्कर) *v.* to defeat in war, to win, जीत लेना, हरा देना।

conquest (कॉन्क्वेस्ट) *n.* the act of conquering, विजय, जीत।

conscience (कॉन्शन्स) *n.* an inner sense of what is right and wrong, अंतश्चेतना।

conscious (कॉन्शस) *adj.* awake, सजग, सचेत।

consent (कन्सेन्ट) *v.* to give permission, अनुमति देना, सहमत होना।

consequence (कॉन्सिक्वेंस) *n.* as an effect or result, परिणाम, फल, नतीजा।

conservator (कन्सर्वेटर) *n.* one who preserves forests, वनपाल।

conserve (कन्सर्व) *v.* to protect and preserve, संरक्षण करना, सुरक्षित करना या रखना।

consider (कन्सिडर) *v.* to think about, सोच-विचार करना।

consign (कन्साइन) *v.* to entrust, सौंपना, सुपुर्द करना।

consignment (कन्साइनमेन्ट) *n.* something consigned, प्रेषित माल।

consist (कन्सिस्ट) *v.* to be made up or composed of, बना होना, गठित होना।

consort (कन्सॉर्ट) *v.* to keep company, साथ रहना, साथ देना।

conspiracy (कंस्पिरेसी) *n.* an illegal plot, षड्यंत्र, कुचक्र।

constant (कॉन्स्टेंट) *adj.* fixed, unchanging, एकरूप, अचल।

constipation (कॉन्स्टिपेशन) *n.* difficulty in emptying the bowels, क़ब्ज़, क़ब्ज़ियत।

constituency (कंस्टिचूएन्सी) an area and its residents represented by an elected legislator, चुनाव-क्षेत्र, निर्वाचन-क्षेत्र।

constitution (कॉन्स्टिट्यूशन) *n.* the body of principles according to which the country is governed, संविधान, विधान।

construct (कन्स्ट्रक्ट) *v.* to build, बनाना, रचना।

consult (कन्सल्ट) *v.* to seek advice, परामर्श लेना।

consume (कन्स्यूम) ***v.*** to use up, उपभोग करना।

consumer (कन्स्यूमर) ***n.*** a person who buys goods or uses services, उपभोक्ता।

contact (कॉन्टैक्ट) ***n.*** the condition of touching of objects or surfaces, स्पर्श.

contagious (कन्टेजस) ***adj.*** infectious, संक्रामक, छुतहा।

contain (कन्टेन) to include or comprise, अंतर्विष्ट होना, समावेशित होना।

contamination (कन्टैमिनेशन) ***n.*** pollution, प्रदूषण।

contemporary (कन्टेम्परेरी) ***adj.*** belonging to the same time or period, समकालीन, समकालिक।

contempt (कन्टेम्प्ट) ***n.*** feeling of scorn or disrespect, घृणा, तिरस्कार।

contender (कन्टेन्डर) ***n.*** a rival, प्रतियोगी, प्रतिस्पर्धी।

content (कन्टेन्ट) ***adj.*** contented, संतुष्ट, संतोषी। ***n.*** satisfaction, संतोष।

contention (कन्टेन्शन) ***n.*** 1. a dispute, झगड़ा, विवाद।

contestant (कन्टेस्टेन्ट) ***n.*** a competitor, प्रतिस्पर्धी, प्रतियोगी।

continent (कॉन्टिनेन्ट) ***n.*** any one of the seven principal land masses of the earth, महाद्वीप।

continue (कन्टिन्यू) ***v.*** to go on without stopping, जारी रहना।

continuous (कन्टिन्यूअस) ***adj.*** continuing without interruption, unbroken, अविच्छिन्न, सतत।

contract (कॉन्ट्रैक्ट) ***n.*** a business agreement, क़रार, अनुबंध, ठेका, संविदा।

contradict (कॉन्ट्रडिक्ट) ***v.*** to declare untrue, खंड़न करना।

contrary (कॉन्ट्रेरी) ***adj.*** opposite, प्रतिकूल।

contravene (कॉन्ट्रवीन) ***v.*** to transgress, उल्लंघन करना।

contribute (कन्ट्रिब्यूट) ***v.*** to give in common with others, अंशदान करना, चंदा देना।

control (कन्ट्रोल) ***v.*** to exercise power or authority, नियंत्रण करना, नियंत्रण में रखना।

controller (कन्ट्रोलर) ***n.*** a person who controls, नियंत्रक।

controversy (कॉन्ट्रोवर्सी) ***n.*** a disputed question, विवाद, झगड़े का विषय।

convene (कन्वीन) ***v.*** to call to meet or gather, बुलाना, आहूत करना।

convenient (कन्वीनिएन्ट) ***adj.*** suited to one's needs or comfort, सुविधाजनक, आरामदेह।

converge (कन्वर्ज) ***v.*** to come together towards a common point, एक बिंदु पर आकर मिलना।

conversation (कॉन्वर्सेशन) ***n.*** oral exchange of ideas, बात-चीत, वार्तालाप।

conversion (कन्वर्ज़न) ***n.*** change of religion, धर्म-परिवर्तन।

convict (कन्विक्ट) ***v.*** to find guilty, दोषी ठहराना। ***n.*** a convicted person, दोषी।

convivial (कन्विविअल) ***adj*** jovial, खुशमिज़ाज।

convocation (कॉन्वोकेशन) ***n.*** a meeting convened by the university for conferring degrees, दीक्षांत समारोह।

cookware (कुकवेअर) ***n.*** utensils used in cooking, रसोई के बर्तन।

cool (कूल) ***adj.*** 1. moderately cold, ठंडा, शीतल।

coolie (कूली) ***n.*** a hired labourer, कुली, मज़दूर।

co-operate (को-ऑपरेट) ***v.*** to help one another in a common aim, एक-दूसरे का सहयोग करना।

co-operation (को-ऑपरेशन) ***n.*** the act of co-operating, सहयोग, सहकार।

co-ordinate (को-ऑर्डिनिट) ***adj.*** equal in status, degree or importance, समान, तुल्य, समकक्ष। ***v.*** to work together, साथ-साथ काम करना, मिलकरकाम करना।

copper (कॉपर) ***n.*** 1. a reddish-brown metal, ताँबा, ताम्र।

copy (कॉपी) ***n.*** a reproduction or imitation of something original, प्रतिलिपि, नकल, कापी।

cord (कॉर्ड) ***n.*** a long thin flexible material of twisted fibre or strands, डोरी, रज्जु, रस्सी।

core (कोर) ***n.*** the most important part of something, महत्त्वपूर्ण अंश।

corn (कॉर्न) ***n.*** a seed or fruit of variouscereal plants, गल्ला, अनाज, अन्न।

cornea (कॉर्निआ) ***n.*** a membrane that covers the lens of the eye, चक्षुपटल, कार्निया।

corner (कॉर्नर) ***n.*** the area or position where two walls, sides, lines etc. meet, कोना, मोड़, नुक्कड़।

corona (करोना) ***n.*** a small circle of light around a luminous body, प्रभामंडल।

coronation (कॉरोनेशन) ***n.*** the act or ceremony of crowning a king or queen, राज्याभिषेक।

corporal (कॉर्पोरल) ***adj.*** of or related to the body, शारीरिक।

corporate (कॉर्पोरिट) ***adj.*** of a corporation, निगम-संबंधी, निगमित।

corporation (कॉर्पोरेशन) ***n.*** a body of persons legally authorised to act as a single person, निगम, कॉरपोरेशन।

corpse (कॉर्प्स) ***n.*** a dead (human) body, लाश।

correct (करेक्ट) ***v.*** to remove mistakes or errors from, शुद्ध करना, संशोधन करना।

correction (करेक्शन) ***n.*** the act of correcting, संशोधन।

correlation (कॉरेलेशन) ***n.*** mutual relationship, पारस्परिक संबंध, सह-संबंध।

correspondence (कॉरिस्पॉन्डेन्स) ***n.*** 1. the act, fact or process of exchanging letters, पत्र-व्यवहार, पत्राचार।

corridor (कॉरिडॉर) ***n.*** a narrow passageway or strip of land, गलियारा।

corrosion (करोज़न) ***n.*** the act or process of corroding, क्षय, विनाश।

corrupt (करप्ट) ***adj.*** dishonest, बेईमान।

corruption (करप्शन) ***n.*** the act of corrupting or the state of being corrupted, भ्रष्टाचार।

cosmetic (कॉज़्मेटिक) ***n.*** any substance (such as a powder or cream) used to apply on face and hair to improve the appearance, सौंदर्य-सामग्री, प्रसाधन।

cosmic (कॉज़्मिक) ***adj.*** of or pertaining to the cosmos, ब्रह्मांडीय।

cosmology (कॉज़्मॉलोजी) ***n.*** the philosophy relating to the universe, ब्रह्मांड-दर्शन।

cosmopolitan (कॉज़्मोपॉलिटन) ***adj.*** common to the whole world or of whole world, सर्वदेशीय।

cosmos (कॉज़्मोस) ***n.*** the whole universe, ब्रह्मांड।

cost (कॉस्ट) ***n.*** the amount paid at the time of purchasing something, दाम, क़ीमत, मूल्य।

costly (कॉस्टली) ***adj.*** of high price, expensive, महँगा, क़ीमती।

cottage (कॉटिज) ***n.*** a small house, कुटिया, झोंपड़ी।

cotton (कॉटन) ***n.*** fibre gathered from plants, रुई, कपास।

couch (कॉउच) ***n.*** a long piece of furniture used for sitting or reclining, सोफ़ा, कोच।

cough (कॅफ़) ***v.*** to expel air from the lungs suddenly with noise, खाँसना।

council (काउन्सल) ***n.*** any legislative or advisory body, कौंसिल, परिषद्।

councillor (काउन्सलर) ***n.*** a member of a council, पारिषद, पार्षद।

count (काउन्ट) ***v.*** to recite numerals in order, गिनना, गिनती करना।

countdown (काउन्टडाउन) ***n.*** a count in reverse order, उलटी गिनती।

counterattack (काउन्टरअटैक) ***n.*** an at-

tack made to repel the attack, प्रत्याक्रमण, जवाबी हमला।
counterfeit (काउन्टरफ़ीट) ***adj.*** fake, जाली, नकली, खोटा।
counterpart (काउन्टरपार्ट) ***n.*** one who or that serves the same purpose as another, प्रतिरूप, प्रतिस्थानी।
countersign (काउन्टरसाइन) ***v.*** to sign an already signed document, प्रतिहस्ताक्षर करना।
countless (काउन्टलिस) ***adj.*** too many to be counted, innumerable, अगणित, असंख्य।
countryside (कन्ट्रिसाइड) ***n.*** a rural region, देहात।
county (काउन्टी) ***n.*** a district of a state, जनपद, जिला, क्षेत्र।
couple (कपल) ***n.*** two items of the same kind, जोड़ा, जोड़ी।
courage (करिज) ***n.*** bravery, साहस, दिलेरी।
course (कोर्स) ***n.*** path, मार्ग, रास्ता, पथ।
courteous (कर्टिअस) ***adj.*** polite and considerate, विनम्र, शिष्ट।
courtesan (कोर्टिज़न) ***n.*** a prostitute, नगरवधू, गणिका।
courtesy (कर्टिसी) ***n.*** polite behaviour, शिष्टता, भद्रता, शिष्टाचार।
court martial ***n.*** a military court, सैनिक न्यायालय, फ़ौजी अदालत।
courtship (कोर्टशिप) ***n.*** the act of wooing, प्रेमाचार।
cover (कवर) ***v.*** 1. to place or spread something over in order to conceal or protect, आच्छादित करना, ढकना, तोपना।
coverage (कवरिज) ***n.*** 1. the extent of covering, व्याप्ति, विस्तार। 2. the area covered, व्याप्ति-क्षेत्र, क्षेत्र। 3. reporting of an event, घटना-विवरण।
cow (काउ) ***v.*** to intimidate, धमकी देना, आतंकित करना।
coward (काउअर्ड) ***n.*** a person without courage, कायर या डरपोक आदमी।
cowboy (काउबॉइ) ***n.*** a cowherd, चरवाहा।
cozy (कोज़ी) ***adj.*** warm and comfortable, सुखद, आरामदेह।
crab (क्रैब) ***n.*** an edible shellfish with ten legs, केकड़ा, कर्कट।
crack (क्रैक) ***v.*** 1. to break without complete separation of parts, चिटकना, चटकना, तड़क जाना।
cracker (क्रैकर) ***n.*** a firecracker, पटाखा।
craft (क्राफ़्ट) ***n.*** 1. skill or ability in handwork or the arts, कारीगरी, शिल्प, हस्तशिल्प। 2. an aircraft, ship or other vessel, जहाज़, नाव।
craftsman (क्राफ़्ट्समैन) ***n.*** a skilled worker, कुशल कारीगर, शिल्पी, शिल्पकार।
crafty (क्राफ़्टी) ***adj.*** cunning, चालाक, धूर्त।
cramp (क्रैम्प) ***n.*** contraction of muscles, ऐंठन।
crane (क्रेन) ***n.*** 1. a bird with long legs, neck and bill, सारस। 2. a device for lifting and moving heavy objects, क्रेन।
cranium (क्रेनिअम) ***n.*** the skull, खोपड़ी, कपाल।
crank (क्रैंक) ***n.*** a handle of a machine or engine, हत्था।
crash (क्रैश) ***v.*** to collide, fall or break noisily, धमाके के साथ टूटना, टकराना या गिरना।
crater (क्रेटर) ***n.*** a bowl-shaped cavity, कटोरेनुमा गड्ढा।
craving (क्रेविंग) ***n.*** a longing, लालसा।
crawl (क्रॉल) ***v.*** to move on hands or knees or on the belly, रेंगना, सरकना।
craze (क्रेज़) ***n.*** a wild enthusiasm, ललक, सनक।
crease (क्रीज़) ***n.*** 1. a line made by folding or pressing, क्रीज़, तह।
create (क्रिएट) ***v.*** to bring into existence, बनाना, निर्माण करना।
creative (क्रिएटिव) ***adj.*** characterized by originality, रचनात्मक, सृजनात्मक।
creature (क्रीचर) ***n.*** 1. a living being, जीव, जंतु, प्राणी। 2. a human being, मनुष्य, मानव।
credit (क्रेडिट) ***n.*** 1. belief, trust, विश्वास।
creed (क्रीड) ***n.*** a system of beliefs or principles, मत, पंथ, संप्रदाय।
creep (क्रीप) ***v.*** to crawl along the ground, रेंगना।
creeper (क्रीपर) ***n.*** a creeping plant, लता, बेल।
cremate (क्रीमेट) ***v.*** to burn a dead body, शव को जलाना।
cremation (क्रिमेशन) ***n.*** the act of cremating, दाह-संस्कार।
crest (क्रेस्ट) ***n.*** a tuft on the head of a bird or animal, चोटी, कलगी।
crew (क्रू) ***n.*** a group of people working in an aircraft or ship, कर्मीदल, क्रू।
cricket (क्रिकिट) ***n.*** a game played between two teams of eleven players each with bats and ball, क्रिकेट, गेंद-बल्ला। ***n.*** an insect that makes a shrill chirping sound, झींगुर।
crime (क्राइम) ***n.*** an act committed or omitted in violation of the law, अपराध.
criminal (क्रिमिनल) ***n.*** a person who is guilty of crime, अपराधी, मुजरिम।
crisis (क्राइसिस) ***n.*** a crucial situation, संकट।
critic (क्रिटिक) ***n.*** 1. one who criticizes, आलोचक।
criticize (क्रिटिसाइज़) ***v*** to find fault with, आलोचना करना।
croak (क्रोक) ***v.*** to make frog-like sound, टर्र-टर्र करना, टरटराना।
crop (क्रॉप) ***n.*** agricultural produce, yield, फ़सल, पैदावार।
cross (क्रॉस) to go or extend across, पार करना, पार जाना।
crossbred (क्रॉसब्रेड) ***adj.*** produced by mixing breeds, संकर, दोगला।
cross-eyed (क्रॉस-आइड) ***adj.*** having eyes turn toward the nose, भेंगा।
crowd (क्राउड) ***n.*** a large number of people gathered together, भीड़।
crown (क्राउन) ***n.*** an orna-mental cap worn by a king or queen, राजमुकुट, ताज।
crucial (क्रूशल) ***adj.*** critical, नाज़ुक।
crude (क्रूड) ***adj.*** in an unrefined or natural state, raw, अशोधित, कच्चा।
cruel (क्रूअल) ***adj.*** merciless, निर्दय।
crumble (क्रम्बल) ***v.*** to break into small parts, टुकड़े-टुकड़े होना, चूर-चूर होना।
crush (क्रश) ***v.*** 1. to press with great force so as to break, injure or destroy, रौंदना, कुचलना, मसलना।
crusher (क्रशर) ***n.*** a crushing device, कोल्हू।
crust (क्रस्ट) ***n*** a hard outer covering of a bread, पपड़ी।
cry (क्राइ) ***v.*** to shout, चिल्लाना, चीख़ना।
crystal (क्रिस्टल) ***n.*** a clear transparent colourless mineral, बिल्लौर, स्फटिक।
cub (कब) ***n.*** a young of a lion, bear, fox etc., पशु-शावक, जानवर का बच्चा।
cucumber (क्यूकम्बर) ***n.*** a plant and its fruit used as a salad, ककड़ी, खीरा।
cud (कड) ***n.*** the food that cattle bring back from the first stomach for chewing, जुगाली।
cuff (कफ़) ***n.*** a band or fold at the bottom of a sleeve, कफ़। ***n.*** a slap, थप्पड़, तमाचा। ***v.*** to slap, थप्पड़ मारना।
culprit (कल्प्रिट) ***n.*** 1. one who has committed a crime or offence, अपराधी।
cult (कल्ट) ***n.*** a system of religious worship, संप्रदाय, पंथ।
cultivate (कल्टिवेट) ***v.*** to prepare land and raise crop, खेती करना, खेती-बारी करना।
cultivation (कल्टिवेशन) ***n.*** the act of cultivating, कृषि, खेती-बारी।
cummin (कमिन) ***n.*** a plant and its aromatic seed, जीरा।
cupboard (कबर्ड) ***n.*** a set of shelves enclosed by doors, आलमारी।

curable (क्यूरेबल) ***adj.*** capable of being cured, चिकित्स्य, साध्य।
curator (क्यूरेटर) ***n.*** a person incharge of a museum, संग्रहालयाध्यक्ष।
curd (कर्ड) ***n.*** a substance formed from coagulation of milk, दही।
cure (क्यूर) ***v*** to restore to health, निरोग या चंगा कर देना।
curfew (कर्फ़्यू) ***n.*** an official order to remain indoor within certain hours, कर्फ़्यू।
curious (क्यूरिअस) ***adj.*** eager to know or learn, जिज्ञासु।
currency (करेन्सी) ***n.*** the money current in a country, मुद्रा।
current (करेन्ट) ***adj.*** in general circulation or use, प्रचलित, चाल
curricular (करिक्युलर) ***adj.*** of curriculam, पाठ्यक्रम-संबंधी।
curse (कर्स) ***n.*** an appeal to a super natural power to bring harm to a person or thing, अभिशाप, शाप।
curve (कर्व) ***n.*** a continuously bending line, वक्र-रेखा।
cushion (कुशन) ***n.*** a pillow to sit, rest or lie on, गद्दी, कुशन।
custodian (कस्टोडिअन) ***n.*** a keeper or caretaker, अभिरक्षक, रखवाला।
custody (कस्टडी) ***n.*** 1. guardianship, अभिरक्षा। 2. imprisonment, हिरासत, क़ैद।
custom (कस्टम) ***n.*** a long continued practice, प्रथा, रिवाज।
cut (कट) ***v.*** to divide into pieces, काटना, चीरना।
cute (क्यूट) ***adj.*** very attractive or beautiful, अत्यंत आकर्षक या अति सुंदर।
cutler (कटलर) ***n.*** a person who makes or sells cutlery, चाकू, छुरियाँ, काँटे, चम्मच आदि बनाने या बेचनेवाला।
cutlery (कटलरी) ***n.*** 1. cutting instruments, काटने के उपकरण।
cycle (साइकल) ***n.*** . a periodically repeated sequence of events, चक्र।
cyclone (साइक्लोन) ***n.*** a violent rotating windstorm, चक्रवात।
cypher (साइफ़र) ***n.*** the figure of zero, सिफ़र, शून्य।
cyst (सिस्ट) ***n.*** a semisolid bodily sac, रसौली, गट्ठा।
Czar (ज़ार) ***n.*** a title of former emperors of Russia, पुराने रूसी सम्राटों की पदवी, ज़ार।

D

dacoit (डैकॉइट) ***n.*** one who commits dacoity, डाकू।
dad (डैड) ***n.*** father, पिता, बाप।
dagger (डैगर) ***n.*** a short two-edged weapon, कटार।
daily (डेली) ***adj.*** happening everyday, दैनिक।
dais (डेइस) ***n.*** a raised platform in a lecture hall, मंच।
dam (डैम) ***n.*** a wall or barrier built (across a river) to control the flow of water, बाँध, डैम।
damage (डैमिज) ***n.*** loss, injury or harm, क्षति, हानि, नुक़्सान।
dame (डेम) ***n.*** a lady, महिला।
damp (डैम्प) ***adj.*** slightly wet, moist. नम, सीलन-भरा।
damsel (डैम्ज़ल) ***n.*** a girl, युवती, किशोरी।
dandruff (डैन्ड्रफ़) ***n.*** small particles of dead skin shed from the scalp, रूसी।
danger (डेन्जर) ***n.*** peril, संकट, ख़तरा।
dare (डेअर) ***v.*** 1. to be courageous, हौसला होना।
daredevil (डेअरडेविल) ***n.*** a person who is recklessly bold, दुस्साहसी।
daring (डेअरिंग) ***adj.*** bold, निर्भीक।
Dark Ages ***n.*** unenlightened period in our history, अंधकार युग।
darken (डार्कन) ***v.*** to become dark, काला होना।
dark horse ***n.*** a competitor about whom little is known before the contest but who wins it, छिपा रुस्तम।
darling (डार्लिंग) ***adj.*** beloved, प्यारा, प्रिय। ***n.*** a dearly loved person, प्रिय/प्रिया।
darn (डार्न) ***v.*** to mend by weaving thread across a hole, रफ़ू करना।
dashing (डैशिंग) ***adj.*** spirited, bold, जोशीला, दिलेर।
data (डेटा) ***n.*** 1. basic facts, आधार-सामग्री, डाटा। 2. numerical information, आँकड़ा।
date ***n.*** the fruit of the date palm, ख़जूर।
dawn (डॉन) ***n.*** daybreak, भोर, प्रभात.
daybook (डेबुक) ***n.*** a journal in which daily transactions are recorded, रोज़नामचा।
daydream (डेड्रीम) ***n.*** idle or pleasant thought, दिवास्वप्न।
deadline (डेडलाइन) ***n.*** a time-limit, अंतिम समय-सीमा।
deadlock (डेडलॉक) ***n.*** a complete standstill, जिच, गतिरोध।
deadly (डेडली) ***adj.*** causing death, जानलेवा।
deaf (डेफ़) ***adj.*** unable to hear, बधिर।
deal (डील) ***v.*** to distribute, बाँटना।
dealer (डीलर) ***n.*** one who buys and sells goods, व्यापारी, व्यवसायी।
dealings (डीलिंग्स) ***n.*** trade relations, लेन-देन।
dean (डीन) ***n.*** the head of a faculty, संकायाध्यक्ष।
dearness allowance ***n.*** allowance paid to meet a rise in the cost of living, महँगाई भत्ता।
debate (डिबेट) ***n.*** a formal discussion, बहस, वाद-विवाद, विचार-विमर्श।
debenture (डिबेन्चर) ***n.*** an interest-bearing bond, ऋणपत्र।
debit (डेबिट) ***n.*** an item of debt नाम डाली मद। ***v.*** to enter a debit in an account, नामे डालना।
debris (डेब्री) ***n.*** ruins, मलबा, खंडहर।
debt (डैट) ***n.*** 1. something owed, कर्ज़.
decade (डेकेड) ***n.*** a period of ten years, दशक।
decay (डिके) ***v.*** to rot, सड़ जाना, सड़-गल जाना।
decease (डिसीस) ***n.*** death, निधन, मृत्यु।
deceit (डिसीट) ***n.*** fraud, धोख़ा, कपट।
decent (डीसेन्ट) ***adj.*** 1. conforming to the standards of propriety, उपयुक्त, उचित, शालीन, मर्यादापूर्ण, शिष्ट।
decentralize (डीसेन्ट्रलाइज़) ***v.*** to distribute the central power to smaller units, विकेंद्रीकरण करना।
deception (डिसेप्शन) ***n.*** the act of deceiving, धोखा।
decide (डिसाइड) ***v.*** to make a decision, निश्चय या फ़ैसला करना।
decimal (डेसिमल) ***adj.*** relating to or using powers of ten, दशमिक, दशमलव।
decision (डिसिज़न) ***n.*** the act of deciding or something decided, निर्णय, फ़ैसला।
declaration (डेक्लरेशन) ***n.*** the act of declaring or something declared, घोषणा।
decline (डिक्लाइन) ***v.*** to refuse to do or accept, अस्वीकार करना, इन्कार करना।
decompose (डीकम्पोज़) ***v.*** to rot, गलना, सड़ना।
decontrol (डीकन्ट्रोल) ***v.*** to release from

control, विनियंत्रित कर देना।

decorate (डैकरेट) ***v.*** to furnish with something attractive, सजाना।

decorum (डिकोरम) ***n.*** propriety, शालीनता।

decrease (डिक्रीस) ***v.*** to make shorter, smaller or less, छोटा करना, कम करना, घटाना।

decree (डिक्री) ***n.*** an order having the force of law, अधिदेश, फ़रमान।

dedicate (डेडिकेट) ***v.*** to devote, समर्पित करना।

dedication (डेडिकेशन) ***n.*** the act of dedicating or something dedicated, समर्पण; भेंट।

deed (डीड) ***n.*** an act or feat, क्रिया, कार्य, करतब, कर्म।

deep (डीप) ***adj.*** extending far down from a surface, गहरा, अगाध।

deer (डिअर) ***n.*** a hoofed and swift-footed animal, हिरन।

deface (डिफ़ेस) ***v.*** to spoil the appearance, विरूपित करना।

defame (डिफ़ेम) ***v.*** to attack the good name or reputation of, बदनामी करना।

default (डिफ़ॉल्ट) ***n.*** a failure to act or fulfil an obligation or legal requirement, दोष, चूक।

defeat (डिफ़ीट) ***v.*** to win victory over, to beat, पराजित करना, परास्त करना, हराना।

defect (डीफ़ेक्ट) ***n.*** a blemish, त्रुटि, दोष।

defection (डिफ़ेक्शन) ***n.*** the act of defecting, दल-बदल।

defence, defense (डिफ़ेन्स) ***n.*** resistance against danger or attack, बचाव, रक्षा, सुरक्षा।

defend (डिफ़ेन्ड) ***v.*** to protect from attack, harm or danger, रक्षा या बचाव करना, सुरक्षा करना।

defensive (डिफ़ेन्सिव) ***adj.*** intended for defence, रक्षात्मक, प्रतिरक्षात्मक।

defiance (डिफ़ाइएन्स) ***n.*** the act of defying, अवज्ञा, उल्लंघन।

deficiency (डिफ़िशन्सी) ***n.*** want, lack, अभाव, कमी।

deficit (डेफ़िसिट) ***n.*** shortage, कमी। 2.

define (डिफ़ाइन) ***v.*** to give the definition of, परिभाषित करना।

definite (डेफ़िनिट) ***adj.*** having exact or distinct limits, निश्चित, नियत।

deflation (डिफ़्लेशन) ***n.*** the act of reducing the amount of money in circulation, अवस्फीति।

defrost (डिफ़्रॉस्ट) ***v.*** to make free from ice, बर्फ़ गलाकर हटाना।

defunct (डिफ़ंक्ट) ***adj.*** no longer functioning, no longer in existence or use, निष्क्रिय।

degenerate (डिजेनरेट) ***v.*** to deteriorate, गिरावट आना, अपभ्रष्ट होना।

degradation (डेग्रडेशन) ***n.*** the state of being degraded, पदावनति, अवनति.

degrade (डिग्रेड) ***v.*** 1. to reduce to a lower rank or position, पदावनत करना.

dehydration (डीहाइड्रेशन) ***n.*** the act of dehydrating or the state of being dehydrated, निर्जलीकरण।

deify (डीइफ़ाइ) ***v.*** to treat as a god, ईश्वर या देवता के रूप में स्वीकार करना।

deity (डीइटी) ***n.*** a god or goddess, देवता या देवी।

deject (डिजेक्ट) ***v.*** to dishearten, हतोत्साहित करना, दिल तोड़ देना।

delay (डिले) ***v.*** to make or be late, देर करना या होना, विलंब करना या होना।

delegate (डेलिगेट) ***n.*** a representative, प्रतिनिधि, नुमाइंदा।

delegation (डेलिगेशन) ***n.*** a body of delegates, प्रतिनिधिमंडल, शिष्टमंडल।

delete (डिलीट) ***v.*** to strike out or omit something written or printed, काट, निकाल या हटा देना।

delicacy (डेलिकेसी) ***n.*** delicateness, कोमलता, नज़ाकत।

delicious (डिलिशस) ***adj.*** palatable, tasty, savoury, स्वादिष्ट, मज़ेदार।

delivery (डिलिवरी) ***n.*** the act of delivering, वितरण, सुपुर्दगी।

delta (डेल्टा) ***n.*** a triangular track of land at the mouth of a river, मुहाना।

deluge (डेल्यूज) ***n.*** a great flood, जलप्रलय। to submerge, डूब जाना या डुबा देना।

delusion (डिल्यूज़न) ***n.*** a mistaken idea, भ्रम।

deluxe, de luxe (डिलक्स) ***adj.*** superior in quality, उच्चकोटि का।

demand (डिमान्ड) ***v.*** to ask for, माँगना, कहना।

demarcate (डिमार्केट) ***v.*** to determine and mark the boundaries of, सीमांकन करना, हदबंदी करना।

demean (डिमीन) ***v.*** to debase in dignity or stature, मान घटाना।

demerit (डीमेरिट) ***n.*** a bad point of character, अवगुण, बुराई।

demise (डिमाइज़) ***n.*** death, मृत्यु, मौत।

democracy (डिमॉक्रसी) ***n.*** a system of government run by the elected representatives of the people, जनतंत्र, लोकतंत्र।

demolish (डिमॉलिश) ***v.*** to tear down completely, ढा/गिरा देना, तोड़ देना।

demon (डीमन) ***n.*** 1. a devil, राक्षस, दानव, दैत्य

demoralize (डिमॉरिलाइज़) ***v.*** to corrupt, भ्रष्ट करना।

demote (डिमोट) ***v.*** to lower in rank, पदावनत करना, दर्जा घटाना।

den (डेन) ***n.*** a lair of a wild animal, माँद, खोह।

dense (डेन्स) ***adj.*** thick, घना, सघन।

deny (डिनाइ) ***v.*** to refuse to accept, अस्वीकार करना।

department (डिपार्टमेन्ट) ***n.*** a separate division or branch, विभाग, शाखा।

departure (डिपार्चर) ***n.*** the act of departing, a starting out, प्रस्थान, रवानगी।

depend (डिपेन्ड) ***v.*** to rely on, निर्भर होना।

depict (डिपिक्ट) ***v.*** to show or represent in a picture, चित्रित करना, चित्रांकन करना।

deploy (डिप्लॉइ) ***v.*** to spread out (troops) (सेना को) चारों ओर फैलाना।

deport (डिपोर्ट) ***v.*** to expel by law, निर्वासित करना।

deportation (डिपोर्टेशन) ***n.*** act of expelling, निर्वासन, देश-निकाला।

depositor (डिपॉजिटर) ***n.*** one who deposits, जमाकर्ता।

depreciate (डिप्रीशिएट) ***v.*** to make or become lower in value, मूल्य गिरना या गिराना, मुद्रा का अवमूल्यन होना या करना।

depress (डिप्रेस) ***v.*** to press down, दबाना।

depression (डिप्रेशन) ***n.*** a mental condition of sadness or gloom, अवसाद।

deprive (डिप्राइव) ***v.*** to dispossess, वंचित करना।

depth (डेप्थ) ***n.*** 1. deepness, गहराई।

deputation (डेपुटेशन) ***n.*** a delegation, प्रतिनिधिमंडल, शिष्टमंडल।

derive (डिराइव) ***v.*** to obtain from a source. (से) प्राप्त होना या करना।

descend (डिसेन्ड) ***v.*** to come or go down, नीचे आना, नीचे उतरना।

descendant, descendent (डिसेन्डेन्ट) ***n.*** one descended from an ancestor, वंशज, वंशधर।

descent (डिसेन्ट) ***n.*** the act of descending, उतार, अवरोह।

desert (डेज़र्ट) ***n.*** a barren and sand-covered region, रेगिस्तान, मरुस्थल। ***adj.*** uninhabited, वीरान, निर्जन। (डिज़र्ट) ***v.*** 1. to forsake or abandon, परित्याग करना।

deserve (डिज़र्व) ***v.*** to be worthy of, अधिकारी/पात्र होना।

deserving (डिज़र्विंग) ***adj.*** worthy or help or support, सुपात्र, भाजन।

designate (डेज़िग्नेट) *v.* to appoint to a position, मनोनीत करना, नियुक्त करना।
desirable (डिज़ाइरेबल) *adj.* worth desiring, वांछनीय, मनचाहा, अभीष्ट।
despair (डिस्पेअर) *n.* utter lack or loss of hope, निराशा।
despot (डेस्पॉट) *n.* an oppressive ruler, निरंकुश शासक।
despotic (डिस्पॉटिक) *adj.* having unrestricted power, स्वेच्छाचारी, अत्याचारपूर्ण।
dessert (डिज़र्ट) *n.* a sweet dish served as the last course of a meal, भोजन के अंत में परोसा जानेवाला मधुर व्यंजन।
destiny (डेस्टिनी) *n.* fate, fortune, भाग्य, क़िस्मत।
destroy (डिस्ट्रॉइ) *v.* to spoil or ruin completely, नष्ट कर देना, तबाह या बरबाद करना।
detach (डिटैच) *v.* to disconnect, अलग कर देना।
detail (डिटेल) *n.* a small point or fact, बात, तथ्य।
detect (डिटेक्ट) *v.* to find out, पता लगाना।
detective (डिटेक्टिव) *n.* one who is expert in investigating crimes, जासूस, गुप्तचर।
detention (डिटेन्शन) *n.* the action of detaining or the state of being kept in custody, नज़रबंदी।
determination (डिटर्मिनेशन) *n.* formal intention, पक्का इरादा, संकल्प।
deterrent (डिटरेन्ट) *adj.* that deters, रोकनेवाला, रोक-थाम करनेवाला।
detonate (डेटोनेट) *v.* to explode, विस्फोट होना/करना।
detractor (डिट्रैक्टर) *n.* one who says bad things about someone or something, निंदक, आलोचक।
detrain (डिट्रेन) *v.* to get off a railway train, रेलगाड़ी से उतरना या उतारना।
devaluation (डीवैल्युएशन) *n.* the act of reducing the exchange value of money, अवमूल्यन।
devastation (डेवस्टेशन) *n.* the act of devastating or the state of being devastated, विनाश, बरबादी।
develop (डिवेलप) *v.* to become or grow larger, complete or more complex, विकसित होना, पनपना।
development (डिवेलपमेन्ट) *n.* the act or process of developing or the state of being developed, विकास।
device (डिवाइस) *n.* an instrument or machine, उपकरण या मशीन। 2. an arrangement or plan, योजना, व्यवस्था। 3. a trick, युक्ति, तिकड़म, चाल।
devious (डीविअस) *adj.* deviating from the right course, विपथित, पथभ्रष्ट।
devise (डिवाइज़) *v.* to plan, सोचना, योजना बनाना।
devote (डिवोट) *v.* to dedicate, समर्पित करना।
devotee (डेवोटी) *n.* a devoted person, भक्त, श्रद्धालु।
devotion (डिवोशन) *n.* great loyalty, श्रद्धा, निष्ठा।
diabolic (डाइअबॉलिक) *adj.* of or coming from the devil, राक्षसी, पैशाचिक।
diagnose (डाइअग्नोज़) *v.* to identify a disease from its signs and symptoms, (रोग का) निदान करना।
diagram (डाइअग्रैम) *n.*a figure or plan drawn to explain an idea, आरेख।
diamond jubilee *n.* the sixtieth anniversary, हीरक जयंती।
dictate (डिक्टेट) *v.* 1. to say or read aloud for someone else or others to write down, बोलकर लिखाना, डिक्टेशन देना।
dictator (डिक्टेटर) *n.* a ruler who has absolute power or unrestricted authority, अधिनायक, तानाशाह।
die (डाइ) *v.* to cease living, मरना, मर जाना। **die** *n.* an engraved device that shapes materials by stamping, punching etc., डाई, ठप्पा, साँचा।
diet (डाइअट) *n.* food usually taken by a person, family or group, आहार, ख़ुराक।
different (डिफ़रेन्ट) *adj.* unlike in quality, nature, form etc., अलग भिन्न, विभिन्न। 2. another, अन्य, दूसरा, और।
difficulty (डिफ़िकल्टी) *n.* a thing hard to do or overcome, कठिनाई, मुश्किल।
diffident (डिफ़िडेन्ट) *adj.* lacking self-confidence, आत्मविश्वासहीन।
dig (डिग) *v.* to turn up soil with a spade, खोदना।
digest (डाइजेस्ट) *v.* 1. to absorb (food, खाना) पचना या पचाना। 2. a compilation or collection, संग्रह।
dignity (डिग्निटी) *n.* honour, prestige, महत्ता, प्रतिष्ठा, सम्मान।
dike (डाइक) *n.* a ditch from land, खाई।
dilation (डाइलेशन) *n.* expansion, विस्तार, फैलाव।
diligent (डिलिजेन्ट) *adj.* persevering, अध्यवसायी।
dilute (डाइल्यूट) *v.* to reduce in strength by addition of water or thinner, पतला करना, तनुकृत करना।
dim (डिम) *adj.* faint, मंद, हलका।
dimension (डाइमेन्शन) *n.* a measurement in any one direction, आयाम।
dimple (डिम्पल) *n.* a small hollow or dent on the cheeks or chin, गाल या ठोड़ी पर का गड्ढा।
dine (डाइन) *v.* to eat dinner, भोजन करना।
dip (डिप) *v.* 1. to put or lower quickly or briefly into water or other liquid, पानी या घोल में डुबोकर निकालना।
direct (डाइरेक्ट) *v.* to manage or conduct the affairs of, संचालन करना, संचालित करना। in an unbroken line of descent, सीधा।
direction (डाइरेक्शन) *n.* the act, process or function of directing or instructing, निर्देशन।
directory (डाइरेक्टरी) *n.* a book listing names, addresses, telephone numbers of the members of an institution, association or telephone users. निदेशिका।
dirge (डर्ज) *n.* a chant of lamentation for the dead, विलाप।
dirt (डर्ट) *n.* unclean substance, earth filth or soil, मिट्टी, गर्द, धूल, गर्दग़ुबार।
disabled (डिसेबल्ड) *adj.* physically unfit, अशक्त, असमर्थ।
disadvantage (डिसैडवान्टिज) *n.* an unfavourable condition or circumstance, प्रतिकूल स्थिति या परिस्थिति।
disagree (डिसग्री) *v.* to differ, असहमत होना।
disallow (डिसलाउ) *v.* to refuse to allow, अनुमति न देना।
disappear (डिसपिअर) *v.* to vanish, ग़ायब, अदृश्य या ओझल हो जाना। अंतर्धान।
disappointment (डिसपॉइन्टमेन्ट) *n.* the condition of being disappointed, निराशा।
disapprove (डिसप्रूव) *v.* to have an unfavourable opinion, नापसंद करना, अस्वीकृत करना।
disarmament (डिसार्ममेन्ट) *n.* the act of disarming or the state of being disarmed, निरस्त्रीकरण।
disaster (डिज़ास्टर) *n.* 1. great destruction, विनाश। 2. misfortune, दुर्भाग्य।
disastrous (डिज़ास्टरस) *adj.* causing disaster विनाशकारी।
disburse (डिस्बर्स) *v.* to pay out, भुगतान करना।
disbursement (डिस्बर्समेंट) *n.* the act of disbursing or the state of being disbursed, भुगतान।
discard (डिस्कार्ड) *v.* to reject, or throw away, त्याग/फेंक देना।
discharge (डिस्चार्ज) *v.* to emit, निकालना, फेंकना, निक्षिप्त करना, निस्सारण करना। a dismissal or release from an office or job, बर्ख़ास्तगी।

disciplinary (डिसिप्लिनरी) ***adj.*** of or for discipline, अनुशासनिक।
disclose (डिस्क्लोज़) ***v.*** to make known, प्रकट करना।
discomfort (डिस्कम्फ़र्ट) ***n.*** the condition of being uncomfortable, कष्ट, तकलीफ़।
disconnection (डिस्कनेक्शन) ***n.*** the act of disconnecting or the state of being disconnected, वियोजन, काटना।
discontinue (डिस्कन्टिन्यू) ***v.*** to give up, to abandon, छोड़ देना, त्याग देना।
discord (डिस्कॉर्ड) ***n.*** lack of accord, agreement or harmony, कलह, झगड़ा।
discount (डिस्काउन्ट) ***n.*** any deduction from the full amount of a price or debt, बट्टा, छूट, कमीशन। ***v.*** to leave out of count, गिनती में न लाना।
discover (डिस्कवर) ***v.*** to bring to light, प्रकाश में लाना।
discovery (डिस्कवरी) ***n.*** the act of discovering, आविष्कार, खोज।
discrimination (डिस्क्रिमिनेशन) ***n.*** unfair treatment of a person, group or minority, भेदभाव, पक्षपात, तरफ़दारी।
discuss (डिस्कस) ***v.*** to speak together about, विचार-विमर्श करना।
discussion (डिस्कशन) ***n.*** the act of discussing, विचार-विमर्श, परिचर्चा।
disfigure (डिस्फ़िगर) ***v.*** to spoil the figure or shape of, शक्ल बिगाड़ देना।
disgrace (डिस्ग्रेस) ***n.*** loss of respect or reputation, अपमान, अवमान।
disguise (डिस्गाइज़) ***v.*** to conceal by false show, छिपाना।
disgust (डिस्गस्ट) ***n.*** a feeling of annoyance or repugnance, खीझ, झल्लाहट। ***v.*** to make feel annoyed or offended, खीझ पैदा करना, खिझा देना।
dish (डिश) ***n.*** an open shallow container, plate, तश्तरी, प्लेट, रिकाबी।
dishonest (डिसऑनिस्ट) ***adj.*** not honest, बेईमान, खोटा।
dishonour, dishonor (डिसऑनर) ***n.*** loss of honour, अनादर, बेइज़्ज़ती।
disillusion (डिसिल्यूज़न) ***v.*** to deprive of illusion, भ्रम दूर करना, मोहभंग करना।
disinherit (डिसिनहेरिट) ***v.*** to deprive or prevent from inheriting, उत्तराधिकार से वंचित करना, उत्तराधिकारी न मानना।
disintegrate (डिसिन्टिग्रेट) ***v.*** to break into small parts, विघटित होना।
disjoin (डिस्जॉइन) ***v.*** to separate, अलग-अलग करना, तोड़ना।
dismiss (डिस्मिस) ***v.*** to remove from a position, office or employment, पदच्युत करना, बर्ख़ास्त कर देना, निकाल देना।
dispatch (डिस्पैच) ***v.*** to send to a destination, भेजना, प्रेषित करना।
dispel (डिस्पेल) ***v.*** to drive away, दूर करना, भगाना।
disperse (डिस्पर्स) ***v.*** to scatter, बिखेरना।
display (डिस्प्ले) ***v.*** to exhibit, to show, दिखाना, प्रदर्शित करना.
disposable (डिस्पोज़ेबल) ***adj.*** that can be thrown away after being used once, एक बार काम में लाने के बाद फेंक दिए जाने योग्य।
disposal (डिस्पोज़ल) ***n.*** the act of disposing or the state of being disposed, निपटारा, निपटान।
disprove (डिस्प्रूव) ***v.*** to prove to be false, खंडन करना, मिथ्या सिद्ध करना।
dispute (डिस्प्यूट) ***n.*** quarrel, विवाद, झगड़ा।
disqualify (डिसक़्वालिफ़ाइ) ***v.*** to declare or make unfit to do something, अयोग्य/अपात्र ठहराना।
disreputable (डिसरेप्युटेबल) ***adj.*** having a bad name, बदनाम, कुख्यात।
disrespect (डिसरिस्पेक्ट) ***n.*** 1. lack of respect, निरादर। 2. contempt, तिरस्कार।
disrupt (डिसरप्ट) ***v.*** to throw into disorder, अस्त-व्यस्त कर देना।
dissection (डिसेक्शन) ***n.*** the act of dissecting, चीर-फाड़, शल्यक्रिया।
dissent (डिसेन्ट) ***n.*** 1. a difference of opinion, मतभेद। 2. refusal, इन्कार।
dissertation (डिसर्टेशन) ***n.*** a written thesis, शोध-निबंध, प्रबंध।
dissident (डिसिडेन्ट) ***adj.*** 1. disagreeing, असहमत। 2. opposite, विरोधी।
dissimilar (डिसिमिलर) ***adj.*** unlike, असमान, विषम।
dissipate (डिसिपेट) ***v.*** to dispel, छितराना, तितर-बितर करना।
dissolute (डिसल्यूट) ***adj.*** debauched, दुराचारी, लंपट।
dissolve (डिज़ॉल्व) ***v.*** to make or become liquid, घुल जाना या घुला देना।
dissuade (डिस्वेड) ***v.*** to advise to refrain, मना करना, रोकना।
distance (डिस्टेन्स) ***n.*** the space between the two points, दूरी, फ़ासला।
distinct (डिस्टिंक्ट) ***adj.*** easily perceived, सुस्पष्ट।
distort (डिस्टॉर्ट) ***v.*** to twist, तोड़-मरोड़कर पेश करना, झूठा बयान देना।
distract (डिस्ट्रैक्ट) ***v.*** to draw away the attention of, to divert, ध्यान बँटा देना, ध्यान हटाना।
distraught (डिस्ट्रॉट) ***adj.*** agitated, विक्षुब्ध।
distress (डिस्ट्रेस) ***n.*** mental or physical pain, वेदना, व्यथा।
distribute (डिस्ट्रिब्यूट) ***v.*** to divide among several or many, वितरण करना, बाँट देना।
distrust (डिस्ट्रस्ट) ***n.*** lack of trust, अविश्वास।
disturb (डिस्टर्ब) ***v.*** to distrub the peace of, शांति भंग करना, दंगा करना।
disuse (डिस्यूज़) ***v.*** to cease to use, उपयोग या प्रयोग बंद कर देना।
ditch (डिच) ***n.*** a narrow channel dug in the earth, खाई, खंदक।
dive (डाइव) ***v.*** to plunge head first into water, गोता लगाना, डुबकी लगाना।
diverse (डाइवर्स) ***adj.*** different Kinds, नानाविध।
diversion (डाइवर्शन) ***n.*** the act of diverting from a specified course, पथांतरण, दिशा-परिवर्तन।
diversity (डाइवर्सिटी) ***n.*** difference, विभिन्नता, भिन्नता।
divert (डाइवर्ट) ***v.*** to cause to turn from one direction to another, दिशा बदल देना, मोड़/घुमा देना।
divide (डिवाइड) ***v.*** to separate or become separated into parts, विभक्त होना या करना, बँटना या बाँटना।
divider (डिवाइडर) ***n.*** anything that divides, विभाजक।
divination (डिविनेशन) ***n.*** prediction, भविष्यवाणी।
divine (डिवाइन) ***adj.*** 1. of or related toa deity or God, ईश्वरीय, दैवी। 2. superhuman, godlike, दिव्य, अतिमानवीय।
division (डिविज़न) ***n.*** the act of dividing or the state of being divided, विभाजन।
divorce (डिवोर्स) ***n.*** a legal dissolution or termination of marriage, तलाक़।
dizzy (डिज़ी) ***adj.*** giddy, जिसका सिर चकरा रहा हो।
do (डू) ***v.*** to act, carry out, perform करना, पालन करना, निर्वाह करना।
dock (डॉक) ***n.*** a place where ships are loaded and unloaded, बंदरगाह, घाट, पत्तन, गोदी।
dockyard (डॉकयार्ड) ***n.*** shipyard, गोदीबाड़ा।
doctrine (डॉक्ट्रिन) ***n.*** a principle or belief, सिद्धांत, मत।
document (डॉक्युमेन्ट) ***n.*** a paper that provides information, proof or evidence, दस्तावेज़।
documentary (डाक्युमेन्टरी) ***n.*** a film about an actual event presenting the facts with little or no fiction, वृत्तचित्र।
dodge (डॉज) ***v.*** to cheat, चकमा देना, झाँसा देना, धोखा देना।

dogma (डॉग्मा) ***n.*** a principle, सिद्धांत।
doll (डॉल) ***n.*** 1. a toy representing a human figure, गुड्डा/गुड़िया।
dome (डोम) ***n.*** a hemispheric roof, गुंबद।
domestic (डोमेस्टिक) ***adj.*** pertaining to the home/household, घरेलू, पारिवारिक।
domicile (डोमिसाइल) ***n.*** a residence, निवास-स्थान, घर, निवास।
dominant (डॉमिनेन्ट) ***adj.*** most influential, हावी, प्रभावी।
donation (डोनेशन) ***n.*** the act of donating or something donated, दान।
donkey (डन्की) ***n.*** 1. an ass, गधा। 2. a stupid person, मूर्ख व्यक्ति।
donor (डोनर) ***n.*** a person who donates something, दानी, दाता।
doom (डूम) ***n.*** an inescapable fate, दुर्भाग्य।
Doomsday (डूम्ज़डे) ***n.*** the day of the Last Judgement, क़यामत/प्रलय का दिन।
dormitory (डॉर्मिटरी) ***n.*** a large room with many beds, शयनागार।
dose (डोज़) ***n.*** the amount or size of a medicine taken or given at a time, ख़ुराक, मात्रा।
dot (डॉट) ***n.*** a point, बिंदी, बिंदु।
double (डबल) ***adj.*** twice as much or as many as, दूना, दुगना।
double-dealing (डबल-डीलिंग) ***n.*** treachery, deceit, धोखाधड़ी।
double-minded (डबल-माइन्डिड) ***adj.*** in a fix, दुविधाग्रस्त, दुचित्ता।
doubt (डॉउट) ***n.*** a lack of certainty, अनिश्चय।
doubtless (डॉउटलिस) ***adj.*** with no doubt or uncertainty, निश्चित, पक्का।
dough (डो) ***n.*** 1. flour mixed with water, गुँधा आटा या गुँधे आटे की लोई।
dove (डव) ***n.*** a kind of bird, पेंडुकी, फ़ाख़्ता।
down (डाउन) ***adv.*** from a higher to a lower place of position, नीचे।
downfall (डाउनफ़ॉल) ***n.*** a sudden fall, पतन, गिरावट, पराभव।
downhill (डाउनहिल) ***adv.*** down the slope of a hill, ढाल या उतार की ओर।
downpour (डाउनपोर) ***n.*** a heavy continuous fall of rain, घनघोर/मूसलाधार वर्षा।
downtown (डाउनटाउन) ***n.*** the central part or main commercial area of the city, नगर का मध्य भाग या व्यापार-केंद्र।
downwards (डाउनवर्ड्स) ***adv.*** from higher to lower place or condition, नीचे की ओर।
dowry (डाउरी) ***n.*** the money and property given to a girl by her parents at the time of her marriage, दहेज।
doyen (डॉयेन) ***n.*** the senior member of a group, नायक, सरदार।
doze (डोज़) ***v.*** to sleep lightly and intermittently, ऊँघना।
dozen (डज़न) ***n.*** a set of twelve, दर्जन। ***adj.*** twelve, दर्जन-भर।
draftsman (ड्राफ़्ट्समैन) ***n.*** one who draws sketches or plans, प्रारूपकार, नक्शानवीस।
drag (ड्रैग) ***v.*** to pull or draw along by force, खींच ले जाना।
drain (ड्रेन) ***n.*** 1. a pipe or channel forcarrying away waste water, नाली।
drainage (ड्रेनिज) ***n.*** system of drains, नाली-व्यवस्था।
drama (ड्रामा) ***n.*** a stage show, नाटक, ड्रामा।
dramatic (ड्रमैटिक) ***adj.*** of or related to a drama, thrilling or sensational, नाटकीय।
dramatist (ड्रामेटिस्ट) ***n.*** a playwright, नाटककार।
draw (ड्रॉ) ***v.*** to pull, खींचना, घसीटना या तानना।
drawback (ड्रॉबैक) ***n.*** defect or deficiency, कमी, दोष, त्रुटि।
drawer (ड्राअर) ***n.*** a person who draws a cheque, आदेशक, चेक काटनेवाला।
dread (ड्रेड) ***n.*** great fear, अत्यधिक भय, आतंक।
dream (ड्रीम) ***n.*** an event experienced during sleep, सपना, स्वप्न।
dreamy (ड्रीमी) ***adj.*** lost in imaginations, विचारमग्न।
drench (ड्रेन्च) ***v.*** to make thoroughly wet, तर-ब-तर कर देना, भिगोना।
dress (ड्रेस) ***n.*** clothing esp., outer clothing, पोशाक, परिधान।
dried (ड्राइड) pt. of dry. ***adj.*** preserved by drying, सुखाया हुआ, सूखा।
drift (ड्रिफ़्ट) ***v.*** to be carried along by a current, बहा या उड़ा ले जाना।
drill (ड्रिल) ***n.*** a pointed implement that bores holes in solid materials, बरमा, ड्रिल। ***v.*** 1. to bore with a drill, बेधना, बेधन करना।
drink (ड्रिंक) ***v.*** 1. to swallow (liquid), पान करना, पीना, घूँटना। ***n.*** anything used for drinking, पेय।
drive (ड्राइव) ***v.*** to urge onwards by force, हाँकना, आगे बढ़ाना। ***n.*** 1. an excursion or journey in a vehicle, गाड़ी की यात्रा, गाड़ी की सैर।
drop (ड्रॉप) ***n.*** 1. a small quantity of liquid in a spherical mass, बूँद। ***v.*** 1. to fall, गिरना। 2. to allow to fall, गिराना।
dropout (ड्रॉपआउट) ***n.*** a student who leaves the classes and examinations (prematurely, समय से पहले) स्कूल छोड़ देनेवाला छात्र।
drop-scene (ड्रॉपसीन) ***n.*** the dropping of the curtain at the end of a play enacted at the stage, पटाक्षेप।
dropsy (ड्रॉप्सी) ***n.*** a disease with watery fluid accumulating in the body, जलोदर।
drought (ड्राउट) ***n.*** a long period of little or no rain, सूखा, अनावृष्टि।
drown (ड्राउन) ***v.*** to die or kill by immersion in liquid, डूब जाना या डुबो देना।
drowse (ड्राउज़) ***v.*** to fall into a light slumber, ऊँघना, ृपकी आना।
drug (ड्रग) ***n.*** a substance used as medicine, दवा, ओषधि।
drunk (ड्रंक) ***v.*** p.p. of drink. ***adj.*** intoxicated, नशे में चूर या धुत्त।
dry (ड्राइ) ***adj.*** free from liquid or moisture, सूखा, शुष्क। ***v.*** to make or become dry, सूख जाना या सुखा देना।
dual (ड्यूअल) ***adj.*** relating to or denoting two, द्वैत।
duct (डक्ट) ***n.*** a tube or channel, नाली, पाईप।
due (ड्यू) ***adj.*** 1. payable, देय। 2.scheduled to arrive, प्रत्याशित, अपेक्षित।
duel (ड्यूअल) ***n.*** a combat between two persons, द्वंद्वयुद्ध।
dues (ड्यूज़) ***n.*** official charges or fees, चंदा, फ़ीस, कर आदि।
duffer (डफ़र) ***n.*** a foolish fellow, मूढ़।
dull (डल) ***adj.*** 1. slow in understanding, मंदबुद्धि। not bright, हलका, मंद, निस्तेज।
duly (ड्यूली) ***adv.*** 1. properly, बाक़ायदा, विधिवत्। 2. at the proper time, यथासमय।
dumb (डम) ***adj.*** 1. mute, गूँगा।
dummy (डमी) ***n.*** an imitation of an object, प्रतिकृति, डमी। डमी। ***adj.*** sham, नकली।
dump (डम्प) ***v.*** to drop or unload (something) in a heap carelessly, ढेर या अंबार लगा देना।
dune (ड्यून) ***n.*** a sandhill, बालू का टीला।
dung (डंग) ***n.*** animal excrement, गोबर, लीद, विष्ठा, मल।
duplex (ड्यूप्लेक्स) ***adj.*** double, दुहरा या दुगुना।
durable (ड्युरेबल) ***adj.*** long lasting, स्थायी। टिकाऊ, मज़बूत, पाएदार।
duration (ड्युरेशन) ***n.*** the length of time during which something exists or continues, अवधि, मियाद।

during (ड्यूरिंग) ***prep.*** through the whole course of, के दौरान।
dusk (डस्क) ***n.*** the darker part of twilight, झुटपुटा, गोधूलि वेला, साँझ।
dust (डस्ट) ***n.*** finely powdered earth, dirt, धूल, मिट्टी, गर्द।
dustbin (डस्टबिन) ***n.*** a container for trash or rubbish, कूड़ेदान।
duster (डस्टर) ***n.*** a cloth for dusting furniture, windows doors etc., झाड़न।
duty (ड्यूटी) ***n.*** a moral or legal obligation, ड्यूटी, कर्तव्य, फ़र्ज।
duty free ***adj.*** (a thing) not liable to tax, कर-मुक्त, शुल्क-मुक्त।
dwarf (ड्वार्फ़) ***n.*** an abnormally undersized person, बौना।
dwell (ड्वेल) ***v.*** to live/reside, रहना, बसना, वास करना।
dye (डाइ) ***n. v.*** to colour with a dye, रंग में रँगना, रँगना।
dynamic (डाइनैमिक) ***adj.*** 1. relating to force or power causing movement, गति-संबंधी, गतिक। 2. energetic, गतिशील, कर्मठ।
dynamite (डाइनेमाइट) ***n.*** 1. a powerful explosive, डाइनामाइट। 2. great vitality, प्रभूत शक्ति।
dynastic (डाइनैस्टिक) ***adj.*** of or related to a dynasty, राजवंशीय।
dynasty (डाइनेस्टी) ***n.*** a line or sequence of hereditary rulers, राजवंश।
dysentery (डिसेन्टरी) ***n.*** a disease of the bowels causing severe diarrhoea पेचिश, मरोड़, आँव।
dyspepsia (डिस्पेप्सिआ) ***n.*** indigestion, अपच, बदहज़मी।

E

each (ईच) ***adj. pron.*** every one of two or more considered individually, हर, हर एक, प्रत्येक।
eager (ईगर) ***adj.*** full of intense desire, उत्सुक।
eagle-eyed (ईगल-आइड) ***adj.*** having keen eyesight, तीक्ष्ण दृष्टि।
ear[1] (इअर) ***n.*** the organ of hearing, कान, कर्ण। ***n.*** the seed bearing spike of corn, wheat, barley etc., (गेहूँ या जौ की) बाल।
early (अर्ली) ***adv.*** before the usual time, पहले, जल्दी।
earmark (इअरमार्क) ***v.*** to set aside for a specific purpose, किसी निश्चित प्रयोजन के लिए (धन या रक़म) अलग रखना या निर्धारित करना।
earn (अर्न) ***v.*** to receive as return for services rendered or work done, कमाना।
earnest (अर्निस्ट) ***adj.*** serious in mind or intention, गंभीर, संजीदा, तत्पर।
earthenware (अर्थनवेअर) ***n.*** pottery made of baked clay, मिट्टी के बर्तन।
earthly (अर्थली) ***adj.*** 1. of this world, worldly, सांसारिक, भौतिक।
earthquake (अर्थक्वेक) ***n.*** a violent movement in the crust of the earth, भूकंप।
earthworm (अर्थवर्म) ***n.*** a long worm that burrows into the soil, केंचुआ।
earthy (अर्थी) ***adj.*** 1. made of earth, मिट्टी का बना। 2. worldly, सांसारिक।
ease (ईज़) ***n.*** relief from pain or worry, आराम, राहत।
easily (ईज़िली) ***adv.*** without difficulty, सरलतापूर्वक।
easygoing (ईज़ीगोइंग) ***adj.*** living without worry or concern, निश्चिंत।
eat (ईट) ***v.*** to have a meal, भोजन करना, खाना खाना।
eatable (ईटेबल) ***adj.*** edible, खाद्य।
eccentric (इक्सेन्ट्रिक) ***adj.*** 1. situated away from the centre, उत्केंद्रक, उत्केंद्री। 2. whimsical, सनकी, ख़ब्ती।
echo (एको) ***n.*** the reflection of sound, प्रतिध्वनि, गूँज।
eclipse (इक्लिप्स) ***n.*** the partial or complete blocking of the light of the sun or the moon by another body, ग्रहण।
economy (इकॉनमी) ***n.*** a system for the management and development of resources, अर्थव्यवस्था।
ecstasy (एक्स्टसी) ***n.*** feeling of extreme rapture, हर्षातिरेक, हर्षोन्माद।
eczema (एक्ज़िमा) ***n.*** a skin disease marked by itching and sores, दाद, खाज, पामा, एक्ज़िमा।
eddy (एडी) ***n.*** a swirling patch of water, भँवर।
edge (एज) ***n.*** 1. the cutting or sharpened side of a blade, knife etc., धार, कोर।
edible (एडिबल) ***adj.*** fit to be eaten, खाद्य।
edict (ईडिक्ट) ***n.*** 1. a decree, राजादेश, राजाज्ञा। 2. a proclamation, घोषणा।
edifice (एडिफ़िस) ***n.*** an imposing building, भव्य भवन।
edify (एडिफ़ाइ) ***v.*** to improve spiritually, सुधार करना।
edit (एडिट) ***v.*** to correct and prepare for printing or publication, संपादित करना।
edition (एडिशन) ***n.*** the entire number of copies of a book, newspaper etc., printed at one time, संस्करण।
editor (एडिटर) ***n.*** a person who edits a newspaper, magazine, etc., संपादक।
education (एजुकेशन) ***n.*** the act or process of imparting knowledge and developing skill, शिक्षा, शिक्षण।
effect (इफ़ेक्ट) ***n.*** a result, परिणाम, फल। ***v.*** to accomplish, निष्पन्न करना, पूरा करना।
efficient (इफ़िशन्ट) ***adj.*** competent, capable, दक्ष, दक्षतापूर्ण।
effigy (एफ़िजी) ***n.*** a crude figure of a (hated or despised) person, पुतला।
effort (एफ़र्ट) ***n.*** an attempt, चेष्टा, प्रयत्न।
effulgence (इफ़ल्जेन्स) ***n.*** brightness, lustre, चमक, दीप्ति।
effusion (इफ़्यूज़न) ***n.*** a pouring forth, स्राव, बहाव, प्रवाह।
e.g. (abbreviation of exempli gratia) ***adv.*** for example, उदाहरणार्थ, उदाहरण के लिए।
ego (ईगो) ***n.*** the self-esteem bordering on conceit, अहं।
eject (इजेक्ट) ***v.*** to throw out with force, बाहर फेंक देना।
elaboration (इलैबरेशन) ***n.*** the act of elaborating, विस्तृतीकरण।
elastic (इलैस्टिक) ***adj.*** flexible, लचीला।
elate (इलेट) ***v.*** to fill with joy, ख़ुशी से भर उठना या भर देना।
elect (इलेक्ट) ***v.*** to choose, चुनना, पसंद करना।
election (इलेक्शन) ***n.*** the act or process of electing, निर्वाचन, चुनाव।
elegance (एलिगेन्स) ***n.*** beauty, सौंदर्य।
elegant एलिगेन्ट) ***adj.*** refined and graceful, चारु, सुंदर। 2. tasteful in dress, style or manners, रमणीक, सुरुचिपूर्ण, सुसुष्ठु।
element (एलिमेन्ट) ***n.*** any of the 105 known substances of which other things are made up, तत्त्व। (plu.) the basic principles, मूल सिद्धांत।
elementary (एलिमेन्टरी) ***adj.*** introductory, प्राथमिक, प्रारंभिक। 2. fundamental, मूलभूत, मौलिक, बुनियादी।
elevation (एलिवेशन) ***n.*** the act of elevating or the state of being elevated, उत्थान, उन्नयन।
elevator (एलिवेटर) ***n.*** a machine or apparatus for transporting people or goods from one floor of a building to another, एलिवेटर, लिफ़्ट।

eligible (एलिजिबल) ***adj.*** fit or qualified to be chosen, पात्र, अधिकारी।

eliminate (इलिमिनेट) ***v.*** to leave out, हटा देना, निरस्त कर देना।

elite (एलीट) ***n.*** the superior, rich or more powerful members of a social group, अभिजात वर्ग।

ellipse (इलिप्स) ***n.*** a flat egg-shaped figure, अंडाकार आकृति।

else (एल्स) ***adj.*** other, अन्य, दूसरा।

elsewhere (एल्सव्हेअर) ***adv.*** somewhere else, at another place, कहीं और, अन्यत्र।

elucidation (इल्यूसिडेशन) ***n.*** the act of elucidating, स्पष्टीकरण।

elude (इल्यूड) ***v.*** to avoid, बचा या कतरा जाना।

elusion (इल्यूज़न) ***n.*** the act of eluding, बचाव।

elusive (इल्यूसिव) ***adj.*** difficult to catch, पकड़ में न आनेवाला।

embargo (एम्बार्गो) ***n.*** an official order restricting some kind of economic activity, रोक, प्रतिबंध।

embarrassment (एम्बैरसमेन्ट) ***n.*** the state of being embarrassed, व्याकुलता, उलझन।

embassy (एम्बसी) ***n.*** the official headquarters of an ambassador, राजदूतावास।

ember (एम्बर) ***n.*** a red hot piece of live coal, अंगारा, अंगार।

emboss (एम्बॉस) ***v.*** to print or decorate with a raised design, उभारदार अक्षर या चित्र बनाना।

embrace (एम्ब्रेस) ***v.*** to hug, गले से लगाना।

embroidery (एम्ब्रॉइडरी) ***n.*** the act or process of embroidering, decorative needle work, कसीदा, कढ़ाई।

emerge (इमर्ज) ***v.*** to appear, प्रकट होना।

emergence (इमर्जेन्स) ***n.*** the act or process of emerging, आविर्भाव।

emetic (इमेटिक) ***n.*** medicine that induces vomiting, वमनकारी ओषधि।

eminence (एमिनेन्स) ***n.*** the state of being distinguished and outstanding, उत्कृष्टता, श्रेष्ठता।

emit (इमिट) ***v.*** to send out or discharge, बाहर फेंकना, निकालना।

emolument (इमॉल्युमेन्ट) ***n.*** a salary, वेतन।

emotion (इमोशन) ***n.*** a strong mental feeling as of joy, sorrow, hate or fear, भावावेश, भावावेग।

emperor (एम्परर) ***n.*** one who rules over an empire, सम्राट, शहंशाह।

emphasis (एम्फ़ेसिस) ***n.*** stress or force, बल, ज़ोर।

empire (एम्पाइर) ***n.*** a group of countries ruled by an emperor, साम्राज्य।

employ (एम्प्लॉय) ***v.*** give work to, काम पर लगाना, नियोजित करना।

empower (एम्पावर) ***v.*** to give power, अधिकृत करना।

empty (एम्प्टी) ***adj.*** containing nothing ख़ाली, रिक्त।

emulate (एम्युलेट) ***v.*** to attempt to equal or excel by imitation, स्पर्धा/होड़ करना।

emulsion (इमल्शन) ***n.*** a creamy mixture of liquids, इमल्शन, तैलोद।

enable (इनेबल) ***v.*** to render able, समर्थ/योग्य बनाना।

enact (इनैक्ट) ***v.*** to make into an act, क़ानून बनाना।

enamel (इनैमल) ***n.*** a kind of paint, एक तरह का पेंट, इनैमल।

enchant (एन्चैन्ट) ***v.*** to bewitch, मंत्रमुग्ध कर लेना।

encircle (एन्सर्कल) ***v.*** to surround, घेरना।

enclosure (एन्क्लोज़र) ***n.*** an enclosed space or area, घिरा हुआ भू-भाग, बाड़ा।

encounter (एन्कॉउन्टर) ***n.*** a sudden or unexpected meeting, मुलाक़ात, भेंट, सामना।

encourage (एन्करिज) ***v.*** to give courage to, प्रोत्साहित करना।

encroach (एन्क्रोच) ***v.*** to trespass, अधिक्रमण करना, दबा लेना।

encyclopedia (एन्साइक्लोपीडिआ) ***n.*** a book for general knowledge, विश्वकोश, ज्ञानकोश।

endanger (इन्डेन्जर) ***v.*** to put in danger, संकट / ख़तरे में डालना।

endemic (इन्डेमिक) ***adj.*** prevalent in a particular place or locality, किसी स्थान या बस्ती में व्याप्त।

endorse (इन्डोर्स) ***v.*** to support or express approval, समर्थन करना।

endowment (इन्डाउमेन्ट) ***n.*** 1. the act of endowing, आय का प्रबंध।

endurance (इन्ड्यूरेन्स) ***n.*** the power of enduring, सहनशक्ति, धैर्य।

enemy (एनिमि) ***n.*** a hostile opponent, वैरी, शत्रु, दुश्मन।

energetic (एनर्जेटिक) ***adj.*** full of energy, ऊर्जस्वी, उत्साही।

enforce (इन्फ़ोर्स) ***v.*** to compel obedience to, बाध्य या मजबूर करना।

engage (इन्गेज) ***v.*** to take into one's employment, नियुक्त करना, काम पर लगाना।

engagement (इन्गेजमेन्ट) ***n.*** an agreement to marry, मंगनी, सगाई।

engrave (इन्ग्रेव) ***v.*** to carve or etch, उकेरना, नक़्क़ाशी करना।

enhance (इन्हान्स) ***v.*** to increase, बढ़ाना, वृद्धि करना।

enjoy (इन्जॉइ) ***v.*** to relish, आनंद लेना, मज़ा लेना।

enlarge (इन्लार्ज) ***v.*** to make larger, बड़ा करना, बढ़ाना।

enlightenment (इन्लाइटनमेन्ट) ***n.*** the act of enligthening or the state of being enlightened, आत्मज्ञान।

enormous (इनॉर्मस) ***adj.*** huge, विशाल।

enough (इनफ़) ***adj.*** sufficient, पर्याप्त।

enrich (इन्रिच) ***v.*** 1. to make rich, समृद्ध बना देना। flavour etc., बढ़िया बना देना, संवर्धन करना।

enrol, enroll (इन्रोल) ***v.*** to note in a roll or list, रजिस्टर या सूची में चढ़ाना, नाम लिखना।

en route (एन् रूट) ***adv.*** on the way,along the way, रास्ते में, मार्ग में।

enshrine (इन्श्राइन) ***v.*** to hold as sacred, पवित्र समझकर सँजोना।

ensign (एन्साइन) ***n.*** 2. a symbol, प्रतीक।

ensure (एन्श्योर) ***v.*** to make sure, सुनिश्चित कर या बना देना।

entangle (एन्टैंगल) ***v.*** to complicate, फँसा/उलझा देना।

enter (एन्टर) ***v.*** to go into, प्रवेश करना

entertain (एन्टर्टेन) ***v.*** to amuse, मनोरंजन करना, दिल बहलाना।

enthusiasm (इन्थ्यूज़िऐज़्म) great or fervent interest, उमंग, जोश, उत्साह।

entitle (एन्टाइटल) ***v.*** to give a title or name to, उपाधि, शीर्षक या नाम देना।

entity (एन्टिटी) ***n.*** the fact of existence अस्तित्व, सत्ता।

entrance (एन्ट्रेन्स) ***n.*** the act of entering, प्रवेश।

entrepreneur (आन्ट्रप्रनर) ***n.*** a person who undertakes the risk of business, उद्योगी, उद्यमी।

entrust (एन्ट्रस्ट) ***v.*** to place in someone's care or charge सौंपना।

entry (एन्ट्री) ***n.*** the act of entering, प्रवेश, दाख़िला।

envelop (एन्वेलप) ***v.*** to cover or wrap up completely, ढक या लपेट लेना, परिवेष्टन करना।

envelope (एन्वलोप) ***n.*** a flat paper container, लिफ़ाफ़ा।

enviable (एन्विएबल) ***adj.*** to be envied, ईर्ष्या करने योग्य, ईर्ष्य।

envious (एन्विअस) ***adj.*** jealous, ईर्ष्यालु।

environment (इन्वाइरनमेन्ट) ***n.*** external conditions or surroundings, वातावरण, पर्यावरण।

envy (एन्वी) ***n.*** the desire to have something possessed by another, ईर्ष्या।

enzyme (एन्ज़ाइम) ***n.*** a protein formed in

living cells, एन्ज़ाइम।
epic (एपिक) ***n.*** a heroic poem, वीरकाव्य।
epidemic (एपिडेमिक) ***n.*** an outbreak of a disease affecting many persons simultaneously in a particular region, महामारी।
episode (एपिसोड) ***n.*** an event, घटना।
equality (इक्वॉलिटी) ***n.*** the state of being equal, समता, समानता।
equate (इक्वेट) ***v.*** to treat or regard as equal, बराबरी का दर्जा देना।
equipment (इक्विपमेन्ट) ***n.*** the things with which one is equipped, साज़-सामान।
equity (एक्विटी) ***n.*** 1. fairness, impartiality, न्यायसंगति, निष्पक्षता।
era (ईरा) ***n.*** a period of history, युग, कल्प।
erase (इरेज़) ***v.*** to wipe out, मिटा देना।
erect (इरेक्ट) ***v.*** to raise to an upright position, खड़ा करना।
erosion (इरोज़न) ***n.*** the wearing away of rocks etc., अपरदन, क्षरण।
erotic (इरॉटिक) ***adj.*** tending to arouse sexual desire, कामोत्तेजक।
err (अर) ***v.*** to make an error, भूल/ग़लती करना।
error (एरर) ***n.*** a mistake, ग़लती, भूल, अशुद्धि।
erupt (इरप्ट) ***v.*** to explode, विस्फोट होना।
escalator (एस्कलेटर) ***n.*** a moving staircase, चलसोपान।
escape (इस्केप) ***v.*** to get away or break out, बच निकलना, निकल भागना,
espouse (इस्पाउज़) ***v.*** to take as a spouse, जीवन-साथी बनाना, ब्याह करना।
essay (एसे) ***n.*** a short literary composition, निबंध, लेख।
essence (एसेन्स) ***n.*** the intrinsic properties of a thing, सत, सार, तत्त्व।
establish (एस्टैब्लिश) ***v.*** to make permanent in a certain place, स्थापित करना।
establishment (एस्टैब्लिशमेन्ट) ***n.*** a business firm or public institution, प्रतिष्ठान, संस्थान।
estate (एस्टेट) ***n.*** a large piece of landed property, भू-संपदा, जागीर, रियासत।
esteem (एस्टीम) ***n.*** high regard, respect, आदर, सम्मान।
estimate (एस्टिमेट) ***n.*** a preliminary or rough calculation of value, अनुमान, अंदाज़।
eternal (इटर्नल) ***adj.*** without beginning or end, चिरंतन, शाश्वत.
ether (ईथर) ***n.*** the upper regions beyond the clouds, आकाश, व्योम।
ethic (एथिक) ***n.*** a principle of good conduct, नीति, आचार।
etiquette (एटिकेट) ***n.*** the rules of correct behaviour, शिष्टाचार।
evaluate (इवैल्युएट) ***v.*** to assess or ascertain the value of something, मूल्यांकन करना।
evaporate (इवैपरेट) ***v.*** to convert intoa vapour, भाप बना देना।
eve (ईव) ***n.*** the evening or day preceding an event, पूर्वसंध्या।
even (ईवन) ***adj.*** 1. flat, चपटा, सपाट। ***adv.*** indeed, भी।
event (इवेन्ट) ***n.*** any significant occurrence, घटना, बात।
evergreen (एवरग्रीन) ***adj.*** having green leaves throughout the year, सदाबहार।
every (एवरी) ***adj.*** each without exception, हर, प्रत्येक, हर एक।
evidence (एविडेन्स) ***n.*** 1. something presented before the court of law to prove or disprove a point in issue, साक्ष्य,गवाही।
evident (एविडेन्ट) ***adj.*** easily recognized, obvious, प्रकट, प्रत्यक्ष।
evil (ईवल) ***adj.*** 1. morally bad, बुरा, दूषित, ख़राब; the evil eye, बुरी नज़र।
evoke (इवोक) ***v.*** to call or summon up, बुलाना, आह्वान करना।
evolve (इवॉल्व) ***v.*** to develop, विकसित होना।
exact (इग्ज़ैक्ट) ***adj.*** fully accurate, precise, यथातथ्य, यथार्थ, सटीक। ***v.*** to press, दबाव डालना, सख़्ती बरतना।
exactly (इग्ज़ैक्टली) ***adv.*** accurately, precisely, यथार्थ रूप से, यथार्थतः।
exceed (इक्सीड) ***v.*** to be more or greater than, बढ़ जाना, अधिक हो जाना।
excellence (एक्सलेन्स) ***n.*** superiority, श्रेष्ठता।
excellent (एक्सलेन्ट) ***adj.*** extremely or exceptionally good, अत्यंत उत्कृष्ट।
excerpt (एक्सर्प्ट) ***n.*** a passage quoted from a book, उद्धरण। 2. extract, सार, सारांश।
excess (इक्सेस) ***n.*** over-abundance, बहुतायत, प्रचुरता।
exchange (इक्सचेन्ज) ***v.*** to give and receive reciprocally, अदला-बदली करना, विनिमय करना।
excise (एक्साइज़) ***n.*** a tax on the production of certain goods within the country, उत्पादन-शुल्क, आबकारी। (इक्साइज़) ***v.*** to remove (a part of the body) surgically, काटकर अलग कर देना, निकाल देना।
excite (इक्साइट) ***v.*** to provoke, उत्तेजित करना, उकसाना।
exclude (इक्स्क्लूड) ***v.*** to keep or leave out, निकाल देना, अलग कर देना।
excrete (एक्स्क्रीट) ***v.*** to discharge waste matter from the body, पाख़ाना करना, गोबर या लीद करना।
execution (एक्सिक्यूशन) ***n.*** the act or process of execution, अनुपालन, निष्पादन, कार्यान्वयन।
exemplary (इग्ज़ेम्प्लरी) ***adj.*** serving as a model or example, अनुकरणीय, आदर्श।
exempt (इग्ज़ेम्प्ट) ***v.*** to free from a rule, duty or obligation which binds others, छूट देना, विमुक्त रखना, माफ़ी देना।
exercise (एक्सर्साइज़) ***n.*** 1. active use or operation, प्रयोग, इस्तेमाल। 2. physical activity to develop fitness, व्यायाम, अभ्यास, कसरत।
exhale (एक्सहेल) ***v.*** to breathe out, साँस छोड़ना।
exhaust (इग्ज़ॉस्ट) ***v.*** to tire out completely, थककर चूर हो जाना।
exhibit (इग्ज़िबिट) ***v.*** 1. to display to the public, प्रदर्शित करना।
exhort (इग्ज़ॉर्ट) ***v.*** to encourage, उत्साहित करना।
exile (एग्ज़ाइल) ***v.*** to send (a person) into exile, देश-निकाला देना, निर्वासित करना।
exist (इग्ज़िस्ट) ***v.*** to be, विद्यमान होना, अस्तित्व में होना।
existence (इग्ज़िस्टेन्स) ***n.*** the fact or state of existing, अस्तित्व, सत्ता।
exotic (इग्ज़ॉटिक) ***adj.*** foreign, विजातीय, विदेशी।
expanse (इक्स्पैन्स) ***n.*** 1. a large open area, खुला मैदान, विस्तृत भूभाग। प्रसार,
ex parte (एक्स पार्टी) ***adj.*** one-sided, एकपक्षीय।
expectation (एक्स्पेक्टेशन) ***n.*** hope, आशा, उम्मीद।
expend (इक्स्पेन्ड) ***v.*** to spend, व्यय करना, ख़र्च करना।
expenditure (इक्स्पेन्डिचर) ***n.*** the amount of money expended, व्यय, ख़र्च।
expensive (इक्स्पेन्सिव) ***adj.*** costly, high-priced, महँगा।
experience (इक्स्पीरिअन्स) ***v.*** to have experience of, अनुभव होना।
experiment (इक्स्पेरिमेन्ट) ***v.*** to conduct an experiment, प्रयोग करना।
expert (एक्स्पर्ट) ***n.*** a person who has made special study of a particular subject, विशेषज्ञ। ***adj.*** skillful, दक्ष।
expire (इक्स्पाइर) ***v.*** 1. to die, मर जाना।2.
explain (इक्स्प्लेन) ***v.*** 1. to make clear, स्पष्ट करना।
exploit ***v.*** 1. to utilize fully, पूर्ण उपयोग करना। to use unethically or unfairly for one's own profit, शोषण करना।

explore (इक्स्प्लोर) ***v.*** to investigate systematically, अन्वेषण करना। 2. to travel through a country for the purpose of discovery, पर्यवेक्षण करना, ढूँढ़ना।

expo (एक्स्पो) ***n.*** a large public exhibition, महाप्रदर्शनी।

export (एक्स्पोर्ट) ***v.*** to send abroad for sale or trade, निर्यात करना।

expose (इक्स्पोज़) ***v.***to lay bare or uncover, खुला रखना, खुला छोड़ देना, खोल देना।

exposure (इक्स्पोज़र) ***n.*** disclosure of someone's secrets, भंडाफोड़, पर्दाफ़ाश।

express (इक्स्प्रेस) ***v.*** to put into words, अभिव्यक्त करना। ***adj.*** 1. clearly stated, अभिव्यक्त, सुस्पष्ट।

expression (इक्स्प्रेशन) ***n.*** the act of expressing or the state of being expressed, अभिव्यक्ति।

extend (इक्स्टेन्ड) ***v.*** to spread, stretch or enlarge to greater length, area or scope, फैलना या फैलाना, तनना या तानना, विस्तृत होना या करना, बढ़ना या बढ़ाना।

extent (इक्स्टेन्ट) ***n.*** the range over which something extends, विस्तार, फैलाव, प्रसार।

external (इक्स्टर्नल) ***adj.*** of outside, बाहरी, बाह्य।

extinction (इक्स्टिंक्शन) ***n.*** the state of being extinct, लोप, विलोप, विनाश।

extra (एक्स्ट्रा) ***adj.*** additional, अतिरिक्त।

extract (इक्स्ट्रैक्ट) ***v.*** to draw or pull out forcibly, उखाड़ना, खींचकर निकाल देना। ***n.*** something obtained by extracting, रस, अर्क, सत।

extracurricular (एक्स्ट्राकुरिक्युलर) outside the curriculum, पाठ्येतर।

extradition (एक्स्ट्रडिशन) ***n.*** the act of extraditing, प्रत्यर्पण।

extreme (इक्स्ट्रीम) ***adj.*** going beyond the usual limits, अत्यंत अत्यधिक।

extremely (इक्स्ट्रीमली) ***adj.*** very, अत्यधिक।

exult (इग्ज़ल्ट) ***v.*** to rejoice greatly, आनंद मनाना, ख़ुशी मनाना।

exultation (इग्ज़ल्टेशन) ***n.*** jubilation, उल्लास, आह्लाद।

eyeball ***n.*** the ball-shaped portion of the eye within the lids, आँख की पुतली।

eyeglasses ***n.*** (plu.) glasses, spectacles, चश्मा, ऐनक।

eyelash ***n.*** a fringe of hair that grows from the edge of eyelids, बरौनी।

eyesight ***n.*** the ability or power of seeing, दृष्टि, नज़र।

eyewitness ***n.*** a person who saw an accident or crime and can bear witness to the fact, प्रत्यक्षदर्शी।

F

fable (फ़ेबल) ***n.*** a story that teaches a lesson, कथा।

fabric (फ़ैब्रिक) ***n.*** 1. any woven, knitted or felted cloth, कपड़ा, वस्त्र। 2. the structure, ढाँचा।

facial (फ़ेशल) ***adj.*** of or concerning the face, मुख-संबंधी, मुखीय। ***n.*** a beauty treatment of the face, सौंदर्योपचार।

facile (फ़ेसाइल) ***adj.*** easy, सरल, सुगम।

facility (फ़ेसिलिटी) ***n.***convenience, सुविधा।

fact (फ़ैक्ट) ***n.*** something known to be true or accepted as true, तथ्य, वास्तविकता।

faction (फ़ैक्शन) ***n.*** a small group within a larger group, गुट, पक्ष।

factor (फ़ैक्टर) ***n.*** an agent, घटक, कारक, उपादान।

faculty (फ़ैकल्टी) ***n.*** ability to do or perform, क्षमता, कार्यक्षमता।

fad (फ़ैड) ***n.*** a craze, सनक, धुन।

faddish (फ़ैडिश) ***adj.*** crazy, सनकी, धुनी।

fade (फ़ेड) ***v.*** to lose colour, freshness or strength, कुम्हलाना, मुरझाना।

fail (फ़ेल) ***v.*** to be unsuccessful, अनुत्तीर्ण/फ़ेल होना।

faint (फ़ेन्ट) ***adj.***dim, indistinct, मंद, हलका, धुँधला। ***n.*** an abrupt loss of consciousness, मूर्च्छा, बेहोशी।

fairly (फ़ेअर्ली) ***adv.*** in a fair manner, उचित रीति से, ईमानदारी से।

fairy (फेअरी) ***n.*** an elf, अप्सरा, परी।

faithful (फ़ेथफ़ुल) ***adj.*** reliable, निष्ठावान, वफ़ादार।

fake (फ़ेक) ***adj.*** not genuine but made to deceive others, नक़ली, जाली।

fall (फ़ॉल) ***v.*** to come down from an erect position, गिर पड़ना, गिर जाना, ढह जाना। ***n.*** 1. a decrease in degree, price, quantity etc., कमी, गिरावट। 2. a waterfall, झरना, प्रपात।

false (फ़ॉल्स) ***adj.*** lying, झूठा।

fame (फ़ेम) ***n.*** reputation, प्रसिद्धि, ख्याति।

familiar (फ़मिलिअर) ***adj.*** well known, सुपरिचित।

family tree ***n.*** a genealogical diagram of a family, वंशवृक्ष, शजरा।

famine (फ़ैमिन) ***n.*** an acute shortage of food in a region, अकाल।

famish (फ़ैमिश) ***v.*** 1. to starve, भूखों मरना।

famous (फ़ेमस) ***n.*** well known, प्रसिद्ध, विख्यात।

fanatic (फ़नैटिक) ***adj.*** irrationally zealous, कट्टर, धर्मांध।

fancy (फ़ैन्सी) ***n.*** playful imagination, कल्पना, उड़ान। ***adj.*** of superior grade, बढ़िया क़िस्म का।

fantastic (फ़ैन्टैस्टिक) ***adj.*** 1. imaginary, काल्पनिक। 2. excellent, बहुत बढ़िया।

fantasy (फ़ैन्टेसी) ***n.*** a product of imagination, कल्पित रचना।

fare (फ़ेअर) ***n.*** the amount of money paid for transportation, किराया, भाड़ा। ***v.*** to turn out, घटित होना, गुज़रना।

farm (फ़ार्म) ***n.*** a piece of land on which crops or animals are raised, खेत, कृषिक्षेत्र।

farmer (फ़ार्मर)***n.*** a person who earns his living by farming, किसान।

far-off (फ़ार-ऑफ़) ***adj.*** remote, दूरवर्ती।

farsighted (फ़ारसाइटिड) ***adj.*** foreseeing, दूरदर्शी।

farther (फ़ार्दर) ***adv.*** more remote, अपेक्षाकृत दूर, और आगे। ***adj.*** remote, दूरस्थित।

fascinate (फ़ैसिनेट) ***v.*** to charm greatly, मुग्ध कर लेना।

fast (फ़ास्ट) ***adj.*** swift, rapid, तेज़, द्रुतगामी, शीघ्रगामी। ***v.*** to go without food, उपवास करना, फ़ाका करना, अनशन करना।

fat (फ़ैट) ***adj.*** fleshy, plumb or thick, स्थूल, मोटा, मांसल।

fatal (फ़ेटल) ***adj.*** deadly, जानलेवा, घातक।

fate (फ़ेट) ***n.*** a person's destiny, भाग्य।

fatherland (फ़ादरलैन्ड) ***n.*** one's native country, पितृदेश, जन्मभूमि।

fatigue (फ़टीग) ***n.*** physical or mental exhaustion, थकावट, थकान।

fault (फ़ॉल्ट) ***n.*** an error, त्रुटि, ग़लती।

faulty (फ़ॉल्टी) ***adj.*** defective, दोषपूर्ण।

favour, favor (फ़ेवर) ***n.*** a friendly attitude, अनुकंपा, कृपादृष्टि।

favourable, favorable (फ़ेवरेबल) ***adj.*** helpful, अनुकूल, सहायक।

favourite, favorite (फ़ेवरिट) ***adj.*** liked above others, प्रिय।

fawn (फ़ॉन) ***n.*** a young deer मृगशावक। ***v.*** to try to gain favour of someone, किसी का अनुग्रह प्राप्त करना।

fear (फ़िअर) ***n.*** a feeling of anxiety and

agitation caused by the presence or nearness of evil, danger, pain etc., भय।

fearful (फ़िअरफ़ुल) ***adj.*** 1. causing fear, डरावना, भयानक।

feasible (फ़ीज़िबल) ***adj.*** practical, व्यावहारिक।

feast (फ़ीस्ट) ***n.*** a large, rich and elaborate meal, भोज, प्रीतिभोज।

federal (फ़ेडरल) ***adj.*** of or formed into a federation, संघीय, संघबद्ध।

feed (फ़ीड) ***v.*** to give food to, भोजन कराना, खिलाना।

feeder (फ़ीडर) ***n.*** a child's feeding bottle, बच्चे की दूध पीने की शीशी या बोतल।

feint (फ़ेन्ट) ***n. v.*** to make a feint, झूठ-मूठ का आक्रमण या प्रहार करना।

felicitation (फ़ेलिसिटेशन) ***n.*** congratulation, बधाई, मुबारकबाद।

fellow (फ़ेलो) ***n.*** a partner, सहभागी, साथी।

fellowship (फ़ेलोशिप) ***n.*** friendly association, दोस्ताना, मैत्री, यारी।

female (फ़ीमेल) ***adj. n.*** a female animal or plant, स्त्री, मादा पशु या मादा पौधा।

feminine (फ़ेमिनिन) ***adj.*** having characteristics of a woman, स्त्रियोचित।

fen (फ़ेन) ***n.*** swampy land, दलदल।

fence (फ़ेन्स) ***n.*** a barrier of wooden posts, wires etc. to mark a boundary, घेरा, बाड़।

ferrous (फ़ेरस) ***n.*** containing iron, लौहयुक्त।

fertile (फ़र्टाइल) ***adj.*** producing abundantly, उपजाऊ, उर्वर।

fertilize (फ़र्टिलाइज़) ***v.*** to make fertile, उपजाऊ/उर्वर बनाना।

fertilizer (फ़र्टिलाइज़र) ***n.*** chemical manure, रासायनिक खाद, उर्वरक।

festival (फ़ेस्टिवल) ***n.*** a day or time of religious celebration or feasting, त्योहार, पर्व।

festive (फ़ेस्टिव) ***adj.*** merry, joyous, आनंदमय।

fete (फ़ेट) ***n.*** a gala entertainment held outdoor, आनंद-मेला, फेट।

fever (फ़ीवर) ***n.*** a disease characterized by this, बुख़ार, ज्वर। 3. craze, ललक। 4. excitement, आवेश।

few (फ़्यू) ***adj. & pron.*** a small number, not many, कुछ।

fiance (फ़ीआन्से) ***n.*** the man to whom a woman is to be married, मँगेतर।

fibre, fiber (फ़ाइबर) ***n.*** a threadlike structure that combines with others to form a tissue, रेशा, तंतु।

fiction (फ़िक्शन) ***n.*** any literary work portraying imaginary characters and events, गल्प, कथा, कहानी या उपन्यास।

field (फ़ील्ड) ***n.*** 1. a wide open space, मैदान, क्षेत्र। 2. a piece of land devoted to a particular crop, खेत।

fierce (फ़िअर्स) ***adj.*** extremely violent, भयानक, भयंकर।

fiery (फ़ाइअरी) ***adj.*** 1. of or like fire, जलता हुआ। 2. exhibiting intense emotion, जोशीला।

fig (फ़िग) ***n.*** a tree and its fruit, अंजीर।

fight (फ़ाइट) ***n. v.*** 1. to take part in a battle, लड़ाई करना, युद्ध करना, लड़ना। 2. to struggle, संघर्ष करना।

figure (फ़िगर) ***n.*** 1. a symbol representing number, अंक। a diagram, outline or design, आरेख, रेखाचित्र।

filament (फ़िलामेन्ट) ***n.*** a threadlike structure, तंतु।

file (फ़ाइल) ***n.*** to place in a file, फ़ाइल में रखना, नत्थी करना। ***n.*** a tool for smoothing or shaping things, रेती। ***v.*** to smooth, shape or remove with a file, रेतना।

fill (फ़िल) ***v.*** to make full or supply with material, भर देना, भरना।

filling (फ़िलिंग) ***n.*** something used to fill a space or cavity, भरी जानेवाली वस्तु, भरान।

filth (फ़िल्थ) ***n.*** foul or dirty matter, गंदगी, कूड़ा-कर्कट, कूड़ा-कचरा।

fin (फ़िन) ***n.*** a thin flat swimming and balancing projection of a fish, पंख।

final (फ़ाइनल) ***adj.*** 1. coming at the end, अंतिम। निर्णायक.

finance (फ़ाइनैन्स) ***n.*** the management of public money, वित्त-व्यवस्था।

find (फ़ाइन्ड) ***v.*** to come upon by accident, मिलना, पड़ा पाना। ***n.*** a discovery, खोज, ईज़ाद।

finger (फ़िंगर) ***n.*** any of the five parts of the hand, उँगली।

finish (फ़िनिश) ***v.*** to bring to an end, पूरा करना। ***n.*** 1. the final part or last stage of something, अंत, समाप्ति।

finite (फ़ाइनाइट) ***adj.*** having an end or limit, ससीम, सीमित।

fir (फ़र) ***n.*** an evergreen tree of a pine family, देवदार।

fire (फ़ाइअर) ***n.*** the condition or process of burning, आग, अग्नि। to dismiss from employment, बर्ख़ास्त कर देना।

firearm (फ़ाइअरआर्म) ***n.*** a weapon capable of firing a missile, आग्नेयास्त्र।

firebrigade (फ़ाइअरब्रिगेड) ***n.*** a party of fire extinguishers, अग्निशामक दल।

fireplace (फ़ाइअरप्लेस) ***n.*** a place for fire, अग्निस्थल, अँगीठी, चूल्हा।

fireproof (फ़ाइअरप्रूफ़) ***adj.*** capable of with standing fire, अग्निसह, फ़ायरप्रूफ़।

fireworks (फ़ाइअरवर्क्स) ***n.*** (plu.) a display of fireworks, आतिशबाज़ी।

firing (फ़ाइअरिंग) ***n.*** the shooting of firearms, गोलीबारी, अग्निवर्षा।

first (फ़र्स्ट) ***adj.*** coming before all others in a series, पहला, प्रथम, प्राथमिक।

first aid ***n.*** emergency treatment given to injured or sick persons before regular treament can be obtained, प्राथमिक चिकित्सा।

fiscal (फ़िस्कल) ***adj.*** having to do with (public) finances, (राज) वित्तीय, राजकोषीय।

fish (फ़िश) ***n.*** an acquatic animal having fins and gills, मछली।

fisherman (फ़िशरमैन) ***n.*** a person who fishes for sport or for a living, मछुआ।

fission (फ़िशन) ***n.*** the act or process of splitting into parts, विखंडन।

fissure (फ़िशर) ***n.*** a deep crack in rock or earth, दरार।

fist (फ़िस्ट) ***n.*** the hand when tightly closed with the fingers bent against the palm, मुट्ठी, मुक्का।

fit (फ़िट) ***adj.*** suited for a given circumstance, purpose, or demand, उपयुक्त। a brief but a cute spell of an illness, दौरा।

fix (फ़िक्स) ***v.*** to place, fasten or attach firmly, जड़ना, जमाना, बैठाना।

flag (फ़्लैग) ***n.*** 1. a piece of cloth with a pattern or picture attached to a staff, झंडा, पताका। to decline in vigour, कमज़ोर हो जाना।

flame (फ़्लेम) ***n.*** a flickering tongue of light rising from a fire, लौ, लपट।

flank (फ़्लैंक) ***n.*** the side of an animal between the ribs and hip, पहलू, पक्ष, बगल, बाज़ू। to surround, घेर लेना।

flap (फ़्लैप) ***v.*** to move up and down (as wings, पंख) फड़फड़ाना।

flash (फ़्लैश) ***v.*** to send out a sudden brief blaze or light, कौंध उठना, कौंध जाना।

flat (फ़्लैट) ***adj.*** level, horizontal, समतल, क्षैतिज। ***n.*** a set of rooms for a family on one floor of a building, फ़्लैट।

flatter (फ़्लैटर) ***v.*** to praise insincerely or excessively, ख़ुशामद करना।

flavour, flavor (फ़्लेवर) ***n.*** taste per ceived in food or drink in the mouth, स्वाद, मज़ा।

flea (फ़्ली) ***n.*** a blood-sucking insect, पिस्सू।

flee (फ़्ली) ***v.*** to run away, भाग खड़े होना, फ़रार हो जाना।

fleet[1] (फ़्लीट) ***n.*** the group of warships, जहाज़ी बेड़ा।

fleet[2] ***adj.*** moving swiftly, द्रुतगति।

flesh (फ़्लेश) ***n.*** the soft substance of the body, मांस।

flexible (फ़्लेक्सिबल) ***adj.*** not stiff or rigid, लचीला।

flick (फ़्लिक) ***v.*** to strike with a flick, हलका आघात करना, झटका देना।

flicker (फ़्लिकर) ***v.*** to burn unsteadily, लुपलुपाना, टिमटिमाना।

flight (फ़्लाइट) ***n.*** the act of flying, उड़ान।

flint (फ़्लिन्ट) ***n.*** a kind of hard stone that sparks when struck with steel, चकमक।

flip (फ़्लिप) ***v.*** to toss, उछालना।

flirt (फ़्लर्ट) ***v.*** to behave amorously without serious intentions, छेड़छाड़ करना।

float (फ़्लोट) ***v.*** 1. to rest or drift on the surface of water without sinking, बहना, तैरना।

flog (फ़्लॉग) ***v.*** to beat with a whip, कोड़े लगाना।

flood (फ़्लड) ***n.*** the great outpouring or flow, बाढ़, भरमार।

floodtide (फ़्लडटाइड) ***n.*** an incoming tide, ज्वार।

floor (फ़्लोर) ***n.*** 1. the surface of the room, फ़र्श।

flop (फ़्लॉप) ***v.*** to bend loosely, झुक या लटक जाना।

florist (फ़्लोरिस्ट) ***n.*** a person who grows or sells flowers or flower plants, पुष्पोत्पादक, फूलवाला।

flour (फ़्लाउर) ***n.*** a fine powder obtained by grinding grain, आटा, मैदा, बेसन आदि।

flow (फ़्लो) ***v.*** to move as water, बहना। ***n.*** a stream, current, धारा।

flower (फ़्लावर) ***n.*** a part of the plant having brightly coloured leaves or petals, फूल, पुष्प।

flu (फ़्लू) ***n.*** influenza, फ़्लू, इन्फ़्लूएन्जा।

fluctuate (फ़्लक्चूएट) ***v.*** to move up and down, उतरना-चढ़ना, उतार-चढ़ाव होना।

fluctuation (फ़्लक्चूएशन) ***n.*** the moving up and down, घट-बढ़, उतार-चढ़ाव।

fluent (फ़्लूएन्ट) ***adj.*** speaking smoothly and readily, धाराप्रवाह बोलनेवाला।

fluffy (फ़्लफ़ी) ***adj.*** covered with fluff, रोएँदार।

fluid (फ़्लूइड) ***n.*** a substance that flows easily, तरल पदार्थ, द्रव।

flush (फ़्लश) ***v.*** to clean with a sudden flow of water, पानी बहाकर साफ़ कर देना। rapid flow, तेज़ बहाव।

flute (फ़्लूट) ***n.*** a wind instrument with finger holes, बाँसुरी।

fly (फ़्लाइ) ***v.*** to move through the air, उड़ना। ***n.*** a small insect with two wings, मक्खी, मक्षिका।

flying squad ***n.*** a small group of police ready for quick action at the time of a mishap, उड़ाका दल, उड़न-दस्ता।

foal (फ़ोल) ***n.*** the young of a horse, बछेड़ा।

foam (फ़ोम) ***n.*** a mass of small bubbles formed on a liquid, झाग, फेन।

focus (फ़ोकस) ***n.*** any centre of activity, केंद्र

foe (फ़ो) ***n.*** an enemy, दुश्मन, शत्रु।

fog (फ़ॉग) ***n.*** a cloudlike mass of water vapour at or just above the earth's surface, कोहरा, कुहासा, धुंध।

foil (फ़ॉइल) ***n.*** a thin leaf of metal, पन्नी। a blunt sword, भोथरी तलवार। ***v.*** to frustrate or thwart, विफल कर देना, विफल बना देना।

fold (फ़ोल्ड) ***v.*** to bring from extended to closed position, मोड़ना. ***n.*** an enclosure for sheep, भेड़ों का बाड़ा।

folio (फ़ोलिओ) ***n.*** 1. the two opposite pages of a ledger, पन्ना। 2. page number of a printed book, (पुस्तक के) पृष्ठ की संख्या।

folk (फ़ोक) ***n.*** people in general, लोग,जन, लोक; ~ lore, लोक कथा।

follow (फ़ॉलो) ***v.*** to obey or comply, अनुसरण/पालन करना।

follower (फ़ॉलोअर) ***n.*** a disciple, अनुयायी।

folly (फ़ॉली) ***n.*** a foolish act, मूर्खता।

fond (फ़ॉन्ड) ***adj.*** 1. kind and loving, स्नेही, प्यारा। 2. foolishly affectionate, आसक्त, मुग्ध।

food (फ़ूड) ***n.*** something solid for eating, अन्न, खाद्य पदार्थ, भोजन।

foodgrains (फ़ूडग्रेन्स) ***n.*** (plu.) seeds of wheat, rice etc., खाद्यान्न।

fool (फ़ूल) ***n.*** a person who lacks understanding or judgment, मूर्ख व्यक्ति।

foolish (फ़ूलिश) ***adj.*** unwise, मूर्ख।

foot (फ़ुट) ***n.*** (plu. feet) 1. the lower part of a leg, पैर, पाँव। a unit of length equal to 12 inches, फ़ुट।

footnote (फ़ुटनोट) ***n.*** a note printed at the bottom of a page, पादटिप्पणी।

footpath (फ़ुटपाथ) ***n.*** a path for the pedestrians, पटरी, पगडंडी।

footprint (फ़ुटप्रिन्ट) ***n.*** the mark of a foot, पदचिह्न।

footstep (फ़ुटस्टेप) ***n.*** a step taken in walking, पग, कदम, डग।

footwear (फ़ुटविअर) ***n.*** shoes and boots, जूता, चप्पल आदि।

forbid (फ़ॉर्बिड) ***v.*** to prohibit, वर्जित/मना करना।

force (फ़ोर्स) ***n.*** 1. power, strength, बल, शक्ति। to compel to perform an action, मजबूर करना, विवश करना।

forceful (फ़ोर्सफ़ुल) ***adj.*** full of force, प्रबल।

fore (फ़ोर) ***adv.*** in, at or toward the front, आगे, सामने।

forecast (फ़ोरकास्ट) ***v.*** to predict in advance, भविष्यवाणी करना।

forefather (फ़ोरफ़ादर) ***n.*** an ancestor, पूर्वज।

forefinger (फ़ोरफ़िंगर) ***n.*** the index finger, तर्जनी (उँगली)।

foreign (फ़ॉरिन) ***adj.*** situated outside one's own country, विदेशी।

foremost (फ़ोरमोस्ट) ***adj.*** most important, सर्वाधिक महत्त्वपूर्ण।

forerunner (फ़ोररनर) ***n.*** a herald, अग्रदूत।

foresight (फ़ोरसाइट्) ***n.*** the ability to see what will probably happen, दूरदृष्टि।

forest (फ़ॉरेस्ट) ***n.*** a large track of land covered with trees and bushes, जंगल, वन।

forestation (फ़ॉरेस्टेशन) ***n.*** the planting of forests, वनरोपण।

foretell (फ़ोरटेल) ***v.*** to prophesy, भविष्यवाणी करना।

foreword (फ़ोरवर्ड) ***n.*** an introductory note in a book, भूमिका, प्रस्तावना।

forgery (फ़ोर्जरी) ***n.*** the act of imitating fraudulently, जालसाज़ी।

forget (फ़ॉर्गेट) ***v.*** to fail to remember, भूल जाना।

forgive (फ़ॉर्गिव) ***v.*** to excuse for a fault or offence, क्षमा/माफ़ कर देना।

fork (फ़ॉर्क) ***n.*** a pronged instrument with handle used in eating, काँटा, फ़ोर्क।

form (फ़ॉर्म) ***n.*** outward appearance, आकृति, सूरत-शक्ल।

formal (फ़ॉर्मल) ***adj.*** according to the accepted rules, औपचारिक।

formality (फ़ॉर्मैलिटी) ***n*** compliance with established rules, औपचारिकता।

formation (फ़ॉर्मेशन) ***n.*** the style or way in which something is formed, रचना, रचना-प्रकार, बनावट।

former (फ़ॉर्मर) ***adj.*** of an earlier time, प्राचीन, पहलेवाला।

formula (फ़ॉर्म्युला) ***n.*** a set form of

words or symbols, सूत्र, फ़ार्मूला।

fort (फ़ोर्ट) ***n.*** a fortified place, गढ़, क़िला।

forth (फ़ोर्थ) ***adv.*** forward, आगे।

forthcoming (फ़ोर्थकमिंग) ***adj.*** about to appear, आनेवाला, आगामी।

fortification (फ़ॉर्टिफ़िकेशन) ***n.*** the act of fortifying, क़िलेबंदी।

fortnight (फ़ोर्टनाइट) ***n.*** a period of two weeks, पखवाड़ा।

fortunate (फ़ॉर्चनिट) ***adj.*** lucky, भाग्यशाली, भाग्यवान।

fortune (फ़ॉर्चून) ***n.*** good or bad luck, सौभाग्य या दुर्भाग्य।

forum (फ़ोरम) ***n.*** a public place, सभा-स्थल।

forward (फ़ॉर्वर्ड) ***adj.*** located or situated in the front, अग्रवर्ती, अगला। to advance, आगे बढ़ाना।

fossil (फ़ॉसिल) ***n.*** the remains of organism preserved in rocks, जीवाश्म।

foster (फ़ॉस्टर) ***v.*** 1. to nourish, पालना-पोसना, पालन-पोषण करना।

foul (फ़ाउल) ***adj.*** very dirty, बहुत गंदा, मलिन।

found (फ़ाउन्ड) ***v.*** to establish, स्थापित करना।

foundation (फ़ाउंडेशन) ***n.*** the basis on which a thing stands, आधार, नींव, बुनियाद। 2. (plu.) the base, नींव, बुनियाद।

fountain (फ़ाउन्टिन) ***n.*** a spring, सोता।

fowl (फ़ाउल) ***n.*** a domestic cock or hen, मुर्गा या मुर्गी।

fracture (फ्रैक्चर) ***n.*** a crack or break in a bone, हड्डी का टूटना।

fragment (फ्रैगमेन्ट) ***n.*** a part broken off, टुकड़ा, चिप्पड़, खंड। ***v.*** to break or cause to break into fragments, टुकड़े-टुकड़े होना/करना।

fragrance (फ्रेग्रेन्स) ***n.*** a sweet or pleasant smell, सुगंध, ख़ुशबू।

frail (फ्रेल) ***adj.*** 1. fragile, भंगुर। 2. weak, दुर्बल।

frame (फ्रेम) ***v.*** to construct or build, निर्माण करना, बनाना। the general structure of anything, ढाँचा, रूपरेखा।

frank (फ्रैंक) ***adj.*** straightforward, स्पष्टवादी, खरा। 2. sincere, सच्चा, निष्कपट। to send (mail) free of postage, बिना टिकट के (डाक) भेजना।

frankly (फ्रैंकली) ***adv.*** in a frank manner, स्पष्ट रूप से।

fraternity (फ्रेटर्निटी) ***n.*** a society of people with common interest, बिरादरी।

fraud (फ्रॉड) ***n.*** a deliberate deception, कपट, धोखाधड़ी।

free (फ्री) ***adj.*** at liberty, मुक्त, बंधनमुक्त। ***v.*** to make free, मुक्त करना।

freedom (फ्रीडम) ***n.*** the condition of being free, independence, स्वतंत्रता, आज़ादी।

freedom fighter ***n.*** a person who fights to obtain independence, स्वतंत्रता-सेनानी।

freehold (फ्रीहोल्ड) ***n.*** absolute ownership of building or land for an unlimited time, मालिकाना हक।

freelance (फ्रीलैन्स) ***n.*** a self-employed person, स्वतंत्र लेखक, कलाकार या पत्रकार।

freestyle (फ्रीस्टाइल) ***adj.*** without any style, शैलीमुक्त, फ्रीस्टाइल (कुश्ती)।

freeze (फ्रीज़) ***v.*** to become solid due to low temperature, जमना।

freight (फ्रेट) ***n.*** the charge of carrying goods by a truck, ship or train, भाड़ा, माल-भाड़ा।

frequent ***v.*** to visit often, बराबर आते-जाते रहना।

fresh (फ्रेश) ***adj.*** 1. recently produced or made, ताज़ा।

friction (फ्रिक्शन) ***n.*** the act of rubbing one thing against another, घर्षण, रगड़।

fright (फ्राइट) ***n.*** sudden intense fear, डर, भय।

frightful (फ्राइटफुल) ***adj.*** causing fright, डरावना, भयानक।

frigid (फ्रिजिड) ***adj.*** very cold, बहुत अधिक ठंडा।

frill (फ्रिल) ***n.*** a fringe, झालर।

frolic (फ्रॉलिक) ***n.*** gaiety, merriment, entertainment, अठखेली, उछल-कूद करना।

front (फ्रन्ट) ***n.*** the most important part of something facing forwards, outwards or upwards, सामने का हिस्सा, आगा। to have the front toward, सामने होना।

frontier (फ्रन्टिअर) ***n.*** an international border, सीमांत, सरहद।

frost (फ्रॉस्ट) ***n.*** white powder like coating of frozen vapour, पाला, तुषार।

frozen (फ्रोज़न) ***adj.*** turned into ice, बर्फ़ के रूप में जमा या जमाया हुआ।

fruitful (फ्रूटफुल) ***adj.*** producing result, लाभदायक।

frustrate (फ्रस्ट्रेट) ***v.*** to prevent the accomplishment of, कुंठाग्रस्त कर देना।

fry (फ्राइ) ***v.*** to cook in hot fat or oil, तलना, भूनना। (plu.) the young of fish, frogs etc., मछली, मेंढक आदि के बच्चे।

fuel (फ्यूअल) ***n.*** any thing used to produce heat, ईंधन, जलावन। ***v.*** to provide with fuel, ईंधन डालना।

fugitive (फ़्यूजिटिव) ***n.*** a person who has fled from captivity, oppression etc., भगोड़ा।

fuhrer, fuehrer (फ़्यूरर) ***n.*** 1. a title of Hitler, हिटलर की उपाधि, फ़्यूहरर। 2. a despot, निरंकुश शासक।

fulfil (फुलफ़िल) ***v.*** to carry out or complete, पूरा करना, निर्वाह करना।

full (फुल) ***adj.*** having or containing as much as possible, भरा हुआ, परिपूर्ण।

full-blown (फुल-ब्लोन) ***adj.*** 1. in full blossom, पूरा खिला हुआ, पुष्पित।

full-grown (फुल-ग्रोन) ***adj.*** fully mature, प्रौढ़।

fullness, fulness (फ़ुलनिस) ***n.*** the state or quality of being full, पूर्णता।

full-time (फ़ुल-टाइम) ***adj.*** working whole day, पूर्णकालिक।

fulsome (फ़ुलसम) ***adj.*** 1. excessive, अतिशय। 2. insincere, कपट-पूर्ण, कुटिल।

fume (फ़्यूम) ***n.*** strong-smelling smoke or gas, धुआँ या भाप। ***v.*** 1. to emit smoke, धुआँ छोड़ना।

fun (फ़न) ***n.*** enjoyment, amusement, मज़ा, आनंद।

function (फ़ंक्शन) ***n.*** work, कृत्य, कार्य।

fund (फ़न्ड) ***n.*** a reserve of money set aside for specific purpose, निधि, कोष।

fundamental (फ़न्डामेन्टल) ***adj.*** serving as foundation, basic, बुनियादी, मूलभूत।

funeral (फ़्यूनरल) ***n.*** a ceremony at which a dead person is buried or cremated, दफ़न, दाहकर्म।

fun-fair (फ़न-फ़ेअर) ***n.*** a fair with amusement, मेला, मेला-तमाशा।

fungus (फ़ंगस) ***n.*** a division of plants having no leaves, flowers, stems, roots etc., फफूँद, कुकरमुत्ता।

funny (फ़नी) ***adj.*** causing laughter, हास्यजनक, हास्यप्रद।

furious (फ़्यूरिअस) ***adj.*** full of anger, आगबबूला।

furnace (फ़र्नेस) ***n.*** an enclosed chamber for producing heat, भट्ठी।

furnish (फ़र्निश) ***v.*** to equip with furniture, फ़र्नीचर लगाना।

furniture (फ़र्निचर) ***n.*** movable articles (such as chairs, tables etc.) for a room, house or office, फ़र्नीचर।

fury (फ़्यूरी) ***n.*** violent rage, रोष, आवेश, उन्माद।

fuzz (फ़ज़) ***n.*** a mass of soft light hair, रोएँ, रोम।

G

gadget (गैजिट) ***n.*** a small mechanical appliance, कोई छोटा-मोटा उपकरण या औज़ार।

gain (गेन) ***v.*** 1. to get, प्राप्त करना। 2. to earn, कमाना, अर्जित करना। 3. to make profit, लाभ प्राप्त करना। 4. to make progress, प्रगति करना। ***n.*** 1. something gained, लाभ, मुनाफ़ा। 2. increase, वृद्धि, बढ़ोतरी।

gala (गाला) ***n.*** a festive occasion or celebration, समारोह, उत्सव, मेला।

galaxy (गैलेक्सी) ***n.*** 1. the Milky Way, आकाशगंगा। 2. a group of distinguished persons, विशिष्ट व्यक्तियों का समूह।

gall (गॉल) ***n.*** the gallbladder, पित्ताशय। bitterness, कड़वाहट। ***n.*** a skin sore, छिल जाने से या रगड़ से होनेवाला घाव। ***v.*** 1. to rub and make sore, इस प्रकार रगड़ खाना कि घाव हो जाए। 2. to irritate, चिढ़ाना, खिझाना।

gallant (गैलेन्ट) ***adj.*** brave, वीर।

gallery (गैलरी) a balcony or verandah used for showing works of art, गैलरी, दीर्घा।

gallstone (गॉलस्टोन) ***n.*** a small hard mass formed in the gallbladder, पथरी।

galvanize (गैल्वेनाइज़) ***v.*** to cover with a zinc coating, क़लई चढ़ाना।

gamble (गैम्बल) ***v.*** to play a game of chance to win money, जूआ खेलना।

gambler (गैम्बलर) ***n.*** one who gambles, जुआरी।

gang (गैंग) ***n.*** a group of people who work together, गिरोह, जत्था।

gangster (गैंग्स्टर) ***n.*** a member of a group of criminals, लुटेरा, डाकू, गुंडा।

gaol (जेल) ***n.*** a jail, जेल, कारागार, बंदीगृह।

gap (गैप) ***n.*** an empty space, ख़ाली जगह, अंतराल, रिक्ति।

garage (गैराज) ***n*** a place where cars are repaired and serviced, कारों की मरम्मत का स्थान, कार-घर।

garbage (गार्बिज) ***n.*** rubbish, कूड़ा, कूड़ा-कॅरकट।

gargle (गार्गल) ***v.*** to rinse the throat by breathing air from the lungs, गरारे करना।

garland (गार्लेन्ड) ***n.*** a wreath of flowers, फूलों का हार।

garlic (गार्लिक) ***n.*** a bulb with a pungent taste, लहसुन।

garment (गार्मेन्ट) ***n.*** an article of clothing, सिला-सिलाया कपड़ा।

garrison (गैरिसन) ***n.*** the troops stationed in a fortress, दुर्ग सेना।

gastric (गैस्ट्रिक) ***adj.*** of or concerning the stomach, जठरीय।

gatepass (गेटपास) ***n.*** a free ticket, पास, नि:शुल्क प्रवेशपत्र।

gateway (गेटवे) ***n.*** a means of entry or access, मार्ग, रास्ता।

gather (गैदर) ***v.*** to bring or come together, इकट्ठा करना। ***n.*** the act of gathering, संग्रहण।

gathering (गैदरिंग) ***n.*** an assembly of people, सभा, जनसमूह।

gay (गे) ***adj.*** cheerful, प्रसन्न, प्रफुल्ल। 2. ***n.*** a homosexual, समलिंगकामी।

gaze (गेज़) ***v.*** to look long and fixedly, टकटकी लगाना।

gazette (गज़ेट) ***n.*** an official journal, राजपत्र, गज़ट।

gender (जेन्डर) ***n.*** any of two or more categories into which nouns are divided, लिंग।

general (जेनरल) ***adj.*** applicable to every member of a group, सार्विक, सामान्य, साधारण।

general assembly ***n.*** a legislative body, विधान सभा।

general election ***n.*** an election on national level, आम चुनाव।

generalize (जेनरलाइज़) ***v.*** to form general conclusion or to express in general terms, साधारणीकरण करना, सामान्यीकरण करना।

generate (जेनरेट) ***v.*** to create or produce, उत्पन्न करना, पैदा करना।

generation (जेनरेशन) ***n.*** the act of generating, उत्पत्ति, उत्पादन, जनन।

generator (जेनरेटर) ***n.*** a device for converting mechanical energy into electricity, जेनरेटर, विद्युत्प्रजनक।

generous (जेनरस) ***adj.*** ready to give freely, उदार, दानी।

genitals (जेनिटल्ज़) ***n.*** (plu.) the external sex organs, जननेंद्रियाँ, जननांग।

genius (जीनिअस) ***n.*** brilliant mental ability, प्रतिभा।

gent (जेन्ट) ***n.*** a man, व्यक्ति, आदमी।

genteel (जेन्टील) ***adj.*** well-bred, भद्र, कुलीन।

gentry (जेन्ट्री) ***n.*** people, लोग।

genuine (जेन्युइन) ***adj.*** real, खरा, वास्तविक।

germ (जर्म) ***n.*** a living cell from which a new organism may develop, जीवाणु। 2. a bud, अंकुर।

gestation (जेस्टेशन) ***n.*** 1. the period of pregnancy, गर्भकाल, गर्भावधि।

get (गेट) ***v.*** to obtain or receive, प्राप्त करना, पाना, मिलना।

ghost (गोस्ट) ***n.*** the spirit of a dead person that haunts living beings, मृतात्मा, भूत, प्रेत।

giant (जाइअन्ट) ***n.*** a mythical figure of very great height and size, दैत्य, दानव। ***adj.*** of unusual size, दैत्याकार, दीर्घकाय।

gibbon (गिबन) ***n.*** an ape, लंगूर।

gift (गिफ़्ट) ***n.*** something given or received as a present, उपहार, तोहफ़ा

gigantic (जाइगैन्टिक) ***adj.*** huge, enormous, विशाल, दीर्घकाय, विराट।

gill (गिल) ***n.*** the respiratory organ of a fish, मछली का गलफड़ा।

gilt (गिल्ट) ***v.*** a thin layer of gold, सोने की परत। ***adj.*** gold-coloured, सुनहरा।

ginger (जिन्जर) ***n.*** the pungent root of a tropical plant, अदरक, आदी।

gipsy (जिप्सी) ***n.*** a member of a nomadic people, बंजारा, जिप्सी, ख़ानाबदोश।

girdle (गर्डल) ***n.*** a belt or band worn around the waist, कटिबंध, कमरबंद, मेखला। ***v.*** to encircle with a belt or band, पेटी बाँधना, घेरना।

gist (जिस्ट) ***n.*** the general sense or central idea of anything, सार, निष्कर्ष, निचोड़, भावार्थ।

give (गिव) ***v.*** to present voluntarily (something) to another, देना, प्रदान करना।

glacier (ग्लेशर) ***n.*** a large mass of slowly moving ice, हिमनद।

glad (ग्लैड) ***adj.*** feeling joy or pleasure, happy, ख़ुश, प्रसन्न।

glance (ग्लान्स) ***v.*** 1. to look briefly or hastily, एक झलक या सरसरी निगाह से देखना। 2. to glitter, चमकना। a brief or hasty look, एक झलक, सरसरी निगाह। lustre, glitter, चमक।

gland (ग्लैन्ड) ***n.*** a cell or organ that secretes a particular substance for the body, ग्रंथि।

glare (ग्लेअर) ***v.*** to shine intensely, चमचमाना, चकाचौंध उत्पन्न करना। an angry stare, कोपदृष्टि, घूराघूरी।

glass (ग्लास) ***n.*** 1. a hard, brittle and transparent substance, शीशा, काँच। 2. a mirror, शीशा, दर्पण।

glassy (ग्लासी) *adj.* 1. resembling glass, काँच-सा। 2. expressionless, भावशून्य।
glaucoma (ग्लॉकोमा) *n.* a disease of the eyes causing complete or partial loss of vision, ग्लूकोमा।
glaze (ग्लेज़) *n.* a thin smooth shiny coating (on pottery), पतली, चमकीली तथा चिकनी परत, ग्लेज़। *v.* to apply glaze to, चमकीला तथा चिकना बनाना।
glider (ग्लाइडर) *n.* a light engineless aircraft, इंजनविहीन विमान, ग्लाइडर।
glimpse (ग्लिम्प्स) *n.* a brief or incomplete view, झलक, झाँकी, आभास।
glitter (ग्लिटर) *v.* to sparkle, चमकना, चमचमाना। *n.* a sparkling light or brightness, चमक-दमक।
global (ग्लोबल) *adj.* worldwide, विश्वव्यापी, सार्वभौम।
globe (ग्लोब) *n.* 1. a spherical object with a map of earth on it, ग्लोब, गोलक। 2. the world, विश्व, संसार।
glorification (ग्लोरिफ़िकेशन) *n.* 1. the act of glorifying, गुणगान, स्तुति।
glory (ग्लोरी) *n.* 1. renown and honour won by great deeds, यश, गौरव, महिमा।
glossary (ग्लॉसरी) *n.* an alphabetical list of words, शब्दावली।
glove (ग्लव) *n.* a protective covering for the palm and fingers, दस्ताना।
glowing (ग्लोइंग) *adj.* in a glow, चमकता हुआ।
glowworm (ग्लोवर्म) *n.* a kind of beetle, female of which emits greenish light, जुगनूँ।
glucose (ग्लूकोस) *n.* grape sugar, ग्लूकोस, द्राक्षा-शर्करा।
glue (ग्लू) *n.* any sticky substance, गोंद। *v.* 1. to fasten with glue, गोंद से चिपकाना।
go (गो) *v.* to proceed, जाना, प्रस्थान करना, रवाना होना, आगे बढ़ना।
goal (गोल) *n.* an objective or aim, उद्देश्य, लक्ष्य, ध्येय।
goblin (गॉब्लिन) *n.* an evil and mischievous spirit, दुष्टात्मा, प्रेत।
godfather (गॉडफ़ादर) *n.* 1. a male godparent, धर्मपिता।
godlike (गॉडलाइक) *adj.* like god, देवतुल्य।
godown (गोडाउन) *n.* a warehouse, भंडार-गृह, गोदाम।
goggles (गॉगल्ज़) *n.* (plu.) tinted eyeglasses worn as a protection against dust or glare, धूप का चश्मा।
golden (गोल्डन) *adj.* made of gold, सोने का बना हुआ, सुनहरा।
goldfish (गोल्डफ़िश) *n.* a small orange coloured fish, सोन मछली।
goldleaf *n.* a leaf of gold, सोने का पत्तर।
gold-plated (गोल्ड-प्लेटिड) *adj.* plated with gold, जिसपर सोने का मुलम्मा चढ़ाया हुआ हो।
goldsmith (गोल्डस्मिथ) *n.* one who prepares or sells articles of gold, सुनार।
good-for-nothing (गुड-फ़ॉर-नथिंग) *adj.* worthless, बेकार, रद्दी।
goodness (गुडनिस) *n.* kindness, दयालुता। (मंगलभाषित)।
goods (गुड्स) *n.* (plu.) articles of trade, सामग्री, माल।
goodwill (गुडविल) *n.* a friendly feeling, benevolence, सद्भावना।
gorgeous (गॉर्जस) *adj.* dazzlingly brilliant, अत्यंत चमकीला, भड़कीला।
gosling (गॉज़्लिन्ग) *n.* a young goose, हंस का बच्चा, हंसशावक।
gossip (गॉसिप) *n.* trivial talk especially about other people's affairs, गपशप, बतकही।
gourd (गॉर्ड) *n.* a plant and its fleshy fruit, लौकी, कद्दू।
gourmand (गुअरमन्ड) *n.* a person who eats too much, भोजनभट्ट, पेटू।
gout (गाउट) *n.* painful swelling of the joints, गठिया, जोड़ों का दर्द, जोड़ों की सूजन।
govern (गवर्न) *v.* to rule, शासन या राज्य करना।
government (गवर्नमेन्ट) *n.* the group or organization governing a country, सरकार, शासन।
governor (गवर्नर) *n.* one who governs the province or state, राज्यपाल, गवर्नर।
gown (गाउन) *n.* a loose flowing garment, गाउन, लबादा, चोगा।
grace (ग्रेस) *n.* elegance in movement, शोभा, लालित्य। *v.* to do favour, अनुग्रह करना।
grade (ग्रेड) *n.* a degree or stage in a process, श्रेणी, स्तर। to arrange in grades, श्रेणीकरण करना।
gradual (ग्रैजुअल) *adj.* taking place by degrees, क्रमिक, आनुक्रमिक।
graduate (ग्रैजुएट) *v.* 1. to obtain a university degree, स्नातक की उपाधि प्राप्त करना। 2. to classify, वर्गीकृत करना, श्रेणीबद्ध करना।
grain (ग्रेन) *n.* . a small hard seed or fruit of wheat, rice etc., दाना, कण।
gram (ग्राम, ग्रैम) *n.* one-thousandth part of a kilogram, ग्राम (तौल) ।*n.* a plant and its seeds, चना
grammar (ग्रैमर) *n.* rules of correct usage of a language, व्याकरण।
granary (ग्रेनरी) *n.* a storehouse for grain, धान्यागार, कोठार।
grand (ग्रैन्ड) *adj.* 1. splendid, imposing, भव्य, शानदार, वैभवपूर्ण।
grant (ग्रान्ट) *v.* to give or bestow, प्रदान करना।
grape (ग्रेप) *n.* a juicy edible berry borne in clusters on vines, अंगूर।
grapefruit (ग्रेपफ़्रूट) *n.* a kind of large yellow citrus fruit, चकोतरा।
grasp (ग्रास्प) *v.* to seize and hold firmly with the hands, दबोच लेना, धर-दबोचना। समझ में आना। *n.* hold or grip, पकड़, चंगुल।
grass (ग्रास) *n.* any of numerous plants with narrow leaves and jointed stems that are eaten by animals, घास।
grasshopper (ग्रासहॉपर) *n.* an insect with long hind legs adapted for jumping, टिड्डा।
grassland (ग्रासलैन्ड) *n.* land reserved for natural grass pasture, घास का मैदान।
grassroots (ग्रासरूट्स) *n.* (plu.) ordinary people, जन-साधारण।
grate (ग्रेट) *v.* to reduce to small threads by rubbing against jagged surface, कद्दूकस करना।
grateful (ग्रेटफ़ुल) *adj.* feeling or showing gratitude, कृतज्ञ, एहसानमंद।
gratify (ग्रैटिफ़ाइ) *v.* to please, प्रसन्न करना, ख़ुश करना।
grating (ग्रेटिंग) *n.* a framework of spaced parallel or crossed bars serving as a cover, जाली।
gratitude (ग्रैटिट्यूड) *n.* a feeling of thankfulness, कृतज्ञता, आभार।
grave (ग्रेव) *n.* a hole dug for the burial of a corpse, क़ब्र। *adj.* 1. extremely serious, अत्यंत गंभीर, विकट, संगीन।
gravel (ग्रैवल) *n.* rock fragments or pebbles, बजरी, रोड़ी। *v.* to cover with gravel, बजरी डालना या बिछाना।
gravitation (ग्रैविटेशन) *n.* the force of gravity, गुरुत्वाकर्षण, गुरुत्व।
gravy (ग्रेवी) *n.* the juice that comes out from meat during cooking, यख़नी, शोरबा, रसा।
great (ग्रेट) *adj.* 1. of extemely large size, बड़ा, बृहत्, दीर्घकाय, विशाल। 2. outstanding, remarkable, भव्य, उल्लेखनीय, शानदार, विशिष्ट, उत्कृष्ट।
greed (ग्रीड) *n.* an excessive desire for food or wealth, लोभ, लालच, लालसा।
green (ग्रीन) *n.* 1. the colour of growing grass, हरा रंग। 3. greenery, हरियाली।
greet (ग्रीट) *v.* 1. to address in a friendly

and respectful way, अभिवादन करना। 2.

greeting (ग्रीटिंग) ***n.*** a form of words or gestures used to greet a person, अभिवादन।

grenade (ग्रिनेड) ***n.*** a small bomb designed to be thrown by hand, हथगोला।

grey (ग्रे) ***adj.*** 1. of the colour like black mixed with white, स्लेटी, धूसर, मटमैला। 2. having grey hair, पके हुए या सफ़ेद बालोंवाला।

grid (ग्रिड) ***n.*** 1. a grating, जाली।

grill (ग्रिल) ***n.*** a cooking utensil made of parallel bars, जाली। to question closely and relentlessly, कड़ी पूछताछ करना।

grim (ग्रिम) severe, stern, कठोर, कड़ा, सख़्त। terrible, भयंकर, डरावना।

grin (ग्रिन) ***v.*** to smile broadly, दाँत निपोरना। ***n.*** the act of grinning, दाँत निपोरने की क्रिया या भाव, भद्दी हँसी, खीसें निपोरना।

grind (ग्राइन्ड) ***v.*** to crush into fine particles, पीसना, दलना। ***n.*** the act of grinding, पिसाई, दलाई, रगड़ाई, सान चढ़ाई।

grinder (ग्राइन्डर) ***n.*** 1. one who grinds, पीसने या दलनेवाला, सान धरनेवाला। 2. an electric apparatus that grinds, ग्राइन्डर, पीसने की मशीन, चक्की।

grip (ग्रिप) ***n.*** 1. a tight hold, पकड़। the understanding, समझ, बोध। to hold the interest or attention of, आकृष्ट या मंत्रमुग्ध करना।

grit (ग्रिट) ***n.*** 1. small particles of stone, रोड़ी, बजरी। 2. courage, साहस, जीवट।

grocer (ग्रोसर) ***n.*** a dealer in household supplies, बनिया, परचूनिया, पंसारी।

groom (ग्रूम) ***n.*** 1. a person employed to look after horses, साईस। 2. a bridegroom, दुल्हा, वर।

gross (ग्रॉस) ***adj.*** 1. heavily built, fat, भारी-भरकम, स्थूल, मोटा। 2. thick, dense, सघन। ***v.*** to earn as total revenue prior to deducting expenses, taxes etc., कुल आय होना, कुल आमदनी होना।

ground (ग्राउन्ड) ***n.*** 1. solid surface of the earth, भूतल, धरातल, 2. soil, earth, ज़मीन, भूमि। ***v.*** 1. to place on the ground, ज़मीन पर रखना या उतारना। 6. to connect to a ground, ज़मीन से जोड़ना।

group (ग्रूप) ***n.*** number of persons or objects considered as a collective unit, ग्रुप, समूह, दल, वर्ग। ***v.*** to form a group, ग्रुप या दल बनाना।

grow (ग्रो) ***v.*** to increase in size, बढ़ना, विकसित होना।

growth (ग्रोथ) ***n.*** the act or process of growing, विकास, वृद्धि।

grumble (ग्रम्बल) ***v.*** to express discontent, असंतोष व्यक्त करना, शिकवा करना। a complaint, शिकायत। 3. rumbling sound, गड़गड़ाहट।

guarantee (गैरन्टी) ***n.*** an agreement to be responsible for the fulfilment of someone else's obligations in the event of default, ज़मानत। ***v.*** 1. to give a guarantee, गारंटी देना। 2. to promise, वचन देना, ज़िम्मा लेना।

guard (गार्ड) ***v.*** 1. to watch over, पहरा देना, निगरानी करना। 2. to protect or defend, रक्षा करना। one who protects, रक्षक, रखवाला।

guardian (गार्डिअन) ***n.*** a person who is legally responsible for the safety and maintenance of a minor or lady, अभिभावक।

guava (ग्वावा) ***n.*** a tree and its fruit, अमरूद।

guess (गेस) ***v.*** to form an estimate based on insufficient information, अंदाज़ करना, अनुमान लगाना।

guest (गेस्ट) ***n.*** a person who receives hospitality at the home of another, अतिथि, मेहमान, अभ्यागत।

guidance (गाइडेन्स) ***n.*** 1. the act of guiding or the state of being guided, मार्गदर्शन। 2. counselling, परामर्श।

guide (गाइड) ***n.*** one who shows the way, मार्गदर्शक। to act as guide to, मार्गदर्शन करना, रास्ता दिखलाना।

guild (गिल्ड) ***n.*** an association of merchants, craftsmen etc., संघ।

gulf (गल्फ़) ***n.*** a large area of sea partially enclosed by land, खाड़ी, गल्फ़।

gun (गन) ***n.*** a weapon that sends bullets from a metal tube, बंदूक या तोप। ***v.*** to shoot with a gun, गोली मारना, तोप से उड़ाना।

gunman (गनमैन) ***n.*** an armed person, बंदूकधारी।

gunpowder (गनपाउडर) ***n.*** an explosive powder, बारूद।

gutter (गटर) ***n.*** a channel at the side of a street for draining off water, नाली, नाला, गंदा नाला।

gym (जिम) ***n.*** a gymnasium, जिमख़ाना।

gymnastics (जिम्नैस्टिक्स) ***n.*** 1. (plu.) athletic exercises, जिमनास्टिक्स, व्यायाम।

gynaecology (गाइनिकॉलोजी) ***n.*** study of the female reproductive system and its diseases, स्त्रीरोग-विज्ञान।

gypsy (जिप्सी) ***n.*** a member of a nomadic tribe, जिप्सी, ख़ानाबदोश।

gyrate (जाइरेट) ***v.*** to revolve, घूमना, चक्कर खाना।

habit (हैबिट) ***n.*** usual behaviour or tendency, आदत, बान, अभ्यास।

habitant (हैबिटेन्ट) ***n.*** an inhabitant, वासी।

habitual (हैबिचुअल) ***adj.*** usual, regular, सामान्य, नियमित। 3. doing something as a habit, आदी, अभ्यस्त।

habituate (हैबिचुएट) ***v.*** to accustom by repetition or exposure, आदी हो जाना, आदत पड़ जाना।

hacksaw (हैकसॉ) ***n.*** a saw used for cutting metal, धातु काटने की आरी।

haemoglobin (हीमोग्लोबिन) ***n.*** a red colouring matter in the blood, हीमोग्लोबिन।

haemorrhage (हेमरिज) ***n.*** flow of blood form ruptured blood vessels, रक्तस्राव।

hailstone (हेलस्टोन) ***n.*** a small ball of hail, ओला।

hair (हेअर) ***n.*** 1. a fine threadlike growth from the skin, बाल, रोआँ, रोम। 2. a covering of such growth, बाल, केशराशि, केश।

haircut (हेअरकट) ***n.*** a shortening of the hair by cutting, केश कर्तन, हजामत।

hair-raising (हेअररेज़िंग) ***adj.*** causing one's hair stand, horrifying, रोमांचक।

hairy (हेअरी) ***adj.*** full of hair, covered with hair, बालों से भरा, बालोंवाला।

half (हाफ़) ***n.*** (plu. halves) either of the two equal parts into which something is divided, आधा भाग, आधा। ***adj.*** being half in amount or quantity, आधा, अर्ध।

half-hearted (हाफ़हार्टिड) ***adj.*** lacking interest or enthusiasm, बेमन से काम करनेवाला या बेमन से किया जानेवाला।

half-time (हाफ़-टाइम) ***n.*** the intermission between halves, आधा समय, मध्यांतर।

hall (हॉल) ***n.*** a large room, बड़ा कमरा,

हाल, विशाल कक्ष।

hallmark (हॉलमार्क) ***n.*** a mark placed on an article of genuineness or high quality, प्रामाणिकता या श्रेष्ठतासूचक चिह्न, निशानी।

halt (हॉल्ट) ***v.*** to cease moving, to stop, रुकना, ठहरना। stopping place, पड़ाव।

halve (हाव) ***v.*** to divide into halves, दो हिस्से करना।

ham (हैम) ***n.*** the back of the thigh and buttock, पुट्ठा। ***v.*** to overact, अस्वाभाविक अभिनय करना, ओवर-एक्टिंग करना।

hammer (हैमर) ***n.*** a hand tool with a heavy head for driving nails, breaking things etc., हथौड़ा, हथौड़ी। ***v.*** to strike with a hammer, हथौड़ी से ठोंका या पीटा जाना।

hand (हैन्ड) ***n.*** 1. the end part of the arm below the wrist, हाथ। workmanship, कारीगरी, कौशल। a unit of four inches used in measuring a horse's height, घोड़े की ऊँचाई नापने का चार अंगुल का नाप, मुट्ठी।

handbag (हैन्डबैग) ***n.*** a bag for holding small personal articles, हैंडबैग।

handbill (हैन्डबिल) ***n.*** a printed notice distributed by hand, हैंडबिल, पर्चा, इश्तहार।

handful (हैन्ड्फ़ुल) ***n*** the quantity that can be held in the hand, मुट्ठी-भर।

handicap (हैन्डिकैप) ***n.*** a disadvantage, कठिनाई, बाधा, असुविधा, अड़ंगा। to hinder, रोकना।

handicraft (हैन्डिक्राफ़्ट) ***n.*** a craft or occupation requiring such skill, हस्तशिल्प, हस्तकला, दस्तकारी।

handkerchief (हैंग्कर्चिफ़) ***n.*** a small square of cloth for wiping the nose, mouth etc., रूमाल।

handle (हैन्डल) ***n.*** a part of an object that is held or manipulated with the hand, मूठ, हत्था, हैंडल। ***v.*** to operate, परिचालन करना, चलाना।

handmade (हैन्डमेड) ***adj.*** made by hand, हस्तनिर्मित।

handout (हैन्डऑउट) ***n.*** 1. anything given to a beggar or poor, भिक्षा, दान। 2. a leaflet, पर्चा, इश्तहार।

handsome (हैन्सम) ***adj.*** beautiful, good-looking, सुंदर, चारु, ख़ूबसूरत।

handwriting (हैन्डराइटिंग) ***n.***. the writing by hand, लिखावट, हस्तलेख, हस्तलिपि।

handy (हैन्डी) ***adj.*** easy to use or handle, सहज, सुगम, उपयोगी। 2. manually adroit, दक्ष, प्रवीण, पटु।

hang (हैंग) ***v.*** (hung, hanging) 1. to fasten from above with no support from below, लटकाना, टाँगना। 2. to be fastened in this way, लटकना, टँगना। ***n.*** 1. the way in which something hangs, लटके होने की अवस्था या भाव, लटकन। 2. the particular meaning, कोई विशिष्ट अर्थ।

hangar (हैंगर) ***n.*** a shed where aircrafts are kept or repaired, विमान-घर।

hanger (हैंगर) ***n.*** a device for hanging a garment on, हैंगर।

hanging (हैंगिंग) ***n.*** an execution by hanging, फाँसी।

hangings (हैंगिंग्स) ***n.*** (plu.) curtains etc. hung on walls, doors, windows etc., परदे तथा लटकाई जानेवाली अन्य चीज़ें।

hangover (हैंगओवर) ***n.*** unpleasant after-effects resulting from drinking too much alcohol, शराब की ख़ुमारी।

happen (हैपन) ***v.*** to take place, घटित होना।

happy (हैपी) ***adj.*** feeling pleasure or joy, ख़ुश, प्रसन्न, सुखी।

harass (हैरस) ***v.*** to annoy or irritate continually, बराबर तंग करना, परेशान कर डालना।

harassment (हैरसमेन्ट) ***n.*** an act of harassing or the state of being harassed, परेशानी, व्यथा, तवालत।

harbour, harbor (हार्बर) ***n.*** 1. a place of shelter for ships, बंदरगाह। 2. a place of shelter, शरणस्थल। ***v.*** to give shelter to, शरण देना। 2. to protect, रक्षा करना।

hard (हार्ड) ***adj.*** resistant to pressure, firm, कड़ा, कठोर, सख़्त। ***adv.*** with great effort, मुश्किल से। 2. heavily, ज़ोर से।

hardhearted (हार्डहार्टिड) ***adj.*** unsympathetic, cold, निर्दय, कठोर।

hardly (हार्डली) ***adv.***with difficulty, मुश्किल से, कठिनाई से। in a hard manner, सख़्ती से।

hardware (हार्डवेअर) ***n.*** metal goods, tools and utensils, धातु के बर्तन तथा उपकरण।

hare (हेअर) ***n.*** a rabbit-like mammal with long ears, खरगोश।

harem (हैरम) ***n.*** part of a house in which (Muslim) women live, हरम, अंत:पुर, रनिवास।

harlot (हार्लट) ***n.*** a prostitute, वेश्या, रंडी।

harm (हार्म) ***n.*** an injury or damage, नुकसान, हानि, क्षति, चोट। ***v.*** to cause harm to, हानि या क्षति करना, चोट पहुँचाना।

harmony (हार्मनी) ***n.*** 1.pleasing and peaceful relationship, मधुर संबंध, समरसता। 2. peacefulness, शांति।

hartal (हरटाल) ***n.*** closing of shops and stopping of work as a sign of dissatisfaction, हड़ताल।

harvest (हार्विस्ट) ***n.*** the act of gathering crops, फ़सल की कटाई, लुनाई। ***v.*** to gather crop, फ़सल की कटाई करना.

harvest moon ***n.*** the full moon in autumn, शरच्चंद्र, शरद् पूर्णिमा।

hassle (हैसल) ***n.*** something troublesome or annoying, कठिन कार्य, मुश्किल काम, परेशानी। ***v.*** to bother or harass, परेशान करना।

haste (हेस्ट) ***n.*** quickness, hurry, शीघ्रता, जल्दी।

hatchery (हैचरी) ***n.*** a place where eggs are hatched, अंडे सेने का स्थान।

hate (हेट) ***v.*** to dislike intensely, घृणा करना, नफ़रत करना।

hawk[1] (हॉक) ***n.*** 1. a bird of prey, बाज़ पक्षी। 2. a hostile or a violent person, आक्रामक व्यक्ति, उग्रवादी। ***v.*** to sell goods in the streets, घर-घर सामान बेचने के लिए जाना, फेरी लगाना।

hawk-eyed (हॉक-आइड) ***adj.*** having very keen eyesight, तीक्ष्ण दृष्टि।

hay (हे) ***n.*** grass or other herbage cut and dried for fodder, सूखी घास, भूसा।

hazard (हैज़र्ड) ***n.*** an obstacle, बाधा, रुकावट।

haze (हेज़) ***n.*** thin mist, धुंध। to become hazy, धुँधला हो जाना।

head (हेड) ***n.*** 1. the upper part of the body consisting of skull and brain, सिर। the brain or mind, मस्तिष्क, मन। ***adj.*** chief, मुख्य। ***v.*** to be at the head of, सबसे आगे होना, अगुआई करना।

headache (हेडिक) ***n.*** 1. a pain of the head, सिरदर्द। 2. a problem or difficulty, समस्या, झमेला, सिरदर्द।

heading (हेडिंग) ***n.*** a word or words written as a title at the top of an article or poem, शीर्षक, हेडिंग।

headland (हेडलैन्ड) ***n.*** the highland jutting out into the sea, शीर्ष भूमि, अंतरीप।

headlight (हेडलाइट) ***n.*** a headlamp, हेडलाइट, हेडलैंप।

headline (हेडलाइन) ***n.*** a boldly printed heading at the top of the front page in a newspaper, मुख्य शीर्षक, सुर्ख़ी, मुख्य समाचार।

headmaster (हेडमास्टर) ***n.*** the principal master of a school, प्रधानाचार्य, प्रधानाध्यापक। [Fem. headmistress,

प्रधानाचार्या, प्रधानाध्यापिका]

head office (हेड ऑफ़िस) ***n.*** the principal office, प्रधान कार्यालय।

headquarters (हेडक्वार्टर्ज़) ***n.*** (plu.) central office of an organisation, मुख्यालय।

heal (हील) ***v.*** to return to health, स्वस्थ हो जाना।

health (हेल्थ) ***n.*** the overall condition of being free from illness, स्वास्थ्य, सेहत।

heap (हीप) ***n.*** a pile or mass of things, ढेर, अंबार। ***v.*** to pile up, ढेर लगाना।

hear (हिअर) ***v.*** to perceive by the ears, सुनना, कान में पड़ना।

heart (हार्ट) ***n.*** the organ inside the chest that pumps blood into the arteries, हृदय, दिल।

heart attack ***n.*** partial failure of the pumping action of the heart, दिल का दौरा।

heart-beat (हार्ट-बीट) ***n.*** the beating of the heart, दिल की धड़कन, धकधक।

heartily (हार्टिली) ***adv.*** in a hearty way, ख़ुशी-ख़ुशी।

heat (हीट) ***n.*** the energy associated with the motion of atoms or molecules, ताप, उष्णता, उष्मा। ***v.*** to make or become hot, गर्म होना या करना, तपना या तपाना।

heatstroke (हीटस्ट्रोक) ***n.*** an illness caused by exposure to sun, लू का लगना, तापाघात।

heaven (हेवन) ***n.*** the abode of God, स्वर्ग, जन्नत, बहिश्त।

heavy (हेवि) ***adj.*** 1. having great weight, भारी, वजनी, बोझिल। large in number or volume, अत्यधिक, बड़ा, भारी।

heavy-hearted (हेवि-हार्टिड) ***adj.*** melancholy, उदास, दुखी।

hectic (हेक्टिक) ***adj.*** full of activities and exciting, चहल-पहल भरा, अति व्यस्त।

hedge (हेज) ***n.*** a closely planted line of bushes or shrubs forming a boundary, बाड़। ***v.*** to surround with a hedge, बाड़ लगाना।

heed (हीड) ***n.*** careful attention, ध्यान, सावधानी। ***v.*** to pay attention to, ध्यान देना, सावधानी बरतना।

heel (हील) ***n.*** 1. the rounded back part of the foot, एड़ी। ***v.*** to tilt to one side, एक ओर झुकना, उलरना।

height (हाइट) ***n.*** the distance from the base to the top of something, ऊँचाई।

heir (ऐअर) ***n.*** one who is legally entitled to inherit the property of another, उत्तराधिकारी, वारिस।

hell (हेल) ***n.*** the place of the dead wicked persons, नरक, दोज़ख़,

help (हेल्प) ***v.*** to assist or aid, सहायता करना, सहयोग देना। ***n.*** aid, assistance, सहायता, सहयोग।

helpline (हेल्पलाइन) ***n.*** a telephone service providing useful help, सेवा केंद्र।

hence (हेन्स) ***adv.*** 1. for this reason, अतः, इसलिए।

henna (हेना) ***n.*** a plant, मेहंदी का पौधा।

henpecked (हेनपेक्ड) ***adj.*** under wife's control, जोरू का ग़ुलाम, पत्नीभक्त।

herb (हर्ब) ***n.*** a soft-stemmed plant used in medicine or as seasoning, जड़ी, बूटी, जड़ी-बूटी।

herd (हर्ड) ***n.*** a large number of animals, पशुओं का झुंड। ***v.*** to group together, झुंड बनाना।

here (हिअर) ***adv.*** at (or in) this place, यहाँ, इस स्थान में (पर), इस जगह।

hereafter (हिअराफ़्टर) ***adv.*** from now on, अब से, आइंदा, आगे से।

hereby (हिअरबाई) ***adv.*** by this means, इसके द्वारा, एतद्द्वारा।

hereditary (हेरिडिटरी) ***adj.*** inherited, passing down by inheritance, पुश्तैनी, आनुवंशिक।

heritage (हेरिटिज) ***n.*** property that is or can be inherited, विरासत, दाय।

hermit (हर्मिट) ***n.*** a holy person who lives alone, तपस्वी, साधु, संन्यासी, एकांतवासी।

hero (हीरो) ***n.*** a man celebrated for his noble or brave deeds, वीर, हीरो।

heroine (हेरोइन) ***n.*** fam. of hero, वीरांगना, नायिका, हिरोइन।

hesitate (हेज़िटेट) ***v.*** to be slow to act or decide, हिचकना, संकोच होना।

hide (हाइड) ***n.*** the skin of an animal, खाल, चर्म। ***v.*** (hid, hidden, hiding) 1. to put or keep out of sight, छिपाना, छिपा रखना।

hide-and-seek (हाइड-एन-सीक) ***n.*** a children's game in which someone tries to find out his or her hidden playmates, आँख-मिचौनी।

high (हाइ) ***adj.*** extending far upward, tall, उच्च, ऊँचा।

highland (हाइलैन्ड) ***n.*** elevated land, उच्च भूमि, पर्वतीय प्रदेश।

highlight (हाइलाइट) ***n.*** an outstanding feature, विशिष्टता। ***v.*** to emphasize, ज़ोर देना।

high-rise (हाइ-राइज़) ***n.*** a multi-storied building, अट्टालिका, ऊँची इमारत। ***adj.*** very tall, बहुत ऊँचा।

high tide ***n.*** the highest level of the tide, ज्वार।

highway (हाइवे) ***n.*** a main public road, राजमार्ग, जनपथ।

highwayman (हाइवेमैन) ***n.*** one who robs passing travellers, राहज़न, बटमार, लुटेरा।

hijack (हाइजैक) ***v.*** to seize forcibly, अपहरण करना।

hilarious (हिलेरिअस) ***adj.*** noisily merry, हर्ष-भरा, उल्लासपूर्ण।

hill (हिल) ***n.*** a raised part of the earth's surface, पहाड़ी।

hillock (हिलॉक) ***n.*** a small hill, टीला।

hint (हिन्ट) ***n.*** a slight or indirect suggestion, परोक्ष संकेत, इशारा। ***v.*** to give a hint, इशारा करना।

hip (हिप) ***n.*** The fleshy part of either side of human body above the legs, कूल्हा, नितंब।

hippopotamus (हिपोपॉटिमस) ***n.*** a large African quadruped, दरियाई घोड़ा।

hire (हाइर) ***v.*** to get the use of something on payment, किराए पर लेना, भाड़े पर लेना। ***n.*** the act of hiring, किराए पर देना।

hiss (हिस) ***n.*** a hissing sound, सीसी, सिसकारी, फुफकार। ***v.*** 1. to make a hiss, सिसकारी भरना, फुफकारना।

historian (हिस्टोरिअन) ***n.*** an expert in history, इतिहासवेत्ता, इतिहासज्ञ।

history (हिस्टरी) ***n.*** a chronological record of events, इतिहास, तवारीख़।

hit (हिट) ***v.*** to give a blow, to strike, आघात या प्रहार करना, मारना। ***n.*** 1. a blow or strike, आघात, प्रहार, मार। 2. a shot that hits the target, निशाना। 3. a successful performance, सफल प्रदर्शन, सफल कार्यक्रम।

hither (हिदर) ***adv.*** toward this place, इधर।

hive (हाइव) ***n.*** a structure or container for bees to live in, छत्ता या मधुपेटी। to gather, संग्रह करना।

hoarding (होर्डिंग) ***n.*** the act or practice of accumulating, संचयन, संचयवृत्ति, जमाख़ोरी।

hobby (हॉबी) ***n.*** an occupation or activity carried on for pleasure, शौक़, शुग़ल, रुचि।

hold (होल्ड) *v.* to stop or detain in custody, रोकना, रोके रखना, क़ब्ज़े में रखना। *n.* the act of holding, पकड़, नियंत्रण, संभाल।

hole (होल) *n.* 1. a cavity, छेद, सुराख़, छिद्र। 2. an animal's burrow, बिल, विवर या माँद।

holiday (हॉलिडे) *n.* a day of rest, छुट्टी का दिन, अवकाश-दिवस, छुट्टी। *v.* to have a period of holiday, छुट्टियाँ मनाना।

hollow (हॉलो) *adj.* 1. having an empty space inside, खोखला, पोला। *v.* to make hollow, खोखला बनाना, खोखला कर देना।

holy (होली) *adj.* sacred, पवित्र, पावन।

home (होम) *n.* a dwelling place, घर, मकान, निवास। *v.* to go home, घर लौटना।

homeland (होमलैन्ड) *n.* one's native land, स्वदेश।

homely (होमली) *adj.* 1. simple or plain, सीधा-सादा।

homesick (होमसिक) *adj.* longing for home, जिसे घर की याद सता रही हो, गृहासक्त।

homework (होमवर्क) *n.* 1. work to be done at home, गृहकार्य, घर का काम।

homicide (होमिसाइड) *n.* murder, मानव-वध, नरहत्या।

homosexual (हॉमोसेक्सुअल) *adj.* one who is sexually attracted to the members of the same sex, समलिंगकामी, होमोसेक्सुअल।

honest (ऑनिस्ट) *adj.* truthful, upright, सच्चा, ईमानदार, निष्कपट।

honesty (ऑनिस्टी) *n.* the state or quality of being honest, ईमानदारी।

honey (हनी) *n.* a sweet syrupy substance made by bees, शहद, मधु।

honeybee (हनीबी) *n.* a bee that makes honey, मधुमक्खी।

honeymoon (हनीमून) *n.* the period spent together by a newly-married couple, नवदंपती की विहार-वेला, अभिसारकाल।

honorary (ऑनरेरी) *adj.* given as an honour, मानद, सम्मानार्थ।

honour, honor (ऑनर) *n.* great respect, मान, सम्मान, समादर। *v.* to respect greatly, आदर करना।

hook (हुक) *n.* 1. a curved device for holding or catching something, हुक, टेढ़ा काँटा।

hookworm (हुकवर्म) *n.* a worm with hooked mouth parts that infest the intestines, अंकुशकृमि।

hoot (हूट) *n.* the cry of an owl, उल्लू की आवाज़, घूघू। to make a jeering or contemptuous cry, हो-हो करना, हूट करना।

hope (होप) *v.* to wish for something expected, आशा करना, उम्मीद करना। *n.* 1. a desire for certain events to happen, आशा, उम्मीद।

horde (होर्ड) *n.* a throng, झुंड, दल, भीड़।

horizontal (हॉरिज़ॉन्टल) *adj.* parallel to the horizon or ground, क्षैतिज, पट।

horn (हॉर्न) *n.* 1. a hard pointed outgrowth found in a pair on the heads of certain animals, सींग।

horoscope (हॉरस्कोप) *n.* the diagram showing the position of stars at the time of someone's birth, जन्मपत्री, जन्मकुंडली।

horrible (हॉरिबल) *adj.* causing horror, भयावह, भयानक।

horror (हॉरर) *n.* a feeling of disgust and fear, त्रास, दहशत, आतंक।

horse (हॉर्स) *n.* 1. a four legged mammal used for riding and drawing vehicles, घोड़ा, अश्व।

horsepower (हॉर्सपॉवर) *n.* a unit for measuring the power equal to 746 watts, अश्वशक्ति।

horticulture (हॉर्टिकल्चर) *n.* the science or art of cultivating fruits, vegetables, flowers etc. in the garden, बाग़वानी, उद्यान-विद्या, उद्यान-कृषि।

host (होस्ट) *n.* one who entertains guests, मेज़बान, आतिथेय। *n.* a large number of things or people, समूह।

hostage (हॉस्टिज) *n.* a person abducted or held as security by an enemy, शत्रु द्वारा अपहृत या बंधक बनाया हुआ व्यक्ति, बंधक।

hotchpotch (हॉचपॉच) *n.* a medley or mixture, घाल-मेल, खिचड़ी।

house (हाउस) *n.* a building used as dwelling, घर, मकान, आवास। *v.* 1. to provide residential quarters for, रहने के लिए आवास सुलभ कराना। 2. to provide space for storing, जगह निकालना या देना।

hub (हब) *n.* 1. the central part of a wheel, हब, चक्रनाभि, नाभि। 2. a centre of activity or interest, केंद्रस्थल, केंद्रबिंदु।

huddle (हडल) *v.* to crowd together, जमघट लगाना, भीड़ लगाना। 2. to pile up, ढेर लगाना।

hug (हग) *v.* to embrace tightly, छाती से कसकर लगाना, बाँहों में भर लेना।

huge (ह्यूज) *adj.* extremely large, बहुत बड़ा, विशाल।

hum (हम) *v.* to make a low sound as bees do, भिनभिन करना, भिनभिनाना, गुनगुनाना। *n.* a humming sound, भिनभिन, गुनगुनाहट।

human (ह्यूमन) *adj.* of or concerning a person or persons, मानवीय, मानुषिक, इन्सानी। *n.* a human being, मनुष्य, मानव, इन्सान।

humanity (ह्यूमेनिटी) *n.* the quality or state of being humane, मानवता।

humble (हम्बल) *adj.* not self-assertive, modest, विनम्र, विनीत। *v.* 1. to lower in pride, नीचा दिखाना, हेकड़ी भुला देना।

humidity (ह्यूमिडिटी) *n.* the amount of moisture in the air, आर्द्रता, नमी।

humour, humor (ह्यूमर) *n.* 1. the quality of being amusing, विनोद। *v.* to keep (a person) contended by doing as he or she wishes, संतुष्ट करना, का मन रखना।

hunger (हन्गर) *n.* a strong desire for food, भूख। to have a strong desire, लालसा होना।

hungry (हन्ग्री) *adj.* feeling hunger, wanting or needing food, भूखा।

hunter (हन्टर) *n.* 1. one who hunts, शिकारी। [fem. huntress]

hurricane (हरिकेन) *n.* a violent cyclone with heavy rains, तूफ़ान।

hurt (हर्ट) *v.* (hurt, hurting) to cause injury or damage to, चोट या क्षति पहुँचाना।

husband (हज़्बेन्ड) *n.* a man to whom a woman is married, पति, शौहर। *v.* to manage economically, किफ़ायत से प्रबंध करना।

husbandry (हज़्बेन्ड्री) *n.* farming, खेती-बारी।

hybrid (हाइब्रिड) *adj. & n.* (the offspring) of two animals or plants of different race, संकर, दोगला।

hyena (हाईना) *n.* an animal of wolf family, लकड़बग्घा।

hypertension (हाइपरटेन्शन) *n.* abnormally high blood pressure, असामान्य रूप से उच्च रक्तचाप, अतिरक्तचाप।

hypnotism (हिप्नॉटिज़म) *n.* the act of inducing hypnosis, सम्मोहन क्रिया।

hysteria (हिस्टिरिआ) *n.* 1. a nervous disorder of women, मूर्च्छा, उन्माद।

I

ice (आइस) *n.* water in frozen state, बर्फ़।
ice age *n.* the glacial epoch, हिमयुग।
iceberg (आइसबर्ग) *n.* a large piece of ice floating in the sea, हिमशैल, आइसबर्ग।
ID Card *n.* an identity card, परिचय-पत्र।
idea (आइडीआ) *n.* 1. a thought or opinion, mental impression, विचार, मत या बात। 2. a plan, योजना।
ideal (आइडीअल) *adj.* perfect or standard, आदर्श, मानक।
identification (आइडेन्टिफ़िकेशन) *n.* the act of identifying or the state of being identified, पहचान, शिनाख़्त।
identity (आइडेन्टिटी) the set of characteristics by which a person is known, पहचान, अभिज्ञान।
ideology (आइडिऑलोजी) *n.* a body of ideas that form the basis of a theory, विचारधारा, मतवाद।
idiom (इडिअम) *n.* 1. a phrase having a special meaning different from the meanings of the individual words, मुहावरा।
idiot (इडिअट) *n.* a person of weak intellect, stupid person, मंदबुद्धि या मूढ़ व्यक्ति।
idle (आइडल) *adj.* inactive, lazy, अक्रिय, सुस्त, आलसी। *v.* to pass time without working, व्यर्थ समय गँवाना।
idol (आइडल) *n.* an image used as object of worship, मूर्ति, प्रतिमा, देवप्रतिमा.
i.e. (आइ.ई.) *abbrev.* that is to say, अर्थात्।
igloo (इग्लू) *n.* a house built of blocks of ice, हिमकुटी।
ignorant (इग्नरेन्ट) *adj.* wanting in knowledge, अनभिज्ञ, अज्ञ, अनाड़ी, अनजान.
ignore (इग्नोर) *v.* to take no notice of, अनदेखी करना।
ill (इल) *adj.* (worse, worst) unwell, sick, अस्वस्थ, बीमार, रुग्ण। evil, बुराई।
illegal (इलीगल) *adj.* prohibited by law, not legal, अवैध, गैरक़ानूनी।
illiteracy (इलिटरेसी) *n.* the state of being illiterate, निरक्षरता, अशिक्षा।
illiterate (इलिटरिट) *adj.* not literate, बेपढ़ा-लिखा, अनपढ़, निरक्षर। *n.* an illiterate person, निरक्षर व्यक्ति।
ill-mannered (इल-मैनर्ड) *adj.* having bad manners, उजड्ड, अशिष्ट, बदतमीज़।
illness (इलनिस) *n.* the state of being ill, sickness, बीमारी, रोग।
illuminate (इल्यूमिनेट) *v.* to light up, रोशन करना, प्रदीप्त करना।
illusion (इल्यूज़न) *n.* a false perception or belief, भ्रम, भ्रांति।
image (इमिज) *n.* 1. a picture or appearance, चित्र, आकृति। something very like another in appearance, प्रतिरूप, प्रतिच्छाया, प्रतिबिंब।
imaginary (इमैजिनरी) *adj.* existing only in imagination, काल्पनिक, मनगढ़ंत।
imagine (इमैजिन) *v.* to think, सोचना, विचार करना।
imbalance (इम्बैलेन्स) *n.* lack of balance, असंतुलन।
imitate (इमिटेट) *v.* to copy the appearance, action, sounds (of someone, किसी की) नक़ल उतारना, नक़ल करना, अनुकरण करना।
immature (इमैच्योर) *adj.* not mature or ripe, अप्रौढ़, अपरिपक्व।
immediate (इमीडिएट) *adj.* occuring without delay, instant, तात्कालिक, फ़ौरी, अविलंब।
immense (इमेन्स) *adj.* very large, असीम, विशाल।
immigrant (इमिग्रेन्ट) *adj.* immigrating, आप्रवासी। *n.* a person who has immigrated, आप्रवासी।
immobile (इमोबाइल) *adj.* not moving, immovable, अचल, स्थिर।
immoral (इमॉरल) *adj.* morally wrong, अनैतिक, अनुचित।
immortal (इमॉर्टल) *adj.*living for ever, शाश्वत, अमर, सनातन।
immovable (इमूवेबल) *adj.* that cannot be moved, अचल, स्थावर।
immune (इम्यून) *adj.* protected against infection, (छूत से) निरापद, प्रतिरक्षित।
impact (इम्पैक्ट) *n.* 1. a shock, धक्का, आघात। 2. a collision, टक्कर।
impassable (इम्पासेबल) *adj.* which cannot be travelled over or crossed, दुर्गम।
impeach (इम्पीच) *v.* to charge a public official with mis-conduct before a proper tribunal, महाभियोग लगाना, अभियोग लगाना।
impeachment (इम्पीचमेन्ट) *n.* the act of impeaching or the state of being impeached, महाभियोग, अभियोजन।
impel (इम्पेल) *v.* to urge or incite, प्रेरित या उत्तेजित करना।
imperial (इम्पीरिअल) *adj.* of an empire, साम्राज्य-संबंधी।
implant (इम्प्लान्ट) *v.* to insert surgically, शल्यकर्म द्वारा लगाना, बैठाना या रोपना।
implement (इम्प्लिमेन्ट) *n.* a tool or instrument, उपकरण, औज़ार।
implement[2] *v.* to put into practice, अमल में लाना, कार्यान्वित करना।
import (इम्पोर्ट) *v.* to bring in from a foreign country, आयात करना। meaning, significance, अर्थ, अभिप्राय, आशय। 3. importance, महत्त्व।
importance (इम्पॉर्टेन्स) *n.* the state or quality of being important, महत्त्व।
important (इम्पॉर्टेन्ट) *adj.* of great consequence, महत्त्वपूर्ण। **importer** (इम्पोर्टर) *n.* one who imports goods from other countries, आयातकर्ता।
impose (इम्पोज़) *v.* to levy, लगाना, अधिरोपित करना।
impossible (इम्पॉसिबल) *adj.* not possible, असंभव।
impotence (इम्पोटेन्स) *n.* weakness, कमज़ोरी, अशक्तता।
impotent (इम्पोटेन्ट) *adj.* powerless, अशक्त, शक्तिहीन, असहाय।
impractical (इम्प्रैक्टिकल) *adj.* not practical, अव्यावहारिक, अव्यवहारशील।
impregnate (इम्प्रेग्नेट) *v.* to fill or infuse, भरना, पूरित करना, अंतर्वेशित करना।
impress (इम्प्रेस) *v.* to produce a favourable effect or influence on, प्रभावित करना।
impressive (इम्प्रेसिव) *adj.* making a strong impression, प्रभावपूर्ण, प्रभावोत्पादक।
imprisonment (इम्प्रिज़नमेन्ट) *n.* the act of imprisoning or the state of being imprisoned, कारावास, क़ैद।
improper (इम्प्रॉपर) *adj.* 1. not proper, अनुचित। indecent, अशोभनीय, भद्दा।
improve (इम्प्रूव) *v.* to become better, अच्छा होना, सुधरना।
improvement (इम्प्रूवमेन्ट) *n.* the act of improving or the state of being improved, सुधार, उन्नति।
impure (इम्प्योर) *adj.* 1. not pure, अशुद्ध, मिलावटी। 2. immoral, अनैतिक।
impurity (इम्प्योरिटी) *n.* the state or quality of being impure, अशुद्धता, मिलावट।
inability (इनेबिलिटी) *n.* lack of ability, अयोग्यता, असमर्थता।
inaccurate (इनैक्युरेट) *adj.* not accurate, incorrect, अशुद्ध, ग़लत।
inactive (इनैक्टिव) *adj.* not active,

निष्क्रिय, अक्रिय, निठल्ला।

inadequate (इनैडिक्विट) *adj.* not adequate, अपर्याप्त, अयथेष्ट, नाकाफ़ी।

inattentive (इनटेन्टिव) *adj.* not paying attention, असावधान, बेख़बर, लापरवाह।

inaugurate (इनॉग्युरेट) *v.* to open formally, उद्‌घाटन करना, आरंभ करना।

inbred (इनब्रेड) *adj.* inborn, जन्मजात, नैसर्गिक।

incapable (इन्कैपेबल) *adj.* not capable, असमर्थ, अक्षम, अयोग्य।

incarnation (इन्कार्नेशन) *n.* the act of incarnating or the state of being incarnated, देहधारण, मानव शरीर में अवतरण।

incentive (इन्सेन्टिव) *n.* something that incites or encourages to an action, प्रोत्साहन, प्रोत्साहन देनेवाली वस्तु या बात।

incharge (इन्चार्ज) *n.* one having the charge, इंचार्ज, प्रभारी।

incidence (इन्सिडेन्स) *n.* the act or fact of falling upon, आपात, आपतन।

incite (इन्साइट) *v.* to provoke to action, उत्तेजित करना, उकसाना, भड़काना।

incline (इन्क्लाइन) *v.* to slant, bend or bow, झुकना या झुकाना। *n.* a slope, ढाल।

include (इन्क्लूड) *v.* to have as part of a whole, शामिल करना, समाविष्ट करना।

income (इन्कम) *n.* money earned, आय, आमदनी।

incompatible (इन्कम्पैटिबल) *adj.* not compatible, बेमेल, असंगत।

incompetent (इन्कॉम्पिटेन्ट) *adj.* not competent, अयोग्य, अक्षम।

incomplete (इन्कम्प्लीट) *adj.* not complete, अधूरा, अपूर्ण।

inconsiderable (इन्कन्सिडरेबल) *adj.* unimportant, नगण्य, महत्त्वहीन।

inconvenience (इन्कन्वीन्यन्स) *n.* lack of convenience, असुविधा, कष्ट। *v.* to cause inconvenience, असुविधा उत्पन्न करना, कष्ट देना।

increase (इन्क्रीस) *v.* to become larger or greater, बढ़ना, वृद्धि होना। *n.* the act of increasing or the state of being increased, बढ़ती, वृद्धि। amount by which something increases, बढ़ोतरी, वृद्धि।

incredible (इन्क्रेडिबल) *adj.* not credible, अविश्वसनीय।

increment (इन्क्रिमेन्ट) *n.* an increase, बढ़ती, बढ़ोतरी।

incurable (इन्क्यूरेबल) *adj.* that cannot be cured, असाध्य, अचिकित्स्य।

incursion (इन्कर्शन) *n.* 1. a sudden attack, धावा, चढ़ाई। 2. a raid, छापा।

indebted (इन्डेटिड) *adj.* owing money, ऋणी, कर्ज़दार।

indefinite (इन्डेफ़िनिट) *adj.* not definite or fixed, अनिश्चित, अस्पष्ट।

indent (इन्डेन्ट) *v.* to set back the first line of a paragraph further from the margin, हाशिया छोड़कर नए पैरे की पहली पंक्ति आरंभ करना।

indicate (इन्डिकेट) *v.* to point out, संकेत करना, इंगित करना, बतलाना।

indication (इन्डिकेशन) *n.* something that indicates, संकेत, चिह्न, लक्षण।

indicator (इन्डिकेटर) *n.* anything that indicates, सूचक।

indifference (इन्डिफ़रेन्स) *n.* disinterestedness, उदासीनता।

indigenous (इन्डिजनस) *adj.* born or living naturally in an area, देशी, स्वदेशी।

indignity (इन्डिग्निटी) *n.* something that injures the dignity, अपमानसूचक कार्य, बात या व्यवहार।

indigo (इन्डिगो) *n.* a deep blue dye, नील।

indivisible (इन्डिविज़िबल) *adj.* not divisible, अविभाज्य।

induction (इन्डक्शन) *n.* the act of inducting or the state of being inducted, पद पर बैठाना, पदारोहण।

Indus (इन्डस) *n.* a river now flowing in Pakistan, सिंधु नदी।

industrial (इन्डस्ट्रिअल) *adj.* pertaining to or used in industry, उद्योग-संबंधी, औद्योगिक।

industry (इन्डस्ट्री) *n.* a unit of manufacture or trade, उद्योग।

inedible (इनेडिबल) *adj.* not edible, न खाने योग्य, अखाद्य।

ineffective (इनिफ़ेक्टिव) *adj.* not effective, अप्रभावी, बेअसर।

inefficient (इनिफ़िशन्ट) *adj.* not efficient, अकुशल, अदक्ष।

inept (इनेप्ट) *adj.* 1. not ept, unsuitable. अनुपयुक्त। 2. lacking skill, अकुशल।

inexpensive (इनिक्स्पेन्सिव) *adj.* not expensive, सस्ता, कम दाम का।

infant (इन्फ़ेन्ट) *adj.* a child in the earliest period of its life, बच्चा, शिशु, बाल।

infantry (इन्फेन्ट्री) *n.* foot soldiers collectively, पैदल सेना।

infect (इन्फ़ेक्ट) *v.* to contaminate with bacteria, कीटाणुग्रस्त होना।

inferior (इन्फ़ीरिअर) *adj.* lower in quality or importance, घटिया, निकृष्ट।

inferiority complex *n.* a strong and persistent feeling of inferiority, हीनभावना, हीनत्व।

infinity (इन्फिनिटी) *n.* the state or quality of being infinite, असीमता, अनंतता।

inflame (इन्फ़्लेम) *v.* to set on fire, जलाना।

inflammable (इन्फ़्लैमेबल) *adj.* 1. flammable, ज्वलनशील।

influence (इन्फ़्लुएन्स) *n.* the power to produce an effect on others, प्रभाव, असर। *v.* to have an influence on, प्रभाव डालना, असर डालना।

informal (इन्फॉर्मल) *adj.* not formal, अनौपचारिक।

information (इन्फ़र्मेशन) *n.* something told, सूचना, इत्तला।

infrastructure (इन्फ्रास्ट्रक्चर) *n.* subordinate parts that form the basis of an enterprise, आधार-तंत्र, आधारभूत ढाँचा।

infringement (इन्फ्रिन्जमेन्ट) *n.* the act of infringing or the state of being infringed, उल्लंघन, अतिलंघन, अतिक्रमण।

ingenious (इन्जीन्यस) *adj.* 1. having genius, clever, प्रतिभाशाली, मेधावी। 2. cleverly contrived, प्रतिभाजन्य, कौशलपूर्ण।

ingest (इन्जेस्ट) *v.* to take in by swallowing, खाना, निगलना। shameful, लज्जास्पद, लज्जाजनक।

inhabit (इन्हैबिट) *v.* to live in, निवास करना, रहना, बसना।

inhale (इन्हेल) *v.* to breathe in, साँस लेना, कश लेना।

inheritance (इन्हेरिटेन्स) *n.* the act of inheriting or something inherited, उत्तराधिकार, विरासत।

inhibit (इन्हिबिट) *v.* to check or prohibit, रोकना, मना करना।

inhospitable (इन्हॉस्पिटेबल) *adj.* not hospitable, असत्कारी, आवभगत न करनेवाला।

inhuman (इन्ह्यूमन) *adj.* lacking human qualities, अमानवीय, अमानुषिक।

initial (इनिशल) *adj.* pertaining to or occurring in the beginning, आरंभिक.

inject (इन्जेक्ट) *v.* to force into the body by a syringe, सुई लगाना.

injure (इन्जर) *v.* to cause harm or damage, आघात या चोट करना, हानि या क्षति पहुँचाना।

injury (इन्जरी) *n.* (plu. injuries) a wound or harm done, घाव, चोट।

injustice (इन्जस्टिस) *n.* lack of justice or an unjust action, अन्याय।

ink (इन्क) *n.* a coloured liquid used in writing, स्याही, मसी।

inmate (इन्मेट) *n.* a resident in a building, घर में रहनेवाला, गृहवासी।

inn (इन) *n.* a tavern, सराय।

inner (इनर) *adj.* interior, भीतरी, अंतर्वर्ती, अंदरूनी।

innocence (इनोसेन्स) *n.* the quality or state of being innocent, निरीहता, निर्दोषता, निष्पापता, भोलापन।

innocent (इनोसेन्ट) ***adj.*** sinless, guiltless, बेगुनाह, निष्पाप, निरपराध।

innovate (इनोवेट) ***v.*** to introduce a new process, नया ढंग निकालना, नई राह निकालना।

innovation (इनोवेशन) ***n.*** 1. the act of innovating, नवीनीकरण, नवप्रवर्तन।

inoperative (इनॉपरेटिव) ***adv.*** not working, not functioning, अक्रिय, बंद, निष्क्रिय।

inquest (इन्क्वेस्ट) ***n.*** an investigation, जाँच।

inquire (इन्क्वाइर) ***v.*** to ask about, पूछ-ताछ करना।

insect (इन्सेक्ट) ***n.*** a tiny creature with wings and six legs, कीट, कीड़ा।

insecticide (इन्सेक्टिसाइड) ***n.*** a substance for killing insects, कीटनाशक पदार्थ।

insecure (इन्सिक्योर) ***adj.*** not secure, unsafe, अरक्षित, असुरक्षित।

insensibility (इन्सेन्सिबिलिटी) ***n.*** the state or quality of being insensible, संवेदनशून्यता; बेहोशी; उदासीनता।

insert (इन्सर्ट) ***v.*** to put or place in, डालना, जोड़ना या बैठाना, अंत:स्थापित करना।

inside (इन्साइड) ***n.*** the inner side or part, भीतरी भाग।

insoluble (इन्सॉल्युबल) ***adj.*** that cannot be solved, जिसका समाधान या निपटारा न हो सके।

insomnia (इन्सॉम्निआ) ***n.*** chronic inability to sleep, नींद न आने का रोग, अनिद्रा।

inspection (इन्स्पेक्शन) ***n.*** the act of inspecting, निरीक्षण, मुआयना।

inspire (इन्स्पाइर) ***v.*** to stimulate to creativity or action, प्रेरित करना, प्रेरणा देना।

installation (इन्स्टॉलेशन) ***n.*** the act of installing or something being installed, प्रतिष्ठापन, (मशीन, यंत्र आदि का) लगाना।

instalment (इन्स्टॉलमेन्ट) ***n.*** one of several successive payments of a debt, किस्त।

instance (इन्स्टेन्स) ***n.*** a case or example, उदाहरण। ***v.*** to cite, उदाहरण देना, उद्धृत करना।

instant (इन्स्टेन्ट) ***n.*** a moment, क्षण, पल। ***adj.*** without delay, तात्कालिक, अविलंब,

instead (इन्स्टेड) ***adv.*** as an alternative, बदले में।

institute (इन्स्टिट्यूट) ***v.*** to found, प्रवर्तित करना, संस्थापित करना। ***n.*** an organization promoting educational, social and other activities, संस्थान।

instruct (इन्स्ट्रक्ट) ***v.*** to teach or educate, सिखाना, शिक्षित करना।

insubordinate (इन्सबॉर्डिनिट) ***adj.*** disobedient, अवज्ञाकारी या अवज्ञापूर्ण।

insulate (इन्सुलेट) ***v.*** 2. to detach, अलग करना, विद्युत-रोध या ताप-रोध करना।

insulin (इन्सुलिन) ***n.*** a harmone that controls the absorption of sugar by the body, इन्सुलिन।

insurance (इन्शुअरेन्स) ***n.*** a system of protection against risk, harm or damage, इन्शोरेन्स, बीमा।

integration (इन्टिग्रेशन) ***n.*** the act of integrating or the state of being integrated, एकीकरण, समन्वयन।

integrity (इन्टेग्रिटी) ***n.*** 1. strict personal honesty, ईमानदारी, निष्ठा।

intellectual (इन्टिलेक्चुअल) ***adj.*** 1. of or relating to the intellect, बुद्धिगत, बौद्धिक।

intense (इन्टेन्स) ***adj.*** existing in high degree, very great or severe, तीव्र, तेज़, प्रचंड।

intensity (इन्टेन्सिटी) ***n.*** the quality of being intense, तेज़ी, तीव्रता, ज़ोर, प्रबलता।

intention (इन्टेन्शन) ***n.*** a plan or design to achieve something, आशय, इरादा, परिकल्पना, धारणा।

interact (इन्टर्एक्ट) ***v.*** 1. to have an effect on each other, एक दूसरे को प्रभावित करना।

interaction (इन्टर्ऐक्शन) ***n.*** reciprocal action, पारस्परिक क्रिया या व्यवहार, अन्योन्यक्रिया।

intercaste (इन्टर्कास्ट) ***adj.*** between the castes, अंतर्जातीय।

interfere (इन्टर्फ़िअर) ***v.*** to intervene in the affairs of others, हस्तक्षेप करना, दख़ल देना।

interlock (इन्टर्लॉक) ***v.*** to lock together, एक साथ जोड़ या बाँध देना।

interlocutor (इन्टर्लॉक्यूटर) ***n.*** a person taking part in a conversation, वार्तालाप करनेवाला, वार्तालापी।

intermediate (इन्टर्मीडिएट) ***adj.*** coming or lying in between two things in time, place or order, मध्यवर्ती, माध्यमिक।

intern (इन्टर्न) ***n.*** a doctor serving as assistant and undergoing practical training, प्रशिक्षणाधीन चिकित्सक। ***v.*** to detain in wartime, युद्धकाल में बंदी बनाना।

interrogation (इन्टेरोगेशन) ***n.*** the act of interrogating or the state of being interrogated, पूछ-ताछ, प्रश्न पूछना।

interrupt (इन्टरप्ट) ***v.*** to break the continuity, क्रमभंग करना, विच्छिन्न करना, व्यवधान डालना।

intervene (इन्टर्वीन) to come between and hinder, बीच में आकर बाधा पहुँचाना, हस्तक्षेप करना।

interview (इन्टर्व्यू) ***v.*** to hold an interview with, साक्षात्कार लेना, इंटरव्यू लेना।

intimate (इन्टिमेट) ***adj.*** very close, familiar, आत्मीय, अंतरंग, घनिष्ठ. ***v.*** to make known, अवगत करना, सूचना देना, प्रज्ञापित करना।

intimation (इन्टिमेशन) ***n.*** a formal notification, सूचना, प्रज्ञापन।

intolerance (इन्टॉलरेन्स) ***n.*** lack of tolerance, असहिष्णुता, असहनशीलता।

intricate (इन्ट्रिकेट) ***adj.*** very complicated, पेचीदा, जटिल।

introduce (इन्ट्रड्यूस) ***v.*** to present formally, पेश करना, प्रस्तुत करना।

invade (इन्वेड) ***v.*** to enter by force in order to conquer, चढ़ाई करना, धावा बोलना, आक्रमण करना।

invalid (इन्वैलिड) ***adj.*** not valid, अमान्य।

invalidity (इन्वैलिडिटी) ***n.*** lack of validity, अमान्यता।

invasion (इन्वेज़न) ***n.*** the act of invading or the state of being invaded, आक्रमण।

invention (इन्वेन्शन) ***n*** something invented, आविष्कार।

inverse (इन्वर्स) ***adj.*** 1. inverted, reversed, उलटा, औंधा। 2. directly opposite, उलटा, प्रतिलोम।

invest (इन्वेस्ट) ***v.*** to put money to buy securities, property etc., for future benefit, धन (या रुपया) लगाना, विनिधान करना, निवेश करना।

investigation (इन्वेस्टिगेशन) ***n.*** the act of investigating, अन्वेषण, अनुसंधान, खोज।

investment (इन्वेस्टमेन्ट) ***n.*** the act of investing, विनिधान, निवेश।

invitation (इन्विटेशन) ***n.*** the act of inviting, आमंत्रण, न्योता।

invite (इन्वाइट) ***v.*** to request the presence or participation of, निमंत्रित करना, न्योता देना, दावत देना। ***n.*** an invitation, निमंत्रण।

invocation (इन्वोकेशन) ***n.*** 1. an act of invoking, आवाहन, आह्वान, पुकार। 2. a prayer used in invoking, प्रार्थना, विनय।

involve (इन्वॉल्व) ***v.*** to make intricate, उलझाना, पेचीदा बना देना।

inward (इन्वर्ड) ***adj.*** placed within, भीतरी, अंदरूनी।

iris (आइरिस) ***n.*** 1. a rainbow, इंद्रधनुष। 2. a membrane surrounding the pupil of the eye, आँख की पुतली।

iron (आइरन) ***n.*** a very common and useful metal, लोहा। ***v.*** to smooth clothes with an iron, इस्त्री करना, लोहा करना।

irregular (इरेग्युलर) ***adj.*** not regular, contrary to the rule or practice, अनियमित।

irrigate (इरिगेट) ***v.*** to supply land with water by means of streams, pipes etc., सींचना, सिंचाई करना।

irritate (इरिटेट) ***v.*** to make angry or impatient, उत्तेजित करना, क्षुब्ध करना, चिढ़ाना।

issue (इशू) ***n.*** all the copies of a newspaper or magazine printed on a certain date, अंक, संस्करण। 2. an offspring, संतति। 3. the point or topic in question, विवाद विषय, विवाद्यक। to circulate, जारी करना।

itch (इच) ***n.*** a desire to scratch, खुजली। ***v.*** to have an itch, खुजली होना।

itself (इटसेल्फ़) ***pronoun.*** a reflexive form of it, स्वयं।

ivory (आइवरी) ***n.*** the hard white substance forming the tusks of elephants, हाथी दाँत।

jackal (जैकॉल) ***n.*** a mammal related to the dog family, गीदड़, सियार।

jam (जैम) ***v.*** 1. to fill to excess, ठूँसना या ठूँसा जाना। 2. to block, अवरुद्ध कर देना या हो जाना। ***n.*** a sweet substance made by boiling fruit with sugar, जैम, मुरब्बा।

jasmine (जैस्मिन) ***n.*** a shrub with small fragrant flowers, चमेली।

jaundice (जॉन्डिस) ***n.*** a disease in which skin, eyes, urine etc., become yellowish, पीलिया, कमल रोग, कामला।

javelin (जैवलिन) ***n.*** a light spear, बरछा, भाला।

jealous (जेलस) ***adj.*** envious, grudging, ईर्ष्यालु, जलनेवाला।

jerk (जर्क) ***n.*** an abrupt movement, झटका। ***v.*** to push, pull or throw with a jerk, झटकना, झटका देना।

jest (जेस्ट) ***n.*** joke, मज़ाक, परिहास, दिल्लगी। ***v.*** to joke, मज़ाक करना, परिहास करना।

jeweller, jeweler (जूअलर) ***n.*** one who deals in jewellery, जौहरी।

job (जॉब) ***n.*** 1. a specific piece of work or task, जॉब, फुटकर काम, कार्य, मज़दूरी। 2. a duty, कर्तव्य।

jog (जॉग) ***v.*** to run slowly for physical exercise, धीरे-धीरे दौड़ना, जॉगिंग करना। ***n.*** a slight push or nudge, हलका धक्का, झटका, झकोरा।

join (जॉइन) ***v.*** 1. to bring together, to connect, मिलाना, जोड़ना, संयोजित करना। to begin work, कार्यारंभ करना, नौकरी शुरू करना, कार्यभार ग्रहण करना।

joint (जॉइन्ट) ***n.*** a place or point at which two or more things are joined, जोड़, गाँठ। ***adj.*** shared by two or more, संयुक्त, सम्मिलित। ***v.*** to provide with a joint or joints, जोड़ बैठाना या लगाना।

joke (जोक) ***n.*** something said or done to cause laughter, मज़ाक, दिल्लगी, हँसी, चुटकुला। ***v.*** to make jokes, मज़ाक करना।

jolly (जॉली) ***adj.*** cheerful, merry, ख़ुशदिल, ख़ुशमिज़ाज, हँसमुख।

journalist (जर्नलिस्ट) ***n.*** one who is employed in writing for a newspaper, periodical or on television or radio, पत्रकार, अख़बारनवीस।

journey (जर्नी) ***n.*** a trip from one place to another, यात्रा, सफ़र।

joy (जॉइ) ***n.*** a deep feeling of pleasure or happiness, delight, आनंद, हर्ष, प्रसन्नता।

jubilee (जूबिली) ***n.*** a special anniversary, जयंती, जुबली।

judge (जज) ***n.*** one who hears cases in the court of law, न्यायाधीश, जज। ***v.*** to pass judgement on, न्याय करना, फैसला करना।

judgement, judgment (जजमेन्ट) ***n.*** 1. the verdict pronounced by a judge or arbiter, निर्णय, फैसला।

judiciary (जुडिशरी) ***n.*** 1. the judicial branch of the government, न्याय-तंत्र, न्याय-विभाग, न्यायपालिका।

juicy (जूसी) ***adj.*** 1. full of juice, रसदार, रस से भरा, रसमय, रसीला। 2. interesting, रोचक, मज़ेदार, रसीला।

jump (जम्प) ***v.*** to spring off the ground, उछलना। ***n.*** 1. an act of jumping, छलाँग, कूद; उछाल।

junction (जंक्शन) ***n.*** 1. a place where two things meet, संगम, मिलन-स्थल। 2. a place where two or more lines or routes cross each other, जंक्शन।

junior (जूनिअर) ***adj.*** 1. younger in years, छोटा, कनिष्ठ। 2. lower in rank, subordinate, अवर।

junk (जन्क) ***n.*** 1. discarded material (collectively) कबाड़, टूटा-फूटा सामान। ***v.*** to discard as junk, रद्दी या कूड़ा समझकर फेंक देना।

jurisdiction (जूरिस्डिक्शन) ***n.*** the limits within which an authority may operate, अधिकार-क्षेत्र।

jury (जूरी) ***n.*** (plu. juries) a body of people constituted to give a verdict, जूरी, निर्णायक-मंडल।

just (जस्ट) ***adj.*** 1. honest and impartial, ईमानदार और निष्पक्ष, भला। exact, सही, यथार्थ। ***adv.*** 2. quite recently, अभी हाल में, अभी-अभी।

justice (जस्टिस) ***n.*** upholding of what is just, just treatment, fairness, न्याय, इंसाफ, न्यायशीलता।

justify (जस्टिफ़ाइ) ***v.*** to prove to be just, न्यायोचित ठहराना, सफ़ाई देना, न्यायसंगत सिद्ध करना।

juvenile (जुविनाइल) ***adj.*** 1. youthful, बाल, तरुण, किशोर। 2. childish, बचकाना।

keen (कीन) ***adj.*** 1. having a sharp edge or point, तीक्ष्ण, पैना, तेज़, नुकीला। 2. eager, उत्सुक, लालायित।

keep (कीप) ***v.*** (kept, keeping) 1. to retain possession of, पास रखे रहना। ***n.*** 1. charge, care, निगरानी, देख-रेख।

keeper (कीपर) ***n.*** a person in charge of something, रखवाला, रक्षक।

kerosene (केरॉसिन) ***n.*** an oil distilled from petroleum, क़िरासन, मिट्टी का तेल।

key (की) ***n.*** a metallic implement that operates the lock's mechanism, ताली, चाबी, कुंजी। ***adj.*** of great importance, अत्यंत महत्त्वपूर्ण, मूल, आधारभूत।

keyboard (कीबोर्ड) ***n.*** the set of keys on a piano, typewriter, computer etc., कुंजीपटल।

keyword (कीवर्ड) ***n.*** a word that serves as a key to a cipher, मूल शब्द।

kick (किक) ***v.*** 1. to strike with a foot, ठोकर लगाना, ठोकर मारना, किक लगाना। 2. to recoil or strike in recoiling when fired, धक्का लगना।

kid (किड) ***n.*** 1. a young goat, बकरी का बच्चा,

मेमना। 2. the leather made from the hide of a kid, मेमने का चमड़ा। 3. a child, बच्चा, बालक। *v.* to give birth to a young goat, बकरी का बयाना। *v.* 1. to tease, तंग या परेशान करना। 2. to deceive, धोखा देना, ठगना।

kidnap (किडनैप) *v.* to carry off and detain (a person, usually for ransom, प्राय: धन ऐंठने के लिए व्यक्ति का) अपहरण करना, बलात् हरण करना।

kidnapper (किडनैपर) *n.* one who kidnaps, अपहरणकर्ता, अपहर्ता।

kidney (किडनी) *n.* either of two bean-shaped organs which filter wastes as urine from the blood, गुर्दा, वृक्क।

kill (किल) *v.* to put to death, मार डालना, वध या हत्या कर डालना। *n.* the act of killing, हत्या, वध।

kin (किन) *adj.* related, सगोत्र। *n.* (singular or plural) a relative or relatives, रिश्तेदार, कुटुंबी, स्वजन।

kind (काइन्ड) *adj.* 1. showing sympathy, goodwill or generosity, उदार, भला, दयालु। 2. kind-hearted, सहृदय, रहमदिल। *n.* 1. a class or category having characteristics in common, वर्ग, जाति। 2. a type or sort, प्रकार, क़िस्म।

kingdom (किन्गडम) *n.* a country ruled by a king (or queen), रियासत, बादशाहत, राज्य।

kinsman (किन्ज़मैन) *n.* a relative, रिश्तेदार।

kiosk (किऑस्क) *n.* a light structure used as a newsstand, refreshment booth etc., स्टाल, गुमटी, कीऑस्क।

kith and kin *n.* (plu.) one's friends and relations, मित्र तथा संबंधी, स्वजन।

knead (नीड) *v.* to mix and press (moist flour or clay) into a uniform mass, गूँधना, सानना।

knee (नी) *n.* the joint or region between the thigh and the lower part of the human leg, घुटना। *v.* to hit or push with the knee, घुटने से आघात करना या धकेलना।

kneel (नील) *v.* (kneeled/knelt, kneeling) to rest on bent knees, घुटनों के बल झुकना।

knight (नाइट) *n.* 1. an armed soldier of noble birth, शूरवीर, नाईट। 2. the holder of a rank conferred by a sovereign, सम्राट द्वारा प्रदत्त नाईट की उपाधि।

knob (नॉब) *n.* 1. a rounded projection or protuberance, गुमटा। 2. a rounded handle, मूठ, घुंडी या बटन, नाब।

knock (नॉक) *v.* to strike with a sharp blow, ज़ोरदार आघात करना, प्रहार करना, मारना, पीटना। 2. to strike (a door) with a series of blows, (दरवाज़ा) खटखटाना, दस्तक देना।

knot (नॉट) *n.* a fastening for-med by two threads (or cords) or by two ends of a thread (or cord), जोड़, गाँठ, ग्रंथि। a tie or bond, बंधन। *v.* 1. to tie or fasten with a knot, गाँठ डालना या लगाना।

knowledge (नॉलिज) *n.* 1. the state or fact of knowing, जानकारी, ज्ञान। 2. specific information about a subject, जानकारी, ज्ञान।

known (नोन) *v.* p.p. of know. *adj.* perceived, realized or understood, जाना हुआ, ज्ञात।

kudos (क्यूडॉस) *n.* (functioning as singular) honour and glory, प्रतिष्ठा तथा वैभव, मान-सम्मान।

lab (लैब) *n.* a laboratory, प्रयोगशाला।

label (लेबल) *n.*

laborious (लबोरिअस) *adj.* given to hard work, परिश्रमी, मेहनती।

labour, labor (लेबर) *n.* 1. work, श्रम, परिश्रम, मेहनत। 2. work for wages, मज़दूरी। 3. a wage earner, मज़दूर, श्रमिक।

lace (लेस) *n.* a strip of decorative web-like fabric, लेस, बार्डर। *v.* to equip with the lace, लेस लगाना।

lack (लैक) *n.* absence of something required, अभाव, कमी। *v.* to be short of, कमी होना, अभाव होना।

lag (लैग) *v.* to fall behind, to go too slowly, पीछे रह जाना, पिछड़ जाना। *n.* 1. the act or condition of lagging, पिछड़ना, पिछड़ जाना।

lake (लेक) *n.* a large body of water entirely surrounded by land, झील, लेक, सरोवर।

lamb (लैम्ब) *n.* the young of a sheep, मेमना।

lame (लेम) *adj.* crippled in the legs or feet, लँगड़ा, अपंग। *v.* to make lame, लँगड़ा कर देना।

land (लैन्ड) *n.* the solid part of the surface of the earth, भूमि, धरती, ज़मीन।

landfill (लैन्डफ़िल) *n.* a low land filled with rubbish, भराऊ ज़मीन, भरती की ज़मीन।

landlocked (लैन्डलॉक्ड) *adj.* completely surrounded by land, जिसके चारों ओर भूमि हो, भूमि से घिरा हुआ।

landlord (लैन्डलॉर्ड) *n.* one who owns and leases property, ज़मींदार, भूस्वामी।

landmark (लैन्डमार्क) *n.* 1. a fixed marker indicating a boundary line, सीमाचिह्न। 2. a prominent feature of a landscape, भूचिह्न।

landscape (लैन्डस्केप) *n.* a scenery, painting or photograph depicting a rural scene, प्राकृतिक दृश्य, परिदृश्य।

landslide (लैन्डस्लाइड) *n.* 1. the slide of a mass of rock down a slope, भू-स्खलन। 2. an overwhelming victory (in an election निर्वाचन में) भारी बहुमत से होनेवाली विजय, भारी जीत।

lane (लेन) *n.* a street or narrow road, गली।

language (लैंग्विज) *n.* the means of communication between creatures other than man, बोली, भाषा।

lantern (लैन्टर्न) *n.* a transparent case for holding and protecting a candle or oil wick flame, लालटेन।

lap (लैप) *v.* to take up (liquid) with the tongue, लपलप पीना, लपलपाना। *n.* 1. the flat area formed by the front part of the legs above the knees of a seated person, गोद।

lapel (लपेल) *n.* either of the two flaps of a coat below the collar, लैपल, लौट।

lapse (लैप्स) *n.* a minor slip or error, भूल, चूक, त्रुटि, च्युति। *v.* 1. to cease to exist, अस्तित्व में न रहना। 2. to fail to maintain one's position or standard, चूक कर बैठना, त्रुटि या च्युति हो जाना।

large (लार्ज) *adj.* 1. big, बड़ा, भारी-भरकम। 2. spacious, विस्तृत, लंबा-चौड़ा।

last (लास्ट) *adj.* 1. coming at the end, अंतिम, आख़िरी, पिछला।

v. to continue, चलता रहना, जारी रहना, बना रहना।

late (लेट) *adj.* 1. arriving after the appointed or usual time, विलंब से आनेवाला, देरी करनेवाला, विलंबित।

latest (लेटेस्ट) *adj.* recent, ताज़ा, अभी हाल का, अंतिम।

latex (लेटेक्स) *n.* a milky sap of certain plants, वानस्पतिक दुग्ध।

lathe (लेद) *n.* a machine for holding and turning a piece of wood, metal etc., against a tool that will shape it, खराद

(मशीन)। *v.* to turn on a lathe, खरादना।
lather (लैदर) *n.* foam produced in water by soap, झाग, फेन। *v.* to form a lather, झाग उत्पन्न करना।
laugh (लाफ़) *v.* to produce inarticulate sounds expressive of pleasure, joy or derision, हँसना। 2. to ridicule, उपहास करना, हँसी उड़ाना।
laughter (लाफ़्टर) *n.* the sound of laughing, कहकहा, ठहाका।
launch (लॉन्च) *v.* 1. to set afloat, पानी में उतारना, जलावतरण करना। 2. to start off, to set in motion, प्रारंभ करना, प्रवर्तन करना, चलाना।
laundry (लॉन्ड्री) *n.* 1. a place where clothes are washed and ironed, धोबीख़ाना, धुलाई-घर, लांड्री। 2. the clothes for washing and ironing, धुलाई के कपड़े।
laureate (लॉरिइट) *adj.* distinguished, honoured, प्रतिष्ठित, सम्मानित।
lava (लावा) *n.* molten that comes out of the volcanoes, ज्वालामुखी से फूटनेवाला लावा।
lavish (लैविश) *adj.* wasteful, extravagant, फ़िज़ूलख़र्च, अपव्ययी, खर्चीला। 3. prolific, abundant, प्रचुर, अधिक।
law (लॉ) *n.* 1. a rule, नियम, सिद्धांत। 2. a rule established by a legislature or parliament, क़ानून, विधि।
law-court (लॉ-कोर्ट) *n.* the court of law, न्यायालय, कचहरी।
lawful (लॉफ़ुल) *adj.* sanctioned by law, legal, विधिसम्मत, क़ानूनी।
lawyer (लॉयर) *n.* one who gives legal advice, वकील, विधिवेत्ता, क़ानूनदाँ।
laxative (लैक्सेटिव) *adj.* helping or stimulating the bowels to move, रेचक, दस्तावर।
lay (ले) *v.* (laid, laying) 1. to place or put down, रखना, रख देना। 2. to spread, बिछाना, बिछा देना।
layabout (लेअबाउट) *n.* a lazy person, सुस्त आदमी।
layer (लेअर) *n.* 1. a single thickness, coating or sheet of material laid over a surface, परत, तह, लेअर। 2. a hen that lays eggs, अंडे देनेवाली मुर्गी।
layout (लेआउट) *n.* 1. the act of laying out, व्यवस्थित करने का काम। 2. the arrangement of written matter, advertisements etc., on a page, आयोजन, व्यवस्था, फैलाव, ले-आउट।
lead (लीड) *v.* (led, leading) 1. to show the way, रास्ता दिखाना। 2. to guide or conduct, मार्गप्रदर्शन करना, अगुआई करना या संचालन करना। *n.* 1. the position in advance of others, अग्रता। 2. the margin by which someone is ahead, बढ़त।
leader (लीडर) *n.* 1. one who leads, अगुआ, मार्गप्रदर्शक। 2. the head of a group, नेता, सरदार।
leaf (लीफ़) *n.* (plu. leaves) 1. the green blade like part of a plant or tree, पत्ता। 2. the page of a book, पन्ना।
leaflet (लीफ़लिट) *n.* a pamphlet, इश्तहार, पर्चा, पैम्फ़लेट।
league (लीग) *n.* 1. a group or association of persons or nations, संघटन, समुदाय या राष्ट्रकुल। a class or category, वर्ग, जाति।
leak (लीक) *v.* to escape through a hole or crack (said of fluid, gas etc., द्रव, गैस आदि का) रिसना, चूना, टपकना, क्षरित होना। *n.* a hole or crack from which fluid or gas escapes, छेद या दरार जिसमें से द्रव या गैस रिसती हो। रिसा हुआ द्रव या गैस।
leakage (लीकिज) *n.* 1. the act of leaking, रिसाव, क्षरण। 2. disclosing of a secret, रहस्य का प्रकटन, रहस्योद्घाटन।
lean (लीन) *v.* to incline, झुकना। 2. to have a leaning, झुकाव होना, नति होना, झुकना। *n.* 1. the state or condition of inclining, झुकाव। 2. tendency, झुकाव, नति।
leap (लीप) *v.* (leapt/leaped, leaping) to jump off the ground, उछलना, कूदना, छलाँग लगाना। the act of jumping, कूदना, उछलना।
learn (लर्न) *v.* (learned/learnt, learning) 1. to acquire knowledge of, ज्ञान अर्जित करना, सीखना। to become aware by information, जानकारी प्राप्त करना।
leather (लेदर) *n.* the tanned hide of an animal, चमड़ा, चर्म।
leave (लीव) *v.* (left, leaving) 1. to go away from, to depart, चल या निकल पड़ना, चले जाना। 2. to part from, बिदा लेना। 3. to abandon, छोड़ देना। the permission to be absent from duty or work, छुट्टी, अवकाश।
lecher (लेचर) *n.* a lewd man, व्यभिचारी व्यक्ति, कामासक्त, लंपट।
lecture (लेक्चर) *n.* a talk before an audience, भाषण, व्याख्यान। *v.* 1. to give a lecture, भाषण देना, व्याख्या देना।
lecturer (लेक्चरर) *n.* one who delivers lectures to his students at college or university, व्याख्याता, प्रवक्ता।
leech (लीच) *n.* 1. a small bloodsucking finger-sized animal living in water, जोंक, जलोका। 2. one who preys on others, दूसरों का ख़ून चूसनेवाला, जोंक।
left-over (लेफ़्ट-ओवर) *adj.* remaining unused or uneaten, बचा या छोड़ा हुआ, जूठा।
leg (लेग) *n.* 1. a limb of an animal used for locomotion or support, टाँग। 2. the part of garment that covers the leg, पाँयचा।
legal (लीगल) *adj.* 1. of or relating to law, विधिक, कानूनी। 2. permitted by law, विधिसम्मत, वैध।
legend (लेजन्ड) *n.* 1. any popular story handed down from the past, पौराणिक कथा। 2. a person often spoken of, चर्चित व्यक्तित्व।
legislation (लेजिस्लेशन) *n.* 1. the act of law making, कानून बनाने का काम, विधि-निर्माण, विधायन। 2. the laws themselves, विधान।
lender (लेन्डर) *n.* one who lends money, ब्याजिया, उधारदाता।
length (लेंग्थ) *n.* 1. measurement from end to end, लंबाई। 2. distance, दूरी।3. extent, विस्तार।
lengthy (लेंग्थी) *adj.* of great extent, विस्तृत, लंबा-चौड़ा।
leprosy (लेप्रॉसी) *n.* an infectious disease which causes destruction of tissues, कोढ़।
lesbian (लेज़्बिअन) *n.* a female homosexual, समलिंगकामी स्त्री।
let (लेट) *v.* (let, letting) 1. to rent, किराए पर देना या चढ़ाना। to allow, अनुमति या इजाज़त देना।
level (लेवल) *n.* 1. surface, सतह, तल। 2. a flat horizontal surface, समतल भूमि। *v.* 1. to make or become level, समतल होना या करना। 2. to equalize, बराबर करना।
levy (लेवी) *v.* 1. to impose a tax or punishment, कर या दंड लगाना। the payment levied, लगाया हुआ कर।
liability (लाइएबिलिटी) *n.* 1. the state of being liable, देयता, देनदारी, दायित्व।
liaison officer an officer who acts as a go-between, संपर्क अधिकारी।
liar (लाइअर) *n.* one who tells lies, झूठा व्यक्ति, मिथ्याभाषी।
liberal (लिबरल) *adj.* generous, उदार, उदारहृदय, उदारतापूर्ण।
liberalization (लिबरलाइज़ेशन) *n.* the act of liberalizing, उदारीकरण।
librarian (लाइब्रेरिअन) *n.* a person in charge of a library, ग्रंथालयाध्यक्ष, पुस्तकालयाध्यक्ष।
library (लाइब्रेरी) *n.* 1. a room or build-

ing where books are kept for reading or borrowing, पुस्तकालय, लाइब्रेरी, ग्रंथालय।

licence, license (लाइसेन्स) ***n.*** 1. an official order to do or own something, लाइसेंस, अनुज्ञप्ति। 2. permission, अनुमति।

lick (लिक) ***v.*** 1. to pass the tongue over, जीभ से चाटना, जीभ फेरना।

lid (लिड) ***n.*** 1. a cover of a pot or box, ढक्कन, ढकना। 2. an eyelid, पलक।

lie (लाइ) ***v.*** (lay, lain, lying) 1. to be in a flat resting position, लेटना। 2. to remain in a flat position on a surface, पड़ा होना, पड़ा रहना। to tell a lie, झूठ बोलना। an untrue statement, झूठ। 2. an imposture, धोखा। ***v.*** (lied, lying)

life (लाइफ़) ***n.*** 1. active force, vitality, जीवनी शक्ति। 2. period between birth and death, जीवन, ज़िंदगी, जीवनकाल।

lifeboat (लाइफ़बोट) ***n.*** a small boat carried on a large ship to rescue the ship passengers, रक्षा-नौका।

lifesentence (लाइफ़सेन्टेन्स) ***n.*** an order of imprisonment for whole life, उम्रक़ैद, आजीवन कारावास।

lift (लिफ़्ट) ***v.*** 1. to rise or cause to rise upward, उठना या उठाना, ऊपर चढ़ना या चढ़ाना। 2. to raise, ऊँचा करना, उन्नत करना। ***n.*** 1. the act of lifting or an upward movement, उठाने की क्रिया या भाव, उठाई, उठाव। 2. a feeling of increased strength, rising of spirits, उत्साहवर्धन।

light (लाइट) ***n.*** 1. the natural force that makes sight possible, रोशनी, प्रकाश। 2. daylight, उजाला, दिन की रोशनी। to set burning, जलाना, सुलगाना। 3. to brighten, चमक उठना। ***adv.*** not serious, गंभीरताविहीन, हलका-फुलका, महत्त्वहीन।

like (लाइक) ***v.*** or satisfactory, पसंद होना/करना। 2. to wish for, इच्छा होना, चाहना। ***adj.*** 1. similar, समान। 2. characteristic of, उसी तरह का, वैसा। ***n.***

limelight (लाइमलाइट) ***n.*** 1. brilliant light, चमकीली रोशनी। 2. great publicity, अत्यधिक प्रचार, बहुत प्रसिद्ध होना।

limit (लिमिट) ***n.*** boundary, सीमा, हद। ***v.*** to keep below or at a certain point or amount, सीमित करना या रखना, सीमा निर्धारित करना।

line (लाइन) ***n.*** 1. a thin contiuous mark, रेखा, लकीर, लीक, लाईन। 2. a row of people or things, queue, पंक्ति, लाईन। ***v.*** 1. to draw lines on, रेखा खींचना। 2. to arrange in a line, to form rows along, पंक्ति बनाना।

lingerie (लैन्ज़री) ***n.*** undergarments for women, स्त्रियों के अंदर के कपड़े।

link (लिन्क) ***n.*** 1. a ring of a chain, कड़ी। 2. connection, संबंध। ***v.*** to join or to be joined, जोड़ना या जुड़ना, मिलाना या मिलना।

lip (लिप) ***n.*** 1. one of the two edges of the mouth, होंठ, ओष्ठ। 2. the edge (of a cup), (प्याले आदि का) ऊपर का किनारा।

liquid (लिक्विड) ***n.*** a substance other than solid or gas, तरल पदार्थ, द्रव। ***adj.*** readily converted into cash, नक़दी।

liquor (लिकर) ***n.*** an alcoholic drink, मदिरा।

list (लिस्ट) ***n.*** a series of names, things, figures, सूची, तालिका। ***v.*** to make a list of, सूची बनाना।

listen (लिसन) ***v.*** to give attention in hearing, ध्यान से सुनना, ध्यान देना।

literacy (लिटरेसी) ***n.*** the ability to read and write, लिख और पढ़ सकने की क्षमता, साक्षरता।

literature (लिटरिचर) ***n.*** 1. imaginative and creative writing, साहित्य। 2. body of such writings, साहित्य, वाङ्मय।

litigation (लिटिगेशन) ***n.*** action in law, मुक़दमेबाज़ी।

litter (लिटर) ***n.*** 1. worthless material, trash, rubbish, कूड़ा-कचरा, कूड़ा-कर्कट। young animals produced at one birth, एक ब्यान के बच्चे, एक बार में होनेवाले बच्चे। ***v.*** to scatter, छितराना, फैलाना।

little (लिटल) ***adj.*** 1. short in size, छोटा। brief, छोटा, अल्प, संक्षिप्त। ***adv.*** not much, थोड़ी मात्रा में।

livable, liveable (लिवेबल) ***adj.*** suitable to live in, रहने योग्य।

live (लिव) ***v.*** 1. to have life, जीना, जीवित रहना/होना। ***adj.*** alive, सजीव, ज़िंदा।

lizard (लिज़र्ड) ***n.*** a reptile with a long tail, छिपकली, गिरगिट आदि की जाति का जीव।

load (लोड) ***n.*** 1. a supported weight, भार, वजन। ***v.*** to put a load in or on, लादना, लाद देना।

loaf (लोफ़) ***n.*** (plu. loaves) a mass of bread baked in one piece, पावरोटी। to spend time idly, समय बर्बाद करना, आवारागर्दी करना।

loan (लोन) ***n.*** some of money lent, क़र्ज़, ऋण, उधार। ***v.*** to lend, उधार देना।

lobby (लॉबी) ***n.*** a waiting room in a hotel etc., प्रकोष्ठ, लॉबी, सभाकक्ष। ***v.*** to seek to influence or support one's cause, मत का समर्थन करने के लिए प्रभाव डालना।

local (लोकल) ***adj.*** of a particular place, स्थानीय।

location (लोकेशन) ***n.*** 1. a place where something is located, जगह। 2. the act of locating, पता लगाना।

lock (लॉक) ***n.*** a strand or curl of hair, लट। ***n.*** 1. a device used to secure a door, lid etc., ताला। ***v.*** to fasten with a lock, ताला लगाना।

lock-up (लॉक-अप) ***n.*** a jail, कारागार, हवालात, बंदीगृह।

locomotive (लोकोमोटिव) ***adj.*** able to move, चल, गतिक्षम। ***n.*** a railway engine, रेलवे इंजन।

lodestar (लोडस्टार) ***n.*** the North Star, ध्रुव तारा।

lodge (लॉज) ***n.*** 1. a place usually given on rent for temporary stay, बसेरा, लॉज। 2. a place for some activity, भवन या होटल। ***v.*** 1. to stay or provide accommodation, ठहरना या ठहराना। 2. to register (a protest, शिकायत) दर्ज करना, दाख़िल करना।

log (लॉग) ***n.*** 1. a section of a trunk, लट्ठा। 2. a written record, लिखित विवरण।

lonely (लोनली) ***adj.*** without companion, अकेला, तन्हा।

long-sighted (लॉन्ग-साइटिड) ***adj.*** having foresight, दूरदर्शी।

long-term (लॉन्ग-टर्म) ***adj.*** of or for a long period, दीर्घावधिक, दीर्घकालीन, दीर्घकालिक।

look (लुक) ***v.*** to use the eyes to see, देखना, दृष्टिपात करना। ***n.*** a gaze or glance, दृष्टि।

loop (लूप) ***n.*** a thread etc., that is folded over and joined at the end, फंदा। ***v.*** to form into a loop, छल्ला/फंदा बनाना।

loophole (लूपहोल) ***n.*** a means of evasion, निकल भागने या बच निकलने का रास्ता।

loose (लूस) ***adj.*** not tight, ढीला, ढीला ढाला। ***v.*** to unfasten or untie, ढीला करना, खोलना।

loose motion (लूज़ मोशन) ***n.*** diarrhoea, दस्त।

lord (लॉर्ड) ***n.*** 1. a ruler or sovereign, शासक, हाकिम, शाह। 2. a master, स्वामी, मालिक।

lose (लूज़) ***v.*** (lost, losing) 1. to be unable to find or keep, खोना, गँवाना, खो या गँवा बैठना। to fail to hear, see or obtain, सुन, समझ to fail to win, हार जाना।

loss (लॉस) ***n.*** 1. the act or fact of losing, नुक़सान, हानि।

lost (लॉस्ट) ***adj.*** 1. missing, खोया/गँवाया हुआ, ग़ायब, गुम। 2. absorbed in, निमग्न।

lotus (लोटस) ***n.*** a kind of water lily, कमल, पंकज।

loud (लाउड) ***adj.*** 1. producing much

noise, ऊँचा। 2. noisy, कोलाहलपूर्ण।

lounge (लाउन्ज) ***v.*** to sit, lie or walk in a relaxed manner, आराम करना। ***n.*** a public room for sitting, लांज, बैठने का कमरा, विश्राम-कक्ष।

lovable (लवेबल) ***adj.*** 1. worthy of love, प्रिय, प्यारा। 2. attractive, आकर्षक।

lovely (लवली) ***adj.*** 1. beautiful, प्यारा, ख़ूबसूरत। 2. delightful, सुहावना।

lovesick (लवसिक) ***adj.*** pining for love, प्रेमातुर।

low ***adj.*** 1. having little height, नीचा, कम ऊँचा। 2. of small extent upward, निचला, निम्न, नीचा। ***n.*** low level, निम्न स्तर।

lower (लोअर) ***adj.*** below someone or something, निचला, अवर, निम्नतर। ***v.*** 1. to make or become less, कम होना या करना।

loyal (लॉइअल) ***adj.*** faithful, वफ़ादार, निष्ठावान।

lubricant (लूब्रिकेन्ट) ***n.*** oil or grease serving to lubricate, लुब्रिकेन्ट, चिकनाई।

lukewarm (ल्यूकवार्म) ***adj.*** 1. mildly warm, गुनगुना, कुनकुना। 2. expressing little enthusiasm, निरुत्साह, उदासीन।

luminous (ल्यूमिनस) ***adj.*** 1. shining, चमकता हुआ, प्रकाशमान। 2. clear, स्पष्ट।

lump sum (लम्प सम) ***n.*** a relatively large sum of money paid at one time, एकमुश्त दी जानेवाली मोटी रकम।

lung (लन्ग) ***n.*** an organ in the chest, फेफड़ा, फुप्फुस।

lush (लश) ***adj.*** 1. abounding in lavish growth, हरा-भरा। 2. luxurious, विलासी, ठाठदार।

lust (लस्ट) ***n.*** 1. intense sexual desire, कामाग्नि, कामुकता। 2. intense desire, प्रबल इच्छा।

lustre, luster (लस्टर) ***n.*** shine, brightness, चमक, दीप्ति। ***v.*** to make or become lustrous, चमकदार बनना या बनाना।

lute (ल्यूट) ***n.*** a stringed instrument, वीणा।

luxury (लग्ज़री) ***n.*** something costly but not necessary that provides comfort or enjoyment, विलासिता की वस्तु।

lyric (लिरिक) ***adj.*** गेय। ***n.*** a short poem of songlike, गीत, प्रगीत।

M

machine (मशीन) ***n.*** an apparatus to perform work, मशीन, यंत्र, कल। ***v.*** to make or produce by machine, मशीन से बनाना, उत्पादन करना।

mad (मैड) ***adj.*** 1. insane, पागल, बावला, उन्मत्त। 2. foolish, मूर्ख।

madden (मैडन) ***v.*** 1. to make or become mad, पागल बनना या बनाना।

magic (मैजिक) ***n.*** the art of controlling and influencing events by supernatural power, जादू।

magician (मजिशन) ***n.*** a person who is skilled in magic, जादूगर।

magistrate (मैजिस्ट्रेट) ***n.*** a civil officer concerned with the administration of law, मजिस्ट्रेट, दंडाधिकारी।

magnate (मैग्नेट) ***n.*** a wealthy and powerful person, गण्यमान्य तथा प्रभावी व्यक्ति।

magnificent (मैग्निफ़िसन्ट) ***adj.*** imposing, splendid, भव्य, शानदार, महान।

magnify (मैग्निफ़ाइ) ***v.*** to increase in size, आवर्धन करना, बढ़ाना।

maiden (मेडन) ***n.*** a young unmarried woman, कन्या, कुमारी, अविवाहित स्त्री। ***adj.*** 1. unmarried, अविवाहित (स्त्री)। first, पहली बार का, पहला, प्रथम।

mail (मेल) ***n.*** 1. letters etc., sent or received by post, डाक। 2. the postal system, डाक-व्यवस्था। ***v.*** to post, डाक से भेजना।

main (मेन) ***adj.*** chief, मुख्य, प्रमुख, प्रधान। ***n.*** the main cable or pipe, मुख्य तार या नल।

mainland (मेनलैन्ड) ***n.*** the main part of the country, मुख्य भूभाग।

mains (मेन्स) ***n.*** (plu.) the main cables, (बिजली के) मुख्य तार।

maintain (मेन्टेन) ***v.*** 1. to carry on, बनाए रखना, । to keep in good condition, अच्छी हालत में रखना।

maize (मेज़) ***n.*** corn, मक्का, मक्की।

majestic (मजेस्टिक)***adj.*** 1. stately, royal, राजसी, शाही। 2. grand, शानदार, भव्य।

majesty (मैजिस्टी) ***n.*** 1. sovereign power, kingliness, राजसत्ता, शाहीपन। 2. grandeur, impressiveness, शान, गौरव।

major (मेजर) ***adj.*** chief, मुख्य, प्रधान। ***n.*** 1. a military officer, मेजर। 2. an adult, वयस्क, बालिग।

majority (मेजॉरिटी) ***n.*** 1. the greater part of the total number of a given group or class, the greater number, बहुमत।

make (मेक) ***v.*** (made, making) 1. to create, बनाना, रचना, निर्मित करना। to develop into, बनना।

make-up (मेकप) ***n.*** 1. the way something is made up, बनावट, रचना। 2. cosmetics applied to the face, रूप-सज्जा के लिए प्रयुक्त सौंदर्य-प्रसाधन।

malfunction (मैलफंक्शन) ***v.*** to fail to function properly, ठीक ढंग से काम न करना। ***n.*** failure to function properly, ठीक ढंग से काम न करने की अवस्था।

malice (मैलिस) ***n.*** ill-will, द्वेष, दुर्भाव।

malpractice (मैलप्रैक्टिस) ***n.*** improper or negligent treatment, professional misconduct, कदाचार।

mammal (मैमल) ***n.*** any animal fed when young on milk from the mothers body, स्तनपायी।

manage (मैनिज) ***v.*** 1. to control, नियंत्रित करना। 2. to handle, चलाना।

management (मैनिजमेन्ट) ***n.*** 1. the act of managing, प्रबंध, प्रबंधन, व्यवस्था, संचालन।

mandate (मैन्डेट) ***n.*** the support given to the government policy through an electoral victory, जनसमर्थन, जनादेश। ***v.*** to give by a mandate, अधिदेश देना, जनादेश देना।

mandatory (मैन्डेटरी) ***adj.*** a compulsory, अनिवार्य, ज़रूरी।

man-eater (मैन-ईटर) ***n.*** any animal that eats human flesh, नरभक्षी।

mania (मेनिआ) ***n.*** 1. a mental disorder, उन्माद, पागलपन। 2. extreme enthusiasm, सनक, झक।

manifesto (मैनिफ़ेस्टो) ***n.*** a public declaration or statement of aims and policies of a political party, राजनीतिक दल का घोषणापत्र।

manipulation (मैनिप्युलेशन) ***n.*** the act of manipulating or something manipulated, जोड़-तोड़, तिकड़म।

manner (मैनर) ***n.*** 1. a way of doing, ढंग, रीति।

manpower (मैनपावर) ***n.*** the total number of people needed for a job, जनशक्ति।

mansion (मैन्शन) ***n.*** a large and imposing house, भवन, कोठी, हवेली।

manual (मैन्युअल) ***adj.*** operated by hand, हस्तचालित। physical, शारीरिक। ***n.*** a book of rules, नियमावली।

manufacture (मैन्युफ़ैक्चर) ***v.*** to make by machinery on a large scale, to produce,

उत्पादन करना, निर्माण करना। 2. to make, बनाना। *n.* the process of manufacturing, उत्पादन-कार्य, निर्माण।

manure (मन्युअर) *n.* material used to fertilize soil, खाद।

many (मैनी) *adj.* a large number of, numerous, अनेक, बहुत से, बहुतेरे।

map (मैप) *n.* a diagrammatic representation of earth's surface or part of it, नक़्शा, मानचित्र।

marble (मार्बल) *n.* a kind of stone, संगमरमर, मार्बल।

margin (मार्जिन) *n.* 1. an edge or border, किनारा, सीमा। 2. the profit on a transaction, किसी सौदे में होनेवाला लाभ।

marinade (मैरिनेड) *n.* a seasoned flavoured liquid, सिरका।

marine (मरीन) *adj.* of or relating to the sea, समुद्री। *n.* a soldier serving on the ship, नौसैनिक।

marital (मैरिटल) *adj.* of marriage, वैवाहिक।

mark (मार्क) *n.* 1. a visible trace as a spot or dent, चिह्न, निशान। 2. a lasting impression, छाप। *v.* 1. to make a visible impression on, निशान लगाना।

marmalade (मार्मलेड) *n.* a kind of jam, मुरब्बा।

marry (मैरी) *v.* to accept someone as one's husband or wife, विवाह करना, शादी करना।

marsh (मार्श) *n.* low watery land, दलदल।

martyr (मार्टर) *n.* one who sacrifices oneself for a cause, आत्मबलिदानी, बलिदानी, शहीद। to give one's life for a cause, शहीद होना।

marvellous (मार्वलस) *adj.* 1. wonderful, चमत्कारिक, अद्‌भुत। 2. excellent, बहुत बढ़िया।

mash (मैश) *n.* a soft pulpy mass, मलीदा। *v.* to crush into mash, मलीदा करना, मसलना।

mass (मैस) *n.* a unit of matter with no specific shape, पिंड, पुंज, ढेर। *v.* to gather together, to assemble, इकट्ठा होना, ढेर लगना, जमा होना।

massive (मैसिव) *adj.* 1. heavy, bulky, भारी, भारी-भरकम। 2. imposing, भव्य, विशाल।

mass media *n.* the means of communication that reach large number of people, जनसंचार।

master (मास्टर) *n.* the owner, मालिक, स्वामी। chief, मुख्य, प्रमुख, प्रधान। *v.* 1. to become proficient in, मास्टर हो जाना, कुशलता प्राप्त कर लेना।

master key *n.* a key that opens a number of locks, मास्टर कुंजी।

mastermind (मास्टरमाइन्ड) *n.* a person of great ability, सुयोग्य व्यक्ति, निपुण व्यक्ति, दिमाग़दार आदमी। *v.* to plan and direct, योजना बनाना तथा कार्यान्वित करना।

masterpiece, masterwork (मास्टरपीस, मास्टरवर्क) *n.* a best piece of work, सर्वोत्तम कृति या रचना।

mastery (मास्टरी) *n.* 1. full understanding of a subject, विषयगत पूर्ण निपुणता। 2. outstanding skill, कौशल।

mat (मैट) *n.* a floor-covering of straw etc., चटाई, मैट। *v.* to make or become entangled, उलझना या उलझाना।

matchless (मैचलिस) *adj.* unequalled, बेजोड़, अद्वितीय।

mate (मेट) *n.* a close associate, सहयोगी, साथी, संगी। to join as a pair, संगी या साथी बनना। 2. to marry, विवाह करना।

material (मटीरिअल) *n.* the substance from which something can be made, पदार्थ, चीज़, सामग्री। 4. significant, महत्त्वपूर्ण, तात्त्विक।

matrimony (मैट्रिमनी) *n.* marriage, विवाह, शादी।

matron (मेट्रन) *n.* 1. a head nurse in a hospital, अस्पताल की प्रधान नर्स।

matter (मैटर) *n.* 1. a substance or material, पदार्थ। 2. a subject of concern or action, मामला, विषय, बात। *v.* to be of importance, महत्त्वपूर्ण होना।

mature (मैच्योर) *adj.* fully grown, ripe or developed, परिपक्व। to become ripe or mature, परिपक्व होना, प्रौढ़ होना।

maximum (मैक्सिमम) *adj.* the greatest or highest possible, अधिक से अधिक, अधिकतम।

mayor (मेअर) *n.* the head of the city, नगरप्रमुख, महापौर। [Fem. mayoress]

maze (मेज़) *n.* a labyrinth, भूलभुलैया।

meadow (मेडो) *n.* a field of grass, घास का मैदान।

mean (मीन) *v.* to have as purpose, अभिप्राय होना। *adj.* 1. low in quality, घटिया, तुच्छ, नगण्य। 2. low in status, अधम, नीच। *n.* the middle point, state or course between two limits, औसत, मध्य।

meaning (मीनिन्ग) *n.* 1. sense, import, अर्थ, आशय, तात्पर्य। 2. significance, महत्त्व।

means (मीन्ज़) *n.* (singular) 1. a course of action by which some end is achieved, साधन। 2. wealth, धन।

measles (मीज़ल्ज़) *n.* an infectious disease characterized by red spots on the skin, खसरा।

measure (मेज़र) *n.* 1. size, नाप, माप। 2. quantity, परिमाण, मात्रा। *v.* 1. to determine the size, amount, degree of by measurement, नापना, मापना। 2. to appraise, आँकना, अनुमान लगाना।

measurement (मेज़रमेन्ट) *n.* 1. the act of measuring, मापन। 2. size, नाप।

medallist (मेडलिस्ट) *n.* a recipient of a medal, पदक-विजेता, पदकधारी।

mediator (मीडिएटर) *n.* one who mediates, मध्यस्थ।

medieval (मिडीवल) *adj.* of the middle ages, मध्ययुगीन।

meditation (मेडिटेशन) *n.* the act of meditating, मनन, ध्यान।

medium (मीडिअम) *n.* (plu. media) a method of giving information, माध्यम। *adj.* occurring midway, intermediate, बीच का, मध्यम, मँझोला।

meet (मीट) *v.* (met, meeting) to come into contact with, मुलाकात या भेंट होना। 2. to get to know or be introduced to first time, परिचय होना। *n.* a sports meeting, खेल, खिलाड़ियों का जमावड़ा।

mega (मेगा) *adj.* one million, दस लाख।

melody (मेलडी) *n.* 1. a pleasing arrangement of sounds, स्वर-संगम, स्वर-लहरी। 2. a song or tune, गान या धुन।

melon (मेलन) *n.* a plant and its fruit, ख़रबूज़ा और उसकी लता।

melt (मेल्ट) *v.* 1. to cause to become liquid, पिघलाना, गलाना। to become gentler, द्रवित होना, पसीजना।

memory (मेमरी) *n.* 1. the ability to remember, स्मरणशक्ति, स्मृति, याददाश्त।

mend (मेन्ड) *v.* 1. to repair, मरम्मत करना। 2. to set right, सुधारना।

menfolk (मेनफ़ोक) *n.* (plu.) 1. men in general, लोग। 2. the men of a particular family, किसी परिवार के लोग।

menstruation (मेन्स्टुएशन) *n.* menses, मासिक धर्म।

mental (मेन्टल) *adj.* of the mind or affected by mental illness, मानसिक, दिमाग़ी।

mentor (मेन्टर) *n.* a trusted adviser, विश्वसनीय परामर्शदाता।

mercantile (मर्कन्टाइल) *adj.* commercial, व्यापारिक, वाणिज्यिक।

merchant (मर्चन्ट) *n.* a trader, व्यापारी, सौदागर, वणिक, बनिया।

mercury *n.* a heavy silver-white liquid metal, पारा, पारद।
mercy (मर्सी) *n.* clemency, क्षमा, दया, दयालुता।
merge (मर्ज) *v.* 1. to join or combine into a whole, मिल जाना, विलीन हो जाना, विलय हो जाना।
merry (मेरी) *adj.* 1. cheerful, प्रसन्नचित्त, उत्फुल्ल। 2. joyous, मज़ेदार, मौज-मस्ती-भरा।
mesmerism (मेज़मरिज़म) *n.* hypnotism, सम्मोहन।
mess (मेस) *n.* 1. a jumble, घाल-मेल, गड्ड-मड्ड। 2. the place where meals are taken, मेस, भोजनालय। *v.* 1. to jumble, गड्ड-मड्ड करना।
message (मेसिज) *n.* a spoken or written communication, संदेश, पैग़ाम।
messenger (मेसिन्जर) *n.* the bearer of a message, संदेशवाहक, दूत, हरकारा।
metal (मेटल) *n.* a mineral substance, धातु।
metallic (मटैलिक) *adj.* of or like metal, धात्विक, धात्वीय।
method (मेथड) *n.* a way of doing something, ढंग, तरीक़ा, पद्धति, विधि।
metropolitan (मेट्रपॉलिटन) *adj.* of a metropolis, महानगरीय।
mica (माइका) *n.* a mineral, अभ्रक।
mice (माइस) *n.* plu. of mouse, चूहे।
micro (माइक्रो) *adj.* very small, सूक्ष्म।
microscope (माइक्रोस्कोप) *n.* an instrument that produces magnified picture, सूक्ष्मदर्शी।
mid (मिड) *adj.* middle, मध्य।
middle (मिडल) *n.* 1. an intermediate part, मध्य। 2. the waist, कमर।
midst (मिड्स्ट) *n.* the middle part, मध्य भाग।
midterm (मिडटर्म) *n.* the middle of a term, मध्यावधि।
midwife (मिडवाइफ़) *n.* a woman who assists women in childbirth, दाई।
might (माइट) *n.* power, शक्ति, बल, पराक्रम। *aux. v.* used to express a weaker or more remote possibility, संभावना है कि।
migraine (माइग्रेन) *n.* a severe headache affecting only one side of the head, आधे सिर का दर्द, अधकपारी, आधासीसी।
migration (माइग्रेशन) *n.* the act of migrating, प्रवास।
mild (माइल्ड) *adj.* 1. gentle, विनम्र, भला। 2. not strong in taste, हलका, नरम, मृदु।
milestone (माइलस्टोन) *n.* 1. a roadside stone that shows the distance from one place to another, मील का पत्थर। 2. a significant event in life or history, जीवन या इतिहास की कोई महत्त्वपूर्ण घटना, मोड़।
militant (मिलिटेन्ट) *adj.* aggressive, लड़ाकू, युयुत्सु, युद्धप्रिय। *n.* लड़ाकू।
military (मिलिटरी) *n.* the armed forces, सेना, फ़ौज। *adj.* of soldiers, सैनिक। 2. of
milk (मिल्क) *n.* to draw milk (from), दूहना। 2. to exploit, दोहन करना।
mill (मिल) *n.* 1. a machine to grind flour, चक्की। 2. a factory, फ़ैक्टरी, मिल। *v.* to grind, पीसना।
millennium (मिलेनिअम) *n.* a period of thousand years, सहस्राब्दी।
millionaire (मिल्यनेअर) *n.* having million rupees, dollars etc., लखपति, करोड़पति।
mind (माइन्ड) *n.* brain, दिमाग़, मन। *v.* to take care of, ध्यान रखना।
mind-blowing (माइन्ड-ब्लोइंग) *adj.* affecting the mind, विक्षिप्त कर देनेवाला।
mine (माइन) *pron.* something belonging to me, मेरा। *n.* 1. a deposit of ore or minerals, ख़ान। *v.* to dig from a mine, खान से निकालना, खुदाई करना।
mineral (मिनरल) *adj.* excavated from the earth, खनिज।
mini (मिनी) *adj.* small, छोटा, मिनी। *n.* something distinctly smaller than others of its class, मिनी, लघु।
minimize (मिनिमाइज़) *v.* 1. to reduce to the least possible amount, घटाकर न्यूनतम करना। 2. to belittle, महत्त्व घटा देना।
minimum (मिनिमम) *adj.* being the least possible in amount, कम-से-कम, न्यूनतम। *n.* the least possible amount, न्यूनतम राशि।
minor (माइनर) *adj.* 1. lesser in amount or size, लघु, गौण। 2. not of legal age, अल्पवयस्क, अवयस्क, नाबालिग़। *n.* a person under legal age, अवयस्क, नाबालिग़।
minority (माइनॉरिटी) *n.* 1. the smaller of the two groups or factions, अल्पमत, अल्पसंख्यक। 2. the state of being minor, अवयस्कता।
mint (मिन्ट) *n.*1. a place where money is coined, टकसाल। *v.* a plant, पुदीना। to make coins by stamping metal, सिक्के ढालना या बनाना।
miracle (मिरकल) *n.* a marvellous event, wonder, चमत्कारपूर्ण घटना, चमत्कार।
miraculous (मिरैक्युलस) *adj.* wonderful, चमत्कारपूर्ण, चमत्कारी।
misadventure (मिसैडवेन्चर) *n.* 1. misfortune, दुर्भाग्य। 2. a mishap, दुर्घटना।
misbehave (मिस्बिहेव) *v.* to behave badly, दुर्व्यवहार करना, अभद्र व्यवहार करना।
miscarriage (मिस्कैरिज) *n.* premature expulsion of a foetus, गर्भस्राव।
misconduct (मिस्कॉन्डक्ट) *n.* 1. bad, improper or unlawful behaviour, बुरा व्यवहार या आचरण। 2. adultery, व्यभिचार।
miser (माइज़र) *n.* a stingy person, कंजूस, कृपण।
miserable (मिज़रेबल) *adj.* 1. full of misery, दुःखी, त्रस्त। 2. wretchedly poor, दयनीय, दरिद्र।
misinterpret (मिसिन्टर्प्रिट) *v.* to interpret wrongly, ग़लत अर्थ करना।
misjudge (मिस्जज) *v.* to judge incorrectly, (व्यक्ति को) ठीक से समझ न पाना, (किसी के बारे में) ग़लत धारणा बनाना।
mismanagement (मिस्मैनिजमेंट) *n.* poor management, कुप्रबंध, दुर्व्यवस्था।
mismatch (मिस्मैच) *n.* a bad match, बेमेल जोड़ा। *v.* to match badly, मेल न खाना, बेमेल होना।
misplace (मिस्प्लेस) *v.* to put (something) at a wrong place, (कोई चीज़) ग़लत जगह रख देना।
misquote (मिस्कोट) *v.* to quote incorrectly, ग़लत उद्धरण देना।
miss (मिस) *n.* a title for an unmarried woman or girl, सुश्री, कुमारी। *v.* 1. to fail to reach or catch, न पहुँच पाना, न पकड़ पाना।
missile (मिसाइल) *n.* 1. a weapon that is projected at a target, क्षेप्यास्त्र। 2. an object suitable for throwing at a target, फेंककर मारने योग्य वस्तु।
mission (मिशन) *n.* 1. a body of envoys to a foreign country, शिष्टमंडल। 2. the duty or purpose for which these people are sent, मिशन, प्रयोजन, उद्देश्य।
mist (मिस्ट) *n.* mass of tiny drops of water suspended in the atmosphere, कोहरा, कुहासा, धुंध। *v.* to become covered with mist, कोहरा छा जाना।
mistake (मिस्टेक) *n.* an error, भूल, ग़लती, अशुद्धि। to choose incorrectly, ग़लती करना, ग़लत चुनाव करना।
mistreat (मिस्ट्रीट) *v.* to treat badly or abusively, दुर्व्यवहार करना, भला-बुरा कहना।
misty (मिस्टी) *adj.* 1. full of mist, कोहरे से भरा। 2. indistinct, धुँधला।
misunderstanding (मिसन्डर-स्टैन्डिंग) *n.* 1. a failure to understand correctly, भ्रांति, धोखा या ग़लतफ़हमी। 2. a disagreement, अनबन, झगड़ा।

misuse (मिस्यूज़) ***v.*** to use badly or wrongly, दुरुपयोग करना। ***n.*** wrong use, ग़लत प्रयोग।

mob (मॉब) ***n.*** a disorderly or riotous crowd, भीड़, भीड़-भाड़, उग्र भीड़। ***v.*** to crowd around, भीड़ लगाना।

mobile (मोबाइल) ***adj.*** capable of moving or of being moved, चल, गतिशील, चलता-फिरता।

mock (मॉक) ***v.*** to deride or jeer, उपहास करना, मज़ाक उड़ाना। ***n.*** the act of mocking, उपहास, खिल्ली।

mode (मोड) ***n.*** 1. way, manner, ढंग, रीति, पद्धति। 2. the current fashion, फ़ैशन, चाल, रिवाज। 3. (music) राग।

model (मॉडल) ***n.*** the small copy of an object, नमूना, प्रतिमान, मॉडल। to design, डिज़ाइन बनाना।

moderate (मॉडरिट) ***adj.*** 1. average, औसत दर्जे का। not holding extremist views, उदार, नरम दलीय। ***v.*** to make or become moderate, औसत दर्जे का बनना या बनाना, मर्यादित करना या होना।

moderation (मॉडरेशन) ***n.*** the act of moderating, मर्यादित करना या बनाना, परिमार्जन।

modification (मॉडिफ़िकेशन) ***n.*** the act of modifying or the state of being modified, हलका परिवर्तन, संशोधन।

modus operandi (मोडस ऑपरैन्डी) ***n.*** particular way of doing something, विशेष पद्धति, कार्य-प्रणाली या कार्यविधि।

moist (मॉइस्ट) ***adj.*** damp, गीला, नम, तर, आर्द्र।

mole (मोल) ***n.*** a small dark raised mark on the skin, तिल। ***n.*** a small burrowing animal, छछूँदर।

moment (मोमन्ट) ***n.*** 1. a brief interval of time, पल, क्षण। 2. importance, महत्त्व।

monarch (मॉनर्क) ***n.*** a king, राजा, महाराजा।

moneylender (मनीलेन्डर) ***n.*** one who lends money at interest, महाजन, साहूकार।

mongoose (मॉन्गूस) ***n.*** a small mammal that kills snakes and rats, नेवला, न्योला।

monopoly (मनॉपली) ***n.*** a sole right of doing some business or dealing one commodity, एकाधिकार।

monster (मॉन्स्टर) ***n.*** 1. an imaginary person of abnormal size and power, दैत्य, राक्षस। 2. one who inspires horror and disgust, अत्याचारी या नृशंस व्यक्ति।

monument (मॉन्युमेन्ट) ***n.*** a historical structure, स्मारक।

moody (मूडी) ***adj.*** temperamental, मनमौजी, तुनुकमिज़ाज।

mop (मॉप) ***n.*** an implement for cleaning floor, फ़र्श पोंछने का उपकरण। ***v.*** to clean with a mop, साफ़ करना, पोंछना।

moral (मॉरल) ***adj.*** according to the established standard of good behaviour, सदाचारपूर्ण, नीतिपूर्ण, नैतिक।

morality (मरैलिटी) ***n.*** rightness of behaviour, नीति, सदाचार, नैतिकता।

mortal (मॉर्टल) ***adj.*** 1. liable to death, मरणशील, मर्त्य। 2. fatal, deadly, घातक, प्राणघातक।

mortgage (मॉर्गिज) ***v.*** to give someone something as security for payment of a loan, रेहन या गिरवी रखना, बंधक रखना। ***n.*** pledging of a property as security against loan, गिरवी रखी हुई वस्तु, बंधक, रेहन।

mosquito (मॉस्कीटो) ***n.*** a blood-sucking winged insect, मच्छर।

motherland (मदरलैन्ड) ***n.*** one's native country, मातृभूमि।

mother tongue ***n.*** one's native language, मातृभाषा।

motion (मोशन) ***n.*** 1. the act or state of moving, गति, चाल। ***v.*** to make a gesture, इंगित/इशारा करना।

motivate (मोटिवेट) ***v.*** to inspire, प्रेरणा देना, प्रेरित करना।

motto (मॉटो) ***n.*** a word, phrase or sentence expresing a principle or goal, नीति वाक्य, आदर्श वाक्यांश, उद्देश्य।

mount (माउन्ट) ***v.*** 1. to go up or climb, ऊपर जाना या चढ़ना। 2. to ride, सवारी करना या सवार होना। ***n.*** a mountain, पहाड़।

mountain (माउन्टिन) ***n.*** a natural upward projection of the earth's surface, पहाड़, पर्वत।

mountaineer (माउन्टिनिअर) ***n.*** one who climbs mountains, पर्वतारोही।

mouse (माउस) ***n.*** (pl. mice) 1. a rat, चूहा। 2. a small device, कंप्यूटर का एक छोटा उपकरण।

mousetrap (माउसट्रैप) ***n.*** a trap for catching mice, चूहेदानी।

moustache (मस्टैश) ***n.*** hair growing on the upper lip, मूँछ, मूँछें।

mouthful (माउथफ़ुल) ***n.*** as much as fills the mouth, कौर, ग्रास, निवाला।

mouthwash (माउथवाश) ***n.*** a solution for cleaning the mouth, कुल्ला करने का सुगंधित द्रव्य।

move (मूव) ***v.*** 1. to change in position or place, हिलना, हिलना-डुलना। to settle in a new place, जगह बदलना, अन्यत्र जा रहना। the act of moving a piece, मोहरे को चलाना।

movement (मूवमेन्ट) ***n.*** 1. the act of moving or the state of being moved, हिलना-डुलना, गति, हरकत। 2. (plu.) activities, क्रियाकलाप, गतिविधियाँ।

mucus (म्यूकस) ***n.*** a sticky substance secreted by mucous membranes, गले, नाक, आँख आदि से निकलनेवाला मल; कफ़, बलगम, आदि।

muddy (मडी) ***adj.*** 1. filled with mud, कीचड़-भरा, पंकिल, गंदला। 2. not bright or clear, धुँधला। ***v.*** to make muddy, गंदला कर देना।

mule (म्यूल) ***n.*** 1. an offspring of male donkey and female horse, खच्चर। 2. a stubborn person, ज़िद्दी या हठी आदमी।

mulish (म्यूलिश) ***adj.*** stubborn, हठी, अड़ियल।

multi (मल्टि) ***prefix.*** many, अनेक, बहुत, बहु-।

multiple (मल्टिपल) ***adj.*** consisting of more than one individual or part, अनेक, विविध, बहुत.

multistage (मल्टिस्टेज) ***adj.*** having more than two sections, बहुस्तरीय।

mummy (ममी) ***n.*** a preserved corpse, ममी, सुरक्षित शव।

municipal corporation (म्युनि-सिपल कॉर्पोरेशन) ***n.*** the governing body of a big city, नगर-निगम।

municipality (म्युनिसिपैलिटी) ***n.*** self-governing town and its governing body, नगरपालिका।

muscle (मसल) ***n.*** 1. a tissue composed of cells, मांसपेशी। 2. muscular power, शारीरिक बल, बाहुबल।

museum (म्यूज़ीअम) ***n.*** a building in which objects of historical value are exhibited, संग्रहालय, अजायबघर, म्यूज़ियम।

mustard (मस्टर्ड) ***n.*** a plant with yellow flowers and pungent seeds, सरसों।

mute (म्यूट) ***adj.*** 1. not speaking, चुप। 2. dumb, गूँगा (प्राय: बहरा और गूँगा)।

mutton (मटन) ***n.*** the flesh of a sheep or goat, भेड़/बकरी का गोश्त।

mutual (म्युचुअल) ***adj.*** reciprocal, आपसी, पारस्परिक।

myopia (माइओपिआ) ***n.*** short sightedness, क्षीण दृष्टि (विशेषत: दूर की चीज़ न देख पाना)।

mystery (मिस्टरी) ***n.*** 1. an inexplicable event, रहस्यपूर्ण घटना, रहस्य। 2. a puzzle, पहेली।

myth (मिथ) ***n.*** 1. a traditional story, पौराणिक कथा, आख्यान। 2. a belief about natural phenomena or social customs, मिथ, काल्पनिक सत्य।

N

nail (नेल) ***n.*** a small metal pin, कील, कँटिया। ***v.*** to fasten with a nail, कील जड़ना।

naked (नेकिड) ***adj.*** 1. without clothes on, नंगा, नग्न। 2. without the usual covering, आवरण या खोल से रहित, खुला।

nap (नैप) ***n.*** a short sleep or doze, झपकी, उँघाई, ऊँघ। ***v.*** to have a nap, झपकी लेना।

nappy (नैपी) ***n.*** a piece of cloth worn between the legs and around the waist of a baby, पोतड़ा, लंगोट।

narcotic (नार्कॉटिक) ***adj.*** causing unconsciousness or drowsiness, बेहोशी लानेवाला, नशीला, स्वापक।

narrow (नैरो) ***adj.*** of small width, तंग, सँकरा। ***v.*** to make or become narrower, सँकरा करना या होना, संकीर्ण होना या बनाना।

nation (नेशन) ***n.*** people of common descent, history, language or organised under one government, राष्ट्र, कौम।

nationality (नैशनैलिटी) ***n.*** the status of belonging to a particular nation, राष्ट्रीयता।

native (नेटिव) ***n.*** 1. an original inhabistant, मूल वासी। 2. belonging to the place of one's birth, स्थानीय, देशीय। 3. natural, प्रकृत। 4. inborn, जन्मजात।

natural (नैचरल) ***adj.*** 1. of nature or produced by nature, प्राकृतिक, नैसर्गिक, प्रकृत। 2. normal, स्वाभाविक, सहज, अकृत्रिम। 3. inborn, जन्मजात।

nature (नेचर) ***n.*** 1.inherent character, मूलभूत चारित्रिक गुण, स्वभाव, प्रकृति। 2. intrinsic quality, गुण, स्वभाव।

naught (नॉट) ***n.*** 1. nothing, कुछ नहीं। 2. zero, शून्य, सिफ़र।

navy (नेवी) ***n.*** 1. all of the nation's warships, राष्ट्र के युद्धपोतों का समूह। 2. the officers and soldiers of these, नौसेना, जलसेना।

near (निअर) ***adv.*** 1. close to, निकट, समीप, पास। 2. nearly, almost लगभग, प्रायः।

neat (नीट) ***adj.*** 1. orderly, सुव्यवस्थित। 2. clean, स्वच्छ, साफ़-सुथरा, परिष्कृत।

nectar (नेक्टर) ***n.*** 1. the drink of the gods, अमृत। 2. a delicious drink, मधुरस, मधुर पेय।

need (नीड) ***n.*** necessity, आवश्यकता, ज़रूरत। ***v.*** to require, आवश्यक होना।

needle (नीडल) ***n.*** 1. a thin piece of steel for sewing purposes, सुई। ***v.*** to goad or tease, छेड़ना या तंग करना।

needlework (नीडलवर्क) ***n.*** sewing and embroidery सिलाई, बुनाई या कढ़ाई।

needy (नीडी) ***adj.*** 1. being in need, ज़रूरतमंद। 2. poor, निर्धन।

negative (नेगेटिव) ***adj.*** expressing negation, refusal or denial, नकारात्मक, निषेधात्मक, निषेधक। ***n.*** a negative word, statement or reply, इन्कार, नकार, निषेध, खंडन, नकारात्मक उत्तर।

neglect (निग्लेक्ट) ***v.*** to ignore, उपेक्षा करना negligence, लापरवाही।

negligence (नेग्लिजेन्स) ***n.*** 1. the condition of being negligent, प्रमाद, असावधानी, लापरवाही, बेख़बरी। 2. neglect, उपेक्षा।

negotiable (निगोशिएबल) ***adj.*** that can be negotiated, जिसे वार्ता से सुलझाया जा सके, संलाप्य; जो दिया-लिया जा सके, जिसे पार किया जा सके।

nephew (नेफ़्यू) ***n.*** 1. one's brother's or sister's son, भतीजा या भानजा।

nerve (नर्व) ***n.*** 1. any of the fibres of the body carrying feelings or messages to and from the brain, तंतु, स्नायु, तंत्रिका। 2. 2. bravery, courage, वीरता, साहस, जीवट।

nervous (नर्वस) ***adj.*** 1. of or related to the nerves or nervous system, स्नायु-तंत्र-संबंधी। 2. easily excited, घबरा जानेवाला, उत्तेजित हो जानेवाला।

nest (नेस्ट) ***n.*** a shelter made by a bird, घोंसला, नीड़। 2. a hut, झोंपड़ी, बसेरा। ***v.*** 1. to make a nest, घोंसला बनाना।

network (नेटवर्क) ***n.*** 1. an open fabric in which cords, wires etc., cross at regular intervals, जाल। 2. an interconnected group or system, तंत्र, जाल।

neuter (न्यूटर) ***adj.*** 1. (of a noun) neither masculine nor feminine, नपुंसकलिंग। 2. without male or female parts, नपुंसक, क्लीव।

neutral (न्यूट्रल) ***adj.*** 1. not siding with any party, तटस्थ; 2. belonging to neither side, निष्पक्ष।

never (नेवर) ***adv.*** 1. at no time, कभी नहीं। 2. in no case, बिल्कुल नहीं।

new (न्यू) ***adj.*** 1. not old, recent, नया, नवीन, नव। 2. unfamiliar, unknown, अपरिचित, नया।

newly (न्यूली) ***adv.*** recently, हाल का।

newsprint (न्यूज़प्रिन्ट) ***n.*** the paper of the newspaper, अख़बारी काग़ज़।

next (नेक्स्ट) ***adj.*** 1. immediately following, अगला, बादवाला, आगामी। 2. immediately adjoining, साथवाला, बाज़ूवाला।

nexus (नेक्सस) ***n.*** 1. a link, कड़ी। 2. a connection between objects, ideas etc., अंतर्संबंध, गठजोड़।

nice (नाइस) ***adj.*** 1. pleasant, excellent, बढ़िया, बहुत अच्छा, सुंदर, चारु। 2. gentle, भला, सहृदय। 3. subtle, सूक्ष्म।

nickname (निकनेम) ***n.*** a derisive name, छेड़ने या चिढ़ाने का नाम, छेड़, चिढ़। ***v.*** to give a nickname to, नाम धरना, छेड़ डालना, चिढ़ाना।

nicotine (निकोटीन) ***n.*** a toxic substance found in tobacco, तंबाकू में होनेवाला विषाक्त तत्त्व, निकोटीन।

niece (नीस) ***n.*** one's brother's or sister's daughter, भतीजी या भानजी।

nightfall (नाइटफ़ॉल) ***n.*** the approach of darkness, रात पड़ना, अँधेरा होना, सांध्य वेला।

nightingale (नाइटिन्गेल) ***n.*** a song-bird, बुलबुल।

nightmare (नाइटमेअर) ***n.*** 1. a dreadful dream, भयानक सपना, दुःस्वप्न। 2. unpleasant experience, कटु अनुभव।

night shelter ***n.*** a place for taking shelter at night, रैनबसेरा, रात्रि-निवास।

nil (निल) ***n.*** nothing, शून्य।

nip (निप) ***v.*** 1. to squeeze between the finger and thumb, चिकोटी काटना, चुटकी काटना, चुटकी भरना, दबा देना। नोच लेना। ***n.*** 1. a sharp pinch, चिकोटी। 2. a bite, दाँत काटना।

nipple (निपल) ***n.*** 1. a small projection of breasts, चूची। 2. a rubber teat, निप्पल।

noble (नोबल) ***adj.*** 1. of or belonging to nobility, अभिजात वर्ग का, कुलीन। 2. having or showing qualities of high moral character, नीतिवान, श्रेष्ठ, उदार।

no-confidence (नो-कॉन्फ़िडेन्स) ***n.*** want of confidence, अविश्वास।

nod (नॉड) ***v.*** to lower and raise the head quickly to indicate agreement, सिर हिलाना। ***n.*** a quick down and up movement of the head, सिर हिलाना, हामी भरना या अभिवादन करना।

noise (नॉइज़) ***n.*** 1. sound, ध्वनि, आहट। 2. uproar, शोर, हल्ला।

nomad (नोमैड) ***n.*** a member of a roaming tribe, ख़ानाबदोश, यायावर।

nominate (नॉमिनेट) ***v.*** to propose as a

candidate for election, नामांकित करना।

nomination (नॉमिनेशन) ***n.*** the act of nominating, नामांकन, मनोनयन, नामज़दगी।

non-bailable (नॉन्-बेलेबल) ***adj.*** not bailable, ग़ैरज़मानती।

none (नन) ***pron.*** not any, no amount or part, कुछ नहीं, कुछ भी नहीं। ***adv.*** not at all, बिल्कुल नहीं, कुछ भी नहीं।

non-payment (नॉन-पेमेन्ट) ***n.*** act of not paying, भुगतान न करना, ग़ैर-अदायगी।

non-renewable (नॉन्-रिन्यूएबल) ***adj.*** not renewable, अनवीकरणीय।

non-resident (नॉन्-रेज़िडेन्ट) ***adj.*** not residing, अनिवासी।

non-stop (नान्-स्टॉप) ***adj.*** 1. without stopping, बिना रुके, सीधे। 2 without an interruption, लगातार।

nook (नुक) ***n.*** 1. a corner, कोना। 2. a hidden or secluded place, गुप्त स्थान या एकांत।

norm (नॉर्म) ***n.*** 1. desired standard or pattern, मानदंड, प्रतिमान, मानक।

normal (नॉर्मल) ***adj.*** 1. usual or standard, सामान्य या मानक। 2. free form physical or emotional disorder, सामान्य, प्रकृत। ***n.***

nourish (नरिश) ***v.*** 1. to provide with substance necessary for life and growth, पोषण/पोषित करना। 2. to encourage or foster, बढ़ावा देना।

novel (नॉवल) ***adj.*** of a new kind, नया, नूतन। ***n.*** a fiction, उपन्यास।

novelty (नॉवल्टी) ***n.*** the quality of being novel, नवीनता।

novice (नॉविस) ***n.*** a beginner, नौसिखिआ, नवशिक्षु।

nozzle (नॉज़ल) ***n.*** a projecting part with an opening from which fluid is discharged, टोंटी।

nuclear family ***n.*** father, mother and their children, एकक परिवार (जिसमें पति-पत्नी और उनके बच्चे हों), छोटा परिवार।

nude (न्यूड) ***adj.*** naked, नंगा, नग्न, निर्वस्त्र। ***n.*** a nude human figure, नग्न (मानव का) चित्र।

null (नल) ***adj.*** 1. having no legal force, अमान्य, अवैध, रद। 2. insignificant, तुच्छ। 3. amounting to nothing, बेकार।

numb (नम्ब) ***adj.*** unable to feel anything, सुन्न, निस्पंद, जड़। ***v.*** to make numb, सन्न कर देना।

number (नम्बर) ***n.*** a member of the system used in counting and measuring, संख्या, नंबर। ***v.*** to reach as a total, संख्या में होना, गिनती में होना।

numerical (न्यूमेरिकल) ***adj.*** of number, संख्यात्मक, संख्यावाचक।

nun (नन) ***n.*** a woman who belongs to a Christian religious order, भिक्षुणी, नन।

nurse (नर्स) ***n.*** a woman employed to take care of a young child, आया, धाय। ***v.*** to act as a professional nurse, नर्स होना, देख-रेख करना, सेवा-शुश्रूषा करना।

nursery (नर्सरी) ***n.*** a room or play-room for children, बालकक्ष, शिशुशाला।

nurture (नर्चर) ***n.*** the process of nurturing, पालन-पोषण। ***v.*** to care for by providing nourishment, खिलाना-पिलाना, पालना-पोसना।

nut (नट) ***n.*** a fruit with a hard shell, काष्ठफल। 2. its kernel, उक्त फल की गिरी,

nutrient (न्यूट्रिएन्ट) ***adj.*** providing nourishment, पोषक, पुष्टिकर।

nutrition (न्यूट्रिशन) ***n.*** nourishment, पोषण।

nutshell (नटशैल) ***n.*** the shell of a nut, अखरोट, बादाम आदि का मोटा कड़ा छिलका।

oath (ओथ) ***n.*** a solemn promise to fulfil a pledge, सौगंध, क़सम, शपथ।

obedient (ओबीडिएन्ट) ***adj.*** obeying or willing to obey, आज्ञाकारी, आज्ञापालक।

obesity (ओबीसिटी) ***n.*** fatness, मुटापा।

obey (ओबे) ***v.*** to carry out an order, आज्ञा का पालन करना, हुकुम बजा लाना।

object (ऑब्जिक्ट) ***n.*** 1. a thing, material thing, वस्तु, चीज़, पदार्थ। aim, purpose, उद्देश्य, लक्ष्य। ***v.*** to present an opposing or dissenting argument, आपत्ति करना, प्रतिवाद करना।

objective (ऑब्जेक्टिव) ***adj.*** having to do with a material object, not subjective, विषयगत, वस्तुनिष्ठ। ***n.*** the object of one's effort, goal, लक्ष्य, ध्येय, उद्देश्य।

obligation (ऑब्लिगेशन) ***n.*** 1. a binding, बाध्यता, विवशता, बंधन। the state of being obliged to do something, एहसान, आभार।

oblige (ऑब्लाइज) ***v.*** 1. to compel, विवश करना, बाध्य करना। 2. to do favour for, उपकृत करना।

obscene (ऑब्सीन) ***adj.*** nasty, dirty, अश्लील, गंदा।

obsequious (ऑब्सिक्विअस) ***adj.*** fawning, चापलूस, ख़ुशामदी।

observation (ऑब्ज़र्वेशन) ***n.*** an act of observing or noticing, अवलोकन, प्रेक्षण, निगरानी, देख-रेख, टिप्पणी

observatory (ऑब्ज़र्वेटरी) ***n.*** a place for scientific observation of stars or weather, वेधशाला।

observe (ऑब्जर्व) ***v.*** to watch attentively, ध्यानपूर्वक देखना, निरीक्षण करना, ग़ौर करना। 2. to abide by, पालन करना, अनुपालन करना। 6. to celebrate, मनाना।

obsession (ऑब्सेशन) ***n.*** 1. abnormal preoccupation with an unwanted feeling or idea, मनोग्रंथि, ग्रस्तता। 2. such feeling or idea, वहम, भ्रम, सनक।

obstacle (ऑब्स्टेकल) ***n.*** anything that obstructs or hinders something, बाधा, अड़चन, विघ्न; obstacle race अवरोध-दौड़।

obstinate (ऑब्स्टिनिट) ***adj.*** 1. stubborn, हठी, जिद्दी, दुराग्रही। 2. not easy to subdue or defeat, दुस्साध्य।

obstruct (ऑब्स्ट्रक्ट) ***v.*** to block, prevent or hinder, अवरुद्ध कर देना, बंद करदेना।

obtain (ऑब्टेन) ***v.*** to get or acquire, प्राप्त करना, हस्तगत करना।

obtuse (ऑब्ट्यूस) ***adj.*** 1. foolish, मूर्ख, मंदबुद्धि। 2. not sharp, not pointed, blunt, भोथरा, कुंद।

occasionally (अकेज़नली) ***adv.*** not regularly, कभी-कभी।

occupation (ऑक्यूपेशन) ***n.*** taking possession by force, क़ब्ज़ा। 3. one's employment, धंधा, पेशा, रोज़गार, व्यवसाय।

occupy (आक्यूपाइ) ***v.*** 1. to take and hold possession of, दख़ल कर लेना, अधिकार कर लेना। 2. to engage or busy (oneself, अपने को) व्यस्त रखना।

occurrence (अकरेन्स) ***n.*** an event, घटना।

ocean (ओशन) ***n.*** the great mass of salt water, समुद्र, महासागर।

odd (ऑड) ***adj.*** 1. strange, unusual, अजीब, विचित्र, विलक्षण। 2. not even, not divisible by two, विषम।

ode (ओड) ***n.*** a type of usually long poem, लंबी कविता, काव्य।

odour, odor (ओडर) ***n.*** smell, महक, गंध।

off (ऑफ़) ***adv.*** 1. away, दूर, परे। 2. so as to be unattached, अलग, पृथक। ***adj.*** more distant or remote, दूरवर्ती।

offence, offense (ऑफ़ेन्स) ***n.*** 1. a breach of law, अपराध।

offensive (ऑफ़ेन्सिव) ***adj.*** 1. aggressive,

आक्रामक। 2. repulsive, unpleasant, अरुचिकर, अप्रिय।

offer (ऑफ़र) ***v.*** 1. to present (for acceptance), प्रस्ताव रखना, प्रस्तुत करना, पेश करना या देना। 2. to give in worship, अर्पित करना। something offered to a deity, चढ़ावा, नैवेद्य, भोग।

official (ऑफ़िशल) ***n.*** one who holds an office or position, अधिकारी, पदाधिकारी। ***adj.*** 1. of or relating to the administration, शासकीय, राजकीय, सरकारी। 2. authoritative, आधिकारिक।

often (ऑफ़न) ***adv.*** frequently, अक्सर, प्राय:, बहुधा।

oilcake (ऑइलकेक) ***n.*** a cake of crushed oil seed's residue, खली।

oilseed (ऑइलसीड) ***n.*** seeds from which oil is obtained, तिलहन।

oily (ऑइली) ***adj.*** of or like oil, तेल लगा, तेलहा, स्निग्ध, चुपड़ा।

ointment (ऑइन्टमेन्ट) ***n.*** an oily substance to be rubbed on the skin, मलहम।

okay (ओके) ***adj. & adv.*** all right, ठीक, सही।

old-fashioned (ओल्ड-फ़ैशन्ड) ***adj.*** no longer common or in use, पुरानी तरह का, पुराना, दकियानूसी।

olive (ऑलिव) ***n.*** a tree, its flowers and fruits, जैतून।

ombudsman (ओम्बड्समैन) ***n.*** an investigation officer to whom applications about maladministration are lodged, लोकपाल, लोकायुक्त।

omen (ओमन) ***n.*** a sign of future good or evil, सगुन, शकुन।

omit (ओमिट) ***v.*** 1. to leave out, छोड़ देना। 2. to fail to do, न करना।

one-sided (वन-साइडिड) ***adj.*** 1. biased, इकतरफ़ा, पक्षपातपूर्ण। 2. unequal, असमान।

one-time (वन-टाइम) ***adj.*** former, पुराना, भूतपूर्व।

ongoing (ऑनगोइंग) ***adj.*** continuing, जारी, चालू।

onlooker (ऑनलुकर) ***n.*** a spectator, दर्शक, द्रष्टा, तमाशबीन।

onward (ऑनवर्ड) ***adv.*** in a direction that is ahead, आगे, आगे की ओर। ***adj.*** directing or moving forward, आगे की ओर बढ़ता हुआ।

open (ओपन) ***adj.*** not closed or sealed, खुला। to declare open, शुभारंभ करना।

open-handed (ओपन-हैन्डिड) ***adj.*** generous, उदार, मुक्तहस्त।

operation (ऑपरेशन) ***n.*** 1. the act or method of operating, प्रचालन, चलाना।

operator (ऑपरेटर) ***n.*** one who operates a machine, परिचालक।

opinion (अपिन्यन) ***n.*** a belief held often without proof, मत, राय।

opium (ओपिअम) ***n.*** a drug made from dried juice of poppies, अफ़ीम।

opponent (अपोनेन्ट) ***n.*** one who opposes another or others, विपक्षी, विरोधी।

opportunity (ऑपर्चूनिटी) ***n.*** a favourable time for a certain purpose, अवसर, सुअवसर, मौका।

opposite (ऑपोज़िट) ***adj.*** 1.of a contrary kind, प्रतिकूल, विपरीत। ***n.*** one who is opposite to the other, विरोधी।

opposition (ऑपोज़िशन) ***n.*** 1. the act of opposing or the state of being opposed, विरोध। 2. the people who oppose, विरोध-पक्ष, विरोधी दल।

oppression (ऑप्रेशन) ***n.*** the act of oppressing or the state of being oppressed, उत्पीड़न, दमन, अत्याचार।

option (ऑप्शन) ***n.*** 1. an alternative, विकल्प। 2. freedom to choose, चयन-स्वतंत्रता।

oral (ओरल) ***adj.*** verbal, spoken, ज़बानी, मौखिक।

order (ऑर्डर) ***n.*** 1. a logical arrangement, sequence, तर्कसंगत क्रम, सिलसिला। a peaceful condition of society, व्यवस्था। a command, आदेश, हुकुम। ***v.*** to arrange, to give a command to, आदेश करना।

ordinance (ऑर्डिनेन्स) ***n.*** an order given by the head of a state, अध्यादेश।

ore (ओर) ***n.*** a mineral from which a metal can be extracted, कच्ची धातु, अयस्क।

orientation (ओरिअन्टेशन) ***n.*** the adjustment of oneself with the new situation or surroundings, नई स्थिति या परिस्थितियों के अनुकूल अपने को बनाना।

origin (ऑरिजिन) ***n.*** 1. the primary source (of something), मूल, उद्गम, स्रोत। 2. birth, जन्म।

original (ऑरिजिनल) ***adj.*** of or pertaining to an origin or beginning, मूल, मौलिक, मूलभूत, प्रारंभिक।

ornament (ऑर्नमेन्ट) ***n.*** a decorative object, something that adorns, आभूषण, अलंकार, गहना, शोभा बढ़ानेवाली वस्तु। ***v.*** to adorn or decorate, आभूषित करना, सजाना।

orphan (ऑर्फ़न) ***n.*** a child whose parents are dead, अनाथ, यतीम। ***v.*** to deprive of parents, अनाथ बना देना।

orthodox (ऑर्थोडॉक्स) ***adj.*** adhering to established standard esp. in religion, behaviour or attitude, रूढ़िवादी।

ostrich (ऑस्ट्रिच) ***n.*** an African bird, शुतुरमुर्ग।

otherwise (अदरवाइज़) ***adv.*** in a different way, differently, अन्यथा।

out (आउट) ***adv.*** away from home, घर से बाहर। ***v.*** to be revealed, सर्वविदित होना, निकल आना, प्रकट होना, सामने आना।

outbreak (आउटब्रेक) ***n.*** a sudden start of something, सहसा होनेवाला आरंभ, शुरुआत, प्रकोप।

outcaste (आउटकास्ट) ***n.*** a person who has been expelled from a caste, जाति-बहिष्कृत।

outcome (आउटकम) ***n.*** consequence, result, परिणाम, फल, नतीजा।

outcry (आउटक्राइ) ***n.*** 1. uproar, चिल्लपों, चीख-पुकार। 2. a strong protest, कड़ा विरोध।

outdated (आउटडेटिड) ***adj.*** out of date, दिनातीत, पुराना।

outermost (आउटरमोस्ट) ***adj.*** farthest out, सबसे बाहर का, बाह्यतम।

outfit (आउटफ़िट) ***n.*** 1. clothing/equipment for a special purpose, विशिष्ट प्रयोजन हेतु परिधान/उपकरण।

outgoing (आउटगोइंग) ***adj.*** 1. going out, बाहर जानेवाला, निर्गामी, जावक। 2. the amount of money one spends, खर्च, व्यय।

outing (आउटिंग) ***n.*** a pleasure trip, excursion, सैर-सपाटा।

outlaw (आउटलॉ) ***n.*** a person living as a fugitive, विधि बहिष्कृत, भगोड़ा। ***v.*** to declare illegal, अवैध घोषित करना।

outlet (आउटलेट) ***n.*** 1. a passage for exit, बाहर निकलने का रास्ता, निकास। 12. a market for goods, बाज़ार।

outline (आउटलाइन) ***n.*** a sketch or drawing without shading, ख़ाका, रूपरेखा। 3. a summary, सारांश, संक्षिप्त विवरण। ***v.*** to sketch, रूपरेखा बनाना, ख़ाका तैयार करना।

outlook (आउटलुक) 1. a mental attitude, दृष्टिकोण।

output (आउटपुट) ***n.*** 1. the amount produced, उपज, उत्पादन। 2. the work done by a computer, कम्प्यूटर द्वारा किया हुआ काम, निकासी, आउटपुट।

outrage (आउटरेज) ***n.*** 1. a cruel act, नृशंसता। resentful anger, रोष। ***v.*** to offend, आघात पहुँचाना।

outset (आउटसेट) ***n.*** the beginning, आरंभ, प्रारंभ।

outside (आउटसाइड) ***n.*** 1. the outer side, बाहरी तरफ़। remote, दूरस्थित।

outstanding (आउटस्टैन्डिंग) ***adj.*** 1. unpaid, बकाया। 2. excellent, उत्कृष्ट, प्रमुख।

outstation (आउटस्टेशन) ***n.*** a station

other than one's own, बाहर, दूसरा नगर या स्थान।

ovary (ओवरी) ***n.*** the female reproductive gland, अंडाशय।

ovation (ओवेशन) ***n.*** 1. enthusiastic applause, करतलध्वनि। 2. enthusiastic public welcome, अभिनंदन, जयजयकार।

overcome (ओवरकम) ***v.*** (overcame, overcome, overcoming) to succeed in subduing, अभिभूत या वशीभूत कर लेना।

overdo (ओवरडू) ***v.*** (overdid, overdoing) 1. to do excess, अति कर देना, ज़्यादती करना। 2. to work too hard, कठोर परिश्रम करना।

overdose (ओवरडोज़) ***n.*** excessive dose of a drug etc., बड़ी या भारी ख़ुराक, अतिमात्रा।

overdraft (ओवरड्राफ़्ट) ***n.*** the act of overdrawing an account, खाते में जमा से अधिक रक़म निकालना।

overdraw (ओवरड्रॉ) ***v.*** (overdrew, overdrawn, overdrawing) to withdraw more than the amount credited, (बैंक खाते में) जमा से अधिक धन निकालना, ओवरड्राफ़्ट करना।

overdress (ओवरड्रेस) ***v.*** to dress too formally or finely, सजना-सँवरना, बनना-ठनना।

overdue (ओवरड्यू) ***adj.*** being unpaid after becoming due, अवधि बीतने पर भी जो चुकाया न गया हो, विलंबित।

overhaul (ओवरहॉल) ***v.*** to make all the necessary repairs, पूरी तरह से मरम्मत करना, ओवरहाल करना।

overhead (ओवरहेड) ***adj.*** above the level of one's head, सिर के ऊपर से होनेवाला। ***n.*** pl. the operating expenses (of a firm or office), ऊपरी ख़र्च।

overland (ओवरलैन्ड) ***adv.*** by land, स्थल मार्ग से।

overlap (ओवरलैप) ***v.*** to extend over and partly cover it, ढक लेना, आच्छादित कर लेना।

overload (ओवरलोड) ***v.*** to load too much, अधिक लादना। ***n.*** a load that is too great, भारी बोझ।

overlook (ओवरलुक) ***v.*** 1. to have a look from above, ऊपर से देखना। 2. to ignore deliberately, अनदेखी करना।

overnight (ओवरनाइट) ***adv.*** during the length of night, रात-भर, रात-भर में।

overpopulated (ओवरपाप्यूलेटिड) ***adj.*** having over population, अधिक जनसंख्यावाला।

overpower (ओवरपाउअर) ***v.*** to subdue or overwhelm, (को) अभिभूत/पराजित करना।

overrate (ओवररेट) ***v.*** to assess too highly, अधिक मूल्यांकन करना।

oversee (ओवरसी) ***v.*** (oversaw, overseen, overseeing) to inspect, निरीक्षण करना।

overshadow (ओवरशैडो) ***v.*** to cast a shadow over, परछाईं से ढक देना, दबा देना।

oversight (ओवरसाइट) ***n.*** an unintentional omission, दृष्टिभ्रम, चूक, भूल-चूक।

overstay (ओवरस्टे) ***v.*** to stay longer than, अपेक्षया अधिक समय ठहरना।

overtake (ओवरटेक) ***v.*** to get past, पीछे से तेज़ी से आकर किसी व्यक्ति, गाड़ी आदि से आगे निकल जाना।

overthrow (ओवरथ्रो) ***v.*** (overthrew, overthrown, overthrowing) to overturn, (तख़्ता) उलट देना।

overwhelm (ओवरव्हैल्म) ***v.*** 1. to overcome, अभिभूत कर लेना। 2. to overpower, पराभूत कर लेना, हावी हो जाना।

own (ओन) ***adj.*** of or belonging to oneself, अपना, निजी। ***v.*** to have or possess, पास होना, धारणा करना, रखना।

ownership (ओनरशिप) ***n.*** the state of being an owner, स्वामित्व, स्वत्व।

pace (पेस) ***n.*** a single step, पग, क़दम, डग। to walk with regular pace, बँधी हुई चाल से चलना। to measure by pacing, क़दमों से नापना।

pack (पैक) ***n.*** 1. a bundle, पुलिंदा, गठरी, पोटली, बंडल। 2. a group of animals, झुंड, समूह। ***v.*** to wrap or put into a container, (चीज़ों को) लपेटना, बाँधना या गठियाना, पैक करना।

package (पैकिज) ***n.*** a bundle or parcel, बंडल, पार्सल, पैकेज। ***v.*** to make into a package, पैक करना, बंडल बनाना।

packet (पैकिट) ***n.*** a small package, पैकेट, डिबिया।

pact (पैक्ट) ***n.*** 1. an agreement, समझौता। 2. a treaty, संधि।

pad (पैड) ***n.*** something soft that serves as a cushion, गद्दी, पैड। ***v.*** 1. to fill with soft material, नरम चीज़ भरना। 2. to stuff, भरना।

paddle (पैडल) ***n.*** 1. an oar, चप्पू, डाँड। 2. an oar like instrument, बेलचा। ***v.*** to row, नाव खेना।

padlock (पैडलॉक) ***n.*** a kind of lock, ताला। ***v.*** to fasten with a padlock, ताला लगाना।

pagoda (पगोडा) ***n.*** a Buddhist tower with several stories, स्तूप, पगोड़ा।

paid (पेड) ***adj.*** p.t. & p.p. of pay. ***adj.*** receiving pay, hired, वेतनभोगी।

paid-up (पेड-अप) ***adj.*** given in payment, चुकता, प्रदत्त, अदा।

pail (पेल) ***n.*** a bucket, बालटी, डोल।

pain (पेन) ***n.*** suffering, पीड़ा, दर्द। ***v.*** to cause pain to, दुख देना।

painkiller (पेनकिलर) ***n.*** a pain relieving medicine, वेदनाहर या पीड़ानाशक ओषधि।

paint (पेन्ट) ***n.*** a mixutre for colouring a surface, रोग़न, पेंट। ***v.*** to coat with paint, रोग़न करना, पेंट करना, रँगाई करना।

pair (पेअर) ***n.*** two similar or corresponding things, जोड़ा, जोड़ी। ***v.*** to arrange people in groups of twos, जोड़ियाँ बनाना।

palace (पैलिस) ***n.*** 1. the sover-eign's residence, महल, राजमहल। 2. a large or splendid residence, कोठी, हवेली।

palanquin (पैलनकीन) ***n.*** a covered litter carried by four persons, पालकी।

pale (पेल) ***adj.*** 1. yellowish in complexion, पीत, पीला, ज़र्द। 2. dim, faint, मंद, मुरझाया हुआ, विवर्ण। ***v.*** to turn pale, पीला पड़ जाना।

palm (पाम) ***n.*** the inner surface of the hand, हथेली, करतल। बित्ता। ***v.*** to conceal in one's hand, हाथ में छिपा लेना।

palmistry (पामिस्ट्री) ***n.*** the art of telling fortunes by examining the lines and bumps on the palm, हस्तरेखा-विज्ञान, सामुद्रिक विद्या।

palsy (पॉल्ज़ी) ***n.*** paralysis, लकवा, पक्षाघात।

pancake (पैनकेक) ***n.*** a thin flat cake, पुआ, चिल्लड़ा, चीला।

panel (पैनल) ***n.*** a list or group of persons selected to act as a team, नामसूची, पैनल, नामिका। ***v.*** to furnish with panels, (चौखट में) दिलहा लगाना, जड़ना या भरना।

panic (पैनिक) ***n.*** a sudden overwhelming feeling of terror, तहलका, आतंक। ***v.*** 1. to be affected with panic, तहलका या खलबली मचना।

panorama (पैनोरामा) ***n.*** a view of unlimited area, परिदृश्य।

panther (पैन्थर) ***n.*** a large wild cat, तेंदुआ।

panties (पैन्टीज) ***n.*** (plu.) short underpants for women or children, जाँघिया।

pantry (पैन्ट्री) ***n.*** a small room for storing food, dishes etc., रसोई-भंडार।

papaya (पपाया) ***n.*** a plant and its fruit, पपीता।

paper (पेपर)***n.***1. a newspaper, समाचारपत्र, अख़बार। 2. a research paper, शोधपत्र। ***v.*** to cover with wall paper, (दीवार पर) काग़ज़ लगाना, काग़ज़ मढ़ना।

parade (परेड) ***n.*** a ceremonial public procession, जुलूस। to exhibit ostentatiously, दिखावा करना, प्रदर्शन करना।

paradise (पैराडाइज़) ***n.*** 1. heaven, स्वर्ग, बहिश्त, जन्नत।

paraffin (पैराफ़िन) ***n.*** a white waxy substance obtained from petroleum, मोम।

paragon (पैरागॉन) ***n.*** a model of excellence, आदर्श, प्रतिमान।

paragraph (पैराग्राफ़) ***n.*** a distinct subdivision of a chapter, dealing with a particular point, अनुच्छेद, पैरा। ***v.*** to arrange in paragraphs, पैरों में बाँटना।

parallel (पैरेलल) ***adj.*** 1. (of lines) separated by equal distance at every point, समानांतर, समांतर। ***v.***1. to be parallel to, समांतर होना। 2. to compare, तुलना करना।

paralyse, paralyze (पैरालाइज़) ***v.*** 1. to be affected with paralysis, लकवा मार जाना। 2. to bring to a standstill, ठप कर देना।

paramount (पैरामाउन्ट) ***adj.*** supreme, सर्वोपरि, परमोच्च।

pardon (पार्डन) ***v.*** to forgive, क्षमा करना, माफ़ कर देना। ***n.*** forgiveness, क्षमा, माफ़ी।

parliament (पार्लमेन्ट) ***n.*** the national legislative assembly, संसद्, पार्लियामेंट।

parole (परोल) ***n.*** release of a prisoner from a prison on condition of good behaviour, जेल से क़ैदी की सशर्त रिहाई, पैरोल। ***v.*** to release on parole, पैरोल पर रिहा करना।

parricide (पैरिसाइड) ***n.*** 1. an act of killing one's parent, माता या पिता की हत्या। 2. one who kills his or her parent, माता या पिता का हत्यारा, मातृहंता या पितृहंता।

part (पार्ट) ***n.*** 1. a piece, portion or division, भाग, हिस्सा। 2. an actor's role, भूमिका, रोल। ***v.*** to divide into separate parts, विभक्त करना।

partial (पार्शल) ***adj.*** 1. relating to only a part, आंशिक। खंडग्रास। 3. biased, पक्षपातपूर्ण।

partiality (पार्शिऐलिटी) ***n.*** bias, पक्षपात, तरफ़दारी।

participant (पार्टिसिपेन्ट) ***n.*** one who participates, सहभागी, भागीदार।

particle (पार्टिकल) ***n.*** a very small piece or part, कण, ज़र्रा।

partition (पार्टिशन) ***n.*** division into parts, विभाजन, बँटवारा। ***v.*** to divide, विभाजन या बँटवारा करना। 2. to divide by a partition, आड़ या व्यवधान खड़ा करना।

partner (पार्टनर) ***n.*** a member of a partnership, भागीदार, सहभागी, साझेदार।

part-time (पार्ट-टाइम) ***adj.*** for only a part of the working day, अंशकालिक।

party (पार्टी) ***n.*** 1. an organized political group, दल, पार्टी। 2. a group, जत्था, टोली।

pass (पास) ***v.*** to proceed, to go forward or move over, to go beyond, आगे बढ़ना/बढ़ाना, आगे निकल जाना। 2. to get through the examination, उत्तीर्ण या सफल होना।

passage (पैसिज) ***n.*** 1 a path, रास्ता, मार्ग, पथ। 3. a corridor, गलियारा। 4. a journey यात्रा। 5. the right to travel, पारण-अधिकार, मार्गाधिकार। 6. a brief portion of a speech or written work, लेखांश, उद्धरण, अंश। 7. the enactment of law, विधायन।

passenger (पैसन्जर) ***n.*** a person travelling in a vehicle, यात्री या सवारी।

passion (पैशन) ***n.*** 1. strong emotion, आवेश, भावावेश, भावावेग, राग। great enthusiasm, उमंग, जोश।

past (पास्ट) ***adj.*** 1. of a former time, भूतकालिक, बीते हुए समय से संबद्ध। 2. immediately preceding, गत, पिछला।

paste (पेस्ट) ***n.*** dough like smooth-textured substance, लेई, पीठी आदि, पेस्ट। ***v.*** to cause to adhere by applying paste, लेई से चिपकाना।

pasteurization (पैस्चराइजेशन) ***n.*** a method of destroying bacteria by heating (milk) to a certain temperature and then cool it, (दूध आदि को) कीटाणु-विहीन करना, पास्तुरीकरण।

pastime (पासटाइम) ***n.*** an activity that occupies one's time pleasantly, खेल, क्रीड़ा, मनोरंजन।

pasture (पास्चर) ***n.*** a piece of land on which animals graze, चरागाह, गोचर-भूमि।

pat (पैट) ***v.*** to stroke lightly with the palm of hand, थपथपाना, थपकी देना। ***n.*** a light stroke, थपकी।

patch (पैच) ***n.*** 1. a piece of cloth used to mend a garment, पैबंद, थिगली, चिकत्ती। 2. a piece of land, भूमि का टुकड़ा, भूखंड। ***v.*** to mend a garment with a patch, थिगली/पैबंद लगाना, चकती लगाकर सीना, मरम्मत करना।

patent (पेटन्ट) ***n.*** the document granting a sole right to an inventor to make, use or sell his or her product, पेटेंट अधिकार। ***v.*** 1. to obtain a patent for, पेटेंट कराना। 2. to grant by patent, पेटेंट कर देना।

paternity (पैटर्निटी) ***n.*** the state of being a father, पितृत्व।

path (पाथ) ***n.*** 1. a way, route or course, पथ, मार्ग, रास्ता। 2. a course of action, कार्य-प्रणाली, कार्यविधि।

pathway (पाथवे) ***n.*** a path, पथ, मार्ग।

patience (पेशन्स) ***n.*** tolerance, composure, धैर्य, सहनशीलता, सहिष्णुता।

patient (पेशन्ट) ***adj.*** tolerant, composed, धैर्यवान, सहनशील, सहिष्णु। ***n.*** one under medical treatment, मरीज़, रोगी।

patriot (पेट्रिअट) ***n.*** one who is loyal to one's country, देशभक्त।

patrol (पैट्रोल) ***v.*** to walk around and guard, गश्त लगाना। ***n.*** the act of patrolling, गश्त।

patron (पेट्रन) ***n.*** a protector, helper or benefactor, संरक्षक, आश्रयदाता।

pattern (पैटर्न) ***n.*** 1. a model or design according to which something is made, नमूना, प्रतिमान। ***v.*** to make something as per pattern, प्रतिमान के अनुरूप बनाना या रचना करना।

pause (पाज़) ***v.*** to suspend an action for a time, रुकना, ठहरना। ***n.*** 1. a temporary stop, विराम, यति।

pavilion (पविलिअन) ***n.*** an open structure made for spectators, दर्शक-दीर्घा, दर्शक-मंडप।

paw (पॉ) ***n.*** the clawed foot of an animal, पंजा, चंगुल। ***v.*** to strike with a paw, पंजा मारना।

pay (पे) ***v.*** (paid, paying) 1. to give money in return of goods or services, देना, चुकाना, भुगतान करना। 2. to give or bestow, देना, अर्पित करना।

payee (पेई) ***n.*** the person to whom the money or cheque should be delivered, पानेवाला, प्रापक, आदाता।

payment (पेमेन्ट) ***n.*** 1. act of paying, भुगतान। 2. the amount paid, प्रदत्त राशि, भुगतान।

pea (पी) ***n.*** a climbing plant and its round edible seeds, मटर।

peace (पीस) ***n.*** freedom from clamour and confusion, शांति।

peak (पीक) ***n.*** 1. a pointed top of a mountain, चोटी, शिखर। 2. the point of highest value, development etc., चरम बिंदु, पराकाष्ठा, चोटी। ***v.*** to reach a peak, चोटी पर पहुँचना।

peanut (पीनट) ***n.*** 1. groundnut, मूँगफली।

2. (plu.) a very small amount of money, टुच्ची रक़म, अल्प राशि।

pearl (पर्ल) ***n.*** a rounded lustrous mass formed inside the shells, मोती; artificial pearl, नकली मोती। 2. yellowish white, खसखसी/मोतिया रंग।

peasant (पैज़न्ट) ***n.*** a farmer, किसान, खेतिहर।

peck (पेक) ***v.*** 1. to stroke or kick up with a beak, चोंच मारना, टोंचना। 2. to kiss, चुंबन लेना।

peddle (पेडल) ***v.*** to travel about selling goods, फेरी लगाना, घूम घूमकर सौदा बेचना।

peddler (पेडलर) ***n.*** one who sells door to door, फेरीवाला।

pee (पी) ***v.*** to urinate, पेशाब करना।

peek (पीक) ***n.*** to peep, झाँकना।

peel (पील) ***n.*** the skin of vegetables and fruits, छिलका। ***v.*** to remove the peel of, छिलका उतारना या छीलना।

peep (पीप) ***v.*** to look furtively, लुक-छिपकर देखना, ताक-झाँक करना। ***n.*** a brief or furtive look, ताक-झाँक।

peerless (पिअरलिस) ***adj.*** without equal, unmatched, अद्वितीय, लाजवाब।

peg (पेग) ***n.*** 1. a wooden pin, खूँटा, खूँटी। 2. a wooden screw of a violin, खूँटी। ***v.*** 1. to put a peg into, खूँटा गाड़ना। 2. to fasten, बाँधना।

penal (पीनल) ***adj.*** of or pertaining to punishment, दंड-संबंधी, दांडिक।

penalty (पेनल्टी) ***n.*** a punishment for breaking a law, दंड, सज़ा।

penance (पेनन्स) ***n.*** 1. the confession of a sin and submission to penalties imposed, प्रायश्चित्त। 2. any voluntary suffering as a religious act, तपस्या, तप।

pendant (पेन्डन्ट) ***n.*** a hanging object attached to a chain, लटकन।

peninsula (पनिन्सुला) ***n.*** a long projection of land into water, प्रायद्वीप।

penis (पीनिस) ***n.*** the male organ of urination, पुरुषेंद्रिय, लिंग, शिश्न।

pensile (पेन्सिल) ***adj.*** hanging, लटकता हुआ।

peon (पीअन) ***n.*** an attendant, चपरासी।

pepper (पैपर) ***n.*** a vine; its fruit used as a condiment, काली मिर्च। to sprinkle around pepper, मिर्च छिड़कना।

perceive (पर्सीव) ***v.*** 1. to observe or recognize, इंद्रियों द्वारा ग्रहण करना, देखना, दिखाई देना। 2. to become aware of, जानना, समझना, पता चलना, बोध होना।

percentage (परसेन्टिज) ***n.*** 1. the rate, amount or number in each hundred, प्रतिशत-दर, प्रतिशतता। 2. portion, अंश, भाग।

perception (पर्सेप्शन) ***n.*** 1. the act of perceiving, इंद्रियों द्वारा ग्रहण, बोध। 2. the result of perceiving, प्रत्यक्ष ज्ञान, प्रत्यक्षण, बोध।

perch (पर्च) ***n.*** a bird's resting place, अड्डा। ***v.*** to alight or rest on perch, (पक्षी का) अड्डे पर बैठना।

perfection (पर्फ़ेक्शन) ***n.*** 1. the quality of being perfect, परिपूर्णता। 2. the act of making perfect, परिपूर्ण बनाना।

perform (परफ़ॉर्म) ***v.*** 1. to carry out, करना, पूरा करना, पालन करना। 2. to execute, निष्पादन करना।

perfume (पर्फ़्यूम) ***n.*** 1. a sweet smell, सुगंध, सुवास। 2. fragrant liquid, scent, इतर। ***v.*** to apply perfume to, इतर लगाना, सुवासित करना।

perhaps (परहैप्स) ***adv.*** may be, possibly, शायद, कदाचित्।

perish (पेरिश) ***v.*** (perished, perishing) to be utterly destroyed, नष्ट हो जाना।

perk[1] (पर्क) ***v.*** to raise the head, सिर ऊँचा करना। ***n.*** perquisite, परिलब्धि।

permanent (पर्मनेन्ट) ***adj.*** lasting, स्थायी, चिरस्थायी, टिकाऊ।

permission (पर्मिशन) ***n.*** formal consent, अनुज्ञा, स्वीकृति, आज्ञा, अनुमति, छूट।

permissive (पर्मिसिव) ***adj.*** allowing great freedom, lenient or tolerant, खुला या सहिष्णु।

permit (पर्मिट) ***v.*** to allow, अनुमति देना, अनुज्ञा देना। ***n.*** a written permission, अनुमति-पत्र, अनुज्ञा, परमिट।

perpendicular (पर्पन्डिक्यूलर) लंब। ***adj.*** exactly upright, सही-सही खड़ा, लंबवत्।

perpetration (पर्पिट्रेशन) ***n.*** 1. the act of perpetrating, ग़लत काम करना।

perplex (पर्प्लेक्स) ***v.*** to puzzle or confuse, हैरान कर देना, घबरा देना।

persecution (पर्सिक्यूशन) ***n.*** the act of persecuting, उत्पीड़न, अत्याचार।

persist (पर्सिस्ट) ***v.*** 1. to continue steadfastly or obstinately, दृढ़ता या हठपूर्वक किसी काम को करते रहना, डटे या तुले रहना।

persistence (पर्सिस्टेन्स) ***n.*** the act of persisting, ज़िद, हठ, दुराग्रह।

personality (पर्सनैलिटी) ***n.*** 1. the quality of being a person, व्यक्तित्व। 2. a celebrity, विशिष्ट महानुभाव, महान व्यक्ति या व्यक्तित्व।

personification (पर्सॉनिफ़िकेशन) ***n.*** the act of personifying or the state of being personified, मानवीकरण, मूर्तिकरण।

pertinent (पर्टिनेन्ट) ***adj.*** to the point, relevant, प्रासंगिक, उपयुक्त।

pervade (पर्वेड) ***v.*** to pass and spread throughout, रच-बस जाना, व्याप्त होना, फैल जाना।

perverse (पर्वर्स) ***adj.*** 1. directed away from what is normal, right or acceptable, पतित, भ्रष्ट, कुमार्गी, पथभ्रष्ट। wicked, दुष्ट।

pervert (पर्वर्ट) ***v.*** 1. to debase or corrupt, पतित या भ्रष्ट करना या होना। 2. to misuse, दुरुपयोग करना।

pessimism (पेसिमिज़म) ***n.*** the tendency to take darker or gloomy view of things, निराशावाद।

pessimist (पेसिमिस्ट) ***n.*** one who takes darker or gloomy side of things, निराशावादी।

pest (पेस्ट) ***n.*** any destructive insect, टिड्डी, दीमक आदि कीड़ा।

pesticide (पेस्टिसाइड) ***n.*** a substance used to kill pests, कीटनाशक पदार्थ।

pet (पेट) ***n.*** a domesticated animal kept for amusement, पालतू पक्षी या जानवर। to fondle, प्यार-दुलार करना।

petition (पिटिशन) ***n.*** a request, आवेदन, प्रार्थना। ***v.*** 1. to make a petition, याचिका प्रस्तुत करना।

phase (फ़ेज़) ***n.*** a distinct stage, विशेष अवस्था या स्थिति, प्रावस्था। ***v.*** to carry out in stages, थोड़ा-थोड़ा करके कई बार में (काम को) पूरा करना।

philanthropy (फ़िलैन्थ्रॉपी) ***n.*** benevolence, परोपकार।

phlegm (फ़्लैम) ***n.*** mucus ejected through mouth, कफ़, बलग़म, श्लेष्मा।

phobia (फ़ोबिआ) ***n.*** dread, भीति, भय।

phoenix (फ़ीनिक्स) ***n.*** a legendary bird, ऐसा कल्पित पक्षी जो स्वयं जलकर मर ज़ाता है और उसी राख से पुनः पैदा हो जाता है, अमर-पक्षी।

physical (फ़िज़िकल) ***adj.*** 1. of the matter, भौतिक, वस्तुगत। 2. of the body, शारीरिक।

physique (फ़िज़ीक) ***n.*** the constitution of the body, शरीर की बनावट या गठन, अंगलेट।

pick (पिक) ***v.*** 1. to select, छाँटना, चुनना। 2. to gather, इकट्ठा करना। ***n.*** 2. selection, चयन।

picket (पिकिट) ***n.*** a worker or group of workers stationed before the entrance to a factory to persuade other workers from entering during strike, धरना। ***v.*** to act as a picket, धरना देना।

pickle (पिकल) ***n.*** 1. vegetables preserved in mustard oil, vinegar, etc.,

अचार। 2. a difficult situation. कठिन स्थिति।

pick-up (पिकप) ***n.*** 1. ability to accelerate rapidly, सहसा गति बढ़ाने का गुण। 2. a casual acquaintance, आकस्मिक मुलाक़ाती।

pie (पाइ) ***n.*** 1. a pastry type baked dish, कचौड़ी। 2. a mixed disordered collection of types, पाई।

piecework (पीसवर्क) ***n.*** work paid for according to the quantity produced, खुदरा काम, उजरती काम।

pig (पिग) ***n.*** 1. a domestic or wild mammal having a broad nose, सुअर। 2. a dirty and greedy person, गंदा और लोभी व्यक्ति।

pile (पाइल) ***n.*** a heap, ढेर, अंबार, चट्टा। ***v.*** to heap up, ढेर लगाना।

piles (पाइल्ज़) ***n.*** (plu.) haemor-rhoids, बवासीर।

pilgrim (पिल्ग्रिम) ***n.*** a person who goes on a pilgrimage, तीर्थयात्री।

pill (पिल) ***n.*** a small ball of medicine, दवा की गोली, बटी।

pillar (पिलर) ***n.*** 1. a column, खंभा, स्तंभ। 2. a chief supporter, प्रमुख या दृढ़ समर्थक।

pillow (पिलो) ***n.*** a pillow used to support the head, तकिया।

pilot (पाइलट) ***n.*** 1. an operator of an aircraft, विमानचालक। 2. a leader or guide, नेता या मार्गप्रदर्शक।

pimp (पिम्प) ***n.*** one who procures customers for a prostitute, रंडी का दलाल, कुटना। ***v.*** to serve as a pimp, दलाली करना।

pimple (पिम्पल) ***n.*** any small inflamed swelling of the skin, फुंसी, मुँहासा आदि।

pin (पिन) ***n.*** a short, stiff and pointed piece of wire for fastening things together, पिन, आलपीन। ***v.*** (pinned, pinning) to fasten with a pin, पिन लगाकर नत्थी करना।

pinch (पिन्च) ***v.*** 1. to press lightly between finger and thumb, चिकोटी काटना, चुटकी भरना। 2. to press or tighten, दबाना, जकड़ना, कसना।

pindrop silence (पिनड्रॉप साइलेंस) ***n.*** total silence, पूर्ण नीरवता, निस्तब्धता।

pious (पाइअस) ***adj.*** 1. devout, धर्मपरायण, धर्मशील। 2. holy, पवित्र, पावन, पाक।

piper (पाइपर) ***n.*** a person who plays on a pipe, बाँसुरीवादक।

piracy (पाइरेसी) ***n.*** 1. robbery of ships, समुद्री डकैती, जलदस्युता। 2. unauthorised use of a patented or copyrighted work, पेटेंट या कापीराइट की चोरी, साहित्यिक चोरी।

piss (पिस) ***v.*** to urinate, पेशाब करना, मूतना।

pistachio (पिस्टैशिओ) ***n.*** a tree and its nut, पिस्ता।

pistil (पिस्टिल) ***n.*** (Bot.) the female reproductive part of a flower, फूल का बीजोत्पादक मादा हिस्सा, स्त्रीकेसर, गर्भकेसर।

pitcher (पिचर) ***n.*** an earthen vessel with a narrow neck, घड़ा, मटका, सुराही।

pity (पिटी) ***n.*** compassion, दया, तरस, रहम। ***v.*** to feel pity for, दया करना, तरस खाना।

pivot (पिवट) ***n.*** a central point, केंद्र, केंद्रबिंदु। ***v.*** to turn on a pivot, धुरी पर घूमना।

placard (प्लेकार्ड) ***n.*** a poster, पोस्टर, इश्तहार। ***v.*** to stick posters on the wall, पोस्टर लगाना, इश्तहार लगाना।

place (प्लेस) ***n.*** a portion of space, जगह, स्थान।

plain (प्लेन) ***n.*** a large level area, विस्तृत तथा समतल भूभाग, सपाट मैदान। ***adj.*** simple, सादा।

plan (प्लैन) ***n.*** a detailed scheme, योजना। ***v.*** to formulate a plan, योजना बनाना।

plane (प्लेन) ***adj.*** level, समतल, सपाट। ***n.*** 1. a level surface, समतल भूमि या सतह। 2. a level of thought, वैचारिक धरातल।

planet (प्लैनिट) ***n.*** any celestial body revolving around the Sun, ग्रह।

plant (प्लान्ट) ***v.*** 1. to sow, बोना, रोपना, लगाना। to establish, स्थापित करना। ***n.*** 1. a living organism that is smaller than a shrub or tree, पौधा, पादप। 2. a factory or its machinery, संयंत्र, प्लांट।

plaster (प्लास्टर) ***n.*** a mixture of cement, sand and water that is applied to walls, पलस्तर। ***v.*** to apply a plaster to, पलस्तर करना या प्लास्टर लगाना।

plate (प्लेट) ***n.*** 1. a sheet, शीशे, धातु आदि का पतला खंड। 2. a thin layer of a metal, पत्तर, चद्दर। ***v.*** 1. to electroplate, मुलम्मा चढ़ाना।

plateau (प्लैटो) ***n.*** 1. a tableland, पठार। 2. a stable condition, स्थिर स्थिति।

play (प्ले) ***v.*** 1. to occupy oneself in sport or amusement, खेलना, क्रीड़ा करना, विहार करना। to act (a role, पात्र का) अभिनय करना। a drama, नाटक।

playmate (प्लेमेट) ***n.*** a friend or partner in play, खेल का साथी, क्रीड़ा-मित्र।

plead (प्लीड) ***v.*** 1. to argue for or against, सफ़ाई या दलील देना, अभिवचन करना। 2. to appeal or request, अपील या निवेदन करना।

pleader (प्लीडर) ***n.*** one who pleads, अभिवक्ता, वकील।

pleasant (प्लेज़न्ट) ***adj.*** pleasing, delightful, सुहावना, रमणीय, रूचिर।

please (प्लीज़) ***v.*** 1. to make glad, प्रसन्न करना। 2. to think desirable, ठीक समझना, चाहना।

pleasure (प्लेज़र) ***n.*** 1. a feeling of joy or satisfaction, सुख, मज़ा, आनंद। 2. grace, प्रसाद, अनुग्रह।

pledge (प्लेज) ***n.*** 1. a solemn promise, प्रण, प्रतिज्ञा, वचन। 2. a thing given or held as security, धरोहर, अमानत। ***v.*** 1. to promise solemnly, वचन देना, प्रतिज्ञा करना।

plenty (प्लेन्टी) ***n.*** abundance, प्रचुरता, विपुलता। ***adv.*** in abundance, प्रचुर मात्रा में।

plot (प्लॉट) ***n.*** 1. a piece of land, भूखंड। 2. a secret plan, conspiracy, षड्यंत्र, कुचक्र। ***v.*** to conspire, षड्यंत्र रचना, कुचक्र रचना।

plough, plow (प्लाउ) ***n.*** a farm implement for turning the soil, हल। ***v.*** 3. to break and turn up earth with a plough, जोतना, हल चलाना।

pluck (प्लक) ***v.*** 1. to pick (फूल) चुनना, तोड़ना, बीनना। ***n.*** 1. a jerk, झटका। courage, हिम्मत, साहस।

plum (प्लम) ***n.*** a fruit of the peach family, आलूबुख़ारा, आलूचा।

plumber (प्लमर) ***n.*** one who fits and repairs water pipes, नलकार, प्लंबर।

plunder (प्लन्डर) ***v.*** to rob forcibly, लूटना, लूटपाट करना। ***n.*** the act of plundering, लूट, लूट-मार।

plunge (प्लन्ज) ***v.*** 1. to dive, डुबकी लगाना, गोता लगाना। 2. to thrust, ज़बरदस्ती डालना या घुसेड़ना। ***n.*** a dive, डुबकी, गोता। 2. the act of snatching, झपट्टा, लपक।

pocket (पॉकिट) ***n.*** 1. a pouch in a garment, जेब, पाकेट। a small isolated area, अलग-थलग छोटा क्षेत्र, लघुक्षेत्र। ***v.*** 1. to place in a pocket, जेब में डालना। 2. to earn unlawfully, अनुचित ढंग से कमाना।

poet (पोइट) ***n.*** a writer of poems, कवि, शायर। [fem. poetess, कवयित्री]

poetry (पोइट्री) ***n.*** 1. the art of a poet, काव्यकला। 2. poems in general, काव्य। 3. verse, पद्य।

point (पॉइन्ट) ***n.*** 1. a dot, बिंदु। 3. an important or essential factor or idea, महत्त्वपूर्ण तथ्य या विचार। ***v.*** to bring to notice, to indicate the position or direction, संकेत करना, बतलाना।

poison (पॉइज़न) ***n.*** a substance that causes death, ज़हर, विष। ***v.*** to give poison to, ज़हर देना।

polar (पोलर) ***adj.*** 1. of the North Pole or South Pole, ध्रुव-संबंधी, ध्रुवीय। 2. directly opposite, ठीक उलटा, विपरीत।

pole (पोल) ***n.*** 1. a long straight round

post used as a support, खंभा। the North Pole or South Pole, उत्तरी ध्रुव या दक्षिणी ध्रुव। 4. the end or extremity, सिरा।

pole star *n.* a bright star near the North Pole, ध्रुवतारा।

policy (पॉलिसी) *n.* a general plan of action adopted by an individual, party or government, नीति, कार्य-योजना।

polish (पॉलिश) *v.* 1. to make shiny by rubbing, रगड़कर चमकाना, पॉलिश करना। 2. to refine, परिष्कृत करना।

polite (पोलाइट) *adj.* 1. courteous, mannerly, नम्र, शिष्ट। 2. refined, सुसंस्कृत।

political (पॉलिटिकल) *adj.* of or relating to politics, or to government policymaking, राजनीतिक।

poll (पोल) *n.* 1. to vote at an election, मतदान करना। 2. to receive as votes, (प्रत्याशी द्वारा) मत प्राप्त करना।

polling (पोलिंग) *n.* the act of casting votes, मतदान।

pollution (पल्यूशन) *n.* the act of polluting or the state of being polluted, प्रदूषण।

pomp (पॉम्प) *n.* 1. splendour, शान, ठाट-बाट। 2. ostentatious display, आडंबर, दिखावा।

pond (पॉन्ड) *n.* a still body of water, पोखरा, ताल, तालाब, कुंड।

poppy (पॉपी) *n.* a plant, पोस्ते का पौधा।

popular (पॉप्यूलर) *adj.* 1. liked by the common people, लोकप्रिय, जनप्रिय। 2. common, public, जनता-संबंधी, लोक-।

population (पॉप्युलेशन) *n.* the total inhabitants of a place or country, जनसंख्या, आबादी।

pornography (पोर्नॉग्रफ़ी) *n.* writings, pictures, films etc. to arouse sexual desire, अश्लील लेखन, अश्लील साहित्य।

porridge (पॉरिज) *n.* boiled cereal esp, oatmeal, दलिया।

port (पोर्ट) *n.* a harbour, बंदरगाह, पत्तन।

porter (पोर्टर) *n.* a man employed to carry traveller's luggage, सामान ढोनेवाला मज़दूर, कुली, भारिक।

portion (पोर्शन) *n.* a part of something, अंश, हिस्सा, भाग। *v.* to divide into portions, हिस्से लगाना, बाँटना।

portrait (पोर्ट्रेट) *n.* a painting or photograph, तस्वीर, चित्र, फोटो।

pose (पोज़) *v.* to assume a desired position, कोई विशिष्ट मुद्रा धारण करना। *n.* a physical attitude, ठवन, भंगिमा, मुद्रा, पोज़।

posh (पॉश) *adj.* 1. of the upper class, उच्चवर्गीय। 2. fashionable, smart, फैशनेबुल।

position (पोज़िशन) *n.* place, situation or location, स्थिति। *v.* to put in a particular place or position, स्थित करना, स्थापित करना, रखना।

positive (पॉज़िटिव) *adj.* 1. displaying affirmation, सकारात्मक, स्वीकारात्मक। 2. definite, सुस्पष्ट, सुनिश्चित।

possession (पज़ेशन) *n.* 1. the act or fact of possessing, क़ब्ज़ा, स्वामित्व। 2. a right, अधिकार। 3. the state of being dominated by an evil spirit, भूतावेश, भूत-बाधा।

postgraduate (पोस्टग्रैजुएट) *adj.* involving or pursuing studies after taking a bachelor's degree, स्नातकोत्तर।

post meridiem (p.m.) (पोस्ट मरिडिअम) *n.* afternoon, अपराह्न।

post-mortem (पोस्ट-मॉर्टम) *n.* a medical examination of the dead body, शव-परीक्षण, पोस्टमार्टम।

postpone (पोस्टपोन) *v.* to put off or delay until a future time, स्थगित करना, मुलतवी रखना।

posture (पॉस्चर) *n.* a position of the body, ठवन, मुद्रा।

potter (पॉटर) *n.* a person who makes pottery, कुम्हार।

pouch (पाउच) *n.* 1. a small bag, थैली। 2. a pouch like cavity, थैलीनुमा अंग, थैली।

poultry (पोल्ट्री) *n.* domestic chickens, ducks etc., पालतू मुर्गियाँ, बतखें आदि।

pour (पोर) *v.* 1. to flow or cause to flow in a stream, उँड़ेलना। 2. to rain heavily, मूसलधार वर्षा होना।

poverty (पॉवर्टी) *n.* 1. lack of money, ग़रीबी, निर्धनता। 2. lack, deficiency, अभाव, कमी।

powder (पाउडर) *n.* a mass of fine solid particles, चूर्ण, चूरा, बुकनी, पाउडर।

power (पाउअर) *n.* 1. strength, force, बल, शक्ति, क्षमता। 2. authority, सत्ता।

powerful (पाउअरफ़ुल) *adj.* having great power, शक्तिशाली।

power of attorney *n.* the legal authority to act for another person, मुख़्तारनामा।

practical (प्रैक्टिकल) *adj.* 1. feasible, workable, not theoretical, व्यावहारिक। 2. clever at doing or making things, व्यवहारशील, व्यवहारकुशल।

practise (प्रैक्टिस) *v.* to do or perform repeatedly to become efficient, अभ्यास करना। 2. to work at or follow a profession, व्यवसाय करना।

praise (प्रेज़) *v.* 1. to express admiration (for, की) प्रशंसा करना। *n.* admiration, प्रशंसा, स्तुति, गुणगान।

pram (प्रैम) *n.* (perambulator का संक्षिप्त रूप) बच्चागाड़ी, शिशुयान।

prank (प्रैन्क) *n.* a mischievous trick, शरारत, चुहल।

pray (प्रे) *v.* to utter a prayer, प्रार्थना/अनुनय करना।

prayer (प्रेअर) *n.* 1. a solemn request to God, प्रार्थना, विनती। 2. an earnest request, अनुनय, याचना।

preach (प्रीच) *v.* to give a sermon on religious instructions, प्रवचन करना, उपदेश करना।

precaution (प्रिकॉशन) *n.* an action taken beforehand, एहतियात, पूर्वोपाय।

precious (प्रेशस) *adj.* 1. of great value, very costly, मूल्यवान, बहुमूल्य। 2. beloved, प्रिय।

precis (प्रेसी) *n.* a concise summary, abstract, संक्षेप, सार। *v.* to make a precis of, संक्षेप तैयार करना।

precise (प्रिसाइस) *adj.* 1. exact, correct, सही-सही। 2. stated clearly, स्पष्ट।

precondition (प्रीकन्डिशन) *n.* a condition to be fulfilled first, पूर्व शर्त।

predecessor (प्रेडिसेसर) *n.* one who precedes another in an office, पूर्ववर्ती अधिकारी, पूर्वाधिकारी।

predict (प्रिडिक्ट) *v.* to foretell, भविष्यवाणी करना।

predominant (प्रिडॉमिनेन्ट) *adj.* 1. superior in power or importance, जिसका आधिपत्य या प्राधान्य हो, प्रधान। 2. most common or numerous, अपेक्षया अधिक, सर्वाधिक।

preface (प्रेफ़िस) *n.* a foreword, introduction, प्रस्तावना, आमुख, भूमिका। *v.* 1. to begin, आरंभ करना।

prefer (प्रिफ़र) *v.* 1. to like better, अधिक पसंद करना, वरीयता देना, तरजीह देना। 2. to promote, प्रोन्नत करना।

preference (प्रेफ़रेन्स) *n.* the liking for something over another, वरीयता, अधिमान।

pregnant (प्रेग्नेन्ट) *adj.* 1. having a young developing in the womb, गर्भवती। 2. meaningful, सगर्भ, सारगर्भित।

premarital (प्रीमैरिटल) *adj.* of the time before marriage, विवाह-पूर्व।

premature (प्रीमच्योर) *adj.* 1. too early, समय से पूर्व होनेवाला, अकालिक, समयपूर्व। 2. born before time, अधूरा, कच्चा।

premier (प्रिमिअर) *n.* Prime Minister, प्रधानमंत्री। *adj.* chief, प्रधान, मुख्य।

premises (प्रेमिसिज़) *n.* (plu.) the land and the buildings on it, कोई भूखंड तथा उसपर

बनी इमारतें, परिसर।

premium (प्रीमिअम) ***n.*** 1. an instalment for an insurance policy, बीमे की क़िस्त, प्रीमियम। 2. a prize, reward, पुरस्कार।

preparation (प्रेपरेशन) ***n.*** the act of preparing, तैयारी, उपक्रम।

preparatory (प्रिपैरेटरी) ***adj.*** serving to prepare, प्रारंभिक।

presage (प्रेसिज) ***n.*** an omen, सगुन, लक्षण। ***v.*** 1. to be a omen, शकुन होना। 2. to predict, भविष्यवाणी करना।

prescribe (प्रिस्क्राइब) ***v.*** 1. to set down as a rule, नियम के रूप में निर्धारित करना। 2. to recommend, सिफ़ारिश करना, आवश्यक बतलाना।

prescription (प्रिस्क्रिप्शन) ***n.*** 1. the act of prescribing, निर्धारण। 2. a written instruction, लिखित आदेश या नुस्ख़ा।

presence (प्रेज़न्स) ***n.*** the state of being present, उपस्थिति, मौजूदगी, विद्यमानता।

presentation (प्रेज़न्टेशन) ***n.*** 1. a gift, उपहार, भेंट। 3. a preformance of a play, प्रस्तुति, प्रस्तुतीकरण।

presently (प्रेज़न्टली) ***adv.*** in the present time, आजकल, इन दिनों, संप्रति।

preservation (प्रेज़र्वेशन) ***n.*** the act of preserving, हिफ़ाज़त, सुरक्षा, परिरक्षण।

preserve (प्रिज़र्व) ***v.*** to keep safe, to protect, हिफ़ाज़त से रखना, रक्षा करना, परिरक्षण करना।

press (प्रेस) ***v.*** to apply weight or force, दबाना, ज़ोर लगाना। ***n.*** 1. a machine for applying pressure, कोल्हू। 2. newspapers and magazines, समाचार-पत्र तथा पत्रिकाएँ।

press conference ***n.*** an interview held for newsmen, पत्रकार-सम्मेलन।

press release ***n.*** information given to the press, प्रेस-विज्ञप्ति।

pressure (प्रेशर) ***n.*** the exertion of force, दबाव, दाब। 2. influence, प्रभाव, दबाव।

prestige (प्रेस्टीज) ***n.*** reputation, प्रतिष्ठा।

presume (प्रिज़्यूम) ***v.*** 1. to take for granted, मान लेना, अनुमान कर लेना।

pretence, pretense (प्रिटेन्स) ***n.*** 1. a pretext, बहाना, हीला। 2. a false action to deceive, ढोंग।

pretend (प्रिटेन्ड) ***v.*** to create a false appearance of something, ढोंग रचना।

prevail (प्रिवेल) ***v.*** 1. to win out, to succeed, अभिभूत कर लेना, जीत जाना। 2. to be common or frequent, व्याप्त या प्रचलित होना।

prevailing (प्रिवेलिंग) ***adj.*** prevalent, प्रचलित, व्याप्त।

prevent (प्रिवेन्ट) ***v.*** 1. to keep from doing something, (कोई काम) न करने देना। 2. to keep from happening, रोक-थाम करना, निवारण करना।

prevention (प्रिवेन्शन) ***n.*** the act of preventing, रोक, रोक-थाम, निवारण, परहेज़।

previous (प्रीविअस) ***adj.*** 1. coming before in time, पहले का, पहला। 2. coming before in order, पिछला, पूर्व, पूर्ववर्ती।

prey (प्रे) ***n.*** an animal or bird hunted or caught, शिकार। 2. one who is injured, harmed or cheated, victim शिकार। ***v.*** to take as a prey, शिकार करना।

prickly heat ***n.*** an acute itching irruption of the skin, पित्ती, पित्त, गर्मी दाना, अम्होरी।

pride (प्राइड) ***n.*** 1. unduly high opinion of one's merits, घमंड, अहंकार, अभिमान। 2. self-respect, गर्व, गौरव, आत्मसम्मान।

prima facie (प्राइमा फेसी) ***adv.*** as it seems at first, ऊपर से देखने पर, प्रत्यक्षतः।

primary (प्राइमरी) ***adj.*** 1. initial, first in the series, प्राथमिक, प्रारंभिक। 2. basic, fundamental, मौलिक, मूलभूत।

prime (प्राइम) ***adj.*** 1. first, पहला, प्रथम। 2. main, chief, प्रधान, मुख्य, मूल। ***v.*** to prepare, to make ready, तैयारी करना, तैयार करना।

prince (प्रिन्स) ***n.*** a son of a sovereign, राजकुमार।

princess (प्रिन्सेस) ***n.*** a female member of a royal family, राजकुमारी।

principal (प्रिन्सिपल) ***adj.*** chief, main, प्रधान, मुख्य।

principle (प्रिन्सिपल) ***n.*** 1. a rule, सिद्धांत, नियम। 2. a basic source, मूल तत्त्व, आधारभूत कारण।

print (प्रिन्ट) ***v.*** to make marks by types or machine, छापना, मुद्रण करना। ***n.*** 1. a mark made by pressure or stamping, ठप्पा, छाप। 2. lettering produced in ink, छपाई, मुद्रण।

priority (प्राइऑरिटी) ***n.*** the state of being prior, पूर्ववर्तिता; अग्रता, वरीयता।

prisoner (प्रिज़नर) ***n.*** a person kept in a prison, बंदी, क़ैदी।

privatize (प्राइवेटाइज़) ***v.*** to transfer something from state centrol to private ownership, (उद्योगों का) निजीकरण करना।

privilege (प्रिवलिज) ***n.*** a special right, विशेषाधिकार।

prize (प्राइज़) ***n.*** something offered or won as an award, पुरस्कार, इनाम। ***v.*** to value highly, अत्यधिक महत्त्व देना।

probability (प्रॉबेबिलिटी) ***n.*** 1. the condition of being probable, प्रायिकता, संभावना। 2. a probable event, संभावित घटना।

probation (प्रोबेशन) ***n.*** 1. a trial of person's character or ability, आचरण या योग्यता का परीक्षण, परिवीक्षा। 2. a trial period, परिवीक्षा-अवधि।

procedure (प्रसीजर) ***n.*** 1. a way or course of action, कार्यविधि, कार्य-पद्धति, क्रिया-प्रणाली। 2. a particular or established way of doing something, विशिष्ट विधि, बँधा व्यवहार।

proceed (प्रोसीड) ***v.*** to advance or carry on, अग्रसर होना, आगे बढ़ना, जारी रखना।

process (प्रोसेस) ***n.*** a method of doing something, क्रिया-पद्धति, प्रक्रिया, प्रक्रमण। ***v.*** 1. to subject to a special process, अनेक प्रक्रियाओं द्वारा कोई वस्तु तैयार करना।

procession (प्रसेशन) ***n.*** a group of persons or vehicles moving forward in a formal manner, जुलूस, शोभायात्रा।

produce (प्रोड्यूस) ***v.*** 1. to yield, उत्पन्न करना। 2. to bear crops from the ground to manufacture (goods), उत्पादन करना। ***n.*** yield, उपज, पैदावार।

product (प्रॉडक्ट) ***n.*** something produced, उत्पाद, उपज, पैदावार।

profess (प्रोफ़ेस) ***v.*** 1. to acknowledge or admit, स्वीकार करना। 2. to declare, घोषणा करना, जतलाना।

profession (प्रफ़ेशन) ***n.*** 1. calling, business, पेशा, व्यवसाय, वृत्ति। 2. a declaration or avowal, अपनी धारणा, विश्वास या निष्ठा का प्रकटन।

proficiency (प्रफ़िशन्सी) ***n.*** the state or quality of being proficient, dexterity, competence, प्रवीणता, निपुणता।

profile (प्रोफ़ाइल) ***adv.*** outline, रेखाचित्र, रूपरेखा। 2. a short account of a person's character or career, संक्षिप्त चरित्र-चित्रण, संक्षिप्त जीवनी, चारित्रिक लेख, ख़ाका।

profit (प्रॉफ़िट) ***n.*** gain, लाभ, मुनाफ़ा, फ़ायदा। ***v.*** to obtain or bring an advantage, लाभ प्राप्त करना, फ़ायदा होना, भलाई होना।

progress (प्रॉग्रेस) ***n.*** steady advance or improvement, प्रगति। ***v.*** to move toward perfection, प्रगति करना।

progressive (प्रग्रेसिव) ***adj.*** 1. pertaining to progress, प्रगामी। favour-ing social or political reforms, प्रगतिशील।

prohibit (प्रोहिबिट) ***n.*** 1. to forbid by authority, निषेध करना, निषिद्ध करना। 2. to prevent, रोकना।

prohibition (प्रोहिबिशन) ***n.*** the act of

prohibiting, निषेध, मनाही।

project (प्रॉजेक्ट) ***n.*** a scheme or plan, परियोजना। ***v.*** to extend outward, बाहर निकालना या बढ़ाना। 2. to present, प्रस्तुत करना, चित्रित करना।

prologue (प्रोलॉग) ***n.*** an introduction (to a play, नाटक की) भूमिका।

prominent (प्रॉमिनेन्ट) ***n.*** 1. eminent, प्रमुख, प्रधान। 2. well-known, लब्धप्रतिष्ठ, महत्त्वशाली।

promise (प्रॉमिस) ***n.*** a commitment, an undertaking, वचन, वादा, प्रतिज्ञा। ***v.*** to give an undertaking, वचन देना, वादा करना।

promote (प्रमोट) ***v.*** 1. to raise in position or rank, पदोन्नत करना, दर्जा चढ़ाना। 2. to further, आगे बढ़ाना।

prompt (प्रॉम्प्ट) ***adj.*** swift, quick, त्वरित, सत्वर, तात्कालिक, अविलंब। ***v.*** to urge or encourage, प्रेरित/प्रोत्साहित करना।

prone (प्रोन) ***adj.*** 1. having a tendency, inclined, उन्मुख, प्रवण, प्रवृत्त। 2. lying with the face downward, अधोमुख, औंधा।

pronounce (प्रनाउन्स) ***v.*** 1. to utter, उच्चारण करना। 2. to declare officially, घोषणा करना।

proof (प्रूफ़) ***n.*** the evidence that helps to show the truth or validity of something, प्रमाण, सबूत।

propaganda (प्रॉपगैन्डा) ***n.*** publicity, प्रचार, प्रोपेगैंडा।

प्रचार, प्रचार। 3. procreation, प्रजनन।

proper (प्रॉपर) ***adj*** 1. appropriate, suitable, उचित, समुचित। 2. correct, right, सही।

property (प्रॉपर्टी) ***n.*** 1. a thing owned, holding, संपत्ति, जायदाद। characteristic quality, गुण, गुणधर्म।

prophet (प्रॉफ़िट) ***adj.*** 1. a divinely inspired teacher, पैग़ंबर। 2. one who foretells, भविष्यवक्ता।

proponent (प्रपोनेन्ट) ***n.*** a supporter, समर्थक।

proportion (प्रपोर्शन) ***n.*** 1. a ratio or correct relationship, सही अनुपात या संबंध, समानुपात। 2. a part or share, अंश।

proportional (प्रपोर्शनल) ***adj.*** in correct proportion, समानुपातिक, समानुपाती।

proposal (प्रपोज़ल) ***n.*** 1. a plan or offer presented for acceptance or consideration, प्रस्ताव।

propose (प्रपोज़) ***v.*** 1. to put forward, प्रस्तुत या पेश करना। 2. to recommend or nominate, परामर्श देना, संस्तुति करना या नामांकित करना। 3. to make an offer (of marriage, विवाह का) प्रस्ताव करना।

proprietor (प्रप्राइटर) ***n.*** an owner, मालिक, स्वामी।

prosecute (प्रॉसिक्यूट) ***v.*** 1. to bring a criminal charge or action against, मुक़दमा चलाना, अभियोजन करना। 2. to continue to do, जारी/चालू रखना।

prosecution (प्रॉसिक्यूशन) ***n.*** 1. the act of prosecuting or the state of being prosecuted, मुक़दमा, अभियोजन। 2. the prosecution, the party prosecuting another for the crime, अभियोजन-पक्ष।

prospectus (प्रस्पेक्टस) ***n.*** a printed document outlining the main features of a business venture or a forthcoming project, विवरण-पत्रिका, विवरणिका।

prosper (प्रॉस्पर) ***v.*** to thrive or flourish, फूलना-फलना, पनपना।

prosperity (प्रॉस्पेरिटी) ***n.*** the state of being prosperous, समृद्धि, सुख-समृद्धि।

prostitute (प्रॉस्टिट्यूट) ***n.*** a woman who engages in sexual intercourse for money, वेश्या, रंडी। ***v.*** to devote to unworthy cause, ग़लत कामों में लगना, फलत: अपनी शक्ति का दुरुपयोग करना।

prostitution (प्रॉस्टिट्यूशन) ***n.*** 1. the trade of a prostitute, वेश्यावृत्ति। 2. abuse, दुरुपयोग।

protect (प्रटेक्ट) ***v.*** 1. to save from injury, harm or attack, बचाव करना, रक्षा करना, हिफ़ाज़त करना। 2. to assist, (domestic industries, घरेलू उद्योगों की) सहायता करना या संरक्षण देना।

protest (प्रोटेस्ट) ***v.*** to express strong objections (to), एतराज़ करना, आपत्ति करना। 2. to express disapproval, विरोध/प्रतिवाद करना। ***n.*** 1. an objection, आपत्ति, एतराज़।

protocol (प्रोटोकॉल) ***n.*** the forms of ceremony and etiquette observed by diplomats, राजनयिक आचार-संहिता।

prove (प्रूव) ***v.*** 1. to establish (something) true, सिद्ध करना, प्रमाणित करना। 2. to test, जाँचना, परखना।

proverb (प्रॉवर्ब) ***n.*** a short saying, a short popular saying, कहावत, लोकोक्ति।

provide (प्रवाइड) ***v.*** to supply or furnish, उपलब्ध कराना, मुहैया करना, अभिपूर्ति करना।

Providence (प्रॉविडेन्स) ***n.*** God, ईश्वर।

provident (प्रॉविडेन्ट) ***adj.*** providing for future needs, भावी आवश्यकताओं की पूर्ति करनेवाला।

provident fund ***n.*** a fund for future needs, भविष्यनिधि।

province (प्रॉविन्स) ***n.*** an administrative division of a country, region, प्रांत, प्रदेश।

provision (प्रविज़न) ***n.*** 1. the act of providing, अभिपूर्ति। 2. a stipulation, शर्त, प्रावधान।

provocation (प्रॉवकेशन) ***n.*** the act of provoking, उत्तेजन, उत्तेजना, छेड़खानी।

provoke (प्रवोक) ***v.*** 1. to excite, उत्तेजित करना। 2. to irritate, बौखला देना, छेड़खानी/छेड़खानी करना।

proximity (प्रॉक्सिमिटी) ***n.*** nearness, आसन्नता, सन्निकटता।

proxy (प्रॉक्सी) ***n.*** a person empowered to act or vote for another, प्रतिनिधि, प्रतिपुरुष।

psychiatrist (साइकिअट्रिस्ट) ***n.*** an expert in psychiatry, मनोचिकित्सक।

psychic (साइकिक) ***adj.*** 1. of the soul, आत्मा-संबंधी, आत्मिक। 2. of the mind, मन-संबंधी, मानसिक।

psychological (साइकलॉजिकल) ***adj.*** of phychology, मनोवैज्ञानिक।

psychologist (साइकॉलोजिस्ट) ***n.*** an expert in psychology, मनोविज्ञानी।

psychosis (साइकोसिस) ***n.*** serious mental disorder, मनोविकृति।

P.T.O. please turn over (a page, पृष्ठ) उलटें।

pubic (प्यूबिक) ***adj.*** of the lower part of the abdomen, पेड़ू के नीचे के भाग से संबद्ध; pubic hair, झाँट।

public (पब्लिक) ***adj.*** 1. of the people, for or used by the people, सार्वजनिक, लोक-, जन-।

publication (पब्लिकेशन) ***n.*** the art of publishing, प्रकाशन।

publicity (पब्लिसिटी) ***n.*** the process of drawing public attention to a thing or person, प्रचार।

publicly (पब्लिकली) ***adv.*** openly, in public, खुले आम, सार्वजनिक रूप से।

public prosecutor ***n.*** लोक अभियोजक।

public trial ***n.*** खुला मुक़दमा।

publisher (पब्लिशर) ***n.*** one who publishes books etc., प्रकाशक।

pudding (पुडिन्ग) ***n.*** a sweet dessert, फिरनी की तरह जमाया हुआ व्यंजन, पुडिंग।

pull (पुल) ***v.*** 1. to draw, drag or attract, खींचना, घसीटना। to attract, आकर्षित करना।

pullover (पुलोवर) ***n.*** a sweater, जर्सी, स्वेटर।

pulp (पल्प) ***n.*** 1. the soft part of a fruit, गूदा। 2. any soft moist ground-up mass, लुगदी। ***v.*** to reduce to pulp, गूदा कर देना।

pulse[1] (पल्स) ***n.*** throbbing of an artery, नाड़ी का स्पंदन। ***v.*** to pulsate, स्पंदित, होना फड़कना या धड़कना। the edible seeds of plants having pods, दाल।

punctual (पन्क्चुअल) ***adj.*** acting or arriving at an appointed time, समयपालक,

समयनिष्ठ, वक़्त का पाबंद।

punctuate (पन्क्चुएट) *v.* 1. to insert or divide punctuation marks, विराम-चिह्न लगाना। 2. to interrupt, बीच में रोकना।

punctuation mark *n.* any of the signs used in punctuation, विराम-चिह्न।

puncture (पन्क्चर) *n.* a hole made by a sharp point in a tube, ट्यूब में होनेवाला छेद, पंचर। *v.* to pierce or to be pierced with a sharp point, पंचर होना या करना।

pungent (पन्जेन्ट) *adj.* 1. acrid, तीता, तिक्त। 2. sharp, तीक्ष्ण, कटु, तीखा।

punish (पनिश) *v.* to give punishment, दंडित करना, सज़ा देना।

punishment (पनिशमेन्ट) *n.* a penalty imposed for wrong-doing, दंड, सज़ा।

pupil (प्यूपिल) *n.* 1. one who is taught by another, शिष्य, चेला, शागिर्द। 2. a part of the eye, आँख की पुतली।

puppet (पपिट) *n.* 1. a small doll moved by strings, कठपुतली। 2. a person whose actions are controlled by another, कठपुतली।

puppy (पपी) *n.* a young dog, पिल्ला।

purchase (पर्चेज़) *v.* to buy, ख़रीदना, क्रय करना। 2. to obtain by sacrifice or effort, अर्जित या प्राप्त करना। *n.* 1. act of buying, खरीदारी।

purification (प्युरिफ़िकेशन) *n.* the act of purifying or the state of being purified, शुद्धिकरण, शोधन।

purify (प्यूरिफ़ाइ) *v.* to make pure, शोधन करना, शुद्ध करना।

purple (पर्पल) *adj.* reddish blue, बैंगनी।

purpose (पर्पस) *n.* an aim, design, प्रयोजन, उद्देश्य, लक्ष्य।

purposeful (पर्पसफ़ुल) *adj.* 1. having a purpose, उद्देश्यपूर्ण। 2. meaningful, अर्थगर्भित।

pursue (पर्स्यू) *v.* 1. to chase, पीछा करना। 2. to follow closely or persistently, पीछे लगना, पीछे पड़ना। 3. to apply oneself to, रत होना, लगे रहना।

pursuit (पर्स्यूट) *n.* 1. the act of pursuing, पीछा। 2. an activity, क्रियाकलाप, धंधा, पेशा आदि।

push (पुश) *v.* 1. to exert force against, धक्का देना, धकेलना, खिसकाना। 2. to put pressure, ज़ोर डालना, दबाव डालना। *n.* thrust, धक्का।

pussy (पुसी) *n.* a cat, बिल्ली।

put (पुट) *v.* (put, putting) 1. to place or set, रखना। 2. to subject, डालना।

putrid (प्यूट्रिड) *adj.* 1. rotten, decaying, सड़ा हुआ। 2. foul smelling, दुर्गंधपूर्ण।

puzzle (पज़ल) *n.* a problem to test one's knowledge, पहेली, प्रहेलिका। *v.* to perplex, हैरान कर देना, घबरा देना।

pygmy (पिग्मी) *n.* a dwarf, बौना। *adj.* very small, ठिगना, बौना।

pyrophobia (पाइरोफ़ोबिआ) *n.* fear of fire, अग्नि-भीति।

python (पाइथन) *n.* a large snake, अजगर।

quack (क्वैक) *n.* the cry of a duck, बतख की काँकाँ, क्वैंक्वैं। *v.* to utter this sound, काँकाँ या क्वैंक्वैं करना।

quagmire (क्वैगमाइर) *n.* 1. an area of soft wet ground, bog, दलदल। 2. an awkward situation, बेढंगी स्थिति।

quail (क्वेल) *n.* a chicken like short-tailed bird, बटेर।

quaint (क्वेन्ट) *adj.* unusual, विचित्र, अनोखा।

quake (क्वेक) *n.* shake or tremble, कँपकँपी, थरथराहट, कंपन। *v.* to shake or tremble, काँपना, सिहरना।

qualification (क्वॉलिफ़िकेशन) *n.* an ability, quality or attribute, योग्यता, अर्हता।

qualified (क्वॉलिफ़ाइड) *adj.* 1. having qualifications, योग्यता-प्राप्त, अर्हता-प्राप्त। 2. limited, सीमित।

qualify (क्वॉलिफ़ाइ) *v.* 1. to become eligible or competent, उपयुक्त/योग्य होना।

quandary (क्वॉन्डरी) *n.* 1. a state of perplexity, predicament, असमंजस, दुविधा। 2. uncertainty, अनिश्चितता।

quantity (क्वॉन्टिटी) *n.* a specified amount or number, उल्लिखित परिमाण या मात्रा।

quarrelsome (क्वॉरलसम) *adj.* inclined to quarrel, झगड़ालू, लड़ाका।

quarry (क्वॉरी) *n.* to extract from a quarry, खुदाई करना, खनना। 1. a prey, शिकार।

quarter (क्वॉर्टर) *n.* one of four equal parts, चतुर्थांश। *v.* to divide into four equal parts, बराबर-बराबर चार हिस्से करना/लगाना। 2. to put soldiers into lodgings, सेना ठहराना।

quarterly (क्वार्टर्ली) *adj.* occurring once in three months, त्रैमासिक, तिमाही।

queen mother *n.* the mother of a king or queen, राजमाता।

queer (क्विअर) *adj.* 1. odd, strange, विचित्र, अजीब। 2. eccentric, सनकी, पागल।

quench (क्वेन्च) *v.* to extinguish, (आग) बुझाना, शमन करना।

querulous (क्वेरुलस) *adj.* peevish, झींखनेवाला, चिड़चिड़ा।

query (क्वेरी) *n.* a question, प्रश्न, सवाल, शंका। *v.* to question, प्रश्न/सवाल करना, पूछताछ करना।

quest (क्वेस्ट) *n.* search, खोज, तलाश। *v.* to go in search (of, की) खोज करना।

question (क्वेस्चन) *n.* a problem, समस्या, विवाद। *v.* 1. to ask question, प्रश्न करना, सवाल पूछना।

questionnaire (क्वेस्चनेअर) *n.* a list of questions, प्रश्नावली, प्रश्नमाला।

queue (क्यू) *n.* a line, लाइन, पंक्ति, कतार, ताँता। *v.* (queued, queuing) to wait in a queue, लाइन लगाना, लाइन में खड़े हो जाना।

quick (क्विक) *adj.* 1. fast, तेज़। 2. swift, prompt, फ़ुर्तीला, शीघ्र काम करनेवाला।

quicken (क्विकन) *v.* to make or become quicker, तेज़ करना या होना।

quick-tempered (क्विक-टेम्पर्ड) *adj.* easily angered, तेज़ मिज़ाज, गुस्सैल।

quick-witted (क्विक-विटिड) *adj.* nimble of mind, हाज़िर-जवाब, प्रत्युत्पन्नमति।

quiescent (क्विएसेन्ट) *adj.* inactive, निष्क्रिय।

quiet (क्वाइअट) *adj.* calm, चुप, मौन, शांत, स्थिर। *v.* to make or become quiet, शांत होना या करना, चुप होना या करना।

quill (क्विल) *n.* 1. a large feather, पंख। a feather made into a pen, पंख की क़लम।

quilt (क्विल्ट) *n.* a thick bed cover, गद्दा, रजाई।

quip (क्विप) *n.* a sarcastic remark, ताना, व्यंग्य, बोली। *v.* to make a quip, ताना देना, व्यंग्य करना; चुटकुला छोड़ना।

quirk (क्वर्क) *n.* 1. a trick of fate, भाग्य का खेल। 2. peculiar behaviour, विचित्र व्यवहार।

quit (क्विट) *v.* (quit/quitted, quitting) to give up, छोड़ देना, छोड़ना, खाली कर देना।

quite (क्वाइट) *adv.* 1. completely, बिल्कुल। 2. really, सचमुच।

quiver (क्विवर) *n.* a case for holding arrows, तरकस। *v.* to tremble, काँपना। *n.* an act or state of trembling, कंपन, कँपकँपी।

quiz (क्विज़) *v.* to examine by questioning, पूछताछ करना। *n.* a short test, पूछताछ या पहेली।

quorum (क्वॉरम) *n.* minimum number

of members to be required to start a meeting, गणपूर्ति, कोरम।

quotation (क्वोटेशन) *n.* a passage quoted, उद्धरण।

quote (क्वोट) *v.* to produce or recite as a quotation, उद्धरण देना, उद्धृत करना।

rabble (रैबल) *n.* 1. a mob, भीड़, भीड़-भाड़। 2. **the rabble,** निम्न वर्ग, जनसाधारण।

rabies (रेबीज) *n.* a fatal disease of animals esp. dogs, transmitted to man by the bite, जलातंक।

race (रेस) *n.* 1. a contest of speed, दौड़। *v.* to compete in race, दौड़ में हिस्सा लेना। 2. a breed, नस्ल, जाति।

racial (रेशल) *adj.* of a race, प्रजाति-संबंधी, प्रजातीय।

racism (रेसिज़्म) *n.* a belief that a particular race is better than others, जातिवाद, प्रजातिवाद, प्रजातीयता।

rack (रैक) *n.* a toothed bar, दंतुरदंड। *v.* to torture on the rack, शिकंजे में कसना।

racket (रैकिट) *n.* a fraudulent business, ठगी, धोखाधड़ी।

racketteer (रैकिटिअर) *n.* a dishonest businessman, धोखेबाज़ या दुष्ट व्यापारी।

radiance (रेडिएन्स) *n.* glow, brightness, कांति, चमक।

radical (रैडिकल) *adj.* 1. basic, fundamental, मूलभूत, आधारभूत। 2. advocating extreme changes or reforms, अति-सुधारवादी, अतिवादी। 3. drastic, प्रचंड, आमूल। *n.* a person with radical, views, आमूल परिवर्तनवादी।

radish (रैडिश) *n.* a plant and its edible root, मूली।

rage (रेज) *n.* fury, गुस्सा, क्रोध, रोष। *v.* to feel or exhibit intense anger, क्रुद्ध होना, गुस्सा खाना।

raid (रेड) *n.* a sudden surprise attack, धावा; air raid, हवाई धावा। *v.* to make a raid, धावा बोलना; छापा मारना।

rail (रेल) *n.* 1. a horizontal bar of wood or metal in a fence, डंडा, छड़। 2. a line of metal bar, पटरी, लाइन। 3. railing, जंगला, रेलिंग। 4. rail transport, रेल परिवहन। *v.* to provide with a rail, छड़ या डंडा लगाना।

railing (रेलिंग) *n.* a set of rails supported by posts, जंगला, रेलिंग।

rain (रेन) *n.* 1. shower, वर्षा, बरसात। 2. a large quantity of anything, बौछार। *v.* to fall as or like rain, बरसना।

rainbow (रेनबो) *n.* a coloured arc in the sky, इंद्रधनुष।

raincoat (रेनकोट) *n.* a waterproof coat, बरसाती कोट, बरसाती।

rainproof (रेनप्रूफ़) *adj.* not permitting rain to come through, वर्षासह।

raise (रेज़) *v.* 1. to move to higher level, to elevate, ऊँचा करना, खड़ा करना, उठाना। 2. to increase, बढ़ाना।

raisin (रेज़िन) *n.* a sweet dried grape, किशमिश।

rake[1] (रेक) *n.* 1. a long handle with prongs, पाँचा। an immoral person, लंपट या दुराचारी व्यक्ति। *v.* to gather or collect with a rake, पाँचे से इकट्ठा करना।

rally (रैली) *v.* to come or bring together for a common purpose, एकजुट होना या करना। *n.* an act of rallying, जुटने की क्रिया या भाव, जमावड़ा।

ramp (रैम्प) *n.* a sloping surface that joins two levels of floor, दो फ़र्शों को जोड़नेवाली ढाल।

rampage (रैम्पेज) *v.* to act or behave violently, ऊधम मचाना, तहस-नहस कर डालना। *n.* a violent frenzied action or behaviour, उत्पात, ऊधम, तहस-नहस।

ranch (रैन्च) *n.* a farm for rearing certain animals, पशुफ़ार्म। *v.* to manage a ranch, पशुफ़ार्म चलाना।

rancid (रैन्सिड) *adj.* smelling or tasting unpleasant, stale, बासी।

random (रैन्डम) *adj.* haphazard, बिना, संयोगजन्य, सांयोगिक, इत्तफ़ाक़िया।

range (रेन्ज) *n.* 1. a series of mountains, पर्वतमाला, पर्वतश्रेणी। a place for shooting practice, चाँदमारी। *v.* to vary between limits, घटना-बढ़ना।

rank (रैंक) *n.* 1. official position, पदवी। 2. eminent position, ऊँचा या महत्त्वपूर्ण पद। *v.* to arrange in rows, पंक्तिबद्ध करना।

ransom (रैन्सम) *n.* the price demanded for the release of a captive, फिरौती। *v.* to obtain the release of a captive in return for money, फिरौती देकर अपहृत व्यक्ति को छुड़ाना।

rant (रैन्ट) *v.* to speak loudly and at length, प्रलाप करना, गला फाड़ना।

rap (रैप) *v.* to strike sharply, to knock, ठकठक/खटखट करना। a blame, दोषारोपण, लांछन।

rape (रेप) *n.* a sexual act committed by force, बलात्कार। *v.* to commit rape upon, बलात्कार करना।

rapid (रैपिड) *adj.* quick, swift, तीव्रगामी, तेज़ द्रुत, द्रुतगामी। *n.* a swift current, तेज़ धारा।

rapprochement (रैप्रोचमेन्ट) *n.* the establishment of cordial relations, मेल-मिलाप।

rapture (रैप्चर) *n.* intense delight, आनंद, हर्ष, ख़ुशी।

rare (रेअर) *adj.* 1. seldom found, विरल, विरला, दुर्लभ। 2. unusually great or fine, असाधारण।

rascal (रैस्कल) *n.* a mischievous person, धूर्त, दुष्ट, बदमाश।

rash (रैश) *adj.* too hasty, जल्दबाज़ी-भरा, दुस्साहसपूर्ण। *n.* an eruption on the skin, चकत्ता, ददोरा।

rat (रैट) *n.* 1. a mouse, चूहा। 2. a scoundrel, दुष्ट व्यक्ति। *v.* to betray the trust, वचन तोड़ना, वचन-भंग करना।

rate (रेट) *n.* price or value, मूल्य। *v.* to estimate the value of, दाम आँकना या लगाना।

rather (रादर) *adv.* 1. slightly, कुछ-कुछ, कुछ, किंचित्। 2. more exactly, वस्तुतः, निश्चय ही।

rating (रेटिंग) *n.* rank or grade, श्रेणी, कोटि।

ratio (रेशो) *n.* proportion, अनुपात।

ration (रैशन) *n.* fixed quantity or allotment of food or provisions, नियत अंश, राशन। *v.* to restrict to limited allotments, राशनिंग करना, कंट्रोल लगाना, नियंत्रण लगाना।

rational (रैशनल) *adj.* 1. sane, intelligent, (व्यक्ति) बुद्धिशील, तर्कशील। 2. reasonable, बुद्धिसंगत, तर्कसंगत, तर्कमूलक।

rationalize (रैशनलाइज़) *v.* to make logical, तर्कसम्मत बनाना।

ravage (रैविज) *v.* to devastate, तहस-नहस करना, नष्ट कर देना।

ravenous (रैवनस) *adj.* 1. starving, भुखमरा। 2. very hungry, बहुत भूखा।

raw (रॉ) *adj.* in a natural and unrefined state, not fully processed, कच्चा, अपरिष्कृत, अनगढ़।

ray (रे) *n.* a beam of light, किरण, रश्मि।

raze (रेज़) *v.* to demolish, to destroy completely, पूरी तरह ध्वस्त करना, पूरी तरह ढाना।

reach (रीच) *v.* to stretch out or extend, पहुँच होना, हाथ ले जाना।

react (रीऐक्ट) *v.* to act in response to

something in a contrary manner, प्रतिक्रिया करना।

reaction (रीऐक्शन) *n.* an opposing action, प्रतिक्रिया।

read (रीड) *v.* (read, reading) to understand the meaning of something written or printed, पढ़ना, पढ़ लेना।

readable (रीडेबल) *adj.* 1. able to be read, सुपाठ्य। 2. interesting, रोचक।

readership (रीडरशिप) *n.* 1. all the readers collectively, पाठक-संख्या। 2. the post of a reader, रीडर या उपाचार्य का पद।

readily (रेडिली) *adv.* 1. willingly, ख़ुशी-ख़ुशी। 2. easily, आसानी से, सुगमता से।

readjust (रीएडजस्ट) *v.* to adjust again, पुन:समायोजित करना।

readmit (रीएडमिट) *v.* to admit again, पुनर्प्रवेश करना/कराना।

ready (रेडी) *adj.* 1. prepared, प्रस्तुत, तैयार। prompt, तत्पर, उद्यत।

readymade (रेडीमेड) *adj.* already made, सिला-सिलाया, बना-बनाया, तैयार।

real (रीअल) *adj.* 1. actual, असली, वास्तविक, यथार्थ। 2. genuine, विशुद्ध, असली।

real estate *n.* land including permanent building on it, ज़मीन-जायदाद, भूसंपत्ति।

realism (रीअलिज़म) *n.* the depiction of reality, यथार्थ चित्रण; यथार्थवाद।

reality (रीएलिटी) *n.* 1. the quality or state of being real, actuality, वास्तविकता, यथार्थता, असलियत। 2. truth, सच्चाई।

realization (रीअलाइज़ेशन) *n.* the act of realizing or something realized, वसूली, उगाही, उपलब्धि, प्राप्ति, बोध, अनुभूति।

realize (रीअलाइज़) *v.* 1. to collect, वसूल करना, उगाहना। 2. to obtain, उपलब्ध/प्राप्त करना।

realm (रेल्म) *n.* 1. a kingdom, राज्य। 2. a field, क्षेत्र।

reap (रीप) *v.* to cut a crop, फ़सल काटना, कटनी करना, लुनना।

rear (रिअर) *n.* the back part of something, पिछला भाग, पिछवाड़ा, पृष्ठभाग। *v.* 1. to bring up, पालना-पोसना।

rearmament (रीआर्ममेन्ट) *n.* the act of rearming or the state of being rearmed, पुनरस्त्रीकरण।

rearward (रिअरवर्ड) *adv.* toward the rear, पीछे की ओर।

reason (रीज़न) *n.* a cause or justification for something, तर्क, दलील, कारण, हेतु। 1. *v.* to think logically, सही ढंग से सोचना, तर्क करना।

reasonable (रीज़नेबल) *adj.* 1. sensible, समझदार, विवेकशील। 2. in accordance with reason, युक्तियुक्त, तर्कसंगत।

reassure (रीअश्योर) *v.* to assure again, फिर से आश्वस्त करना।

rebate (रीबेट) *n.* discount, कमीशन, बट्टा।

rebel (रिबेल) *v.* to resist by force an established government, ruling authority or convention, विद्रोह करना, बग़ावत करना। *n.* one who rebels, विद्रोही, बग़ावत करनेवाला।

recall (रिकॉल) *v.* 1. to call back, वापस बुलाना। 2. to remember or recollect, याद करना, स्मरण करना।

recapture (रीकैप्चर) *v.* 1. to capture again, पुन: क़ब्जा करना, पुन: अपने अधिकार में कर लेना। *n.* 1. the act of recapturing, फिर से होनेवाला क़ब्जा।

recast (रीकास्ट) *v.* (recast, recasting) 1. to cast again, फिर से ढालना, नया रूप देना।

receipt (रिसीट) *n.* 1. the act of receiving, प्राप्ति। 2. a written acknowledgment, पावती, रसीद। *v.* to write a receipt (for), रसीद लिखना या लिख देना।

receive (रिसीव) *v.* 1. to get, accept or acquire, प्राप्त करना, पाना, ग्रहण करना। 2. to greet on arrival, आनेवाले का स्वागत करना। 3. to experience, सहना, भोगना।

recent (रीसन्ट) *adj.* new, modern, नूतन, अर्वाचीन, आधुनिक, हाल का।

reception (रिसेप्शन) *n.* 1. a welcome, स्वागत, अगवानी। 2. a formal party for guests, स्वागत-समारोह।

recess (रिसेस) *n.* 1. a temporary cessation from business, अवकाश, विराम, मध्यावकाश। 2. a niche, ताक, आला।

recipe (रेसिपी) *n.* 1. directions for preparing food, पाकविधि। 2. a way of achieving something, प्राप्त करने की विधिया ढंग।

recipient (रिसिपिएन्ट) *n.* one who receives, प्राप्तकर्ता।

recital (रिसाइटल) *n.* 1. the act of reciting, कविता पाठ। 2. description, विवरण, वृत्तांत।

recitation (रेसिटेशन) *n.* 1. a recital, पढ़ने की क्रिया या भाव, कविता-पाठ। 2. an account, विवरण।

reckon (रेकन) *v.* 1. to count, गिनना, गिनती करना। 2. to consider as, मानना, समझना।

reclaim (रीक्लेम) *v.* to regain possession (of something, किसी चीज़ को) पुन: प्राप्त करना। 2. to reform, सुधारना, सन्मार्ग पर लाना।

recognize (रेकग्नाइज़) *v.* 1. to identify, पहचान लेना। 2. to approve of, to acknowledge formally, मान्यता देना।

recoil (रिकॉइल) *v.* to shrink back, पीछे हटना, दुबकना। *n.* a jerk back, झटका, पश्चाघात।

recommend (रेकमेन्ड) *v.* to advise as the best choice, सिफ़ारिश करना, अनुशंसा करना।

recommendation (रेकमेन्डेशन) *n.* an act of recommending, सिफ़ारिश करना।

reconcile (रेकन्साइल) *v.* 1. to restore friendship between, आपस में समझौता या मेल करना। 2. to bring (oneself) to accept, राजी हो जाना।

recondition (रीकन्डिशन) *v.* to restore to good condition, मरम्मत करके नया बना देना।

record (रिकॉर्ड) *v.* 1. to set down in writing, दर्ज करना, लिख लेना, अभिलिखित करना।

recorder (रिकॉर्डर) *n.* one who keeps records, अभिलेखपाल।

recount (रिकाउन्ट) *v.* to count again, दुबारा या फिर से गिनना, पुनर्गणना करना। *n.* the act of recounting, पुनर्गणना।

recoup (रिकूप) *v.* 1. to recover what one has lost, पुनर्प्राप्त करना, दुबारा पाना। 2. to compensate, क्षति-पूर्ति करना।

recourse (रिकोर्स) *n.* a turning to someone for protection or help, शरण या सहायता की पेशकश।

recover (रिकवर) *v.* 1. to find again, पुन: प्राप्त करना। 2. to obtain the return of something lost, बदले में पाना।

recovery (रिकवरी) *n.* 1. the act of recovering or the state of being recovered, पुनर्प्राप्ति, वसूली। 2. a return to normal state of health, स्वास्थ्य-लाभ।

recreation (रेक्रिएशन) *n.* enjoyment, मनबहलाव, मनोविनोद।

recrimination (रिक्रिमिनेशन) *n.* the act of recriminating or an accusation made in retaliation, प्रत्यारोप।

recruit (रिक्रूट) *v.* to enlist as a recruit, रंगरूट भर्ती करना।

rector (रेक्टर) *n.* 1. a clergyman in charge of a parish, पल्ली पुरोहित, रेक्टर। 2. a head of a college or university, अधिष्ठाता, रेक्टर।

recurring (रिकरिंग) *adj.* occurring again and again, आवर्तक, आवर्ती।

redeem (रिडीम) *v.* 1. to set free, उद्धार करना, मुक्त करना या कराना। 2. to fulfil (a promise, वचन) निभाना, पूरा करना।

redeploy (रीडिप्लॉइ) *v.* to move (troops) from one front to another, एक स्थान से दूसरे स्थान पर (सेना) भेजना या लगाना।

red-letter (रेड-लेटर) *adj.* 1. memorable, स्मरणीय। 2. happy, सुखद।

redolence (रेडोलेन्स) *n.* odour, smell, गंध, महक।

redress (रिड्रेस) *v.* 1. to set right, rectify, (ग़लती को) सुधारना। 2. to compensate, क्षतिपूर्ति करना। *n.* correction, सुधार।

red tape *n.* official time-consuming procedures, लालफ़ीताशाही।

reduce (रिड्यूस) *v.* 1. to diminish, कम करना या होना, घटाना या घटना। 2. to make lower in status, दर्जा घटना, पदावनत करना।

redundant (रिडन्डेन्ट) *adj.* 1. superfluous, excessive, अनावश्यक, फ़ालतू, बेकार। 2. verbose, शब्दाडंबरपूर्ण।

reed (रीड) *n.* 1. a tall, hollow-stemmed plant, सरकंडा, नरकट, नरकुल। 2. a flute, बाँसुरी।

reek (रीक) *n.* a strong foul smell, बदबू, दुर्गंध। *v.* to emit strong smell, बदबू करना/देना।

refectory (रिफ़ेक्टरी) *n.* a dining hall, भोजन-कक्ष।

refer (रेफ़र) *v.* 1. to direct to a source of help, अभिदेश करना, निर्दिष्ट करना। 2. to mention, उल्लेख/ज़िक्र करना।

referee (रेफ़री) *n.* a person to whom anything is referred for decision, रेफ़री। *v.* to act as a referee, रेफ़री का काम करना।

reference (रेफ़रन्स) *n.* something that can be referred to, संदर्भ, हवाला। 2. mention, उल्लेख, ज़िक्र।

referendum (रेफ़रेन्डम) *n.* the referring of a question to a direct popular vote, जनमत-संग्रह।

refined (रिफ़ाइन्ड) *adj.* 1. purified, शोधित, परिष्कृत। 2. cultured, polished, शिष्टतापूर्ण, शिष्ट, सभ्य।

refinery (रिफ़ाइनरी) *n.* a plant for refining crude oil, तेलशोधक कारख़ाना, शोधनशाला।

reflect (रिफ़्लेक्ट) *v.* 1. to throw backward, परावर्तित करना। 2. to mirror, प्रतिबिंबित करना।

reflection (रिफ़्लेक्शन) *n.* 1. the act of reflecting, परावर्तन। 2. a reflected image, प्रतिबिंब। 3. deep thought, चिंतन, मनन, सोच-विचार।

reflex (रिफ़्लेक्स) *n.* reaction, प्रतिक्रिया। *adj.* reflected back, परावर्ती।

reform (रिफ़ॉर्म) *v.* 1. to correct, सुधरना/सुधारना। 2. to make better, सुधार करना।

refrain (रिफ़्रेन) *v.* to hold oneself back from doing something, बाज़ आना।

refreshment (रिफ़्रेशमेन्ट) *n.* 1. the act of refreshing or the state of being refreshed, ताज़गी। 2. food and drink, भोज्य तथा पेय पदार्थ।

refugee (रेफ़्यूजी) *n.* one who has been forced to leave his/her home or country and seeks refuge elsewhere, शरणार्थी।

refund (रिफ़न्ड) *v.* to give back, वापस करना, लौटाना। *n.* the act of refunding or something refunded, वापसी रक़म, लौटान।

refusal (रिफ़्यूज़ल) *n.* denial, इन्कार, अस्वीकृति।

refuse (रिफ़्यूज़) *v.* to decline to accept or grant, इन्कार कर देना। *n.* waste, rubbish, कूड़ा, क़तवार।

regain (रिगेन) *v.* 1. to obtain again, to get back, पुन: प्राप्त कर लेना। 2. to reach again, पुन: पहुँच जाना।

regal (रीगल) *adj.* royal, राजसी, शाही, भव्य।

regard (रिगार्ड) *n.* esteem, आदर, आदर-भाव। *v.* to hold in respect, आदर करना, आदरभाव दिखलाना।

regenerate (रिजेनरेट) *v.* 1. to reform, सुधार करना, सुधारना। 2. to form or create anew, नवीन रूप देना, नया बना देना।

regent (रीजन्ट) *n.* a ruler or administrator of a country, शासक या प्रशासक।

regime (रेजीम) *n.* 1. a system of government, शासन-पद्धति। 2. a social system, सामाजिक पद्धति।

regiment (रेजिमेन्ट) *n.* 1. an army unit, सैन्य दल। 2. army, फ़ौज। *v.* to control strictly कठोर शासन में रखना।

region (रीजन) *n.* 1. an area consideredas a unit, भूभाग। 2. a division of a country, प्रदेश, क्षेत्र।

registry (रेजिस्ट्री) *n.* a place where records are kept, निबंधन-गृह, पंजीयन-कार्यालय।

regular (रेग्यूलर) *adj.*1. occurring at fixed time or in a uniform manner, usual, normal, नियमित। 2. permanent, स्थायी।

regulation (रेग्यूलेशन) *n.* the act of regulating, विनियमन।

rehearsal (रिहर्सल) *n.* the act of rehearsing, पूर्वाभ्यास, रिहर्सल।

reign (रेन) *n.* 1. a sovereign's rule, शासन, राजकाल। 2. dominance, प्रभुत्व। *v.* to be prevalent, प्रचलित होना, व्याप्त होना, छा जाना।

reimburse (रीइम्बर्स) *v.* to repay or refund, to pay back, वापस कर देना, चुकाना, अदा करना, प्रतिपूर्ति करना।

rein (रेन) *n.* a strap to control and guide the horse, लगाम, रास, बागडोर। *v.* to hold reins, लगाम खींचना/लगाना।

reinforce (रीइन्फ़ोर्स) *v.* to strengthen, प्रबलित करना, सहायता करना।

reject (रीजेक्ट) *v.* 1. to refuse to accept, to deny, अस्वीकार करना। 2. to throw out, to discard, ख़ारिज कर देना, ठुकरा देना।

rejoice (रीजॉइस) *v.* to feel or express great joy, ख़ुशियाँ मनाना, रंगरलियाँ मनाना।

rejoin (रीजॉइन) *v.* to join again, फिर से शामिल हो जाना, फिर से मिल जाना।

relapse (रिलैप्स) *v.* to lapse back to former condition after some recovery, फिर से पहलेवाली (ख़राब) स्थिति में आ जाना, पलटा खा जाना।

relate (रिलेट) *v.* 1. to tell, narrate or describe, सुनाना, बतलाना, वर्णन करना। 2. to bring into relation, संबंध जोड़ना।

release (रिलीस) *v.* to set free or liberate, मुक्त करना, रिहा करना। *n.* the act of freeing, मुक्ति, छुटकारा।

relent (रिलेन्ट) *v.* to become less severe or soften, नरम पड़ जाना, पसीजना।

relevant (रेलिवेन्ट) *adj.* related to the matter in hand, प्रासंगिक, संबद्ध।

reliable (रिलाइएबल) *adj.* dependable, trustworthy, विश्वसनीय, भरोसेमंद।

reliance (रिलाइएन्स) *n.* trust, dependence, विश्वास, भरोसा।

relief (रिलीफ़) *n.* 1. ease from discomfort, pain or anxiety, राहत, चैन, छुटकारा।

relieve (रिलीव) *v.* 1. to lessen, to ease, राहत देना, चैन पहुँचाना, (पीड़ा) कम करना। 2. to free from fear, pain or anxiety, मुक्त करना। 3. to free from duty or burden, भारमुक्त करना। □ **relieve oneself,** टट्टी या पेशाब करके राहत पाना।

religion (रिलिजन) *n.* an organized system of beliefs and rituals usually expressed in worship, मत, धर्म।

religious (रिलिजस) *adj.* 1. of or relating to a religion, धार्मिक। 2. pious, godly, धर्मपरायण, धर्मनिष्ठ।

relish (रेलिश) *n.* enjoyment of something eaten or experienced, स्वाद, लुत्फ़, मज़ा। *v.* to enjoy, स्वाद लेना, मज़ा लेना।

relocate (रीलोकेट) *v.* to move to a different place, नई जगह जाना।

rely (रिलाइ) *v.* (relied, relying) to depend (on), निर्भर करना, भरोसा करना।

remain (रिमेन) *v.* to continue to be, बना रहना। 2. to be left, बाक़ी बचना, शेष रह जाना।

remainder (रिमेन्डर) *n.* the quantity left after subtraction, बाक़ी, शेष, शेषफल।

remand (रिमान्ड) *v.* to send back (to custody, जेल) वापस भेजना।

remark (रिमार्क) *v.* to make a comment,

टिप्पणी करना। *n.* a comment, टिप्पणी।

remarkable (रिमार्केबल) *adj.* 1. worthy of notice, ध्यान देने योग्य, उल्लेखनीय। 2. extraordinary, विशिष्ट, उत्कृष्ट।

remedy (रेमिडी) *n.* treatment, इलाज, उपचार, चिकित्सा। *v.* 1. to cure, उपचार करना। 2. to rectify, सुधारना।

remember (रिमेम्बर) *v.* to racall to one's mind, याद करना, स्मरण करना।

remind (रिमाइन्ड) *v.* to cause to remember, याद दिलाना।

remiss (रिमिस) *adj.* negligent, लापरवाह, असावधान।

remittance (रिमिटेन्स) *n.* 1. the act of remitting, प्रेषण। 2. money sent to someone, भेजी हुई राशि।

remorse (रिमोर्स) *n.* a sense of guilt felt for one's wrong actions, ग्लानि, पश्चात्ताप।

remote (रिमोट) *adj.* 1. distant, दूरस्थ, सुदूर, दूर का। 2. slight or faint, हलका, मंद।

remove (रिमूव) *v.* to take away, परे करना, हटा देना। *n.* a step, क़दम।

remuneration (रिम्यूनरेशन) *n.* pay or reward for a work, पारिश्रमिक, मेहनताना।

renaissance (रिनेसन्स) *n.* 1. a new birth, नया जन्म। 2. revival of art, culture or literature, कला, साहित्य या संस्कृति का पुनर्जन्म या नवजागरण, पुनर्जागरण।

render (रेन्डर) *v.* to present or submit, प्रस्तुत या पेश करना। 2. to give or make available, देना, उपलब्ध कराना।

renew (रिन्यू) *v.* to grant or obtain the extension of, नवीकरण करना।

renewable (रिन्यूएबल) *adj.* that can be renewed, नवीकरणीय।

renounce (रिनाउन्स) *v.* 1. to give up, छोड़ देना, त्याग देना। 2. to repudiate or disown, अस्वीकार करना, परित्याग करना, संबंध तोड़ लेना।

rent (रेन्ट) *n.* periodic payment for the use of another's property, किराया, भाड़ा या लगान। *v.* to let out on rent, किराए पर देना, भाड़े पर चढ़ाना।

rental (रेन्टल) *n.* the amount paid or received as rent, किराया, भाड़ा।

reorganize (रीऑर्गनाइज़) *v.* to organize again or anew, फिर से गठित करना, पुनर्गठन करना।

repair (रिपेअर) *v.* to restore to good condition, मरम्मत करना, ठीक करना।

repayment (रिपेमेन्ट) *n.* the act of repaying or something repaid, शोधन, वापसी, चुकौती, प्रतिदान।

repeal (रिपील) *v.* to annul officially, निरस्त करना, रद करना। *n.* the act of repealing, निरसन, रद्दगी।

repent (रिपेन्ट) *v.* to feel regret or remorse for, पश्चात्ताप करना, पछताना।

repetition (रेपिटिशन) *n.* the act of repeating, पुनरावृत्ति।

replace (रिप्लेस) *v.* to put in place of, प्रतिस्थापन करना।

reply (रिप्लाइ) *v.* to say or give as answer, उत्तर देना, जवाब देना। *n.* an answer, उत्तर, जवाब।

report (रिपोर्ट) *n.* a formal written account of something, रिपोर्ट, रपट, विवरण। to present oneself, उपस्थित होना, हाज़िरी देना।

reporter (रिपोर्टर) *n.* one who gathers news for a newspaper, संवाददाता।

representation (रेप्रिज़ेन्टेशन) *n.* the act of representing, प्रतिनिधित्व, प्रतिनिधायन।

reprimand (रेप्रिमान्ड) *n.* a rebuke, डाँट, फटकार। *v.* to rebuke, डाँटना-फटकारना।

reprobate (रेप्रोबेट) *adj.* immoral, अनैतिक, भ्रष्ट।

reproduce (रीप्रोड्यूस) *v.* to produce again, दुबारा बनाना, दुबारा पैदा करना, पुनरुत्पादन करना।

reproduction (रीप्रोडक्शन) *n.* the act of reproducing, पुररुत्पादन; प्रजनन।

reprove (रिप्रूव) *v.* to reprehend, फटकारना, भर्त्सना करना।

reptile (रेप्टाइल) *n.* a class of animals that moves about on its belly or short legs, रेंगनेवाला जंतु, सरीसृप।

repulse (रिपल्स) *v.* to drive back, भगा देना, हटा देना, खदेड़ देना।

reputation (रेप्युटेशन) *n.* renown, ख्याति, प्रसिद्धि, नेकनामी, कीर्ति।

request (रिक्वेस्ट) *v.* to ask for, निवेदन या प्रार्थना करना। *n.* the act of requesting, प्रार्थना, निवेदन।

requirement (रिक्वाइरमेन्ट) *n.* a need, अपेक्षा, ज़रूरत, आवश्यकता।

rescue (रेस्क्यू) *v.* to save, बचाना, उद्धार करना। *n.* the act of rescuing or the state of being rescued, उद्धार।

research (रीसर्च) *n.* a scholarly or scientific study of a subject, शोध, अनुसंधान। *v.* to do research, शोध करना, अनुसंधान करना।

resent (रिज़ेन्ट) *v.* to feel angry, अप्रसन्नता प्रकट करना, नाराज़ होना।

reservation (रेज़र्वेशन) *n.* the act of reserving, आरक्षण।

reserve (रिज़र्व) *v.* 1. to set apart for a particular person or use, आरक्षण करना, रिज़र्व करना। 2. to set aside for future use, सुरक्षित रखना।

reservoir (रेज़र्वाअर) *n.* 1. a body of water, जलाशय, तालाब। 2. a tank, टंकी।

reside (रिज़ाइड) *v.* 1. to dwell, वास करना, रहना। 2. to be inherently present, निहित होना।

residential (रेज़िडेन्शल) *adj.* suitable for residence, रिहाइशी, आवासिक।

resign (रिज़ाइन) *v.* 1. to give up a job or office, पदत्याग करना, इस्तीफ़ा देना। 2. to relinquish, छोड़ देना।

resignation (रेज़िग्नेशन) *n.* 1. the act of resigning, पदत्याग।

resist (रिज़िस्ट) *v.* to oppose, to counteract, प्रतिरोध करना।

resistance (रिज़िस्टेन्स) *n.* the act of resisting, प्रतिरोध।

resolution (रेज़ल्यूशन) *n.* determination, दृढ़ निश्चय, संकल्प।

resolve (रिज़ॉल्व) *v.* 1. to determine, निश्चय/संकल्प करना। 2. to solve or settle, समाधान करना, निपटाना।

resort (रिज़ॉर्ट) *n.* a place to which people generally go for a picnic or recreation, घूमने-फिरने या छुट्टी मनाने के लिए उपयुक्त स्थल, आनंद-स्थली, सैरगाह। *v.* to have recourse to, उपाय अपनाना, सहारा लेना।

resource (रिसोर्स) *n.* a source of support or help, साधन, स्रोत।

respect (रिस्पेक्ट) *n.* esteem, regard, आदर, इज़्ज़त। to show respect for, आदर करना, सम्मान करना।

restriction (रिस्ट्रिक्शन) *n.* 1. the act of restricting, प्रतिबंध लगाना, रोक लगाना। 2. something that restricts, प्रतिबंध, पाबंदी।

resume (रिज़्यूम) *v.* to begin again, फिर से आरंभ करना, पुनरारंभ करना। *n.* a summary, सारांश।

retail (रीटेल) *n.* the sale of commodities individually to customers, फुटकर बिक्री, परचून।

retain (रिटेन) *v.* 1. to keep possession of, अपने पास रखे रहना। to be able to remember, स्मरण रखना।

retard (रिटार्ड) *v.* 1. to slow down (the speed or progress, गति या प्रगति) धीमी कर देना।

retardation (रिटार्डेशन) *n.* mental deficiency, मानसिक दुर्बलता।

retirement (रिटाइरमेन्ट) *n.* the state of being retired, अवकाशग्रहण, सेवानिवृत्ति।

retort (रिटॉर्ट) *v.* to reply to in a quick and resentful manner, मुँहतोड़ जवाब देना। *n.* a quick and resentful remark, मुँहतोड़ जवाब।

retreat (रीट्रीट) *v.* to withdraw, पीछे हटना,

वापस होना।

retrench (रिट्रेन्च) *v.* 1. to cut down, कटौती करना। 2. to reduce, कम करना, छँटनी करना।

retrieval (रिट्रीवल) *n.* recovery, पुन: प्राप्ति; सुधार।

retrieve (रिट्रीव) *v.* 1. to recover, पुन: प्राप्त करना। 2. to make amends, ग़लती सुधारना।

return (रिटर्न) *v.* 1. to go back, वापस जाना। 2. to yield, (मुनाफ़ा) देना, पैदा कराना।

reunion (रीयून्यन) *n.* an act of reuniting, पुनर्मिलन।

reuse (रीयूस) *n.* the act of using again,

reveal (रिवील) *v.* to expose to view, to uncover, प्रकट करना, बतलाना या दिखलाना।

revenge (रिवेन्ज) *v.* to avenge, बदला लेना, परास्त कर देना।

revenue (रेवेन्यू) *n.* a country's annual income, राजस्व;

reverence (रेवरेन्स) *n.* a feeling of respect, आदर-सम्मान, श्रद्धा।

revert (रिवर्ट) *v.* 1. to return to a former position, belief etc., पलट जाना, फिर अपना लेना।

review (रिव्यू) *v.* 1. to look over or study again, पुनरवलोकन करना। 2. to give a critical report on, समीक्षा करना।

reviewer (रिव्यूअर) *n.* a person who reviews, समीक्षक।

revise (रिवाइज़) *v.* 1. to re-examine and improve, पुनरीक्षण करना, संशोधन करना, पुनरीक्षित/संशोधित करना। 2. to study again, दुहराना।

revision (रिविज़न) *n.* the act of revising, पुनरीक्षण, संशोधन; पुनरावृत्ति।

revival (रिवाइवल) *n.* the act of reviving or the state of being revived, पुनर्जीवन।

revive (रिवाइव) *v.*to live again after death, पुनर्जीवित होना।

revoke (रिवोक) *v.* to withdraw or cancel, वापस लेना या रद करना।

revolt (रिवोल्ट) *n.* a rebellion, बग़ावत, विद्रोह। *v.* to take part in a rebellion, बग़ावत करना, विद्रोह करना।

revolution (रेवोल्यूशन) *n.* 1. a political overthrow, क्रांति। 2. any complete change, क्रांति, क्रांतिकारी परिवर्तन।

revolutionary (रेवोल्यूशनरी) *adj.* of a revolution, क्रांतिकारी। *n.* a revolutionary person, क्रांतिकारी।

revolve (रिवॉल्व) *v.* to turn around, परिक्रमा करना, चक्कर लगाना।

revolver (रिवॉल्वर) *n.* a kind of a pistol, रिवॉल्वर।

revulsion (रिवल्शन) *n.* 1. a feeling of disgust, घृणा। a sudden violent change, आकस्मिक परिवर्तन।

reward (रिवार्ड) *n.* something given for a special service, पारितोषिक, पुरस्कार, पारिश्रमिक। *v.* to give as a reward, पुरस्कार देना, पुरस्कृत करना।

rhinoceros (राइनॉसरस) *n.* a large thick-skinned animal with a horn on its nose, गैंडा।

rib (रिब) *n.* 1. one of the curved bones around the chest, पसली। *v.* support with ribs, तीलियों से खड़ा करना। 2. to tease, तंग करना।

riches (रिचिज़) *n.* (plu.) valuable or precious possessions, दौलत, धन-दौलत।

rid (रिड) *v.* (rid/ridded, ridding) to make free, मुक्त करना, छुटकारा देना।

ride (राइड) *v.* (rode, ridden, riding) 1. to sit on (a horse etc.), सवार होना, सवारी करना, (पर) चढ़ना। to go ahead, आगे बढ़ना।

ridge (रिज) *n.* 1. the long narrow top of something, शिखर पर का ऊँचा लंबा किनारा, सिरा। 2. a range of hills, पर्वत-श्रेणी।

ridiculous (रिडिक्यूलस) *adj.* deserving to be laughed at, हास्यास्पद।

right (राइट) *adj.* 1. good, ठीक, सही। 2. proper, correct, उचित, उपयुक्त, न्यायसंगत। *v.* to become right or straight, ठीक हो जाना, सुधरना।

rightful (राइटफुल) *adj.* 1. just, उचित। 2. legal, वैध, वैधानिक।

rigid (रिजिड) *adj.* 1. not bending, अनम्य, दृढ़। 2. not yielding, strict, harsh, कठोर, सख़्त।

rigmarole (रिग्मरोल) *n.* nonsense, बकवास।

rigour (रिगर) *n.* 1. strictness, सख़्ती। 2. severity, कठोरता।

rill (रिल) *n.* 1. a small stream, नाला, धारा। 2. a brook, सोता, चश्मा।

rim (रिम) *n.* 1. the outer edge of a wheel, रिम। 2. the border, किनारा।

ring (रिंग) *n.* the outline of a circle, घेरा, चक्र, मंडल। *v.* 1. to form a ring, घेरा बनाना। 2. (rang, rung, ringing) 1. to give out a resonant sound, घंटी गुंजाना।

ringworm (रिंगवर्म) *n.* an itching circular patch on the skin, दाद।

riot (राइअट) *n.* public disturbance, दंगा, दंगा-फ़साद। *v.* to take part in a riot, उपद्रव मचाना, दंगा करना।

rip (रिप) *v.* 1. to tear apart, फाड़ देना। 2. to be torn, फट जाना, चिर जाना।

ripe (राइप) *adj.* 1. matured and ready to be used, पका हुआ (फल)। उपयुक्त। 4. matured, प्रौढ़।

rise (राइज़) v. (rose, risen, rising) 1. to get up, उठना, जाग उठना। 2. to stand, खड़ा होना। a beginning, उद्गम, शुरुआत, आरंभ।

risk (रिस्क) *n.* the possibility of incurring loss, जोखिम, ख़तरा, रिस्क। *v.* to take a risk, जोखिम या ख़तरा उठाना, रिस्क लेना।

rite (राइट) *n.* the formal procedure of conducting a religious ceremony or other solemn act, रीति, अनुष्ठान, विधि, ढंग।

ritual (रिचुअल) *n.* 1. a rite, रीति, विधि। 2. a customary procedure, रीति-रिवाज।

rival (राइवल) *n.* a competitor, प्रतिद्वंद्वी, प्रतिस्पर्धी। *v.* to attempt to equal or surpass, प्रतिस्पर्धा करना, बराबरी करना।

rivet (रिविट) *n.* 1. to fasten with a rivet, रिवट जड़ना/लगाना। 2. to attract, आकृष्ट करना।

roast (रोस्ट) *v.* 1. to cook or to be cooked over an open fire, भूनना/भुनना, लाल करना/होना। 2. to bake, सेंकना या सिकना।

rob (रॉब) *v.* to take something by force, छीन लेना, लूट लेना।

robber (रॉबर) *n.* a person who robs, लुटेरा, डाकू।

robe (रोब) *n.* a long loose flowing garment, लबादा। *v.* to dress in a robe, लबादा पहनना।

robust (रोबस्ट) *adj.* sturdily built, healthy and strong, हट्टा-कट्टा, हृष्ट-पुष्ट।

rock-garden (रॉक-गार्डन) *n.* a garden of rocks, शैल उद्यान।

rod (रॉड) *n.* 1. a thin long straight bar, छड़, सरिया या सलाई। 2. a cane for flogging people, बेंत।

rodent (रोडेन्ट) *n.* a rat or squirrel, चूहा या गिलहरी।

rogue (रोग) *n.* 1. a mischievous or dishonest person, दुष्ट या बेईमान व्यक्ति। 2. a scoundrel, बदमाश।

role (रोल) *n.* an actor's part in a play or film, भूमिका।

roll (रोल) *v.* 1. to move along by turning over and over, कलाबाज़ी खाना, लुढ़कना। to revolve, घूमना। *n.* 1. anything rolled up, गोला, मुट्ठा, रोला।

roly-poly (रोली-पोली) *adj.* short and fat, गोल-मटोल।

romantic (रोमैन्टिक) *adj.* 1. involving a love affair, प्रेम-संबंधी, रोमानी, रूमानी। 2. imaginary, fictitious, काल्पनिक।

roost (रूस्ट) *n.* a place where birds rest or sleep, पक्षियों का अड्डा, बसेरा। *v.* to rest or sleep, विश्राम करना या सोना।

root (रूट) *n.* 1. the underground part of

a plant that draws water and nourishment, जड़। 2. origin, source, मूल, उद्गम। *v.* to take root, जड़ जमना।
rope (रोप) *n.* a thick cord, रस्सा।
rosy (रोज़ी) *n.* promising, bright, आशापूर्ण, उज्ज्वल, शुभ।
rotary (रोटरी) *adj.* operating by rotation, घूमनेवाला, चक्रिल, घूर्णी।
rotate (रोटेट) *v.* (rotated, rotating) to revolve, घूर्णन करना, घूमना, चक्कर लगाना।
rotation (रोटेशन) *n.* the act or process of rotating, घूर्णन।
rotten (रॉटन) *adj.* 1. decayed, decomposed, गला-सड़ा। 2. corrupt, भ्रष्ट।
rough (रफ़) *adj.* 1. not smooth, coarse, खुरदरा। 2. uneven, ऊबड़-खाबड़। *v.* 1. to make rough, खुरदरा बनाना। 2. to sketch roughly, कच्चा मसौदा तैयार करना।
round (राउन्ड) *adj.* plump, गोल-मटोल। 3. approximate, स्थूल। *v.* to make round, गोल बनाना। to become round, गोल बनना।
roundly (राउन्डली) *adv.* in a round form, गोलाकार रूप में। 2. frankly, स्पष्ट रूप से।
rouse (राउज़) *v.* 1. to wake, जागना। 2. to excite, उत्तेजित करना।
rout (राउट) *v.* 1. to defeat completely, पूरी तरह से पराजित करना। 2. to put to flight, खदेड़ देना।
route (रूट) *n.* a customary course to travel, बँधा हुआ मार्ग, रास्ता, पथ।
routine (रूटीन) *n.* regular or habitual procedure, नेम, नित्यकर्म। *adj.* regular, नियमित।
rove (रोव) *v.* to roam, घूमना, भ्रमण करना।
row (रो) *n.* 1. a straight line (of people or things), सीधी पंक्ति; कतार। 2. a quarrel, झगड़ा। to propel a boat by using oars, नाव खेना या चलाना।
rowdy (राउडी) *adj.* noisy, हुल्लड़बाज़। rough and disorderly, क्षुब्ध और अव्यवस्थित।
royal (रॉइअल) *adj.* 1. of kings or queens, राजसी, शाही। stately, majestic, शानदार, भव्य, उत्कृष्ट।
royalty (रॉइअल्टी) *n.* 1. royal position, sovereignty, राजत्व, राजसत्ता। 2. royal persons collectively, राजघराने के लोग।
rub (रब) *v.* 1. to apply pressure and friction to, रगड़ना, घिसना। 2. to spread with pressure, मलना, लगाना।
rubbish (रबिश) *n.* 1. waste, कूड़ा-करकट; rubbish dump, घूरा। 2. worthless material, काठ-कबाड़।
rude (रूड) *adj.* 1. boorish, uncivilized, ill-mannered, बदतमीज़, अशिष्ट, अभद्र। 2. harsh, कर्कश, रूखा, अशिष्टतापूर्ण।
ruin (रूइन) *n.* severe destruction, विनाश, तबाही। *v.* to bring into ruined condition, नष्ट या बरबाद कर देना, तबाह कर देना।
ruins (रूइन्स) *n.* (plu.) the remains of something decayed or destroyed, अवशेष, खंडहर।
rule (रूल) *n.* 1. an authoritative direction, नियम। 2. a customary form or procedure, प्रथा, रिवाज, दस्तूर। *v.* to govern, reign or control, शासन/हुकूमत करना।
ruler (रूलर) *n.* one who rules, शासक, हाकिम।
rumble (रम्बल) *v.* to make a deep, long rolling sound, गरजना, चिंघाड़ना।
run (रन) *v.* (ran, run, running) 1. to move on foot faster than walking, दौड़ना, भागना। to be in operation, (मशीन का) चलना। *n.* a pace faster than the walk, दौड़।
runaway (रनअवे) *n.* a fugitive, भगोड़ा। *adj.* having run away, जो भाग गया हो।
rundown (रनडाउन) *adj.* 1. tired, थका-माँदा। 2. dilapidated, जीर्ण-शीर्ण।
runner (रनर) *n.* 1. one who runs, दौड़नेवाला, दौड़ाक। 2. a messenger, दूत, पत्रवाहक।
runner-up (रनर-अप) *n.* a contestant finishing a competition in second place, उपविजेता।
runway (रनवे) *n.* a path over which aircrafts take off and land, धावन-पथ।
rural (रूरल) *adj.* of or pertaining to the country or village, ग्राम्य, ग्रामीण।
rush (रश) *n.* 1. an eager movement of many persons to one place all at once, भीड़। haste, जल्दी, हड़बड़ी। *v.* to act hastily, जल्दी मचाना/करना।
rust (रस्ट) *n.* oxide formed on iron, ज़ंग, मोरचा। *v.* to be affected with rust, ज़ंग लगना, ज़ंग खा जाना।
ruthless (रूथलिस) *adj.* without ruth, निर्दय, निष्ठुर, नृशंस।

S

sabotage (सैबटाज़) *n.* the deliberate destruction or disruption, तोड़-फोड़, विध्वंस।
sabre, saber (सेबर) *n.* a sword with curved blade, कटार।
saccharin (सैकरिन) *n.* a substitute for sugar, सैक्रीन।
sachet (सैशे) *n.* a small pouch, थैली।
sack (सैक) *n.* 1. a large bag used as a container, बोरा, बोरी, थैला। 2. dismissal, बर्ख़ास्तगी, पदच्युति। *v.* 1. to dismiss from employment, नौकरी से निकाल देना। to loot or plunder, लूटना, लूट-पाट करना।
sacred (सेक्रिड) *adj.* 1. holy, पवित्र, पावन। 2. religious, धार्मिक।
sacrifice (सेक्रिफ़ाइस) *n.* 1. a ritual killing of a man or animal to please a deity, बलि, पशुबलि। बलिदान, क़ुर्बानी, उत्सर्ग। *v.* 1. to kill to please a deity, बलि चढ़ाना। 2. to give up, क़ुर्बानी देना, बलिदान करना, उत्सर्ग करना।
sadism (सैडिज़्म) *n.* the getting of pleasure from hurting others, यातना देकर प्राप्त होनेवाला सुख, परपीड़न-सुख।
safe (सेफ़) *adj.* free from danger, सुरक्षित, सही-सलामत।
safeguard (सेफ़गार्ड) *n.* a precautionary measure, सुरक्षोपाय। *v.* to protect, बचाव करना, रक्षा करना।
safety (सेफ़्टी) *n.* freedom from danger, सुरक्षा, क्षेम, बचाव।
sage (सेज) *n.* a profoundly wise person, ऋषि, मनीषी, संत।
sago (सेगो) *n.* a type of hard white grain, साबूदाना।
sail (सेल) *n.* a journey by ship or boat, नौका-यात्रा। *v.* (sailed, sailing) 1. to travel in a ship or boat, जलयान या नाव में यात्रा करना। 2. to move fast, तेज़ी से चलना।
sailor (सेलर) *n.* any member of a ship's crew, नाविक।
saint (सेन्ट) *n.* 1. a person of exceptional holiness, संत, पवित्रात्मा, महात्मा। 2. a very good person, भला आदमी।
sake (सेक) *n.* □ **for the sake of,** के कारण, के लिए।
salable (सेलेबल) *adj.* fit for sale, saleable, बिक्री-योग्य, विक्रेय।
salaried (सैलरीड) *adj.* receiving a salary, वेतनभोगी।
salary (सैलरी) *n.* regular payment for services, वेतन, तनख़्वाह, पगार।
saline (सेलाइन) *adj.* containing salt, नमकीन, खारा।
salon (सैलॉन) *n.* 1. a guest-room, अतिथि-कक्ष, दीवानख़ाना, बैठक। a beauty parlour, सौंदर्यकक्ष।

salty (साल्टी) ***adj.*** 1. containing salt, नमकीन। 2. sharp, तेज़।

salutary (सैल्युटरी) ***adj.*** beneficial, हितकर, लाभप्रद, अच्छा।

salutation (सैल्युटेशन) ***n.*** an expression of respect and greeting, अभिवादन, नमस्कार, सलाम।

salute (सल्यूट) ***v.*** to greet, नमस्कार करना, सलाम करना, अभिवादन करना।

salvation (सैल्वेशन) ***n.*** 1. the state of being saved, उद्धार, निस्तार, बचाव। 2. final deliverance, मोक्ष, निर्वाण, मुक्ति।

sample (सैम्पल) ***n.*** a portion, piece or segment representative of whole, नमूना, बानगी। ***v.*** totake a sample (of किसी चीज़ का) नमूना लेना।

sanction (सैन्क्शन) ***n.*** 1. authoritative permission, स्वीकृति, मंजूरी, संस्वीकृति। 2. confirmation, पुष्टि। ***v.*** to give sanction to, स्वीकृति देना, मंजूरी देना, पुष्टि करना।

sanctuary (सैन्क्चुअरी) ***n.*** 1. a place for protection or refuge, शरणस्थल, शरणालय। 2. a place where birds and wild animals live freely, जंतु-विहार, अभयारण्य।

sand (सैन्ड) ***n.*** 1. very fine loose fragments of rocks, रेत, बालू। 2. (plu.) a sandy area, रेतीला मैदान, रेती।

sandalwood (सैन्डलवुड) ***n.*** a kind of scented wood, चंदन की लकड़ी।

sandpaper (सैन्डपेपर) ***n.*** a paper with a coating of sand, बालू-काग़ज़, रेगमाल। ***v.*** to smoothen with sandpaper, रेगमाल से रगड़ना।

sandy (सैन्डी) ***adj.*** 1. covered with sand, रेतीला, बलुआ। 2. yellow, (बालों का रंग) पीला।

sanitary (सैनिटरी) ***adj.*** hygienic, स्वास्थ्यपरक।

sanitation (सैनिटेशन) ***n.*** cleanliness, स्वच्छता, सफ़ाई।

sardonic (सार्डॉनिक) ***adj.*** sarcastic, व्यंग्यपूर्ण।

Satan (सेटन) ***n.*** the devil, शैतान।

satellite (सैटलाइट) ***n.*** a heavenly or artificial body orbiting around a planet, उपग्रह।

satire (सैटाइअर) ***adj.*** the use of ridicule or sarcasm to deride follies, उपहास, व्यंग्य।

satisfaction (सैटिस्फ़ैक्शन) ***n.*** the act of satisfying or the state of being satisfied, संतोष, संतुष्टि, परितोष।

satisfy (सैटिस्फ़ाइ) ***v.*** 1. to make contented, संतुष्ट करना। 2. to comply with, (नियम, शर्त आदि) पूरा करना, पूर्ति करना।

saturation (सैचुरेशन) ***n.*** the act of saturating or being saturated, गीला होना या करना, संतृप्ति।

saucer (सॉसर) ***n.*** a small shallow dish for holding a cup, तश्तरी।

savage (सैविज) ***adj.*** 1. wild, untamed, जंगली, वहशी। 2. not civilized, असभ्य। ***v.*** to attack brutally, बर्बरतापूर्वक आक्रमण करना, झपट पड़ना।

save (सेव) ***v.*** to rescue from danger, बचाना, बचाव करना, उद्धार करना। ***n.*** the act of saving, बचाव।

savour, savor (सेवर) ***n.*** the taste of something, स्वाद, ज़ायक़ा। ***v.*** to taste or smell a thing, चखना, स्वाद देखना।

savoury (सेवरी) ***adj.*** 1. delicious, tasty, स्वादिष्ट, मज़ेदार। 2. having good smell, सुगंधित।

say (से) ***v.*** (said, saying) 1. to speak, कहना, बोलना। 2. to tell, बतलाना।

scald (स्कॉल्ड) ***v.*** to clean with boiling water, गर्म पानी से धोना या साफ़ करना। ***n.*** an injury caused by scalding, झुलसना।

scale (स्केल) ***n.*** 1. (often plu.) an instrument or machine for weighing, तुला, तराजू। 2. a measuring rod, पैमाना, मापनी। to ascend, ऊपर चढ़ना, फाँदना, लाँघना।

scalp (स्कैल्प) ***n.*** the skin of the head, खोपड़ी की चमड़ी।

scan (स्कैन) ***v.*** 1. to look intently, गौर से देखना। 2. to analyse, विश्लेषित करना।

scandal (स्कैन्डल) ***n.*** shameful or disgraceful act, ग़लत काम, अनैतिक कार्य, कुकर्म, कलंक।

scapegoat (स्केपगोट) ***n.*** one bearing blame of others, बलि का बकरा।

scarce (स्केअर्स) ***adj.*** rare, विरल। 2. not plentiful, दुष्प्राप्य।

scare (स्केअर) ***v.*** 1. to frighten, डराना-धमकाना, भयभीत करना। ***n.*** alarm, fright, डर, भय।

scary (स्केअरी) ***adj.*** frightening, भयावह।

scatter (स्कैटर) ***v.*** to spread loosely, छितराना, बिखेरना।

schedule (शेड्यूल) ***n.*** 1. a list of items, सूची। 2. a programme, कार्यक्रम।

scheduled (शेड्यूल्ड) ***adj.*** 1. placed in the schedule, अनुसूचित। 2. fixed, नियत।

scheme (स्कीम) ***n.*** an underhand plan, तिकड़म, चाल, षड्यंत्र। ***v.*** to plan, योजना बनाना।

scholar (स्कॉलर) ***n.*** a learned person, विद्वान, पंडित, मर्मज्ञ।

scold (स्कोल्ड) ***v.*** to reprimand harshly, डाँटना-डपटना, झिड़कना।

scoop (स्कूप) ***n.*** 1. a ladle, कलछी, पली। 2. a sensational news or story, सनसनी फैला देनवाला समाचार। ***v.*** to lift with a scoop, कलछी आदि से (अन्न आदि) निकालना। कोई सनसनीखेज़ समाचार या कहानी छापना।

score (स्कोर) ***v.*** to gain ***n.*** the points scored, बनाए/जीते हुए अंक, गोल, रन आदि, प्राप्तांक।

scorn (स्कॉर्न) ***n.*** strong contempt, disdain, तिरस्कार, घृणा, अवमानना। ***v.*** to reject with contempt, दुत्कार देना, ठुकरा देना।

scotch (स्कॉच) ***v.*** 1. to put an end to, ख़त्म कर देना। 2. to crush, कुचल देना।

scoundrel (स्काउन्ड्रॅल) ***n.*** a villainous person, बदमाश, दुष्ट।

scout (स्काउट) ***n.*** one sent out to gather information, गुप्तचर, भेदिया। ***v.*** 1. to act as a scout भेद लेना।

scrabble (स्क्रैबल) ***v.*** 1. to scratch, खुरचना, खरोंचना। 2. to grope, टटोलना।

scrap (स्क्रैप) ***n.*** 1. a small bit or fragment, टुकड़ा, कतरन, छीलन। ***n.*** 1. a quarrel, झगड़ा। ***v.*** to discard as useless, रद्दी करना, व्यर्थ समझकर त्याग देना।
2. a fight, लड़ाई। ***v.*** 1. to quarrel, झगड़ा करना। 2. to fight, लड़ाई करना।

scrape (स्क्रेप) ***v.*** 1. to make smooth (a surface), रगड़ना, खुरचना, कुरेदना। 2. to rub and clean, रगड़कर माँजना, साफ़ करना, चमकाना। an awkward predicament, मुसीबत, झंझट।

scratch (स्क्रैच) ***v.*** 1. to make a shallow cut (on the surface) with a sharp instrument, नोचना, बकोटना या खुजलाना। 2. to write or draw awkwardly, लकीरें खींचना, क़लम घसीटना।

scrawl (स्क्रॉल) ***n.*** bad or illegible handwriting, अस्पष्ट लिखावट, गिचपिच।

scream (स्क्रीम) ***v.*** to make a piercing cry, चीखना, चिल्लाना। ***n.*** a screaming cry, चीख़।

screw (स्क्रू) ***n.*** a metal pin with threads, पेच, स्क्रू, खूँटी। ***v.*** to fasten with a screw, पेच से कसना।

scribe (स्क्राइब) ***n.*** a person who copies documents, copyist, लिपिक, मुंशी।

script (स्क्रिप्ट) ***n.*** 1. handwriting, हाथ की लिखावट, हस्तलिपि। a manuscript, पांडुलिपि।

scroll (स्क्रोल) ***n.*** 1. a roll of paper, खर्रा। 2. a list, सूची, नामावली।

scrub (स्क्रब) ***v.*** 1. to clean by rubbing, माँजना-रगड़ना, चमकाना। 2. to remove by brushing, झाड़ू-पोंछा लगाना, झाड़ना-पोंछना। काटना। ***n.*** a stunted shrub, बौनी झाड़ी।

scrutiny (स्क्रूटिनी) ***n.*** minute inspection, संवीक्षा।

scuffle (स्कफ़ल) *n.* a disorderly struggle, हाथापाई। *v.* to fight in a disorderly manner, हाथापाई करना।
sculptor (स्कल्पटर) *n.* one who makes sculptures, मूर्तिकार।
sculpture (स्कल्पचर) *n.* the art of shaping, carving, chiselling or modelling figures, मूर्तिकला। *v.* to shape (stone, wood, clay) into sculpture, मूर्ति बनाना या गढ़ना।
scurrility (स्करिलिटी) *n.* indecency, coarseness, फ़ूहड़पन।
seaboard (सीबोर्ड) *n.* the land bordering on the sea, समुद्रतटीय प्रदेश, समुद्रतट।
seafarer (सीफ़ेअरर) *n.* a sailor, नाविक।
seahorse (सीहॉर्स) *n.* a fish having horselike head, एक तरह की छोटी समुद्री मछली, अश्वमीन।
sealed (सील्ड) *adj.* affixed with a seal, मोहरबंद, मुद्रांकित
seam (सीम) *n.* 1. the line along which two pieces of fabric are joined or sewn together, सीवन जोड़, मगज़ी जोड़। 2. a surface line, संधि-रेखा, जोड़। *v.* to join, सीना, टाँके लगाना।
seamstress (सीम्स्ट्रेस) *n.* a woman whose job is sewing clothes, दर्जिन, सिलाई करनेवाली।
seaport (सीपोर्ट) *n.* a harbour, बंदरगाह।
search (सर्च) *v.* to examine thoroughly to find out something, खोजना, ढूँढ़ना, खोजबीन करना।
search-light (सर्चलाइट) *n.* a powerful light equipped with a reflector, खोज-बत्ती, बिजली की बड़ी तेज़ रोशनी का लैंप।
seascape (सीस्केप) *n.* a view of the sea, समुद्र का दृश्य।
season (सीज़न) *n.*one of the four (or six) parts of the year, ऋतु, मौसम। *v.* 1. to add spices to, छौंक लगाना, छौंकना, बघारना।
seat (सीट) *n.* 1. a place for sitting, बैठने की जगह या स्थान। *v.* to place on a seat, बैठाना, आसीन करना।
secondary (सेकन्डरी) *adj.* 1. one grade after the first, दोयम, द्वितीय श्रेणी का, दूसरे दर्जे का। 2. next in importance, गौण।
second nature *n.* a habit, बनी हुई आदत, बान, टेक।
secret (सीक्रिट) *adj.* kept from the knowledge of others, गुप्त, गोपनीय। *n.* something beyond understanding, mystery, रहस्य, मर्म।
secretive (सिक्रीटिव) *adj.* close-mouthed, uncommunicative, चुप्पा, घुन्ना।
section (सेक्शन) *n.* 1. a part of something, अंश, भाग, खंड। 2. a subdivision of a book, परिच्छेद।
sector (सेक्टर) *n.* 1. the part of the circle between two radii and the arc, वृत्त की दो त्रिज्याओं के बीच का क्षेत्र, वृत्तखंड। 2. a division of a city, अंचल, सेक्टर। 3. area, क्षेत्र।
secular (सेक्यूलर) *adj.* not concerned with religious affairs or views, धर्मनिरपेक्ष। 2. worldly, लौकिक, सांसारिक।
secure (सिक्युअर) *adj.* safe, free from danger, सुरक्षित, निरापद। *v.* 1. to obtain, प्राप्त कर लेना। 2. to make secure, सुरक्षित करना, निरापद बनाना।
security (सिक्युरिटी) *n.* 1. safety, सुरक्षा। 2. a thing given as a guarantee or pledge, ज़मानत, प्रतिभूति।
sedative (सेडटिव) *adj.* having a soothing or calming effect, राहत या आराम पहुँचानेवाला, शांतिदायक।
sediment (सेडिमेन्ट) *n.* the matter that settles at the bottom of a liquid, तलछट, अवसाद।
see (सी) *v.* (saw, seen, seeing) 1. to perceive with the eyes, देखना, अवलोकन करना। attention, गौर से देखना, ध्यान देना।
see[2] *n.* the position or authority of a Bishop, ईसाई धर्माध्यक्ष का पद या अधिकार।
seed (सीड) *n.* a fertilized ovule of a plant, बीज, मूल। *v.* to plant seeds in, बीज बोना, बीज डालना। 2. to remove seeds from (fruit) बीज निकालना। 3. to give a player ranking, मानांकन करना।
seek (सीक) *v.* (sought, seeking) 1. to search of, खोजना, ढूँढ़ना।
seep (सीप) *v.* to ooze or leak, रिसना, बहना।
seer (सीअर) *n.* a prophet, भविष्यद्रष्टा, ऋषि, पैग़ंबर।
segment (सेग्मेन्ट) *n.* a part, portion, slice or wedge, टुकड़ा, खंड, परिच्छेद, फाँक। *v.* to divide into segments, खंड-खंड करना, विभाजन करना।
segregate (सेग्रिगेट) *v.* to separate from the main group, अलग-अलग करना, अलग-अलग बसाना।
seize (सीज़) *v.* to take hold of (a thing) forcibly, to confiscate, छीन लेना, ज़ब्त कर लेना, पकड़ लेना, क़ब्जे में लेना।
seizure (सीज़र) *n.* the act of seizing or the state of being seized, जब्ती, गिरफ़्तारी, बीमारी का झटका, दौरा।
select (सिलेक्ट) *v.* to choose among several, चयन करना, चुनना।
self-conscious (सेल्फ़-कॉन्शस) *adj.* 1. conscious of oneself or one's ego, अस्मिताबोधी, आत्मचेतन। 2. shy, संकोची।
self-made (सेल्फ़-मेड) *adj.* made by one's own efforts, स्वनिर्मित।
self-respect (सेल्फ़-रिस्पेक्ट) *n.* proper respect for oneself, आत्मसम्मान।
self-willed (सेल्फ़-विल्ड) *adj.* willful, obstinate, हठी, ज़िद्दी।
sell (सेल) *v.* (sold, selling) 1. to dispose of something to a purchaser in exchange for money, बेचना, बिक्री करना। 2. to be disposed of in exchange for money, बिकना, बिक्री हो जाना।
semicircle (सेमिसर्कल) *n.* half of a circle, अर्धवृत्त।
seminal (सेमिनल) *adj.* 1. of or pertaining to semen, वीर्य-संबंधी, शुक्रीय। 2. highly original, बिल्कुल नया, अत्यंत मौलिक।
seminar (सेमिनार) *n.* a meeting for holding discussions on an important subject, अध्ययन-गोष्ठी, परिसंवाद।
semolina (सेमोलीना) *n.* hard grains of crushed wheat, सूजी, दलिया।
senate (सेनिट) *n.* an upper house of the Parliament, सीनेट, राज्यसभा।
send (सेन्ड) *v.* (sent, sending) 1. to cause to be conveyed, भेजना। 2. to produce from itself, देना, निकालना, छोड़ना।
sensational (सेन्सेशनल) *adj.* 1. causing sensation, producing excitement, सनसनीखेज़।
sense (सेन्स) *n.* feeling perceived through one of the senses, इंद्रियजन्य ज्ञान, अनुभूति। *v.* to become aware of, पता चलना, अनुभूत होना, महसूस होना।
senseless (सेन्सलिस) *adj.* 1. unconscious, अचेत, बेसुध, बेहोश। 2. foolish, मूर्ख, मूर्खतापूर्ण।
sensitive (सेन्सिटिव) *adj.* 1. aware of and responsive to external conditions or the feeling of others, receptive, संवदेनशील, सुग्राही। 2. easily offended, भावुक, नाज़ुक-मिज़ाज।
sentence (सेन्टेन्स) *n.* a punishment awarded by a law court to a person found guilty, सज़ा, दंडादेश, दंडाज्ञा। *v.* to pass sentence on, दंडादेश देना।
sentient (सेन्शिअन्ट) *adj.* aware, conscious, जागरूक, सावधान, सचेत।
sentiment (सेन्टिमेन्ट) *n.* a thought, opinion or view coloured with emotion, विचार, भाव, भावना।
separate (सेपरेट) *v.* 1. to put apart or divide, अलग-अलग करना, अलगाना। 2. to part, जुदा या अलग हो जाना, साथ छोड़ देना। *adj.* 1. not joined, united or connected, अलग, पृथक्, जुदा। 2. different, भिन्न। *n.* anything separate, अलग चीज़ या वस्तु।

separation (सेपरेशन) ***n.*** 1. the act of separating or the state of being separated, अलगाव, पृथक्करण, वियुक्ति।

separatist (सेपरेटिस्ट) ***n.*** a person or party who favours separation from a larger unit, अलगाववादी, पृथकतावादी।

septic (सेप्टिक) ***adj.*** of or caused by poisonous bacteria, पूतिक, सेप्टिक।

sequel (सीक्वल) ***n.*** 1. a consequence, परिणाम, फल। 2. a novel or play that continues the story of an earlier one, उत्तर कथा।

sequence (सीक्वन्स) ***n.*** a set of things, events or actions following each other continuously or in a particular order, अनुक्रम, सिलसिला।

sequester (सिक्वेस्टर) ***v.*** to seize or confiscate, ज़ब्त कर लेना, क़ब्ज़े में कर लेना।

serene (सरीन) ***adj.*** completely calm and peaceful, शांत, शांतचित्त, धीर।

serial (सिअरिअल) ***n.*** a story broadcast or published in a series of regular instalments, धारावाहिक, सीरियल। ***adj.*** 1. of or forming a serial, धारावाहिक रूप में होनेवाला, क्रमिक, सिलसिलेवार।

sermon (सर्मन) ***n.*** a religious discourse, प्रवचन, उपदेश।

serpent (सर्पेन्ट) ***n.*** a large snake, बड़ा साँप, नाग।

serve (सर्व) ***v.*** to work for, सेवा करना, ख़िदमत करना। 6. to place (food) before, परसना, परोसना, देना या लगाना।

service (सर्विस) ***n. v.*** 1. to repair or overhaul, मरम्मत या ओवरहॉलिंग करना। 2. to provide service to, सेवा अर्पित करना, सेवा करना।

servile (सर्वाइल) ***adj.*** 1. of a slave, दासोचित। 2. mean, हेय, नीच।

sesame (सेसमी) ***n.*** oil seeds of a plant, तिल।

session (सेशन) ***n.*** a meeting of a legislature etc., अधिवेशन, सत्र, बैठक।

set (सेट) ***v.*** 1. to put or place in a specified position, रखना, धरना। 2. to arrange or restore to properstate, व्यवस्थित करना, 5. to establish, स्थापित या प्रस्थापित करना।

setback (सेटबैक) ***n.*** 1. a blow, आघात। 2. defeat, पराजय।

settle (सेटल) ***v.*** 1. to put into order, व्यवस्थित करना। 2. to put, plant or set in place, लगाना, जमाना या बैठाना। 3. to establish, स्थापित करना।

settlement (सेटलमेन्ट) ***n.*** 1. a newly colonized region, बस्ती, उपनिवेश। 2. arrangement, व्यवस्था, बंदोबस्त।

sever (सेवर) ***v.*** to cut, break off or separate, कटना या काटना, अलग करना या होना।

several (सेवरल) ***adj.*** 1. many, अनेक, कई। 2. different, separate, विभिन्न या पृथक्।

severe (सिविअर) ***adj.*** 1. stern, strict, कड़ा, कठोर। 2. violent, intense, घोर, प्रचंड, तीव्र।

sew (स्यू) ***v.*** (sewed, sewn/sewed, sewing) to fasten with a needle and thread, सीना, सिलाई करना।

shabby (शैबी) ***adj.*** 1. worn-out, फटा-पुराना, चिथड़ा। 2. dirty, मैला-कुचैला।

shackle (शैकल) ***n.*** a metal fastening for encircling the wrist or ankle of a prisoner, हथकड़ी या बेड़ी। ***v.*** to put shackles on, हथकड़ी या बेड़ी पहनाना।

shade (शेड) ***n.*** comparative darkness or partial light, छाया।

shadow (शैडो) ***n.*** shade cast upon a surface, परछाईं, साया। ***v.*** to cast shadow over, छाया डालना, परछाईं डालना।

shady (शेडी) ***adj.*** 1. giving shade, छायादार। 2. of dubious character, निंद्य, कुत्सित, गर्हित।

shaft (शैफ़्ट) ***n.*** 1. long stem (of a spear, arrow, axe etc., भाले, तीर, कुल्हाड़े आदि का) दंड/डंडा। 2. the handle of a hammer etc., डंडा, बेट। 3. a revolving rod, axle, धुरा। 4. a beam, शहतीर, धरन, बल्ली। 5. a ray, प्रकाश-किरण।

shake (शेक) ***v.*** (shook, shaken, shaking) to cause to move with short, quick movements, जोर से हिलाना, झकझोरना।

shake up, (i) हिला-डुलाकर मिलाना, (ii) तंग करना।

shallow (शैलो) ***adj.*** 1. not deep, छिछला, उथला। 2. superficial, सतही।

sham (शैम़) ***n.*** a pretence, बहाना। ***v.*** 1. to pretend, बहाना करना। 2. to pretend to be, बनना।

shame (शेम) ***n.*** disgrace, ignominy, लज्जा, शर्म, शर्मिंदगी। ***v.*** to make ashamed, शर्मिंदा करना।

shameless (शेमलिस) ***adj.*** having no feeling of shame, निर्लज्ज, बेशर्म, बेहया।

shanty (शैन्टी) ***n.*** a small house or hut, shack, झुग्गी, झोंपड़ी।

shape (शेप) ***n.*** a form with a definite outline, आकृति, शक्ल, रूप। to plan or devise, चरितार्थ करना, रूपायित करना। 4. to develop, विकास करना।

shapely (शेपली) ***adj.*** having a pleasing shape, सुंदर आकृतिवाला, नयनाभिराम।

share (शेअर) ***n.*** 1. a part or portion belonging to someone, अंश, हिस्सा, भाग। to distribute in shares, to divide in portion, हिस्से लगाना/बाँटना। 2. to participate, हिस्सा लेना, सम्मिलित होना।

shareholder (शेअरहोल्डर) ***n.*** one who holds a share, अंशधारी, शेयर-होल्डर।

sharp (शार्प) ***adj.*** 1. having a fine edge for cutting, तेज़ धारवाला, पैना। 2. clear, distinct, पूर्णतः स्पष्ट, सुस्पष्ट, तीखा; 1. turn, अंधा मोड़।

shave (शेव) ***v.*** (shaved, shaven/shaved, shaving) 1. to cut the beard with a razor, दाढ़ी बनाना। 2. to cut the hair, बाल काटना या मूँड़ना।

sheer (शिअर) ***adj.*** 1. pure, विशुद्ध। 2. absolute, नितांत, निरा, सिर्फ़। ***v.*** to deviate from the course, सही रास्ते से भटक जाना।

shelf (शेल्फ़) ***n.*** a flat piece of wood, metal etc., fixed in a wall or almirah for supporting objects, टाँड़, शेल्फ़, ख़ाना।

shell (शेल) ***n.*** the hard outer covering of snails, tortoises etc., बाहरी कड़ा आवरण, खोल (जैसे सीपी, शंख, आदि का)। ***v.*** 1. to remove the shell of, खोल या छिलका उतारना। 2. to fire explosive shells at, गोले/बम बरसाना।

shelter (शेल्टर) ***n.*** something that provides protection, आश्रय। ***v.*** to provide with shelter, आश्रय देना।

shelve (शेल्व) ***v.*** 1. to put on a shelf, टाँड़ पर रखना। 2. to provide with shelves, टाँड़ लगाना।

shepherd (शेपर्ड) ***n.*** one who tends sheep, भेड़ें चरानेवाला, गड़रिया। ***v.*** to guide राह दिखलाना, सँभालकर ले चलना।

sheriff (शेरिफ़) ***n.*** an executive officer, शासनाधिकारी।

shield (शील्ड) ***n.*** an armour to protect the body, कवच, ढाल। ***v.*** to protect, रक्षा करना।

shift (शिफ़्ट) ***v.*** to move for another place, जगह बदलना, स्थान परिवर्तित करना। ***n.*** the act of shifting, स्थानांतरण, स्थान-परिवर्तन।

shine (शाइन) ***v.*** (shone, shining) to emit light, to glow, चमकना। ***n.*** lustre, चमक।

ship (शिप) ***n.*** a large floating vessel, जलयान, पोत। ***v.*** to put or take on board a ship, जहाज़ पर लादना या सवार होना।

shipyard (शिपयार्ड) ***n.*** a yard where ships are built or repaired, पोतशाला।

shit (शिट) ***n.*** faeces, excrement, गूह, मल।

shock (शॉक) ***n.*** a violent impact or blow, धक्का, आघात, सदमा। ***v.*** 1. to give a shock, धक्का देना या लगाना, सदमा पहुँचाना। 2. to make dumbfounded, चकित या स्तब्ध कर देना।

shoddy (शॉडी) *adj.* 1. inferior, घटिया। 2. dishonest, बेईमानी-भरा, अनुचित।

shoe (शू) *n.* 1. a covering for the human foot, जूता। 2. a horse shoe, (घोड़े की) नाल।

shoot (शूट) *v.* (shot, shooting) 1. to discharge a bullet or arrow, गोली या तीर चलाना, दाग़ना। 2. to record on films, (कैमरे से) फोटो लेना, चित्र लेना।

shop (शॉप) *n.* 1. a retail store, दुकान। 2. a workshop, कार्यशाला। *v.* to visit shops to buy things, दुकानों पर जाकर ख़रीदारी करना।

shore (शोर) *n.* 1. the land along the edge of a river, sea etc., समुद्रतट, तीर। 2. a support, थूनी, टेक। *v.* to make safe with a prop, टेक या थूनी लगाना।

short (शॉर्ट) *adj.* of little length, not long, small, छोटा, लघु, संक्षिप्त, ह्रस्व। 2. inadequate, deficient, कम, अल्प।

shortage (शॉर्टिज) *n.* insufficiency, deficiency, कमी, अभाव, अल्पता।

shortcut (शॉर्टकट) *n.* a shorter route, छोटा रास्ता।

shorthand (शॉर्टहैन्ड) *n.* a system of rapid handwriting using symbols, आशुलिपि।

shortsighted (शॉर्टसाइटिड) *adj.* lacking foresight, अदूरदर्शी।

shot (शॉट) *n.* 1. the firing of a gun etc., प्रहार, प्रक्षेपण, (का) छोड़ा जाना। 2. a bullet of iron ball, गोली, छर्रा।

shoulder (शोल्डर) *n.* the part of the body at which the arm, foreleg or wing is attached, कंधा, स्कंध। *v.* to carry on one's shoulders, कंधे पर रखना या लादना, कंधे पर ले जाना। 2. to take upon oneself, अपने ऊपर लेना, ओढ़ना।

shout (शाउट) *v.* to utter loudly, चिल्लाना, चीखना। *n.* a loud cry, चिल्लाहट, चीख, शोर।

show (शो) *v.* 1. to cause or allow to be seen, दिखलाना, दिखाना। 2. to display, exhibit or express, प्रदर्शित करना, प्रकट या व्यक्त करना। the state of being shown, तमाशा, प्रदर्शन, दिखावा।

shower (शॉवर) *n.* a brief fall of rain, फुहार, वर्षा। *v.* to pour down, बरसना या बरसाना।

showman (शोमैन) *n.* an organizer of a show business, प्रदर्शनकर्ता।

showroom (शोरूम) *n.* a room in which goods are exhibited for sale, प्रदर्शन-कक्ष।

shriek (श्रीक) *n.* a shrill and piercing cry, चीख़, कराह। *v.* to make a shriek, चीख़ना, कराहना।

shrine (श्राइन) *n.* a temple, देवमंदिर, देवालय।

shrink (श्रिन्क) *v.* 1. to contract or become smaller in size, सिकुड़ना। 2. to cause to contract, सिकोड़ना।

shrub (श्रब) *n.* a low woody plant with several stems, झाड़ी।

shudder (शडर) *v.* to tremble violently, काँप उठना, थरथरा जाना। *n.* a shuddering movement, कँपकँपी, थरथराहट।

shuffle (शफ़ल) *v.* to drag (one's feet, पैर) घसीटते हुए चलना। mixing of cards, फेंटाई। 3. rearrangement, फेर-बदल, बदलाव, परिवर्तन।

shut (शट) *v.* (shut, shutting) to close, बंद करना।

shutter (शटर) *n.* a panel that can be closed over a door, कपाट, झिलमिली, शटर।

shy (शाइ) *adv.* lacking confidence and timid, शर्मीला, झेंपू। *v.* to jump or move suddenly in alarm, चौंक उठना, भड़क उठना।

sick (सिक) *adj.* 1. unwell, बीमार, रुग्ण। 2. disgusted, खिन्न, दुखी, ऊबा हुआ।

side (साइड) *n.* 1. a surface of an object, पहलू, पार्श्व। *v.* to associate oneself with a faction, interest etc., पक्ष लेना।

side effect *n.* any secondary effect, गौण प्रभाव।

sideline (साइडलाइन) *n.* 1. a secondary job, उपजीविका। 2. a line marking the limit of a field, सीमा-रेखा।

side-show (साइड-शो) *n.* a minor show, (किसी बड़े खेल या प्रदर्शन के साथ होनेवाला) कोई छोटा-मोटा खेल या प्रदर्शन।

siege (सीज) *n.* the surrounding of a fortified place by the opposing forces, (क़िले की) घेरेबंदी, घेरा।

sieve (सीव) *n.* a device for separating, straining, sifting etc., चलनी, छलनी।

sift (सिफ़्ट) *v.* to pass through a sieve, छनना या छानना।

sigh (साइ) *n.* a long deep breath expressing sorrow or relief, आह, ठंडी साँस। *v.* to exhale a long deep breath as in sorrow or relief, आह भरना, ठंडी साँस लेना।

sight (साइट) *n.* 1. something that is seen, दृश्य, नज़ारा। 2. the sense of seeing, दृष्टि, निगाह।

sightless (साइटलिस) *adj.* blind, अंधा।

sign (साइन) *n.* 1. a mark, चिह्न, निशान। 2. a gesture, संकेत, इशारा। *v.* to affix a signature, हस्ताक्षर करना, दस्तखत करना।

signal (सिग्नल) *n.* an indication, संकेत। *v.* to express by a signal, संकेत करना, सिग्नल देना।

significance (सिग्निफ़िकेन्स) *n.* importance, महत्त्व।

signify (सिग्निफ़ाइ) *v.* to indicate or suggest, संकेत करना।

silence (साइलन्स) *n.* calm, noiselessness, शांति, नीरवता, सन्नाटा। *v.* to bring to silence, शांत करना या चुप कराना।

silky (सिल्की) *adj.* 1. made of silk, रेशमी। 2. glossy, चमकीला।

sill (सिल) *n.* the flat piece of wood or stone below a window or door, दहलीज़, दासा।

silly (सिली) *adj.* 1. foolish, मूर्ख, बेवकूफ़। 2. ridiculous, उपहासास्पद, बेतुका।

silt (सिल्ट) *n.* a deposit of mud, sand etc. found at the bottom of rivers, गाद। *v.* to fill or become filled with silt, गाद से भरना या भरा जाना।

silverfish (सिल्वरफ़िश) *n.* a fish having a silvery colour, रजतमीन।

similar (सिमिलर) *adj.* alike, resembling, मिलता-जुलता, समान, समरूप।

simmer (सिमर) *v.* to boil gently with a murmuring sound, खदबदाना।

simple (सिम्पल) *adj.* 1. ordinary, साधारण, मामूली। 2. easy, सरल, सहज।

simpleton (सिम्पल्टन) *n.* a stupid person, बुद्धू, भोंदू।

simply (सिम्प्ली) *adv.* 1. in a simple manner, सादगी से।

sin (सिन) *n.* any offence against a religious or moral law, पाप, गुनाह। *v.* to commit a sin, पाप करना।

sincere (सिन्सिअर) *adj.* honest, true, ईमानदार, सच्चा, निष्ठावान।

sine die (साइनी डाइ) *adv.* indefinitely, अनिश्चित काल के लिए।

sine qua non (साइनी क्वे नॉन) *n.* a necessary condition, अनिवार्य शर्त।

sinful (सिनफ़ुल) *adj.* full of sins, पापी या पापपूर्ण, अधर्मी।

sing (सिन्ग) *v.* 1. to produce musical sound with the voice, गाना।

singer (सिन्गर) *n.* one who sings, गायक।

single (सिन्गल) *adj.* 1. one only, सिर्फ़ एक, एक ही, अकेला। unmarried, अकेला, अविवाहित।

single-minded (सिन्गल-माइन्डिड) *adj.* having but one purpose, undeviating, steadfast, एकनिष्ठ, एकाग्रचित्त, अनन्य।

sink (सिन्क) *v.* 1. to go beneath the surface of water or liquid, डूबना। 2. धीरे-धीरे नीचे आना या गिरना, घटना।

sinner (सिनर) *n.* a person who sins, wrongdoer, पापी, गुनाहगार।

sip (सिप) *v.* to drink only a little at a time, चुस्की भरना या लेना।

siren (साइरन) ***n.*** a device to make a loud prolonged sound as a signal, भोंपू।

sit (सिट) ***v.*** (sat, sitting) 1. to take rest on one's buttocks, बैठना। 2. to cause to sit, बैठाना, आसन देना। 3. to be situated, स्थित होना। 4. to appear, (परीक्षा आदि में) सम्मिलित होना।

site (साइट) ***n.*** 1. a plot of land on which a town or building stood, stands or is to stand, स्थल, स्थान। 2. a place where some event took place, घटना-स्थल।

sitting (सिटिंग) ***n.*** a continuous period of being seated, बैठक, बैठकी।

sizable, sizeable (साइज़ेबल) ***adj.*** quite large, of considerable size, अच्छे-ख़ासे आकारवाला, काफ़ी बड़ा।

sizzle (सिज़ल) ***v.*** to make a hissing sound of frying, छनछनाना, कड़कड़ाना। ***n.*** a hissing sound, छनछन, कड़कड़।

skeletal (स्केलिटल) ***adj.*** of the skeleton, कंकाल-संबंधी।

sketch (स्केच) ***n.*** an outline, ख़ाका, रूपरेखा। रेखाचित्र। ***v.*** to make a sketch (of), रूपरेखा/रेखाचित्र तैयार करना।

skew (स्क्यू) ***adj.*** slanting, oblique, तिरछा, टेढ़ा, ढलवाँ। ***v.*** 1. to make slanting, तिरछा बनाना।

skill (स्किल) ***n.*** the ability to do something well, कौशल, दक्षता।

skim (स्किम) ***v.*** 1. to remove floating matter from milk or any other liquid, मलाई या झाग उतारना। 2. to glide smoothly, आसानी से फिसलना।

skimmed milk (स्किम्ड मिल्क) ***n.*** milk with cream removed, मखनिया दूध, सप्रेटा।

skin (स्किन) ***n.*** outer covering of an animal, त्वचा। ***v.*** to remove skin from, खाल उतारना।

skip (स्किप) ***v.*** 1. to spring, फुदकना, उछलना-कूदना। 2. to pass over, omit, छोड़ देना, लंघन कर जाना।

skirmish (स्कर्मिश) ***n.*** a minor encounter in war, मुठभेड़, भिड़ंत।

skirt (स्कर्ट) ***n.*** 1. a female garment hanging from the waist, स्कर्ट। ***v.*** 1. to lie along the edge, किनारे पर होना। 2. to avoid, बचा जाना, छोड़ देना।

skulduggery (स्कलडगरी) ***n.*** deception, trickery, धोखाधड़ी, चालबाज़ी।

skull (स्कल) ***n.*** the bony framework of the head, खोपड़ी।

skylark (स्काइलार्क) ***n.*** a bird noted for its singing while in flight, भरल। ***v.*** to frolic, खिलवाड़ या क्रीड़ा करना।

skylight (स्काइलाइट) ***n.*** a window in a roof or ceiling, रोशनदान, झरोखा।

slack (स्लैक) ***adj.*** 1. loose, ढीला, शिथिल। 2. characterized by little trade or business, मंदा। ***v.*** to loosen, ढीला करना या होना।

slacken (स्लैकन) ***v.*** to make slack, ढीला करना।

slake (स्लेक) ***v.*** to quench, (प्यास) बुझाना।

slam (स्लैम) ***v.*** to shut with force and loud noise, (दरवाज़ा) ज़ोर से भिड़काना या बंद करना।

slander (स्लैन्डर) ***n.*** a false or malicious statement that damages the reputation of someone, निंदा, बुराई, मानहानि। ***v.*** to utter slander (about, किसी की) निंदा करना, बुराई करना।

slang (स्लैन्ग) ***n.*** non-standard colloquial usage, बोलचाल के ऐसे प्रयोग जिनका इस्तेमाल औपचारिक प्रसंगों में न किया जाता हो, अपप्रयोग या अपभाषा।

slant (स्लैन्ट) ***v.*** to slope, ढालू होना या ढालू करना, तिरछा होना या तिरछा करना। ***n.*** 1. slope, ढाल। 2. biased attitude, पूर्वग्रहयुक्त दृष्टिकोण, तरफ़दारी।

slap (स्लैप) ***n.*** a blow with the open hand, चपत, थप्पड़, चाँटा। ***v.*** to strike with a slap, चपत मारना, तमाचा जड़ना।

slash (स्लैश) ***v.*** to reduce drastically, एकदम कम कर देना, भारी कमी करना। ***n.*** a cut or gash, चीरा।

slat (स्लैट) ***n.*** a narrow strip of wood or metal, लकड़ी या धातु की पट्टी।

slaughter (स्लॉटर) ***v.*** to kill animals for food, पशुओं का काटा जाना, वध।

slaughter-house (स्लॉटर-हाउस) ***n.*** a place where animals are killed for food, बूचड़ख़ाना, कसाईख़ाना।

slave (स्लेव) ***n.*** a person who is held in bondage by another, ग़ुलाम, दास। ***v.*** to work like a slave, ग़ुलाम की तरह काम करना, कठोर परिश्रम करना।

sleazy (स्लीज़ी) ***adj.*** cheap and dirty, दो कौड़ी का, गया-गुज़रा, फूहड़।

sleek (स्लीक) ***adj.*** 1. smooth, glossy, चिकना-चुपड़ा। 2. trim, graceful, बना-ठना।

sleepy (स्लीपी) ***adj.*** 1. ready to sleep, drowsy, जिसे नींद आ रही हो, उनींदा, तंद्रिल। 2. inactive, अक्रिय, निष्क्रिय।

sleeve (स्लीव) ***n.*** the part of a garment that covers the arm, आस्तीन।

slender (स्लेन्डर) ***adj.*** of small width relative to height, छरहरा, पतला-दुबला।

slice (स्लाइस) ***n.*** 1. a thin flat piece cut from a larger object, कतला, फाँक। 2. a portion or share, अंश, भाग। ***v.*** to cut with a knife, छुरी से काटना।

slick (स्लिक) ***adj.*** 1. smooth, चिकना। 2. flattering and glib, वाक्‌चपल। ***v.*** to make smooth, चिकना बनाना।

slide (स्लाइड) ***v.*** (slid, sliding) to move or cause to move over smooth surface in continual contact with it, फिसलना या फिसलाना, सरकना या सरकाना।

sliding (स्लाइडिंग) ***n.*** the act of a person or thing that slides, सर्पण। ***v.*** to treat with disrespect, अनादर या उपेक्षा करना।

slightly (स्लाइटली) ***adv.*** in a slight degree, थोड़ी मात्रा में, कुछ-कुछ।

slim (स्लिम) ***adj.*** 1. thin, पतला-दुबला (परंतु आकर्षक)। 2. meagre, scanty, तुच्छ, अल्प।

sling (स्लिंग) ***v.*** (slung, slinging) to hurl or throw, फेंकना, उछालना।

slink (स्लिंक) ***v.*** (slunk, slinking) to move in a shamefaced way, मुँह छिपाकर, शरमा कर या लजाते हुए जाना।

slip (स्लिप) ***v.*** 1. to move quitely and stealthily, चुपके से खिसक जाना। ***n.*** 1. the act of slipping, फिसलना, सरकना। 2. a blunder, चूक, ग़लती।

slipway (स्लिपवे) ***n.*** the sloping area on which a vessel is launched, समुद्रतट का वह घाट जहाँ से जहाज़ पानी में उतारे तथा बाहर निकाले जाते हैं, जलावतरण-मंच।

slob (स्लॉब) ***n.*** a clumsy fellow, फूहड़ व्यक्ति।

slobber (स्लॉबर) ***v.*** to dribble saliva or food from the mouth, मुँह से लार आदि टपकना या टपकाना।

slope (स्लोप) ***n.*** an inclined surface, ढाल। ***v.*** to incline down-ward, ढालुआँ होना, ढाल होना।

slot (स्लॉट) ***n.*** 1. a narrow opening, झिरी, छेद। 2. a groove or slit, खाँचा। ***v.*** to make a slot, झिरी डालना; खाँचा बनाना।

slough[1] (स्लाउ) ***n.*** 1. a swamp or marshy place, दलदल। 2. a snake's cast skin, केंचुली।

slough[2] (स्लफ़) ***v.*** to cast dead skin, केंचुली छोड़ना।

slow (स्लो) ***adj.*** not quick or fast, sluggish, धीमा, मंद। ***v.*** to decrease or cause to decrease in speed, धीमा करना या होना।

sludge (स्लज) ***n.*** 1. mud, mire, कीचड़। 2. sediment, तलछट, गंदगी।

sluice (स्लूस) ***n.*** 1. a man-made channel, नहर। 2. a gate that controls the channel, जल-कपाट। ***v.*** to let out water, (नहर में) पानी छोड़ना।

slum (स्लम) ***n.*** an urban area inhabited by poor people, गंदी बस्ती, मलिन बस्ती।

slumber (स्लम्बर) ***v.*** 1. to sleep, सोना।

2. to doze, झपकी लेना। *n.* doze, झपकी।

slump (स्लम्प) *n.* a great fall in the demand of goods, मंदी।

slur (स्लर) *v.* to pronounce indistinctly, अस्पष्ट उच्चारण करना। *n.* indistinct pronunciation, अस्पष्ट उच्चारण।

slush (स्लश) *n.* 1. partially melted snow or ice, अधघुली बर्फ़। 2. mud, कीचड़। 3. silly senseless talk, बकबक।

sly (स्लाइ) *adj.* 1. cunning, कपटी या कपटपूर्ण। 2. mischievous, दुष्ट या दुष्टतापूर्ण।

smack (स्मैक) *v.* 1. to kiss noisily, ज़ोर से चुम्मा लेना। 2. to slap noisily, ज़ोर से थप्पड़ लगाना।

small-minded (स्मॉल-माइन्डिड) *adj.* 1. mean, कमीना। 2. selfish, स्वार्थी।

smallpox (स्मॉलपॉक्स) *n.* an acute infectious disease that causes skin eruptions, चेचक, माता।

smart (स्मार्ट) *adj.* 1. intelligent, होशियार। 2. shrewd, सयाना।

smash (स्मैश) *v.* 1. to break into with noise or violence, चकनाचूर हो जाना या कर देना। 2. to ruin completely, नष्ट या ध्वस्त कर देना। *n.* a disaster, बरबादी, विनाश।

smear (स्मिअर) *v.* to cover with oil, grease etc., लेप करना, लीपना-पोतना, लगाना। *n.* something smeared on the surface, लेप।

smell (स्मेल) *v.* 1. to perceive the smell of, सूँघना। the odour of something, गंध, महक।

smock (स्मॉक) *n.* a loose outer garment, ऊपरी लबादा या ढीला-ढाला कुरता।

smog (स्मॉग) *n.* a mixture of smoke and fog, धुएँ और कोहरे का मिला-जुला रूप; धुंधुआँ (धुंध+धुआँ)।

smoke (स्मोक) *n.* 1. the vaporous matter arising from burning coal, wood etc., धुआँ, धूम्र। 2. the act of smoking tobacco etc., धूम्रपान। *v.* to draw the smoke of tobacco, (तंबाकू या सिगरेट) पीना।

smoky (स्मोकी) *adj.* 1. full of smoke, filled with smoke, धुएँ से भरा। 2. having the colour of a smoke, धुएँ के रंग का, काला।

smooth (स्मूद) *adj.* 1. free from roughness, चिकना। 2. even, बराबर, समतल। *v.* to make smooth, चिकना या चौरस करना, बाधाएँ दूर करना, सहज कर या बना देना।

smug (स्मग) *adj.* self-satisfied, आत्मतुष्ट।

smuggler (स्मगलर) *n.* a person engaged in smuggling, तस्कर।

smut (स्मट) *n.* 1. a particle of dirt or soot, धूल या कालिख का कण। 2. a stain, धब्बा।

snack (स्नैक) *n.* a light meal, हलका नाश्ता, स्नैक।

snag (स्नैग) *n.* a jagged or sharp projecting part, नुकीला सिरा, कोना या खूँट। *v.* to tear or damage on a snag, खरोंच लगना।

snake (स्नेक) *n.* 1. a reptile with a long narrow body and no legs, साँप, नाग। 2. a worthless or treacherous fellow, निकम्मा या कपटी साथी। *v.* to move like a snake, साँप की तरह चलना, सर्पण करना।

snap (स्नैप) *v.* 1. to seize with a snatching motion, झपट पड़ना, छीन-झपट करना। 2. to take a snapshot, छोटे कैमरे से फ़ोटो लेना। *adj.* happening unexpectedly, आकस्मिक।

snarl (स्नार्ल) *n.* a tangled mass of thread, hair etc., उलझट्टा, उलझाव।

snatch (स्नैच) *v.* to grab suddenly, छीन या झपट लेना।

snazzy (स्नैज़ी) *adj.* smart, चुस्त-दुरुस्त।

sneak (स्नीक) *v.* 1. to move in a stealthy way, चुपके-चुपके चलना। 2. to give or take in a quite stealthy way, चुपके-चुपके लेन-देन करना। धूर्त व्यक्ति। 2. an informer, मुख़बिर।

sneer (स्निअर) *v.* to smile scornfully, खिल्ली उड़ाना, उपहास करना। *n.* an act of sneering, खिल्ली, उपहास।

sneeze (स्नीज़) *v.* to make a sudden violent audible expiration of breath, छींक मारना, छींकना।

sniff (स्निफ़) to smell by inhalation through nose, सूँघना।

sniffy (स्निफ़ी) *adj.* 1. disdainful, scornful, नकचढ़ा। 2. smelly, गँधैला, महकदार।

snigger (स्निगर) *n.* a sly laugh, खिल्ली। *v.* to utter such a laugh, खिल्ली उड़ाना।

snip (स्निप) *v.* to cut with short quick strokes, कतरना, कुतरना।

snob (स्नॉब) *n.* one who has offensive air of superiority, अकड़ू, दंभी, गुमानी, घमंडी।

snooze (स्नूज़) *v.* to take a nap, झपकी लेना। *n.* a nap, झपकी।

snore (स्नोर) *v.* to breathe during sleep with a hoarse noise, खर्राटे भरना। *n.* the act or noise of snoring, खर्राटा।

snowcapped (स्नोकैप्ड) *adj.* covered at the top with snow, हिममंडित।

snowfall (स्नोफ़ॉल) *n.* a fall of snow, हिमपात।

snowline (स्नोलाइन) *n.* the lower boundary of a perennial snowfield, हिमरेखा।

snub (स्नब) *v.* 1. to rebuke, झिड़की देना, झिड़कना। 2. to suppress, दमन करना।

snuff (स्नफ़) *n.* powdered tobacco for sniffing up the nostrils, सुँघनी, नसवार। *v.* to put out (the candle), (मोमबत्ती) बुझाना।

soak (सोक) *v.* 1. to absorb, जज़्ब करना, सोख या चूस लेना। *n.* the act of soaking, सोखने की क्रिया।

so-and-so *n.* a person or thing that need not be named, अमुक, फ़लाँ।

soar (सोर) *v.* to fly high, ऊँचाई पर उड़ना, ऊँचे उड़ना।

sob (सॉब) *v.* to weep with convulsive gasps, सिसकियाँ भरना, सिसकना। the act or sound of sobbing, सिसकी।

sober (सोबर) *adj.* temperate, संयमी, मर्यादित।

soccer (सॉकर) *n.* football, फ़ुटबॉल का खेल।

sociable (सोशेबल) *adj.* friendly and companionable, समाजशील, मिलनसार, मैत्रीपूर्ण।

social (सोशल) *adj.* living in a community or group, सामाजिक।

socialite (सोशलाइट) *n.* a person who is prominent in fashionable society, फ़ैशनपरस्त समाज में अग्रगण्य।

socio-economic (सोशिओ-इकनॉमिक) *adj.* of or relating to a combination of social and economic factors, सामाजिक-आर्थिक।

sociology (सोशिऑलोजी) *n.* the science of society, social institutions and social relationships, समाजविज्ञान।

sock (सॉक) *n.* a short stocking, मोज़ा, जुर्राब। *v.* to hit forcefully, ज़ोरदार आघात करना।

socket (सॉकिट) *n.* an opening or hollow place that forms a hollow space for something, गड्ढा, कोटर, घर।

sodden (सॉडन) *adj.* heavy with moisture or water, तर, तर-बतर, भीगा हुआ, गीला।

software (सॉफ़्टवेअर) *n.* computer programmes, कंप्यूटर-कार्यक्रम, प्रक्रिया-सामग्री, सॉफ़्टवेअर।

soil (सॉइल) *n.* the upper layer of the earth, भूमि, धरती, ज़मीन। *v.* to make or become dirty, गंदा होना या करना।

solar (सोलर) *adj.* of or relating to the sun, सूर्य-संबंधी, सौर।

solder (सोल्डर) *n.* a metal alloy for cementing metal parts, राँगा।

soldier (सोल्जर) *n.* one engaged in military service, सैनिक, फ़ौजी। *v.* to work as soldier, सैनिक की तरह काम करना।

sole (सोल) *n.* 1. the under surface of a foot, (पैर का) तलवा। *v.* to furnish with a sole, तल्ला लगाना। *adj.* being only one,

इकलौता, अकेला, एकल।

solid (सॉलिड) ***adj.*** 1. having a definite shape, not liquid or gaseous, ठोस।

solidarity (सॉलिडैरिटी) ***n.*** unity of interest, purposes, sympathies among group or class, एकजुटता, एकता।

solidify (सलिडिफ़ाइ) ***v.*** to make or become solid, ठोस होना या बनाना।

solitary (सॉलिटरी) ***adj.*** alone, एकाकी, अकेला।

solo (सोलो) ***n.*** a musical composition for a single voice or instrument, एक व्यक्ति के लिए गाने या बजाने के लिए तैयार की गई रचना। ***adj.*** sole, alone, अकेला, एकल।

soluble (सॉल्युबल) ***adj.*** 1. capable of being dissolved, घुलनशील, विलेय। 2. solvable, समाधेय।

solution (सल्यूशन) ***n.*** 1. a liquid in which something is dissolved, सलूशन, घोल। 2. the act of solving a problem, समाधान, हल।

solve (सॉल्व) ***v.*** to find a solution to, हल करना, समाधान करना।

somehow (समहाउ) ***adv.*** by some (unknown) means, किसी तरह, किसी न किसी तरह।

sometime (समटाइम) ***adv.*** at sometime (in future), किसी समय (भविष्य में), कभी। ***adj.*** former, late, पुराना, भूतपूर्व।

sometimes (समटाइम्ज़) ***adv.*** sometimes but not always, occasionally, कभी कभी।

somewhat (समवॉट) ***adv.*** to some extent, कुछ, कुछ-कुछ।

somewhere (समवेअर) ***adv.*** to a place unspecified or unknown, कहीं।

soon (सून) ***adv.*** 1. immediately, जल्दी ही। 2. at once, promptly, फ़ौरन, तुरंत।

soothe (सूद) ***v.*** 1. to calm, शांत करना। 2. to ease, राहत पहुँचाना।

sop (सॉप) ***v.*** 1. to dip (in a liquid, तरल पदार्थ में) भिगोना, तर करना। 2. to take up by absorption, सोख लेना। ***n.***

sophisticated (सफ़िस्टिकेटिड) ***adj.*** 1. appealing to the taste of sophisticates, 2. complicated, जटिल। 4. refined, परिष्कृत।

sordid (सॉर्डिड) ***adj.*** 1. foul, filthy, मलिन, गंदा, मैला-कुचैला। 2. wretched, हेय, घिनौना।

sore (सोर) ***adj.*** 1. causing annoyance, कष्टदायक। 2. distressed, दुखी।

sorrow (सॉरो) ***n.*** sadness or grief, due to disappointment or loss, दुख, व्यथा, शोक।

sort (सॉर्ट) ***n.*** a particular kind or variety, प्रकार, क़िस्म, तरह। ***v.*** to arrange according to class, size, address etc., छाँटना, छँटनी करना।

SOS ***n.*** a call for help, सहायता के लिए पुकार, गुहार।

so-so (सो-सो) ***adj.*** mediocre, सामान्य-सा।

sot (सॉट) ***n.*** a habitual drunkard, पियक्कड़।

soul (सोल) ***n.*** the immortal element in a person, आत्मा।

sound (साउन्ड) ***n.*** a distinctive noise, anything that can be heard, आवाज़, ध्वनि। ***v.*** to make a sound, आवाज़ करना, ध्वनित करना। ***adj.*** healthy, स्वस्थ।

soup (सूप) ***n.*** a liquid food made by boiling vegetables, meat, fish etc., सूप, रसा, शोरबा।

sour (साउअर) ***adj.*** 1. having a sharp taste, खट्टा, अम्ल। 2. spoiled, ख़राब।

source (सोर्स) ***n.*** a place of origin of a river, उद्गम, मूल।

souvenir (सुविनिअर) ***n.*** 1. something serving as a reminder of a person, place or occasion, स्मृतिचिह्न, सौग़ात, निशानी। 2. a magazine serving as a reminder, स्मारिका।

sovereignty (सॉवरिनिटी) ***n.*** so-vereign power, प्रभुसत्ता।

sow (सो) ***v.*** (sowed, sowed/sown, sowing) 1. to plant seed in, बोना, बुआई करना। 2. to implant, introduce or spread, बीजारोपित करना, रोपना या छितराना।

spa (स्पा) ***n.*** a mineral spring, खनिज जलवाला सोता, खनिज-सोता।

space (स्पेस) ***n.*** 1. the expanse in which solar system exists, आकाश; अंतरिक्ष। a blank or empty area, ख़ाली जगह।

spacecraft, spaceship (स्पेसक्राफ़्ट, स्पेसशिप) ***n.*** a vehicle for travelling in outer space, अंतरिक्ष-यान।

spade (स्पेड) ***n.*** a tool for digging ground, कुदाल, फावड़ा। ***v.*** to dig with a spade, फावड़ा चलाना।

span (स्पैन) ***n.*** 1. space or interval (between two points, बीच का) फैलाव या विस्तार। 2. a period of time, अवधि; span of life, जीवन-काल।

spare (स्पेअर) ***v.*** 1. to refrain from killing, छोड़ देना, बख़्श देना। to save, बचा रखना, पीछे रखना। ***adj.*** 1. extra, free, अतिरिक्त, फ़ालतू, ख़ाली।

spark (स्पार्क) ***n.*** a glowing particle, as one thrown off by a burning substance, चिनगारी, स्फुलिंग। ***v.*** to give off sparks, चिनगारियाँ छोड़ना।

sparkle (स्पार्कल) ***v.*** to glitter, चमचम करना, चमकना-दमकना।

spate (स्पेट) ***n.*** a sudden flood, अचानक आनेवाली बाढ़।

spatula (स्पैचुला) ***n.*** a utensil with a broad flexible blade for lifting or stirring food, उथला चम्मच, चमची।

spawn (स्पॉन) ***n.*** the mass of eggs of fish, frogs etc., मछली, मेढक आदि के अंडों की ढेरी। ***v.*** to produce eggs, अंडे देना।

speak (स्पीक) ***v.*** (spoke, spoken, speaking) to utter, बोलना, बोलना-चालना।

spear (स्पिअर) ***n.*** a long shaft with a sharp blade, बरछा, भाला, नेज़ा।

species (स्पीसीज़) ***n.*** a kind, sort or variety, प्रजाति, जाति, वर्ग।

specify (स्पेसिफ़ाइ) ***v.*** to state in detail, ब्योरा देना, विस्तारपूर्वक वर्णन करना, विनिर्देश करना।

specious (स्पीशस) ***adj.*** 1. seeming true or correct but actually false or wrong, सत्याभासी। 2. useless, निरर्थक।

spectacles (स्पेक्टकल्ज़) ***n.*** (plu.) eye-glasses, चश्मा, ऐनक।

spectacular (स्पेक्टैक्यूलर) ***adj.*** 1. grand, चमत्कारपूर्ण, शानदार। 2. dramatic, नाटकीय।

spectator (स्पेक्टेटर) ***n.*** an onlooker, viewer, दर्शक, तमाशबीन।

speculate (स्पेक्युलेट) ***v.*** 1. to assume a business risk in the hope of gain, सट्टा खेलना, सट्टेबाज़ी करना। 3. to guess, अनुमान लगाना।

speech (स्पीच) ***n.*** 1. the act of speaking, भाषण।

speechless (स्पीचलिस) ***adj.*** unable to speak, मूक।

spell ***n.*** 1. a word or formula believed to have magic power, जादू, सम्मोहन, वशीकरण, सम्मोहिनी।

spellbound (स्पेलबाउन्ड) ***adj.*** fascinated, मंत्रमुग्ध।

spend (स्पेन्ड) ***v.*** (spent, spending) to pay out money in buying something, ख़र्च करना, व्यय करना।

sphere (स्फ़िअर) ***n.*** a round solid figure, गोल पिंड, गोला।

sphinx (स्फ़िन्क्स) ***n.*** any of the ancient stone statues in Egypt having the body of a lion and the head of a man, ram or hawk, मिस्र की प्राचीन ऐसी प्रस्तर मूर्ति जिसका धड़ शेर का और सिर आदमी, भेड़े या बाज़ का हो, स्फिंक्स।

spice (स्पाइस) ***n.*** any of various vegetable substances used as flavouring, मसाला। ***v.*** to flavour with spice, मसाला डालना, स्वादिष्ट बनाना, मज़ेदार बनाना।

spill (स्पिल) *v.* to cause to run, flow or fall out from a container, छलक उठना या छलका देना, गिर जाना, छितरा जाना।

spin (स्पिन) *v.* to rotate on an axis, धुरी पर घूमना, चक्कर लगाना। *n.* spinning movement, स्पिन, प्रचक्रण।

spine (स्पाइन) *n.* the backbone, रीढ़, मेरुदंड।

spiral (स्पाइरल) *adj.* circling continuously around a point or centre in curves that constantly increase or decrease in size, सर्पिल, चक्करदार, पेंचदार। *n.* a spiral line, सर्पिल रेखा।

spirit (स्पिरिट) *n.* 1. the animating force of living things, जीवनी शक्ति। 2. soul, आत्मा।

spiritual (स्पिरिचुअल) *adj.* 1. of the hu not temporal, अध्यात्म-संबंधी, आध्यात्मिक।

spit (स्पिट) *v.* to expel saliva from the mouth, थूकना, लार टपकाना। थूकना, लार।

splash (स्प्लैश) *v.* to cause (a liquid) to fly or scatter, (जल आदि) छींटना, उछालना, छपछप करना। *n.* the act or sound of splashing, छपछप, छपाक।

spleen (स्प्लीन) *n.* an organ at the left of stomach functioning as a blood filter, तिल्ली।

splendid (स्प्लेन्डिड) *adj.* magnificent, शानदार, भव्य, वैभवपूर्ण।

splendour (स्प्लेन्डर) *n.* 1. great light or lustre, चमक-दमक। 2. magnificence, grandeur, शान, वैभव, गौरव।

split (स्प्लिट) *v.* (split, splitting) 1. to cut or divide into two or more parts, टुकड़े करना, काटना, चीरना या विभक्त करना। *n.* the act or process of splitting, टूट-फूट, विभाजन, विच्छेद।

spoil (स्पॉइल) *v.* to damage, ख़राब कर देना, विकृतकर देना। *n.* (plu.) plunder, लूट का माल।

spoke (स्पोक) *n.* 1. one of the rods connecting the hub and rim of a wheel, तीली। 2. a rung of a ladder, (सीढ़ी का) डंडा।

spokesman (स्पोक्समैन) *n.* one who speaks for another or others, प्रवक्ता।

sponsor (स्पॉन्सर) *n.* a person or group who assumes responsibility for another for a television programme, प्रायोजक। *v.* to act as a sponsor for, प्रायोजक बनना, प्रायोजित करना।

spontaneous (स्पॉन्टेनिअस) *adj.* resulting from natural impulse, अनायास होनेवाला, सहज, स्वाभाविक।

sport (स्पोर्ट) *n.* an active pastime, game, खेल, क्रीड़ा। *v.* 1. to play, खेलना। 2. to amuse oneself, मन-बहलाव करना।

spot (स्पॉट) *n.* 1. a mark or stain, दाग़, धब्बा, चित्ती। 2. a position, location, स्थान, जगह।

spotty (स्पॉटी) *n.* 1. spotted, चित्तीदार, धब्बेदार।

spouse (स्पॉउज़) *n.* a person's husband or wife, पति या पत्नी।

spout (स्पाउट) *v.* 1. to eject (liquid) in a stream, (किसी तरल पदार्थ का) धार के रूप में निकलना या बहना। 2. to utter or speak at length, विस्तारपूर्वक बोलना।

sprain (स्प्रेन) *n.* a painful injury of a joint, मोच। *v.* to subject to sprain, मुड़क जाना, मोच खा जाना।

spray (स्प्रे) *n.* water flying in small drops, फुहार। *v.* to disperse as a spray, फुहारा देना या लगाना, छिड़कना।

spread (स्प्रेड) *v.* to unroll, unfold or expand over, फैलाना, बिछाना, खोलना। extent of spreading, विस्तार।

sprig (स्प्रिग) *n.* a shoot or twig, टहनी, डाली।

spring (स्प्रिन्ग) *v.* (sprang/sprung, sprung, springing) 1. to move upward or forward suddenly, उछलना, उछलकर आगे बढ़ना। 2. to appear suddenly, सहसा प्रकट होना या सामने आना। *n.* a natural outflow of ground water, झरना, सोता, चश्मा।

sprint (स्प्रिन्ट) *v.* to run at a full speed, बहुत तेज़ी से दौड़ लगाना।

spy (स्पाइ) *n.* a secret agent, जासूस, गुप्तचर, भेदिया। *v.* to keep watch secretly, भेद लेना, जासूसी करना।

squad (स्क्वॉड) *n.* the smallest unit of military personnel, सैनिक टुकड़ी, दस्ता।

squadron (स्क्वॉड्रन) *n.* an air force unit, वायुसेना का दल।

squall (स्क्वॉल) *n.* a loud harsh out-cry, चीख़, पुकार। *v.* to utter a squall, चीख़ना, पुकारना, चीत्कार करना।

squander (स्क्वॉन्डर) *v.* to spend extravagantly, (धन) फ़िज़ूल ख़र्च करना, बरबाद करना।

square (स्क्वेअर) *n.* 1. a rectangle with all four sides equal, वर्ग। 2. an area or object shaped like this, वर्ग की शक्ल की कोई वस्तु, चौकोर टुकड़ा। *v.* to make square or rectangular, वर्गाकार या आयताकार बनाना। 1. to bring to a right angle, सीधा करना, ठीक बैठाना। 3. to multiply (a number) by itself, वर्गफल निकालना। 4. to bring into balance, to settle, हिसाब चुकता करना। 2. to even the score of, बराबर करना।

square root *n.* a number when multiplied by itself gives a given number, वर्गमूल।

squash (स्क्वॉश) *v.* to crush, कुचल देना। *n.* 1.pulp, गूदा, लुगदी, भुरता। 4. a kind of drink, एक पेय।

squat (स्क्वॉट) *v.* 1. to sit on one's feet, उकड़ू बैठना। 2. to crouch down, सिमट कर बैठना।

squeeze (स्क्वीज़) *v.* 1. to compress, दबाना। 2. to extract by applying pressure, निचोड़ना। an amount squeezed, निचोड़ा हुआ पदार्थ।

squirrel (स्क्विरल) *n.* 1. a small tree-climbing animal with a bushy tail, गिलहरी।

stability (स्टेबिलिटी) *n.* the state or quality of being stable, स्थिरता, स्थायित्व।

stable (स्टेबल) *adj.* 1. steady, firm, स्थिर, स्थायी, सुस्थिर। 2. lasting, टिकाऊ। *n.* a building in which horses are kept, अस्तबल, घुड़साल।

stag (स्टैग) *n.* an adult male deer, हिरन, मृग।

stage (स्टेज) *n.* 1. a raised platform, मंच। *v.* to perform on a stage, मंचित करना, अभिनीत करना।

stagnant (स्टैग्नेन्ट) *adj.* 1. (of water) not flowing, रुका हुआ, रुद्ध। 2. motionless, गतिहीन।

staid (स्टेड) *adj.* sober, calm, गंभीर, शांत।

stain (स्टेन) *v.* 1. to discolour or become discoloured, बदरंग करना या होना, रंग बिगाड़ देना या बिगड़ जाना। a blemish, दोष, कलंक।

stainless (स्टेनलिस) *adj.* free from stains or blemishes, बेदाग़, निर्दोष, निष्कलंक।

stake (स्टेक) *n.* 1. a pointed wooden post driven into the ground as a marker or support, खूँटी, खूँटा, थूनी। something that is staked for gain or loss, दाँव, बाज़ी, पण। *v.* to fasten with a stake, खूँटी से बाँधना।

stale (स्टेल) *adj.* 1. having lost freshness, बासी। 2. uninteresting, नीरस, उबाऊ। *v.* to become stale, बासी पड़ जाना, पुराना पड़ जाना।

stamen (स्टेमन) *n.* the male reproductive organ of a flower, पुंकेसर।

stamina (स्टैमिना) *n.* enduring physical or mental power, staying power, दमख़म।

stammer (स्टैमर) *v.* to speak with involuntary pauses or rapid repetition of the same sound or syllable, हकलाना। *n.* the act or instance of stammering, हकलाहट।

stampede (स्टैम्पीड) ***n.*** a wild headlong rush, भगदड़।

stand (स्टैन्ड) ***v.*** (stood, standing) 1. to take or cause to take a stationary upright position, खड़ा होना या खड़ा करना। to place, स्थापित होना।

standard (स्टैन्डर्ड) ***n.*** 1. a flag or banner, झंडा, ध्वज, पताका। 2. a thing, quality or specification for comparing or measuring, मानदंड, प्रतिमान।

standby (स्टैन्डबाइ) ***n.*** a person or thing that is ready and available as a substitute, स्थानापन्न।

standpoint (स्टैन्डपॉइन्ट) ***n.*** a point of view, दृष्टिबिंदु, दृष्टिकोण।

star (स्टार) ***n.*** 1. any of the celestial bodies appearing as points and emitting light in the night sky, तारा, सितारा, नक्षत्र। ***v.***

starch (स्टार्च) ***n.*** 1. a substance found in corn, wheat etc., used for stiffening fabrics, माँड़, कलफ़। 2. stiffness of manner, शुष्कता, रूखापन।

stare (स्टेअर) ***v.*** to gaze fixedly with eyes wide open, आँखें फाड़-फाड़कर देखना, घूरना।

start (स्टार्ट) ***v.*** 1. begin or commence, आरंभ करना, शुरू करना। 2. to set in motion, चलाना।

startle (स्टार्टल) ***v.*** to be surprised or frightened, चौंक पड़ना।

starvation (स्टार्वेशन) ***n.*** the act of starving or the state of being starved, भुखमरी।

starve (स्टार्व) ***v.*** to die from prolonged lack of food, भूखों मरना।

state (स्टेट) ***n.*** 1. a condition of being, अवस्था, दशा, स्थिति। 2. a country or nation, राज्य। ***v.*** 1. to set forth in words, अभिव्यक्त करना, कहना। 2. to declare, घोषित करना।

stated (स्टेटिड) ***adj.*** 1. put forth in words, अभिव्यक्त। 2. declared, घोषित।

statement (स्टेटमेन्ट) ***n.*** something stated, कथन, वक्तव्य, बयान।

statesman (स्टेट्समैन) ***n.*** a national leader, राजनेता।

statue (स्टैचू) ***n.*** a moulded or sculptured figure, मूर्ति, प्रतिमा।

status (स्टेटस) ***n.*** a relative position in a social system, हैसियत, प्रतिष्ठा।

stay (स्टे) ***v.*** 1. to remain in a given place or position, रहना। 2. to reside temporarily, ठहरना, टिकना। a postponement, स्थगन। 3. a support, सहारा, टेक।

steadfast (स्टेडफ़ास्ट) ***adj.*** 1. fixed, steady, स्थिर, निश्चल। 2. determined, निश्चयबद्ध, अटल।

steady (स्टेडी) ***adj.*** 1. stable, स्थिर, अचल। 2. free form fluctuations, अपरिवर्तनशील। ***v.*** to make or become steady, स्थिर करना या हो जाना।

steal (स्टील) ***v.*** (stole, stolen, stealing) to take away another's property without permission or unlawfully, चुराना, चोरी करना।

steam (स्टीम) ***n.*** 1. the vapour into which water is changed by boiling, भाप, वाष्प।

steamer (स्टीमर) ***n.*** 1. a boat or ship driven by steam engine, वाष्पचालित जहाज़।

steed (स्टीड) ***n.*** a horse, घोड़ा।

steep (स्टीप) ***adj.*** 1. sloping sharply, बहुत ढालवाँ, खड़ा। 2. unreasonably high, बहुत ऊँचा। ***v.*** 1. to soak (in liquid, तरल पदार्थ में) भिगोना।

stem (स्टेम) ***n.*** 1. the main supporting part of a tree or plant, तना। 2. a slender part supporting a leave, flower or fruit, डंडी या डंठल। 3. the main part of a verb or noun, धातु। ***v.*** 1. to stop (the flow, प्रवाह) रोकना, बंद करना। 2. to remove the stem from, डंठल निकलना।

stench (स्टेन्च) ***n.*** a foul smell, बदबू, दुर्गंध।

step (स्टेप) ***n.*** 1. the act of raising the foot and bringing it down as in walking, पग, क़दम, डग। 2. a support for a foot while ascending or descending, पायदान, पौड़ी, डंडा। . (plu.) stairs, 3. सीढ़ी, ज़ीना। ***v.*** to go on foot, चलना, आगे बढ़ना।

sterile (स्टेराइल) ***adj.*** 1. barren, बंध्या, बाँझ। 2. unproductive, बंजर, अनुर्वर।

sterilization (स्टेरलाइज़ेशन) ***n.*** the act of sterilizing or the state of being sterilized, बंध्याकरण, रोगाणुरहित करना।

stew (स्ट्यू) ***v.*** to cook food by simmerng or boiling slowly, सिझाना, हलकी आँच में पकाना।

steward (स्ट्यूअर्ड) ***n.*** 1. one employed to manage one's property, finances or other affairs, प्रबंधक, कारिंदा।

stiff (स्टिफ़) ***adj.*** 1. inflexible, rigid, अनम्य, कड़ा। difficult, कठिन, मुश्किल। ***n.*** a corpse, शव, लाश।

still (स्टिल) ***adj.*** 1. motionless, अचल, निश्चल, स्थिर। 2. silent, ख़ामोश, चुप। ***n.*** an apparatus for distilling, भभका।

still birth (स्टिल बर्थ) ***n.*** birth of a dead child, मरे हुए बच्चे का जन्म, मृतप्रसव।

sting (स्टिंग) ***n.*** 1. a sharp pointed part or organ of certain insects, डंक, दंश। 2. a sharp pointed part of certain plants, काँटा। ***v.*** (stung, stinging) 1. to wound with a sting, डंक मारना, काटना।

stink (स्टिन्क) ***n.*** an offensive smell, बदबू, दुर्गंध। ***v.*** to give off an offensive smell, बदबू देना।

stipend (स्टाइपेन्ड) ***n.*** a fixed sum of money paid periodically, वज़ीफ़ा, वृत्ति।

stir (स्टर) ***v.*** 1. to move, हिलना, डोलना। 2. to mix with a spoon or stick, हिलाना, चलाना। agitation, disturbance or commotion, क्षोभ, हलचल, कोलाहल।

stitch (स्टिच) ***n.*** 1. a single movement of threaded needle in sewing, तोपा, टाँका। ***v.*** to sew, सिलाई करना।

stock (स्टॉक) ***n.*** 1. a store or supply accumulated for sale, बिक्री का माल, भंडार, संग्रह। ***v.*** 1. to keep for sale, भंडार में रखना। 2. to supply, पूर्ति करना।

stockbroker (स्टॉकब्रोकर) ***n.*** one who buys and sells securities on behalf of others, शेयर दलाल।

stocking (स्टॉकिंग) ***n.*** a close fitting covering for the foot, मोज़ा, जुराब।

stoic (स्टोइक) ***adj.*** not affected by passion or feeling, शांत, धीर, गंभीर।

stole ***n.*** a covering worn by women across the shoulders, दुपट्टा।

stomach (स्टमक) ***n.*** 1. a large saclike organ in the belly, आमाशय। 2. the belly or abdomen, उदर, पेट।

stone[1] (स्टोन) ***n.*** 1. a piece of rock, पत्थर, पाषाण। 2. a piece of stone shaped for a particular purpose, सिल, पटिया। ***v.*** to pelt with stones, पत्थरों से मारना।

Stone Age ***n.*** the very early period of civilization characterized by the use of stone tools, पाषाण युग, प्रस्तर युग।

stooge (स्टूज) ***n.*** 1. a puppet, कठपुतली। 2. an entertainer or joker, विदूषक, मसखरा।

stool (स्टूल) ***n.*** 1. a backless and armless seat supported by three or four legs, स्टूल, चौकी। 2. waste matter evacuated from the bowels, मल, पाखाना, गूह।

stop (स्टॉप) ***v.*** 1. to cause to halt, रोकना, रोक देना। 2. to close, बंद कर देना। ***n.*** the act of stopping or the state of being stopped, रुकना, रोक, विराम।

stopover (स्टॉपओवर) ***n.*** stopping place, पड़ाव, ठहरने की जगह, स्टेशन।

storage (स्टोरिज) ***n.*** 1. the act of storing goods, वस्तु-संचय, संग्रह, संचयन, भंडारण। 2. space reserved for storing, भंडार, गोदाम।

store (स्टोर) ***v.*** to stock or accumulate, इकट्ठा कर रखना, जमा करना, संचित करना।

n. 1. a shop, दुकान। 3. a storehouse, गोदाम।

storey (स्टोरी) *n.* a set of rooms on one floor level of a building, इमारत की मंज़िल, खंड, तल्ला।

stork (स्टॉर्क) *n.* a large wading bird having long legs and long pointed bill, सारस।

storm (स्टॉर्म) *n.* 1. a violent weather condition with strong winds and heavy rain, तूफ़ान। to try to capture by sudden attack, सहसा धावा बोलकर क़ब्ज़ा करने का प्रयास करना।

stout (स्टाउट) *adj.* 1. physically strong, तगड़ा, मज़बूत, हृष्ट-पुष्ट। 2. bold, निर्भीक, साहसी।

stove (स्टोव) *n.* an apparatus for cooking, स्टोव।

stow (स्टो) *v.* to store, संचित करना।

straddle (स्ट्रैडल) *v.* to stand with the legs wide apart, टाँगें फैलाकर खड़े होना।

straggle (स्ट्रैगल) *v.* 1. to stray from the path or fall behind, रास्ते से भटक जाना या पीछे रह जाना। 2. to scatter, बिखर जाना।

straight (स्ट्रेट) *adj.* 1. extending continuously in one direction without curving, direct, सीधा, ऋजु। honest, ईमानदार, सच्चा, निष्कपट, सीधा।

strain (स्ट्रेन) *v.* 1. to stretch tightly, कसकर फैलाना, तानना। 2. to exert to the utmost, घोर परिश्रम करना, बहुत ज़ोर लगाना। *n.* 1. the act of straining or the state of being strained, तनाव, खिंचाव। the collective descendants of a common ancestor, वंश, कुल।

strainer (स्ट्रेनर) *n.* 1. a sieve, छलनी, चलनी। 2. a filter, छन्ना।

strait (स्ट्रेट) *n.* 1. a narrow passage of water joining two seas, जलडमरूमध्य। 2. (often plu.) a difficult position, संकट।

strange (स्ट्रेन्ज) *adj.* unfamiliar, अपरिचित, असामान्य, विचित्र।

strap (स्ट्रैप) *n.* a band often with a buckle for holding, binding etc., फ़ीता, पट्टी, पेटी, तस्मा। *v.* to bind with a strap, फ़ीते से बाँधना।

strategy (स्ट्रैटिजी) *n.* the plan or policy adopted in a war, युद्ध-योजना, युद्धनीति।

stray (स्ट्रे) *v.* 1. to deviate from a direct course, भटक जाना, पथभ्रष्ट होना। wandering, आवारा, छुट्टा।

stream (स्ट्रीम) *n.* a brook or river, चश्मा, नदी आदि। *v.* 1. to flow, बहना। 2. to emit a stream of, धार फूटना।

streamline (स्ट्रीमलाइन) *v.* 1. to organize, संगठित करना। 2. to make simpler, सरल करना या बनाना।

street (स्ट्रीट) *n.* a thoroughfare in a city or town, गली, मार्ग, सड़क।

strength (स्ट्रेन्थ) *n.* 1. physical power, शक्ति, बल। 2. moral courage, नैतिक बल। उपस्थित लोग।

stress (स्ट्रेस) *n.* special emphasis or significance, ज़ोर, बल, महत्त्व। 4. strain, stress, ज़ोर, दबाव। *v.* to lay stress on, (किसी अक्षर, शब्द, बात आदि पर) ज़ोर देना।

stretch (स्ट्रेच) *v.* 1. to extend, फैलाना। 2. to lengthen or widen by pulling, खींचना, तानना। *n.* the act of stretching or the state of being stretched, खिंचाई, खिंचाव, फैलाव, तनाव।

stricken (स्ट्रिकन) *adj.* afflicted, ग्रस्त, आक्रांत, पीड़ित।

strict (स्ट्रिक्ट) *adj.* severe in discipline, नियमबद्ध, अनुशासनप्रिय, कड़ा, सख़्त, कठोर।।

stricture (स्ट्रिक्चर) *n.* an adverse criticism, कटु आलोचना, निंदा, आक्षेप।

strife (स्ट्राइफ़) *n.* bitter or violent conflict, तकरार, झगड़ा, मार-पीट।

strike (स्ट्राइक) *v.* (struck, stricken / struck, striking) 1. to hit sharply, मारना, आघात करना। 2. to collide with, भिड़ंत होना, टक्कर होना या लगना। 1. an attack, आक्रमण। 2. a work stoppage by employees, हड़ताल।

string (स्ट्रिन्ग) *n.* 1. a cord for binding, डोरी, तनी, रस्सी, तस्मा, नाड़ा आदि। 2. a set of objects threaded together, माला, लड़ी। *v.* 1. to fit with a string or strings, डोरी या तार लगाना। 2. to tighten, कसना।

stringy (स्ट्रिन्गी) *adj.* 1. like string, डोरी जैसा। 2. fibrous, रेशेदार।

stripe (स्ट्राइप) *n.* a line of different colour, धारी। *v.* to make stripes on, धारियाँ बनाना या डालना।

strive (स्ट्राइव) *v.* 1. to struggle, संघर्ष करना। 2. to make great efforts, घोर प्रयास करना।

stroke (स्ट्रोक) *n.* 1. an act or instance of striking, blow, चोट, प्रहार, आघात। an attack (of paralysis, apoplexy etc.), आघात। *v.* to rub lightly, हाथ फेरना, सहलाना।

strong (स्ट्रॉन्ग) *adj.* 1. having strength, सशक्त, हट्टा-कट्टा, तगड़ा। 2. powerful, effective, forceful, sound, शक्तिशाली, प्रभावशाली।

strong language *n.* insulting or coarse language, अपशब्द, गाली, दुर्वचन।

structure (स्ट्रक्चर) *n.* the manner of construction or organization, बनावट, संरचना। 2. arrangement of the parts of the construction, ढाँचा। 3. something constructed, रचना (जैसे भवन, पुल आदि)।

struggle (स्ट्रगल) *v.* 1. to strive, प्रयत्न करना, प्रयास करना। करना। *n.* the act of struggling, संघर्ष।

stub (स्टब) *n.* 1. a short remaining piece, पेंसिल, सिगरेट आदि का बचा हुआ टुकड़ा, टोटा। 2. the stump of a tree, ठूँठ।

stubborn (स्टबर्न) *adj.* obstinate, हठी।

study (स्टडी) *v.* 1. to apply one's mind to learn and gain knowledge, अध्ययन करना, अनुशीलन करना। *n.* the act of studying, अध्ययन, अनुशीलन, पढ़ाई।

stuff (स्टफ़) *n.* 1. raw material, कच्चा माल। 2. belongings, सामान, असबाब। *v.* to fill tightly, कसकर भरना, ठूँसना।

stuffy (स्टफ़ी) *adj.* 1. lacking fresh air, घुटन-भरा, दमघोंटू।

stumble (स्टम्बल) *v.* 1. to trip or almost fall in walking or running, डगमगाना, लड़खड़ाना। 2. to lose one's balance, संतुलन खो बैठना।

stump (स्टम्प) *n.* 1. the base of the tree that remains on the ground when the rest has fallen or has been felled, खूँट, जड़, मूल। *v.* to walk in a stiff heavy manner, धमधम करते हुए चलना।

stun (स्टन) *v.* to astound, चकित, चमत्कृत या विस्मित कर देना, भौंचक्का कर देना।

stunt *n.* 1. a feat of daring skill, कमाल का काम, कौतुक। 2. anything unusual done for attention, लोगों का ध्यान आकृष्ट करने के लिए किया हुआ काम, कौतुक।

stupid (स्टूपिड) *adj.* 1. slow of mind, मंद-बुद्धि। 2. foolish, मूर्ख।

stupor (स्टूपर) *n.* 1. the state of unconsciousness, बेहोशी, मूर्च्छा।

style (स्टाइल) *n.* 1. the manner of writing, doing or performing, ढंग, शैली। to shape or design, सँवारना, बनाना, रचाना।

stylus (स्टाइलस) *n.* a pointed tool for engraving, सुई, शलाका।

suave (स्वाव) *adj.* civilized, भद्र, सभ्य।

subconscious (सबकॉन्शस) *n.* the part of the mind partly within one's conscious awareness, अवचेतन मन।

subdue (सबड्यू) *v.* to bring under control, वश में करना, वशीभूत करना।

subject (सब्जेक्ट) *adj.* not independent, under someone's authority, परतंत्र, पराधीन। a citizen, नागरिक। 2. a topic or theme, विषय। *v.* to bring under one's control, अधीन कर लेना।

sub judice (सब्जुडिसी) *adj.* now being considered in law, न्यायाधीन।

sublime (सब्लाइम) *adj.* of high spiritual, moral or intellectual worth, उदात्त, श्रेष्ठ।

subliminal (सब्लिमिनल) ***adj.*** subconscious, अवचेतन।
submarine (सबमरीन) ***n.*** a ship that can operate under the surface of the sea, पनडुब्बी।
submerge (सबमर्ज) ***v.*** to put under water, डुबोना, जलमग्न करना।
submission (सबमिशन) ***n.*** 1. an act of submitting to an authority or the will of another, अधीनता स्वीकार करना, समर्पण।
submissive (सबमिसिव) ***adj.*** yielding, झुकनेवाला, नम्र, विनीत, आज्ञाकारी।
submit (सबमिट) ***v.*** to yield to authority, झुकना, समर्पण करना।
subordinate (सबॉर्डिनेट) ***adj.*** subject to the authority of another, अधीन, मातहत। ***v.*** to make subordinate, अधीनस्थ बनाना।
subscribe (सबस्क्राइब) ***v.*** 1. to contribute, अंशदान करना। 2. to contract to pay for a periodical, (पत्रिका आदि का) चंदा देना।
subsequent (सब्सिक्वेन्ट) ***adj.*** succeeding, following, बादवाला, अगला, उत्तरवर्ती।
subsidiary (सब्सिडिअरी) ***adj.*** subordinate, auxiliary, सहायक, गौण।
subsidy (सब्सिडी) ***n.*** financial assistance, आर्थिक सहायता, इमदाद।
substance (सब्स्टैन्स) ***n.*** 1. the material from which something is made, पदार्थ, द्रव्य। 2. meaning, अर्थ, तात्पर्य।
substitute (सब्स्टिट्यूट) ***n.*** to use as a substitute, स्थानापन्न वस्तुया व्यक्ति को प्रयुक्त करना, दूसरे से बदल देना।
subterfuge (सब्टर्फ्यूज) ***n.*** a trickery or excuse, तिकड़म या छलछंद।
subtle (सटल) ***adj.*** so slight as to be difficult to detect, सूक्ष्म, बारीक।
suburb (सबर्ब) ***n.*** residential area situated on the outskirts of a city, उपनगर।
subway (सबवे) ***n.*** an underground railway, तलमार्ग, सुरंग-पथ, सबवे।
succeed (सक्सीड) ***v.*** 1. to be successful, सफल होना, सफलता प्राप्त करना।
success (सक्सेस) ***n.*** 1. the achievement of something attempted, सफलता, कामयाबी।
succession (सक्सेशन) ***n.*** 1. the act of following in order, सिलसिला, अनुक्रमण। 2. inheritance, उत्तराधिकार, विरासत।
successor (सक्सेसर) ***n.*** one who succeeds, उत्तराधिकारी, वारिस।
suck (सक) ***v.*** to draw (liquid) intothe mouth by inhaling, चूसना।
suckle (सकल) ***v.*** to give suck to, छाती पिलाना, स्तनपान कराना।
sudden (सडन) ***adj.*** happening quickly or without warning, आकस्मिक, अप्रत्याशित।
suffer (सफ़र) ***v.*** 1. to undergo (pain or loss), झेलना, भोगना। 2. to tolerate, सहना, बर्दाश्त करना। 3. to beset at a disadvantage, नुकसान उठाना या परेशान होना।
sufficient (सफ़िशन्ट) ***adj.*** adequate, enough, पर्याप्त, यथेष्ट।
suffocation (सफ़केशन) ***n.*** 1. the act of suffocating or the state of being suffocated, गला घोंटने की क्रिया या गला घुटने की अवस्था या भाव। 2. feeling of discomfort from lack of fresh air, घुटन।
suggest (सजेस्ट) ***v.*** 1. to propose as a possibility, सुझाव देना, सुझाना, प्रस्ताव करना।
suicide (सूइसाइड) ***n.*** the intentional killing of oneself, आत्महत्या, ख़ुदकुशी।
suit (सूट) ***n.*** a lawsuit, मुक़दमा, वाद, दावा। ***v.*** to be fit or appropriate for, फबना, सजना, भला लगना, जँचना।
suitable (सूटेबल) ***adj.*** appropriate, befitting, उपयुक्त, अनुकूल, उचित।
suite (स्वीट) ***n.*** 1. a set, जोड़, सेट; suite of rooms, (दो-तीन) कमरों का सेट। 2. (music.) a set of musical pieces, वाद्यसंगीत रचना (जिसमें कई पद हों)।
sum (सम) ***n.*** 1. a total, जोड़, योग, योगफल। 2. an indefinite or specified amount of money, धनराशि, रक़म।
summarize (समराइज़) ***v.*** to make a summary of, सारांश निकालना।
summary (समरी) ***n.*** a brief account, condensed statement, संक्षेप, सार, सारांश।
summon (समन) ***v.*** to order or request to come, बुलाना, आह्वान करना।
sun (सन) ***n.*** 1. the star that gives light in the daytime, सूरज, सूर्य। ***v.*** to expose to the sunshine, धूप में रखना, धूप दिखाना।
sunburn (सनबर्न) ***n.*** an inflammation of the skin caused by prolonged exposure to the sun, धूप में होनेवाली झुलसन।
sundries (सन्ड्रीज़) ***n.*** various small items not named individually, फुटकर वस्तुएँ।
sunny (सनी) ***adj.*** 1. full of sunshine, धूपयुक्त, धूपदार। 2. cheerful, प्रसन्न, प्रफुल्ल।
sunstroke (सनस्ट्रोक) ***n.*** a stroke caused by prolonged exposure, लू लगना।
superb (सूपर्ब) ***adj.*** 1. excellent, उत्कृष्ट, बढ़िया। 2. imposing, majestic, भव्य, शानदार।
superhuman (सूपर्ह्यूमन) ***adj.*** supernatural, अलौकिक, दिव्य।
superintendent (सूपरिन्टेन्डन्ट) ***n.*** one who superintends, अधीक्षक।
superior (सूपीरिअर) ***adj.*** 1. higher in rank or status, ऊँचा, वरिष्ठ, श्रेष्ठ। 2. of higher quality, उच्चकोटि का, बढ़िया, उत्कृष्ट।
superiority (सूपीरिऑरिटी) ***n.*** 1. the quality or state of being superior, वरिष्ठता, श्रेष्ठता।
supernatural (सूपनैचुरल) ***adj.*** divine, अलौकिक, लोकोत्तर, दिव्य।
supersede (सूपर्सीड) ***v.*** 1. to take the place of, दूसरे का स्थान ग्रहण करना, दूसरे की जगह लेना।
supersonic (सूपर्सॉनिक) ***adj.*** moving at a speed greater than that of sound, पराध्वनिक, ध्वनि की गति से तेज़।
supervise (सूपर्वाइज़) ***v.*** to inspect the work of, काम की देख-रेख करना, पर्यवेक्षण करना।
supper (सपर) ***n.*** an evening meal, रात का भोजन, रात्रिभोज।
supplement (सप्लिमेन्ट) ***n.*** something that completes or makes an addition, पूरक, अनुपूरक।
supply (सप्लाइ) ***v.*** to make available for use or sale, पूर्ति करना, आपूर्ति करना। ***n.*** something supplied for sale or use, पूर्ति, आपूर्ति।
support (सपोर्ट) ***v.*** to hold or maintain in position, ***n.*** 1. the act of supporting or the state of being supported, समर्थन।
suppression (सप्रेशन) ***n.*** the act of suppressing or the state of being suppressed, दमन, निग्रह।
suppressive (सप्रेसिव) ***adj.*** that suppresses, दमनकारी, दमनात्मक।
supreme (सूप्रीम) ***adj.*** highest in rank or authority, उच्चतम, सर्वोच्च।
sure (श्योर) ***adj.*** 1. that can be relied upon, विश्वसनीय। 2. certain, निश्चित।
surety (श्योर्टी) ***n.*** 1. the state of being sure, certainty, निश्चय, असंदिग्धता। 2. a guarantee, गारंटी। ज़मानतदार, जामिन, प्रतिभू।
surge (सर्ज) ***v.*** to move like waves, लहरों की तरह बढ़ना, उफनना। ***n.*** a motion like that of great waves, उफान।
surgery (सर्जरी) ***n.*** an act of operating, शल्यकर्म, शल्यचिकित्सा, जर्राही, सर्जरी।
surplus (सर्प्लस) ***n.*** an amount or quantity in excess of what is required, बेशी, बचा हुआ अंश, फ़ालतू चीज़।
surprise (सर्प्राइज़) ***n.*** 1. the feeling caused by something happening unexpectedly or suddenly, आश्चर्य, विस्मय। ***v.*** to astonish, चकित कर देना, आश्चर्य में डाल देना, चौंका देना।

surrealism (सरीअलिज़म) a movement in art and literature that seeks to express or portray the objects seen in the dreams, अतियथार्थवाद।
surrender (सरेन्डर) *v.* 1. to give up oneself to the authorities or a conqueror, आत्मसमर्पण करना, अभ्यर्पण करना। *n.* the act of surrendering or the state of being surrendered, आत्मसमर्पण, समर्पण।
surrogate (सरगेट) *n.* 1. a deputy, सहायक। 2. a substitute, स्थानापन्न।
surround (सराउन्ड) *v.* to encircle, चारों ओर घेरा डालना, घेर लेना।
surroundings (सराउन्डिंग्स) *n.* the external circumstances, परिवेश, वातावरण।
surveyor (सर्वेअर) *n.* one who surveys, सर्वेक्षक।
survival (सर्वाइवल) *n.* the act of surviving or the state of being survived, बचे रहना, उत्तरजीविता।
survive (सर्वाइव) *v.* to continue to be alive, जीवित रहना, बना रहना, चला चलना।
suspect (सस्पेक्ट) *v.* to believe that (someone) is guilty, (किसी को) दोषी समझना, (किसी पर) संदेह करना। *n.* a person who is suspected of a crime, संदिग्ध व्यक्ति।
suspend (सस्पेन्ड) *v.* 1. to debar temporarily (from any office, किसी पद से) निलंबित करना।
suspense (सस्पेन्स) *n.* 1. the condition or quality of being undecided, अनिश्चय की स्थिति, दुविधा, असमंजस।
suspension (सस्पेन्शन) *n.* the act of suspending or the state of being suspended, निलंबन, मुअतली।
suspicion (सस्पिशन) *n.* belief without sure proof, doubt, संशय, संदेह, शंका।
sustain (सस्टेन) *v.* 1. to keep alive, जीवित (बनाए) रखना। 2. to maintain, भरण-पोषण करना।
swab (स्वॉब) *n.* 1. a mop, झाड़न या पुचारा। *v.* to cleanse with a swab, झाड़न या पुचारे से साफ़ करना।
swamp (स्वॉम्प) *n.* a marsh, कीचड़, दलदल। *v.* to submerge in water, जलमग्न कर देना या हो जाना।
swap (स्वॉप) *v.* to exchange, अदला-बदली करना, विनिमय करना।
swarm (स्वॉर्म) *n.* a large group of bees, insects or animals, झुंड, दल, गिरोह।
swear (स्वेअर) *v.* (swore, sworn, swearing) to state or declare on oath, शपथ लेना, शपथपूर्वक कहना।
sweat (स्वेट) *n.* 1. perspiration, पसीना, स्वेद। 2. a laborious task, मेहनत का काम। *v.* to perspire, पसीना होना, पसीने से तर-ब-तर होना।
sweep (स्वीप) *v.* (swept, sweeping) 1. to clean (with a broom, brush etc.) झाड़ू देना, बुहारना। 2. to move or remove by pushing, बहा ले जाना।
sweet corn *n.* a variety of maze, एक तरह की मक्की।
sweetheart (स्वीटहार्ट) *n.* a lover, प्रियतम या प्रियतमा, प्रेमी या प्रेयसी।
sweetmeat (स्वीटमीट) *n.* any sweet delicacy prepared with sugar, मिठाई।
swell (स्वेल) *v.* 1. to make or become larger in size due to internal pressure, फुलाना या फूलना, सुजाना या सूजना। *n.* a swelling, सूजन, शोथ।
swelling (स्वेलिंग) *n.* inflammation, सूजन।
swelter (स्वेल्टर) *v.* to perspire, पसीने-पसीने होना।
swift (स्विफ़्ट) *adj.* 1. fast, speedy, rapid, तेज़, तीव्रगामी। 2. prompt, उद्यत, तत्पर। *n.* a swift-flying bird resembling the swallow, अबाबील जाति का एक पक्षी, बतासी।
swim (स्विम) *v.* (swam, swum, swimming) 1. to move through water by movements of arms, legs, fins etc., तैरना। 2. to cause to swim, तैराना।
swindle (स्विन्डल) *v.* to cheat, धोखा देना, ठगना। *n.* an act of swindling, ठगी, धोखेबाज़ी।
swindler (स्विन्डलर) *n.* one who swindles, ठग, धोखेबाज़।
swine (स्वाइन) *n.* 1. a pig, सुअर। 2. a contemptible person, घिनौना व्यक्ति।
swing (स्विन्ग) *v.* (swung, swinging) 1. to hang freely, लटकना, झूलना। 2. to move or wave, (हथियार आदि) घुमाना, चमकाना। changing of opinion, मत-परिवर्तन।
swipe (स्वाइप) *v.* 1. to hit hard, ज़ोर से आघात करना। 2. to steal or snatch, चुराना या झपटना।
swirl (स्वर्ल) *v.* to move with a whirling movement, चक्कर खाते हुए चलना, भँवर की तरह चलना।
swoop (स्वूप) *n.* a pounce, झपट्टा, छीना-झपटी। *v.* to pounce, झपट्टा मारना, टूट पड़ना, छीन-झपट करना।
sword (सोर्ड) *n.* a cutting weapon with a long blade, तलवार।
sworn (स्वोर्न) *adj.* bound by an oath, शपथ से बँधा, सशपथ।
sympathy (सिम्पथी) *n.* 1. a feeling of pity for the person in distress, दया, करुणा। 2. mutual affection or understanding, सहानुभूति, हमदर्दी।
symptom (सिम्प्टम) *n.* 1. a sign of disease or physical disturbance, बीमारी का लक्षण।
synagogue (सिनागॉग) *n.* a place for public Jewish worship, यहूदियों का सार्वजनिक पूजास्थल।
syndicate (सिन्डिकिट) *n.* an association of firms, व्यवसायी-संघ, अभिषद्, सिंडीकेट।
syndrome (सिन्ड्रोम) *n.* a group of symptoms of a particular disease, संलक्षण, लक्षण-समूह।
synonym (सिनॉनिम) *n.* a word with a meaning very similar to that of another, पर्याय, समानार्थी।
synthesis (सिन्थसिस) *n.* the combining of separate parts to form a whole, संश्लेषण, संयोजन, संयोग।
synthetic (सिन्थेटिक) *adj.* 1. relating to synthesis, संश्लेषण-संबंधी, संश्लिष्ट, संश्लेषी। 2. manmade, मानव-निर्मित।
syphilis (सिफ़िलिस) *n.* a venereal disease, गरमी, आतशक।
system (सिस्टम) *n.* 1. a particular method, पद्धति, प्रणाली। 2. orderliness, क्रमिकता, क्रमबद्धता। 3. a network, जाल।
systemic (सिस्टेमिक) *adj.* of or affecting the body as a whole, पूरे शरीर को प्रभावित करनेवाला।

T

tab (टैब) *n.* 1. a loop to hang up garments, घुंडी।
table (टेबल) *n.* a data arranged in rows and columns, सारणी, तालिका। to submit for discussion, विचारार्थ प्रस्तुत करना, रखना।
tableland (टेबललैन्ड) *n.* a plateau, पठार।
tabloid (टैब्लॉइड) *n.* a newspaper of small format, छोटे आकार का समाचारपत्र, लघुपत्र।
taboo, tabu (टैबू) *adj.* prohibited by taboo, वर्जित, निषिद्ध। *v.* to avoid as taboo, निषिद्ध समझकर छोड़ देना।
tabular (टैबुलर) *adj.* 1. arranged in rows and columns, सारणीबद्ध। 2. flat, सपाट।
tack (टैक) *n.* a small nail, कटिया, छोटी

कील। to add or append, जोड़ना, नत्थी करना।

tactful (टैक्ट्फुल) ***adj.*** having or showing tact, व्यवहारकुशल।

tag (टैग) ***n.*** a strip of paper, metal or plastic etc., attached to something to show its price, लेबल, टिक्का, चिप्पी। ***v.*** to fasten a tag, चिप्पी चिपकाना, लेबल लगाना।

tail (टेल) ***n.*** a flexible appendage of the vertebrates, पूँछ, दुम। ***v.*** to follow or shadow closely, पीछा करना या पीछे लगे रहना।

tail light (टेललाइट) ***n.*** the light at the rear of a vehicle, वाहन की पिछली बत्ती।

tailor (टेलर) ***n.*** one whose occupation is to make garments, दरज़ी। ***v.*** to make garments, कपड़े काटना, सीना या बनाना।

tailoring (टेलरिंग) ***n.*** the occupation of a tailor, दरज़ी का धंधा, दरज़ीगीरी।

take (टेक) ***v.*** (took, taken, taking) to get into one's hand, लेना, पकड़ना, थामना। an instance of photographing a scene for a motion picture, चलचित्र के लिए लिया हुआ दृश्य।

take-off (टेक-ऑफ़) ***n.*** the act of taking off in flying, वायुयान का ज़मीन से उड़ान भरना।

takeover (टेकओवर) ***n.*** 1. the act of seizing control, सत्ता हथियाने की क्रिया या भाव।

tale (टेल) ***n.*** a story or report of happenings or events, क़िस्सा, वृत्तांत।

talent (टैलन्ट) ***n.*** natural or acquired ability of a superior quality, प्रतिभा, गुण।

talisman (टैलिस्मन) ***n.*** an object supposed to bring good luck, an amulet or charm, तावीज़, जंतर।

talk (टॉक) ***v.*** to articulate words, बोलना।

talkative (टॉकेटिव) ***adj.*** talking too much, बड़बोला, गपोड़संख, बातूनी।

tall (टॉल) ***adj.*** 1. of more than average height, लंबा।

tally (टैली) ***v.*** 1. to count, गिनना, गिनती करना। 2. to correspond one with another, मिलान करना।

tamarind (टैमरिन्ड) ***n.*** a tree with acid-flavoured pods, इमली।

tame (टेम) ***adj.*** 1. changed from wild to a domesticated state, पालतू, सधाया हुआ (जानवर)।

tamper (टैम्पर) ***v.*** to interfere so as to weaken or change for the worse, छेड़खानी करना, छेड़-छाड़ करना, ख़राब कर देना या बिगाड़ देना।

tan (टैन) ***v.*** 1. to convert hide into leather by treatment, चमड़ा बनाना, चमड़ा कमाना। 2. to beat or thrash, पिटाई करना, मारना-पीटना। ***n. adj.*** 1. yellowish brown, पीलापन लिये भूरा, ताम्रवर्ण। 2. having a suntan, धूप से झुलसा हुआ।

tang (टैन्ग) ***n.*** 1. a sharp odour, तेज गंध, महक। 2. a sharp taste, चरपराहट, झाल।

tangy (टैन्गी) ***adj.*** having a strong smell, महकदार।

tank (टैन्क) ***n.*** 1. a pond, तालाब। 2. a large container for water, gas etc., हौज़, टंकी। 3. an enclosed heavily armoured fighting vehicle, टैंक।

tannery (टैनरी) ***n.*** a place where hides are tanned, चर्मशोधक कारख़ाना।

tantrum (टैन्ट्रम) ***n.*** a fit of bad temper, झल्लाहट, बौखलाहट, क्रोधावेश।

tap (टैप) ***n.*** 1. a plug or cork, डॉट, कॉर्क। 2. a device to control the flow of a liquid, gas etc., टोंटी। ***v.*** 1. to fit or furnish with a tap, टोंटी लगाना। to strike gently and lightly with the flat of the hand, थपकी देना, थपथपाना।

tape (टेप) ***n.*** a narrow strip of woven fabric, पट्टी, फ़ीता। ***v.*** to bind or fasten with tape, फ़ीते से बाँधना या कसना।

tapeworm (टेपवर्म) ***n.*** a ribbon like flat worm, फ़ीता-कृमि।

tar (टार) ***n.*** coaltar, अलकतरा, तारकोल, डामर। ***v.*** to coat with tar, अलकतरा डालना, डामर (की परत) बिछाना।

target (टार्गिट) ***n.*** 1. a mark to shoot at, निशाना, लक्ष्य।

tariff (टैरिफ़) ***n.*** 1. a list of duties imposed on imports or exports. आयात या निर्यात शुल्क की सूची। 2. duty to be paidon imports or exports, प्रशुल्क, टैरिफ़।

task (टास्क) ***n.*** an assigned piece of work to be done, काम।

taste (टेस्ट) ***v.*** 1. to test or ascertain the flavour of something by taking into mouth, स्वाद लेना या बताना। 2. to eat or drink small quantity (of), चखना।

tasty (टेस्टी) ***adj.*** pleasing to the taste, स्वाद में बढ़िया, स्वादिष्ट, जायक़ेदार।

taunt (टॉन्ट) ***v.*** to deride jeeringly, ताना मारना, कटाक्ष करना। ***n.*** a sarcastic remark, कटाक्ष, ताना।

taut (टॉट) ***adj.*** 1. tight, कसा हुआ। 2. tense, तनावग्रस्त।

tavern (टैवर्न) ***n.*** 1. a bar, मधुशाला। 2. an inn, सराय।

tawdry (टॉड्री) ***adj.*** cheap and gaudy, भड़कीला, दिखावटी।

tax (टैक्स) ***n.*** 1. a charge levied by authority, कर, टैक्स। ***v.*** to levy a tax on, कर लगाना, टैक्स लगाना।

teach (टीच) ***v.*** (taught, teaching) 1. to impart knowledge or skill to, सिखाना, सिखलाना।

teaching (टीचिंग) ***n.*** the art or work of a teacher, अध्यापन, शिक्षण।

teak (टीक) ***n.*** 1. a large tree, सागवान, सागौन। 2. its wood, सागवान या सागौन की लकड़ी।

team spirit (टीम स्पिरिट) ***n.*** willingness to co-operate as part of a team, दल-भावना, समूह-भावना, टीम-भावना।

teamwork (टीमवर्क) ***n.*** the ability to work efficiently as a team, सामूहिक कार्य।

teapoy (टीपॉइ) ***n.*** a small three-legged stand, तिपाई।

tear (टिअर) ***n.*** a drop of salty water falling from the eye, आँसू, अश्रु। (टेअर) ***v.*** to pull apart or to pieces by force, फाड़ना।

tease (टीज़) ***v.*** 1. to annoy, चिढ़ाना, तंग करना। 2. to vex playfully, छेड़ना, छेड़खानी करना।

teens (टीन्ज़) ***n.*** (plu.) the years 13 to 19 in a lifetime, जीवन के १३ से १९ वर्ष तक का समय, किशोरावस्था।

teeth (टीथ) ***n.*** plu. of tooth, दाँत।

teethe (टीद) ***v.*** to grow teeth, (बच्चे के) दाँत निकलना।

teetotaller (टीटोटलर) ***n.*** one who does not drink alcoholic beverages, वह जो शराब न पीता हो, मद्यत्यागी, संयमी व्यक्ति।

telecast (टेलिकास्ट) ***v.*** (telecasted/telecast, telecasting) to broadcast by tele vision, टेलीविज़न से प्रसारित करना।

tell (टेल) ***v.*** (told, telling) 1. to relate in detail, विस्तार से कहना, बतलाना, बताना।

telltale (टैलटेल) ***n.*** 1. one who tells tales, चुग़लख़ोर। 2. an indicator, सूचक यंत्र।

temper (टेम्पर) ***n.*** 1. mood, मनोदशा, मन:स्थिति, तबीयत, मिज़ाज। 2. calmness, composure, शांति, धैर्य। 3. anger, rage, क्रोध, ग़ुस्सा। 4. the degree of hardness of a metal, धातु का कड़ापन, टेंपर। ***v.*** to soften, moderate or soothe, नरम करना, मृदु बनाना।

temperament (टेम्परामेन्ट) ***n.*** the characteristic way of behaving, स्वभाव, प्रकृति।

temperate (टेम्परिट) ***adj.*** 1. exercising self-restraint, आत्मसंयमी, मिताचारी, मद्यत्यागी।

tempest (टेम्पिस्ट) ***n.*** a violent storm, तूफ़ान, झंझा।

tempo (टेम्पो) ***n.*** the pace of any movement or activity, गति, रफ़्तार, तेज़ी।

tempt (टेम्प्ट) ***v.*** to allure or induce,

प्रलोभन देना, ललचाना, उकसाना।

temptation (टेम्प्टेशन) ***n.*** the act of tempting or the state of being tempted, लालच, लोभ, प्रलोभन।

tenable (टेनेबल) ***adj.*** 1. defensible, रक्षणीय। 2. logical, तर्कसंगत। 3. that can be maintained, समर्थनीय, पोषणीय।

tenant (टेनन्ट) ***n.*** a person who rents land or building from a landlord, काश्तकार, किराएदार।

tendency (टेन्डन्सी) ***n.*** an inclination to move in a particular direction, प्रवृत्ति।

tender (टेन्डर) ***adj.*** 1. not hard, delicate, कोमल, सुकुमार, नाज़ुक, मृदु। 2. sensitive, संवेदनशील, कोमल।

tenement (टेनिमेन्ट) ***n.*** 1. a dwelling place or residence, घर, मकान। 2. a large building divided into rooms or flats, बड़ा मकान जिसमें कई कमरे या फ्लैट हों।

tenet (टेनिट) ***n.*** a belief, opinion or doctrine, नियम, मत या सिद्धांत।

tense ***adj.*** 1. tightly stretched, तना, कसा। 2. under mental or emotional strain, तनाव-भरा, तनावग्रस्त।

tension (टेन्शन) ***n.*** 1. the act of stretching or the state of being stretched, तन्यता, वितान।

tent (टेन्ट) ***n.*** a portable shelter of canvas supported on poles, ropes and pegs, टेन्ट, तंबू, शामियाना।

term (टर्म) ***n.*** a limited period of time, अवधि, मियाद।

terminate (टर्मिनेट) ***v.*** to bring or come to an end, अंत करना या होना, समाप्त करना या होना।

terminology (टर्मिनॉलोजी) ***n.*** the special or technical terms used in a business, art or science, शब्दावली, पदावली।

terminus (टर्मिनस) ***n.*** last station, अंतिम स्टेशन, अंतिम स्थल।

termite (टर्माइट) ***n.*** white ant, दीमक।

terrace (टेरस) ***n.*** 1. an open platform, चबूतरा। 2. a flat roof, छत।

terrible (टेरिबल) ***adj.*** terrifying, डरावना, भयानक, भीषण।

terrify (टेरिफ़ाइ) ***v.*** to frighten greatly, दहला देना, भयभीत या संत्रस्त कर देना।

terror (टेरर) ***n.*** extreme fear, दहशत, संत्रास, आतंक।

terrorism (टेररिज़म) ***n.*** political use of violence and intimidation (for achieving some goal), आतंकवाद।

terrorist (टेररिस्ट) ***n.*** one who uses terror, आतंकी, आतंकवादी।

test (टेस्ट) ***n.*** an act of examining, जाँच, परीक्षण, परख ***v.*** to examine, जाँच करना, परखना।

testament (टेस्टमेन्ट) ***n.*** a will, वसीयत, इच्छापत्र, वसीयतनामा।

testimonial (टेस्टिमोनिअल) ***n.*** 1. a letter or statement testifying to a person's character or abilities, प्रमाणपत्र।

testimony (टेस्टिमनी) evidence in support of something, साक्ष्य।

tete-a-tete (टेट-अ-टेट) ***n.*** a private conversation, निजी बातचीत। ***adv.*** together in private, एक साथ एकांत में।

text (टेक्स्ट) ***n.*** the original written or printed words of something, मूल पाठ।

textile (टेक्स्टाइल) ***n.*** a woven cloth, बुना हुआ कपड़ा, वस्त्र।

texture (टेक्स्चर) ***n.*** the general structure of the constituent parts of something, बनावट, गठन;

thanksgiving (थैन्क्सगिविंग) ***n.*** an act of giving thanks, धन्यवाद-ज्ञापन, कृतज्ञता-प्रकाश।

thatch (थैच) ***n.*** a roof covering made of straw, छप्पर। ***v.*** to cover with thatch, छप्पर छाना।

thaw (थॉ) ***v.*** 1. to go from frozen to liquid state, द्रवित होना, पिघलना, गलना। 2. to become active, सक्रिय होना।

theft (थेफ़्ट) ***n.*** an act of steeling, चोरी।

theism (थीइज़्म) ***n.*** belief in the existence of a god or gods, आस्तिकता, ईश्वरवाद।

theme (थीम) ***n.*** 1. an idea or topic of discourse, वर्ण्य विषय, कथ्य। 2. a melody, धुन।

theoretical (थीअरैटिकल) ***adj.*** 1. based on theory or existing only in theory, सैद्धांतिक। 2. not practical, impractical, अव्यावहारिक।

therapist (थेरपिस्ट) ***n.*** a specialist in a certain kind of therapy, चिकित्सक।

therapy (थेरपी) ***n.*** the treatment of illness or disability, चिकित्सा।

thereupon (देअरपॉन) ***adv.*** immediately after that, उसके ठीक बाद, तदनंतर।

thermometer (थर्मॉमिटर) ***n.*** an instrument for measuring temperature, तापमापी, थर्मामीटर।

thesaurus (थिसॉरस) ***n.*** a dictionary of synonyms, पर्याय शब्दकोश, पर्यायकोश।

thesis (थीसिस) ***n.*** an essay or treatise resulting from original academic research, शोध-प्रबंध।

thick (थिक) ***adj.*** 1. having relatively great depth, गहरा, मोटा। 2. of great consistency, गाढ़ा। ***n.*** the thickest part, मोटा हिस्सा, स्थूल भाग।

thief (थीफ़) ***n.*** one who steals, चोरी करनेवाला, चोर।

thigh (थाइ) ***n.*** the part of human leg between hip and knee, जाँघ, रान, जंघा।

thin (थिन) ***adj.*** 1. of little depth, बारीक, महीन, पतला। ***v.*** 1. to make thinner, पतला, बारीक या झीना करना। 2. to become thinner, पतला, बारीक या झीना हो जाना।

thing (थिन्ग) ***n.*** 1. any matter or object of perception, knowledge or thought, चीज़, वस्तु, पदार्थ। 2. a topic, विषय।।

think (थिन्क) ***v.*** (thought, thinking) 1. to ponder, सोचना, विचारना, चिंतन करना।

thirst (थर्स्ट) ***n.*** 1. the desire to drink, प्यास, पिपासा। 2. a craving, लालसा, उत्कंठा, पिपासा। ***v.*** (thirst, thirsting) to have a strong desire, उत्कंठा होना, तीव्र लालसा होना।

thong (थॉन्ग) ***n.*** a whip, कोड़ा। 2. a strip or strap, पट्टी।

thorn (थॉर्न) ***n.*** 1. a sharp pointed protuberance on a plant, काँटा।

thorough (थरो) ***adj.*** 1. complete in all respects, सभी दृष्टियों से पूर्ण, परिपूर्ण। 2. exhaustive, विस्तृत, व्यापक, ब्योरेवार।

thoughtful (थॉटफुल) ***adj.*** 1. contemplative, विचारमग्न। 2. considerate, विचारवान।

thousand (थाउज़न्ड) ***adj. & n.*** ten hundred, (एक) हजार, सहस्र।

thrash (थ्रैश) ***v.*** 1. to beat with a whip, कोड़े लगाना। 2. to beat with a stick, बेंत लगाना, डंडे से पीटना।

thread (थ्रेड) ***n.*** a thin length of twisted fibres of cotton, silk etc., धागा, तागा, सूत to string on a thread, धागे में पिरोना।

threadbare (थ्रेडबेअर) ***adj.*** wearing old clothing, फटे-पुराने कपड़े पहने हुआ।

threat (थ्रेट) ***n.*** 1. an intimidatory remark, धमकी। 2. a possible danger, apprehension, संभावित ख़तरा, डर, आशंका।

threshold (थ्रेशोल्ड) ***n.*** a doorsill, दहलीज। the (lowest) limit, (निम्न) सीमा।

thrice (थ्राइस) ***adv.*** three times, तीन बार।

thrift (थ्रिफ़्ट) ***n.*** frugality, किफ़ायत, मितव्ययिता।

thrill (थ्रिल) ***v.*** to feel or experience a sudden sharp feeling of excitement, रोमांचित होना, पुलकित होना।

thriller (थ्रिलर) ***n.*** a thrilling or exciting story, रोमांचक कहानी।

throat (थ्रोट) ***n.*** the front part of the neck, गला, कंठ, हलक।

throne (थ्रोन) ***n.*** the seat of a king or queen, सिंहासन, गद्दी, राजसिंहासन।

throttle (थ्रॉटल) *v.* to compress the throat (of someone, किसी का) गला दबाना, गला नापना।

throughout (थ्रूआउट) *adv.* 1. everywhere, सब जगह, हर जगह। 2. during the entire duration, पूरी अवधि में, सदा।

throw (थ्रो) *v.* 1. to cast through the air (something) with a swift motion of the arm, to fling or hurl, फेंकना, क्षेपण करना। 2. to abandon, छोड़ देना, त्याग देना।

thunder (थन्डर) *n.* the sound that follows a flash of lightning, गरज, गड़गड़ाहट, मेघनाद। *v.* to produce or make a noise like thunder, गरजना, गर्जन करना।

thundering (थन्डरिंग) *adj.* very great or excessive, बहुत बड़ा या बहुत अधिक।

thunderous (थन्डरस) *adj.* producing thunder, गरजनेवाला, गड़गड़ाहट-भरा।

thunderstorm (थन्डरस्टॉर्म) *n.* a storm accompanied by lightning and thunder, तूफ़ान, तड़ित-झंझा।

thwart (थ्वार्ट) *v.* to prevent, रोकना, रोक देना।

thyme (थाइम) *n.* a plant and its fragrant seeds, अजवायन।

tickle (टिकल) *v.* to touch or stroke lightly so as to produce laughter, गुदगुदी करना, गुदगुदाना। *n.* tickling sensation, गुदगुदी।

tide (टाइड) *n.* 1. the alternate rise and fall in the level of the sea, ज्वार-भाटा;

tidy (टाइडी) *adj.* 1. neat, साफ़-सुथरा, स्वच्छ। 2. orderly, व्यवस्थित।

tie (टाइ) *v.* (tied, tying) 1. to fasten with a cord, rope etc., डोरी, रस्सी, फ़ीते आदि से कसना या बाँधना।

tie-up (टाइ-अप) *n.* collaboration of two or more groups, companies etc., गठबँधन, गठजोड़।

tight (टाइट) *adj.* 1. fixed or fastened very firmly in place, कसा हुआ, कसावट-भरा, कड़ा।

tightness (टाइटनिस) *n.* the quality or state of being tight, कसावट, कसाव; तनाव; तंगी।

tilt (टिल्ट) *v.* to slant, एक ओर झुकाना या झुकना।

timber (टिम्बर) *n.* 1. wood as a building material, इमारती लकड़ी। 2. trees collectively suitable for timber, इमारती लकड़ी के पेड़।

timeless (टाइमलिस) *adj.* unaffected by time, कालातीत, कालजयी।

timely (टाइमली) *adj.* occurring just at the right time, ठीक समय पर होनेवाला।

timid (टिमिड) *adj.* easily frigthe-ned, भीरु, डरपोक, दब्बू।

tinkle (टिन्कल) *v.* to make a series of small jingling sounds, टनटन करना, टनटनाना।

tiptop (टिपटॉप) *n.* the highest point, चोटी, पराकाष्ठा। *adj.* excellent, बढ़िया, उत्कृष्ट।

tire (टाइअर) *v.* 1. to make or become tired, थकाना या थकना। 2. to become bored, ऊब जाना। *n.* a covering of wheel's rim, टायर।

tissue (टिशू) *n.* a group of cell of animal or plant body that are similar in form or function, ऊतक।

titilation (टिटिलेशन) *n.* the act of titilating, गुदगुदाहट।

title (टाइटल) *n.* 1. a descriptive name given to a book, poem, picture etc., शीर्षक, नाम। 2. an appellation, उपाधि।

tobacco (टबैको) *n.* 1. a plant grown for its leaves used chiefly for smoking, तंबाकू।

together (टुगेदर) *adv.* 1. in company, unitedly, साथ मिलकर, एक साथ।

token (टोकन) *n.* an indication, sign or representation of something, प्रतीक, संकेत, चिह्न। *adj.* 1. done as an indication, सांकेतिक; token strike, सांकेतिक हड़ताल।

tolerance (टॉलरेन्स) *n.* the state or quality of being tolerant, सहनशक्ति, सहिष्णुता।

tolerate (टॉलरेट) *v.* to be able to bear or suffer, सहना, बर्दाश्त करना।

toll (टोल) *n.* a tax or charge for the use of certain roads, bridges etc., मार्ग कर, मार्ग-शुल्क, चुंगी, राहदारी।

tomb (टूम) *n.* 1. a grave for the dead, क़ब्र। 2. a burial monument, मक़बरा।

tongue (टन्ग) *n.* a flesh organ in the mouth, जीभ, ज़बान, जिह्वा।

tool (टूल) *n.* 1. an instrument necessary in the practice of a profession or vocation, औज़ार, उपकरण। 2. a means to an nend, साधन। to equip with tools, औज़ारों से सज्जित करना।

toothache (टूथेक) *n.* pain in a tooth, दाँत का दर्द, दंतशूल।

top (टॉप) *n.* 1. the highest point or uppermost part of something, चोटी, शिखर, सिरा, ऊपरी तल। (plu.) **the tops,** very best, अत्यंत श्रेष्ठ। *v.* to reach the top of, सबसे ऊपर पहुँचना, शिखर पर पहुँचना।

topic (टॉपिक) *n.* a subject treated in a conversation, essay etc., theme, विषय, प्रकरण, प्रसंग।

topmost (टॉपमोस्ट) *adj.* highest, उच्चतम।

topper (टॉपर) *n.* one who is at the top of the list, सूची में सबसे ऊपर, सर्वप्रथम।

torment (टॉर्मेन्ट) *n.* agony, यंत्रणा, यातना। *v.* to afflict pain, यातना देना, उत्पीड़ित करना।

tormentor (टॉर्मेन्टर) *n.* a tyrant, अत्याचारी, उत्पीड़क।

torrent (टॉरन्ट) *n.* a turbulent swift flowing stream, तेज़ धारा या प्रवाह।

torrid (टॉरिड) *adj.* 1. very dry and hot, शुष्क और गरम, उष्ण। 2. intense, घोर, उत्कट।

torsion (टार्शन) *n.* the act of twisting one end of an object while the other end is held motionless, ऐंठन, विमोटन।

tort (टॉर्ट) *n.* a wrongful act, दुष्कर्म, दुष्कृति, अपकृत्य।

torture (टॉर्चर) *v.* to punish or coerce by inflicting severe pain, यंत्रणा देना, यातना देना, उत्पीड़ित करना। 2. to give mental anguish to, सताना। *n.* physical or mental anguish, यंत्रणा, यातना।

toss (टॉस) *v.* 1. to throw (a coin) in the air, (सिक्का) उछालना, फेंकना। 2. to decide an issue in this way, सिक्का उछालकर (किसी बात का) निर्णय करना। *n.* an act of tossing, फेंकना, उछालना।

touch (टच) *v.* 1. to press or push lightly, छूना, स्पर्श करना। 2. to take into the hand or mouth, छूना। *n.* 1. the act of touching, स्पर्श, संस्पर्श। 2. the sensation from a specific contact, स्पर्शानुभूति।

touching (टचिन्ग) *adj.* capable of stirring emotionally, मार्मिक, हृदयस्पर्शी, करुणाजनक।

tough (टफ़) *adj.* 1. strong , hard, कठोर, सख़्त, कड़ा। difficult, कठिन, विकट, दुष्कर।

tour (टूर) *n.* a trip, यात्रा। *v.* to make a tour of, दौरे पर जाना।

tourist (टूरिस्ट) *n.* a person who visits places for pleasure or culture, पर्यटक।

tournament (टूर्नमेन्ट) *n.* a competition of skill among a number of players or teams, टूर्नामेंट, खेल-कूद प्रतियोगिता।

towards (ट्वॉर्ड्ज़) *prep.* in the direction of, की ओर, की दिशा में, को।

township (टाउनशिप) *n.* a small town, नगरी, बस्ती।

toxaemia (टॉक्सीमिआ) *n.* blood-poisoning, रक्त का विषाक्त हो जाना, विषरक्तता।

toxic (टॉक्सिक) *adj.* 1. poisonous, विषैला, विषाक्त। 2. caused by poison, विषजन्य।

trace (ट्रेस) *n.* 1. a mark or line left by something or someone that has passed by, लीक, पदचिह्न, निशान। 2. something traced or drawn, ख़ाका, रूपरेखा। *v.* 1. to sketch, ख़ाका उतारना, रूपरेखा तैयार करना।

2. to track down and find, खोज निकालना, पता लगा लेना।

track (ट्रैक) ***n.*** 1. a mark or trail left by something that has passed by, लीक, पदचिह्न, निशान। the parallel rails of a railroad, रेल की पटरी, रेलपथ।

tracker (ट्रैकर) ***n.*** a person who tracks, खोजी।

trade (ट्रेड) ***n.*** the business for buying and selling or bartering commodities, व्यापार, व्यवसाय। ***v.*** to buy and sell, व्यापार करना, व्यवसाय करना। 2. to enage in trade, व्यापार में लगना।

traffic (ट्रैफ़िक) ***n.*** the pedestrians and vehicles moving along a route, यातायात। ***v.*** to carry on traffic, अवैध या अनैतिक व्यापार चलाए चलना।

trail (ट्रेल) ***v.*** 1. to drag or be dragged, घसीटना या घसीटा जाना। 2. to walk or proceed draggingly, घसीटते हुए चलना। a line of people or things following behind something, a chain of something, लाइन, कतार, लड़ी।

trait (ट्रेट) ***n.*** a distinctive feature, विशेष गुण, विशेषता, लक्षण।

traitor (ट्रेटर) ***n.*** one who commits treason, देशद्रोही, गद्दार।

trance (ट्रान्स) ***n.*** 1. stupor, मूर्च्छा। 2. a state of profound absorption in contemplation, समाधि, ध्यान, आत्मविस्मृति।

transaction (ट्रैन्जैक्शन) ***n.*** the act of transacting, लेन-देन, व्यवहार, संव्यवहार।

transcript (ट्रैन्स्क्रिप्ट) ***n.*** a written copy, नक़ल, प्रतिलिपि, प्रतिलेख।

transfer (ट्रैन्स्फ़र) ***v.*** 1. to change or shift from one person or place to another, तबादला करना, स्थानांतरण करना, अंतरित करना। ***n.*** the act of transferring, तबादला, बदली, अंतरण।

transferable (ट्रैन्स्फ़रेबल) ***adj.*** that can be transferred, अंतरणीय, हस्तांतरणीय।

transfiguration (ट्रैन्स्फ़िगुरेशन) ***n.*** the act of transfiguring, स्वरूप-परिवर्तन।

transgress (ट्रैन्स्ग्रेस) ***v.*** to pass beyond or go over the limit, to violate, अतिक्रमण करना, उल्लंघन करना।

transit (ट्रैन्ज़िट) ***n.*** the act of passing over, across or through, संक्रमण।

translate (ट्रैन्स्लेट) ***v.*** 1. to express in another language, अनुवाद करना, उल्था करना। 2. to express in simpler words, सरल शब्दों में अभिव्यक्त करना।

transmigration (ट्रैन्स्माइग्रेशन) ***n.*** the state of being transmigrated, पुनर्जन्म, आवागमन।

transmission (ट्रैन्स्मिशन) ***n.*** 1. the act of transmitting, प्रेषण, पारेषण, प्रसारण, संचारण, अंतरण।

transparency (ट्रैन्स्पैरन्सी) ***n.*** 1. the quality of being transparent, पारदर्शिता। 2. a positive photograph, पारदर्शी चित्र, पारदर्शिका।

transport (ट्रैन्स्पोर्ट) ***v.*** to carry from one place to another, (माल या व्यक्तियों को) ढोना, वहन करना, परिवहन करना। ***n.*** the act of transporting, वहन, परिवहन।

trap (ट्रैप्) ***n.*** 1. a device to catch animals, net, जंतुओं तथा पशुओं को पकड़ने का जाल, फंदा या पाश। ***v.*** to trap in or ensnare, जाल में पकड़ना या फँसाना।

trapper (ट्रैपर) ***n.*** one who traps animals, बहेलिया, शिकारी।

trauma (ट्रॉमा) ***n.*** 1. a wound or injury, घाव, जख़्म। 2. a powerful mental shock, मानसिक आघात, सदमा।

travel (ट्रैवल) ***v.*** (travelled/treveled, travelling/traveling) 1. to make a journey, यात्रा करना, सफ़र करना, यात्रा पर निकलना।

traverse (ट्रैवर्स) ***v.*** 1. to travel across, पार जाना, पार करना। 2. to lie or extend across, आड़ा या तिर्यक होना। ***n.*** a thing that lies across another, आड़े बल में रखी हुई वस्तु।

travesty (ट्रैविस्टी) ***n.*** mockery, absurd imitation, उपहास, मज़ाक, विडंबना। ***v.*** to make a travesty or mockery of, उपहास करना, मज़ाक बना देना।

treacherous (ट्रेचरस) ***adj.*** betraying a trust, विश्वासघाती।

tread (ट्रेड) ***v.*** (trod, trodden/trod, treading) 1. to walk in, on or over (something, किसी चीज़) पर चलना। 2. to crush with feet, पैरों से कुचल देना, रौंद देना।

treason (ट्रीज़न) ***n.*** betrayal of one's country or its ruler, देशद्रोह या राजद्रोह।

treat (ट्रीट) ***v.*** 1. to deal with in a specified manner, बरताव करना, व्यवहार करना। 2. to give medical treatment to, उपचारया चिकित्सा करना। ***n.*** an entertainment given to invitees, ख़ातिर या दावत।

treaty (ट्रीटी) ***n.*** the agreement made by negotiations between two or more countries, संधि, सुलह, समझौता।

treble (ट्रेबल) ***adj.*** 1. three-times as much or as many, तिगुना। 2. high-pitched, उच्च, बहुत ऊँचा।

trek (ट्रेक) ***n.*** a long difficult journey, लंबी दुर्गम यात्रा। ***v.*** to make a trek, लंबी दुर्गम यात्रा पर निकलना।

tremble (ट्रेम्बल) ***v.*** to shiver or vibrate, काँपने या हिलने लगना।

trench (ट्रेन्च) ***n.*** a deep ditch, खाई, खंदक।

trespass (ट्रेस्पस) ***v.*** to enter unlawfully upon the land of someone, अतिचार करना, अतिक्रमण करना। ***n.*** an unlawful entry upon another's land, अतिचार, अतिक्रमण।

triangle (ट्राइऐन्गल) ***n.*** a figure having three sides and three angles, त्रिकोण, त्रिभुज।

tribe (ट्राइब) ***n.*** a racial group of backward people having common descent and culture, क़बीला, जनजाति।

tribulation (ट्रिब्युलेशन) ***n.*** great affliction or distress, घोर विपत्ति या संकट।

tributary (ट्रिब्युटरी) ***n.*** a river or stream that feeds another larger one, सहायक नदी, उपनदी।

tribute (ट्रिब्यूट) ***n.*** something said as a mark of respect, सम्मान, स्तुति, प्रशंसा या श्रद्धांजलि।

trickery (ट्रिकरी) ***n.*** deception, छल, धोखा, धोखाधड़ी।

tricky (ट्रिकी) ***adj.*** sly, धूर्त, चालाक।

trident (ट्राइडेन्ट) ***n.*** a three-pronged spear, त्रिशूलनुमा बरछा, त्रिशूल।

trifle (ट्राइफ़ल) ***n.*** 1. something of little value or no importance, तुच्छ यामहत्त्वहीन चीज़ या बात, छोटी चीज़ या बात। ***v.*** to dally or toy with, से खिलवाड़ करना, से छेड़छाड़ करना।

trigger (ट्रिगर) ***v.*** to set off, चलाना, प्रवर्तित करना, खड़ा करना।

trim (ट्रिम) ***adj.*** neat and spruce, बना-ठना, साफ़-सुथरा, सजा-सँवरा। ***v.*** 1. to make (a tree) neat or tidy by cutting or clipping, काटना-छाँटना। 2. to decorate or adorn, सजाना-सँवारना।

trimly (ट्रिमली) ***adv.*** 1. neatly, सफ़ाई से। 2. orderly, अच्छे ढंग से, व्यवस्थित रूप में।

trip (ट्रिप) ***n.*** a journey for pleasure or any specific purpose, यात्रा, भ्रमण। ***v.*** to walk or dance with light quick steps, फुदकना।

tripod (ट्राइपॉड) ***n.*** a three-legged stand, तिपाई, त्रिपाद।

triumph (ट्राइअम्फ़) ***v.*** to be victorious, विजयी होना। ***n.*** 1. victory, विजय, जीत।

troll (ट्रॉल) ***v.*** to fish with a hook and line, बंसी से मछलियाँ पकड़ना।

trolley (ट्रॉली) ***n.*** a wheeled vehicle for conveying food or transporting luggage, ट्रॉली, ठेला।

troop (ट्रूप) ***n.*** 1. a group or company of armed soldiers, सशस्त्र सेना की टुकड़ी, जत्था।

trooper (ट्रूपर) ***n.*** 1. a cavalry man, घुड़सवार सैनिक, अश्वारोही सैनिक। 2. a police officer on horseback, घुड़सवार पुलिस अधिकारी।

trouble (ट्रबल) ***n.*** 1. difficulty or inconvenience, असुविधा, कष्ट, कठिनाई। 2. mental distress, परेशानी, व्यथा, वेदना। ***v.*** to stir up or agitate, विक्षुब्ध करना, अशांत बनाना।

troublesome (ट्रबलसम) ***adj.*** causing trouble, दुख देने या गड़बड़ी उत्पन्न करनेवाला, उपद्रवी, उत्पाती।

trounce (ट्राउन्स) ***v.*** to defeat decisively, पछाड़ देना, हरा देना।

troupe (ट्रूप) ***n.*** a group of actors, a theatrical group, अभिनेताओं या कलाकारों की मंडली।

truce (ट्रूस) ***n.*** a temporary cessation of hostilities by agreement, अस्थायी शांति-संधि, अस्थायी युद्धविराम-संधि।

truck (ट्रक) ***n.*** 1. a vehicle for moving heavy loads, ट्रक। 2. a handcart, ठेला। ***v.*** to load on a truck, ट्रक पर लादना।

trumpet (ट्रम्पिट) ***n.*** a wind instrument, तुरही। ***v.*** 1. to blow a trumpet, तुरही बजाना। 2. to make a loud resounding sound, गरजना, चिंघाड़ना।

trunk (ट्रन्क) ***n.*** 1. the main stem of a tree, पेड़ का तना। 2. the long nasal part of an elephant, सूँड़। a large packing case with a hinged lid, संदूक, ट्रंक।

trust (ट्रस्ट) ***n.*** the firm belief in the ability, strength or character of someone or something, विश्वास, भरोसा, यक़ीन। ***v.*** 1. to have trust in, (किसी पर) विश्वास करना या रखना। 2. to entrust, सौंपना, जिम्मे करना, सुपुर्द करना।

truthful (ट्रूथफुल) ***adj.*** 1. corresponding to reality, सत्य, सच्चा, वास्तविक। 2. telling the truth, सत्यवादी, सत्यशील।

try (ट्राइ) ***v.*** to make an attempt, प्रयास करना, चेष्टा करना, कोशिश करना। to investigate, जाँच करना, जाँचना। ***n.*** an attempt, प्रयास, चेष्टा।

tube (ट्यूब) ***n.*** 1. a long slender hollow container of glass for holding liquids, ट्यूब, नलिका, नली। the tunnels through which the railway runs, तलमार्ग।

tuber (ट्यूबर) ***n.*** a fleshy underground root, कंद।

tuberculosis (ट्यूबर्क्युलोसिस) ***n.*** a wasting disease, क्षय, तपेदिक, टीबी।

tumble (टम्बल) ***v.*** to fall suddenly and helplessly, एकाएक (लड़खड़ाकर) गिर पड़ना, ढह जाना। 2. to cause to fall, गिरा देना। ***n.*** 1. the act of tumbling, गिरने या लड़खड़ाने की क्रिया या भाव, गिर पड़ना। 2. a disorderly state, अव्यवस्था, गड़बड़ी।

tumbler (टम्ब्लर) ***n.*** 1. a drinking glass, गिलास। 2. an acrobat, बाज़ीगर, कलाबाज़। 3. a lever in a lock, ताले का खटका।

tummy (टमी) ***n.*** the stomach, पेट, तोंद।

tumour (ट्यूमर) ***n.*** any abnormal swelling on or in the body, ट्यूमर, गाँठ, अर्बुद।

tumult (ट्यूमल्ट) ***n.*** 1. uproar, कोलाहल, हुल्लड़, शोरगुल। 2. agitation, क्षोभ, घबराहट। 3. confusion, भ्रांति।

tune (ट्यून) ***n.*** 1. a melody, धुन, राग। 2. correct musical pitch, लय। ***v.*** 1. to put in tune, सुर मिलाना, समस्वरित करना। 2. to adjust to run smoothly, ठीक करना, समंजित करना, सुधारना।

tunic (ट्यूनिक) ***n.*** a knee-length simple garment without sleeves, बिना बाँह का कुरता या जाकेट।

tunnel (टनल) ***n.*** a passage through or under something, सुरंग। ***v.*** (tunneled/tunnelled, tunneling/tunnelling) to dig or make a tunnel, सुरंग खोदना या बनाना।

turban (टर्बन) ***n.*** a head dress consisting of a long cloth wound round the head, पगड़ी, साफ़ा।

turbine (टर्बाइन) ***n.*** a machine or motor that operates by the pressure of water, steam, gas or air, टरबाइन।

turbulence (टर्ब्युलेन्स) ***n.*** the state of agitation or confusion, विक्षोभ, कोलाहल, अशांति।

turf (टर्फ़) ***n.*** 1. the grassy ground as a thick mat, टर्फ़, घासी मैदान। 2. the race course, घुड़दौड़ का मैदान। 3. horse racing, घुड़दौड़। ***v.*** to cover with pieces of turfs, टर्फ़ बिछाना। □ **turf out,** फेंक देना, बाहर कर देना।

turmeric (टर्मरिक) ***n.*** a bright yellow spice, हल्दी।

turmoil (टर्मॉइल) ***n.*** 1. great confusion, विक्षोभ। 2. disturbance, खलबली, अशांति।

turn (टर्न) ***v.*** 1. to cause to move around an axis, point or centre, घुमाना। to cause to change position by moving, मोड़ना या घुमाना। 3. to invert or reverse, उलटा कर देना या हो जाना, पलट देना या पलटा जाना। ***n.*** 1. the act of turning or being turned, घुमाव, परिवर्तन; a good turn, उपकार; a bad turn, अपकार। 2. a change of direction, दिशा-परिवर्तन, मोड़।

turnover (टर्नोवर) ***n.*** the amount of business transacted in a given period, कुल बिक्री।

turntable (टर्नटेबल) ***n.*** a revolving platform, परिभ्रामक मंच, घूमता मंच।

turret (टरिट) ***n.*** a small towerlike ornamental structure, बुर्ज, कंगूरा।

tusk (टस्क) ***n.*** one of the pair of a long protruding tooth of a male elephant, हाथी का दाँत, गजदंत।

tussle (टसल) ***v.*** 1. to fight roughly, हाथापाई करना। 2. to struggle, संघर्ष करना। ***n.*** a struggle, संघर्ष।

tutor (ट्यूटर) ***n.*** a teacher who instructs pupils individually, व्यक्तिगत रूप से पढ़ानेवाला अध्यापक, अनुशिक्षक। ***v.*** to teach, पढ़ाना, सिखाना।

twaddle (ट्वैडल) ***n.*** foolish talk, nonsense, बकवाद, बकबक। ***v.*** to talk nonsense, बकवाद करना, बकबक करना।

twang (ट्वैन्ग) ***n.*** a sharp ringing sound of a plucked bowstring, धनुष की टंकार, धनुषटंकार। ***v.*** to pluck the strings of a musical instrument, तार झंकृत करना, बजाना।

tweak (ट्वीक) ***v.*** to twist, ऐंठना, मरोड़ना। ***n.*** a tweaking, ऐंठन, मरोड़।

twig (ट्विग) ***n.*** a small slender branch, टहनी। ***v.*** to comprehend, समझना, समझ में आना।

twin (ट्विन) ***n.*** one of two children (animals) born at one birth, जुड़वाँ बच्चा।

twinkle (ट्विन्कल) ***v.*** to shine brightly and intermittently, टिमटिमाना। ***n.*** a twinkling light, टिमटिमाहट।

twist (ट्विस्ट) ***v.*** to coil, घुमाना या लपेटना। to turn or bend, मोड़ना या मरोड़ना, बल डालना। a turn or twirl, मरोड़, ऐंठन, बल।

twister (ट्विस्टर) ***n.*** 1. a dishonest person, बेईमान व्यक्ति। 2. a whirlwind, चक्रवात।

twit (ट्विट) ***v.*** to make fun of, to ridicule, मज़ाक उड़ाना, फब्ती कसना।

twitter (ट्विटर) ***v.*** 1. to chirp, चहचहाना, चहकना। 2. to giggle, ही-ही करना।

tycoon (टाइकून) ***n.*** a wealthy and powerful businessman or industrialist, धनी तथा शक्तिशाली व्यापारी या उद्योगपति, धनी-मानी।

type (टाइप) ***n.*** 1. a group or class of persons or things having common characteristics, वर्ग, जाति, क़िस्म, प्रकार। ***v.*** to classify according to a type or class, वर्गीकरण करना।

typecast (टाइपकास्ट) ***v.*** (typecast, typecasting) to cast in the same role, (अभिनेता का) एक ही तरह की भूमिका करना।

typhoon (टाइफ़ून) ***n.*** a severe hurricane, तूफ़ान।

typical (टिपिकल) ***adj.*** 1. having the nature of a type, ठेठ, प्रारूपिक, प्ररूपी। 2. characteristic, विशिष्ट, ख़ास।

tyrannical (टिरैनिकल) ***adj.*** 1. of a tyrant or tyranny, अत्याचारी, अत्याचारपूर्ण। 2. despotic, निरंकुश, नृशंस।

tyro (टाइरो) ***n.*** a novice, नौसिखुआ।

ulcer (अल्सर) ***n.*** an open sore that heals very slowly, नासूर।
ulema (ऊलिमा) ***n.*** (plu.) learned persons, विद्वान लोग।
ultimate (अल्टिमिट) ***adj.*** 1. final, अंतिम। 2. the highest, चरम, परम।
ultimatum अल्टिमेटम) ***n.*** (plu. ultimata, ultimatums) a final condition, demand or proposal, rejection of which leads to force or other direct action, अंतिम चेतावनी, अंतिमेत्थम, अल्टिमेटम।
ultra (अल्ट्रा) ***prefix.*** excessively, extremely, अति। ***n.*** an extremist, अतिवादी।
ultrasonic (अल्ट्रासॉनिक) ***adj.*** supersonic, पराध्वनिक।
ultraviolet (अल्ट्रावाइलिट) ***adj.*** situated beyond the visible spectrum at its violet end, पराबैंगनी।
umbra (अम्ब्रा) ***n.*** the shadow cast by the moon on to the earth during a solar eclipse, ग्रहण के समय पृथ्वी पर चंद्रमा की पड़नेवाली छाया, प्रच्छाया।
umpire (अम्पाइअर) ***n.*** a person having authority to decide and settle disputes in a game of cricket, baseball etc., अंपायर, निर्णायक। ***v.*** to act as umpire, अंपायर होना या बनना, अंपायरी करना।
unaccountable (अनकाउन्टेबल) ***adj.*** not accountable or responsible, जो ज़िम्मेदार न हो, अनुत्तरदायी।
unanimity (यूननिमिटी) ***n.*** the quality or state of being unanimous, मतैक्य, सर्वसम्मति, एकमत।
unassuming (अनस्यूमिंग) ***adj.*** modest, विनम्र, निरभिमान।
unavoidable (अनवॉइडेबल) ***adj.*** unable to be avoided, अपरिहार्य, अनिवार्य।
unbalanced (अन्बैलन्स्ड) ***adj.*** 1. lacking balance, असंतुलित।
unbeaten (अन्बीटन) ***adj.*** not defeated, अपराजित। 2. not surpassed, अलंघित।
unbeknown (अन्बिनोन) ***adj.*** unknown, अज्ञात।
unbind (अन्बाइन्ड) ***v.*** (unbound, unbinding) to set free, मुक्त करना।
unbridled (अन्ब्राइडल्ड) ***adj.*** unrestrained, बेलगाम, अनियंत्रित।
uncanny (अन्कैनी) ***adj.*** 1. strange, विलक्षण। 2. mysterious, रहस्यमय।
unceremonious (अन्सेरिमोनिअस) ***adj.*** 1. not formal, अनौपचारिक।
uncertain (अन्सर्टन) ***adj.*** 1. not certain or decided, अनिश्चित। 2. not confident, अविश्वस्त।
unclaimed (अन्क्लेम्ड) ***adj.*** not claimed, लावारिस, अदावी, बेदावा।
uncomely (अन्कमली) ***adj.*** not pleasant in appearance, भद्दा, भोंडा।
uncommunicative (अन्कम्यूनिकेटिव) ***adj.*** not willing to talk, reserved, चुप्पा, अमिलनसार।
unconditional (अन्कन्डिशनल) ***adj.*** without conditions, बिना शर्त।
unconscious (अन्कॉन्शस) ***adj.*** 1. not conscious, अचेतन। 2. unaware, अनभिज्ञ, अनजान।
uncouth (अन्कूथ) ***adj.*** 1. crude, अपरिष्कृत। 2. awkward, भद्दा
undeniable (अन्डिनाइएबल) ***adj.*** that cannot be denied, जिसे नकारा न जा सके, अकाट्य।
under (अन्डर) ***prep.*** in a lower position than, के नीचे।
underage (अन्डरेज) ***adj.*** not yet adult, below the required age, निम्नायु, कमउम्र।
undercover (अन्डर्कवर) ***adj.*** executed in secret, चोरी-छिपे किया जानेवाला, गुप्त।
underdeveloped (अन्डर्डिवेलप्ड) ***adj.*** not fully developed, अपूर्णविकसित, अल्पविकसित।
underestimate (अन्डरेस्टिमेट) ***v.*** to underrate, कम मूल्य या महत्त्व आँकना।
undergo (अन्डर्गो) ***v.*** (underwent, undergone, undergoing) 1. to experience, अनुभूत करना, महसूस करना, भोगना। 2. to endure, सहना, भुगतना, झेलना।
underground (अन्डर्ग्राउन्ड) ***adj.*** 1. under or below the surface of the ground, भूमि के नीचे का, भूगत, भूमिगत। 2. secret, गुप्त, गोपनीय।
underhand (अन्डर्हैन्ड) ***adv.*** in a clandestine manner, चोरी-छिपे, चोरी-चोरी।
undermine (अन्डर्माइन) ***v.*** 1. to subvert, उलट देना। 2. to weaken, कमज़ोर हो जाना या कर देना।
undersell (अन्डर्सेल) ***v.*** (undersold, underselling) to sell at a lower price than others, दाम गिराकर बेचना, कम क़ीमत पर बेचना।
undersigned (अन्डर्साइन्ड) ***n.*** one who has signed at the end of a document, अधोहस्ताक्षरी।
undertake (अन्डर्टेक) ***v.*** (undertook, undertaken, undertaking) 1. to take in hand, हाथ में लेना, ज़िम्मा लेना।
undervaluation (अन्डर्वैल्युएशन) ***n.*** the act of undervaluing, अल्पमूल्यांकन, अवमूल्यन।
underworld (अन्डर्वर्ल्ड) ***n.*** 1. the abode of the dead under the earth, पृथ्वी के नीचे का लोक, पाताल। 2. the part of society engaged in crime, अपराध-जगत्, अधोलोक, अपराधशील वर्ग।
undesirable (अन्डिज़ाइरेबल) ***adj.*** not desirable, अवांछनीय।
undeveloped (अन्डिवेलप्ड) ***adj.*** not developed, अविकसित।
undo (अन्डू) ***v.*** (undid, undone, undoing) 1. to cancel, रद करना। 2. to untie or unfasten, खोलना, ढीला करना।
undoubted (अन्डाउटिड) ***adj.*** 1. not doubted, definite, असंदिग्ध, निश्चित। 2. undisputed, अविवाद्य।
undress (अन्ड्रेस) ***v.*** to remove the clothes of, कपड़े उतारना।
undue (अन्ड्यू) ***adj.*** exceeding what is normal or appropriate, अनुचित या असंगत।
unduly (अन्ड्यूली) ***adv.*** 1. excessively, अत्यधिक। 2. unjustly, अनुचित रूप से।
undying (अन्डाइंग) ***adj.*** everlasting, अमर, शाश्वत।
unearthly (अर्न्थली) ***adj.*** 1. not earthly, अपार्थिव, अलौकिक। 2. supernatural or mysterious, लोकोत्तर या रहस्यमय।
uneasy (अनीज़ी) ***adj.*** restless, worried, आकुल, चिंतित, बेचैन।
uneconomic (अनीकनॉमिक) ***adj.*** not profitable, अलाभकर, अलाभप्रद।
unemployed (अनेम्प्लॉइड) ***adj.*** not employed, jobless or out of job, बेरोज़गार, बेकार।
unending (अनेन्डिंग) ***adj.*** without an end, endless, असीम, अंतहीन।
unequalled (अनीक्वल्ड) ***adj.*** beyond compare, अद्वितीय, बेजोड़।
uneven (अनीवन) ***adj.*** not even, असमतल, असम।
unexceptionable (अनिक्सेप्शनेबल) ***adj.*** without flaw or fault, निर्दोष, त्रुटिहीन।
unfailing (अन्फ़ेलिंग) ***adj.*** 1. not failing, न चूकनेवाला, अचूक, अमोघ। 2. constant, सतत।
unfeeling (अन्फ़ीलिंग) ***adj.*** incapable of feeling or sensation, असंवेदनशील, सहानुभूतिविहीन।
unfit (अन्फ़िट) ***adj.*** 1. not capable, in-

competent, अयोग्य। 2. inappropriate, अनुपयुक्त।

unforeseen (अन्फ़ोर्सीन) ***adj.*** unexpected, अप्रत्याशित, अनपेक्षित।

unfortunate (अन्फ़ॉर्चुनेट) ***adj.*** having bad luck, अभागा, भाग्य का मारा, बदक़िस्मत।

unfounded (अन्फ़ाउन्डिड) ***adj.*** groundless, निराधार, बेबुनियाद।

ungodly (अन्गॉडली) ***adj.*** 1. irreligious, अधर्मी, नास्तिक। 2. wicked, sinful, दुष्ट, पापी।

ungovernable (अन्गवर्नेबल) ***adj.*** uncontrollable, अनियंत्रणीय, बेक़ाबू।

ungracious (अन्ग्रेशस) ***adj.*** rude, रूखा, अभद्र।

unheard-of (अन्हर्ड-ऑव) ***adj.*** never heard of, अनुसना।

uniform (यूनिफ़ॉर्म) ***adj.*** 1. alike, समान। 2. unchanging in form, एकरूप, समरूप।

unify (यूनिफ़ाइ) ***v.*** to make or become one, एक करना या होना।

unilateral (यूनिलैटरल) ***adj.*** done by only one side, एकपक्षीय, इकतरफ़ा।

unimpeachable (अनिम्पीचेबल) ***adj.*** beyond doubt or question, निर्दोष, बेदाग़।

union (यून्यन) ***n.*** 1. the condition of being united, मिलन, संयोग, एकता। 2. a combination of political entities, संघ।

unique (यूनीक) ***adj.*** unusual or remarkable, अद्वितीय, अनुपम, बेजोड़।

unit (यूनिट) ***n.*** 1. a single quantity regarded as a whole, इकाई, एकक। a subdivision of a larger military formation, टुकड़ी, दस्ता।

universal (यूनिवर्सल) ***adj.*** 1. of the universe, सार्वभौम। 2. worldwide, सार्वदेशिक, विश्वव्यापी, सर्वव्यापी, सार्वत्रिक।

universe (यूनिवर्स) ***n.*** the aggregate of all existing things, energy and space, सृष्टि, ब्रह्मांड।

unkempt (अन्केम्प्ट) ***adj.*** 1. not neat or tidy, मैला-कुचैला। 2. looking neglected, देखने में उपेक्षित, फूहड़ या अस्त-व्यस्त।

unkind (अन्काइन्ड) ***adj.*** 1. not kind, अनुदार। cruel, निर्दय, बेरहम।

unlettered (अन्लैटर्ड) ***adj.*** illiterate, अनपढ़, अशिक्षित।

unlike (अन्लाइक) ***adj.*** not like, different, असमान, असदृश, भिन्न। ***prep.*** not like, के विपरीत।

unmanly (अन्मैनली) ***adj.*** not manly, जो पुरुषोचित न हो, अपुरुषोचित।

unmask (अन्मास्क) ***v.*** 1. to remove a mask from, नकाब उतारना। 2. to expose, पोल या कलई खोल देना।

unnerve (अन्नर्व) ***v.*** to cause to lose courage, हतोत्साह कर देना, हिम्मत तोड़ देना।

unobtrusive (अनब्ट्रसिव) ***adj.*** not obtrusive, जो स्पष्ट दिखाईं न दे, अप्रत्यक्ष, परोक्ष।

unpack (अन्पैक) ***v.*** to remove from packing, खोलना, आवरण हटाना।

unparalleled (अन्पैरलल्ड) ***adj.*** having no parallel, अपूर्व, अद्वितीय, अप्रतिम।

unparliamentary (अन्पार्लमेन्टरी) ***adj.*** contrary to parliamantry customs or procedures, असंसदीय।

unpleasant (अन्प्लेज़न्ट) ***adj.*** not pleasing, not agreeable, अप्रिय, अरुचिकर, असुखकर।

unprecedented (अन्प्रेसिडेन्टिड) ***adj.*** having no precedent, बेमिसाल, अभूतपूर्व।

unprepared (अन्प्रिपेअर्ड) ***adj.*** not ready or prepared, जो पहले से तैयार न हो या न किया गया हो, बिना तैयारी का।

unprepossessing (अनॅप्रीपज़ेसिंग) ***adj.*** not attractive, अनाकर्षक, अप्रभावी।

unprofessional (अन्प्रफ़ेशनल) ***adj.*** not professional, contrary to professional standards, जो व्यावसायिक मानकों के उपयुक्त न हो, अव्यावसायिक।

unqualified (अन्क्वॉलिफ़ाइड) ***adj.*** 1. not having proper qualifications, अयोग्य, अनर्ह।

unquestionable (अन्क्वेस्चनेबल) ***adj.*** 1. not questionable, beyond doubt, असंदिग्ध। 2. indisputable, निर्विवाद।

unquote (अन्कोट) ***v.*** to insert the closing quotation marks, उद्धरण चिह्न से बंद करना।

unravel (अन्रेवल) ***v.*** 1. to disentangle, सुलझाना। 2. to clear up, स्पष्ट करना,

unrealised (अन्रीअलाइज़्ड) ***adj.*** not realised, अप्राप्त।

unreasonable (अन्रीज़नेबल) ***adj.*** not acting according to reason, अयुक्तिशील, अतर्कशील। beyond the limits or reason, अत्यधिक, घोर।

unrecognized (अन्रीकॉग्नाइज़्ड) ***adj.*** not recognized, मान्यतारहित।

unrelenting (अन्रिलेन्टिंग) ***adj.*** not yielding or softening, cruel, कठोर, टस से मस न होनेवाला।

unremitting (अन्रिमिटिंग) ***adj.*** not remitting, constant, निरंतर या लगातार होने या चलनेवाला।

unremunerative (अन्रिम्यूनरेटिव) ***adj.*** not remunerative, अलाभकर, अलाभकारी।

unreserved (अन्रिज़र्व्ड) ***adj.*** 1. not reserved, अनारक्षित। 2. without reserve or restriction, अबाध।

unrest (अन्रेस्ट) ***n.*** 1. disturbance, उपद्रव, अशांति। 2. restlessness, बेचैनी, घबराहट।

unrighteous (अन्राइचस) ***adj.*** wicked, दुष्ट।

unrivalled (अन्राइवल्ड) ***adj.*** incomparable, अनुपम, बेजोड़, अद्वितीय।

unruffled (अन्रफ़ल्ड) ***adj.*** not upset or agitated, अक्षुब्ध, शांत।

unruly (अन्रूली) ***adj.*** not readily ruled or disciplined, उच्छृंखल, बेलगाम, अनुशासनहीन।

unsatiated (अन्सैटिएटिड) ***adj.*** not satiated, अतुष्ट, अपरितुष्ट।

unscathed (अन्स्केद्ड) ***adj.*** without any harm, totally unharmed, सही-सलामत, जिसे खरोंच तक न आई हो।

unscramble (अन्स्क्रैम्बल) ***v.*** 1. to disentangle, सुलझाना। 2. to restore to intelligible form, बोधगम्य बनाना।

unscrupulous (अन्स्क्रूप्युलस) ***adj.*** not scrupulous, अविवेकी, सिद्धांतहीन, बेईमान।

unseemly (अन्सीमली) ***adj.*** not in good taste, improper, अशोभनीय, अनुचित। ***adv.***

unsightly (अन्साइटली) ***adj.*** unattractive, अनाकर्षक, कुरूप, असुंदर।

unsociable (अन्सोशेबल) ***adj.*** not sociable, अमिलनसार।

unsocial (अन्सोशल) ***adj.*** 1. unsociable, असामाजिक, असमाजशील। 2. not suitable for society, असामाजिक, समाज-विरोधी।

unsparing (अन्स्पेअरिंग) ***adj.*** giving freely and lavishly, उदार, मुक्तहस्त।

unspotted (अन्स्पॉटिड) ***adj.*** 1. spotless, बेदाग़। 2. morally pure, शुद्ध आचरणवाला।

unstable (अन्स्टेबल) ***adj.*** 1. not firm, अस्थिर।

unstuck (अन्स्टक) ***adj.*** detached, असंलग्न, अलग, उखड़ा हुआ।

unswerving (अन्स्वर्विंग) ***adj.*** unchanging, अविचल, अटल, दृढ़।

untenable (अन्टेनेबल) ***adj.*** not able to be defended, जिसका समर्थन न किया जा सके, असमर्थनीय।

unthinkable (अन्थिन्केबल) ***adj.*** out of question, जिसके संबंध में सोचा भी न जा सके, असंभव, असोचनीय।

untie (अन्टाइ) ***v.*** (untied, untying) to unfasten, खोलना।

untimely (अन्टाइमली) ***adj.*** happening at an inopportune time, बेमौक़े होनेवाला, असामयिक।

untiring (अन्टाइरिंग) ***adj.*** not tiring, न थकनेवाला, अथक।

untold (अन्टोल्ड) ***adj.*** not told or revealed, अकथित।

untouchability (अन्टचेबिलिटी) ***n.*** the state or quality of being untouchable, अस्पृश्यता।

untoward (अन्टवार्ड) ***adj.*** 1. unfavourable, अशुभ या बुरा। 2. difficult to manage, अवश्य, दुर्दम्य।

untraceable (अन्ट्रेसेबल) ***adj.*** that cannot be traced, जिसका पता न लगाया जा सके।

unusual (अन्यूज़ुअल) ***adj.*** 1. not usual, अप्रायिक, अनियत या असामान्य। 2. remarkable, उल्लेखनीय।

unutterable (अनटरेबल) ***adj.*** incapable of being expressed in words, अकथनीय, वर्णनातीत।

unveil (अन्वेल) ***v.*** to remove a veil or covering, अनावरण करना, पट या पर्दा हटाना।

unwary (अन्वेअरी) ***adj.*** 1. not cautious, असतर्क, असावधान।

unworldly (अन्वर्ल्डली) ***adj.*** not of this world, अलौकिक।

unworthy (अन्वर्दी) ***adj.*** not worthy, अयोग्य, निकम्मा।

unyielding (अन्यीलिडिंग) ***adj.*** not yielding, न झुकनेवाला, हठी।

upheaval (अपहीवल) ***n.*** violent agitation, उग्र आंदोलन, उथल-पुथल।

uphill (अपहिल) ***adj.*** 1. going up a hill, leading upward, चढ़नेवाला, चढ़ाऊ। 2. difficult, दुष्कर, कठिन।

uphold (अपहोल्ड) ***v.*** to defend against opposition, विरोध के बावजूद रक्षा करना, बनाए रखना।

upkeep (अपकीप) ***n.*** the act of keeping something in good condition, रख-रखाव, सँभाल।

uplift (अपलिफ़्ट) ***v.*** 1. to lift up, ऊँचा उठाना। 2. to raise (the standard, स्तर) ऊँचा करना, उन्नत करना, उद्धार या उन्नयन करना।

uppermost (अपरमोस्ट) ***adj.*** highest, उच्चतम।

uprising (अपराइज़िंग) ***n.*** a revolt or rebellion, विप्लव, विद्रोह, बग़ावत।

uproar (अपरोर) ***n.*** commotion, शोर, हंगामा, हो-हल्ला, गुलगपाड़ा।

uproot (अपरूट) ***v.*** 1. to remove by pulling up the roots, जड़ से उखाड़ना, उन्मूलन करना। 2. to displace, विस्थापित कर देना, खदेड़ना, उजाड़ना।

upset (अपसेट) ***v.*** (upset, upsetting) 1. to overturn, उलट देना। 2. to disrupt or disturb, छिन्न-भिन्न या अस्त-व्यस्त कर देना, गड़बड़ा देना।

upstairs (अपस्टेअर्ज़) ***adv.*** to or on a higher floor, ऊपर, ऊपरी मंज़िल पर।

upstanding (अपस्टैन्डिंग) ***adj.*** 1. erect, खड़ा, सीधा। 2. honest, सच्चा, ईमानदार।

upstream (अपस्ट्रीम) ***adv.*** against the current, बहाव के विरुद्ध।

urbanization (अर्बनाइज़ेशन) ***n.*** the act of urbanizing, नगरीकरण।

urge (अर्ज) ***v.*** to plead and press to do something, अनुरोध करना। ***n.*** a strong impulse, अंत:प्रेरणा, आवेग।

urgent (अर्जन्ट) ***adj.*** requiring speedy action, अत्यावश्यक, बहुत ज़रूरी।

urinary (यूरिनरी) ***adj.*** of or relating to urine, मूत्रीय, मूत्र-संबंधी।

urn (अर्न) ***n.*** a vaselike vessel, कलश।

usable (यूज़ेबल) ***adj.*** that can be used, जिसे प्रयोग में लाया जा सके, प्रयोज्य, व्यवहार्य।

use (यूज़) ***v.*** to put into action or service, प्रयोग या इस्तेमाल करना। purpose, प्रयोजन।

usual (युज़ुअल) ***adj.*** 1. commonly or ordinarily used, सामान्य, साधारण, मामूली।

uterus (यूटरस) ***n.*** the womb, गर्भाशय।

utilization (यूटिलाइज़ेशन) ***n.*** the act of utilizing or the state of being utilized, उपयोग।

utmost (अटमोस्ट) ***adj.*** of the greatest or highest amount or degree, उच्चतम, अधिकतम।

Utopia, utopia (यूटोपिआ) ***n.*** a place of imaginary perfection, कल्पनालोक, रामराज्य, आदर्शलोक।

V

vacancy (वेकन्सी) ***n.*** the state or condition of being vacant, ख़ालीपन, रिक्तता।

vacant (वेकन्ट) ***adj.*** not filled or occupied, ख़ाली, रिक्त।

vacation (वेकेशन) ***n.*** the period of rest and recreation when the colleges, courts etc. are closed, अवकाश।

vaccinate (वैक्सिनेट) ***v.*** to inoculate with vaccine, टीका लगाना।

vacuum (वैक्युअम) ***n.*** a space empty of contents or matter, ख़ाली जगह, शून्य।

vagrant (वेग्रन्ट) ***n.*** an idle wanderer, घुमक्कड़, बनजारा।

vale (वेल) ***n.*** a valley, घाटी, उपत्यका।

valediction (वैलिडिक्शन) ***n.*** an act or expression of leave-taking, विदाई, विदा।

valid (वैलिड) ***adj.*** legally acceptable, विधिमान्य, वैध।

validate (वैलिडेट) ***v.*** to make legally valid, विधिमान्य बनाना।

valley (वैली) ***n.*** a long low area between the hills, घाटी, उपत्यका।

valuable (वैल्युएबल) ***adj.*** precious, of great value, बहुमूल्य, क़ीमती।

valuation (वैल्युएशन) ***n.*** estimation of the value or price of something, मूल्यांकन, मूल्य-निर्धारण, मूल्यन।

value (वैल्यू) ***n.*** the equivalent of something in money, मूल्य, क़ीमत, दाम। ***v.*** to estimate the value of, मूल्य आँकना, लगाना या निर्धारित करना।

valuer (वैल्यूअर) ***n.*** one who estimates the value of something, मूल्य-निर्धारक, मूल्यांकनकर्ता।

vampire (वैम्पाइर) ***n.*** a ghost that sucks the blood of sleeping people, रक्तपिपासू प्रेत, रक्तचूषक पिशाच।

van (वैन) ***n.*** a covered vehicle, बंद गाड़ी, वैन।

vanish (वैनिश) ***v.*** to become invisible, to disappear, ग़ायब हो जाना, अंतर्धान हो जाना, ख़त्म हो जाना।

vapour (वेपर) ***n.*** particles of moisture suspended in air, वाष्प, भाप।

variable (वेरिएबल) ***adj.*** liable to change, परिवर्तनीय, परिवर्तनशील, परिवर्ती।

variance (वेरिअन्स) ***n.*** difference, भिन्नता, विभिन्नता।

variation (वेरिएशन) ***n.*** the condition or result of varying, परिवर्तन, विचरण या भिन्नता।

variety (वराइटी) ***n.*** 1. the quality or condition of being various, विविधता, अनेकरूपता। 2. a different kind, प्रकार, भेद, प्रभेद

various (वेरिअस) ***adj.*** 1. of several kinds, विविध, नानारूप। 2. more than one, अनेक।

vary (वेअरी) ***v.*** to cause or undergo change, परिवर्तन होना या करना, बदल जाना या बदल देना। 2. to be of different kind, भिन्न होना। 3. to cause to be different, भिन्न बना देना, कुछ और बना देना।

vase (वेस) ***n.*** a vessel used for holding cut flowers, पुष्पपात्र, फूलदान।

vast (वास्ट) ***adj.*** 1. very great in size or extent, विशाल, विस्तृत। 2. very great in intensity or number, विपुल, प्रचुर।

veg (वेज) ***n.*** a vegetable, सब्ज़ी, साग।

vegetation (वेजिटेशन) ***n.*** plants collectively, पेड़-पौधे, वनस्पति।

vehicle (वीहिकल) ***n.*** 1. any device on

wheels for conveying or transporting, यान, वाहन, सवारी। 2. a means by which ideas are expressed, साधन, माध्यम।

veil (वेल) ***n.*** 1. a piece of fine fabric as part of head-dress to conceal the face, घूँघट, नक़ाब, परदा। 2. a screen, आड़, आवरण। ***v.*** 1. to cover the face with a veil, घूँघट निकालना। 2. to conceal, छिपाना, ढकना।

vein (वेन) ***n.*** 1. a blood vessel, रग, नस। 2. a streak or narrow strip, धारी।

velocity (विलॉसिटी) ***n.*** speed, वेग।

venal (वीनल) ***adj.*** that can be bribed or corrupted, भ्रष्ट, घूसख़ोर।

vendor (वेन्डर) ***n.*** one who sells something, विक्रेता, बेचनेवाला। ***v.*** to cover with a veneer, काष्ठपरत या सज्जापरत लगाना या मढ़ना।

vengeance (वेन्जन्स) ***n.*** the act of or desire for taking revenge, बदला या बदले की भावना, प्रतिशोध।

venom (वेनम) ***n.*** 1. poison secreted by a snake, सर्पविष, विष, ज़हर। 2. strong bitter feeling, वैमनस्य, वैर, विद्वेष, द्वेष।

vent (वेन्ट) ***n.*** a small opening for the escape of a liquid, gas etc., छेद, सुराख़। ***v.*** to make a vent in, छेद करना।

ventilator (वेन्टिलेटर) ***n.*** an opening for ventilating a room, रोशनदान, वातायन।

venture (वेन्चर) ***n.*** an undertaking that involves risk, जोख़िम-भरा काम। ***v.*** to undertake the risk, जोख़िम उठाना।

venue (वेन्यू) ***n.*** 1. a meeting place, मिलन-स्थल, सभा-स्थल, अधिवेशन-स्थल।

veracity (विरैसिटी) ***n.*** truth, सच्चाई।

verification (वेरिफ़िकेशन) ***n.*** the act of verifying, सत्यापन।

veritable (वेरिटेबल) ***adj.*** 1. true, सत्य, सच्चा। 2. actual, वास्तविक, सही।

vermilion (वर्मिल्यन) ***n.*** a bright red pigment, सिंदूर। ***adj.*** bright red, सिंदूरी।

vernacular (वर्नैक्युलर) ***n.*** the dialect of a particular region, स्थानिक भाषा, जनभाषा, देसी बोली।

versatility (वर्सेटिलिटी) ***n.*** the state or quality of being versatile, बहुमुखी प्रतिभा, बहुविज्ञता।

versatile (वर्सेटाइल) ***adj.*** able to do many different things well, बहुमुखी।

version (वर्ज़न) ***n.*** 1. translation from another language, अनुवाद, भाषांतर। a variant form of a thing, अन्य या विविध रूप।

vertical (वर्टिकल) ***adj.*** upright, ऊर्ध्वाधर, सीधा, खड़ा, उर्ध्व।

vertigo (वर्टिगो) ***n.*** a sensation of dizziness, चक्कर आना, चक्कर।

vessel (वेसल) ***n.*** 1. a hollow or concave utensil, बर्तन, पात्र। 2. a boat or ship, नाव या जलयान।

vest (वेस्ट) ***n.*** a short tight-fitting waist-length garment worn under a shirt by men, बनियान, गंजी। ***v.*** to place (power or authority) in the control of a person or group, व्यक्ति या समूह को (अधिकार या प्राधिकार से) निहित या युक्त करना, अधियुक्त करना।

vestige (वेस्टिज) ***n.*** a mark or sign of something which has disappeared, अवशेष।

veto (वीटो) ***n.*** the right to reject something proposed by others, निषेधाधिकार, वीटो। ***v.*** to reject authoritatively, निषेध करना।

vex (वेक्स) ***v.*** to annoy, to irritate, तंग करना, परेशान करना, खिजाना।

viable (वाइएबल) ***adj.*** 1. able to live, जीवनक्षम। 2. practicable, व्यवहार्य।

vial (वाइअल) ***n.*** a small bottle for liquid medicine, शीशी, बोतल।

vibrant (वाइब्रन्ट) ***adj.*** 1. vibrating, कंपायमान। 2. resonant, गूँजता हुआ, अनुनादी। energetic, जीवंत, सक्रिय।

vibration (वाइब्रेशन) ***n.*** 1. vibrating motion, कंपन, स्पंदन। 2. quiver, thrill, कँपकँपी।

vice (वाइस) ***n.*** 1. a moral failing, दुर्गुण, दोष, व्यसन। 2. an immoral act, पापाचार, दुराचार।

vicious (विशस) ***adj.*** 1. depraved, immoral, mean, पतित, नीच, बुरा। 2. wicked, दुष्ट।

victim (विक्टिम) ***n.*** one who is harmed or injured by another or by accident or disease, पीड़ित, उत्पीड़ित।

victorious (विक्टोरिअस) ***adj.*** having won a victory, विजयी।

victory (विक्टरी) ***n.*** success in a battle or game, विजय, जीत।

view (व्यू) ***n.*** 1. seeing or looking, अवलोकन, दर्शन। 2. sight or scene, दृश्य। to inspect or survey, निरीक्षण या सर्वेक्षण करना।

viewpoint (व्यूपॉइन्ट) ***n.*** a point of view, दृष्टिकोण।

vigilance (विजिलन्स) ***n.*** watchfulness, सतर्कता, चौकसी।

vigorous (विगरस) ***adj.*** 1. full of vigour, ओजपूर्ण, ओजस्वी। 2. powerful, ज़ोरदार, प्रबल।

vile (वाइल) ***adj.*** (viler, vilest) 1. morally low, कमीना, नीच। 2. despicable, hateful, घृणित। 3. bad, बुरा।

villa (विला) ***n.*** a large house, विशाल भवन, हवेली।

villainous (विलेनस) ***adj.*** 1. wicked, दुष्ट, खल। 2. bad, बुरा।

vim (विम) ***n.*** energy, ऊर्जा, शक्ति।

vincible (विन्सिबल) ***adj.*** that can be overcome, जिसे परास्त किया जा सके।

vindicate (विन्डिकेट) ***v.*** 1. to clear of suspicion, संदेहमुक्त करना। 2. to prove to be valid, वैध ठहराना।

vinegar (विनिगर) ***n.*** a kind of sour liquid, सिरका।

violation (वाइअलेशन) ***n.*** the act of violating or the state of being violated, उल्लंघन, अतिक्रमण।

violence (वाइअलेन्स) ***n.*** the use of physical force, ज़ोर-ज़बरदस्ती। 2. great force or intensity, प्रचंडता, प्रबलता, उग्रता।

violent (वाइअलेन्ट) ***adj.*** 1. caused by violence, हिंसात्मक। 2. furious, उग्र, प्रचंड।

virginity (वर्जिनिटी) ***n.*** 1. the quality or state of being virgin, कुआँरापन, कौमार्य। 2. chastity, पवित्रता।

virtual (वर्चुअल) ***adj.*** real (in fact though not in name), वास्तविक, यथार्थ।

virtue (वर्चू) ***n.*** 1. a good quality, goodness, सद्‌गुण। 2. chastity of a woman, पवित्रता, सतीत्व।

virus (वाइरस) ***n.*** an organism smaller than bacteria but capable of causing disease, रोगजनक सूक्ष्म विषाक्त जीवाणु, वाइरस, विषाणु।

vis-a-vis (वीज़े-वी) ***adv.*** face to face, आमने-सामने, के सामने।

visibility (विज़िबिलिटी) ***n.*** the quality or state of being visible, दृश्यता।

vision (विज़न) ***n.*** 1. the power or faculty of seeing, दृष्टि। 2. the ability of great perception, imaginative insight, अंतर्दृष्टि, दिव्यदृष्टि, दूरदर्शिता।

visit (विज़िट) ***v.*** 1. to go or come to meet or see, मिलने के लिए जाना या आना। 2. to go or come to in a business or professional capacity, भेंट करना। the act of calling upon, meeting, भेंट, मुलाक़ात।

visual (विजुअल) ***adj.*** of or used in seeing, दृश्य, चाक्षुष।

visualization (विज़ुअलाइज़ेशन) ***n.*** the act of visualizing, मन में चित्र बनाने की क्रिया, मानसदर्शन।

vital (वाइटल) ***adj.*** 1. of or pertaining to life, जीवन-संबंधी। 2. essential to maintain life, जीवनाधार।

vitality (वाइटैलिटी) ***n.*** the power or ability to continue into existence, जीवंतता, प्राण-शक्ति।

viva (वाइवा) *n.* an oral examination, मौखिक परीक्षा।

vivid (विविड) *adj.* 1. full of life, lively, lifelike, जीवंत, सजीव, जीता-जागता। 2. bright or brilliant, चटक, शोख़।

vixen (विक्सन) *n.* 1. a female fox, लोमड़ी। 2. a quarrelsome woman, झगड़ालू स्त्री।

viz (विज़) *adv.* namely, अर्थात्।

vocabulary (वोकैबुलरी) *n.* all the words of a language, शब्दभंडार, शब्द-समूह, शब्द-संपदा।

vocation (वोकेशन) *n.* any trade or profession, व्यवसाय, पेशा, वृत्ति।

vogue (वोग) *n.* the current fashion or style, प्रचलित शैली, फ़ैशन, चालू रिवाज।

voice (वॉइस) *n.* 1. the sound made by the vocal cords, कंठध्वनि, घोष, आवाज़। *v.* to express, व्यक्त करना, अभिव्यक्त करना।

void (वॉइड) *adj.* vacant, empty, खाली, रिक्त। empty space, शून्य।

volcano (वॉल्केनो) *n.* an opening in the earth's crust through which lava, ash etc., are ejected, ज्वालामुखी।

volition (वोलिशन) *n.* determination, संकल्प, इच्छाशक्ति।

volume (वॉल्यूम) *n.* 1. a collection of written or printed sheets bound together, पुस्तक, किताब। 2. one of the books of a set, खंड, जिल्द।

voluntarily (वॉलन्टेरिली) *adv.* in a voluntary manner, स्वेच्छापूर्वक, अपने आप।

vomit (वॉमिट) *v.* to eject through the mouth, कै करना, उलटी करना। *n.* the matter ejected in vomiting, कै, उलटी।

voracity (वोरैसिटी) *n.* 1. voraciousness, भुक्खड़पन। 2. greediness, लालच, लोभ।

vote (वोट) *n.* 1. a formal expres- sion of one's opinion or choice, मत, वोट। 2. the right to express one's opinion in an election, मताधिकार। *v.* to cast a vote, मत देना, वोट देना।

voter (वोटर) *n.* one who has a right to vote, मतदाता।

vow (वॉउ) *n.* a solemn promise or pledge, संकल्प, प्रतिज्ञा, वचन। *v.* to promise or pledge, संकल्प करना, वचन देना।

vox populi (वॉक्स पॉपुली) *n.* public opinion, जनमत। (लैटिन)

voyage (वॉयेज) *n.* a journey by sea, समुद्री यात्रा, समुद्रयात्रा।

vulgar (वल्गर) *adj.* 1. lacking good taste, गँवार, उजड्ड, फूहड़। 2. lacking manners, अशिष्ट, असभ्य।

vulgarity (वल्गैरिटी) *n.* the state or quality of being vulgar, अभद्रता, अशिष्टता।

vulnerable (वल्नरेबल) *adj.* 1. susceptible to danger or attack, जो ख़तरे में पड़ सकता हो, जिसपर आक्रमण संभव हो, भेद्य, सुभेद्य। 2. weak or sensitive, कमज़ोर या नाजुक, संवेदनशील।

vulture (वल्चर) *n.* a large bird of prey, गीध।

wacky (वैकी) *adj.* crazy, सनकी, ख़ब्ती।

wad (वॉड) *n.* to hold in place by a wad, गद्दी लगाना; रुई से बंद करना। to plug with a pad, मुँह बंद करना, डाट या गद्दी लगाना।

wafer (वेफ़र) *n.* a kind of thin, crisp biscuit, एक प्रकार का बिस्कुट, वेफ़र।

wage (वेज) *n.* 1. payment in return for work or services, मज़दूरी। *v.* to engage in, (काम में) लग जाना या व्यस्त होना।

waif (वेफ़) *n.* 1. an unowned or abandoned child, लावारिस बच्चा, अनाथ बालक। 2. anything found by chance that is without an owner, लावारिस वस्तु। □ **waifs and strays,** अनाथ बच्चे।

wail (वेल) *v.* 1. to cry in grief, रोना, चीखना-चिल्लाना। 2. to lament, विलाप करना।

wait (वेट) *v.* 1. to stay in one place for a specified time or until some expected event occurs, प्रतीक्षा करना। 2. to serve food at a meal, भोजन परोसना।

waiting (वेटिंग) *n.* the act of one who waits, प्रतीक्षा, इंतज़ार।

waive (वेव) *v.* 1. to give up voluntarily (one's right or claim, अपना अधिकार या दावा) स्वेच्छापूर्वक छोड़ देना, अधित्याग करना।

wake (वेक) *v.* 1. to awaken, जाग उठना, आँख खुलना। 2. to become active, जाग पड़ना, सक्रिय हो उठना, सचेत हो जाना।

wakeful (वेकफुल) *adj.* 1. unable to sleep, जिसे नींद न आती हो, जागनेवाला, जाग्रत। alert, जागरूक, सचेत।

walk (वॉक) *v.* 1. to move along on foot, पैदल चलना, पैरों चलना। stroll, टहलान, सैर।

walkout (वॉकआउट) *n.* the act of leaving a meeting in protest, सदन-त्याग, वाक-आउट।

wallet (वॉलिट) *n.* a money bag, बटुआ।

walnut (वॉलनट) *n.* a tree, its wood and fruit, अख़रोट का पेड़ तथा इस पेड़ का फल और लकड़ी।

wan (वॉन) *adj.* pale from sickness, बीमारी के कारण जिसका रंग पीला पड़ गया हो, पीला।

wander (वॉन्डर) *v.* 1. to ramble, इधर-उधर घूमना, मटरगश्ती करना। 2. to stray, भटक जाना।

wane (वेन) *v.* 1. to decrease in size or extent, कम होना, क्षीण होना। to decline, घटना, ह्रास होना।

want (वॉन्ट) *v.* 1. to desire for, to long for, इच्छा करना, चाहना। to lack, अभाव होना, कमी होना।

wanton (वॉन्टन) *adj.* 1. unmanageable, undisciplined, बेलगाम या अनुशासनहीन। 2. malicious, विद्वेषपूर्ण। 3. excessive, अत्यधिक। *n.* an immoral person sply. woman, लंपट, व्यभिचारी, विशेषत: छिनाल स्त्री।

war (वॉर) *n.* a declared armed conflict between states or nations, युद्ध, लड़ाई, संग्राम। *v.* to wage a war, लड़ाई लड़ना।

warble (वॉर्बल) *v.* to chirp, पक्षियों का चहचहाना।

ward (वॉर्ड) *n.* a division in a hospital with beds for patients, कक्ष, वार्ड। 2. a child or person not capable of handling his or her own affairs, प्रतिपाल्य, वार्ड। *v.* to keep watch over, निगरानी करना।

warden (वॉर्डन) *n.* one who has charge of something, custodian, अभिरक्षक।

wardrobe (वार्डरोब) *n.* 1. a closet for keeping or hanging clothes, कपड़े टाँगने की अलमारी।

warehouse (वेअरहाउस) *n.* a building for storing goods, गोदाम, भंडार। *v.* to store in a warehouse, (माल को) माल गोदाम में रखना।

warfare (वॉरफ़ेअर) *n.* 1. armed conflict, सशस्त्र संघर्ष। 2. struggle, संघर्ष।

warm (वॉर्म) *v.* 1. to become warm, गरम होना, गरमाना। 2. to make warm, गरम करना, गरमाना, तपाना।

warmly (वॉर्मली) *adv.* in a warm manner, जोश-ख़रोश से, उत्साहपूर्वक या स्नेहभाव से।

warmth (वार्म्थ) *n.* 1. warmness, गरमाहट। 2. enthusiasm, उत्साह, जोश।

warn (वॉर्न) *v.* to make aware of coming danger, आगाह करना, सावधान करना।

warning (वॉर्निंग) *n.* the act of one who warns, चेतावनी।

warrant (वॉरन्ट) *n.* 1. to authorize (someone) to do something, कुछ करने

के लिए (किसी को) अधिकृत करना। 2. to attest, प्रमाणित करना। 3. to guarantee, गारंटी देना।

wary (वेअरी) ***adj.*** cautious, सतर्क।

wash (वॉश) ***v.*** 1. to cleanse with water, soap etc., धोना, साफ़ करना, पखारना, प्रक्षालन करना। 2. to purify, शुद्ध करना, पवित्र करना। ***n.*** 1. the act of washing, प्रक्षालन, धुलाई। 2. the state or quality of being washed, धोए जाने की अवस्था या भाव, धुलाई।

wasp (वॉस्प) ***n.*** a small winged insect with a vicious sting, ततैया, भिड़, बर्रे।

wastage (वेस्टिज) ***n.*** loss by waste, wear or deterioration, छीजन, बर्बादी या अपव्यय।

waste (वेस्ट) ***v.*** 1. to use carelessly or bexpend extravagantly, बर्बाद करना या अपव्यय करना, व्यर्थ बना देना। 2. to use thoughtlessly or without an adequate result, दुरुपयोग करना।

wasteful (वेस्टफ़ुल) ***adj.*** thriftless, extravagant, अपव्ययी, फ़ज़ूलख़र्च, ख़र्चीला, उजाड़ू।

watch (वॉच) ***v.*** 1. to look attentively, ध्यान से देखना, अवलोकन करना। 2. to keep under observation, निगाह रखना, देख-भाल करना, निगरानी करना।

watchdog (वॉचडॉग) ***n.*** 1. a dog kept to guard property, रखवाला कुत्ता, प्रहरी कुत्ता। 2. one who guards, प्रहरी।

watchtower (वॉचटाउअर) ***n.*** a tower on which a watchman keeps watch, वह बुर्ज जहाँ से पहरेदार निगरानी रखता हो।

water (वॉटर) ***v.*** 1. to sprinkle with water, जल छिड़कना। 2. to irrigate, सींचना।

water bird ***n.*** a bird that swims in water, जलपक्षी।

watercourse (वॉटरकोर्स) ***n.*** a stream or river, नदी, धारा।

waterfall (वॉटरफ़ॉल) ***n.*** a steep descent of water from height, जलप्रपात।

watermill ***n.*** a mill driven by water power, पनचक्की।

waterproof (वॉटरप्रूफ़) ***adj.*** not penetrable by water, जलसह, वाटरप्रूफ़।

watershed (वॉटरशेड) ***n.*** 1. a ridge that divides two rivers, जल-विभाजक। 2. a turning point, मोड़।

watertight (वॉटरटाइट) ***adj.*** not permitting water to come in or out, जलरोधी।

wave (वेव) ***n.*** 1. a ridge moving along the surface of water, लहर, तरंग। in the hair, बालों का घुमाव, घूँघर। 2. a wavelike motion, (ताप, प्रकाश, ध्वनि आदि की) तरंग। ***v.*** to move to and fro, लहराना, फहरना या फहराना। 2. to move (one's hand, हाथ) हिलाना या (इस प्रकार) संकेत करना।

wavelength (वेवलेन्थ) ***n.*** the distance between corresponding points in a sound wave, तरंगदैर्घ्य,

wavy (वेवी) ***adj.*** 1. full of waves, लहराता हुआ, तरंगित। 2. set in waves, घुँघराला।

wax (वैक्स) ***n.*** 1. a substance secreted by bees and used by them for constructing a honeycomb, beewax, मोम। 1. to coat with wax, मोम की परत चढ़ाना, मोम करना, या लगाना। to increase gradually in size, numbers, quantity, prosperity etc., बढ़ना, बढ़ोतरी होना।

way (वे) ***n.*** 1. a thoroughfare for travel or transportation, path, road, पथ, रास्ता, मार्ग। 2. a manner or method of doing something, ढंग, पद्धति, तरीक़ा।

wayfarer (वेफ़ेअरर) ***n.*** a traveller especially on foot, यात्री, पर्यटक, बटोही।

wayside (वेसाइड) ***n.*** the side of a road, सड़क का किनारा।

weaken (वीकन) ***v.*** to make weak, कमज़ोर कर देना।

weakness (वीकनिस) ***n.*** 1. the quality or state of being weak, कमज़ोरी, दुर्बलता। 2. a weak point, failing, कमज़ोरी, कमी, अवगुण।

wealth (वेल्थ) ***n.*** a great quantity of money and valuable possessions, धन-संपत्ति, धन-दौलत।

weapon (वेपन) ***n.*** an instrument or object used to attack or to defend oneself from attack, अस्त्र-शस्त्र, हथियार।

wear (विअर) ***v.*** 1. to put on (a garment, कोट, कमीज़, वस्त्र, टोप आदि) पहनना, धारण करना। 2. (to cause) to deteriorate by long hard use, घिसना, घिस डालना। ***n.*** 2. gradual deterioration or damage resulting from use or attrition, घिसाव, छीज।

weary (विअरी) ***adj.*** 1. tired, थका हुआ, श्रांत। 2. tiring, थकानेवाला। ***v.*** to make weary, थका या ऊबा देना।

weather (वेदर) ***n.*** the condition of the atmosphere of a particular place and time, मौसम, ऋतु।

weave (वीव) ***v.*** (wove/weaved, woven, weaving) 1. to form (a fabric) by interlacing woof and warp threads on a loom, बुनना, बुनाई करना। 2. to spin or form (a cobweb, जाला) बुनना। ***n.*** the act, process or pattern of weaving, बुनाई, बुनावट।

weaverbird (वीवरबर्ड) ***n.*** a bird that builds a nest of interlaced vegetation, बया पक्षी।

web (वेब) ***n.*** 1. a mesh of fine strands made by a spider, मकड़ी का जाला। 2. a membrane connecting the toes of duck, frogs etc., झिल्ली।

wedding (वेडिंग) ***n.*** the marriage ceremony, विवाह की रस्म, विवाहोत्सव।

weed (वीड) ***n.*** a wild and useless plant that grows among cultivated plants, घास-पात, खर-पतवार। ***v.*** to remove weed from, निराई करना, निराना।

weekly (वीकली) ***n.*** a weekly newspaper or magazine, साप्ताहिक।

weep (वीप) ***v.*** (wept, weeping) 1. to shed tears, आँसू बहाना, रोना। 2. to exude a watery fluid, (फोड़े में से) मवाद निकलना।

weft (वेफ़्ट) ***n.*** crosswise threads of the fabric, बाना।

weigh (वे) ***v.*** 1. to measure the heaviness of an object by means of scales or a balance, तौलना, वज़न करना। to ponder or consider carefully, विचार करना, महत्त्व आँकना।

weight (वेट) 1. the amount that something weighs, वज़न, भार, गुरुत्व। 2. a unit or system of units by which weight is measured, बाट-माप, बाट-माप प्रणाली।

weird (विअर्ड) ***adj.*** 1. strange, odd, विचित्र, अजीब। 2. mysterious, supernatural, रहस्यपूर्ण, लोकोत्तर।

weld (वेल्ड) ***v.*** 1. to join metal pieces by heating, hammering or pressure, झलाई करना, वेल्ड करना। 2. to unite, जोड़ना, एक करना।

welfare (वेल्फ़ेअर) ***n.*** well being, भलाई, कल्याण, हित।

well (वेल) ***n.*** a pit below the earth surface to obtain water, oil, gas etc., कुआँ, कूप। ***v.*** to rise up or gush, ऊपर उठना, उमड़ पड़ना, बह निकलना। ***adj.*** (better, best) 1. in good health, स्वस्थ।

well-being (वेल-बींग) ***n.*** the state of being healthy, happy or prosperous, स्वस्थ, सुखी या समृद्ध होने की अवस्था, संपन्नता, सुख-समृद्धि।

well done (वेल डन) ***interj.*** an exclamation of approval of another's action, बहुत अच्छा! शाबाश!

well-intentioned (वेल-इन्टेन्शन्ड) ***adj.*** having good intentions, नेकनीयत।

well-nigh (वेल-नाइ) ***adv.*** almost, क़रीब क़रीब।

well-spoken (वेल-स्पोकन) ***adj.*** 1. properly spoken, सुकथित। 2. speaking in a polite way, मृदुभाषी।

well-to-do (वेल-टु-डू) ***adj.*** well-off, समृद्ध, संपन्न, धनी।

welsh ***v.*** (वेल्श) 1. to cheat, ठगना, धोखा

देना। 2. to fail to fulfil (one's obligation, अपना दायित्व) न निभाना, नटना।

wet (वेट) ***adj.*** 1. drenched, गीला, तर, तर-बतर। 2. moistened, नम, आर्द्र। ***v.*** to become wet, गीला होना, तर होना, भीगना।

wetland (वेटलैन्ड) ***n.*** a marsh, दलदल।

whack (वैक) ***v.*** to hit or strike with a sharp resounding blow, तड़ाक से मारना या प्रहार करना।

whacked (वैक्ड) ***adj.*** tired, थका-माँदा।

whatever (वॉटेवर) ***adj.*** 1. of any number, चाहे जितना। ***pron.*** anything, कुछ भी।

whatsoever (वॉटसोएवर) ***adj.*** what-ever, चाहे जिस प्रकार का या जितना।

wheat (वीट) ***n.*** a plant and its grain, गेहूँ का पौधा और दाने।

wheedle (वीडल) ***v.*** 1. to coax, फुसलाना, बहका लेना, राजी कर लेना। 2. to obtain by wheedling, ऐंठना, झाँसा देना।

wheel (वील) ***n.*** 1. a circular frame that revolves on axis, पहिया, चक्का। 2. anything resembling this, चक्कर, चाक आदि। ***v.*** 1. to turn on axis, घूमना। 2. to roll on wheels, (पहियों का) चलना, आगे बढ़ना।

whereabouts (वेअरअबाउट्स) the location of something or something, पता-ठिकाना, अता-पता।

whereby (वेअरबाइ) ***adv.*** by which, जिससे, जिसके द्वारा।

whey (वे) ***n.*** the watery part of the milk which separates from the cheese or curd after coagulation, छेने या दही द्वारा छोड़ा हुआ पानी।

whim (विम) ***n.*** a sudden fanciful idea, सनक, झक, मौज।

whimper (विम्पर) ***v.*** to make a low whining plaintive sound, रिरियाना, पिनपिनाना, ठिनकना। ***n.*** a whimpering cry, पिनपिनाहट।

whine (वाइन) ***v.*** 1. to express a plaintive high-pitched sound, चीख़ना, चिल्लाना। 2. to utter complainingly, चीख़-चीख़ कर बातें करना, चिल्लपों मचाना।

whinny (विनी) ***v.*** (whinnied, whinnying) to neigh, (घोड़े का) हिनहिनाना, हींसना। ***n.*** a neigh, हिनहिनाहट, हींस।

whip (विप) ***n.*** a device with a cord and lash used for driving animals or for punishing persons, चाबुक, कोड़ा, हंटर। ***v.*** 1. to strike with a whip, चाबुक मारना, हंटर लगाना। 2. to beat, (क्रीम, अंडे आदि) फेंटना।

whirlpool (वर्लपूल) ***n.*** a powerful current of water whirling in a circle, भँवर, जलावर्त।

whirlwind (वर्लविन्ड) ***n.*** a column of air whirling violently, चक्रवात, बवंडर, बगूला।

whisper (विस्पर) ***v.*** to speak in a very low tone, खुसुर-फुसुर करना, फुसफुसाना। ***n.*** the act of whispering or something whispered, फुसफुसाहट, कानाफूसी।

whistle (विसल) ***v.*** to produce a shrill sound by forcing air through an aperture formed by the lips, सीटी बजाना। ***n.*** an instrument for making a shrill sound, सीटी।

white paper ***n.*** an official government report, आधिकारिक सरकारी रिपोर्ट, श्वेत-पत्र।

whither (विदर) ***adv. & conj.*** to what place? कहाँ ? किधर ?

whoever (हूएवर) ***pron.*** whatever person, जो कोई, जो भी।

whole (होल) ***adj.*** 1. complete, entire, पूर्ण, समूचा, सारा, पूरा। 2. intact, unbroken, अखंड, अविभाजित, समूचा।

wholehearted (होलहार्टिड) ***adj.*** done with total sincerity, हार्दिक।

wholesale (होलसेल) ***n.*** the business of selling goods in large quantities, थोक व्यापार।

wick (विक) ***n.*** a cord or tape in the oil lamp, candle etc., बत्ती।

wicked (विकिड) ***adj.*** 1. bad, mischievous or corrupt, दुष्ट, भ्रष्ट। 2. immoral or unjust, अनैतिक या अन्यायपूर्ण।

wicker (विकर) ***n.*** 1. a thin flexible twig, पतली टहनी। 2. a splint, खपची।

wide (वाइड) ***adj.*** 1. measuring much from side to side, चौड़ा। 2. of a specified extent from side to side, चौड़ा, विस्तृत।

widespread (वाइडस्प्रेड) ***adj.*** found or extending over a wide area or region, दूर तक फैला हुआ, दूर-दूर तक प्राप्त, व्याप्त।

width (विड्थ) ***n.*** 1. wideness, चौड़ाई, विस्तार। 2. a fabric that has a specified width, अर्ज़।

wig (विग) ***n.*** a covering of artificial or human hair for adornment, विग, केशिका, नक़ली बाल। ***v.*** to cover with a wig, विग लगाना।

wild (वाइल्ड) ***adj.*** 1. living in natural state, not tamed or domesticated, जंगली, वन्य, बनैला। unruly, uncivilized, savage, उद्धत, असभ्य या बर्बर, जंगली, वहशी।

wildlife (वाइल्डलाइफ़) ***n.*** wild animals collectively, वन्य पशु।

wilful (विलफ़ुल) ***adj.*** self-willed, मनमाना आचरण करनेवाला, हठी।

will (विल) ***n.*** 1. a wish, desire, इच्छा, चाह। determination, दृढ़ता, इच्छा-शक्ति। ***v.*** 1. to wish or intend, चाहना, इरादा करना। 2. to bequeath by will, वसीयत करना।

willing (विलिंग) ***adj.*** 1. favourably inclined, राज़ी, इच्छुक, तैयार। 2. given or performed willingly, सहर्ष दिया या किया जानेवाला, इच्छित।

will-power (विल-पाउअर) ***n.*** firmness of will, संकल्प-शक्ति, इच्छा-शक्ति।

win (विन) ***v.*** (won, winning) 1. to gain victory, जीतना, विजय प्राप्त करना। 2. to be successful (in a competition, प्रतियोगिता में) सफलता प्राप्त करना, सफल होना।

wince (विन्स) ***v.*** 1. to draw back, पीछे हटना। 2. to shrink, सिकुड़ जाना।

wind (विन्ड) ***n.*** 1. a current of air, हवा, पवन। 2. gas forming in the stomach, वायु, बाई, वात। ***v.*** 1. to blow, (बाजा) बजाना। 2. to encircle or coil around some object, लपेटना।

windfall (विन्डफ़ॉल) ***n.*** an unexpected piece of good fortune, सौभाग्य से मिली कोई अप्रत्याशित वस्तु या अप्रत्याशित लाभ।

windmill (विन्डमिल) ***n.*** a machine driven by the force of wind, पवन-चक्की।

windscreen (विन्डस्क्रीन) ***n.*** the sheet of glass at the window at the front of a car, truck etc., विंडस्क्रीन, कार आदि का सामने का शीशा।

wing (विन्ग) ***n.*** one of the organs of an insect, bird etc., by which it flies, पर, पंख, डैना। ***v.*** to make one's way swiftly, उड़ते हुए जाना, तेज़ी से जाना।

wink (विन्क) ***v.*** to close and open one eye as a hint or signal, कनखी मारना, आँख से इशारा करना।

winner (विनर) ***n.*** one who wins, विजेता।

winsome (विनसम) ***adj.*** charming, सुंदर, आकर्षक, लुभावना।

wipe (वाइप) ***v.*** 1. to clean by rubbing, साफ़ करना, पोंछना। 2. to remove by wiping, रगड़कर मिटाना, पोंछ डालना। ***n.*** the act of wiping, सफ़ाई, पोंछने की क्रिया या भाव।

wire (वाइर) ***n.*** 1. a flexible strand of metal, तार। 2. a cable, टेलीफ़ोन आदि का तार। ***v.*** 1. to install wiring, तार लगाना, तार की फ़िटिंग करना। 2. to send a telegram, तार भेजना।

wireless (वाइरलिस) ***adj.*** without wires, बेतार। ***n.*** a radio, रेडियो।

wisdom (विज़्डम) ***n.*** understanding of what is true or lasting, ज्ञान।

wise (वाइज़) ***adj.*** 1. having or showing wisdom, sensible, समझदार,. बुद्धिमान, अक़्लमंद।

wish (विश) ***n.*** a desire, इच्छा, अभिलाषा। ***v.*** to desire, चाहना।
wisp (विस्प) ***n.*** 1. anything slender or delicate, नाजुक या नरम वस्तु। 2. a flock, झुंड।
wit (विट) ***n.*** 1. the ability to make clever humourous effect by ironic remarks, विनोद, चोज़, वाग्वैदग्ध्य, वाक्‌चातुर्य। 2. a person possessing such an ability, वाग्विदग्ध, वाक्‌चतुर, हाज़िरजवाब।
witch (विच) ***n.*** 1. a woman who practices sorcery, टोनहाई, जादूगरनी, डाइन। 2. a fascinatingly attractive woman, मोहिनी।
withdraw (विदड्रॉ) ***v.*** 1. to draw back, पीछे (की ओर) खींचना। 2. to retreat, पीछे हटना या हटाना।
withdrawal (विदड्रॉअल) ***n.*** 1. the act of withdrawing, वापस लेना, वापसी। 2. the act of withdrawing (money, रुपए की) निकासी, आहरण।
withdrawn (विदड्रॉन) ***adj.*** reserved or shy, गैर-मिलनसार या शर्मीला, गुमसुम।
wither (विदर) ***v.*** 1. to fade or droop, कुम्हला या मुरझा जाना। 2. to disintegrate or decay, विघटित या नष्ट हो जाना।
withhold (विदहोल्ड) ***v.*** to keep back, रोक रखना। 2. inside the limits of, के अंदर, से कम। ***adv.*** inside, inwardly, अंदर, भीतर।
withstand (विदस्टैन्ड) ***v.*** 1. to endure successfully, बर्दाश्त कर लेना, झेल लेना। 2. to remain firm, दृढ़ रहना, डटे रहना।
witness (विटनिस) ***n.*** 1. a person who saw or heard and can give a firsthand account of something, गवाह, साक्षी। 2. one who testifies, गवाह, साक्षी। ***v.*** to be the witness of, गवाह होना।
witticism (विटिसिज़म) ***n.*** a witty or clever remark, ठिठोली, व्यंग्योक्ति, फब्ती।
witty (विटी) ***adj.*** 1. full of wits, व्यंग्यपूर्ण, मज़ेदार, विनोदपूर्ण। 2. intelligent, बुद्धिमान।
wizard (विज़र्ड) ***n.*** 1. a sorcerer, टोनहाया, ओझा। 2. a magician, जादूगर।
wobbly (वॉब्ली) ***adj.*** shaky, काँपता हुआ, डाँवाँडोल, ढुलमुल।
woe (वो) ***n.*** 1. intense grief, घोर कष्ट, दुख, विषाद, शोक। 2. trouble causing this, विपत्ति।
wolf (वुल्फ़) ***n.*** (plu. wolves) a wild animal of dog family, भेड़िया। ***v.*** to eat greedily, भकोसना।
womanly (वुमनली) ***adj.*** of or typical of a woman, स्त्रीसुलभ, स्त्रियोचित।
womb (वूम) ***n*** the uterus, गर्भाशय, कोख, बच्चेदानी।
wonder (वन्डर) ***n.*** a feeling of astonishment and admiration, अचंभा, आश्चर्य, ताज्जुब। ***v.*** to be amazed, आश्चर्यचकित होना, आश्चर्य होना।
wonderful (वन्डरफ़ुल) ***adj.*** 1. amazing, अद्‌भुत, आश्चर्यजनक, चमत्कारपूर्ण। 2. excellent, fine, उत्कृष्ट।
wonderstruck (वन्डरस्ट्रक) ***adj.*** amazed, चकित, भौचक्का।
wont (वोन्ट) ***adj.*** accustomed, आदी, अभ्यस्त।
woo (वू) ***v.*** 1. to seek the love (of a woman in order to marry, विवाह के उद्देश्य से किसी स्त्री को) राज़ी करना या फुसलाना। 2. to seek to achieve, कुछ प्राप्त करने के लिए सचेष्ट होना।
wood (वुड) ***n.*** the hard fibrous substance of a tree, लकड़ी, काष्ठ, काठ।
woodcraft (वुडक्राफ़्ट) ***n.*** the art or skill of working with wood, काष्ठशिल्प।
woodland (वुडलैन्ड) ***n.*** a land covered with woods, वनस्थली।
woods (वुड्स) ***n.*** (plu.) an area of land smaller than a forest, छोटा जंगल।
woodwork (वुडवर्क) ***n.*** the art or craft of making things in wood, लकड़ी का काम, काष्ठकर्म।
woodworm (वुडवर्म) ***n.*** an insect that bores into wooden objects, घुन।
woody (वुडी) ***adj.*** 1. made of wood, लकड़ी का बना। 2. full of trees, पेड़ों से भरा।
word (वर्ड) ***n.*** 1. a speech sound or series of speech sounds having meaning, शब्द, लफ़्ज़। a promise, वचन।
work (वर्क) ***n.*** 1. physical or mental effort directed in doing something, काम, कार्य। 2. employment, काम, नौकरी। ***v.*** 1. to do, make or perform, करना, काम करना। 2. to labour, परिश्रम करना।
workday (वर्कडे) ***n.*** a day on which work is regularly done, कार्यदिवस, कार्यदिन।
worker (वर्कर) ***n.*** a person who works for wages, मज़दूर, श्रमिक, कर्मी, कामगार।
working (वर्किन्ग) ***adj.*** 1. engaged in work, काम में लगा हुआ, कार्यरत, कार्यकारी। 2. busy, व्यस्त। ***n.*** the act of one who works, कार्य-संचालन।
workshop (वर्कशॉप) ***n.*** 1. a workroom, कार्यकक्ष। 2. a meeting of group of persons for exchange of ideas and mutual benefit, कार्यशाला।
world (वर्ल्ड) ***n.*** 1. everything in existence, universe, सृष्टि, ब्रह्मांड। 2. the earth as a complete environment, संसार, लोक, जगत्, दुनिया।
worm (वर्म) ***n.*** 1. a long slender creeping insect, कीड़ा, कृमि; earthworm, केंचुआ, glowworm, जुगनूँ। 2. a wretched person, नीच या अधम व्यक्ति। ***v.*** to move like a worm, रेंगना।
worry (वरी) ***v.*** to be anxious or uneasy, चिंतित होना, बेचैन होना। ***n.*** anxiety, चिंता, परेशानी।
worse (वर्स) ***adj.*** very bad, बहुत बुरा, बदतर। 2. in bad health, दयनीय अवस्थावाला, दुर्दशाग्रस्त।
worsen (वर्सन) ***v.*** to become worse, बदतर हो जाना, और बुरा हो जाना।
worship (वर्शिप) ***n.*** 1. devotion and respect paid to a god or deity, भक्ति, श्रद्धा। 2. ceremonies or prayers displayed, पूजा, उपासना। ***v.*** to pay worship to, पूजा करना, उपासना करना।
worst (वर्स्ट) ***adj.*** the superlative of bad, most bad, सबसे बुरा, बदतरीन।
worth (वर्थ) ***n.*** 1. value, price, मूल्य, क़ीमत। 2. importance, महत्त्व।
worthless (वर्थलिस) ***adj.*** 1. having no worth, valueless, किसी काम का नहीं, व्यर्थ, बेकार। 2. of no use, निकम्मा (व्यक्ति)।
worthwhile (वर्थवाइल) ***adj.*** sufficiently important, काफ़ी महत्त्वपूर्ण।
worthy (वर्दी) ***adj.*** having sufficient worth, मूल्यवान।
wound (वून्ड) ***n.*** an injury to the body in which the skin is cut, torn or pierced, घाव, ज़ख़्म, क्षत। ***v.*** to inflict a wound on, चोट मारना, घायल करना, ज़ख़्मी करना।
wrangle (रैन्गल) ***v.*** to quarrel angrily, झगड़ा करना, नोंक-झोंक करना। ***n.*** 1. noisy quarrel, झगड़ा, नोक-झोंक।
wrap (रैप) ***v.*** 1. to wind paper, cloth etc., around (a thing) so as to cover it, लपेटना। 2. to cover, ढकना, आच्छादित करना, आवरण डालना। ***n.*** a covering, आवरण।
wrapper (रैपर) ***n.*** a cover, आवरण।
wrathful (रैथफ़ुल) ***adj.*** full of anger, रोषपूर्ण, क्रुद्ध।
wreath (रीथ) ***n.*** a ring made of flowers or leaves, पत्तियों या फूलों का चक्र, हार या माला, फूलचक्र, फूलमाला।
wreathe (रीद) ***v.*** to form a wreath, पत्तियों, फूलों आदि का चक्र या हार बनाना, माला या हार गूँथना।
wreck (रेक) ***v.*** to destroy or damage badly, विनष्ट या नष्ट-भ्रष्ट कर देना, ध्वस्त कर देना। ***n.*** accidental destruction of a ship by storms, तूफ़ान से होनेवाला जलयान का विनाश।
wreckage (रेकिज) ***n.*** 1. the act of wrecking or the state of being wrecked,

विनाश। 2. the remains of something wrecked, विनष्ट वस्तु के अवशेष, मलबा।
wrench (रेन्च) ***v.*** 1. to pull with a jerk, झटका देना, झटके से हटा देना। 2. to twist or turn ऐंठना, मरोड़ना। a violent jerk or pull, तेज़ झटका।
wrest (रेस्ट) ***v.*** 1. to take by force, झटक लेना, छीन लेना। 2. to obtain with a great effort, अत्यधिक परिश्रम से प्राप्त करना।
wrestle (रेसल) ***v.*** to grapple with, कुश्ती लड़ना।
wrestler (रेसलर) ***n.*** one who is skilled in wrestling, पहलवान।
wretched (रेचिड) ***adj.*** 1. pitiable, दयनीय। 2. despicable, हेय, तुच्छ, नीच।
wrinkle (रिन्कल) ***n.*** 1. a slight ridge or crease on a normally smooth surface, सिलवट, शिकन, झुर्री। 2. a slight problem, छोटी-मोटी समस्या। a trick, चाल।
wrist (रिस्ट) ***n.*** the joint between the hand and forearm, कलाई, गट्टा, पहुँचा, मणिबंध।
writer (राइटर) ***n.*** 1. a person who writes books, articles, documents etc., लेखक।
wrong (रॉन्ग) ***adj.*** 1. not right or true, ग़लत, मिथ्या। 2. morally bad, बुरा, अनैतिक। ***v.*** to treat unjustly, दुर्व्यवहार करना।
wroth (रॉथ) ***adj.*** angry, अप्रसन्न, रुष्ट, नाराज़।
wrought (रॉट) ***v.*** p.t. and p.p of work. ***adj.*** shaped by beating or hammering, पीटकर बनाया हुआ।
wrought-up (रॉट-अप) ***adj.*** 1. very excited, अत्यधिक उत्तेजित, विक्षुब्ध।

xenophobia (ज़ेनोफ़ोबिआ) ***n.*** strong dislike of foreigners or strangers, विदेशियों या अज्ञात व्यक्तियों के प्रति होनेवाली घोर घृणा।
xerox (ज़िअरॉक्स) ***n.*** a copying machine, प्रतिलिपि तैयार करनेवाली मशीन, ज़ीरॉक्स।
x-rated (एक्स-रेटिड) ***adj.*** (of films) not be seen by persons under seventeen years old, (ऐसी फिल्में) जिन्हें सत्रह बरस से कम उम्र के लोगों के देखने पर प्रतिबंध हो।
X-ray (एक्स-रे) ***n.*** a non-luminous ray, एक प्रकार की किरण, एक्स रे।
xylography (ज़ाइलोग्राफ़ी) ***n.*** the art of graving on wood, लकड़ी पर की जानेवाली नक़्क़ाशी; काष्ठ-उत्कीर्णन।
xylophone (ज़ाइलोफ़ोन) ***n.*** a musical instrument with wooden bars which produce different notes when struck with a small hammer, काष्ठतरंग।

yacht (यॉट) ***n.*** a small sailing motor driven vessel used for racing or pleasure trip, याट, केलिपोत।
yam (यैम) ***n.*** 1. a plant and its tuber, रतालू। 2. Indian yam, अरबी, अरुई, घुइयाँ।
yank (यैन्क) ***v.*** to pull with a jerk, झटका देना, झटकना।
yap (यैप) ***v.*** to yelp, (कुत्ते का) भौंकना या चीख़ना।
yard (यार्ड) ***n.*** 1. a measure of length equal to three feet or 0.9144 meters, गज़। a piece of enclosed ground around a building, अहाता, प्रांगण, बाड़ा।
yardstick (यार्डस्टिक) ***n.*** a standard of comparison or judgment, मानदंड।
yarn (यार्न) ***n.*** a continuous long twisted thread of cotton, wool etc., prepared for weaving, knitting etc., धागा, सूत।
yearbook (यिअरबुक) ***n.*** an annual book containing the information and events of the previous year, वार्षिकी, अब्दकोश।
yearly (यिअरली) ***adj.*** occurring, appearing, done or payable once in a year, प्रतिवर्ष होनेवाला, वार्षिक, सालाना।
yeast (यीस्ट) ***n.*** 1. a leavening agent, ख़मीर। 2. foam on beer, बियर की झाग।
yell (येल) ***v.*** to cry with a loud sound, चिल्लाना, चीख़ना।
yelp (येल्प) ***v.*** 1. to cry, चीखना। 2. to bark, भौंकना।
yen (येन) ***n.*** a standard unit of Japanese money, जापानी मुद्रा।
yeoman (योमैन) ***n.*** a farmer who owns land, वह किसान जो अपनी भूमि खुद जोतता बोता हो।
yes-man ***n.*** (येस-मैन) a person who always says yes to his superior's order, जी हुजूरिया, चमचा।
yeti (येटी) ***n.*** a snowman, हिममानव।
yield (यील्ड) ***v.*** 1. to produce, उत्पन्न करना, पैदा करना। 2. to grant or concede, दे देना, छोड़ देना। ***n.*** 1. a crop, फ़सल, पैदावार। 2. the profit or return, लाभ, प्रतिफल।
yoghurt, yogurt (योगर्ट) ***n.*** milk curdled by bacteria, दही।
yoke (योक) ***n.*** 1. a wooden frame used for joining two draught animals pulling a plough, cart etc., जुआ। 2 an oppressive force or burden, भार, बोझ। ***v.*** to harness by means of a yoke, जोतना।
yolk (योक) ***n.*** the yellow part of an egg, अंडे की ज़र्दी।
yonder (यॉन्डर) ***adj.*** being at that place, वहाँ का। ***adv.*** over there, वहाँ।
yore (योर) ***n.*** time long past, प्राचीन काल, पुराना ज़माना।
youth (यूथ) ***n.*** 1. the quality or state of being young, जवानी, यौवन, तरुणाई। 2. a young man, जवान आदमी।
youthful (यूथफ़ुल) ***adj.*** 1. possessing youth, युवा, जवान। 2. active or vigorous, सक्रिय या स्फूर्त।
yule (यूल) ***n.*** the Christmas festival, बड़े दिन का त्योहार।

zany (ज़ेनी) ***n.*** 1. a clown, मसख़रा, विदूषक, भाँड़। 2. a foolish person, मूर्ख व्यक्ति।
zeal (ज़ील) ***n.*** enthusiasm, जोश, उत्साह, उमंग।
zealot (ज़ेलॉट) ***n.*** a fanatically zealous person, कट्टर या उन्मादी व्यक्ति।
zealous (ज़ेलस) ***adj.*** enthusiastic, उत्साही, जोशीला।
zero hour ***n.*** the hour or time at which some action is to begin, शून्यकाल, आरंभ काल।
zest (जेस्ट) ***n.*** 1. something that gives relish or flavour, सुस्वादु या ज़ायकेदार चीज़। enthusiasm, उमंग, जोश।
zigzag (जिगज़ैग) ***adj.*** having curved

short turns, टेढ़ा-मेढ़ा, सर्पिल, चक्करदार। ***v.*** to move in a zigzag course, टेढ़े-मेढ़े रास्ते पर चलना।

zinc (ज़िन्क) ***n.*** a bluish white metallic element, जस्ता, ज़िंक। ***v.***to coat with zinc, जस्ता चढ़ाना।

zip (ज़िप) ***n.*** a fastening device, ज़िप। ***v.*** 1. to open or close with a zip, ज़िप खोलना या बंद करना। 2. to rush, तेज़ी से बढ़ना।

zombie (ज़ॉम्बी) ***n.*** a corpse brought to life by witchcraft, वह शव जो जादू-टोने या तंत्रमंत्र से जीवंत बना दिया गया हो, जीवित शव, जिन।

zonal (ज़ोनल) ***adj.*** of or pertaining to a zone, क्षेत्रीय, मंडलीय, आंचलिक।

zone (ज़ोन) ***n.*** a particular area or region, क्षेत्र, मंडल, अंचल। ***v.*** to divide into zones, क्षेत्रों में विभाजित करना।

zoo (ज़ू) ***n.*** a place where live animals are kept, bred and exhibited, चिड़ियाघर।

zoologist (ज़ोऑलजिस्ट) ***n.*** an expert in zoology, प्राणि-विज्ञानी।

zoology (ज़ोऑलोजी) ***n.*** the scientific study of animals, प्राणि-विज्ञान।

zoom (ज़ूम) ***v.*** to move with buzzing sound, सनसनाते हुए आगे बढ़ना। ***n.*** the act or sound of zooming, सनसनाहट।

❑

Personality Development
के 101 टिप्स

1

अगर आप किसी में कोई अच्छाई देखें तो उसे अपना लें।

2

अपनी कमजोर कड़ी को पहचानें और तुरंत सुधार करें।

3

अपने समय का धन की तरह प्रबंधन करें।

4

सोचें, निर्णय लें और वही करें जो आपको उचित लगे।

5

आत्मविश्वास खोना सबसे बड़ी हानि है।

6

जो अपनी आय से ज्यादा खर्च करता है, उसे पर्स रखने की आवश्यकता नहीं होती।

7

वे, जो अतीत को याद नहीं रखते, उन्हें इसे दुबारा भुगतना पड़ता है।

8

यदि आप सबकुछ बनना चाहते हैं तो आप कुछ भी नहीं बन सकते।

9

ऐसा काम आरंभ न करें, जिसे आप रोक न सकते हों।

10

'किसी और दिन' नहीं बल्कि 'आज़' ही बड़ा काम आरंभ करने का दिन है।

11

अपनी गलती मान लेना आपका थोड़ा समझदार होना सिद्ध करता है।

12

किसी भी आदमी के लिए सबसे अधिक महत्त्वपूर्ण बात अपनी इज्जत व अपना चरित्र बनाना है।

13

असहमति होते हुए भी सहमति जताना बातचीत में सफलता पाने का रहस्य है।

14

यदि पहली बार में आपको सफलता नहीं मिलती है, तो एक बार और कोशिश करें और इसके बाद किसी और काम को करने की कोशिश करें।

15

यद्यपि आप सही रास्ते पर जा रहे हैं, तो भी यदि बैठ जाएँगे तो पीछे रह जाएँगे।

16

अपने कैरियर की शुरुआत में आपका सीखना आपकी कमाई से अधिक महत्त्वपूर्ण है।

17

90 प्रतिशत काम आपके अधीनस्थ कर्मचारियों द्वारा किया जा सकता है और वास्तव में आपको केवल 10 प्रतिशत के लिए वेतन दिया जाता है।

18

जो लोग जल्दबाजी करते हैं, वे सामान्यत: घंटे बरबाद करके कुछ मिनट ही बचाते हैं।

19

अपने स्वयं के शब्दों को खा जाने से (यानी अपने शब्दों से मुकर जाने से) बुरी कोई बदहजमी नहीं है।

20

90 प्रतिशत निर्णय अतीत के अनुभव के आधार पर तुरंत लिये जा सकते हैं, केवल 10 प्रतिशत के लिए ही गहन विश्लेषण करने की आवश्यकता होती है।

21

प्रशंसा सार्वजनिक रूप से करें। निंदा अकेले में करें।

22

एक महान् व्यक्ति की महानता का पता अपने से छोटे व्यक्ति से व्यवहार करते समय चलता है।

23

वे लोग, जो वही करते हैं जो उनसे कहा जाए, उन्हें कदाचित् ही कुछ करने को कहा जाए।

24

जब भी आपको पदक मिले, तो इसे अपने सहकर्मियों को दे दें। आपको और पदक मिलेंगे।

25

एक बार आपकी सज्जनता को अनुग्रह के रूप में लिया जाएगा, दुबारा करने पर वह एक कर्तव्य बन जाती है।

26

लोगों से घृणा करना ऐसा है जैसे चूहे से छुटकारा पाने के लिए अपना घर जला देना।

27

किसी दूसरे की योजनाओं को तब तक हतोत्साहित न करें जब तक कि आपके पास उससे बेहतर योजना न हो।

28

वे लोग जो पारिश्रमिक से ज्यादा काम नहीं करते, उन्हें काम से ज्यादा पारिश्रमिक कभी नहीं मिलता।

29

इस बात का कोई फर्क नहीं पड़ता कि क्या आप अपने पूर्वजों पर गर्व कर सकते हैं ? फर्क इस बात का पड़ता है कि क्या वे भी आप पर गर्व कर सकते हैं या नहीं ?

30

यदि आप लोगों का बहुत समय से निरीक्षण कर रहे हैं तो आपने अनुभव किया होगा कि स्व-निर्मित लोग वही हैं, जिन्होंने बहुत अधिक काम किया हैं।

31

यदि हममें से प्रत्येक अपने से छोटे व्यक्तियों को काम पर रखने लगे तो हम सब बौनों का जनघट बन जाएँगे, लेकिन यदि हममें से प्रत्येक अपने से बड़े लोगों की सेवाएँ लेने लगे, तो हम सब भीमकाय लोगों की कंपनी बन जाएँगे।

32

लोगों के लिए कृतज्ञता भूलना सामान्य सी बात है, इसलिए यदि हम लोगों से कृतज्ञता जताने की आशा करते हैं तो हम सीधे अपने दिल में जख्मों को निमंत्रण दे रहे हैं।

33

अगर कोई मोटर और आदमी ज्यादा शोर करते हैं तो यह तय है कि उनके पास बहुत कम शक्ति है।

34

अपने मित्र की भावनाओं को मजाक में भी ठेस न पहुँचाएँ।

35

कभी भी ऐसे व्यक्ति के साथ मित्रता न करें, जो आप से बेहतर न हो।

36

क्या आपके 50 दोस्त हैं ? यह संख्या काफी नहीं है। क्या आपका एक शत्रु है ? यह संख्या बहुत अधिक है।

37

सोचो, धन्यवाद करो और मुसकराओ।

38

जरूरतें खत्म हो सकती हैं, लालच नहीं।

39

जो थोड़े से सतुंष्ट हैं, उनके पास सब कुछ है।

40

छोटा बरतन जल्दी गरम हो जाता है।

41

आप खुश रहकर सोचें और काम करें, आप स्वयं को प्रसन्न अनुभव करेंगे।

42

ऐसे व्यवसायी, जो चिंता से लड़ना नहीं जानते, जल्दी ही खत्म हो जाते हैं।

43

हमारे जीवन में 90 प्रतिशत चीजें ठीक होती हैं, केवल 10 प्रतिशत ही गलत होती हैं।

44

छोटे खर्चों से सावधान रहें, एक छोटा सा छेद एक बड़े जहाज को डुबो सकता है।

45

छोटी-छोटी बातों पर दुखी न हों। छोटी-छोटी चीजों के कारण अपनी खुशियाँ बरबाद न करें।

46

वर्तमान में जिएँ और इसे इतना खूबसूरत बना लें कि इसे याद रखा जा सके।

47

90 प्रतिशत आर्थिक चिंताओं का कारण 30 प्रतिशत लापरवाही, 30 प्रतिशत सुस्ती और 30 प्रतिशत फिजूलखर्ची है।

48

कुछ लोग जहाँ भी जाते हैं, खुशियाँ साथ लाते हैं, बाकी सब तब खुशियाँ लाते हैं जब वे कहीं चले जाते हैं।

49

कीमती पत्थर, कालीन और फनूस मिलकर एक सुंदर भवन बनाते हैं, पर सिर्फ उसमें रहनेवालों की मुसकराहट ही उसे एक घर बनाती है।

50

इस बात की चिंता न करें कि दूसरे लोग आपके बारे में क्या सोच रहे हैं। वे इस चिंता में व्यस्त हैं कि आप उनके बारे में क्या सोच रहे हैं।

51

सोचें और धन्यवाद करें। वह सब सोचें जिसके लिए आपको कृतज्ञ रहना है और सभी सुखों-दुःखों के लिए भगवान् का धन्यवाद करें।

52

'मैं पूरी कोशिश करूँगा' ने अद्‌भुत कार्य किए हैं।

53

जब तक मैं कामयाब नहीं होता, संघर्ष करता रहूँगा।

54

अगर आप प्रतियोगिता के लिए तैयारी करने में व्यस्त नहीं हैं, तो आप और प्रतियोगिता को जन्म दे रहे हैं।

55

आपकी ख्याति कभी भी चोरी नहीं हो सकती, जबकि सबकुछ चुराया जा सकता है।

56

अपने प्रतिद्वंद्वियों पर ध्यान दें, क्योंकि वे पहले आपकी गलतियाँ ढूँढ़ते हैं।

57

कोई भी तथ्य 1000 तर्क-वितर्कों की जगह 2 या 3 प्रमाणों से ज्यादा अच्छी तरह से स्थापित किया जा सकता है।

58

अपने शत्रु से प्यार करें, यह उसे पागल कर देगा।

59

आपका ग्राहक ही वह मुरगी है जो हर रोज हमेशा आपके लिए सोने के अंडे देती है।

60

जो विजेता होते हैं, वे काम करने की आदत बना लेते हैं, जबकि पराजित होने वाले व्यक्ति ऐसा नहीं करते।

61

ग्राहक ही 'बॉस' है। उससे बातें करते समय अपने से ज्यादा उसे अहमियत दें।

62

आपके 90 प्रतिशत ग्राहक सीधे-सादे होते हैं, उनमें से केवल 10 प्रतिशत ग्राहकों से ही सोच-समझकर चतुराई भरी बातें करनी पड़ती हैं।

63

अपने कर्मचारी पर उँगली उठाने से पहले एक गहरी नजर स्वयं पर भी डालकर देखें कि आप अपने ग्राहकों के प्रति कितने ईमानदार हैं।

64

केवल अस्तित्व के लिए नहीं बल्कि जीने के लिए जिएँ।

65

पुराने रिकॉर्डों और पत्रों में से 90 प्रतिशत की कभी भी आवश्यकता नहीं पड़ती।

66

शिकायतें एक तरह का सुझाव होती हैं।

67

भविष्य की उन्नति के लिए वर्तमान का सदुपयोग करने को तैयार रहें।

68

फल से भरे हुए और सर्वोत्तम पौधे धरती की ओर झुक जाते हैं।

69

एक पेड़ की भाँति हम सबको भी बढ़ने और शाखाएँ बढ़ाने के लिए उचित जगह की तलाश करनी चाहिए।

70

पक्षी तालाब में से पानी पीते हैं, परंतु वे उसे खाली नहीं कर सकते।

71

ऐसी चीजें याद रखना बेवकूफी है, जो बाद में आपको भूल जानी पड़ें।

72

व्यापार ठीक साइकिल चलाने जैसा है, या तो आप चलते रहते हैं या फिर आप गिर जाते हैं। इन दोनों के बीच की कोई स्थिति नहीं है।

73

लाभ के बारे में जितना हो सके, देर से सोचें; खर्चों के बारे में जितना हो सके, जल्दी सोचें।

74

अगर सभी संभव रुकावटों को पहले ही खत्म कर दिया जाए, तो करने के लिए कोई काम नहीं रहेगा।

75

अपने ग्राहक या कर्मचारी के लिए प्रतिदिन एक अच्छा काम करके एक नायक की तरह महसूस कीजिए।

76

प्रतिभा से धन कमाया जा सकता है, लेकिन धन से प्रतिभा नहीं।

77

जो व्यक्ति कदम-दर-कदम चलकर चोटी पर पहुँचता है, वह उस व्यक्ति से कहीं ज्यादा सम्मान पाता है, जो चोटी पर हेलीकॉप्टर से पहुँचता है।

78

एक आदमी बड़ा है या महान् है ? नम्रता से आदमी महान् बन सकता है और इसके बिना आदमी सबसे छोटा भी बन सकता है।

79

आपके पास जो सबसे अच्छा है, वह दुनिया को दें और सबसे अच्छा ही आपके पास वापस आएगा।

80

यदि आपको अपने दिमाग का इस्तेमाल करने के लिए बाध्य न किया जाए तो आप दिमागी तौर पर सुस्त बन जाएँगे और आप अपनी क्षमता का उपयोग कभी नहीं कर पाएँगे।

81

नेपोलियन सुबह जल्दी उठने वालों में से था। प्रतिदिन एक घंटा कम सोने से आप अपने कार्य-जीवन में पाँच साल बढ़ा सकते हैं।

82

प्रकृति ने आपको अपनी शक्ल दी, पर उस पर भाव आपको लाने हैं।

83

अगर लहरें चट्टानों से न टकराएँ तो संगीत पैदा नहीं होता। उसी तरह जीवन में बाधाएँ न आएँ तो जीवन का आनंद नहीं आता।

84

फेल होने का मतलब है देर होना, न कि हार जाना।

85

यदि आप काट नहीं सकते तो कृपया अपने दाँत भी न दिखाएँ।

86

सफलता के पहले खुशी व्यक्त न करें।

87

हृदय की आवाज को अनसुना करना सबसे बड़ा अंधापन है।

88

विद्वान् व्यक्ति वे हैं जो दूसरों की गलतियों पर ध्यान नहीं देते, बल्कि अपनी गलतियों का हमेशा ध्यान रखते हैं।

89

अगर आप डर रहे हैं, तो यह डर आपको खत्म कर देगा।

90

एक समझदार व्यक्ति तब बोलता है जब दूसरे अपनी बात खत्म कर लेते हैं।

91

अधिकांश लोग दूसरों से ज्यादा आदर की अपेक्षा करते हैं, जितना वे दूसरे को देते हैं।

92

अनावश्यक बातों को भूल जाएँ, इतना याद रखें कि कहीं ये बातें आपके दिमाग को कूड़ादान न बना दें।

93

अगर आप पहाड़ को हटाना चाहते हैं तो पहले यह जानने का प्रयास करें कि छोटे-छोटे कंकड़ों को कैसे हटाया जाता है।

94

हम तेजी से काम करते हैं जिससे समय की बचत हो सके, पर बचे हुए अतिरिक्त समय को बरबाद कर देते हैं।

95

कोई ऐसा काम मत कीजिए, जो दूसरा आपके लिए कर सकता हो।

96

गोपनीय बातों का महत्त्व समझें।

97

सफलता के लिए आधारभूत-आवश्यक गुण है—विनम्रता।

98

जीवन का असली आनंद वह करने में है, जिसके बारे में लोग कहें कि आप उसे नहीं कर सकते।

99

समझदार व्यक्ति कार्य आरंभ करने से पहले सोचता है तथा मूर्ख कार्य समाप्त करते समय।

100

उपदेश देना सरल है, उपाय बताना कठिन।

101

क्षमा बड़े लोगों का आभूषण है।

❑❑❑